## Helfen Sie uns, die Arbeit der TYPO3 Association zu unterstützen

Wie bei fast allen Open Source-Projekten hängt auch die erfolgreiche Weiterentwicklung von TYPO3 von der finanziellen Unterstützung durch Dritte ab. Zur Koordination dieser Unterstützung hat die TYPO3 Association – ein Zusammenschluss von Mitgliedern der TYPO3-Community unter Beteiligung des Projektgründers Kasper Skårhøj – das Committee »Research & Development« ins Leben gerufen. An dieses Committee führen wir vom Erlös der bei uns registrierten Exemplare dieses Buches € 1,- ab, zur Unterstützung der weiteren Entwicklung von TYPO3. Indem Sie als Käufer dieses Buches diese Spende online bestätigen, leisten Sie einen wichtigen Beitrag zu Bestand und Weiterentwicklung von TYPO3.

Um die Spende zu bestätigen, wählen Sie unter *http://www.addison-wesley.de/oslib* aus der Liste der angezeigten Bücher per Mausklick diesen Titel aus. Im dann erscheinenden Formularfeld geben Sie bitte den nachfolgenden Code ein und klicken dann auf den »Spenden«-Button, um die Spende abzuschließen. Am erhöhten Zählerstand können Sie ablesen, dass die Spende registriert worden ist.

Z2HP-RGR6-292S

Ab einem bestimmten Spendenstand werden wir den Gesamtbetrag an das Committee »Research & Development« überweisen und dies unter *http://blog.addison-wesley.de/* mit einer kurzen Meldung dokumentieren. Die mit der ersten Auflage dieses Buches gesammelten Spenden haben wir auf der T3Con 2008 in Berlin überreicht – siehe *http://blog.addison-wesley.de/archives/1960*. Helfen Sie uns mit, diesen Erfolg zu wiederholen!

Ihr Addison-Wesley-Team

Das TYPO3 Profihandbuch

Franz Ripfel
Irene Höppner
Melanie Meyer

# Das TYPO3 Profihandbuch

Der Leitfaden für Entwickler und Administratoren zu Version 4.3

An imprint of Pearson Education

München • Boston • San Francisco • Harlow, England
Don Mills, Ontario • Sydney • Mexico City
Madrid • Amsterdam

Bibliografische Information der Deutschen Nationalbibliothek
Die Deutsche Nationalbibliothek verzeichnet diese Publikation in der Deutschen Nationalbibliografie;
detaillierte bibliografische Daten sind im Internet über http://dnb.d-nb.de abrufbar.

Die Informationen in diesem Produkt werden ohne Rücksicht auf einen eventuellen Patentschutz veröffentlicht.
Warennamen werden ohne Gewährleistung der freien Verwendbarkeit benutzt.
Bei der Zusammenstellung von Texten und Abbildungen wurde mit größter Sorgfalt vorgegangen.
Trotzdem können Fehler nicht vollständig ausgeschlossen werden.
Verlag, Herausgeber und Autoren können für fehlerhafte Angaben und deren Folgen weder eine juristische Verantwortung noch irgendeine Haftung übernehmen.
Für Verbesserungsvorschläge und Hinweise auf Fehler sind Verlag und Herausgeber dankbar.

Alle Rechte vorbehalten, auch die der fotomechanischen Wiedergabe und der Speicherung in elektronischen Medien.
Die gewerbliche Nutzung der in diesem Produkt gezeigten Modelle und Arbeiten ist nicht zulässig.

Fast alle Hardware- und Softwarebezeichnungen und weitere Stichworte und sonstige Angaben, die in diesem Buch verwendet werden, sind als eingetragene Marken geschützt. Da es nicht möglich ist, in allen Fällen zeitnah zu ermitteln, ob ein Markenschutz besteht, wird das ® Symbol in diesem Buch nicht verwendet.

10  9  8  7  6  5  4  3  2  1

12  11  10

ISBN 978-3-8273-2834-2

© 2010 by Addison-Wesley Verlag,
ein Imprint der Pearson Education Deutschland GmbH
Martin-Kollar-Straße 10–12, D-81829 München/Germany
Alle Rechte vorbehalten
Einbandgestaltung: Marco Lindenbeck, webwo GmbH (mlindenbeck@webwo.de)
Lektorat: Boris Karnikowski, bkarnikowski@pearson.de
Korrektorat: Friederike Daenecke, Zülpich
Herstellung: Philipp Burkart, pburkart@pearson.de
Satz: Reemers Publishing Services GmbH, Krefeld (www.reemers.de)
Druck: Kösel, Krugzell (www.KoeselBuch.de)
Printed in Germany

Dieses Buch ist den Aufbauhelfern unserer Firma,
der Open Source Community und allen Menschen gewidmet,
die sich ehrenamtlich engagieren.

# Inhaltsübersicht

| | | |
|---|---|---|
| 1 | Einleitung | 21 |
| 2 | Grundlegendes zum Universum von TYPO3 | 25 |
| 3 | Installation | 29 |
| 4 | Das Frontend – Ausgabe und Darstellung der Daten | 59 |
| 5 | Das Backend – Eingabe und Pflege der Daten | 219 |
| 6 | HowTos | 305 |
| 7 | Das Framework – Werkzeugkasten für die eigene Extension | 337 |
| 8 | Extensions entwickeln | 435 |
| 9 | Extensions, von denen Sie lernen können | 607 |
| 10 | Spezialthemen | 629 |
| 11 | FLOW3 | 653 |
| | Stichwortverzeichnis | 675 |

# Inhaltsverzeichnis

| 1 | **Einleitung** | | 21 |
|---|---|---|---|
| | 1.1 | Zielsetzung und Zielgruppen | 21 |
| | 1.2 | Extensions | 22 |
| | 1.3 | Anglizismen überall | 22 |
| | 1.4 | Orientierung | 23 |
| | 1.5 | Neue Inhalte der zweiten Auflage | 24 |
| | 1.6 | Dank | 24 |
| 2 | **Grundlegendes zum Universum von TYPO3** | | **25** |
| | 2.1 | Open Source und GPL | 25 |
| | 2.2 | Die Entstehungsgeschichte von TYPO3 | 26 |
| | 2.3 | Die Community | 27 |
| | 2.4 | Die Association | 27 |
| | | 2.4.1 Active Members | 28 |
| | | 2.4.2 Supporting Members | 28 |
| 3 | **Installation** | | **29** |
| | 3.1 | Systemvoraussetzungen | 30 |
| | | 3.1.1 Hardware | 30 |
| | | 3.1.2 Software | 30 |
| | 3.2 | Paketwahl und Platzierung auf dem Server | 33 |
| | | 3.2.1 Lösungen für häufig anzutreffende Probleme | 34 |
| | 3.3 | Das Installationstool | 36 |
| | | 3.3.1 Standardmäßiges Passwort ändern | 37 |
| | | 3.3.2 Basiseinstellungen | 37 |
| | | 3.3.3 Datenbank mit $TCA vergleichen | 38 |
| | | 3.3.4 Bildbearbeitung überprüfen | 38 |
| | | 3.3.5 Gezielt Einstellungen suchen und verändern | 38 |
| | 3.4 | Backup/Recovery vorsehen | 44 |
| | | 3.4.1 Export des Seitenbaums | 44 |
| | | 3.4.2 Backup durch TYPO3-Extensions | 45 |
| | | 3.4.3 Eigene Scripts | 45 |
| | | 3.4.4 Ihren Provider fragen | 45 |
| | 3.5 | Extensions einsetzen | 46 |
| | | 3.5.1 Extension Manager konfigurieren | 46 |
| | | 3.5.2 Extensions installieren | 47 |

## INHALTSVERZEICHNIS

| | | | |
|---|---|---|---|
| 3.6 | | Sprachpakete laden | 50 |
| 3.7 | | Los geht's | 51 |
| 3.8 | | TYPO3-Update durchführen | 51 |
| | 3.8.1 | Dateistruktur umstellen für den Sprung von Version 3.8 | 51 |
| | 3.8.2 | Dateistruktur ab 4.x, neuen TYPO3-Kern einbinden | 52 |
| | 3.8.3 | Datenbank aktualisieren | 53 |
| | 3.8.4 | Konfiguration überprüfen, Update Wizard | 54 |
| | 3.8.5 | Extensions überprüfen | 54 |
| | 3.8.6 | Reference-Index-Tabelle aktualisieren | 55 |
| | 3.8.7 | Cache leeren und temporäre Dateien löschen | 55 |
| | 3.8.8 | Superadmin-Script | 56 |
| | 3.8.9 | Besonderheiten und mögliche Fehler beim Upgrade auf die TYPO3-Version 4.3 | 57 |
| 3.9 | | Materialien zum Weitermachen | 58 |

**4  Das Frontend – Ausgabe und Darstellung der Daten** ........ **59**

| | | | |
|---|---|---|---|
| 4.1 | | Tutorial – Die erste Webseite | 60 |
| | 4.1.1 | Vorbereitungen und Inhalte importieren | 60 |
| | 4.1.2 | Das erste TypoScript-Template | 60 |
| | 4.1.3 | Das HTML-Template und CSS einbinden | 62 |
| | 4.1.4 | Marker ersetzen | 64 |
| | 4.1.5 | Verschachtelungen übersichtlicher darstellen | 65 |
| | 4.1.6 | Hauptnavigation erstellen | 66 |
| | 4.1.7 | Eine Breadcrumb-Navigation erstellen | 67 |
| | 4.1.8 | Die Seiteninhalte anzeigen lassen | 68 |
| 4.2 | | Grundlagen | 69 |
| | 4.2.1 | Aus der Datenbank in den Browser | 69 |
| | 4.2.2 | Was ist TypoScript (nicht)? | 74 |
| | 4.2.3 | Zusammenspiel mit PHP | 75 |
| | 4.2.4 | TypoScript versus TSconfig | 76 |
| | 4.2.5 | Der Begriff »Template« | 77 |
| | 4.2.6 | HTML-Templates vorbereiten (dynamische und statische Bereiche) | 78 |
| 4.3 | | TypoScript-Syntax und -Semantik | 79 |
| | 4.3.1 | Begriffe: Objekt, Objektname, Eigenschaft, Funktion & Co. | 80 |
| | 4.3.2 | Datentypen (data types) | 81 |
| | 4.3.3 | Operatoren und Kommentare | 82 |
| | 4.3.4 | Konstanten | 84 |
| | 4.3.5 | Bedingungen | 85 |
| | 4.3.6 | Die Bedeutung der Reihenfolge | 86 |
| | 4.3.7 | Die TypoScript-Referenz (TSRef) | 87 |

# INHALTSVERZEICHNIS

| | | |
|---|---|---:|
| 4.4 | TypoScript-Templates verwalten | 91 |
| | 4.4.1 Der TypoScript-Template-Datensatz | 91 |
| | 4.4.2 TypoScript-Konfigurationsbereiche wiederverwenden (temp.*, styles.* und lib.*) | 93 |
| | 4.4.3 TypoScript-Templates übersichtlich organisieren | 94 |
| | 4.4.4 TypoScript-Templates in Dateien auslagern | 95 |
| | 4.4.5 TypoScript-Editoren | 98 |
| 4.5 | Das Modul Web, Template | 98 |
| | 4.5.1 TypoScript-Templates bearbeiten (Info/Modify) | 99 |
| | 4.5.2 TypoScript-Struktur betrachten (Object Browser) | 100 |
| | 4.5.3 Template-Organisation überblicken (Template Analyzer) | 102 |
| | 4.5.4 Konstanten bequem ändern (Constant Editor) | 104 |
| 4.6 | Das Grundgerüst des Setup-Feldes (Toplevel Objects) | 107 |
| | 4.6.1 Grundlegende Konfigurationen (CONFIG) | 107 |
| | 4.6.2 Globale Marker (CONSTANTS) | 108 |
| | 4.6.3 Das eigene Layout (PAGE) | 109 |
| | 4.6.4 Metatags (META) | 111 |
| | 4.6.5 plugin | 112 |
| | 4.6.6 Ausgabe von Datensätzen (tt_*) | 113 |
| 4.7 | Navigationen (Menüs) | 113 |
| | 4.7.1 Grundlagen | 113 |
| | 4.7.2 Der Ausgangspunkt (HMENU) | 115 |
| | 4.7.3 Textmenüs (TMENU) | 116 |
| | 4.7.4 Grafische Menüs (GMENU) | 117 |
| | 4.7.5 Layermenüs (TMENU_LAYER, GMENU_LAYER) | 117 |
| | 4.7.6 Menü als Auswahlbox (JSMENU, JSMENUITEM) | 119 |
| | 4.7.7 Weitere Menütypen | 119 |
| | 4.7.8 Spezielle Funktionen in Menüs (iProc) | 120 |
| | 4.7.9 Menüpunkte unterschiedlich behandeln (optionSplit) | 121 |
| 4.8 | Die Ausgabe von Inhalten (cObjects) | 122 |
| | 4.8.1 Dynamische Textausgabe (HTML, TEXT) | 124 |
| | 4.8.2 Inhaltselemente zusammenfassen (COA, COA_INT) | 124 |
| | 4.8.3 Dateien einbinden (FILE) | 126 |
| | 4.8.4 Bilder darstellen (IMAGE, IMG_RESOURCE) | 126 |
| | 4.8.5 Datensätze ausgeben (CONTENT, RECORDS) | 128 |
| | 4.8.6 Navigationen (HMENU) | 133 |
| | 4.8.7 Text mit Bild darstellen (IMGTEXT) | 133 |
| | 4.8.8 Fallunterscheidungen einsetzen (CASE) | 134 |
| | 4.8.9 Globale Variablen verwenden (LOAD_REGISTER und RESTORE_REGISTER) | 136 |

## INHALTSVERZEICHNIS

|  |  |  |
|---|---|---|
| | 4.8.10 Mail-Formulare erzeugen (FORM) | 136 |
| | 4.8.11 Eigene PHP-Scripts verwenden (USER, USER_INT, PHP_SCRIPT) | 139 |
| | 4.8.12 HTML-Templates verwenden (TEMPLATE) | 141 |
| 4.9 | Redaktionelles (Be-)Arbeiten im Frontend | 142 |
| | 4.9.1 Die alte Methode: Das EDITPANEL | 142 |
| | 4.9.2 Das neue Frontend Editing | 143 |
| | 4.9.3 Hintergrundinfos und Links | 146 |
| 4.10 | Erweiterte Konfiguration: Funktionen | 146 |
| | 4.10.1 Die Allzweckwaffe (stdWrap) | 147 |
| | 4.10.2 Bilddateien einbinden (imgResource) | 148 |
| | 4.10.3 Klickvergrößern (imageLinkWrap) | 150 |
| | 4.10.4 SQL-Statement konfigurieren (select) | 151 |
| | 4.10.5 Noch einmal Bedingungen (if) | 151 |
| | 4.10.6 Links erzeugen (typolink) | 154 |
| | 4.10.7 Textfelder/HTML parsen (parseFunc) | 155 |
| 4.11 | Bildbearbeitung mit dem GIFBUILDER | 156 |
| 4.12 | Mehrsprachigkeit | 160 |
| | 4.12.1 Verschiedene Konzepte der Mehrsprachigkeit | 160 |
| | 4.12.2 Grundeinstellungen | 162 |
| | 4.12.3 Alle Sprachen im gleichen Baum | 165 |
| | 4.12.4 Übersetzungen | 174 |
| | 4.12.5 Ein eigener Baum für jede Sprache | 175 |
| | 4.12.6 Materialien zum Weitermachen | 176 |
| 4.13 | Lesbare Pfade über realurl konfigurieren | 176 |
| | 4.13.1 Installation und Konfiguration | 178 |
| | 4.13.2 Spezialwissen | 180 |
| 4.14 | Flexible Layouts mit templavoila | 183 |
| | 4.14.1 Voraussetzungen | 184 |
| | 4.14.2 Installation und Konfiguration | 184 |
| | 4.14.3 Anwendung | 190 |
| | 4.14.4 Spezialwissen | 192 |
| 4.15 | Caching | 201 |
| | 4.15.1 Standard-TYPO3-Caching | 202 |
| | 4.15.2 Das neue Caching Framework | 208 |
| 4.16 | Fehler finden | 213 |
| | 4.16.1 Debuggen mit TypoScript | 214 |
| | 4.16.2 Das AdminPanel verwenden | 216 |
| 4.17 | Materialien zum Weitermachen | 217 |

# INHALTSVERZEICHNIS

**5 Das Backend – Eingabe und Pflege der Daten** ......................... **219**
    5.1 Backend-Benutzerverwaltung – Rechte .................................. 220
        5.1.1 Funktionsweise, Grundprinzip ...................................... 221
        5.1.2 Home-Verzeichnisse ............................................... 231
        5.1.3 Überblick behalten ................................................ 231
    5.2 TypoScript-Konfiguration (TSconfig) ..................................... 233
        5.2.1 Page TSconfig ..................................................... 233
        5.2.2 User TSconfig ..................................................... 241
    5.3 rtehtmlarea und weitere Rich-Text-Editoren .............................. 248
        5.3.1 Konfiguration im Extension Manager ............................... 248
        5.3.2 Konfiguration über TSconfig ....................................... 249
    5.4 Versionierung und Workspaces für das Team ............................. 251
        5.4.1 Einführung ........................................................ 252
        5.4.2 Benutzerverwaltung und Rechtevergabe ........................... 259
        5.4.3 Der Workspace Manager ........................................... 260
        5.4.4 Redaktionelles Arbeiten mit Workspaces .......................... 280
        5.4.5 Tipps und Tricks .................................................. 287
        5.4.6 Ausblick .......................................................... 289
    5.5 Interessante (oft unbekannte) Funktionalitäten .......................... 289
        5.5.1 Arbeitsschritte zusammenfassen ................................... 289
        5.5.2 Daten durchsuchen im Backend .................................... 292
        5.5.3 Datenbankfelder kontrollieren ..................................... 294
        5.5.4 Import/Export von Daten als *.t3d ................................. 295
        5.5.5 Drag&Drop ........................................................ 297
        5.5.6 Das Klemmbrett (Clipboard) ....................................... 297
        5.5.7 Mehrsprachigkeit, Lokalisierung ................................... 299
        5.5.8 Datensätze im Modul Page anzeigen ............................... 299
        5.5.9 Kontrollmöglichkeiten, Logs ....................................... 300
        5.5.10 Autologin im Backend ............................................ 301
        5.5.11 Überblick über die aktuelle Konfiguration ........................ 301
        5.5.12 Scheduler ........................................................ 302
    5.6 Extension Manager für Administratoren .................................. 303
    5.7 Materialien zum Weitermachen .......................................... 304

**6 HowTos** ....................................................................... **305**
    6.1 Darstellung im Backend anpassen ........................................ 305
        6.1.1 Login-Formular anpassen .......................................... 306
        6.1.2 Icons und Farben verändern ....................................... 306
        6.1.3 Datensätze im Page-Modul anzeigen ............................... 308
        6.1.4 Die Position und das Erscheinen von Feldern beeinflussen ....... 310

## INHALTSVERZEICHNIS

| | | | |
|---|---|---|---|
| 6.2 | Label überschreiben | | 311 |
| | 6.2.1 | Label über Frontend-TypoScript anpassen | 312 |
| | 6.2.2 | Label für das Backend über Page TSConfig anpassen | 312 |
| | 6.2.3 | Label über Sprachdateien | 313 |
| 6.3 | Kontextsensitive Hilfe einbauen | | 314 |
| 6.4 | Datensätze in Feldern speziell bearbeiten (itemsProcFunc) | | 316 |
| 6.5 | Eigene Wizards zu Feldern hinzufügen | | 318 |
| 6.6 | Durch eigene Listenansichten den Überblick behalten | | 321 |
| 6.7 | Den kompletten Seitenbaum auf einmal erzeugen | | 323 |
| 6.8 | Extensions von Updates ausschließen | | 325 |
| 6.9 | Eigene Evaluierung für Felder im Backend | | 326 |
| 6.10 | Eigene Seitentypen erzeugen | | 329 |
| 6.11 | Backend (zu Wartungszwecken) sperren | | 335 |
| **7** | **Das Framework – Werkzeugkasten für die eigene Extension** | | **337** |
| 7.1 | Aufbau und Funktionsweise | | 338 |
| | 7.1.1 | Konzeptioneller Aufbau | 338 |
| | 7.1.2 | Dateisystem | 338 |
| | 7.1.3 | Dateien in typo3conf, Konfiguration | 342 |
| | 7.1.4 | Sprachvielfalt durch Lokalisierung L10n, UTF8 | 344 |
| 7.2 | Datenbank | | 347 |
| | 7.2.1 | Anforderungen an Tabellen, die von TYPO3 verwaltet werden | 347 |
| | 7.2.2 | Wichtige Tabellen | 348 |
| | 7.2.3 | Wie erkennt TYPO3 neu anzulegende Tabellen? | 349 |
| | 7.2.4 | Tabellenverknüpfungen | 350 |
| 7.3 | Im Zentrum der Macht: The Core | | 353 |
| | 7.3.1 | TCE (TYPO3 Core Engine) | 353 |
| | 7.3.2 | $TCA (Table Configuration Array) | 362 |
| | 7.3.3 | Spezialkonfigurationen in defaultExtras | 404 |
| | 7.3.4 | $PAGES_TYPES | 404 |
| | 7.3.5 | Aufbau der Backend-Schnittstelle | 406 |
| 7.4 | Aussehen der Backend-Formulare anpassen | | 408 |
| | 7.4.1 | Colorschemes | 410 |
| | 7.4.2 | Styleschemes | 411 |
| | 7.4.3 | Borderschemes | 412 |
| 7.5 | RTE-API | | 412 |
| 7.6 | Technikhintergrund zu Versionierung und Workspaces | | 414 |
| | 7.6.1 | Voraussetzungen für eine versionierbare Tabelle | 415 |
| | 7.6.2 | Sonderfall Löschen und Erzeugen | 416 |
| | 7.6.3 | Eindeutige Felder (unique fields) | 416 |
| | 7.6.4 | Lebenszyklus von versionierten Elementen | 417 |
| | 7.6.5 | Workspaces-API für Programmierer | 417 |

| | 7.7 | Kontextsensitive Menüs | 417 |
|---|---|---|---|
| | 7.8 | Kontextsensitive Hilfe | 418 |
| | 7.9 | Funktionsweisen von TYPO3 abändern | 420 |
| | | 7.9.1 Ändern des Core-Codes | 420 |
| | | 7.9.2 Erweiterung mittels XCLASS | 421 |
| | | 7.9.3 Hooks | 424 |
| | | 7.9.4 Services | 429 |
| | 7.10 | Texte (Label) anpassen | 433 |
| | 7.11 | Materialien zum Weitermachen | 434 |
| **8** | **Extensions entwickeln** | | **435** |
| | 8.1 | Wozu dienen Extensions? | 436 |
| | 8.2 | Extension Key | 437 |
| | | 8.2.1 Extension Key registrieren | 439 |
| | 8.3 | Ja, wo liegt sie denn? Sysext vs. global vs. lokal | 439 |
| | | 8.3.1 System-Extensions, typo3/sysext | 439 |
| | | 8.3.2 Globale Extensions, typo3/ext | 440 |
| | | 8.3.3 Lokale Extensions, typo3conf/ext/ | 440 |
| | | 8.3.4 Vorrangreihenfolge | 440 |
| | 8.4 | Kickstarter (herkömmliche Extension) | 441 |
| | | 8.4.1 Allgemeine Informationen | 443 |
| | | 8.4.2 Verschiedene Sprachen vorsehen | 444 |
| | | 8.4.3 Eigene Datenbanktabellen anlegen | 444 |
| | | 8.4.4 Bestehende Datenbanktabellen erweitern | 458 |
| | | 8.4.5 Frontend-Plugin erstellen | 458 |
| | | 8.4.6 Backend-Modul anlegen | 461 |
| | | 8.4.7 Neue Möglichkeiten für bestehende Module hinzufügen | 461 |
| | | 8.4.8 Neue Elemente im Kontextmenü der Seiten | 463 |
| | | 8.4.9 Neuen Service definieren | 463 |
| | | 8.4.10 Statischen TypoScript-Code einfügen | 465 |
| | | 8.4.11 TSconfig hinzufügen | 465 |
| | | 8.4.12 Extensions-Dateien speichern | 466 |
| | 8.5 | Struktur, Aufbau und Funktionsweise (herkömmliche Extension) | 467 |
| | | 8.5.1 Extension-Daten in ext_emconf.php | 467 |
| | | 8.5.2 Weitere reservierte Datei- und Ordnernamen | 471 |
| | | 8.5.3 Konfigurationsmöglichkeiten für Extensions (ext_conf_template.txt) | 474 |
| | | 8.5.4 Bereich für Frontend-Plugins (pi*) | 477 |
| | | 8.5.5 Bereich für Backend-Module (mod*) | 477 |
| | | 8.5.6 Bereich für Services (sv*) | 480 |
| | | 8.5.7 Textinformationen und ihre Lokalisierung (L10n) | 480 |
| | | 8.5.8 Und dann geht's los! | 485 |

# INHALTSVERZEICHNIS

8.6 Extensions auf Basis von Extbase und Fluid .......... 485
    8.6.1 Die Model-View-Control-Architektur in der Theorie .......... 486
    8.6.2 Referenz-Extension blog_example .......... 487
    8.6.3 Kickstarter für Extbase (extbase_kickstarter) .......... 495
    8.6.4 Wichtige Code-Stellen in Extbase .......... 497
8.7 Workshop: Extbase-Extension schreiben .......... 498
    8.7.1 Ausgangssituation .......... 499
    8.7.2 Aufgabenstellung .......... 499
    8.7.3 Kickstarter nutzen .......... 499
    8.7.4 Erste Ausgabe erzeugen .......... 502
    8.7.5 Listenansicht aus der Datenbank erzeugen .......... 504
    8.7.6 CRUD (create, read, update, delete) für Fridge implementieren .. 505
    8.7.7 Kühlschrankinhalte anzeigen .......... 508
    8.7.8 Kühlschrankinhalte hinzufügen und entfernen .......... 509
    8.7.9 Caching .......... 511
    8.7.10 Individuelles Repository .......... 513
    8.7.11 ext_autoload.php .......... 514
8.8 Fluid, die neue Templating-Engine .......... 514
    8.8.1 Fluid-Templates in der Beispiel-Extension viewhelpertest .......... 515
    8.8.2 ViewHelper .......... 518
    8.8.3 Einen eigenen ViewHelper schreiben .......... 527
8.9 ExtJS mit Extbase und Fluid .......... 529
8.10 Coding Guidelines .......... 533
    8.10.1 Dateiaufbau .......... 534
    8.10.2 Formatierung und Benennung .......... 537
    8.10.3 Programmiergrundsätze, Syntax .......... 542
    8.10.4 Dokumentation .......... 545
    8.10.5 Datenbankzugriffe .......... 546
8.11 Das Rad nicht neu erfinden, API nutzen .......... 549
    8.11.1 Verfügbare Konstanten .......... 549
    8.11.2 Globale Variablen .......... 552
    8.11.3 Zugriffsrechte im Backend prüfen mit $BE_USER .......... 556
    8.11.4 Autoloader .......... 557
    8.11.5 Wichtige Klassen für den Extension-Entwickler .......... 557
    8.11.6 Reference Index Table .......... 566
    8.11.7 Singleton-Entwurfsmuster (nur ein Objekt einer Klasse) .......... 568
8.12 Cache-Möglichkeiten intelligent nutzen .......... 569
    8.12.1 Klassisches Plugin als USER oder USER_INT .......... 569
    8.12.2 Neues Caching-Framework ab TYPO3 4.3 nutzen .......... 572
8.13 Was Sie verstehen und einsetzen sollten .......... 573
    8.13.1 T3DataStructure, XML und Flexforms .......... 573
    8.13.2 Links im Frontend richtig erzeugen .......... 578

# INHALTSVERZEICHNIS

|  |  |  |  |
|---|---|---|---|
|  | 8.13.3 | Cache während der Entwicklung unterdrücken | 581 |
|  | 8.13.4 | Sessions im Frontend | 582 |
|  | 8.13.5 | Workspaces beachten | 583 |
|  | 8.13.6 | Alleinstehende Scripts und zeitgesteuerte Ausführung (per Scheduler) | 587 |
|  | 8.13.7 | Debug: debug und devlog | 590 |
|  | 8.13.8 | sysLog | 595 |
| 8.14 | AJAX |  | 597 |
|  | 8.14.1 | Einbindung in herkömmliches Plugin | 597 |
|  | 8.14.2 | Den eID-Mechanismus nutzen | 602 |
| 8.15 | Veröffentlichung Ihrer Extension |  | 603 |
|  | 8.15.1 | Dokumentation erstellen | 603 |
|  | 8.15.2 | Ins TER hochladen | 604 |
|  | 8.15.3 | Ein eigenes Extension Repository aufsetzen | 605 |
| 8.16 | Materialien zum Weitermachen |  | 605 |

## 9 Extensions, von denen Sie lernen können ... **607**

| | | | |
|---|---|---|---|
| 9.1 | blog_example | | 607 |
| 9.2 | viewhelpertest | | 608 |
| 9.3 | cal | | 608 |
| | 9.3.1 | Dokumentation | 609 |
| | 9.3.2 | Umfangreiches Frontend Editing | 609 |
| | 9.3.3 | Eigene Funktionalitäten mithilfe von Services einbringen | 609 |
| 9.4 | Commerce | | 611 |
| 9.5 | DAM | | 617 |
| | 9.5.1 | Komplexe Backend-Module | 618 |
| | 9.5.2 | Verschiedene Grundkonfigurationen vorgeben | 619 |
| | 9.5.3 | Erweiterung durch andere Extensions | 619 |
| 9.6 | direct_mail | | 622 |
| 9.7 | realurl | | 623 |
| 9.8 | tt_news | | 624 |
| 9.9 | ratings | | 627 |
| | 9.9.1 | API für externe Nutzung anbieten | 627 |
| | 9.9.2 | eID für performantes AJAX nutzen | 628 |

## 10 Spezialthemen ... **629**

| | | | |
|---|---|---|---|
| 10.1 | Sicherheit | | 629 |
| | 10.1.1 | Organisationsverschulden | 630 |
| | 10.1.2 | Beliebte Angriffsvarianten | 630 |
| | 10.1.3 | Grundsätzliche Sicherheitsmaßnahmen | 634 |
| | 10.1.4 | Einstellungen im Install Tool | 636 |
| | 10.1.5 | Standard-Admin-Benutzer deaktivieren | 638 |

# INHALTSVERZEICHNIS

|  |  |  |
|---|---|---|
| 10.1.6 | Coding Guidelines einhalten | 638 |
| 10.1.7 | Abonnieren Sie die Mailingliste TYPO3-Announce | 638 |
| 10.1.8 | Web Application Firewall einsetzen | 638 |
| 10.1.9 | Weitere Möglichkeiten | 639 |
| 10.1.10 | Zugriffsgeschützte Seiten im Frontend | 641 |
| 10.1.11 | Spam-Vermeidung | 642 |
| 10.1.12 | Materialien zum Weitermachen | 644 |
| 10.2 | Seiten mit sehr viel Last, Performance | 644 |
| 10.2.1 | Lasttests durchführen | 644 |
| 10.2.2 | Technische Rahmenbedingungen und Erfahrungswerte | 645 |
| 10.2.3 | TYPO3 Cache nutzen, serverseitig | 646 |
| 10.2.4 | Cache Control Headers, clientseitig | 646 |
| 10.2.5 | Statische Files | 648 |
| 10.2.6 | PHP-Beschleuniger | 648 |
| 10.2.7 | Apache optimieren | 648 |
| 10.2.8 | Datenbank optimieren (MySQL) | 649 |
| 10.2.9 | Hardware, Cluster, Cloud Hosting | 650 |
| 10.2.10 | Materialien zum Weitermachen | 651 |
| 10.3 | Werkzeuge für Profis | 651 |
| **11** | **FLOW3** | **653** |
| 11.1 | Einführung | 653 |
| 11.2 | Lizenz: LGPL | 654 |
| 11.3 | Installation | 654 |
| 11.3.1 | Webserver vorbereiten | 655 |
| 11.3.2 | FLOW3 Installieren | 655 |
| 11.3.3 | Weitere Quellen (svn-Repository) | 657 |
| 11.4 | Grundlagen | 659 |
| 11.4.1 | Aufbau einer Distribution | 659 |
| 11.4.2 | Das Package | 660 |
| 11.4.3 | Kommentare mit Funktion | 661 |
| 11.4.4 | Caching | 662 |
| 11.4.5 | Convention over Configuration | 662 |
| 11.4.6 | Aspektorientierung | 663 |
| 11.4.7 | FLOW3 im Einsatz: Das Blog-Beispiel | 663 |
| 11.5 | Konfiguration | 664 |
| 11.5.1 | Kontext (Context) | 664 |
| 11.5.2 | YAML-Syntax | 665 |
| 11.6 | Model View Controller | 666 |
| 11.6.1 | Extbase/Fluid und FLOW3 | 666 |
| 11.6.2 | Kickstarter in FLOW3 | 666 |
| 11.6.3 | Domain Driven Design | 667 |

## INHALTSVERZEICHNIS

| | | |
|---|---|---|
| 11.7 | Persistenz | 668 |
| | 11.7.1 PDO / SQLite | 668 |
| | 11.7.2 Objektorientierte Datenstruktur | 669 |
| 11.8 | Test-Driven-Development | 670 |
| 11.9 | Dokumentation | 670 |
| 11.10 | Coding Guidelines | 671 |
| 11.11 | Debugging in FLOW3 | 672 |
| | 11.11.1 Die FLOW3-var_dump()-Funktion | 672 |
| | 11.11.2 Debuggen mit xdebug | 672 |
| 11.12 | Auf dem Laufenden bleiben | 673 |
| **Stichwortverzeichnis** | | **675** |

# 1. Einleitung

## 1.1 Zielsetzung und Zielgruppen

Mittlerweile gibt es im TYPO3-Universum eine umfangreiche Auswahl an Büchern für den Einstieg und Aufstieg in TYPO3. Es ist jedoch nach wie vor nicht ganz einfach, ein umfassendes Werk zu finden, das gut zu den eigenen persönlichen Bedürfnissen passt.

Mit der ersten Auflage dieses Buches hatten wir uns zum Ziel gesetzt, einen Meilenstein für die Ausbildung von fähigen TYPO3-Entwicklern zu setzen. In die Ihnen vorliegende zweite Auflage sind viele Verbesserungen und Erweiterungen eingeflossen. So gibt es eine ganze Reihe von Abschnitten, die die neuen Möglichkeiten beleuchten, die uns TYPO3 4.3 eröffnet hat. Mit diesem Buch wollen wir Entwicklern sowohl den Einstieg in die professionelle TYPO3-Programmierung erleichtern als auch bereits erfahrenen Haudegen weiteres Wissen an die Hand geben, um die Qualität und Nachhaltigkeit von TYPO3, von entwickelten Extensions und von damit umgesetzten Projekten zu erhöhen. Administratoren sollen wichtige Zusammenhänge, Tipps und Tricks vermittelt bekommen, damit ihnen ihre TYPO3-Installationen sauber, sicher und gut zu pflegen vorliegen. Dabei wollen wir nicht nur TYPO3 an sich behandeln, sondern auch die für den Projekterfolg wichtigen Rahmenthemen wie Sicherheit oder Teamarbeit einbeziehen.

In Kürze gesagt, dieses Buch ist für

- » Administratoren, die bereits (erste) Erfahrungen mit TYPO3 gesammelt haben und ihr Wissen weiter vertiefen möchten,
- » Entwickler mit PHP-Wissen, die die vielfältigen Möglichkeiten von TYPO3 ausschöpfen wollen, sowie für
- » Projektleiter und technisch versierte Vertriebsmitarbeiter, die über die Zusammenhänge, Funktionsweise und Möglichkeiten von TYPO3 Bescheid wissen wollen.

Es ist *nicht* für

- » Redakteure, die eine Seite pflegen und sich nicht darum kümmern müssen, dass und wie das System funktioniert, bzw. für
- » Designer, die Layouts liefern, aber mit der technischen Umsetzung nichts zu tun haben.

Einsteigern in TYPO3 empfehlen wir generell die Einsteiger-Tutorials.

# KAPITEL 1     Einleitung

> **INFO**
>
> **FLOW3**
>
> *Da das Basisframework FLOW3 für die nächste Generation von TYPO3 mehr und mehr zu einem einsatzfähigen System heranreift, haben wir FLOW3 und den zugehörigen Themen ein eigenes Kapitel gewidmet. Dadurch wollen wir Sie in die Lage versetzen, Zusammenhänge in FLOW3 zu verstehen, um erste erfolgreiche eigene Versuche starten zu können.*

## 1.2 Extensions

TYPO3 stellt im Prinzip eine Bündelung von vielen verschiedenen Extensions dar, von denen die wichtigsten bereits im sogenannten *Core* gebündelt sind (*System-Extensions*) und damit automatisch in einer TYPO3-Installation zur Verfügung stehen. Weitere Extensions können relativ einfach nachgeladen werden. Entsprechend viele Extensions sind im Buch genannt. Bei der Erwähnung von Extensions werden wir immer den *Extension Key* nennen und die Extension damit bezeichnen, um eine Eindeutigkeit und leichte Auffindbarkeit im *TYPO3 Extension Repository (TER)* zu gewährleisten.

## 1.3 Anglizismen überall

Sie werden in diesem Buch an vielen Stellen Anglizismen finden. Wir haben versucht, bei gleicher Ausdrucksstärke den deutschen Begriff zu verwenden, allerdings wurde an vielen Stellen bewusst auf Übersetzungen verzichtet.

Wir nutzen im Buch bei TYPO3-spezifischen Begriffen immer die englische Variante, um einen einheitlichen Sprachgebrauch sicherzustellen und eine Recherche im Internet zu den jeweiligen Schlüsselwörtern zu erleichtern.

Grafische Darstellungen des Konfigurations- und Redaktionsbereiches von TYPO3 sind in englischer Sprache gehalten. Bereiche im Backend, Feldnamen von Datensätzen und wichtige TYPO3-spezifische Begriffe nennen wir bei ihrem englischen Namen. Wir empfehlen Ihnen deswegen, beim Arbeiten mit diesem Buch im Backend die englische Sprache eingestellt zu lassen, um jeweils sofort die Verknüpfungen herstellen zu können.

Natürlich haben wir gute Gründe für dieses Vorgehen:

» Einige Texte im TYPO3-Kern sind nicht in andere Sprachen übersetzt, wir können also nur auf diesem Wege eine einheitliche Sprachwelt schaffen.

» Wenn Sie im Internet nach Hilfestellungen zu Problemen suchen, haben Sie mit den englischen Begriffen deutlich mehr Chancen, auf die richtige Lösung zu kommen. Die deutschsprachige TYPO3-Gemeinde ist zwar sehr groß und schlagkräftig, die offizielle Entwicklersprache ist jedoch Englisch. Work local, think global!

## 1.4 Orientierung

Wir haben versucht, in einem Schaubild zu visualisieren, wie TYPO3 aufgebaut ist und welche Komponenten an welcher Stelle aktiv sind. Sie werden in jedem Kapitel des Buches erfahren, an welcher Stelle im Schaubild wir uns gerade befinden, falls es sich nicht um ein übergreifendes Kapitel handelt.

Dieses Schaubild erhebt nicht den Anspruch auf Vollständigkeit, und man könnte es vielleicht an der einen oder anderen Stelle als nicht ganz korrekt bezeichnen. Das liegt jedoch daran, dass es nicht unser Ziel war, ein wissenschaftlich lupenreines Gebilde zu schaffen, sondern wir wollen durch die Visualisierung ein Verständnis für die Zusammenhänge schaffen und Sie so an die komplexe Thematik TYPO3 heranführen.

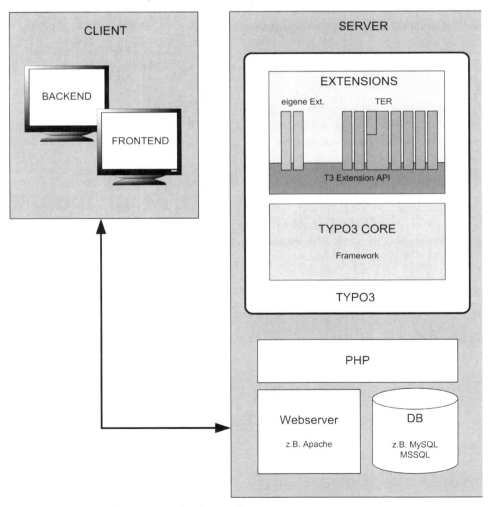

Abbildung 1.1: **TYPO3 & Friends schematisch dargestellt**

## 1.5 Neue Inhalte der zweiten Auflage

Mit der Version 4.3 von TYPO3 hat sich einiges getan. Basierend auf der intensivierten Zusammenarbeit mit dem FLOW3-Team konnten einige dort entwickelten Ideen und Features für Version 4.3 adaptiert und implementiert werden. Diese werden zu neuen Schwerpunktthemen in diesem Buch, weil Ihnen Erfahrungen in diesen Punkten den Weg zu FLOW3 und TYPO3 v5 deutlich erleichtern werden. Besonders erwähnenswert sind:

» Extbase (MVC-Ansatz, basierend auf *Domain Driven Design*

» Fluid (neues Templating-Framework)

Natürlich haben wir auch sonst Aktualisierungen und Verbesserungen quer durch das ganze Buch eingearbeitet. Dabei haben wir im Besonderen versucht, auf die konstruktiven Rückmeldungen zur ersten Version einzugehen.

Da viele neue Inhalte entsprechend viel Platz brauchen, haben wir andere Themen wie z. B. die Besprechung von Extensions aus dem TER reduziert, da Sie hier auch auf die Extension-Dokumentation zurückgreifen können.

Und *last but not least* wollen wir Sie an der von uns bereits gesammelten Erfahrung mit FLOW3 selbst teilhaben lassen. Es gibt viel Neues zu lernen, wobei die richtigen Einstiegstipps sehr viel Zeit und Nerven sparen helfen.

## 1.6 Dank

Während der Arbeit an diesem Buch haben wir (auch aus der Projektarbeit heraus) viel Feedback und eine Menge Anregungen bekommen. Vielen Dank an alle, die uns unterstützt, unsere Zeitknappheit geduldet und uns mit Projekten beauftragt haben.

Einen besonderen Dank möchten wir folgenden Personen aussprechen:

» unseren Lebenspartnern, die uns Zeit und Kraft für diese Unternehmung gaben

» der TYPO3-Community und ihren vielen unermüdlichen guten Geistern

» unserem Lektor Boris Karnikowski für das Vertrauen, die Freiheiten und die gute Zusammenarbeit

» unserem Fach- und Verständnislektor Sebastian Müller, dessen konstruktive Rückmeldungen hoffentlich auch Ihnen ein besseres Verständnis ermöglichen

» der Sprachlektorin Friederike Daenecke für die vielen sprachlichen Verbesserungen

» unserem Maskottchen, dem T3Dog Iuna

# 2. Grundlegendes zum Universum von TYPO3

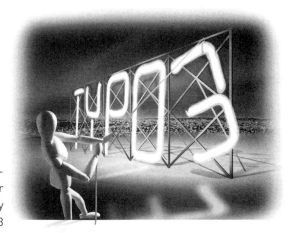

In diesem Kapitel stellen wir Ihnen TYPO3 und seine Lizenz vor, geben einen kurzen Abriss seiner Geschichte und zeigen Ihnen, wie die Community und die Associations Sie in Ihrer Arbeit mit TYPO3 unterstützen.

## 2.1 Open Source und GPL

TYPO3 unterliegt der *GNU General Public Licence*[1], der am weitesten verbreiteten Open-Source-Lizenz. Kurz und vereinfacht ausgedrückt hat das folgende Konsequenzen:

» TYPO3 ist kostenlos erhältlich. Die Quellen können von jedermann heruntergeladen und begutachtet werden.

» TYPO3 darf ohne Einschränkung für jeden Zweck genutzt werden. Dies schließt eine kommerzielle Nutzung ausdrücklich ein.

» Sie dürfen TYPO3 nach Belieben für Ihre Zwecke anpassen, allerdings muss das Ergebnis Ihrer Anpassung wieder der GPL unterliegen. Dies gilt auch für Extensions, die für TYPO3 geschrieben werden. Die einzige Ausnahme hiervon sind Applikationen, die auch für sich allein funktionsfähig wären. Daraus folgt:

» Sie sind nicht verpflichtet, eigene Extensions zu veröffentlichen bzw. herauszugeben. Sie können allerdings niemandem grundsätzlich verbieten, Ihre Extension nach Belieben für eigene Zwecke einzusetzen oder anzupassen.

Die große Beliebtheit, Verbreitung und Unterstützung durch die Community hängt in sehr starkem Maße mit dem Open-Source-Gedanken zusammen. Nicht umsonst ist der Leitspruch von TYPO3:

*TYPO3 – inspiring people to share!*

Für den Umgang mit Kunden, die in kommerziellen Bahnen denken, haben Sie als Agentur oder Selbstständiger im Prinzip zwei Möglichkeiten:

» Nur der Kunde bekommt Ihre entwickelten Erweiterungen zu sehen. Damit hat er als Einziger eine Nutzungsmöglichkeit.

---

1 GPL: http://www.gnu.org/copyleft/gpl.html, deutsche Fassung: http://www.gnu.de/gpl-ger.html

» Sie überzeugen den Kunden davon, dass er durch den Einsatz von TYPO3 bereits einen großen (auch finanziellen) Vorteil hat und eine Nutzung neuer Extensions durch Dritte die Weiterentwicklung dieser Extensions fördert. Oft macht es auch Sinn, eine Extension über mehrere Projekte oder auch Kunden hinweg weiterzuentwickeln und damit Kosten zu teilen.

> *Im Sinne des Gemeinschaftsgedankens:*
>
> *Falls Sie für bestimmte Funktionalitäten im TYPO3 Extension Repository eine Extension ausfindig gemacht haben, diese aber noch nicht ganz Ihren Bedürfnissen entspricht, nehmen Sie Kontakt mit dem Entwickler auf, um eventuell gemeinsam die Extension zu verbessern oder zu erweitern, anstatt diese selbst im stillen Kämmerchen »umzubiegen«. Aus der Zusammenarbeit resultieren in der Regel besserer Code und vielfältigere Einsatzmöglichkeiten. Außerdem behalten Sie die Update-Möglichkeit, die Sie sich sonst verbauen.*

## 2.2 Die Entstehungsgeschichte von TYPO3

Die Ursprünge reichen bis ins Jahr 1997 zurück. Damals, noch lange vor dem Internet-Hype, war Content-Management noch kein allseits bekannter Begriff. Die Vorteile und die Notwendigkeit einer Trennung zwischen Layout und Content waren jedoch einigen Leuten schon klargeworden, darunter auch Kasper Skårhøj.

Webseiten sollten demzufolge pflegbar sein, ohne dass der Redakteur auf HTML-Kenntnisse angewiesen ist. Kasper entwickelte bei der Webagentur *Superfish.com* bis zum Sommer 1999 die ersten Versionen von TYPO3. Als klar wurde, dass sich Superfish.com – inzwischen mit einer anderen Firma fusioniert – nicht in Richtung Content-Management weiterentwickeln würde, verließ Kasper die Firma, mit allen Rechten für eine selbstständige Weiterentwicklung von TYPO3 ausgestattet. Kasper hatte bereits erkannt, dass seine Vorstellungen von Qualität bei der kommerziellen Softwareentwicklung aufgrund der rasanten Entwicklung des Marktes praktisch nicht einzuhalten waren.

Also stürzte sich Kasper voller Enthusiasmus allein auf die Aufgabe, TYPO3 fertigzustellen. Ein volles Jahr lang dauerte es, bis Kasper im August 2000 die erste Betaversion unter der GNU-Open-Source-Lizenz veröffentlichte, eine Woche vor seiner Hochzeit mit Rie. Bereits nach wenigen Monaten in der Öffentlichkeit konnte TYPO3 eine stetig wachsende Gemeinde vorweisen.

Im Winter 2002 startete dann die erste *TYPO3 Snowboard Tour* in Österreich mit 25 Teilnehmern, was einen großen Motivationsschub bei den Entwicklern auslöste.

Ein Meilenstein in der Erfolgsgeschichte von TYPO3 wurde im November 2002 erreicht, als die Version 3.5 mitsamt dem neuen Extension Manager freigegeben wurde. Damit war die Möglichkeit für unzählige Programmierer auf der ganzen Welt geschaffen, praktisch ohne Abhängigkeit von der Kerngemeinde TYPO3 mit eigenen Erweiterungen für kundenspezifische Wünsche einzusetzen. Seitdem ist die Zahl der begeisterten TYPO3-Nutzer und -Entwickler und die Zahl verfügbarer Extensions explodiert, während am Kern viele Verbesserungen und Vereinheitlichungen vorgenommen wurden.

Was daraus entstanden ist, können Sie selbst sehen: eines der bekanntesten und erfolgreichsten Open-Source-Projekte weltweit!

## 2.3 Die Community

Die TYPO3-Community[2] ist in den letzten Jahren zu einer großen internationalen Gemeinschaft aus TYPO3-Enthusiasten, -Nutzern und -Anfängern herangewachsen. Die größte Popularität und Aktivität von TYPO3 ist derzeit im deutschsprachigen Raum zu finden, obwohl die Ursprünge in Dänemark liegen. Nichtsdestotrotz scheint der Siegeszug auch auf internationaler Ebene nicht mehr aufzuhalten zu sein. Das Rückgrat der Kommunikation bilden die Mailinglisten, die auch als Newsgroup abonnierbar sind. Auf lokaler Ebene sind viele Usergroups entstanden, die einen persönlichen Austausch ermöglichen. Der sehr dynamische Charakter unserer Community zeigt sich in der schnell wachsenden Anzahl von aktiven Menschen und in den vielen weiteren Kommunikationsmöglichkeiten. Dazu zählen z. B. ein IRC-Chat, verschiedene Arbeitsgruppen und nicht zuletzt die internationalen Treffen wie die *TYPO3 Snowboard Tour*, die *TYPO3 Developer Days* oder die *T3CON*. Sogar ein eigenes Magazin (*T3N Magazin*[3]) kann TYPO3 vorweisen.

Um die vielen Aufgaben und Herausforderungen eines Systems wie TYPO3 zu meistern, wurden Teams für verschiedenste Aufgaben gebildet. Dazu gehören z. B. das *Bug Fixing Team*, das *TYPO3 Core Team*, das *Marketing Team*, das *Certification Team* und das *Security Team*.

Informationen zu allen Möglichkeiten und Aktivitäten finden Sie auf der offiziellen Seite http://www.typo3.org.

*Wir möchten Sie an dieser Stelle nachdrücklich dazu ermutigen, aktives Mitglied der Community zu werden. Neben netten Kontakten bekommen Sie dadurch viele wichtige und hilfreiche Hintergrundinformationen, vom Spaßfaktor bei den verschiedenen Treffen ganz zu schweigen!*

## 2.4 Die Association

Die *TYPO3 Association*[4] wurde im November 2004 vom Vater von TYPO3, Kasper Skårhøj, und weiteren langjährigen Mitstreitern vorbereitet und aus der Taufe gehoben. Das Hauptziel der Association ist es, die Zukunftsfähigkeit von TYPO3 sicherzustellen und die Weiterentwicklung zu fördern. Dazu gehören Aufgaben wie:

» Organisation von Veranstaltungen für die Weiterbildung ihrer Mitglieder und der Community

» Forcierung und Finanzierung der Weiterentwicklung von TYPO3, Einbringung internationaler Softwarestandards

---

2   TYPO3-Community-Seite: http://typo3.org/community
3   T3N Magazin: http://www.yeebase.com/
4   TYPO3 Association: http://association.typo3.org/

- » Ausbildung und Zertifizierung von Einzelpersonen und Firmen, um die Qualität von Projekten sicherzustellen
- » Marketing und Branding für TYPO3

In der Association gibt es zwei Arten von Mitgliedern: *Active Members* und *Supportive Members*.

### 2.4.1 Active Members

Diese Gruppe stellt den Kern der Association, sozusagen das Management. Sie besteht aus sehr wenigen, langjährig verdienten Mitgliedern der Community, bestimmt im Wesentlichen die eingeschlagene Richtung der TYPO3-Entwicklung und versucht, der Community eine Struktur zu geben.

### 2.4.2 Supporting Members

Supporting Member kann und sollte jede Person bzw. Firma sein, die regelmäßig mit TYPO3 arbeitet und damit auch Geld verdient. Durch die Mitgliedsbeiträge werden viele Weiterentwicklungen von TYPO3 finanziell erst möglich. Darunter fällt auch das neue FLOW3. Was Sie tun müssen, um Mitglied zu werden, erfahren Sie auf der Website der Association.

# 3. Installation

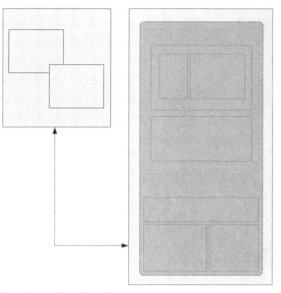

Da dieses Buch an Entwickler und Administratoren gerichtet ist, gehen wir davon aus, dass Sie durchaus in der Lage sind, selbst TYPO3 ohne größere Schwierigkeiten zu installieren. Wir werden deshalb nicht auf (vermeintlich) Profanes und sehr einfache Sachverhalte eingehen. Jedoch geben wir hier einen Überblick über grundsätzliche Voraussetzungen und Informationen, die Ihnen die Installation leichter machen und diese besser auf die anstehenden Aufgaben vorbereitet.

*Weitere Hilfestellungen zu den vielen zur Verfügung stehenden Optionen können Sie in den vielfältigen Dokumentationen zu TYPO3 recherchieren, indem Sie im Install Tool die Bezeichnung des entsprechenden Konfigurationswertes kopieren und im Internet danach suchen.*

Bevor Sie TYPO3 als schlagkräftiges Content-Management-Werkzeug einsetzen können, müssen Sie eine lauffähige Installation vorliegen haben. Um dies zu erreichen, haben Sie mehrere Möglichkeiten:

» Sie mieten ein Webpaket bei einem Provider mit vorinstalliertem TYPO3. Dies halten wir für eine sehr komfortable und empfehlenswerte Möglichkeit, schnell und problemlos in TYPO3 einzusteigen. Eine gute Übersicht finden Sie unter http://wiki.typo3.org/index.php/Hosting.

» Sie bitten Ihren Administrator oder einen fähigen Mitarbeiter, TYPO3 für Sie auf einem Rechner bzw. Server zu installieren.

» Sie installieren TYPO3 selbst.

## 3.1 Systemvoraussetzungen

### 3.1.1 Hardware

TYPO3 als Content-Management-System wird in aller Regel auf einem Webserver für das Internet oder Intranet betrieben. Je nach Einsatzgebiet Ihrer TYPO3-Installation können hier große Unterschiede in den Anforderungen auftreten. Eine kleine Webseite mit ein paar Dutzend Besuchern am Tag ist nicht mit einem weltweit bekannten Informationsportal wie z. B. typo3.org zu vergleichen.

Falls Sie ein sogenanntes Shared-Hosting-Paket bei einem Hosting-Anbieter in Anspruch nehmen wollen, müssen Sie vorher sicherstellen, dass TYPO3 problemlos auf dem Paket eingesetzt werden kann. Mittlerweile gibt es viele Anbieter, die speziell zugeschnittene Pakete für TYPO3 bereitstellen. Eine Suche im Internet nach den Stichwörtern »typo3 hosting« wird Ihnen hier viele Möglichkeiten aufzeigen. Eine Zusammenfassung aus der Community finden Sie unter http://wiki.typo3.org/index.php/Hosting.

Für einen eigenen Rechner sind 512 Mbyte Arbeitsspeicher ein absolutes Minimum. Bei intensivem Einsatz von Bildbearbeitung oder bei der Generierung von PDF-Dateien darf es ruhig auch deutlich mehr sein.

**Stellen Sie beim Betrieb eines eigenen Servers sicher, dass Sie über entsprechendes Wissen zur Wartung und vor allem zur Sicherheit eines Webservers verfügen.**

### 3.1.2 Software

#### Browser und Browsereinstellungen

Zum Arbeiten mit TYPO3 genügt Ihnen lokal ein normaler Standardbrowser wie der Internet Explorer oder Firefox. Es müssen jedoch ein paar Einstellungen richtig gesetzt sein, um auch effizient arbeiten zu können:

» JavaScript aktivieren

Im TYPO3-Backend wird an vielen Stellen JavaScript eingesetzt, um ein komfortables Arbeiten zu ermöglichen. In der Regel werden Sie JavaScript sowieso bereits aktiviert haben, da viele Webdienste darauf zurückgreifen. Ab der Version 4.3 bekommen Sie außerdem sofort eine Warnmeldung am Bildschirm, falls Sie kein JavaScript haben bzw. JavaScript durch den Einsatz von Extensions wie *NoScript* für den Firefox einschränken.

» Popup-Fenster für die bearbeitete Domain freischalten

An manchen Stellen wird vom TYPO3-Backend ein Popup-Fenster geöffnet, um z. B. Verknüpfungen zu erstellen oder ein abgelaufenes Login zu erneuern. Falls Sie Popups nicht generell freigeben wollen, sollte Ihnen Ihr Browser die Möglichkeit geben, gezielt für einzelne Domains Popups zu erlauben.

» Cookies akzeptieren

Um sich im Backend überhaupt anmelden zu können, müssen Sie Cookies erlauben. Auch hier wird Ihnen Ihr Browser Möglichkeiten zur Differenzierung anbieten, falls Sie Cookies nicht generell akzeptieren wollen.

## Webserver

TYPO3 ist grundsätzlich auf jedem Webserver einsatzfähig, der PHP betreiben kann. Generell zu empfehlen ist der weltweit meistgenutzte Webserver Apache[1]. Aber auch der IIS von Microsoft wird gemeinsam mit TYPO3 erfolgreich eingesetzt.

## PHP

PHP4 ab der Version 4.3.0 ist derzeit immer noch anzutreffen, obwohl keine Unterstützung mehr dafür angeboten wird. Sie sollten darauf achten, ein Paket mit PHP5 zu haben. Seit der TYPO3-Version 3.7 wird PHP5 unterstützt, und ab der TYPO3-Version 4.2 ist PHP 5.2 als Mindestanforderung festgelegt[2]. Für einen regulären Betrieb ist ein Wert von mindestens 32 Mbyte für die Einstellung *memory_limit* erforderlich. Es darf ruhig auch deutlich mehr sein.

**Den verfügbaren Arbeitsspeicher erhöhen Sie wie folgt mittels *memory_limit*:**

1. Öffnen Sie die Datei *php.ini*. Den Pfad der Datei finden Sie mithilfe der PHP-Funktion phpinfo().

2. Suchen Sie nach dem String memory_limit.

3. Ändern Sie den Wert auf 32M oder nach Möglichkeit auch auf mehr. Die Zeile sollte jetzt so aussehen: memory_limit = 32M;.

4. Speichern Sie die Datei, und starten Sie den Webserver neu.

In der Datei *localconf.php* (der Konfigurationsdatei jeder TYPO3-Installation) lassen sich die Einstellungen für memory_limit direkt per Editor oder im Backend über das Install Tool festlegen. Suchen Sie nach setMemoryLimit. Diesen Weg können Sie versuchen, falls Sie bei Ihrem Provider nicht auf die Datei *php.ini* zugreifen können. Mehr Informationen zum Install Tool finden Sie weiter unten in diesem Abschnitt.

---

[1] Apache-HTTP-Server-Projekt: http://httpd.apache.org
[2] http://buzz.typo3.org/people/stucki/article/leaving-php4-behind

## Datenbank

Die Standarddatenbank für TYPO3 ist MySQL. Zu empfehlen sind Versionen ab 4.1.18, da ab dieser Version eine komplette Unterstützung für UTF-8 gegeben ist. Bis zur TYPO3-Version 4.0 war MySQL die einzige Datenbank, die einen problemlosen Einsatz ermöglichte. Seit 4.0 ist jedoch eine Abstrahierungsschicht für Datenbanken, der sogenannte *Database Abstraction Layer (DBAL)*, mit in den Kern von TYPO3 aufgenommen und dessen Unterstützung durchgängig sichergestellt. DBAL unterstützt mithilfe von ADODB eine breite Palette von relationalen Datenbanken und kann sogar für eine Datenhaltung in XML konfiguriert werden. Der erfolgreiche, bisher jedoch nicht immer problemlose Einsatz von Oracle und Microsoft SQL Server für produktive Systeme ist bereits seit Längerem von Agenturen bekannt gegeben worden. Weitere Informationen zur hier nötigen Konfiguration finden Sie mit dem aktuellsten Stand im TYPO3-Wiki für Oracle[3] und MS SQL[4].

*Es gibt einige Extensions, die nur MySQL unterstützen. Stellen Sie sich also bei einem Einsatz einer anderen Datenbank als MySQL auf zusätzlichen Aufwand ein, falls Sie Extensions von Dritten nutzen wollen.*

## GDLib, FreeType, ImageMagick, GraphicsMagick

Diese Grafikbearbeitungsprogramme sind zwar für den Betrieb von TYPO3 nicht zwingend erforderlich, der Erfolg von TYPO3 gründet sich jedoch zu einem nicht geringen Anteil auf die vielfältigen grafischen Möglichkeiten, die durch den Einsatz von ImageMagick und Co. mit relativ geringem Aufwand möglich sind.

FreeType[5] wird benötigt, um beispielsweise Beschriftungen von Buttons und Ähnliches zu generieren. In der Windows-Binärdistribution von PHP ist die FreeType-Bibliothek bereits enthalten.

GDLib[6] ist eine Grafikbibliothek, die meist schon in PHP einkompiliert ist und somit standardmäßig zur Verfügung steht. Aufgrund zahlreicher Änderungen an ImageMagick, die eine problemlose Zusammenarbeit mit TYPO3 erschwert haben, wurde lange der Einsatz von ImageMagick Version 4.2.9 empfohlen, auch wenn diese schon eine relativ alte Version darstellte. Seit der TYPO3-Version 3.8 ist es möglich, ImageMagick durch GraphicsMagick zu ersetzen. Derzeit wird der Einsatz von GraphicsMagick empfohlen, weil hier meist eine bessere Qualität bei geringerem Verbrauch von Systemressourcen erzielt wird und für neuere Versionen von einer stabilen Schnittstelle auszugehen ist. Für eine normale Webseite ohne spezielle Bildbearbeitungen ist aus unserer Sicht der Unterschied jedoch nicht entscheidend. Informationen und Tipps zur Installation finden Sie in Abschnitt 3.3.

---

3   TYPO3-Wiki zu Oracle: http://wiki.typo3.org/index.php/Oracle
4   TYPO3-Wiki zu MS SQL: http://wiki.typo3.org/index.php/Mssql
5   FreeType: http://www.freetype.org/
6   GDLib: http://www.boutell.com/gd/

### Weitere nützliche externe Programme und Module

Je mehr Funktionalitäten Sie mit TYPO3 nutzen, desto mehr externe Programme werden Sie über TYPO3 einsetzen. Dazu gehören beispielsweise Tools für die Extension indexed_ search, um auch verlinkte Dateien wie *pdf*s (*pdftotext* und *pdfinfo*) oder MS-Office-Dokumente, beispielsweise Word, Excel oder PowerPoint (*ppthtml*), durchsuchen zu können. In der Regel müssen diese Tools auf dem Server zur Verfügung gestellt werden, und der korrekte Pfad dazu muss in TYPO3 konfiguriert werden.

*Falls eine Extension ein externes Tool benötigt oder unterstützt, ist dies in der Regel in der Dokumentation der Extension angegeben. Dort wird auch die entsprechend nötige Konfiguration besprochen.*

## 3.2 Paketwahl und Platzierung auf dem Server

Auf http://typo3.org/download/ finden Sie jeweils die aktuellsten stabilen TYPO3-Versionen (und vor dem Erscheinen neuer Versionen auch die entsprechenden Alpha-, Beta- oder RC-Releases) zum Herunterladen. Falls Sie noch keinen Webserver in Betrieb haben, machen Ihnen die Installer-Pakete das Leben leichter. Wählen Sie das passende Paket für Ihre Hardware, und folgen Sie den Anweisungen auf dem Bildschirm.

*Sie können auch direkt unter https://svn.typo3.org/ auf den aktuellsten Entwicklungsstand der verschiedenen TYPO3-Versionen zugreifen.*

*Einen Überblick können Sie sich direkt mit einem Browser verschaffen. Für einen Download benutzen Sie Ihren svn-Client.*

Für die Installation einer neuen TYPO3-Instanz auf einem bereits bestehenden Webserver oder auf einem (nicht schon mit TYPO3 vorkonfigurierten) Hosting-Paket brauchen Sie die beiden Pakete *dummy-\** und *typo3_src-\**. Das Sternchen steht hier für die jeweils aktuelle oder gewünschte Version. Das Paket *typo3_src-\** enthält das *TYPO3-Source-Paket*, das für mehrere Instanzen von TYPO3 auf demselben Server verwendet werden kann. *dummy-\** enthält eine leere TYPO3-Instanz inklusive Datenbank mit Admin-Benutzer (Benutzername: *admin*, Passwort: *password*) und Standardordnern. Der Unterschied zwischen *tar.gz-* und *zip*-Paketen besteht in der Verwendung von symbolischen Links (Symlinks). Die generelle Regel lautet: *zip*-Pakete sind für Windows gedacht, *tar.gz*-Pakete für Linux- und Unix-Derivate.

*Wie Sie auch unter Windows in den Genuss von Symlinks kommen können, ist in Kapitel 10, Spezialthemen, Abschnitt 10.3 beschrieben. Wir haben mit Symlinks auf Windows-Rechnern hervorragende Erfahrungen gemacht und können diese Vorgehensweise wärmstens empfehlen.*

Diese Pakete müssen Sie nun in den Webordner Ihres Webservers (meist *htdocs*) entpacken. Auf einem Unix/Linux-System geschieht dies durch die Eingabe entsprechender Befehle auf der Konsole:

Listing 3.1: **Pakete nebeneinander entpacken**

```
user@domain:~$ tar xzf typo3_src-<version>.tar.gz
user@domain:~$ tar xzf dummy-<version>.tar.gz
```

Als Resultat erhalten Sie die Ordner *dummy-4.\** und *typo3_src-4.\**. Den Ordner *dummy* benennen Sie am besten um und geben ihm einen passenden Projektnamen, denn hier werden alle projektspezifischen Dateien liegen. Innerhalb des Ordners befinden sich unter anderem die Symlinks, die eine Verbindung zum Source-Paket herstellen. Solange beide Ordner im selben Verzeichnis liegen, müssen Sie hier keine Änderungen vornehmen. Der Webserver (beispielsweise als Nutzer namens *www-data*) muss Schreibrechte auf den Ordner *dummy-4.\** inklusive der Unterordner haben.

Listing 3.2: **Rechte für den Inhalt des dummy-Paketes richtig einstellen**

```
user@domain:/var/www$ chgrp -R www-data dummy-4.*
user@domain:/var/www$ chmod -R g+w dummy-4.*
```

*Eine ausführliche Installationsanleitung finden Sie in beiden Paketen in der Datei* INSTALL.txt.

## 3.2.1 Lösungen für häufig anzutreffende Probleme

### Kein Zugriff auf die Konsole (Shell) möglich

Bei vielen Hosting-Paketen wird Ihnen kein Zugriff auf die Konsole erlaubt. Dadurch können Sie weder die TYPO3-Pakete auf dem Server entpacken noch Symlinks setzen.

Lösung:

Der rustikale und immer mögliche Weg ist, die Pakete lokal zu entpacken und die resultierenden Ordner per FTP auf den Server zu verschieben. Per FTP sind allerdings keine Symlinks möglich, sodass Sie die Ordner manuell richtig zusammenstellen müssen. Testen Sie in diesem Fall am besten die korrekte Funktionsweise der TYPO3-Instanz lokal, und verschieben oder kopieren Sie dann das gesamte Paket auf den Webserver. Informationen zur nötigen Ordnerstruktur in TYPO3 finden Sie in Kapitel 7, *Das Framework – Werkzeugkasten für die eigene Extension,* Abschnitt 7.1.2.

Etwas effizienter, aber aus Sicherheitsgründen nicht immer möglich und nur mit Vorwissen zu empfehlen, ist der Einsatz einer Shell-Emulation per PHP. Dabei können Sie über eine Eingabemaske mithilfe Ihres Browsers Konsolenbefehle an das Betriebssystem absetzen. Nutzen Sie dazu ein PHP-Script wie *PHP Shell*[7].

---

7   PHP-Shell: http://mgeisler.net/php-shell/

## Berechtigungsprobleme zwischen FTP-Benutzer und Web-Benutzer

Oft werden auch Dateien für den Bereich *fileadmin* per FTP auf den Server geladen. Dies können Unterordner, Bilder oder sonstige Dateien sein. Jetzt ist der für den FTP-Transfer verwendete Benutzer gleichzeitig auch Besitzer der Datei. Ein Bearbeiter, der über das TYPO3-Backend auf diesen Ordner oder die Datei zugreift, tut dies unter der Kennung des Webservers (oft *www-data*), wodurch Berechtigungsprobleme entstehen können.

Lösung:

Weisen Sie *www-data* und dem FTP-Benutzer die gleiche Gruppe zu, und vergeben Sie die Schreibberechtigung auf Gruppenebene, bzw. weisen Sie Ihren Hosting-Anbieter auf die Problematik hin. Falls Sie nicht sicher sind, ob der Web-Benutzer wirklich *www-data* ist, können Sie dies entweder über Konsolenbefehle oder auch mit PHP herausfinden.

```
user@domain:~$ ps -aux | grep apache
```

Als Ergebnis bekommen Sie eine Liste von Prozessen zum Apache Webserver, die ähnlich wie folgt aussehen wird:

Listing 3.3: **Prozessliste auf der Konsole**

```
root      3665 0.0 1.1 15896 6132  ?       Ss   Sep17   0:09 /usr/sbin/ ↵
   apache2 -k start -DSSL
www-data 17498 0.0 5.6 38092 28976 ?       S    Sep21   0:17 /usr/sbin/ ↵
   apache2 -k start -DSSL
www-data 17499 0.0 8.6 53856 44748 ?       S    Sep21   0:18 /usr/sbin/ ↵
   apache2 -k start -DSSL
www-data 17500 0.0 4.1 30140 21096 ?       S    Sep21   0:16 /usr/sbin/ ↵
   apache2 -k start -DSSL
admin     8140 0.0 0.1 2096  700   pts/0   S+   15:02   0:00 grep apache
```

Die letzte Zeile ist der Prozess, den Sie durch die Abfrage gestartet haben, und die erste Zeile ist der *root*-Benutzer, der den Apache Webserver initial gestartet hat. Die Zeilen dazwischen sind Kindprozesse des ersten Prozesses und laufen unter dem gesuchten Benutzer, in unserem Beispiel *www-data*.

Ohne Zugriff auf die Konsole bleibt Ihnen der Weg über eine Funktion von PHP. Schieben Sie eine PHP-Datei mit folgendem Inhalt auf den Server, und rufen Sie diese Datei über den Webbrowser auf. Falls die Funktion *passthru* aktiviert ist, wird Ihnen der Webserver-Benutzer angezeigt. Falls PHP im *safe_mode* betrieben wird, ist dies eventuell nicht möglich.

Listing 3.4: **Beispiel zur Erkennung des Benutzernamens des Webservers**

```php
<?php
passthru("whoami");
?>
```

## 3.3 Das Installationstool

Nachdem nun alle Dateien am richtigen Platz sind, können Sie die neue Webseite erstmalig aufrufen. Falls Sie die Dateien lokal auf Ihrem Rechner im Standardverzeichnis *htdocs* (also in Ihrer *DocumentRoot*) abgelegt haben und den Ordner *dummy-\** beispielsweise in *testprojekt* umbenannt haben, lautet der korrekte URI vermutlich http://localhost/testprojekt/. Auf einem Hostingpaket rufen Sie direkt die mit dem Paket verknüpfte Domain auf und fügen eventuell noch den Namen des Unterordners an, falls Sie TYPO3 nicht direkt im *DocumentRoot* abgelegt haben.

Nun können Sie das *Install Tool* aufrufen. Standardmäßig finden Sie es in http://localhost/testprojekt/typo3/install.

Sie müssen voraussichtlich eine (leere) Datei *typo3conf/ENABLE_INSTALL_TOOL* erzeugen, um den Zugriff auf das Installationstool zu ermöglichen. Auf einer Linux-Konsole können Sie dies ganz einfach durch den Befehl touch ENABLE_INSTALL_TOOL erreichen. Eine weitere Möglichkeit zum Erzeugen der Datei finden Sie (als Admin) im Modul USER TOOLS, USER SETTINGS. Je nach eingesetzter TYPO3-Version finden Sie dort den Button CREATE INSTALL TOOL ENABLE FILE an unterschiedlicher Stelle.

Falls Sie die TYPO3-Instanz komplett neu aufsetzen, sollten Sie jetzt im sogenannten *1-2-3 Modus* angelangt sein. Folgen Sie einfach den Anweisungen auf dem Bildschirm.

> **INFO** *In einigen Versionen vor TYPO3 4.3 wird die Datei* ENABLE_INSTALL_TOOL *nicht automatisch gelöscht. Bitte denken Sie also unbedingt daran, die Datei aus Sicherheitsgründen im Live-Betrieb selbst wieder zu entfernen.*

1. Geben Sie die Zugangskennung für den eingesetzten Datenbankserver ein. Auf lokalen MySQL-Datenbanken zum Entwickeln ist dies eventuell noch der Benutzer root ohne Passwort. Fragen Sie ansonsten Ihren Administrator.

2. Legen Sie die Datenbank neu an, in der die TYPO3-Tabellen angelegt werden sollen. In Ausnahmefällen können Sie hier auch eine existierende Datenbank auswählen.

3. Importieren Sie die Basis-Datenbank für TYPO3. Dabei wird auch ein Backend-Benutzer *admin* mit dem Passwort *password* angelegt.

4. Ein Klick auf CONTINUE TO CONFIGURE TYPO3 bringt Sie ins tatsächliche Install Tool, das Sie später auch vom Backend aus erreichen können.

Wir werden nicht jeden einzelnen Punkt des Install Tools ansprechen können, da dies den Umfang des Buches sprengen würde und wir davon ausgehen, dass Sie die Bedeutung und Auswirkung vieler Einstellungen auch ohne explizite Hilfe durch das Buch verstehen werden, da das Install Tool selbst Erläuterungen bietet und Sie im Internet zu jeder Option weitere Informationen und Erfahrungsberichte finden können. Wir werden jedoch die aus unserer Sicht wichtigsten und manchmal vielleicht etwas schwierigeren Punkte ansprechen.

Alle Einstellungen, die Sie auf den folgenden Seiten festlegen, haben einen Eintrag in der Datei *typo3conf/localconf.php* zur Folge. Entsprechendes Wissen vorausgesetzt, können Sie also auch direkt in der *localconf.php* arbeiten. Zumindest für den Einstieg empfehlen wir jedoch den komfortablen Weg über die Masken im Install Tool.

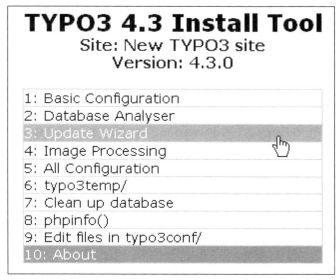

Abbildung 3.1: **Bereiche im Install Tool**

### 3.3.1 Standardmäßiges Passwort ändern

Das Standardpasswort für das Install Tool ist *joh316*. Dies leitet sich von der Bibelstelle Johannes, Kapitel 3 Vers 16 ab. Recherchieren Sie selbst, was sich dahinter verbirgt.

Da dieses Passwort (fast) der ganzen Welt bekannt ist, sollten Sie es dringend in eine nur Ihnen bekannte Zeichenfolge abändern. Dies können Sie im Bereich 10: ABOUT durchführen.

### 3.3.2 Basiseinstellungen

Im Bereich der Basiseinstellungen (1: BASIS CONFIGURATION) befinden sich viele der wichtigsten Einstellungen. Eventuelle Probleme durch fehlende Verzeichnisse oder nicht ausreichende Schreibberechtigungen können Sie hier erkennen und beheben. Für einen Einsatz der vielfältigen Bildbearbeitungsmöglichkeiten von TYPO3 müssen die Pfade zu ImageMagick oder GraphicsMagick gesetzt sein. Im Idealfall werden sie von TYPO3 automatisch gefunden, ansonsten müssen Sie die Pfade entsprechend Ihrem Betriebssystem bzw. Hoster angeben.

Falls an dieser Stelle keine Installation von ImageMagick oder GraphicsMagick gefunden wurde, können Sie versuchsweise andere Pfade eingeben. Im Zweifelsfall sollten Sie sich mit Ihrem Administrator oder Hoster in Verbindung setzen und die korrekten Pfade erfragen bzw. um eine Installation der Programme bitten.

# KAPITEL 3   Installation

> **ACHTUNG**
> Falls das Install Tool den korrekten Pfad automatisch gefunden hat, klicken Sie bitte noch auf UPDATE LOCALCONF.PHP, damit diese Änderungen auch übernommen werden.

> **TIPP**
> *Besondere Beachtung sollte hier auch der* Encryption Key *finden, der einen großen Beitrag zur Sicherheit Ihrer Installation leisten kann. Sie können ihn zufällig erzeugen lassen (was wir empfehlen würden) oder selbst eine Zeichenkette angeben. Viele weitere Informationen zum Thema Sicherheit finden Sie in Kapitel 10,* Spezialthemen, *Abschnitt 10.1.*

### 3.3.3 Datenbank mit $TCA vergleichen

Im Bereich 2: DATABASE ANALYSER können Sie über den Link COMPARE die Vollständigkeit der Datenbank überprüfen, indem die Tabellen und ihre Felder mit den im $TCA konfigurierten Feldern verglichen werden. Dies sollten Sie vor allem bei einem Update von TYPO3 routinemäßig durchführen. Details zu dieser Funktionalität finden Sie in Kapitel 5, *Das Backend – Eingabe und Pflege der Daten,* Abschnitt 5.5.3.

### 3.3.4 Bildbearbeitung überprüfen

Falls Sie die richtigen Einstellungen in den Basiseinstellungen getroffen haben, sollten Sie im Bereich 4: IMAGE PROCESSING einen kleinen Einblick bekommen, was Sie mit Bildern in TYPO3 alles anstellen können. Falls ein Test nicht zufriedenstellend funktioniert, bekommen Sie in der Erklärung direkt Hinweise auf mögliche Fehlerquellen oder nötige Änderungen an der Konfiguration.

### 3.3.5 Gezielt Einstellungen suchen und verändern

Jetzt ist es an der Zeit, sich einen Überblick über die vielfältigen Einstellungsmöglichkeiten zu verschaffen. Auf den Bereich 5: ALL CONFIGURATION werden Sie immer wieder mal zugreifen, um Einstellungen anzupassen.

Wie der Name schon sagt, sind hier alle Einstellmöglichkeiten aufgelistet, die über das Install Tool modifizierbar sind. Es werden fünf Bereiche unterschieden.

| BEREICHSNAME | ANWENDUNG |
| --- | --- |
| GFX | Grafikrelevante Einstellungen |
| SYS | Einstellungen zur Systemkonfiguration in Frontend und Backend |
| EXT | Konfigurationen zu Einstellungen der Extensions |
| BE | Einstellungen speziell für das Backend |
| FE | Einstellungen speziell für das Frontend |

Tabelle 3.1: **Bereiche für die Konfiguration**

# KAPITEL 3  Installation

Sie werden in den Mailinglisten immer wieder Hinweise auf Konfigurationsvariablen finden, die beispielsweise so aussehen:

$TYPO3_CONF_VARS['BE']['forceCharset'] = "utf-8";

Genau diese werden hier festgelegt. Sie sehen, dass der Bereich die erste Ebene im Konfigurationsarray $TYPO3_CONF_VARS darstellt. Wir werden hier auf Einstellungen eingehen, die aus unserer Sicht wichtig und interessant sind.

Wichtige Einstellungen speziell zum Thema Sicherheit Ihrer Installation finden Sie in Kapitel 10, *Spezialthemen*, Abschnitt 10.1.

*In der Maske im Install Tool finden Sie zu den jeweiligen Konfigurationsmöglichkeiten der einzelnen Felder bereits hilfreiche Informationen und Erklärungen. Der hier folgende Abschnitt dient dem Zweck, Ihnen zusätzliche Möglichkeiten und interessante Hinweise zu geben.*

» [SYS][doNotCheckReferer]

In TYPO3 wird an verschiedenen Stellen geprüft, ob der aktuell zugreifende Host identisch mit dem verweisenden Host ist. Manche Proxyserver geben diese Information (normalerweise in der PHP-Variablen $HTTP_REFERER) jedoch nicht korrekt weiter, wodurch beim Bearbeiten Fehler auftreten können. Sprechen Sie in diesem Fall mit dem zuständigen Administrator, oder deaktivieren Sie die Überprüfung. Falls Sie übermäßig oft aus dem Backend rausfliegen, können Sie dieses Problem vermutlich durch eine Umstellung an dieser Stelle beheben.

» [SYS][sqlDebug]

Durch ein Aktivieren der SQL-Debug-Funktion werden alle SQL-Fehler direkt im Browser ausgegeben und bringen den Entwickler sehr schnell auf die richtige Spur zu dem Fehler. Wichtig: Verwenden Sie diese Einstellung nur auf dem Entwicklungsserver, bzw. deaktivieren Sie sie vor der Live-Schaltung!

» [SYS][devIPmask]

Die Debug-Funktion prüft vor einer Ausgabe von Werten, ob der aktuelle Besucher von der gesetzten IP-Maske aus zugreift, und verhindert so die Übermittlung sicherheitskritischer Informationen an Unberechtigte. Standardmäßig ist 127.0.0.1 eingestellt, d. h. die lokale Installation. Diese Einstellung muss also ggf. angepasst werden.

» [SYS][enable_DLOG]

Diese Funktion aktiviert den Entwickler-Log, der von Extensions wie cc_debug oder abz_developer genutzt wird. Damit können Sie zentral Einträge für das Logging im Core und in anderen Extensions aktivieren und deaktivieren. Dieser Wert wird von TYPO3 in die Konstante TYPO3_DLOG übernommen. Wichtig: Verwenden Sie diese Einstellung nur auf dem Entwicklungsserver, bzw. deaktivieren Sie sie vor der Live-Schaltung!

# KAPITEL 3  Installation

Listing 3.5: **Typischer Eintrag für das Logging in typo3/sysext/cms/tslib/index_ts.php**
```
if (TYPO3_DLOG) t3lib_div::devLog('END of FRONTEND session','',0,array ↵
    ('_FLUSH'=>TRUE));
```

*Weitere Informationen zu Hilfen für die Entwicklung finden Sie in Kapitel 8,* Extensions entwickeln, *Abschnitt 8.13.7.*

» [SYS][setMemoryLimit]

Falls Sie keinen Zugriff auf die direkte Konfiguration von PHP haben (*php.ini*), können Sie über diese Option versuchen, das Speicherlimit für das Ausführen für PHP-Scripts zu erhöhen. Eine Erhöhung des Limits an dieser Stelle greift jedoch nur, wenn die PHP-Funktion ini_set() nicht vom Administrator deaktiviert wurde. Weitere Informationen zum Thema Hardware finden Sie in Abschnitt 3.1.1.

» [SYS][useCachingFramework]

Falls Sie statt dem herkömmlichen Caching in TYPO3 das neue *Caching Framework* einsetzen wollen, können Sie dies über dieses Flag zentral steuern. Dabei ist auch ein Umschalten einer bereits in Betrieb befindlichen Seite möglich. Sie sollten davor allerdings den Cache löschen. Details zu den Möglichkeiten und der Konfiguration finden Sie in Kapitel 4, *Das Frontend – Ausgabe und Darstellung der Daten,* Abschnitt 4.15.

» [EXT][extCache]

Für die Phase der Entwicklung kann es hilfreich sein, diesen Wert auf 0 zu setzen. Dadurch werden die Inhalte der Dateien *ext_localconf.php* und *ext_tables.php* aus den einzelnen Extensions nicht in den Dateien *typo3conf/temp_CACHED_\** zusammengefasst, sondern bei jedem Seitenaufruf einzeln eingebunden. Dies kostet natürlich Performance, dafür muss der Entwickler aber nicht mehr nach jeder Änderung an diesen Dateien den Cache leeren.

**Vergessen Sie nicht, den Wert für die Produktivseite wieder umzustellen, da Sie sonst unnötige Last auf dem Dateisystem erzeugen.**

» [BE][sessionTimeout]

Speziell während der Entwicklung kann die häufig erscheinende Anmeldemaske sehr lästig werden. Erhöhen Sie hier einfach die Laufzeit einer Session und damit die Zeit für das erneute Erscheinen der Maske.

» [BE][installToolPassword]

Das Passwort für das Install Tool ist MD5-gehasht. Falls Sie ein neues Passwort setzen wollen, können Sie hier den MD5-Hash-Wert eintragen.

Sie erhalten ihn folgendermaßen: Fügen Sie Ihr neues Wunschpasswort im Klartext in die Zugangsabfrage zum Install Tool ein. Da es sich um ein neues Passwort handelt, wird

# KAPITEL 3   Installation

der Zugriff nicht funktionieren, aber der MD5-Hash für das eben eingegebene Passwort wird unten angezeigt. Kopieren Sie diesen dann einfach in das Feld hier.

Sie können das Passwort alternativ auch direkt im Bereich ABOUT ändern, da es dort noch im ungehashten Zustand eingetragen werden kann.

» [BE][adminOnly]

Für Wartungsaufgaben kann es manchmal sinnvoll sein, temporär keine normalen Redakteure auf das System zu lassen. Dazu setzen Sie den Wert auf 1. Durch Setzen des Wertes auf -1 kann das Backend komplett deaktiviert werden.

> **ACHTUNG**
>
> Bei einem Wert von -1 ist jeglicher Zugriff auf das Backend gesperrt. Dadurch sind natürlich auch Sie und alle anderen Administratoren vom System getrennt. Führen Sie also diese Einstellung nur durch, wenn Sie die Einstellung durch direkten Zugriff auf die Datei typo3conf/localconf.php verändern können. Alternativ können Sie versuchen, direkt das Install-Tool-Script zur Konfiguration aufzurufen:
>
> http://www.ihreDomain/typo3/install/

» [BE][interfaces]

Sie können dem Benutzer über ein Dropdown-Menü unter der TYPO3-Anmeldemaske die Backend- sowie auch die Frontend-Bearbeitungsoberfläche (sogenanntes *Frontend-Editing*) zur Auswahl anbieten. Der Eintrag im Install Tool erfolgt kommagetrennt, z. B. backend,frontend.

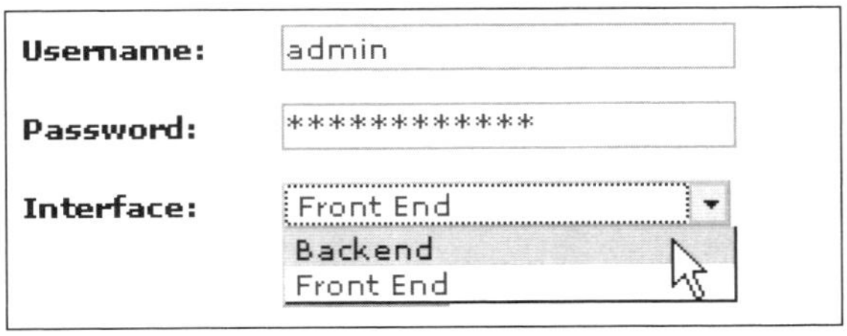

Abbildung 3.2: **Anmeldemaske**

» [BE][explicitADmode]

Diese Einstellung verändert die Verfügbarkeit von Inhaltselementen für den Redakteur. Standardmäßig (*explicitDeny*) kann der Benutzer auf alle Inhaltselemente zugreifen, die ihm nicht explizit verweigert werden. Das hat zur Folge, dass neue Inhaltselemente (beispielsweise durch Installation von Extensions) automatisch allen Redakteuren zur Verfügung stehen.

Im umgekehrten Modus (*explicitAllow*) sieht der Redakteur nur diejenigen Inhaltselemente, die ihm explizit freigeschaltet werden. Aufgrund der relativ großen Zahl verschiedener Inhaltselemente mit entsprechenden Auswirkungen auf die Webseite empfehlen wir einen Einsatz von *explicitAllow*, da dann ganz bewusst einzelne Inhaltselemente freigeschaltet werden müssen.

» [BE][forceCharset]

Hier wird der Zeichensatz eingestellt. Beachten Sie im Zusammenhang mit dem gewählten Zeichensatz auch die Einstellung [SYS][multiplyDBfieldSize]. Für einen Einsatz von *UTF-8* in einer Datenbank, die für ISO-8859-1 konfiguriert ist, sollten Sie diesen Wert auf 2 bis 3 erhöhen, da jedes Zeichen dann mehr Platz benötigt. Falls Ihre Datenbank bereits auf UTF-8 eingestellt ist – was bei neueren Versionen defaultmäßig der Fall sein sollte – können Sie diese Einstellung ignorieren. Zusätzlich sollten Sie die Einstellung [SYS][setDBinit] auf 'SET NAMES utf8' setzen. Mehr Informationen zu Zeichensatzkonfigurationen erhalten Sie in Kapitel 4, *Das Frontend – Ausgabe und Darstellung der Daten*, Abschnitt 4.12.2.

*Starten Sie neue Projekte gleich mit UTF-8. Dadurch sind Sie bei einer möglichen späteren Erweiterung Ihrer Webseite um weitere Sprachen bereits bestens gerüstet, vor allem, wenn diese Sprachen nicht aus dem westeuropäischen Raum stammen.*

» [FE][tidy], [tidy_option], [tidy_path]

Das Programm *tidy* überarbeitet HTML-Code so, dass ein absolut sauberer und korrekter Code entsteht. Dies ist vor allem dann interessant, wenn Ihre Redakteure viele Inhalte von Textbearbeitungssystemen wie Word in die RTE-Felder kopieren.

**Überprüfen Sie bei einer Aktivierung auf jeden Fall Ihre Seite auf mögliche Layout-Veränderungen. Da die HTML-Ausgabe von *tidy* angepasst wird, greifen Ihre CSS-Klassen eventuell nicht mehr richtig.**

» [FE][pageNotFound_handling]

Standardmäßig (Wert 0) versucht TYPO3 bei einem Aufruf einer nicht existierenden Seite die nächstliegende existierende Seite (im Seitenbaum nach oben) anzuzeigen, wodurch Verwirrung beim Besucher entstehen kann. Alternativ (Wert 1) wird eine TYPO3-Fehlermeldung angezeigt. Eine ansprechende Lösung bietet jedoch die Definition einer Fehlerseite, bei der Sie mehrere Möglichkeiten haben:

» Angabe einer URL für die Fehlerseite, z. B.:

http://www.domain.org/errors/notfound.html

» Angabe des Pfades zu einer Fehlerseite, z. B.:

*'READFILE:fileadmin/notfound.html'*

Dabei ist ein Einsatz von zwei Markern möglich: ###CURRENT_URL### wird durch die gesuchte Seite ersetzt, ###REASON### gibt eine Fehlermeldung an.

» Aufruf einer benutzerdefinierten Funktion, z. B.:

*'USER_FUNCTION:typo3conf/pageNotFoundHandling.php:user_pageNotFound->pageNotFound'.*

In der aufgerufenen Datei muss eine Klasse `user_pageNotFound` mit einer Funktion `pageNotFound()` definiert sein. Es werden zwei Parameter, `$param` und `$ref`, erwartet. Dort können Sie eine individuelle Behandlung für eine fehlgeschlagene Anfrage festlegen.

Durch dieses TYPO3-interne Handling für den Status *404 Not Found* werden keineswegs alle Anfragen nach nicht vorhandenen Seiten an den Server abgefangen. Erst durch die entsprechenden Einstellungen für `mod_rewrite` (im Falle eines Apache Webservers), der diese Anfragen an TYPO3 weiterleitet, kann ein einheitliches Verhalten erreicht werden. Die Einstellungen für `mod_rewrite` werden in der Regel in Dateien mit dem Namen *.htcaccess* im TYPO3-Hauptverzeichnis abgelegt.

Listing 3.6: **Beispiel für die Einstellung in einer .htaccess-Datei**

```
RewriteEngine On
ErrorDocument 404 http://www.domain.de/notfound.html
RewriteCond %{REQUEST_FILENAME} !-f
RewriteRule   ^[^/]*\.html$ index.php
```

Alle Seiten, die nicht vom Webserver gefunden werden und deswegen den Status *404 (not found)* auslösen, werden automatisch nach http://www.domain.de/notfound.html weitergeleitet. Die (nicht vorhandene!) HTML-Seite *notfound.html* wird durch die `RewriteRule` an TYPO3 übergeben. TYPO3 wiederum startet das interne Handling, wie Sie es in `[FE]` `[pageNotFound_handling]` konfiguriert haben. Bei der Angabe für `ErrorDocument` können Sie auch einen lokalen Pfad eingeben. Dies bereitet jedoch bei Shared-Hosting-Angeboten meist Probleme, da dieser Pfad nicht richtig aufgelöst wird.

Alternativ können Sie tatsächlich eine Seite mit dem Alias notfound benennen und dort entsprechenden Inhalt hinterlegen. Dann wird diese Seite regulär aufgerufen. Dann wird allerdings keine Header-Information 404 mitgeschickt, die dem anfragenden Browser oder Suchroboter mitteilt, dass die gewünschte Seite nicht existiert. Eine Anfrage nach einer nicht existierenden Seite sollte jedoch immer mit dem Status 404 beantwortet werden.

`[FE][addRootLineFields]`

Sie können eine Liste von zusätzlichen Datenbankfeldern der Tabelle *pages* bestimmen, die bei Abfragen zur *Rootline* mit eingebunden werden. Auf die *Rootline* wird häufig mittels TypoScript oder in Frontend-Plugins zugegriffen.

**Die Rootline**

In diesem Buch (und auch in anderen Dokumentationen zu TYPO3) wird an einigen Stellen von der *Rootline* gesprochen. Die Rootline können Sie sich als den Weg von der aktuellen TYPO3-Seite bis hinauf an die Seitenwurzel vorstellen. Besonders gut können Sie das am Seitenbaum im Backend sehen.

Dabei ist die Seitenwurzel jedoch nicht immer zwangsläufig die oberste Seite im Backend, sondern von der aktuellen Seite ausgehend die erste Seite, die ein TypoScript-Template enthält, bei dem das Häkchen im Feld ROOTLEVEL gesetzt ist.

Abbildung 3.3: **Rootline über vier Seiten**

In Abbildung 3.3 ist nur auf der Seite *Home* ein TypoScript-Template enthalten, deshalb reicht die Rootline von der aktuellen Seite *Sub Header* bis hinauf zur Seite *Home*.

» [FE][pageOverlayFields]

Durch die Liste von Feldnamen können Sie bestimmen, welche Felder bei mehrsprachigen Seiten übersetzt werden können bzw. müssen. Funktionale Details können Sie in der Funktion t3lib_page::getPageOverlay() finden.

*Nachdem Sie Ihre TYPO3-Instanz entsprechend konfiguriert haben, sollte das Backend fehlerfrei funktionieren. Melden Sie sich am Backend an. Sie erinnern sich:*

*Benutzer:* admin
*Passwort:* password

*Dann ändern Sie am besten gleich das Passwort für den Benutzer* admin *im Modul* TOOLS, USER ADMIN *oder alternativ im Modul* USER, SETUP.

## 3.4 Backup/Recovery vorsehen

Bereits bei der Installation sollten Sie sich Gedanken über ein Backup bzw. die Wiederherstellung des Systems machen, falls einmal ein unvorhergesehener Datenverlust auftreten sollte. Speziell für TYPO3-Installationen haben Sie hier verschiedene Möglichkeiten, deren Wirtschaftlichkeit sehr stark von Ihren Bedürfnissen abhängt.

### 3.4.1 Export des Seitenbaums

Die simpelste, aber auch unvollständigste Methode ist der Export des Seitenbaums. Darin sind alle Inhalte und Bilder und auch Einstellungen enthalten, die Sie auf demselben, aber auch auf anderen TYPO3-Systemen wieder einspielen können. Allerdings haben Sie damit weder die installierten Extensions noch die Einstellungen der Extensions automatisch gesichert. Außerdem fehlt Ihnen die Konfiguration der Installation, die (wie auch die Konfiguration der Extensions) in der Datei *typo3conf/localconf.php* enthalten ist. Für ein professionelles und sicheres Backup ist diese Methode (zumindest für sich allein genommen) also nicht zu empfehlen.

## 3.4.2 Backup durch TYPO3-Extensions

Wie so oft bei TYPO3 gibt es auch für die Herausforderungen eines Backups eigene Extensions, die mehr oder weniger ausgereift an die Aufgabenstellung herangehen. Eine Suche nach *backup* im *TYPO3 Extension Repository* bringt Ihnen hier einige Ergebnisse. Die bekannteste und erfolgreichste Extension ist w4x_backup. Diese Extension erzeugt einen Dump Ihrer Datenbank und packt diesen mit allen notwendigen Ordnern des Dateisystems in ein Archiv. Dazu gehören *fileadmin*, *uploads* und *typo3conf*. Sie können dabei noch auswählen, ob auch alle lokal installierten Extensions aus dem Ordner *typo3conf/ext* mit in das Archiv aufgenommen werden sollen.

**Stellen Sie bei einem Einsatz der Extension auf jeden Fall sicher, dass tatsächlich alle gewünschten Daten mit in die Archivdatei aufgenommen werden. Vor allem der Dump der Datenbank muss sauber erzeugt werden, was eine richtige Konfiguration der Extension im Extension Manager voraussetzt.**

Die Bedienung im Backend ist sehr intuitiv. Sie können zwischen den Hauptaufgaben BACKUP, RESTORE und CLEAR wählen. Dabei haben Sie auch die direkte Möglichkeit, erzeugte Backup-Archive herunterzuladen.

Eine neuere, aber auch sehr smarte Variante bieten die Extensions wwsc_t3sync und mmsynchro. Sie können damit zwischen zwei oder auch mehreren TYPO3-Installationen Daten synchronisieren. Dabei werden wie bei der w4x_backup sowohl ein Dump der Datenbank erstellt als auch alle notwendigen Ordner des Dateisystems dazugeholt. Die Übertragung erfolgt mittels FTP bzw. über SSH. Da die Anforderungen und speziell auch die Möglichkeiten bei verschiedenen Hosting-Varianten sehr unterschiedlich sind, können wir hier keine allgemeingültige Empfehlung abgeben, mit den genannten Extensions sollten Sie jedoch viele Wünsche abdecken können bzw. gute Ideen für Ihre eigene Backup-Lösung finden.

## 3.4.3 Eigene Scripts

Die ambitionierten Profis unter Ihnen werden vermutlich eigene Scripts schreiben wollen. Auf einem Server, auf dem Sie die Verantwortung für das Backup haben, werden Sie für eine saubere und automatisierte Lösung nicht um eigene Scripts herumkommen. Sie können sich jedoch sicher gute Ideen und Anregungen aus den oben genannten Extensions holen. Um auf der sicheren Seite zu sein, sollten Sie alle Inhalte einbeziehen, die auch die Extension w4x_backup einbezieht.

## 3.4.4 Ihren Provider fragen

Falls Sie Ihre Webseite bei einem Provider hosten, sollten Sie auf jeden Fall wissen, welche Backup-Strategie dort eingesetzt wird.

# KAPITEL 3  Installation

*Fragen Sie Ihren Provider explizit danach, welche Wiederherstellungsmöglichkeiten Sie haben, falls durch einen Fehler (Ihrerseits oder auch aufgrund einer anderen Ursache) die Webseite so stark beeinträchtigt würde, dass ein Wiedereinspielen eines älteren Zustands als die beste Lösung erscheint. Wichtig ist dabei vor allem, welche Zustände von welchem Zeitraum Sie wiederherstellen können.*

## 3.5 Extensions einsetzen

Eine individuelle TYPO3-Installation besteht zum Großteil aus installierten Extensions. In diesem Kapitel beschreiben wir die Vorgehensweise des Administrators für den Einsatz von Extensions, um entsprechende Ergebnisse im Frontend (oder auch im Backend) zu bekommen.

### 3.5.1 Extension Manager konfigurieren

Der Extension Manager kann direkt »out of the box« eingesetzt werden, allerdings kann man ohne angepasste Konfiguration über Probleme stolpern.

*Für die Version 4 von TYPO3 wurden der Extension Manager (EM) und das TYPO3 Extension Repository (auch bekannt als TER) einer grundlegenden Überarbeitung unterzogen. Um die Last der immer weiter steigenden Downloads von Extensions von der Seite www.typo3.org zu nehmen, wurde die Möglichkeit geschaffen, das Extension Repository zu spiegeln, und es wurden auch bereits mehrere gespiegelte Server eingerichtet.*

Eine entscheidende Einstellung (in den neueren TYPO3-Versionen ab 4.0) ist ENABLE EXTENSIONS WITHOUT REVIEW im Untermenü SETTINGS. Falls Sie dieses Häkchen nicht setzen, sind Sie zwar davor geschützt, noch nicht sicherheitsgeprüfte Extensions zu laden und zu installieren, allerdings sind derzeit viele populäre Extensions noch nicht dieser Prüfung unterzogen worden und werden dann im Extension Manager nicht für den Import gefunden.

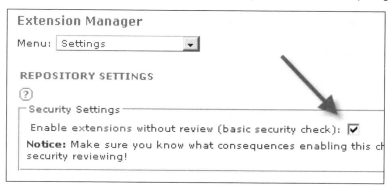

Abbildung 3.4: **Einstellung für den Extension Manager**

# KAPITEL 3  Installation

Falls Sie nicht geprüfte Extensions auf einem Live-System einsetzen wollen, müssen Sie wissen, was die Extension macht, wie sie funktioniert und vor allem, ob der Code aktuellen Sicherheitsanforderungen genügt. Im Zweifelsfall empfehlen wir Ihnen den Versuch, die zur Diskussion stehende Extension mithilfe einer Spende an das Security Team[8] auf der Dringlichkeitsliste nach oben zu schieben.

Um öffentliche Extensions aus dem TER zu laden, müssen Sie keinen Benutzer für *typo3.org* haben. Dieser ist nur wichtig für das Hochladen von eigenen Extensions.

Seit der Version 4.1 wird die Liste der verfügbaren Plugins aus Performance-Gründen nicht bei jedem Import-Versuch online geholt, sondern auf dem lokalen System abgelegt. Falls eine von Ihnen gewünschte Extension nicht gefunden wird, sollten Sie also zuerst die Liste der verfügbaren Extensions aktualisieren.

Abbildung 3.5: **Extension-Liste aktualisieren**

## 3.5.2 Extensions installieren

Wir möchten Sie an dieser Stelle dazu ermuntern, Extensions auszuprobieren und einzusetzen. Seien Sie sich jedoch darüber im Klaren, dass Sie keinen Anspruch auf tolle und einwandfrei funktionierende Extensions haben. Alle Extensions werden von den Autoren freiwillig und kostenlos zur Verfügung gestellt. Prüfen Sie also vor einem Einsatz einer Extension in einer Live-Umgebung, ob diese fehlerfrei funktioniert und aktuellen Sicherheitsanforderungen entspricht.

Um eine Extension in Ihrer TYPO3-Installation einzusetzen, sind nicht viele Schritte nötig.

### Schritt 1: Extension importieren

Sie müssen die gewünschte Extension importieren, falls sie nicht bereits mit dem Core-Paket mitgeliefert wurde. Dazu können Sie entweder den Ordner der Extension in das entsprechende Verzeichnis kopieren (meist *typo3conf/ext/*) oder – was bequemer ist – den Extension Manager einsetzen.

Das Menü des Extension Managers setzt sich zusammen aus den 6 Standard-Untermenüs LOADED EXTENSIONS, INSTALL EXTENSIONS, IMPORT EXTENSIONS, TRANSLATION HANDLING, SETTINGS und CHECK

---

8   Kontaktseite des Security Teams: http://typo3.org/teams/security/contact-us/

FOR EXTENSION UPDATES. Bei älteren Installationen ohne den letzten Punkt können Sie diese Funktionalität mithilfe der Extension `ter_update_check` hinzufügen. Weitere Untermenüpunkte kommen gegebenenfalls durch installierte Extensions hinzu, die weitere nützliche Funktionalitäten bieten, beispielsweise durch den Extension Kickstarter zum Anlegen neuer Extensions (`kickstarter`, siehe Kapitel 8, *Extensions entwickeln,* Abschnitt 8.4).

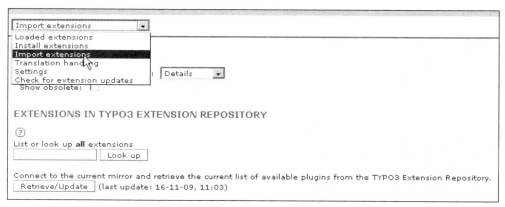

Abbildung 3.6: **Menü des Extension Managers**

Um im Extension Manager die richtige Maske zu erhalten, müssen Sie im Dropdown-Menü das Untermenü IMPORT EXTENSIONS auswählen. Hier erhalten Sie als Suchergebnis die jeweilige Extension mit der Möglichkeit, diese zu importieren und zu installieren.

Abbildung 3.7: **Ergebnis einer Extension-Suche für den Import**

Wenn Sie auf das Symbol vor der Extension klicken, wird diese importiert und dann direkt installiert. Vor der Installation werden jedoch eventuelle Abhängigkeiten zu anderen Extensions geprüft, und gegebenenfalls wird eine entsprechende Meldung angezeigt, sowie die Möglichkeit bereitgestellt, diese Extensions nachzuinstallieren.

Über den Link auf den Extension-Namen gelangen Sie – noch vor einem Import – auf eine Informationsseite zu der Extension. Dort erhalten Sie verschiedene Informationen sowie die Möglichkeit, aus den vorhandenen (teilweise auch älteren) Versionen auszuwählen. Dies ist auch die Vorgehensweise, um bei Ihnen vorhandene Extensions auf neuere Versionen im *TER* zu überprüfen.

# KAPITEL 3  Installation

Abbildung 3.8: **Version zum Download auswählen**

Um eine generelle Überprüfung aller lokal vorhandenen Extensions auf neue Versionen durchzuführen, wählen Sie den Punkt CHECK FOR EXTENSION UPDATES. Als Ergebnis bekommen Sie eine Übersicht über alle Extensions, von denen eine neuere Version im *TER* verfügbar ist. Ein Klick auf den Namen der Extension bringt Sie dann zum Dialog für den Import der gewählten Extension.

## Schritt 2: Extension installieren

Sie müssen die Extension installieren, damit sie aktiv wird. Auch hier bietet der Extension Manager alles, was Sie brauchen. Rein technisch gesehen wird dabei der Extension Key in die kommagetrennte Liste der Konfigurationsvariable $TYPO3_CONF_VARS['EXT']['extList'] in der Datei *localconf.php* geschrieben.

*Seit der Version 4.3 unterscheidet TYPO3 aus Performance-Gründen zwischen Backend- und Frontend-Extensions. Es gibt eine zusätzliche Konfigurationsvariable $TYPO3_CONF_VARS['EXT']['extList_FE'], die nur die Extensions enthält, die im Frontend benötigt werden.*

Installieren Sie Extensions immer mit dem Extension Manager, da sich dieser während des Installationsvorgangs auch gleich um Prioritäten, Abhängigkeiten und mögliche Konflikte kümmert.

Weitere Informationen zur Datei *ext_emconf.php*, aus der der Extension Manager seine Informationen bezieht, finden Sie in Kapitel 8, *Extensions entwickeln*, Abschnitt 8.5.

## Schritt 3 (optional): Extension konfigurieren

Sie müssen die aktuell zu installierende Extension eventuell noch konfigurieren. Dazu gehören alle individuellen Einstellungen der Extension wie Datenbank-Updates, Parameter und die Erstellung notwendiger Ordner.

Auch hier wird Ihnen der Extension Manager hilfreich zur Seite stehen. Da die Konfiguration für die jeweilige Extension gilt, ist der Programmierer der Extension dafür zuständig, alle notwendigen und sinnvollen Optionen so zu hinterlegen, dass der Extension Manager daraus die entsprechende Konfigurationsmaske erzeugen kann.

Die Maske wird Ihnen bei der Installation automatisch vorgelegt; Sie können diesen Schritt also nicht vergessen. Die im Extension Manager vorgenommenen Konfigurationseinstellungen gelten global für alle Bäume dieser TYPO3-Instanz. Wollen Sie seitenspezifisch Werte überschreiben, so müssen Sie dies über TypoScript (für das Frontend) bzw. *Page*- und/

**KAPITEL 3**   Installation

oder *User TSConfig*-Einstellungen (für das Backend) vornehmen. Diese Möglichkeit muss natürlich erst einmal von der Extension unterstützt werden, um gewünschte Ergebnisse zu bekommen.

> **TIPP** *Falls Sie bei einer möglichen Konfiguration im Zweifel sind, versuchen Sie, eine entsprechende Dokumentation darüber zu finden, oder versuchen Sie Ihr Glück erst einmal mit der Standardeinstellung, die von der Extension vorgegeben wird.*

## 3.6 Sprachpakete laden

Um die benötigten Sprachpakete für das Core-System und die installierten Extensions zu laden, wählen Sie im Extension Manager das Untermenü TRANSLATION HANDLING.

> **INFO** *Falls Sie noch alte TYPO3-Versionen nutzen: Die Verwaltung der vielen verfügbaren Sprachen in TYPO3 hat sich ab der Version 4 geändert. Die vorher für die Mehrsprachigkeit zuständigen Extensions wie (*`csh_*` *oder* `ts_language_*`*) können Sie für Projekte mit einem aktuellen Core entfernen.*

Zuerst müssen Sie die gewünschten Sprachen auswählen und speichern.

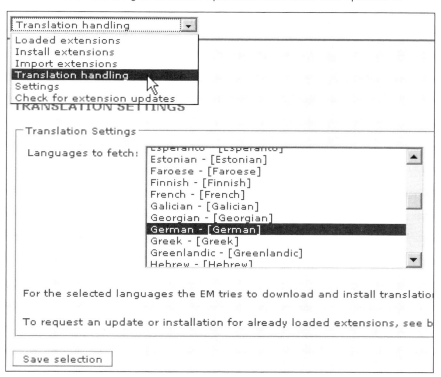

Abbildung 3.9: **Auswahl der gewünschten Sprachen**

Dann überprüfen Sie das System auf neue vorhandene Sprachpakete und/oder installieren diese.

```
This table shows the update results of the translations of the loaded extensions.
If you want to force a full check or update, delete the l10n zip-files from the typo3temp folder.

Extension key          German
cms                    UPD
lang                   UPD
sv                     Could not fetch translation status
css_styled_content     UPD
tsconfig_help          UPD
context_help           UPD
```

Abbildung 3.10: **Erfolgreiches Update der Sprachpakete**

Weitere Informationen zur Funktionsweise der Lokalisierung finden Sie in Kapitel 7, *Das Framework – Werkzeugkasten für die eigene Extension*, Abschnitt 7.1.4.

## 3.7 Los geht's

Zu diesem Zeitpunkt haben Sie alle Vorbereitungen getroffen, die nötig sind, um eine funktionierende TYPO3-Installation zu haben. Sie können nun damit beginnen, die Darstellung Ihrer Webseite im Frontend nach Ihren Wünschen anzupassen.

Dazu können Sie sich in Kapitel 4, *Das Frontend – Ausgabe und Darstellung der Daten* alle nötigen Grundlagen erarbeiten.

## 3.8 TYPO3-Update durchführen

Wir besprechen an dieser Stelle die generelle Vorgehensweise für die Umstellung einer TYPO3-Version 4.x auf eine neue Version, aktuell 4.3. Ein Upgrade von einer älteren Version sollte grundsätzlich sehr ähnlich ablaufen, es gab allerdings beim Sprung von 3.8 auf 4.0 auch einige kleinere Änderungen an der Dateistruktur. Die erforderlichen Schritte sind recht überschaubar und funktionieren im Normalfall (zumindest für eine Standardinstallation) problemlos.

> **ACHTUNG**
> 
> **Vor jedem Upgrade einer in Betrieb befindlichen Installation sollten Sie ein komplettes Backup anfertigen (siehe auch Abschnitt 3.4).**

### 3.8.1 Dateistruktur umstellen für den Sprung von Version 3.8

Ab der Version 4.0 gibt es einige Änderungen im Dateisystem, die Sie bei einer Versionsumstellung von einer Version 3.x berücksichtigen müssen.

Listing 3.7: **Typisches Verzeichnis einer Installation der Version 3.8 unter Linux**

```
.
..
INSTALL.txt
Package.txt
README.txt
RELEASE_NOTES.txt
_.htaccess
clear.gif
fileadmin
index.php -> tslib/index_ts.php
media -> tslib/media
showpic.php -> tslib/showpic.php
t3lib -> typo3_src/t3lib
tslib -> typo3_src/tslib
typo3 -> typo3_src/typo3
typo3_src -> ../typo3_src-3.8.1/
typo3conf
typo3temp
uploads
```

Die Ordner *media* und *tslib* sowie die Datei *showpic.php* werden ab der Version 4.0 nicht mehr benötigt. Diese können also gelöscht werden. Falls Sie im Ordner *media* eigene Dateien platziert haben, müssen Sie diese natürlich sichern.

### 3.8.2 Dateistruktur ab 4.x, neuen TYPO3-Kern einbinden

Die Ordner *t3lib* und *typo3* gehören zum TYPO3-Source-Paket und werden komplett ausgetauscht. Auf einem Linux/Unix-System sind diese vermutlich durch Symlinks abgebildet, die auf das neue Source-Paket umgestellt werden müssen. In der Regel erledigen Sie dies durch eine Umstellung des Symlinks *typo3_src* auf den neuen TYPO3 Core. Dies gilt auch, falls Sie unter Windows sogenannte *NTFS-Links* verwenden. Diese bieten im Prinzip die gleichen Möglichkeiten wie Symlinks unter Linux. Mehr Informationen zu *NTFS-Links* finden Sie in Kapitel 10, *Spezialthemen,* Abschnitt 10.3.

Alle anderen Verzeichnisse und Ordner lassen Sie so, wie sie sind. Speziell die Ordner *fileadmin, typo3conf, typo3temp, uploads* und eine eventuell vorhandene Datei *.htaccess* sollten keinesfalls gelöscht werden. Diese Ordner enthalten im Normalfall wichtige Dateien Ihrer Installation und beziehen sich auf die TYPO3-Instanz, sind also unabhängig vom TYPO3-Source-Paket (und der TYPO3-Version).

Unter Windows (ohne *NTFS-Links*) kopieren Sie den Inhalt des neuen Kerns (also den Inhalt aus dem Verzeichnis *typo3_src-4.x.x*) in das aktuelle Verzeichnis. Bereits vorhandene Dateien können Sie überschreiben. Natürlich können Sie, wie oben erwähnt, auch *NTFS-Links* einsetzen. Unter Linux/Unix generieren Sie den erforderlichen Bezug für den neuen Kern durch einen einfachen Befehl.

Listing 3.8: **Symlinks richtig einstellen**

```
user@domain:~$ ln -snf ../typo3_src-4.x.x/ ./typo3_src
```

Als Ergebnis sollten Sie eine saubere Dateistruktur für Ihre neue Version 4.x vorliegen haben.

Listing 3.9: **Dateistruktur einer Version 4.3.1**

```
.
..
INSTALL.txt
Package.txt
README.txt
RELEASE_NOTES.txt
_.htaccess
clear.gif
fileadmin
index.php -> typo3_src/index.php
t3lib -> typo3_src/t3lib
typo3 -> typo3_src/typo3
typo3_src -> ../typo3_src-4.3.1/
typo3conf
typo3temp
uploads
```

> **ACHTUNG**
> 
> Falls Sie bei Ihrer alten Installation Extensions global installiert haben (diese liegen im Ordner *typo3/ext/*), kopieren Sie diese in den neuen (ab der Version 4.0 bei Auslieferung noch leeren) Ordner *typo3/ext*, da diese Extensions sonst nicht mehr erreichbar sein werden.

### 3.8.3 Datenbank aktualisieren

Mithilfe des Abschnitts DATABASE ANALYSER im Modul INSTALL TOOL müssen Sie nun noch die Datenbank auf den aktuellen Stand bringen. Klicken Sie auf den Link COMPARE. Es werden Ihnen die notwendigen Änderungen an der Datenbank angezeigt, die Sie bestätigen können. Die Optionen für das Entfernen bzw. Umbenennen von Feldern sind standardmäßig nicht aktiviert. Dies ist für das Funktionieren von TYPO3 nicht relevant: Die Felder werden einfach nicht mehr benutzt. Falls Sie ein Löschen bzw. Umbenennen explizit aktivieren, müssen Sie sicherstellen, dass die Felder wirklich nicht mehr gebraucht werden, etwa von einer eigenen Extension.

Nachdem Sie, wie oben beschrieben, die Datenbankstruktur aktualisiert haben, müssen Sie eventuell die Inhalte einiger Datenbanktabellen mittels IMPORT auf den aktuellen Stand bringen. Setzen Sie hier das Häkchen bei IMPORT THE WHOLE FILE 'CURRENT_STATIC' DIRECTLY (IGNORES SELECTIONS ABOVE), und bestätigen Sie mit WRITE TO DATABASE.

Falls Sie die Extension `static_info_tables` oder eine sonstige Extension mit statischen Daten für die Datenbank (Datei *ext_tables_static+adt.sql*) installiert haben, können Sie die

Daten, die in diesen Dateien enthalten sind, per SQL-Dump einspielen. Die bestehenden Daten werden dabei gelöscht. Da Sie normalerweise aber keine eigenen Änderungen an diesen Tabellen vorgenommen haben sollten, ist dies in der Regel kein Problem.

### 3.8.4 Konfiguration überprüfen, Update Wizard

Da sich je nach Ihrer alten TYPO3-Version häufig auch bei den Konfigurationsparametern einige Änderungen ergeben haben, ist es empfehlenswert, diese zu überprüfen. Nutzen Sie dazu die Abschnitte UPDATE WIZARD und ALL CONFIGURATION im INSTALL TOOL. Im Update Wizard können Sie die Kompatibilität zu älteren Versionen einstellen bzw. deaktivieren. Die Einstellung resultiert in einem Wert der Variable $TYPO3_CONF_VARS['SYS']['compat_version']. Wir empfehlen Ihnen, den Schritten am Bildschirm zu folgen und ein Update durchzuführen.

Überprüfen Sie die Ergebnisse im Frontend, und bearbeiten Sie falls nötig Ihre CSS-Dateien entsprechend. Einen Einblick in die Änderungen erhalten Sie, wenn Sie im Modul TEMPLATE im Untermenü TYPOSCRIPT OBJECT BROWSER die Condition *compat_version* ein- und ausschalten. Sie sehen dann (wie in unserem Beispiel), welche Klassen erzeugt werden. Der TEMPLATE ANALYZER gibt ausführlichere Informationen.

Bei größeren unerwarteten Problemen können Sie die *compat_version* auch wieder zurückstellen. Dies sollte jedoch nur zum Beheben der Fehler geschehen.

Seit TYPO3 4.3 können Sie im Modul WEB, TEMPLATE im Bereich INFO/MODIFY auswählen, welche Rendering-Definitionen Sie für die Erzeugung der Inhaltselemente nutzen wollen. Sie können also Version 4.3 verwenden, aber trotzdem Ihre CSS-Definitionen für ältere TYPO3-Versionen weiternutzen. Falls Sie können, empfehlen wir Ihnen jedoch, das neueste CSS Styled Content einzusetzen.

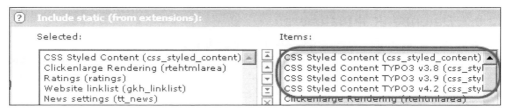

Abbildung 3.11: **Auswahlmöglichkeit für CSS Styled Content bei Include static**

*Unterziehen Sie auch die Bildbearbeitungsfunktionalitäten im Bereich IMAGE PROCESSING einer kurzen Kontrolle, um die korrekte Funktionsweise sicherzustellen. In der Regel sollte es hier zu keinen Problemen kommen.*

### 3.8.5 Extensions überprüfen

Bei einem Update ist es wichtig, die installierten Extensions auf korrektes Verhalten in der neuen TYPO3-Version zu überprüfen. Dabei ist es relevant, in welchem Gültigkeitsbereich installierte Extensions liegen (*sysext, global* oder *lokal*). Weitere Informationen zu den Gültigkeitsbereichen von Extensions finden Sie in Kapitel 8, *Extensions entwickeln*, Abschnitt 8.3.

Eine Extension, die zumindest optisch deutlich Wirkung zeigt, ist `t3skin`, die mit dem Kern mitgeliefert wird und standardmäßig installiert ist. Installieren bzw. deinstallieren Sie diese einfach testhalber, und begutachten Sie das Ergebnis. Die Screenshots in diesem Buch sind mit installierter `t3skin` erzeugt.

Da sich auch die Lokalisierungsverwaltung ab Version 4.0 geändert hat, sind Extensions für die Lokalisierung wie alle `csh_*`- oder gar `ts_language_*`-Extensions nicht mehr nötig. Deinstallieren Sie diese. Wie Sie weitere Sprachen dazu laden, ist in Abschnitt 3.6 weiter oben beschrieben.

Generell ist es sinnvoll, alle installierten Extensions mit der weiter oben besprochenen Extension-Manager-Option CHECK FOR EXTENSION UPDATES auf neuere Versionen zu überprüfen.

Es kann durchaus passieren, dass eine oder mehrere Extensions nicht mit der neuen TYPO3-Version kompatibel sind. Diese Gefahr besteht vor allem bei Extensions, die eine *XCLASS* auf eine Klasse des TYPO3-Kerns anwenden. Sie sollten deshalb vorab prüfen, ob Ihre eingesetzten Extensions XCLASSES enthalten (suchen Sie nach Dateien mit einem Namen `ux_*`) und welcher Art diese Erweiterungen sind, um die Auswirkungen eines Updates richtig einschätzen zu können. Versuchen Sie bei Problemen zuerst, die verursachende Extension herauszufinden, indem Sie gezielt eine Extension nach der anderen deinstallieren, falls die verursachende Extension nicht offensichtlich ist. Recherchieren Sie, ob es eine neue Version für diese Extension gibt. Mehr zur Verwendung einer *XCLASS* finden Sie in Kapitel 7, *Das Framework – Werkzeugkasten für die eigene Extension*, Abschnitt 7.9.

*Falls eine Extension mit einer neuen TYPO3-Version nicht mehr kompatibel ist, sollten Sie den Inhaber der Extension kontaktieren und ihn auf das Versionsproblem hinweisen. Warten Sie aber bei einer brandneuen TYPO3-Version erst eine Weile ab, bevor Sie alle Pferde scheu machen, da der Entwickler auch erst einmal Zeit braucht, um nötige Änderungen durchzuführen.*

### 3.8.6 Reference-Index-Tabelle aktualisieren

Die Tabelle für den Referenz-Index ist neu in Version 4.0 dazugekommen. Wechseln Sie in das Modul DB CHECK, MANAGE REFERENCE INDEX. Dort finden Sie alle relevanten Informationen. Bei einem kleinen Versionssprung ist hier in der Regel keine Aktion Ihrerseits nötig, es schadet jedoch nicht, den Index zu aktualisieren. Falls es sich bei Ihrer TYPO3-Installation um ein großes Projekt handelt, sollten Sie dies jedoch besser über die Konsole durchführen. Ein Hinweis dazu findet sich auf der entsprechenden Maske.

### 3.8.7 Cache leeren und temporäre Dateien löschen

Direkt nach dem Update ist es empfehlenswert, den Cache für Frontend und Backend zu löschen. Die entsprechenden Links finden Sie in der Backend-Maske ganz rechts oben.

# KAPITEL 3  Installation

Abbildung 3.12: **Links für das Löschen des Cache in Version 4.3**

Ein Klick auf CLEAR ALL CACHES befreit Sie nicht davon, auch die anderen hier angebotenen Caches zu leeren, da mit ALL CACHES nur die Frontend-Caches gemeint sind. Klicken Sie also zur Sicherheit am besten alle vier Links.

In Versionen vor 4.2 finden sich die Links dazu im Modulbereich links unten.

Abbildung 3.13: **Links für das Löschen des Caches vor Version 4.2**

Zusätzlich ist es meist sinnvoll, die temporären Dateien im Ordner *typo3temp/* zu entfernen. TYPO3 wird diese Dateien beim nächsten Bedarfsfall neu generieren.

## 3.8.8 Superadmin-Script

Im Ordner *misc* des TYPO3-Kerns liegt eine Datei mit dem Namen *superadmin.php*. Sie ist als Hilfstool für Administratoren gedacht, die mehrere nebeneinanderliegende TYPO3-Instanzen auf einen neuen Kern updaten möchten. Vor allem bei kleineren Versionsschritten und vielen TYPO3-Instanzen kann sich hierdurch eine deutliche Arbeitserleichterung einstellen. Genauere Informationen zur Funktionsweise finden Sie in der Dokumentation direkt in der Datei.

Benutzen Sie dieses Script bitte nur, wenn Sie ein erfahrener Administrator sind! Bei den meisten TYPO3-Projekten ist für ein Update Anpassungsaufwand nötig.

## 3.8.9 Besonderheiten und mögliche Fehler beim Upgrade auf die TYPO3-Version 4.3

» Sie müssen gegebenenfalls folgende Extensions installieren:
  » `feedit` – neues Frontend Editing
  » `recycler` – Recycler
  » `t3editor` – Editor with syntax highlighting
  » `version` – Versioning Management / Workspaces
  » `scheduler` – Scheduler
  » `saltedpasswords` – Salted user password hashes
» Stellen Sie sicher, dass Ihre PHP-Version den aktuellen Anforderungen (also Version 5.2) entspricht.
» Aktivieren Sie die Unterstützung für JSON (*JavaScript Object Notation*) in PHP.

  Falls Sie JSON nicht installiert haben, bekommen Sie vermutlich die folgende oder ähnliche Fehlermeldung:

  ```
  Fatal error: Call to undefined function json_encode() in /home/www/ ↵
      typo3_src-4.3.0/typo3/backend.php on line 424
  ```

» Es kann zu Session-Problemen im Backend und zu HTMLArea-Problemen kommen:

  Unter Umständen kann es passieren, dass JavaScript-Dateien nicht mehr korrekt gefunden werden, weil die temporären Pfade nicht stimmen. Bei uns hat eine Anpassung der Rewrite-Bedingungen geholfen.

  Listing 3.10: **Änderungen an den Rewrite-Bedingungen**

  ```
  #problems:
  #RewriteCond %{REQUEST_FILENAME} !-f
  #RewriteCond %{REQUEST_FILENAME} !-d
  #RewriteCond %{REQUEST_FILENAME} !-l

  #better:
  RewriteCond %{DOCUMENT_ROOT}%{REQUEST_FILENAME} !-f
  RewriteCond %{DOCUMENT_ROOT}%{REQUEST_FILENAME} !-d
  RewriteCond %{DOCUMENT_ROOT}%{REQUEST_FILENAME} !-l
  ```

## 3.9 Materialien zum Weitermachen

Falls Sie sich zu diesem Themenblock weitergehend informieren wollen, können Sie folgende Quellen in Betracht ziehen:

» http://wiki.typo3.org/index.php/TYPO3_Installation_Basics
» http://wiki.typo3.org/index.php/TYPO3_4.x.x
  (Ersetzen Sie x durch die gewünschte Version.)

# 4. Das Frontend – Ausgabe und Darstellung der Daten

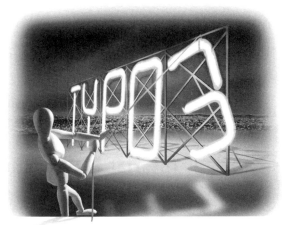

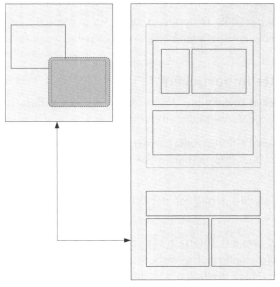

Mit *TYPO3* können so gut wie alle Anforderungen an Layout und Funktion des *Frontends* individuell gestaltet werden. Dies geschieht vor allem mithilfe von *HTML-Templates*, *TypoScript* und *Frontend-Plugins*. Die Erstellung von Frontend-Plugins mithilfe von *Extensions* wird in Kapitel 8, *Extensions entwickeln* detailliert besprochen, daher kümmern wir uns in diesem Kapitel vor allem um die Frontend-Ausgabe von Elementen auf der Webseite wie Menüs und Inhalten mithilfe von TypoScript. Dabei beleuchten wir auch Aufgabenstellungen und Lösungen rund um das Thema Mehrsprachigkeit. Außerdem werden wir darüber sprechen, was *Caching* ist und wie TYPO3 damit umgeht.

*Anders als in den anderen Teilen dieses Buches fangen wir bei dem Thema TypoScript so an, als wären keinerlei Vorkenntnisse vorhanden. Der Grund dafür ist die Erfahrung, dass häufig auch erfahrene TYPO3-Entwickler nur ungern TypoScript verwenden. Wir wollen mit diesem Kapitel die Hemmschwelle für die Verwendung von TypoScript herabsetzen. Das möchten wir vor allem dadurch erreichen, dass wir das Verständnis für TypoScript erhöhen, die Idee hinter diesem Konzept verdeutlichen und Ihnen durch Beispiele ein »Gefühl« für diese Art der Konfiguration vermitteln.*

(Lern)ziele:

» Das Konzept »TypoScript« verstehen
» TypoScript anwenden können
» Eigene TypoScript-Templates erstellen können
» Die TSRef verwenden können

# 4.1 Tutorial – Die erste Webseite

Dieses Kapitel beginnt mit einem Tutorial. Wenn Sie es durcharbeiten, haben Sie eine erste einfache Webseite mit TypoScript und einem HTML-Template erstellt. Sie bekommen auf diese Weise einen einfachen Überblick darüber, wie man mit TypoScript arbeitet.

## 4.1.1 Vorbereitungen und Inhalte importieren

Wir haben ein paar Dateien für dieses Tutorial vorbereitet. Um es Schritt für Schritt durcharbeiten zu können, müssen Sie einige wenige Vorbereitungen treffen.

Am besten ist es, wenn Sie mit einer neuen TYPO3-Installation arbeiten. Das Tutorial basiert auf einem *TYPO3-Dummy* der Version 4.3. Informationen zur Installation von TYPO3 finden Sie in Kapitel 3, *Installation*.

1. Kopieren Sie den Inhalt des Ordners *frontend-tutorial/* von der CD in das Verzeichnis *fileadmin* Ihrer TYPO3-Instanz.

2. Importieren Sie im Backend den *Seitenbaum* des Tutorials von der CD (*frontend-tutorial/seitenbaum.t3d*) mithilfe der *Import/Export-Funktion*. Die Vorgehensweise dazu finden Sie in Kapitel 5, *Das Backend – Eingabe und Pflege der Daten*, Abschnitt 5.5.4. Aktivieren Sie dabei ausnahmsweise die Option FORCE ALL UIDS VALUES.

## 4.1.2 Das erste TypoScript-Template

Wenn Sie sich jetzt die Ausgabe im Frontend anschauen (z. B. über das Modul WEB, ANZEIGE), bekommen Sie in einer TYPO3-Fehlermeldung gesagt, dass kein (TypoScript-)Template gefunden wurde. Mit dieser Fehlermeldung ist gemeint, dass das immer notwendige grundsätzliche *TypoScript-Template* fehlt (siehe auch Abschnitt 4.2.5).

# KAPITEL 4 Das Frontend – Ausgabe und Darstellung der Daten

Abbildung 4.1: **TYPO3-Fehlermeldung bei fehlendem TypoScript-Template**

Legen Sie jetzt ein *TypoScript-Template* an. Gehen Sie dazu im Modul WEB, TEMPLATE auf die oberste Seite Ihres Seitenbaumes. Klicken Sie auf den Button CREATE TEMPLATE FOR A NEW SITE, und bestätigen Sie die JavaScript-Meldung.

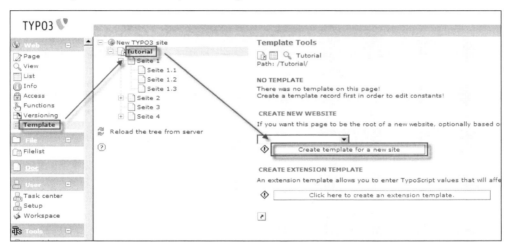

Abbildung 4.2: **Anlegen eines Root-Templates**

Im Modul WEB, LIST sehen Sie jetzt, dass ein neuer Datensatz vom Typ TEMPLATE mit dem Titel NEW SITE angelegt wurde.

Wenn Sie sich jetzt die Seiten im Frontend anschauen, sehen Sie, dass nicht mehr die TYPO3-Fehlermeldung, sondern der Text `Hello World!` dort steht.

Gehen Sie jetzt wieder in das Backend und dort in das Modul WEB, TEMPLATE, und wählen Sie oben im Dropdown-Menü die Funktion INFO/MODIFY aus. Ausführliche Informationen zu den Funktionen des Moduls WEB, TEMPLATE erhalten Sie in Abschnitt 4.5.

Klicken Sie auf den Stift vor SETUP:. Sie sehen jetzt den automatisch erzeugten Quelltext Ihres TypoScript-Templates.

61

Listing 4.1: **Automatisch erzeugter TypoScript-Quelltext**

```
# Default PAGE object:
page = PAGE
page.10 = TEXT
page.10.value = HELLO WORLD!
```

Ändern Sie den Text HELLO WORLD!, klicken Sie auf den Button UPDATE, und schauen Sie sich das Ergebnis im Frontend an. Sie sehen, dass der Text dort auch geändert wurde. Achten Sie bei allen TypoScript-Eingaben auf korrekte Groß- und Kleinschreibung!

Listing 4.2: **Textwrapper**

```
page.10.wrap = <strong> | </strong>
```

Fügen Sie dem TypoScript jetzt die Zeile aus Listing 4.2 hinzu, und schauen Sie sich das Ergebnis im Frontend an. Sie sehen, dass der Text fett dargestellt wird. Falls das Ergebnis nach dem Speichern nicht sofort sichtbar wird, müssen Sie den Cache löschen. Dies erreichen Sie ab TYPO3 4.2 über das Blitz-Symbol ganz rechts oben in der Backend-Ansicht. Weitere Informationen zum Cache finden Sie in Abschnitt 4.15.

Ein *Content-Management-System* wird erst dann interessant, wenn die Inhalte dynamisch aus einer *Datenbank* ausgegeben werden können. Ändern Sie Ihr TypoScript analog zu Listing 4.3, und speichern Sie Ihre neue TypoScript-Konfiguration.

Listing 4.3: **TypoScript für die Ausgabe des Seitentitels**

```
# Default PAGE object:
page = PAGE
page.10 = TEXT
page.10.field = title
page.10.wrap = <strong> | </strong>
```

Im Frontend wird jetzt auf jeder Seite etwas anderes angezeigt, nämlich der Titel der aktuellen Seite. Sie haben eine erste dynamische Ausgabe erzeugt.

## 4.1.3 Das HTML-Template und CSS einbinden

In diesem Schritt geht es darum, das vorbereitete *HTML-Template* und die zugehörigen *CSS-Klassen* zu verwenden.

Das HTML-Template finden Sie in dem Ordner *templates*, den Sie von der CD nach *fileadmin* kopiert haben. Prinzipiell soll jede Seite so aussehen wie das HTML-Template. Allerdings sollen die folgenden dynamischen Bereiche durch Inhalte aus der Datenbank ersetzt werden:

# KAPITEL 4   Das Frontend – Ausgabe und Darstellung der Daten

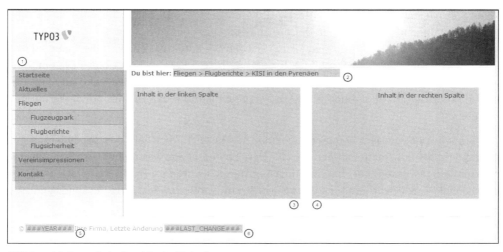

Abbildung 4.3: **Dynamische Bereiche der Webseite**

① Hauptnavigation: Hier wird eine *Textnavigation* mit zwei Ebenen erstellt.
② *Breadcrumb-Navigation*
③ Hauptinhaltsbereich
④ Ein weiterer Inhaltsbereich
⑤ Hier soll das aktuelle Jahr stehen.
⑥ Datum, wann die Seite zuletzt geändert wurde

Im HTML-Template sind diese Bereiche durch *Marker* (z. B. ###YEAR###) oder *Subparts* (z. B. `<!-- ###CONTENT### begin -->` ... `<!-- ###CONTENT### end -->`) gekennzeichnet. In Abschnitt 4.2.6 wird dieses Vorgehen genau erklärt.

Wenn Sie sich den *HTML-Quelltext* Ihres Frontends jetzt anschauen, ehe das HTML-Template eingebunden wird, sehen Sie, dass bereits ein vollständiger `<head>`-Bereich sowie das `<body>`-Tag und das `<html>`-Tag erzeugt werden, ohne dass diese irgendwo explizit definiert wurden. Diese HTML-Teile werden von dem *TypoScript-Objekt* PAGE generiert (siehe Abschnitt 4.6.3).

Das TEXT-Objekt, das die Ausgabe des Seitentitels erzeugt, wird im Folgenden durch ein TEMPLATE-Objekt ersetzt (detaillierte Informationen finden Sie in Abschnitt 4.8). Diesem TEMPLATE-Objekt wird die Information gegeben, dass es die HTML-Datei als Template verwenden soll.

Listing 4.4: **Erstes Einbinden des HTML-Templates**

```
# Default PAGE object:
page = PAGE
page.10 = TEMPLATE
page.10.template = FILE
page.10.template.file = fileadmin/templates/main.html
page.10.template.relPathPrefix = fileadmin/templates/
```

Wenn Sie sich jetzt den HTML-Quelltext im Frontend anschauen, sehen Sie, dass die gesamte HTML-Datei inklusive des `<head>`-Bereichs eingebunden wurde. Mit der Zeile `page.10. relPathPrefix = fileadmin/templates/` sorgen Sie dafür, dass TYPO3 die Pfade zu den CSS-Dateien und Bildern automatisch für den Aufruf im Frontend korrigiert. Dies ist notwendig, da das Frontend über die *index.php* in Ihrem Webroot aufgerufen wird und sich somit alle relativen Pfade auf deren Speicherort und nicht auf den Ort des HTML-Templates beziehen.

Tatsächlich wird von dem Template aber nur der Bereich innerhalb des `<body>`-Tags gebraucht, da die Informationen des `<head>`-Bereichs optimalerweise über TypoScript dynamisch erzeugt werden. Für den dynamischen Bereich wurde im HTML-Template der Subpart `DOCUMENT_BODY` vorbereitet. Fügen Sie in Ihrem TypoScript-Template die Zeile `page.10. workOnSubpart = DOCUMENT_BODY` ein.

Der Quelltext Ihrer Frontend-Ausgabe sieht jetzt besser aus. Allerdings fehlt das *Stylesheet*, und die Pfade zu den Bildern stimmen nicht.

Mithilfe der Konfiguration aus dem folgenden Listing binden Sie die Stylesheet-Dateien ein:

Listing 4.5: **Einbinden der Stylesheet-Dateien über TypoScript**

```
page.includeCSS.screen = fileadmin/templates/css/screen.css
page.includeCSS.screen.media = screen

page.headerData.10 = TEXT
page.headerData.10.value (
<!--[if lte IE 7]>
<link href="fileadmin/templates/css/ie.css" rel="stylesheet" type="text/
    css" />
<![endif]-->
)
```

Das Einbinden von Stylesheets und weiterer Angaben im `<head>`-Bereich erfolgt also im Rahmen des PAGE-Objekts mit `page.headerData`. Mehr dazu finden Sie in Abschnitt 4.6.3.

> **INFO**
>
> *Die Bezeichnung* page *des Objekts* PAGE *ist frei wählbar. Es könnte genauso gut* meineSeite = PAGE *oder* kuehlschrank = PAGE *heißen. Wir empfehlen Ihnen trotzdem,* page *zu verwenden, da einige Extensions davon ausgehen, dass das Objekt so heißt und es durch eigene Konfigurationen erweitern.*

Konfigurieren Sie noch den *doctype* über die Zeile `config.doctype = xhtml_trans`. Die Seite sollte jetzt im Frontend genau so aussehen wie das HTML-Template.

### 4.1.4 Marker ersetzen

Nun werden die *dynamischen Bereiche* des HTML-Templates durch dynamisch erzeugte Inhalte ersetzt. Es gibt zwei *Marker* in dem HTML-Template: `YEAR` und `LAST_CHANGE`. Diese beiden Marker sollen als Erstes ersetzt werden.

Der Marker YEAR soll durch das aktuelle Jahr ersetzt werden. Dafür finden sich ausreichend Eigenschaften im TEXT-Objekt. Genau genommen handelt es sich um die *Funktion stdWrap* (siehe Abschnitt 4.10.1); dazu später mehr.

Listing 4.6: **Ausgabe des aktuellen Jahres**

```
page.10.marks.YEAR = TEXT
page.10.marks.YEAR.data = date:Y
```

Sie sehen, dass das TEMPLATE-Objekt eine Eigenschaft marks enthält. Innerhalb dieser werden die *Objekte* definiert, durch die die Marker ersetzt werden. Dabei handelt es sich um sogenannte *Inhaltsobjekte* (siehe Abschnitt 4.8).

Auch der zweite Marker wird durch ein TEXT-Objekt ersetzt. Dabei wird zunächst über die *globale Variable* register:SYS_LASTCHANGED der Zeitpunkt der letzten Änderung ermittelt. Diese Variable berücksichtigt nicht nur die Änderungen an der Seite (Tabelle *pages*), sondern auch, wann zuletzt *Inhaltselemente* geändert wurden. Nach Ermittlung des Datums wird dieses in einem lesbaren Format ausgegeben.

Listing 4.7: **Ausgabe der letzten Änderung**

```
page.10.marks.LAST_CHANGE = TEXT
page.10.marks.LAST_CHANGE.data = register:SYS_LASTCHANGED
page.10.marks.LAST_CHANGE.strftime = %d.%m.%Y
```

## 4.1.5 Verschachtelungen übersichtlicher darstellen

In Abbildung 4.4 sehen Sie, dass sich das bisherige TypoScript in Bereiche aufteilen lässt, die eine Verschachtelung darstellen.

```
config.doctype = xhtml_trans

# Default PAGE object:
page = PAGE
page.includeCSS.screen = fileadmin/templates/css/screen.css
page.includeCSS.screen.media = screen
page.includeCSS.print = fileadmin/templates/css/print.css
page.includeCSS.print.media = print
page.headerData.10 = TEXT
page.headerData.10.value (
                    <!--[if lte IE 7]>
                    <link href="fileadmin/templates/css/ie.css" rel="stylesheet" type="text/css" />
                    <![endif]-->
page.10 = TEMPLATE
page.10.template = FILE
page.10.template.file = fileadmin/templates/main.html
page.10.workOnSubpart = DOCUMENT_BODY
page.10.relPathPrefix = fileadmin/templates/
page.10.marks.YEAR = TEXT
page.10.marks.YEAR.data = date:Y
page.10.marks.LAST_CHANGE = TEXT
page.10.marks.LAST_CHANGE.data = register:SYS_LASTCHANGED
page.10.marks.LAST_CHANGE.strftime = %d.%m.%Y
```

Abbildung 4.4: **Verschachtelung innerhalb von TypoScript**

Diese Verschachtelungen lassen sich mithilfe von *geschweiften Klammern* übersichtlicher darstellen. Das Ergebnis sehen Sie in Listing 4.8. Dabei wurde nicht jede mögliche Verschachtelung aufgelöst, sondern in erster Linie durch sinnvolle Gruppierungen für Übersichtlichkeit gesorgt. Mehr zum *{}-Operator* finden Sie in Abschnitt 4.3.3.

Listing 4.8: **Übersichtlich gestalteter Quelltext**

```
config.doctype = xhtml_trans
# Default PAGE object:
page = PAGE
page {
   includeCSS {
      screen = fileadmin/templates/css/screen.css
      screen.media = screen
      print = fileadmin/templates/css/print.css
      print.media = print
   }
   headerData.10 = TEXT
   headerData.10.value (
      <!--[if lte IE 7]>
      <link href="fileadmin/templates/css/ie.css" rel="stylesheet"
         type="text/css" />
      <![endif]-->
   )
   10 = TEMPLATE
   10 {
      template = FILE
      template.file = fileadmin/templates/main.html
      workOnSubpart = DOCUMENT_BODY
      relPathPrefix = fileadmin/templates/
      marks {
         YEAR = TEXT
         YEAR.data = date:Y
         LAST_CHANGE = TEXT
         LAST_CHANGE.data = register:SYS_LASTCHANGED
         LAST_CHANGE.strftime = %d.%m.%Y
      }
   }
}
```

### 4.1.6 Hauptnavigation erstellen

In diesem Schritt wird der *Subpart* MAINNAVI durch ein mehrstufiges Menü ersetzt.

Erstellen Sie ein *temporäres Objekt* für den Subpart, und kopieren Sie dieses temporäre Objekt mithilfe des *<-Operators* (siehe Abschnitt 4.3.3) in das TEMPLATE-Objekt oberhalb der Definition des page-Objekts.

Listing 4.9: **Temporäres Objekt für das Hauptmenü**

```
temp.mainnavi = HMENU
temp.mainnavi {
   1 = TMENU
   1.wrap = <ul> | </ul>
```

# KAPITEL 4 Das Frontend – Ausgabe und Darstellung der Daten

```
    1.NO.wrapItemAndSub = <li> | </li>
    1.NO.ATagParams = class="l1-no"
    1.ACT = 1
    1.ACT.wrapItemAndSub = <li> | </li>
    1.ACT.ATagParams = class="l1-act"
    2 = TMENU
    2.wrap = <ul> | </ul>
    2.NO.wrapItemAndSub = <li> | </li>
    2.NO.ATagParams = class="l2-no"
    2.ACT = 1
    2.ACT.wrapItemAndSub = <li> | </li>
    2.ACT.ATagParams = class="l2-act"
}
```

Listing 4.10: **Kopieren des temporären Objekts**

```
page.10.subparts {
   MAINNAVI < temp.mainnavi
}
```

Als Ergebnis wird das linke Menü nun aus dem Seitenbaum im Backend erzeugt und auch gleich korrekt verlinkt.

## 4.1.7 Eine Breadcrumb-Navigation erstellen

Eine *Breadcrumb-Navigation* ist auch ein *hierarchisches Menü*, allerdings mit der Eigenschaft special = rootline. Sie werden in TYPO3-Dokumentationen immer wieder auf den Begriff *Rootline* stoßen, der mit dem Begriff Breadcrumb eng verwandt ist. Die Art der Einbindung ist analog zum Hauptmenü.

Listing 4.11: **Definition einer Breadcrumb-Navigation in temporärem Objekt**

```
temp.breadcrumb = HMENU
temp.breadcrumb {
   special = rootline
   special.range = 0/-1
   1 = TMENU
   1.NO.allWrap = |  &gt; 
}
```

Listing 4.12: **Einbinden der Breadcrumb-Navigation**

```
page.10.subparts.BREADCRUMB < temp.breadcrumb
```

Bei dieser Konfiguration der Breadcrumb-Navigation würde diese mit dem Zeichen > (&gt;) enden. Dieses Zeichen wollen wir aber nach dem letzten Element innerhalb der Breadcrumb-Navigation nicht angezeigt bekommen. Dafür stellt TYPO3 ein mächtiges Werkzeug zur Verfügung, den *optionSplit* (siehe Abschnitt 4.7.9). Mit dessen Hilfe können wir einzelne Punkte einer Breadcrumb-Navigation anders wrappen als die übrigen Punkte. Hier verwenden wir das, indem wir Listing 4.11 folgendermaßen anpassen:

# KAPITEL 4  Das Frontend – Ausgabe und Darstellung der Daten

Listing 4.13: **OptionSplit in der Breadcrumb-Navigation verwenden**

```
temp.breadcrumb.1.NO.allWrap = |*| |  &gt;  |*| |
```

> *Falls Sie die Änderung nicht durchführen können, weil Ihnen unklar ist, wie genau die Änderung durchgeführt werden muss, können Sie auch einfach die Zeile aus Listing 4.13 direkt unterhalb des Objekts* `temp.breadcrumb` *einfügen. Im Laufe des Kapitels werden Sie verstehen, warum das funktioniert.*

## 4.1.8 Die Seiteninhalte anzeigen lassen

Zur Ausgabe der Seiteninhalte wird uns von der Extension `css_styled_content` bereits eine Konfiguration zur Verfügung gestellt. Diese müssen wir zunächst in unser Template einbinden. Öffnen Sie dazu den *Template-Datensatz* (siehe Abbildung 4.5).

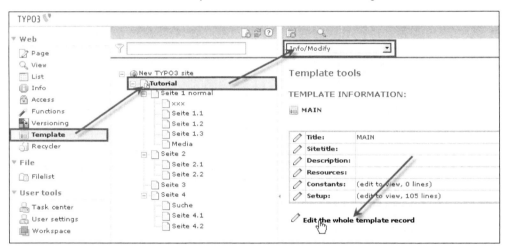

Abbildung 4.5: **Den Template-Datensatz im Modul Web, Template öffnen**

Binden Sie jetzt im Feld INCLUDE STATIC (FROM EXTENSION) das Template des CSS STYLED CONTENT (css_styled_content) ein. Seit TYPO3 4.3 stehen neben der schlanken überarbeiteten Version dieser Extension auch ältere Versionen zur Verfügung, die alternativ eingebunden werden können. Dies ist nur dann sinnvoll, wenn Sie die Unterschiede kennen und eine spezielle Konfiguration gezielt einsetzen wollen (z. B. nach einem Upgrade).

Nun stehen Ihnen die Konfigurationen dieses *TypoScript-Templates* als *temporäres Objekt* zur Verfügung, das Sie nur noch Ihrem *Subpart* zuweisen müssen.

Listing 4.14: **Die Ausgabe der Inhalte dem Subpart zuweisen**

```
page.10.subparts.CONTENT < styles.content.get
```

# KAPITEL 4   Das Frontend – Ausgabe und Darstellung der Daten

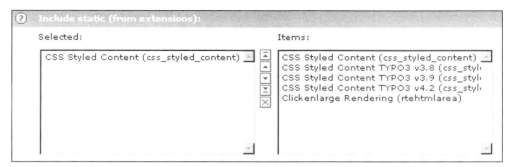

Abbildung 4.6: **Statisches Template der Extension css_styled_content einbinden für Version 4.3**

Die Extension `css_styled_content` muss natürlich installiert sein, damit Sie Ihr TypoScript-Template verwenden können. Ab der Version 4.0 ist diese Extension automatisch installiert. Bei älteren Versionen müssen Sie die Installation manuell durchführen (siehe Kapitel 3, *Installation*, Abschnitt 3.5).

*Falls Sie jetzt noch nicht die Inhalte aus dem Seitenbaum auf der Webseite angezeigt bekommen, müssen Sie vermutlich einfach noch den Cache löschen. Sie erinnern sich: Das tun Sie mit dem Blitz-Symbol ganz rechts oben.*

Das temporäre Objekt `styles.content.get` ist ein `CONTENT`-Objekt. Dieses wird in Abschnitt 4.8.5 detailliert erklärt. Dort finden Sie auch Informationen darüber, wie Sie Inhalte aus anderen Spalten einbinden können.

## 4.2 Grundlagen

In diesem Abschnitt bekommen Sie einen grundsätzlichen Einblick, wie der HTML-Code erzeugt wird, den die Browser geliefert bekommen.

### 4.2.1 Aus der Datenbank in den Browser

TYPO3 ist ein *Content-Management-System*. Das bedeutet – kurz gesagt –, dass *Inhalt* und *Layout* voneinander getrennt vorliegen. Die Inhalte werden grundsätzlich in der *Datenbank* gespeichert. Dazu gehören nicht nur textuelle Inhalte, sondern auch Informationen über die *Struktur der Inhalte*. Wenn Inhalte aus *Dateien* bestehen – z. B. Bilddateien –, werden diese im *Dateisystem* gespeichert. Allerdings verwaltet TYPO3 diese Dateien selbst, da der *Dateiname* wiederum in der Datenbank gespeichert wird.

Das gewünschte Layout wird unabhängig davon erst bei der Generierung des Frontends erzeugt. So können die gleichen Inhalte auch mit unterschiedlichen Layouts angezeigt werden, beispielsweise einmal für normale *Browser* und einmal für *mobile Endgeräte*.

# KAPITEL 4 Das Frontend – Ausgabe und Darstellung der Daten

TYPO3 stellt bereits ohne Erweiterungen (die sogenannten Plugins) schon eine umfangreiche *Benutzeroberfläche* für die Eingabe der Inhalte dar – das *Backend*. Ausführliche Informationen zur Konfiguration und Erweiterung des Backends finden Sie in Kapitel 5, *Das Backend – Eingabe und Pflege der Daten*.

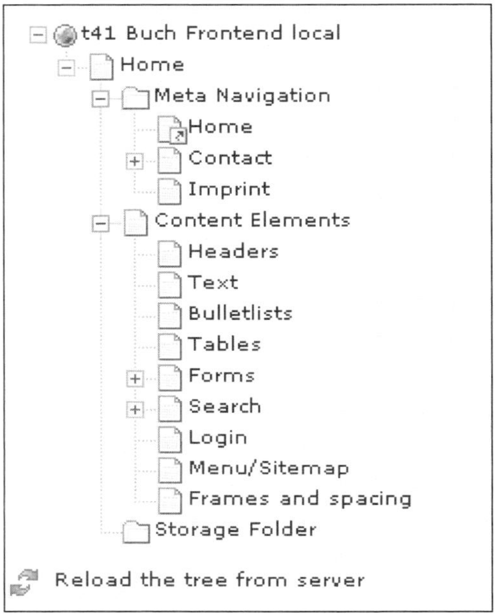

```
⊟ ● t41 Buch Frontend local
  ⊟  Home
    ⊟   Meta Navigation
             Home
        ⊞    Contact
             Imprint
    ⊟   Content Elements
             Headers
             Text
             Bulletlists
             Tables
        ⊞    Forms
        ⊞    Search
             Login
             Menu/Sitemap
             Frames and spacing
         Storage Folder
  ⮂ Reload the tree from server
```

Abbildung 4.7: **Baumstruktur mit Dummy-Inhalten zum Starten**

In der Datenbank sind die Inhalte (fast) ohne Angaben zum Layout gespeichert. Dort finden sich *Strukturinformationen*: Der *Seitenbaum* verteilt die Inhalte in eine hierarchische Struktur. Innerhalb einer Seite gibt es verschiedene *(Inhalts)elemente*, die wiederum aus Überschriften, Texten, Bildern, Links, Tabellen etc. bestehen. Die Information, ob eine Überschrift im Frontend fett, rot und unterstrichen dargestellt werden soll (oder vielleicht doch ein bisschen hübscher), ist im Backend nicht hinterlegt. Hier legen wir lediglich den Typ der Überschrift fest und definieren Teile des Inhalts mithilfe des *Rich Text Editors*. Der *Rich Text Editor* ist die einzige Stelle, an der Sie als Redakteur eventuell bereits Informationen zum Layout einpflegen, wenn Sie z. B. eine Schriftfarbe definieren. Die exakte Darstellung im Frontend ist jedoch davon abhängig, was über TypoScript, HTML und CSS definiert wurde.

# KAPITEL 4 Das Frontend – Ausgabe und Darstellung der Daten

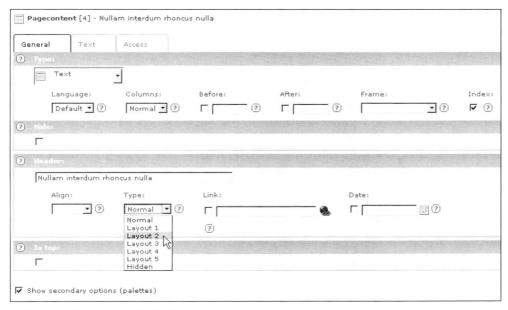

Abbildung 4.8: **Eingabemaske für Inhalt im Backend, 1. Reiter**

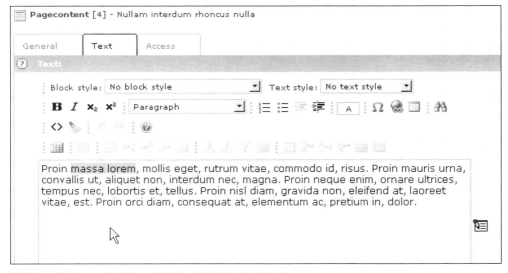

Abbildung 4.9: **Der zweite Reiter enthält den RTE (Rich Text Editor).**

Um eine Ausgabe zu bekommen, wie sie von der Design-Abteilung vorgesehen ist, müssen Sie die Regeln festlegen, nach denen aus den Strukturinformationen im Backend (bzw. in der Datenbank) die Darstellung im Frontend erzeugt wird.

# KAPITEL 4  Das Frontend – Ausgabe und Darstellung der Daten

*Geben Sie sich ausreichend Zeit, um die Ausgabe über TypoScript zu lernen. Wir empfehlen, mit einem einfachen Projekt zu beginnen und dort zu »spielen«. So bekommen Sie ein Gefühl für die Verwendung von TypoScript und seine Einsatzmöglichkeiten. Mit etwas Erfahrung kann Ihnen eine gute Strukturplanung viel Zeit und Ärger ersparen – sowohl aufseiten der Redakteure als auch bei den Administratoren bzw. Entwicklern.*

Damit nicht jeder Entwickler das Rad neu erfinden muss, stellt TYPO3 bereits eine Menge von *PHP-Funktionen* zur Verfügung, die den HTML-Output für das Frontend bei Nutzung der Datenbankinhalte erzeugen. So gibt es z. B. Funktionen, die *Menüs* anhand des Seitenbaumes erzeugen, oder Funktionen, mit denen wir ein Bild erst auf die gewünschte Größe skalieren, mit einem Wasserzeichen versehen können und anschließend das zugehörige *HTML-Tag* ausgeben. Da jede Webseite anders aussieht, können diesen Funktionen *Parameter* mitgegeben oder an ihnen Anpassungen vorgenommen werden, damit die Ausgabe den Wünschen des TYPO3-Entwicklers bzw. des Designers entspricht. Diese Konfiguration geschieht anhand von *TypoScript-Templates*.

Ein *TypoScript-Template* ist ein Datensatz, der in der Regel auf der obersten Seite des Seitenbaums eingebunden wird. Der von Ihnen importierte Dummy-Seitenbaum enthält bereits einen (fast) leeren Datensatz eines TypoScript-Templates.

*Um schnell und ohne Aufwand eine Darstellung im Frontend zu bekommen, haben Sie die Möglichkeit, im Datensatz für das TypoScript-Template ein sogenanntes* static template *auszuwählen. Darin sind alle notwendigen Einstellungen für eine Darstellung als HTML-Seite enthalten. Diese Methode sollten Sie jedoch nur für Testzwecke benutzen, falls Sie kein eigenes Layout entwerfen wollen.*

*Ab der Version 4.4 sind die* static templates *voraussichtlich nicht mehr in der Standard-Befüllung der Datenbank angelegt, man kann diese aber im* Install Tool/Database Analyser *über* Dump static data *importieren.*

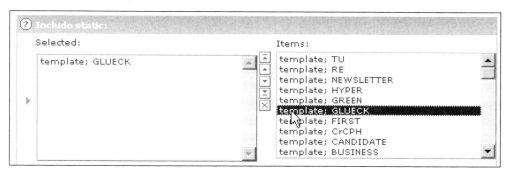

Abbildung 4.10: **Aktivierung eines statischen TypoScript-Templates**

### Die richtigen Feldnamen finden

Bei der dynamischen Generierung der Frontend-Ausgabe werden Sie immer wieder auf Felder in der Datenbank zugreifen müssen. Dazu müssen Sie aber wissen, wie diese Felder heißen.

# KAPITEL 4   Das Frontend – Ausgabe und Darstellung der Daten

Ein Beispiel: Sie möchten den *Untertitel* der *Seite* an einer bestimmten Stelle im Frontend ausgeben. Dafür haben Sie einen *Marker* angelegt und ein *TypoScript-Objekt* geschrieben, das ihn ausgeben soll.

Listing 4.15: **Vorbereitung der Ausgabe des Untertitels**
```
temp.specialtitle = TEXT
temp.specialtitle {
   field = ???
   wrap = <h2> | </h2>
}
```

Wenn Sie das *Backend-Formular* aufmachen, bekommen Sie – auch in der Hilfe zum Feld – keine Informationen darüber, wie das *Feld* in der Datenbank heißt oder in welcher Tabelle der Datenbank der Formularinhalt gespeichert wird.

Sie haben jetzt verschiedene Möglichkeiten, den *Feldnamen* herauszufinden:

1. Sie wissen, dass der Seitentitel in der Tabelle *pages* gespeichert wird, und schauen nach, ob es dort einen Feldnamen gibt, der zu Ihrem Feld passt. In unserem Beispiel wird dieses Vorgehen Sie zum Erfolg führen (das Feld heißt *subtitle*) – in anderen Fällen nicht.

2. Sie schauen im Backend im *Quelltext* nach. Das Attribut name des Input-Feldes verrät Ihnen sowohl den *Tabellennamen* als auch den *Feldnamen*. Dabei ist die *Firefox-Extension* FIREBUG sehr hilfreich. Benutzen Sie die Funktion INSPECT.

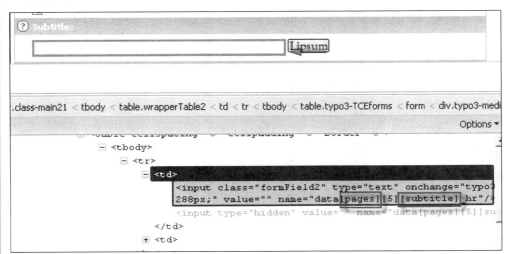

Abbildung 4.11: **Tabellen- und Feldname mithilfe des Firebug ermitteln**

3. Sie geben einen Wert in das Feld ein und schauen anschließend in der Datenbank nach, in welcher Spalte bei diesem Datensatz der eingegebene Wert steht. Dazu müssen Sie allerdings die *uid* des Datensatzes kennen, die Sie im Titel des Formulars angezeigt bekommen.

# KAPITEL 4  Das Frontend – Ausgabe und Darstellung der Daten

Abbildung 4.12: **Anzeige der uid dieser Seite**

*Sie könnten theoretisch die gesamte Erzeugung der Ausgabe im Frontend auch ohne TypoScript vollständig selbst übernehmen. Wir raten davon ab, wollen Ihnen aber trotzdem nicht den Weg dahin vorenthalten. Für Sonderfälle, in denen TYPO3 lediglich als* Framework *(beispielsweise für die* Rechteverwaltung*) eingesetzt werden soll, kann dies sinnvoll sein.*

*Nutzen Sie dazu die TypoScript-Konfiguration* `config.disableAllHeaderCode = 1` *und* `page.10 = USER`*. In dem Objekt* USER *können Sie dann mit Ihrem eigenen eingebundenen PHP-Script die komplette Ausgabe selbst übernehmen.*

## 4.2.2 Was ist TypoScript (nicht)?

TypoScript ist eine reine *Konfigurations*möglichkeit. Es ist keine Programmiersprache – auch wenn der Name etwas anderes suggeriert. Das haben Sie sicher schon gehört oder gelesen.

Aber was bedeutet das? TypoScript besitzt z. B. keine *Schleifen* im Sinne einer Programmiersprache. Es gibt allerdings Eigenschaften und Objekte, mit denen Schleifen in PHP-Funktionen konfiguriert werden. Die *if-Konstrukte* (siehe Abschnitt 4.10.5) sind keine klassischen *if-else-Strukturen*, wie man sie aus Programmiersprachen kennt (was sie auch nicht gerade leicht verständlich macht). Die sogenannten *Funktionen* sind lediglich erweiterte Konfigurationsmöglichkeiten, die Funktionen in PHP voraussetzen, die diese Konfiguration dann umsetzen.

Sind die zugehörigen PHP-Klassen nicht eingebunden, wird man mit TypoScript auch keine Ausgabe erzeugen können. TypoScript ist also immer von einer bestehenden PHP-Implementierung abhängig, die für die Verarbeitung der TypoScript-Konfiguration sorgt. Wie das genau funktionieren kann, wird im nächsten Abschnitt erklärt.

Diese Situation führt dazu, dass Sie mit Ihrer TypoScript-Konfiguration nur das machen können, was der Entwickler vorgesehen hat.

*Gewöhnen Sie sich an, die Dokumentationen zu TypoScript zu lesen. Wenn Sie »raten«, welche Eigenschaften es geben könnte und was diese machen sollten, kommen Sie nicht zielgerichtet zu einem Ergebnis. Die TypoScript-Eigenschaften des Core finden Sie in der TSRef (siehe auch Abschnitt 4.3.7), die* Eigenschaften, *die Sie für* Extensions *verwenden können, finden Sie typischerweise in der Dokumentation zu der Extension unter dem Punkt* CONFIGURATION.

## 4.2.3 Zusammenspiel mit PHP

In diesem Abschnitt möchten wir Ihnen anhand von Beispielen zeigen, wie die *TypoScript-Konfiguration* von *PHP-Dateien* verarbeitet wird.

Grundsätzlich wird jede TypoScript-Konfiguration in ein *PHP-Array* umgewandelt. Die TypoScript-Konfiguration aus Listing 4.16 wird dabei in das Array aus Listing 4.17 umgewandelt.

Listing 4.16: **Beispiel für eine TypoScript-Konfiguration**

```
page.10 = TEXT
page.10.field = title
page.10.wrap = <h1> | </h1>
```

Listing 4.17: **Umsetzung der TypoScript-Konfiguration in ein PHP-Array**

```
$config['page.']['10'] = 'TEXT';
$config['page.']['10.']['field'] = 'title';
$config['page.']['10.']['wrap'] = '<h1> | </h1>';
```

> **ACHTUNG**
> 
> Beachten Sie besonders folgendes Vorgehen beim Erstellen des Arrays: *Zuweisungen* von *Werten* zu *Eigenschaften* (z. B. die Zuweisung des Wertes `title` zu der Eigenschaft `field`) werden als *Schlüssel-Werte-Paar* in das *Array* geschrieben. Hat eine Eigenschaft Untereigenschaften (wie z. B. die Eigenschaft 10), gibt es in dem Array einen eigenen Schlüssel, der durch die Eigenschaft mit einem Punkt gekennzeichnet ist (siehe Listing 4.17).

Die PHP-Funktionen, die die TypoScript-Konfiguration auswerten, haben Zugriff auf dieses erzeugte PHP-Array und erzeugen z. B. HTML-Quelltext in Abhängigkeit von den Werten des Arrays.

Betrachten wir die Verarbeitung der TypoScript-Konfiguration aus Listing 4.16. Die PHP-Funktion, die diese Konfiguration verarbeitet, finden Sie in der Datei *typo3/sysext/cms/tslib/class.tslib_content.php*. Dort gibt es in der Klasse `tslib_cObj` die Funktion TEXT. Diese ruft wiederum die Funktion `stdWrap` auf. Das Array, das aus dem TypoScript erzeugt wurde, steht in beiden Funktionen in der Variablen `$conf` zur Verfügung. Lassen Sie sich dieses Array ruhig einmal ausgeben, indem Sie folgende Code-Zeile in die Funktion einfügen und anschließend das Frontend aufrufen: `t3lib_div::debug($conf);`.

Listing 4.18: **Ausschnitt aus der Funktion stdWrap**

```
function stdWrap($content,$conf) {
   if (is_array($conf)) {
      #[...]
      if ($conf['field']) {$content=$this->getFieldVal($conf['field']);}
      #[...]
      if ($conf['wrap']){$content=$this->wrap($content, $conf['wrap'],
         ($conf['wrap.']['splitChar']?$conf['wrap.']['splitChar']:'|'));}
      #[...]
   }
   return $content;
}
```

In Listing 4.18 wird bei der Abfrage nach `$conf['field']` in Abhängigkeit des Wertes von `field` der Variablen `$content` der Wert des Datenbankfeldes zugewiesen, das Sie angegeben haben. Hätten Sie diese Eigenschaft nicht gesetzt, würde die Funktion an dieser Stelle auch nichts tun.

Hätten Sie in Ihrer TypoScript-Konfiguration eine Eigenschaft verwendet, die in dieser Funktion nicht verarbeitet wird, würde mit dieser Eigenschaft nichts passieren. Sie wird also schlicht ignoriert.

*Schauen Sie sich ruhig einmal die PHP-Funktion* stdWrap *an, und vergleichen Sie diese mit der Tabelle der Eigenschaften für den stdWrap in der TSRef. Sie werden feststellen, dass jede in der TSRef angegebene Eigenschaft in der Funktion verarbeitet wird. Die Verarbeitung erfolgt exakt in der Reihenfolge, in der die Eigenschaften in der TSRef angegeben sind.*

*Ein wesentlicher Schritt für die Verwendung von TypoScript ist, dass Sie verstanden haben, welche Eigenschaften und Werte an welcher Stelle überhaupt gültig sind. Wir empfehlen Ihnen, von Anfang an bei der Arbeit mit TypoScript immer wieder in der TSRef nachzuschlagen, um deren Struktur zu verstehen und die Verwendung zu üben. Es empfiehlt sich auch, einfach mal in der TSRef zu stöbern, da TypoScript an vielen Stellen ungeahnte Konfigurationsmöglichkeiten bietet, die man gar nicht suchen würde, wenn man nicht im Hinterkopf hätte, da »schon mal was gelesen« zu haben. Was wo in der TSRef zu finden ist, wird in Abschnitt 4.3.7) erklärt.*

### 4.2.4 TypoScript versus TSconfig

Neben dem Begriff *TypoScript* haben Sie vermutlich schon den Begriff *TSconfig* gehört. Dabei gibt es *Seiten-TSconfig* (*Page TSconfig*) und *Benutzer-TSconfig* (*User TSconfig*). *TSconfig* steht für »TypoScriptConfiguration«. Durch diese begriffliche Ähnlichkeit entsteht leicht Verwirrung. TypoScript und TSconfig sind aber getrennt voneinander zu betrachten. Die einzige Gemeinsamkeit ist, dass beide Konfigurationsmöglichkeiten dieselbe Syntax haben.

Grundsätzlich gilt:

**TypoScript** dient zur Konfiguration der Frontend-Ausgabe und wird in Template-Datensätzen oder in speziell dafür vorgesehenen Dateien (siehe Abschnitt 4.4.4) gepflegt. Dafür wird typischerweise das MODUL WEB, TEMPLATE verwendet.

**TSconfig** dient zur Konfiguration des Backends und wird in einem Feld im Seitenheader (für Page TSconfig) bzw. im Datensatz des Backend-Benutzers oder der Backend-Gruppe (für User TSconfig) gepflegt. Unter Umständen sind auch TSconfig-Einstellungen in dafür vorgesehenen Dateien zu finden (siehe Kapitel 5, *Das Backend – Eingabe und Pflege der Daten*, Abschnitt 5.2).

In Abbildung 4.13 wird verdeutlicht, welche Rolle TypoScript und TSconfig im Framework spielen und welches die wichtigsten betroffenen Klassen sind.

# KAPITEL 4  Das Frontend – Ausgabe und Darstellung der Daten

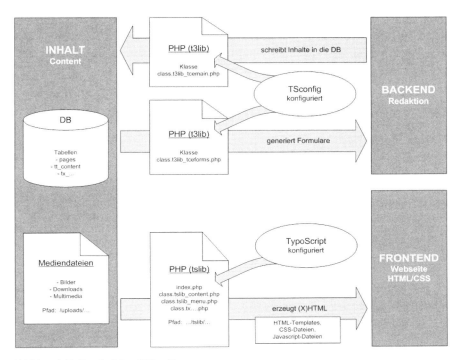

Abbildung 4.13: **TypoScript und TSconfig**

> *Hinweis: Die wichtigsten Dokumentationen zu TypoScript und TSconfig finden Sie im Dokumentationsbereich auf* typo3.org[1]. *Als Faustregel sollten Sie sich merken:* **TypoScript = Frontend**, **TSconfig = Backend**.

## 4.2.5 Der Begriff »Template«

*Template* bedeutet übersetzt »Vorlage« oder »Schablone«. In TYPO3 wird dieser Begriff für unterschiedliche Dinge verwendet. Wir möchten daher an dieser Stelle eine klare Begriffsabgrenzung vornehmen.

Ein *HTML-Template* ist eine Datei, die das HTML-Grundgerüst für die Webseite oder Teile der Webseite (bei *Extensions* beispielsweise) zur Verfügung stellt. Diese Datei wird von TYPO3 eingelesen und in bearbeiteter Form wieder ausgegeben (siehe nächster Abschnitt).

Ein *TypoScript-Template* ist die *TypoScript-Konfiguration*, die im *Template-Datensatz* gepflegt wird. Während es sich bei dem HTML-Template tatsächlich um eine Art Schablone handelt, ist der Begriff »Template« im Zusammenhang mit TypoScript wohl eher als historisch gewachsen zu betrachten.

---

[1] http://typo3.org/documentation/document-library/core-documentation/

> Wir versuchen, in diesem Buch bewusst immer anzugeben, um welche Art von Template es sich handelt. Das wird Ihnen nicht bei jeder Dokumentation so gehen. Machen Sie sich dann bewusst, ob von einem HTML- oder einem TypoScript-Template die Rede ist. Das sollte in der Regel aus dem Zusammenhang erkennbar sein.

## 4.2.6 HTML-Templates vorbereiten (dynamische und statische Bereiche)

*HTML-Templates* sind Vorlagen für die Ausgabe des *TYPO3-Frontends*. Dabei wird im HTML-Template gekennzeichnet, welche Bereiche von TYPO3 z. B. durch Inhalte aus der Datenbank ersetzt werden sollen (*dynamisch*) und welche Bereiche genau so ausgegeben werden wie im HTML-Template (*statisch*). Dynamische Bereiche sehen Sie in Abbildung 4.3.

Diese Bereiche müssen für jede Seite unterschiedlich, also dynamisch generiert werden. Im HTML-Template werden diese Bereiche durch *Subparts* oder *Marker* gekennzeichnet, die dann von TYPO3 durch die seitenspezifischen Inhalte ersetzt werden.

> *Falls Sie sich die Mühe der Definition der Marker und Subparts ersparen möchten, können Sie diese auch mithilfe der Extension* automaketemplate *automatisch erzeugen lassen. Dabei geben Sie jedoch ein wenig die Kontrolle aus der Hand, wo Subparts und Marker verwendet werden sollen.*

> *Basierend auf der Extension* templavoila *gibt es noch eine weitere Möglichkeit, HTML-Templates mit dynamischen Inhalten zu füllen. Weitere Informationen zu* templavoila *finden Sie in Abschnitt 4.14.*

### Marker

*Marker* sind einfache Strings, die links und rechts von jeweils drei »Gattern« begrenzt werden, z. B. ###YEAR### oder ###LAST_CHANGE###. In vielen Beispielen sind Marker und Subparts komplett großgeschrieben, das ist aber nicht zwingend erforderlich. Möchten Sie für Marker eine andere Markierung als drei Rauten verwenden, können Sie diese mit der Eigenschaft markerWrap des TEMPLATE-Objekts selbst bestimmen.

> *Ersetzen Sie in Ihrem HTML-Template alle einfachen Strings, die dynamisch gefüllt werden sollen, durch Marker. Typische Beispiele sind der Seitentitel, der Name des angemeldeten Benutzers oder das aktuelle Jahr in der Fußzeile.*

### Subparts

Mit *Subparts* können Sie ganze Bereiche markieren. Dazu verwenden Sie jeweils einen öffnenden und einen schließenden *HTML-Kommentar*, der den Subpart-Namen – wie bei Markern – begrenzt von drei Rauten enthält. Sie können weitere Informationen in diesem Kommentar unterbringen, dies ist aber nicht erforderlich.

Listing 4.19: **Beispiel für einen Subpart**

```
<!-- ###CONTENT_RIGHT### begin -->
    Inhalt in der rechten Spalte
<!-- ###CONTENT_RIGHT### end -->
```

**ACHTUNG**

Wenn Sie Subparts verwenden, muss zwischen dem öffnenden und dem schließenden Kommentar mindestens ein Zeichen stehen. Ein Leerzeichen reicht dabei nicht aus. Sollten Sie tatsächlich einmal einen leeren Subpart in Ihrem HTML-Template haben, dann schreiben Sie ein   zwischen die beiden HTML-Kommentare.

**TIPP**

*Wir empfehlen, dass Sie Marker für Bereiche verwenden, die kein HTML beinhalten, und Subparts für die Bereiche, innerhalb derer auch HTML ausgegeben wird, z. B. Menüs. Auf diese Weise können Sie das HTML-Template mit dem kompletten HTML-Quelltext vorbereiten, und die Person, die für HTML/CSS zuständig ist, muss nicht TYPO3 installiert haben, sondern kann direkt mit der HTML-Datei arbeiten, die das Template darstellt.*

## 4.3 TypoScript-Syntax und -Semantik

Die wichtigsten Dokumentationen zu TypoScript sind:

1. TypoScript Templates[2]

    (auf der beiliegenden CD: *doc_core_tstemplates*)

2. TypoScript Syntax and In-depth Study[3]

    (auf der beiliegenden CD: *doc_core_ts*)

3. Die TSRef [4]

    (auf der beiliegenden CD: *doc_core_tsref*)

Dabei werden Sie 1. und 2. nur zu Beginn Ihrer Arbeit mit TypoScript benötigen. Es geht dabei vor allem um die Erklärung der Funktionsweise von TypoScript und die Syntax-Regeln. Die *TSRef* hingegen sollte zu Ihrem täglichen Werkzeug im Umgang mit TypoScript werden. Es ist die Referenz, in der die bestehenden *Objekte*, *Eigenschaften*, *Datentypen* etc. beschrieben sind.

*Allein die Dokumentation* TypoScript Syntax and In-depth Study *besteht aus knapp 30 Seiten. Eine entsprechend ausführliche Beschreibung der* TypoScript-Syntax *würde in diesem Buch zu wenig Platz für andere wichtige Dinge lassen. Wir empfehlen daher unbedingt, dass Sie diese*

---

2   http://typo3.org/documentation/document-library/core-documentation/doc_core_tstemplates/current/
3   http://typo3.org/documentation/document-library/core-documentation/doc_core_ts/current/
4   http://typo3.org/documentation/document-library/references/doc_core_tsref/4.1.0/view/

**KAPITEL 4**   Das Frontend – Ausgabe und Darstellung der Daten

> *Dokumentation wenigstens einmal durchlesen. Die TSRef wird regelmäßig aktualisiert und erweitert. Wenn Sie die Dokumentation auf* typo3.org *verwenden, haben Sie in jedem Fall den aktuellen Stand zur Verfügung.*

### 4.3.1 Begriffe: Objekt, Objektname, Eigenschaft, Funktion & Co.

Wenn von *Objekten* die Rede ist, denken Programmierer sofort an das Paradigma der *objektorientierten Programmierung*. Wir empfehlen Ihnen, vorübergehend zu vergessen, was Sie zur objektorientierten Programmierung wissen, da die Begriffe im Zusammenhang mit *TypoScript* nicht ganz korrekt objektorientiert verwendet werden.

Im Folgenden beschreiben wir kurz die Begriffe. Wir haben sie ins Deutsche übersetzt, aber in Klammern die englische Bezeichnung hinzugefügt, wie sie in der TSRef verwendet wird.

Listing 4.20: **TypoScript-Konfiguration unter Verwendung der Begriffe**

```
einObjekt = OBJEKTNAME
einObjekt.eigenschaft1 = ein Wert
einObjekt.eigenschaft2 = noch ein Wert
einObjekt.eigenschaft2.eigenschaftA = ein weiterer Wert
einObjekt.eigenschaft2.eigenschaftB = blubb
einObjekt.eigenschaft3 = WertWertWert
```

Listing 4.21: **Ein entsprechendes Beispiel mit »echten« Werten**

```
einBild = IMAGE
einBild.file = fileadmin/einbild.jpg
einBild.imageLinkWrap = 1
einBild.imageLinkWrap.enable = 1
einBild.imageLinkWrap.width = 650m
einBild.border = 2
```

| BEGRIFF | ERKLÄRUNG |
| --- | --- |
| Objekt (object) und Objektname (objectname) | Unter *objectname* wird der in Großbuchstaben geschriebene Name eines Objekts verstanden, z. B. TEXT, CONTENT, GIFBUILDER. Als Objekt werden sowohl die Beschreibung dieses Namens bezeichnet (z. B. »Das *TEXT-Objekt* dient der Ausgabe von...«) als auch konkrete Objektpfade (z. B. »Das Objekt *styles.content.get* konfiguriert...«). |
| Objekttyp (objecttype) | Die *Objekttypen* stellen eine Gruppierung der Objektnamen dar. Objekttypen sind in der TSRef beschrieben. Der wichtigste Objekttyp ist *cObject*. Hinweis: In anderer Literatur wird der Begriff »Objekttyp« häufig im Sinne von »Objektname« oder »Objekt« verwendet. |

# KAPITEL 4   Das Frontend – Ausgabe und Darstellung der Daten

| BEGRIFF | ERKLÄRUNG |
|---|---|
| Eigenschaft (property) | *Eigenschaften* sind die Parameter, die für *Objekte* oder *Funktionen* gesetzt werden können. Eigenschaften wird typischerweise ein Wert zugeordnet, der von ihrem *Datentyp* abhängt (siehe den nächsten Abschnitt). In bestimmten Fällen können Eigenschaften aber auch weitere Eigenschaften (Untereigenschaften) zugeordnet werden. |
| Funktion (function) | *Funktionen* sind eigentlich *komplexe Datentypen*, die einer Eigenschaft zusätzliche Parameter (Eigenschaften) zur Verfügung stellen. Die meisten werden – wie auch die Inhaltsobjekte – in der Klasse tslib_cObj (*typo3/sysext/cms/class.tslib_content.php*) von einer PHP-Funktion gleichen Namens abgearbeitet. |
| Datentyp (data type) | Jede *Eigenschaft* hat einen *Datentyp*. Dieser ist in der TSRef dokumentiert. Im nächsten Abschnitt gehen wir näher auf mögliche Datentypen ein. |

Tabelle 4.1: **Definition wichtiger Grundbegriffe**

## 4.3.2 Datentypen (data types)

Die *Datentypen* geben vor, welche Inhalte der *Wert* einer *Eigenschaft* annehmen kann. Die meisten TypoScript-Datentypen sind für Programmierer eher ungewohnt.

Datentypen können zum einen »normale« Datentypen sein. Diese sind in Kapitel 1.2 der TSRef beschrieben.

In den meisten Fällen brauchen Sie einen »normalen« Datentyp nicht in der TSRef nachzuschlagen, da er selbsterklärend ist. Eine wichtige und mächtige Ausnahme bildet der Datentyp *getText*, da er viele Möglichkeiten bietet, dynamischen Inhalt zu generieren (siehe Abschnitt 4.10.1).

Abbildung 4.14: **Beispiele für »normale« Datentypen im IMAGE-Objekt**

Eine Eigenschaft kann außerdem einen *Objekttyp* oder ein *Objekt* als Datentyp haben. Die Objekttypen finden Sie in der TSRef am Ende von Kapitel 2.2. In einem solchen Fall muss für die Eigenschaft festgelegt werden, um was für ein Objekt es sich handelt (z. B. TEXT oder IMAGE), und es stehen anschließend alle Eigenschaften des Objekts als Untereigenschaft zur Verfügung.

Darüber hinaus kann es sich um eine *Funktion* als Datentyp handeln. Das bedeutet, dass der Eigenschaft mit diesem Dateityp alle Eigenschaften der Funktion als Untereigenschaft zur Verfügung stehen.

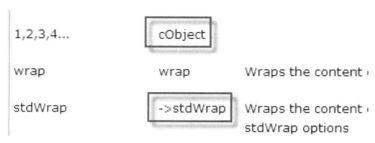

Abbildung 4.15: **Beispiel für die Datentypen Objekttyp und Funktion im PAGE-Objekt**

### 4.3.3 Operatoren und Kommentare

Wir stellen hier nur eine kurze Übersicht der Operatoren zur Verfügung, Sie werden schnell Routine mit einzelnen Operatoren bekommen.

| OPERATOR | AUSWIRKUNG |
|---|---|
| Zuweisen<br>= | Analog zu Programmiersprachen werden damit einzelne Werte zugewiesen oder auch wieder geleert.<br><br>`config.headerComment = we love it!`<br>`config.headerComment =` |
| Kopieren<br>< | Ein bestehendes Objekt kann mitsamt allen Eigenschaften an eine weitere Stelle kopiert werden. Dabei wird eine tatsächliche Kopie erzeugt; Änderungen an der Kopie bewirken also keine Änderungen am Orginal (vgl. Referenzieren).<br><br>`page.10.subparts.CONTENT < styles.content.get` |
| Referenzieren<br>=< | Eine Referenz erzeugt lediglich eine Verknüpfung des Originals an eine weitere Stelle. Änderungen am Original oder jeder Verknüpfung wirken sich an allen Stellen aus. Dadurch wird der Umfang des Konfigurationsarrays klein gehalten und ein sauber strukturiertes TypoScript ermöglicht.<br><br>`tt_content.text.10 =< lib.stdheader` |

# KAPITEL 4  Das Frontend – Ausgabe und Darstellung der Daten

| OPERATOR | AUSWIRKUNG |
|---|---|
| Konkatenieren <br> := | Seit der Version 4.0 gibt es eine tolle Möglichkeit, an bestehende Listen weitere Einträge anzufügen, ohne den bisherigen Inhalt der Liste kennen zu müssen.<br><br>```\naNiceList = 1,2,3\naNiceList := addToList(4)\n```<br><br>Folgende Funktionen sind implementiert:<br>`prependString()`: Fügt am Anfang des Wertes einen String hinzu.<br>`appendString()`: Fügt am Ende des Wertes einen String hinzu.<br>`removeString()`: Entfernt den angegebenen String aus dem Wert.<br>`replaceString()`: Ersetzt einen String durch einen neuen String. Die Strings werden durch \| getrennt.<br>`addToList()`: Fügt am Ende des Wertes eine kommagetrennte Liste an. Dabei wird nicht auf doppelte Einträge geprüft, und es findet keine Sortierung statt.<br>`removeFromList()`: Entfernt eine kommaseparierte Liste aus einer kommaseparierten Liste.<br>Außerdem findet sich in der Klasse *class.t3lib_tsparser.php* ein *Hook*, mit dem weitere Funktionen implementiert werden können. |
| Löschen <br> > | Sie können ganze Objektpfade auf einen Streich löschen bzw. aus dem Konfigurationsarray entfernen. Dies wird vor allem eingesetzt, um eine Vererbung in tiefere Ebenen zu verhindern, und dann, wenn Sie sichergehen wollen, dass ein Objekt wirklich komplett leer ist, bevor Sie es neu füllen.<br><br>```\ntt_content >\nstyles.content >\n``` |
| Organisieren <br> { } | Um die Lesbarkeit deutlich zu erhöhen, sollten Sie generell die Notation der geschweiften Klammern im Zusammenspiel mit Einrückung verwenden.<br><br>```\nconfig {\n   debug = 0\n   admPanel = 0\n   disablePrefixComment = 1\n}\n``` |
| Zuweisen II <br> ( ) | Für das Zuweisen von Werten über mehrere Zeilen können Sie die runden Klammern benutzen. Dies macht beispielsweise bei HTML und CSS Sinn oder dann, wenn Sie Zeilenumbrüche im Wert enthalten haben wollen. Beachten Sie dabei, dass die Klammern nicht mit dem Wert in der gleichen Zeile stehen dürfen.<br><br>```\nplugin.tx_cssstyledcontent._CSS_DEFAULT_STYLE (\nDIV.csc-textpic-caption-c { text-align: center; }\nDIV.csc-textpic-caption-r { text-align: right; }\nDIV.csc-textpic-caption-l { text-align: left; }\n)\n``` |

## KAPITEL 4  Das Frontend – Ausgabe und Darstellung der Daten

| OPERATOR | AUSWIRKUNG |
|---|---|
| Bedingung stellen [] | Bedingungen werden durch eckige Klammern angezeigt. Diese wirken vergleichbar zu if-Abfragen in PHP, beispielsweise für eine Browserweiche. Auf Bedingungen werden wir später noch detailliert eingehen.<br><br>[browser = msie] && [system = win] |

Tabelle 4.2: **Übersicht der Operatoren**

Die *Kommentarzeichen* in TypoScript sind eng an PHP angelehnt.

Listing 4.22: **Kommentarzeichen in TypoScript**

```
// one line comment
# another one line comment
/*
   comment one
   several lines
*/
```

### 4.3.4 Konstanten

*Konstanten* dienen dazu, bestimmte Werte, die im SETUP-Feld vorkommen, an eine zentrale Stelle auszulagern. Dies kann aus drei Gründen sinnvoll sein:

1. Der gleiche Wert wird im SETUP mehrfach benötigt, Sie möchten ihn aber nur an einer Stelle pflegen müssen.

2. Der Übersichtlichkeit halber möchten Sie Werte an einer Stelle bündeln. Ein gutes Beispiel sind die IDs von Seiten. Wenn Sie im TypoScript auf Seiten-IDs verweisen müssen, diese aber nicht im SETUP verteilt haben möchten, lagern Sie sie in die Konstanten aus.

3. Sie möchten den Administratoren einen Teil der TypoScript-Konfiguration über den CONSTANT EDITOR zugänglich machen. Wie dies geht, wird in Abschnitt 4.5.4 erklärt.

Die Konstanten werden im Feld CONSTANTS des Template-Datensatzes definiert. Dabei gilt die gleiche Syntax wie für TypoScript im SETUP. Die Bezeichnung der Konstanten bleibt dabei komplett Ihnen überlassen.

Wichtige Grundregeln sind:

» Konstanten werden im SETUP-Feld über die Schreibweise {$name.der.konstante} eingebunden.

» Ein Objekt oder eine Eigenschaft mit dem Namen *file* wird immer als Datentyp *resource* interpretiert.

» Das Toplevel-Objekt TSConstantEditor ist für das Modul CONSTANT EDITOR reserviert.

- Konstanten werden im TypoScript-Setup durch die Funktion `str_replace` von PHP ersetzt. Dadurch werden nur tatsächlich definierte Konstanten ersetzt.
- Wie überall in TypoScript wird zwischen Groß- und Kleinschreibung unterschieden.

Listing 4.23: **Eintrag im Feld constants**

```
bgCol = red
file.toplogo = fileadmin/templates/img/toplogo.gif
```

Listing 4.24: **Einsatz der Konstanten in TypoScript**

```
page = PAGE
page.typeNum = 0
page.bodyTag = <body bgColor="{$bgCol}">
page.10 = IMAGE
page.10.file = {$file.toplogo}
```

> **TIPP**
>
> *Versuchen Sie, Ihre Konstanten durch eine systematische Benennung und Gruppierung möglichst selbsterklärend zu machen. Einen guten Ansatz bekommen Sie im* Constant Editor.

## 4.3.5 Bedingungen

Sie können die Einbindung einzelner TypoScript-Bereiche von *Bedingungen* abhängig machen. Die Logik dahinter ist vergleichbar zu Bedingungen in Programmiersprachen. Sie können Verknüpfungsangaben wie &&, AND, || und OR verwenden, jedoch keine Klammern für die Reihenfolge nutzen. AND geht immer vor OR. Die möglichen Bedingungen sind in der TSRef in Kapitel 1.4 ausführlich beschrieben.

Listing 4.25: **Beispiele für Bedingungen**

```
01 [loginUser = *]
02 [treeLevel = 3,4]
03 [globalString = HTTP_HOST= *typo3.com]
04 [globalVar = TSFE:id > 10]
```

In Zeile 1 wird geprüft, ob es sich beim Webseitenbesucher im Frontend um einen autorisierten Besucher handelt. Der Code in Zeile 2 prüft, ob sich die aktuelle Seite in Menüebene 3 oder 4 befindet. In Zeile 3 wird die Umgebungsvariable HTTP_HOST verglichen, und die Abfrage erzielt ein positives Ergebnis, wenn diese einen Wert mit *typo3.com* am Ende hat, es ist also auch *www.typo3.com* oder *test.typo3.com* möglich. In der letzten Zeile schließlich bekommen wir ein `true` zurückgeliefert, wenn die ID der aktuellen Seite höher als der Wert 10 ist.

Um das Ende des Bedingungsbereiches anzuzeigen, schreiben Sie [global].

Listing 4.26: **CSS-Datei nur für Internet Explorer einbinden**

```
[browser = msie]
   page.includeCSS.iehacks = fileadmin/templates/css/iehacks.css
[global]
```

Es steht Ihnen außerdem das Schlüsselwort [else] zur Verfügung. Damit können Sie alles abdecken, was von einer Bedingung nicht erfüllt wird.

Listing 4.27: **CSS-Datei für alle Browser außer dem Internet Explorer einbinden**

```
[browser = msie]
[else]
   page.includeCSS.notie = fileadmin/templates/css/notie.css
[global]
```

Falls keine der gegebenen Möglichkeiten Ihre Bedürfnisse abdeckt, können Sie eine eigene PHP-Funktion schreiben, die alle nötigen Prüfungen durchführt.

Listing 4.28: **Eigene PHP-Funktion einbinden**

```
   // eigene Funktion user_match mit Parameter aufrufen
[userFunc = user_match(checkClientNo)]
```

Diese Funktion muss dann in der *localconf.php* oder der *ext_localconf.php* einer eigenen Extension platziert und ausgewertet werden.

Listing 4.29: **Definition der eingebundenen Funktion**

```
function user_match($cmd){
   switch($cmd){
      case 'checkClientNo':
         $cnum = $GLOBALS['TSFE']->fe_user->user['cnum'];
         if (strpos($cnum,'K')==0 ) {
            return true;
         }
         break;
      // ...
   }
}
```

> **TIPP**
>
> *Seit der Version 4.3 kann man in den TypoScript-Bedingungen auch folgende Operatoren nutzen:*
> » *<= kleiner-gleich*
> » *>= größer-gleich*
> » *!= ungleich*

## 4.3.6 Die Bedeutung der Reihenfolge

### Von oben nach unten

TypoScript wird grundsätzlich von oben nach unten abgearbeitet. Das heißt, Sie können jede TypoScript-Eigenschaft, die Sie einmal definiert haben, weiter unten im TypoScript-Template überschreiben. Listing 4.30 führt also dazu, dass im Frontend HALLO WELT! ausgegeben wird.

# KAPITEL 4  Das Frontend – Ausgabe und Darstellung der Daten

Listing 4.30: **Beispiel für das Überschreiben einer Eigenschaft**

```
page.10 = TEXT
page.10.value = Hello World!
page.10.wrap = <p> | </p>
page.10.value = Hallo Welt!
```

Es gilt: Die Konfiguration, die weiter unten steht, gewinnt. Genau genommen gewinnt die Konfiguration, die als letzte ausgewertet wird. Dies ist dann relevant, wenn TypoScript-Templates aus mehreren Quellen eingebunden werden (siehe Abschnitt 4.4).

*Sie werden typischerweise auf verschiedene Art und Weise TypoScript-Templates eingebunden haben (siehe auch Abschnitt 4.4). Es steht also nicht jede TypoScript-Konfiguration in Ihrem Root-Template-Datensatz. Verwenden Sie den* TEMPLATE ANALYZER *(siehe Abschnitt 4.5.3), um zu sehen, in welcher Reihenfolge die verschiedenen TypoScript-Templates eingebunden werden.*

### Vererbung im Seitenbaum

Eine TypoScript-Konfiguration gilt nicht nur für die Seite, auf der sie vorgenommen wird, sondern auch für jede Unterseite dieser Seite. Wird auf einer Unterseite im Baum ein weiteres TypoScript-Template eingebunden, so können Sie in diesem Template-Datensatz TypoScript-Konfigurationen für diesen Teilbaum überschreiben.

*Gewöhnen Sie sich an, den* OBJECT BROWSER *(siehe Abschnitt 4.5.2) zu verwenden, um Ihre endgültige TypoScript-Konfiguration an jeder beliebigen Stelle im Baum zu kontrollieren. Er ist eines der wichtigsten Instrumente zum Finden von Fehlern.*

Abbildung 4.16 zeigt, wie Sie sich einen Überblick über alle Template-Datensätze verschaffen können, die Sie in Ihrer TYPO3-Instanz angelegt haben.

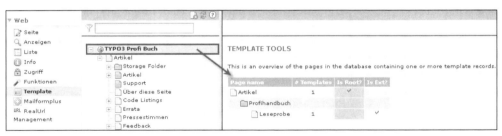

Abbildung 4.16: **Überblick über alle verwendeten Template-Datensätze**

## 4.3.7 Die TypoScript-Referenz (TSRef)

Die TSRef ist **das** Handwerkszeug im täglichen Umgang mit TypoScript. In ihr sind für den *TYPO3-Core Datentypen*, *Funktionen*, *Objekte*, erlaubte *Eigenschaften* und vieles mehr dokumentiert.

# KAPITEL 4   Das Frontend – Ausgabe und Darstellung der Daten

Die TSRef enthält die Hauptkapitel, die in Tabelle 4.3 aufgelistet sind. Diejenigen, die für den regelmäßigen Umgang mit der TSRef am wichtigsten sind, haben wir fett markiert.

| KAPITEL | BESCHREIBUNG |
| --- | --- |
| Kapitel 1.1: TSRef | Einleitung mit einer Warnung und Syntax-Hinweisen |
| **Kapitel 1.2: Datentypen** | Es werden die einfachen Datentypen und die Objekttypen beschrieben. |
| Kapitel 1.3: Objekte und Eigenschaften | Der wichtigste Teil dieses Kapitels ist die Beschreibung des *optionSplit*. |
| **Kapitel 1.4: Bedingungen** | Die zur Verfügung stehenden Bedingungen sind dokumentiert und werden beschrieben. |
| **Kapitel 1.5: Funktionen** | Hier werden die Eigenschaften der Funktionen dokumentiert. |
| **Kapitel 1.6: Setup / Top Level Objekte** | Hier sind die sogenannten Toplevel-Objekte dokumentiert. In Abschnitt 4.6 werden diese ausführlich behandelt. |
| **Kapitel 1.7: Inhaltsobjekte** | Dies ist sicher eines der Kapitel, wo Sie am häufigsten nachschlagen werden. Hier finden Sie die Beschreibung der Inhaltsobjekte (Content Object oder cObject). Der größte Teil der Frontend-Ausgabe wird über Inhaltsobjekte definiert. |
| **Kapitel 1.8: Gifbuilder** | Der Gifbuilder steuert die Bildbearbeitung in TYPO3. Er stellt eine eigene Gruppe von Objekten zur Verfügung. |
| **Kapitel 1.9: Menü-Objekte** | Hier werden Objekte für die verschiedenen Menütypen beschrieben. Dies steht immer im Zusammenhang mit dem Inhaltsobjekt HMENU, das in Kapitel 8 der TSRef zu finden ist. |
| Kapitel 1.10: Scripts | Hier werden Beispiel-PHP-Scripts vorgestellt, die die Core-Funktionalitäten erweitern. Dieses Kapitel ist mit Vorsicht zu genießen, da einige der Beispiele veraltet sind. |
| Kapitel 1.11: Statische Templates | Kurze Erklärung zu statischen Templates |
| Kapitel 1.12: PHP-Scripts | Informationen, die interessant sind, wenn man eigene PHP-Scripts verwendet |
| Kapitel 1.13: Fallstudien | Fallstudien |
| Kapitel 1.14: index.php | Informationen zur Standardverarbeitung von GET- und POST-Daten |

Tabelle 4.3: **Die Hauptkapitel der TSRef**

**KAPITEL 4**  Das Frontend – Ausgabe und Darstellung der Daten

Die TSRef dient vor allem als Nachschlagewerk, um die folgenden Fragen zu beantworten:

» Welche Objekte gibt es?
» Welche Eigenschaften sind wo erlaubt?
» Welche Werte können die Eigenschaften annehmen bzw. welche Untereigenschaften sind erlaubt?

Die Herausforderung besteht nun darin, sich im Dschungel der TSRef zurechtzufinden und an der richtigen Stelle nachzuschauen.

Bei jeder Funktion und jedem Objekt finden Sie eine Tabelle mit den Spalten Property (Eigenschaft), Data type (Datentyp), Description (Beschreibung) und Default (Standardwert).

| Property: | Data type: | Description: | Default: |
|---|---|---|---|
| file | imgResource | | |
| params | <IMG>-params | | |
| border | integer | Value of the "border" attribute of the image tag. | 0 |
| altText titleText (alttext) | string /stdWrap | If no titltext is specified, it will use the alttext insteadIf no alttext is specified, it will use an empty alttext ("alttext" is the old spelling of this attribute. It will be used only if "altText" does not specify a value or properties) | |

Abbildung 4.17: **Eigenschaften-Tabelle**

Der Spalte mit den *Eigenschaften* können Sie entnehmen, welche Eigenschaften überhaupt erlaubt sind. Achtung: Hier ist die exakte Einhaltung der Groß- und Kleinschreibung wichtig. Der *Datentyp* sagt Ihnen, wie Sie weitermachen. Entweder Sie weisen der Eigenschaft einen Wert zu, oder Sie können Untereigenschaften verwenden oder beides.

Im Folgenden wollen wir dieses Vorgehen visualisieren:

# KAPITEL 4   Das Frontend – Ausgabe und Darstellung der Daten

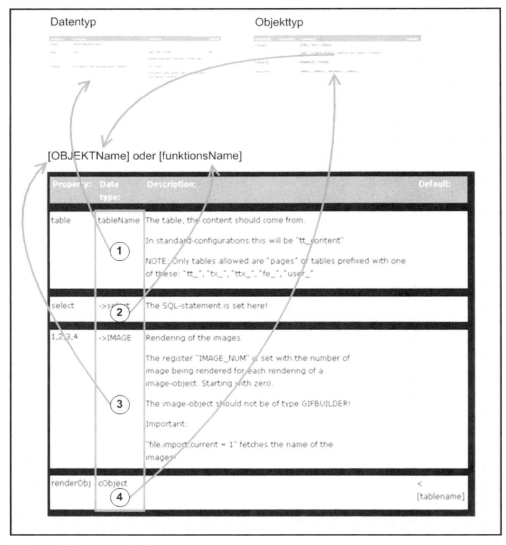

Abbildung 4.18: **Verwendung der Datentypen**

① Es handelt sich um einen *einfachen Datentyp* (z. B. *int*, *align*, *wrap*, *boolean*...). Lesen Sie in Kapitel 1.2 der TSRef nach, welche Werte für diesen Datentyp erlaubt sind. In wenigen Fällen werden Sie gegebenenfalls wiederum auf eine Funktion verwiesen (gestrichelte Linie).

② Der Datentyp ist eine *Funktion* (z. B. *->select*, *->stdWrap* oder */stdWrap*). Suchen Sie in Kapitel 1.5 die entsprechende Funktion. Die dort beschriebenen Eigenschaften können als Untereigenschaften verwendet werden.

③ Es wird auf ein *Objekt* verwiesen (z. B. *->META*, *->FRAMESET*, *->GIFBUILDER*). Die Eigenschaften des angegebenen Objekts können als Untereigenschaften verwendet werden. Objekte finden Sie in der TSRef an folgenden Stellen:

# KAPITEL 4   Das Frontend – Ausgabe und Darstellung der Daten

- » Kapitel 1.6: Setup (vor allem Toplevel-Objekte)
- » Kapitel 1.7: Inhaltsobjekte
- » Kapitel 1.8: GIFBUILDER
- » Kapitel 1.9: Menüobjekte

④ Ein *Objekttyp* ist angegeben (z. B. *cObject*, *frameObj*, *menuObj*). In Kapitel 1.2 unter Objekttypen können Sie nachschlagen, welche Objekte erlaubt sind. Wählen Sie ein Objekt aus, und weisen Sie der Eigenschaft den Objektnamen zu. Die Eigenschaften dieses Objekts können Sie nun als Untereigenschaften verwenden.

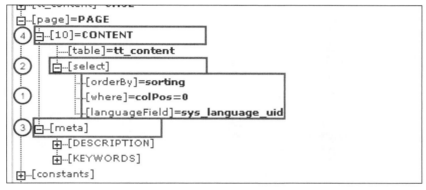

Abbildung 4.19: **Beispiel zur Verwendung der Datentypen**

① Einfache Wertzuweisung (Weg 1)
② Eine Funktion; die Untereigenschaften finden Sie durch Weg 2.
③ Schauen Sie im Objekt *META* nach (Weg 3).
④ Alle *Inhaltsobjekte* sind erlaubt, hier wurde *CONTENT* gewählt (Weg 4).

## 4.4 TypoScript-Templates verwalten

TypoScript-Templates stellen den Speicherort für TypoScript-Konfigurationen zur Verfügung. Durch den Speicherort und die Art der Einbindung wird das Gesamtergebnis entscheidend beeinflusst.

### 4.4.1 Der TypoScript-Template-Datensatz

Um eine Frontend-Ausgabe zu erzeugen, brauchen Sie mindestens einen Template-Datensatz in der *Root-Seite*. Einen Template-Datensatz können Sie wie jeden Datensatz über das MODUL WEB, LIST erstellen und bearbeiten. Wir empfehlen Ihnen aber, für die Arbeit mit dem Template-Datensatz das MODUL WEB, TEMPLATE zu verwenden.

Der Template-Datensatz enthält typischerweise die grundlegende TypoScript-Konfiguration. Sie können außerdem einige weitere Einstellungen vornehmen, die Sie in der genannten Reihenfolge auf den verschiedenen Reitern finden.

1. TEMPLATE TITLE: Ein gut gewählter Titel des TypoScript-Templates ist nur für die Zuordnung im Backend für Sie wichtig und hat keine Auswirkung auf das Frontend. Sie können das TypoScript-Template und damit alle enthaltenen Einstellungen generell deaktivieren oder über die zeitliche Steuerung nur für einen bestimmten Zeitraum aktiv schalten. Diese Funktionalität entspricht der Sichtbarkeitssteuerung von Seiten oder Inhalten.

2. WEBSITE TITLE: Der Eintrag in diesem Feld wird standardmäßig dem Eintrag im Tag <title> hinzugefügt.

Abbildung 4.20: **Titel der Webseite**

3. CONSTANTS: Dies ist das Feld für die Definition der Konstanten. Der CONSTANT EDITOR liest diese Werte in die Bearbeitungsmaske aus und schreibt geänderte Einträge zurück. Dadurch wird an dieser Stelle ein Überschreiben von bereits bestehenden Werten möglich.

4. SETUP: Hier werden alle TypoScript-Konfigurationen hinterlegt bzw. eingebunden. Dies wird in aller Regel die Stelle sein, an der Sie Änderungen am TypoScript vornehmen, falls Sie es nicht in Textdateien ausgelagert haben.

5. DESCRIPTION: Optional kann eine Beschreibung der Konfigurationsinhalte angegeben werden. Dieses Feld wird nicht ausgewertet, sondern dient Ihnen als Hilfestellung, um den Überblick zu behalten.

6. CLEAR: Einstellungen für TypoScript-Setup und -Konstanten werden in der Rootline auf alle Unterseiten vererbt. Falls Sie dies an einer Stelle unterbinden wollen, setzen Sie die entsprechenden Häkchen. Im TEMPLATE ANALYZER können Sie sehen, bei welchen Templates diese Häkchen gesetzt sind.

7. ROOTLEVEL: Dieses sogenannte *Root-Flag* definiert, dass dort, wo es gesetzt ist – also bei der Seite im Seitenbaum, bei der dieses Template eingebaut ist –, die Rootline beginnt. Das hat vor allem Auswirkungen auf die Eigenschaft entryLevel des *HMENU-Objekts*. Typischerweise setzt man dieses Flag auf der Startseite.

8. TEMPLATE ON NEXT LEVEL: Sie können einen vorgefertigten Template-Datensatz einbinden. Dieser wird jedoch noch nicht für die aktuelle Seite aktiv, sondern erst für Unterseiten. Dies ist beispielsweise sinnvoll, wenn Sie eine Startseite haben, die sich von allen Unterseiten unterscheidet.

9. BACKEND EDITOR CONFIGURATION: Dieses Feld wird relativ selten benutzt. Es können Konfigurationsangaben zur Steuerung der Stylesheet-Editor-Extension gemacht werden.

10. INCLUDE STATIC: TYPO3 liefert eine ganze Reihe von vorgefertigten statischen TypoScript-Templates mit, die Sie an dieser Stelle einbinden und aktivieren können. Das Häkchen

**KAPITEL 4**   Das Frontend – Ausgabe und Darstellung der Daten

INCLUDE STATIC AFTER BASEDON vertauscht die Reihenfolge der Einbindung bezogen auf Templates aus dem Feld INCLUDE BASIS TEMPLATE.

*Die vorgefertigten statischen Templates sind ab TYPO3 4.4 in eine defaultmäßig nicht installierte Extension ausgelagert, und dieses Feld ist daher auch nicht sichtbar. Falls Sie ein vorgefertigtes statisches Template nutzen möchten, installieren Sie zuerst die Extension* statictemplates.

11. INCLUDE STATIC (FROM EXTENSIONS): Auch Extensions stellen häufig zusätzliche *statische Templates* zur Verfügung. Eine korrekte Funktionsweise dieser Extensions setzt dann in der Regel ein Einbinden der zugehörigen Templates in diesem Feld voraus.

12. INCLUDE BASIS TEMPLATE: Falls Sie aus Gründen der Übersicht Ihre Templates nach sinnvollen Bereichen aufteilen, können Sie diese gezielt wieder einbinden und dabei auch die Reihenfolge der Einbindung festlegen. Eine gute Möglichkeit ist beispielsweise die separate Speicherung von Konfigurationen für Menüs.

13. STATIC TEMPLATE FILES FROM T3 EXTENSIONS: Die Art und Reihenfolge der Einbindung von statischen Templates kann massiven Einfluss auf die resultierende Darstellung im Frontend haben. Mithilfe des TEMPLATE ANALYZER können Sie die resultierenden Einbindungen sehr gut verfolgen.

14. RESOURCES: Als *Resource* können beispielsweise HTML-Templates oder Bilder hochgeladen werden, die vom TypoScript aus referenziert werden. Bei der laufenden Arbeit mit einem System ist es allerdings effizienter, im TypoScript auf Dateien im Dateisystem (z. B. unter *fileadmin*) zu verweisen, da diese dann nach einer Änderung nicht jedes Mal in dem Template-Datensatz hochgeladen werden müssen.

*Die in einer Installation erstellten Template-Datensätze werden in der Tabelle* sys_template *gespeichert. Die statischen Templates, die TYPO3 bereits mitbringt bzw. die ab TYPO3 4.4 in die Extension* statictemplates *ausgelagert sind, sind in der Tabelle* static_template *gespeichert.*

## 4.4.2 TypoScript-Konfigurationsbereiche wiederverwenden (temp.*, styles.* und lib.*)

In TypoScript können Konfigurationseinstellungen kopiert oder referenziert werden. Dadurch können sie einerseits mehrfach wiederverwendet werden. Andererseits erlaubt diese Möglichkeit, Templates übersichtlich aufzuteilen und Objektpfade kurz zu halten.

Vor allem für die Erzeugung von eigenen Objekten werden Sie oft die Objekte temp und lib nutzen. Es gibt hierbei jedoch einen entscheidenden Unterschied zu beachten. Ein Objekt temp oder styles kann zwar eigene Anweisungen enthalten, die in andere Objekte kopiert und dort bearbeitet werden können, es wird jedoch nicht im *Cache* gespeichert. Von PHP-Scripts aus können Sie also nicht darauf zugreifen, da zu diesem Zeitpunkt das Objekt bereits verfallen ist. Aus diesem Grund wird es auch nicht im OBJECT BROWSER angezeigt. Ein Objekt lib hingegen steht dauerhaft zur Verfügung und kann deshalb nicht nur kopiert, sondern auch referenziert werden. Ein häufig eingesetztes Objekt ist `lib.stdheader`, das eine zentrale Konfiguration für die Überschriften aller Inhaltselemente liefert.

### 4.4.3 TypoScript-Templates übersichtlich organisieren

Sie können Ihre gesamte TypoScript-Konfiguration in Ihrem Root-Template auf der Startseite vornehmen. Bei intensiver Arbeit mit TypoScript werden Sie aber feststellen, dass dies ein mühsames Geschäft werden kann, da Sie nach jedem Speichern Ihrer Konfiguration erst wieder zu der Stelle scrollen müssen, die Sie gerade bearbeiten.

Sollten Sie Ihre TypoScript-Templates nicht (wie im nächsten Abschnitt beschrieben) in Dateien auslagern wollen oder können, empfehlen wir Ihnen daher, Ihre TypoScript-Konfigurationen sinnvoll aufzuteilen und in sogenannte *Extension Templates* auszulagern. Legen Sie dafür einen SYSFOLDER an, in dem Sie für jeden Themenbereich (z. B. Hauptnavigation, Breadcrumb, Spracheinstellungen, `config`-Einstellungen etc.) ein eigenes Extension Template anlegen. Dieses binden Sie dann über das Feld INCLUDE BASIS TEMPLATE: in Ihr Root-Template ein.

Abbildung 4.21: **Beispiel für ausgelagerte Extension Templates**

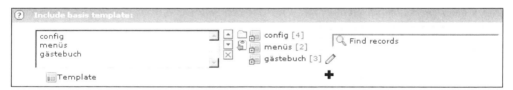

Abbildung 4.22: **Einbinden der Extension Templates im Root-Template**

> **ACHTUNG**
> Der Begriff *Extension Template* bedeutet nicht, dass es sich um ein TypoScript-Template handelt, das aus einer Extension stammt. Er bedeutet, dass bei diesem Template-Datensatz das Root-Flag nicht gesetzt ist. Diese Templates werden also verwendet, um ein bestehendes TypoScript-Template zu erweitern. Extension Templates werden häufig auf untergeordneten Seiten eingesetzt, um dort eine spezifische Konfiguration vorzunehmen. Extension Templates sind auch am Icon im Modul WEB, LIST bzw. TEMPLATE ANALYZER zu erkennen.

# KAPITEL 4  Das Frontend – Ausgabe und Darstellung der Daten

Abbildung 4.23: **Icon eines Root- bzw. Extension Templates im Modul Web, List**

## 4.4.4 TypoScript-Templates in Dateien auslagern

Standardmäßig steht die TypoScript-Konfiguration im Template-Datensatz, also in der Datenbank. Sie können aber so gut wie jedes TypoScript in Dateien auslagern. Das hat folgende Vorteile:

» Sie können einen *TypoScript-Editor* mit Syntax-Highlighting verwenden. Dadurch verringert sich die Fehlerquote. Ab TYPO3 Version 4.2 wird ein TypoScript-Editor vom Core mitgeliefert, sodass Sie einen solchen dann auch im TYPO3-Backend zur Verfügung haben.

» Sie können ein Versionierungssystem wie *Subversion* verwenden, was sich besonders in großen Projekten und bei Teamarbeit bezahlt macht.

Es gibt drei Arten, TypoScript in Dateien auszulagern:

» durch ein spezielles Tag im Setup
» mit einem TypoScript-Template aus einer Extension (»alte« Variante)
» mit einem statischen Template aus einer Extension

### Spezieller Tag im Setup

In Listing 4.31 sehen Sie eine spezielle Syntax zum Einbinden von Textdateien mit TypoScript-Konfigurationen. Schreiben Sie diese Zeile in das Constants- oder das Setup-Feld Ihres Template-Datensatzes.

Listing 4.31: **Syntax zum Einbinden von TypoScript aus einer Datei**

```
<INCLUDE_TYPOSCRIPT:
source="FILE:fileadmin/html/mainmenu_typoscript.txt">
```

 Damit Sie die tatsächliche Herkunft einer auf diese Art eingebundenen TypoScript-Konfiguration auch im TEMPLATE ANALYZER erkennen können, müssen Sie sich in Versionen bis TYPO3 4.2 Kommentare explizit mit anzeigen lassen.

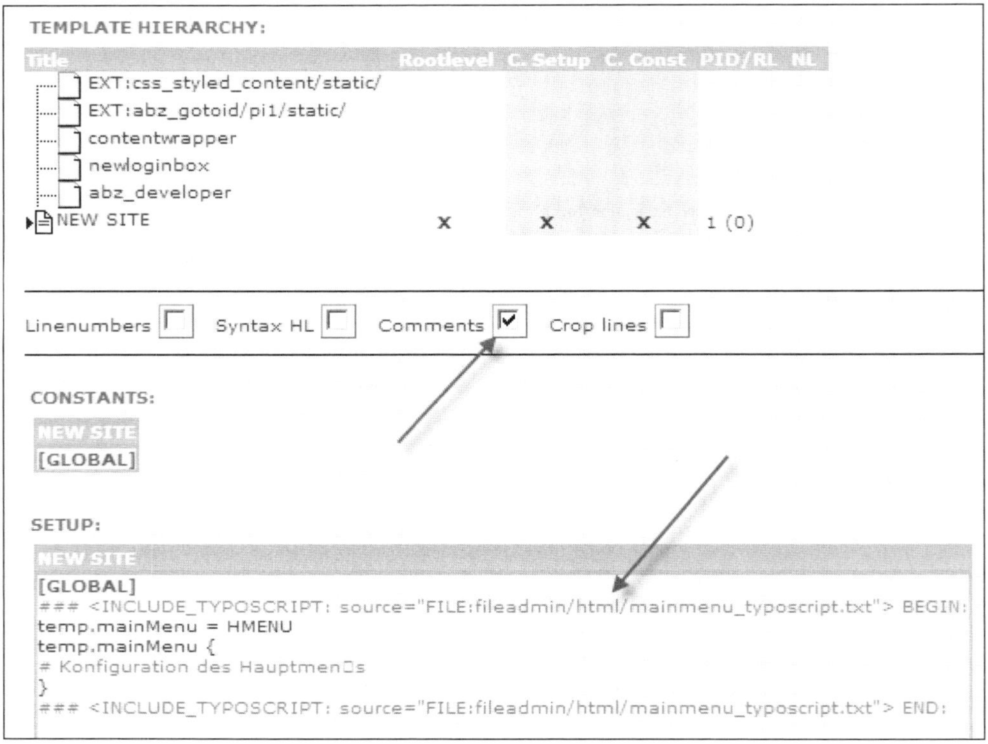

# KAPITEL 4  Das Frontend – Ausgabe und Darstellung der Daten

*Abbildung 4.24:* **So lassen Sie sich die Herkunft von eingebundenen TypoScript-Dateien anzeigen.**

> **INFO**
> *Die TypoSript-Dateien müssen nicht die Endung .txt haben. Sie können sie beispielsweise auch \*.ts nennen.*

## TypoScript-Template aus einer Extension (»alte« Variante)

Wenn Sie in einer Extension die Dateien *ext_typoscript_setup.txt* sowie *ext_typoscript_constants.txt* anlegen, werden diese automatisch als TypoScript-Konfiguration eingebunden, sobald die Extension installiert ist.

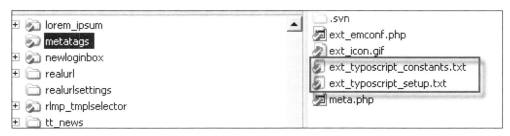

*Abbildung 4.25:* **TypoScript-Dateien in einer Extension**

# KAPITEL 4  Das Frontend – Ausgabe und Darstellung der Daten

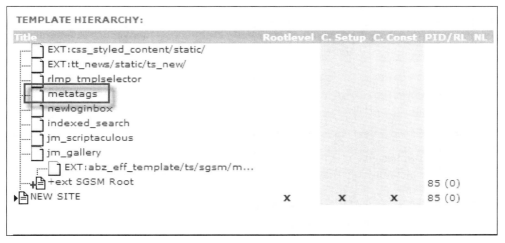

Abbildung 4.26: **Anzeige dieser eingebundenen Konfiguration im Template Analyzer**

Diese Art der Einbindung verwenden typischerweise ältere Extensions, um die extensionspezifische TypoScript-Konfiguration einzubinden. In neueren Extensions werden Sie häufiger die im folgenden Abschnitt beschriebene Art der Einbindung finden.

*Die Reihenfolge, in der diese TypoScript-Dateien eingebunden werden, entspricht der Reihenfolge, in der die Extensions installiert wurden. Es gibt jedoch eine Möglichkeit, diese Reihenfolge zu beeinflussen. Fügen Sie dazu dem Konfigurationsarray in der Datei* ext_emconf.php *in Ihrer Extension* 'priority' => 'bottom' *hinzu. Das führt dazu, dass die TypoScript-Dateien dieser Extension immer am Schluss eingebunden werden – unabhängig davon, wann die Extension installiert wurde. Ein Beispiel für dieses Vorgehen finden Sie in der Extension* abz_eff_template *auf der CD. Bei dieser Extension wird die gesamte TypoScript-Konfiguration einer Webseite auf diese Weise eingebunden.*

## Statisches Template aus einer Extension

Die moderne Art, extension-spezifische TypoScript-Konfigurationen einzubinden, ist die Verwendung von *statischen Templates aus Extensions* (siehe Kapitel 8, *Extensions entwickeln*, Abschnitt 8.4.10).

Diese TypoScript-Konfigurationen müssen Sie im Template-Datensatz explizit im Feld INCLUDE STATIC (FROM EXTENSIONS) einbinden.

Für das Auslagern der Konfiguration Ihres Root-Templates eignet sich diese Variante nicht, da diese Templates vor den Templates aus dem vorherigen Abschnitt eingebunden werden und sie also Extension-Konfigurationen älterer Extensions nicht überschreiben könnten (siehe auch Abschnitt 4.5.3).

### 4.4.5 TypoScript-Editoren

Es gibt inzwischen einige *Editoren*, die das Syntax-Highlighting für TypoScript unterstützen und zum Teil auch noch weitere Funktionen wie vorgefertigte TypoScript-Snippets zur Verfügung stellen.

Auf der Seite http://typo3.area42.de/ finden Sie den auf PSPad basierenden TypoScript-Editor *SweeTS*.

Wer gerne mit *Eclipse* oder *Aptana-Studio* arbeitet, wird auf http://www.dev3.org/ fündig.

Seit TYPO3 4.3 gibt es einen ziemlich guten TypoScript-Editor im Backend, sobald die Extension t3editor installiert ist. Dieser beherrscht sogar Auto-Vervollständigung.

> **TIPP**
> 
> *Da sich auf diesem Feld in den letzten Jahren einige Änderungen ergeben haben, empfehlen wir Ihnen immer auch eine direkte und aktuelle Suche in der Suchmaschine Ihrer Wahl, beispielsweise nach »typoscript editor«.*

## 4.5 Das Modul Web, Template

Im *TYPO3-Backend* stehen Ihnen einige Tools für die Arbeit mit TypoScript zur Verfügung. Diese sind wie üblich in Extensions gekapselt und stehen in der Regel bereits bei jeder Installation zur Verfügung. Diese Extensions werden bereits im Kern mitgeliefert und sind als *shy* gekennzeichnet.

| | | | | | | |
|---|---|---|---|---|---|---|
| Web>Template | tstemplate | 0.1.0 | | System | Stable |
| Web>Template, Constant Editor | tstemplate_ceditor | 0.1.0 | | System | Stable |
| Web>Template, Info/Modify | tstemplate_info | 0.1.0 | | System | Stable |
| Web>Template, Object Browser | tstemplate_objbrowser | 0.1.0 | | System | Stable |
| Web>Template, Template analyzer | tstemplate_analyzer | 0.1.0 | | System | Stable |

Abbildung 4.27: **Extensions für die Arbeit mit TypoScript**

Im Modul WEB, TEMPLATE stehen Ihnen dadurch einige Optionen zur Verfügung.

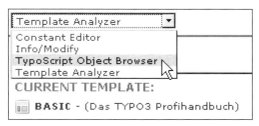

Abbildung 4.28: **Funktionen des Moduls WEB, TEMPLATE**

In den folgenden Abschnitten werden wir diese Funktionen beschreiben. Sie liefern Ihnen verschiedene Ansichten der bestehenden TypoScript-Konfiguration und leisten vor allem bei der Fehlersuche unschätzbare Dienste.

# KAPITEL 4   Das Frontend – Ausgabe und Darstellung der Daten

> **TIPP**
>
> *Verwenden Sie für die Bearbeitung von TypoScript immer das MODUL WEB, TEMPLATE mit der Funktion INFO/MODIFY, da TYPO3 dann den Cache leert. Wenn Sie den Template-Datensatz als Ganzes bearbeiten (über das Modul WEB, LIST oder über den Link CLICK HERE TO EDIT THE WHOLE TEMPLATE RECORD), müssen Sie daran denken, selbst den Cache zu leeren.*

### 4.5.1 TypoScript-Templates bearbeiten (Info/Modify)

Diese Funktion wird vor allem für die Bearbeitung des TypoScript-Setups und der Konstanten genutzt (sofern Sie für Letzteres nicht den *Constant Editor* verwenden).

Sie haben aber auch die Möglichkeit, weitere Felder des Template-Datensatzes zu bearbeiten oder den kompletten Datensatz zu öffnen.

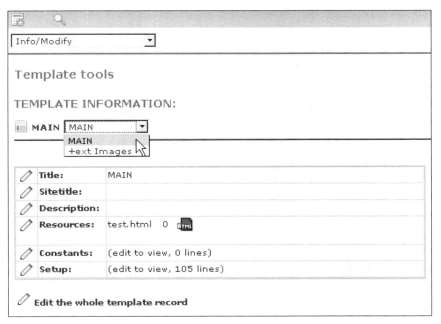

Abbildung 4.29: **Die Funktion Info/Modify**

1. Wählen Sie den Template-Datensatz aus, den Sie bearbeiten wollen. Es werden alle Template-Datensätze angezeigt, die in der Seite liegen, die Sie im Seitenbaum ausgewählt haben.
2. Bearbeiten Sie ausgewählte Felder des Template-Datensatzes. Die Bearbeitung auf diesem Weg ist komfortabler, als wenn Sie dies über das Modul WEB, LIST machen. So sind die Felder SETUP und CONSTANTS angenehm groß, und Sie können z. B. HTML-Dateien, die über das Feld RESOURCES eingebunden wurden, direkt bearbeiten.
3. Mit dem Link *Edit the whole template Record* können Sie den gesamten Datensatz öffnen – so als würden Sie über das Modul WEB, LIST gehen. Das brauchen Sie z. B., um statische Templates aus Extensions einzubinden. Denken Sie daran, anschließend den Cache zu leeren.

## 4.5.2 TypoScript-Struktur betrachten (Object Browser)

Im *TypoScript Object Browser* wird die TypoScript-Konfiguration abgearbeitet und als übersichtliche Baumstruktur dargestellt. Somit ermöglicht er Ihnen eine exakte Kontrolle der Konfiguration für die gerade gewählte Seite. Dies gilt sowohl für die Konstanten als auch für das Setup. Das Schöne dabei ist, dass hier nur die Konfiguration angezeigt wird, die gewonnen hat, wenn man die Reihenfolge der Einbindung berücksichtigt (siehe Abschnitt 4.3.6).

> **TIPP**
>
> *Dieses Tool ist Ihr bester Freund, wenn es darum geht, Fehler zu finden. Sie sehen sofort, wenn Sie sich in einer Verschachtelungsebene vertan haben; es zeigt Ihnen Syntaxfehler wie fehlende Klammern an; Sie können gesetzte Bedingungen explizit nachstellen; Sie können Konstanten hervorgehoben darstellen und vieles mehr.*
>
> *Dies ist das wichtigste Tool für Arbeiten an TypoScript.*

Abbildung 4.30: **Die Funktionen des Object Browsers**

# KAPITEL 4  Das Frontend – Ausgabe und Darstellung der Daten

① Wählen Sie aus, ob Sie sich das *Setup* oder die *Konstanten* anzeigen lassen wollen. Wenn Sie sich einmal wundern, dass Ihre Baumstruktur (siehe 3.) so mickrig ausfällt, dann prüfen Sie, ob Sie nicht an dieser Stelle aus Versehen CONSTANTS statt SETUP ausgewählt haben.

② Syntaxfehler werden ggf. an dieser Stelle angezeigt. Wie Sie anhand der Zeilennummer die richtige Stelle in Ihren TypoScript-Templates finden, wird im nächsten Abschnitt erklärt.

③ Darstellung der TypoScript-Konfiguration als Baumstruktur.

④ Hier können Sie einstellen, welche Bedingungen bei der Generierung der Baumstruktur in 3. berücksichtigt werden sollen.

⑤ Suchmöglichkeit im TypoScript. Alle eingebundenen TypoScript-Templates werden berücksichtigt.

⑥ Hier können Sie weitere Einstellungen vornehmen, die die Anzeige der Baumstruktur in 3. beeinflussen. Besonders hilfreich kann dabei die unterschiedlich farbige Darstellung der Konstanten sein.

Neben der reinen Anzeige der kompletten Konfiguration in einer übersichtlichen Baumdarstellung können Sie zusätzlich auch Änderungen durch einen Klick auf einzelne Eigenschaften vornehmen. Die geänderten Werte werden direkt in das Feld SETUP des in der aktuellen Seite liegenden TypoScript-Templates geschrieben. Sie können Änderungen auf diesem Weg daher auch nur vornehmen, wenn Sie sich in einer Seite befinden, die auch ein TypoScript-Template enthält.

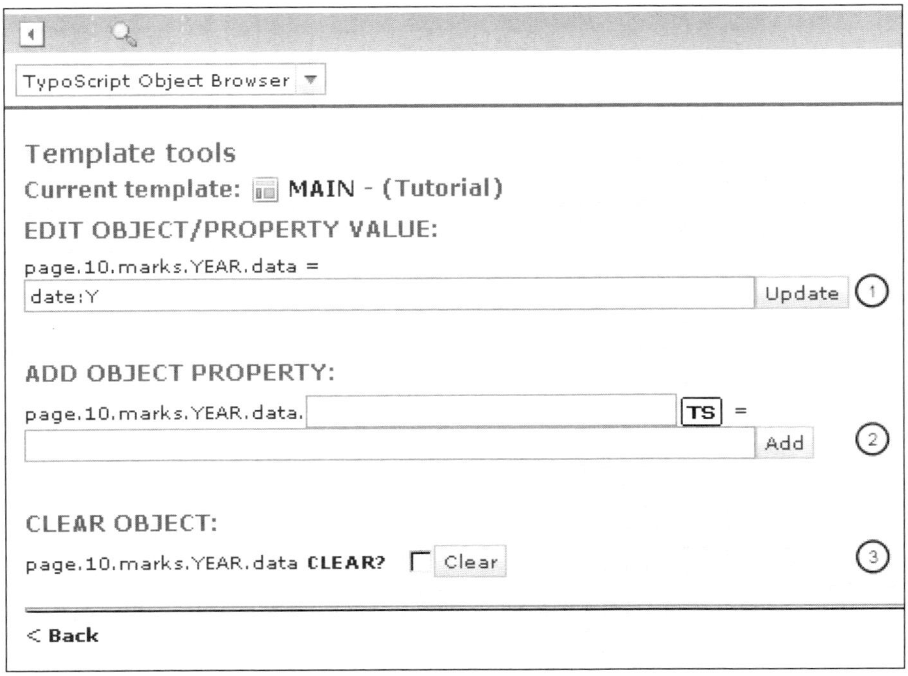

Abbildung 4.31: **Eigenschaften über den Object Browser anpassen**

# KAPITEL 4 Das Frontend – Ausgabe und Darstellung der Daten

① Hier können Sie den Wert der Eigenschaft ändern.
② Fügen Sie einer Eigenschaft oder einem Objekt Untereigenschaften und deren Werte hinzu.
③ Hier kann eine Eigenschaft oder ein Objekt gelöscht werden. Es wird der Operator > gesetzt.

> **TIPP**
>
> *Eigenschaften über den OBJECT BROWSER anzupassen ist eine hervorragende Möglichkeit, um TypoScript-Konfigurationen auszuprobieren und so gegebenenfalls Fehler bzw. Lösungen zu finden. Der OBJECT BROWSER schreibt aber bei jeder solchen Änderung eine weitere Zeile in das Setup-Feld Ihres TypoScript-Templates, und zwar auch dann, wenn Sie ein und dieselbe Eigenschaft mehrfach nacheinander ändern! Dies wird sehr schnell äußerst unübersichtlich. Sie sollten also immer, wenn Sie Anpassungen auf diesem Wege vorgenommen haben, das Setup-Feld wieder aufräumen, indem Sie das entstandene TypoScript übersichtlich strukturieren bzw. die erzeugten Zeilen an ihren Platz verschieben.*

## 4.5.3 Template-Organisation überblicken (Template Analyzer)

Der TEMPLATE ANALYZER zeigt Ihnen auf jeder Seite, welche TypoScript-Templates eingebunden wurden und in welcher Reihenfolge diese abgearbeitet wurden.

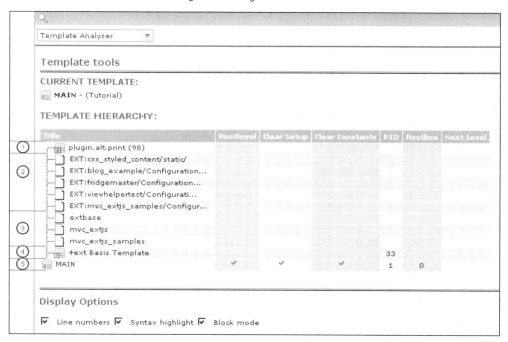

Abbildung 4.32: **Arten von TypoScript-Templates im Template Analyzer**

# KAPITEL 4   Das Frontend – Ausgabe und Darstellung der Daten

① *Statisches TypoScript-Template* aus dem Feld INCLUDE STATIC. Es ist an dem grauen Icon zu erkennen.
② *Statisches TypoScript-Template aus Extensions* aus dem Feld INCLUDE STATIC (FROM EXTENSIONS). Es ist an dem Präfix EXT: zu erkennen.
③ Automatisch eingefügte TypoScript-Templates aus Extensions (siehe Abschnitt 4.4.4). Angezeigt wird der *Extension-Key*. Über die Selectbox STATIC TEMPLATE FILES FROM T3 EXTENSIONS im oben genannten Arbeitsbereich INFO/MODIFY können Sie beeinflussen, ob und wann diese Templates eingebunden werden.
④ Ein Template-Datensatz, der über das Feld INCLUDE BASIS TEMPLATE eingebunden wurde. Dass es sich um einen Template-Datensatz handelt, ist wiederum an dem Icon zu erkennen bzw. daran, dass in der Spalte PID/RL die *uid* der Seite angezeigt wird, in der dieser Template-Datensatz liegt.
⑤ Das *Root-Template*, das die anderen TypoScript-Templates einbindet. Dass dieses Template die anderen einbindet, ist an den Linien zu den anderen Templates zu erkennen. Da das Root-Template in der Reihenfolge ganz unten steht, können Sie in diesem Template-Datensatz die Eigenschaften aller übrigen Templates überschreiben.

*Die Abarbeitung des TypoScripts erfolgt stur in der Reihenfolge, die der Template Analyzer anzeigt, und zwar von oben nach unten. Dabei ist unerheblich, welches TypoScript-Template von welchem Template-Datensatz eingebunden wurde.*

Wenn Sie auf eines der TypoScript-Templates klicken, bekommen Sie unten die Konstanten und das Setup dieses TypoScript-Templates angezeigt.

*Setzen Sie das Häkchen bei* LINE NUMBERS, *wenn Ihnen der* OBJECT BROWSER *eine Fehlermeldung mit Zeilennummer anzeigt (siehe Abbildung 4.30), Sie aber nicht sofort wissen, wo der genannte Fehler genau auftritt. Dadurch bekommen Sie für jedes eingebundene Template die Zeilennummer jeder Codezeile.*

Die weiteren Optionen SYNTAX HL, COMMENTS und CROP LINES tragen des Weiteren zur besseren Orientierung im TypoScript-Dschungel bei. Auch hier bekommen Sie eine Anzeige, sollte im TypoScript ein Fehler in der Syntax vorliegen.

```
EXT:mvc_extjs_samples/Configuration/TypoScript
2447:
2448: [GLOBAL]
2449: plugin.tx_mvcextjssamples.twitter {
2450:     _CSS_DEFAULT_STYLE (
2451:                         p.getMessage { white-space:normal;}
2452:     )
2453: }
2454:
2455: plugin.tx_mvcextjssamples.feeds {
2456:     _CSS_DEFAULT_STYLE (
2457:                         p.message { white-space:normal;}
2458:     )
2459: }
2460:
2461: plugin.tx_mvcextjssamples.pictureslideshow {
2462:     pictures = COA
2463:     pictures {
2464:         10 = TEXT
2465:         10.field = image
2466:
2467:         20 = TEXT
2468:         20.field = uploads/pics/
2469:
2470:         30 = TEXT
2471:         30.field.imagecaption - ERROR: Line 2471: Object Name String,
2472:     }
```

Abbildung 4.33: **Fehleranzeige im Template Analyzer**

### 4.5.4 Konstanten bequem ändern (Constant Editor)

Der CONSTANT EDITOR dient zum einfachen und übersichtlichen Anpassen von Konstanten. Dabei können die Konstanten Kategorien zugeordnet und durch Kommentare näher erläutert werden. Im Prinzip soll durch diese Vorgehensweise auch ein wenig erfahrener Administrator die wichtigsten Einstellungen vornehmen können.

Falls Sie an dieser Stelle Änderungen an den gegebenen Konstanten durchführen, werden die neuen Werte im Feld constants des Template-Datensatzes gespeichert.

Damit eine Konstante über den CONSTANT EDITOR geändert werden kann, muss eine Zeile über der Konstante ein Kommentar stehen, der einer definierten Syntax folgt.

Listing 4.32: **Grundsätzlicher Aufbau einer Konstanten zur Nutzung im Constant Editor**

```
# cat=Kategorie/Unterkategorie/Sortierung; type=Feldtyp; ↵
    label=Überschrift:Beschreibung
konstanten_bezeichnung = Standardwert der Konstante
```

Listing 4.33: **Beispiel-Konstanten, die im Constant Editor geändert werden können**

```
# cat=basic,eff.template/links/1; type=int+; label= An important Link: Uid ↵
    of the page that should be linked with this important link.
eff.template.important.link = 2
```

# KAPITEL 4  Das Frontend – Ausgabe und Darstellung der Daten

```
# cat=eff.template/links/2; type=int+; label= Another Link: Uid of another
  page that should be linked.
eff.template.another.link = 5

# cat=eff.template/enable; type=comment; label= Remove change date: Remove
  the change date in the bottom of the page.
eff.template.removeChangeDate =
```

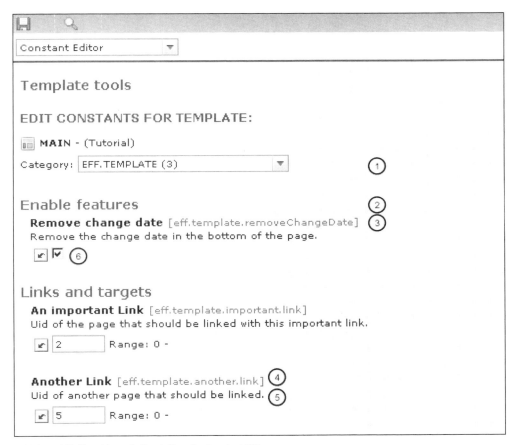

Abbildung 4.34: **Resultierende Darstellung im Constant Editor**

① Kategorie
② Unterkategorie
③ Überschrift
④ Name der Konstanten
⑤ Beschreibung
⑥ Formularfeld: Ausgabe abhängig vom Typ

In der Kommentarzeile von Listing 4.32 wurden die Teile hervorgehoben, die Sie für Ihre Konstanten anpassen müssen. Diese werden im Folgenden ausführlich erklärt:

# KAPITEL 4     Das Frontend – Ausgabe und Darstellung der Daten

**Kategorien** und **Unterkategorien** für Konstanten sind in der Datei *t3lib/class.t3lib_tsparser_ext.php* hinterlegt.

Listing 4.34: **Ausschnitt aus der Datei t3lib/class.t3lib_tsparser_ext.php**

```
    // internal
var $categories = array(
    "basic" => array(),     // Constants of superior importance for the
        template-layout. This is dimensions, imagefiles and enabling of
        various features. Themost basic constants, which you would almost
        always want to configure.
    "menu" => array(),      // Menu setup. This includes fontfiles, sizes,
        background images. Depending on the menutype.
    "content" => array(),   // All constants related to the display of page
        content elements
    "page" => array(),      // General configuration like metatags, link
        targets
    "advanced" => array(),  // Advanced functions, which are used very
        seldomly.
    "all" => array()        // All constants are put here also!
);  // This will be filled with the available categories of the current
    template.
var $subCategories = array(
// Standard categories:
    "enable" => Array("Enable features", "a"),
    "dims" => Array("Dimensions, widths, heights, pixels", "b"),
    "file" => Array("Files", "c"),
    "typo"  => Array("Typography", "d"),
    "color" => Array("Colors", "e"),
    "links" => Array("Links and targets", "f"),
    "language" => Array("Language specific constants", "g"),

// subcategories based on the default content elements
    "cheader" => Array("Content: 'Header'", "ma"),
    "cheader_g" => Array("Content: 'Header', Graphical", "ma"),
    "ctext" => Array("Content: 'Text'", "mb"),
//    "ctextpic" =>
    "cimage" => Array("Content: 'Image'", "md"),
    "cbullets" => Array("Content: 'Bullet list'", "me"),
    "ctable" => Array("Content: 'Table'", "mf"),
    "cuploads" => Array("Content: 'Filelinks'", "mg"),
    "cmultimedia" => Array("Content: 'Multimedia'", "mh"),
    "cmailform" => Array("Content: 'Form'", "mi"),
    "csearch" => Array("Content: 'Search'", "mj"),
    "clogin" => Array("Content: 'Login'", "mk"),
    "csplash" => Array("Content: 'Textbox'", "ml"),
    "cmenu" => Array("Content: 'Menu/Sitemap'", "mm"),
    "cshortcut" => Array("Content: 'Insert records'", "mn"),
    "clist" => Array("Content: 'List of records'", "mo"),
    "cscript" => Array("Content: 'Script'", "mp"),
    "chtml" => Array("Content: 'HTML'", "mq")
);
```

Dabei können Sie die *Kategorien* beliebig erweitern. Weisen Sie Ihrer Konstante eine Kategorie zu, die es bisher noch nicht gibt, wird diese zusätzlich in dem Select-Feld angezeigt. Für Kategorien gilt:

» Der Konstante muss eine Kategorie zugewiesen werden, sonst wird sie im Constant Editor nicht angezeigt.

» Einer Konstanten können mehrere Kategorien zugewiesen werden. Diese werden durch ein Komma getrennt. In diesem Fall wird dieselbe Konstante in allen zugewiesenen Kategorien angezeigt.

Die Zuweisung einer *Unterkategorie* ist optional. Geben Sie keine Unterkategorie an, wird entweder keine Unterkategorie angezeigt oder die Konstante erscheint in der Unterkategorie Others. Bei der Auswahl von Unterkategorien sind Sie auf die Vorgaben in Listing 4.34 beschränkt. Sie können keine eigenen Unterkategorien definieren.

Auch die Angabe der *Sortierung* ist optional. Geben Sie keine Sortierung an, werden die Konstanten innerhalb der Unterkategorien in umgekehrter Reihenfolge zu ihrer Defnition im Constants-Feld angezeigt.

## 4.6 Das Grundgerüst des Setup-Feldes (Toplevel Objects)

In Kapitel 1.7 der TSRef werden vor allem die *Toplevel Objects* beschrieben. Sie werden deshalb so genannt, weil es sich um diejenigen Objekte handelt, die im TypoScript-Setup in der obersten Ebene verwendet werden können. Am besten sehen Sie das im Object Browser. Klappen Sie den Baum so weit zu wie irgend möglich. Die Objekte, die Sie jetzt noch sehen, finden Sie im Bereich der Toplevel-Objekte.

*Auch in diesem Abschnitt gilt: Öffnen Sie die TSRef! Wir werden alle wichtigen Dinge ansprechen, aber aus Platzgründen nicht alle Details erwähnen können, da es uns wichtiger ist, Ihnen ein Grundverständnis zu vermitteln, als viele Punkte aufzuzählen.*

### 4.6.1 Grundlegende Konfigurationen (CONFIG)

Das Objekt `config` beinhaltet zentrale Konfigurationseinstellungen für eine Seite.

Listing 4.35: **Interessante Konfigurationsmöglichkeiten in config**

```
config {
    debug = 0
    admPanel = 1
    disablePrefixComment = 1
    pageTitleFirst = 1
        // simulate static Documents
        // make sure you have mod_rewrite in /.htaccess file active
    simulateStaticDocuments = 1
    simulateStaticDocuments_noTypeIfNoTitle = 1
    simulateStaticDocuments_addTitle = 20
        // enable logging for use with awstats
    stat = 1
    stat_apache = 1
    stat_apache_logfile = apache_log.txt
```

**KAPITEL 4** Das Frontend – Ausgabe und Darstellung der Daten

```
    // put js and stylesheet into external files automatically
removeDefaultJS = external
inlineStyle2TempFile = 1
spamProtectEmailAddresses = 6
spamProtectEmailAddresses_atSubst = (at)
    // enable indexing of pages for indexed search
index_enable = 1
index_externals = 1
    // default language definitions
language = de
locale_all = de_DE
htmlTag_langKey = de
doctype = xhtml_trans
xhtml_cleaning = all
}
```

> **INFO**
> Es gibt eine riesige Menge an Konfigurationsmöglichkeiten. Nehmen Sie sich etwas Zeit, und betrachten Sie den diesbezüglichen Abschnitt in der TSRef, um neue Möglichkeiten zu entdecken oder die Bedeutung der im Listing aufgeführten Eigenschaften zu verstehen. Bezüglich der Parameter, die die Ausgabe der Sprache steuern, erfahren Sie weitere nützliche Fakten in Abschnitt TypoScript.

### 4.6.2 Globale Marker (CONSTANTS)

Mithilfe dieses Objekts können Sie Marker definieren, die dann bei Verwendung der Funktion *parseFunc* durch den hier definierten Wert ersetzt werden. Betreiben Sie z. B. eine Vereinshomepage und möchten in Inhaltselementen an verschiedenen Stellen auf den Vereinsvorstand verweisen, dann wäre es ganz praktisch, wenn Sie bei einem Vorstandswechsel nicht jedes Vorkommen der Namen suchen und die Namen von Hand ändern müssten. Definieren Sie zu diesem Zweck ein Toplevel-Objekt für globale Marker im Setup-Feld Ihres Template-Datensatzes. Diese können Sie dann z. B. im TEXT-Feld der Inhaltselemente TEXT oder TEXT MIT BILD verwenden.

Listing 4.36: **Definition der globalen Marker im Setup-Feld**

```
constants {
   VORSTAND1 = Liesl Müller
   VORSTAND2 = Hans Meier
}
```

Abbildung 4.35: **Verwendung der globalen Marker im RTE des Feldes TEXT**

# KAPITEL 4   Das Frontend – Ausgabe und Darstellung der Daten

> Der erste Vorstand: Liesl Müller.
>
> Der zweite Vorstand: Hans Meier.

Abbildung 4.36: **Ausgabe im Frontend**

**ACHTUNG**

Diese »Konstanten« haben nichts mit den Konstanten zu tun, die im Feld CONSTANTS definiert werden! Weiterhin müssen Sie beachten, dass Sie die so definierten Marker nicht in jedem Feld verwenden können. Damit sie tatsächlich ersetzt werden, muss die Funktion parseFunc für dieses Feld mit der Eigenschaft constants = 1 definiert sein (siehe Abschnitt 4.10.7).

## 4.6.3  Das eigene Layout (PAGE)

Das wichtigste Toplevel-Objekt ist das Objekt PAGE. Dieses haben Sie bereits in unserem Einstiegsbeispiel kennengelernt. Um eine reguläre Seite im Frontend darstellen zu können, brauchen Sie immer ein Objekt PAGE, sonst begrüßt das Frontend Sie mit einer Fehlermeldung.

Das PAGE-Objekt erzeugt typischerweise das HTML-Grundgerüst im Frontend. Dazu gehören das <html>-Tag, der <head>-Bereich sowie das <body>-Tag.

Die Ausgabe innerhalb des <body>-Tags wird durch die Eigenschaft 1,2,3,4,… vom Datentyp cObject (siehe TSRef) gefüllt. Das bedeutet, Sie können einem PAGE-Objekt beliebig viele Inhaltsobjekte über Zahlen zuweisen. Sie kennen das z. B. als page.10 = TEMPLATE oder page.20 = TEXT. Diese Zahlen werden nach ihrem Wert sortiert und dann in dieser Reihenfolge abgearbeitet. Die Reihenfolge im TypoScript ist für die Abarbeitung irrelevant. Inhaltsobjekte werden in Abschnitt 4.8 besprochen.

Eine Seite wird hauptsächlich durch zwei Parameter referenziert: die *Seiten-ID* (das Feld uid in der Tabelle *pages*) und den *Seitentyp*. Über unterschiedliche Seitentypen können Sie unterschiedliche Frontend-Ausgaben der gleichen Seite erzeugen. Seitentypen werden beispielsweise bei *Framesets* benötigt. Auf diese gehen wir jedoch nicht weiter ein, da Framesets heutzutage eigentlich nicht mehr eingesetzt werden. Weitere Einsatzmöglichkeiten sind Ausgaben für eine Druckansicht, einen XML-Feed oder ein inverses Layout für eine barrierefreie Webseite.

Listing 4.37: **Sehr einfaches Objekt PAGE, Einbindung eines HTML-Templates**

```
page = PAGE
page.includeCSS.screen = fileadmin/learning/screen.css
page.10 = TEMPLATE
page.10 {
   template = FILE
   template.file = fileadmin/learning/main.html
   workOnSubpart = DOCUMENT_BODY
}
```

# KAPITEL 4  Das Frontend – Ausgabe und Darstellung der Daten

Listing 4.38: **Definition der Druckansicht im statischen Template plugin.alt.print (98)**

```
alt_print = PAGE
alt_print.typeNum=98
alt_print.stylesheet = {$plugin.alt.print.file.stylesheet}

alt_print.10 = TEMPLATE
alt_print.10 {
   template = FILE
   template.file = {$plugin.alt.print.file.template}
   marks {
      PAGE_TITLE = TEXT
      PAGE_TITLE.field = title
      PAGE_SUBTITLE = TEXT
      PAGE_SUBTITLE.field = subtitle
      PAGE_AUTHOR = TEXT
      PAGE_AUTHOR.field = author
      PAGE_AUTHOR.required=1
      PAGE_AUTHOR.typolink.parameter.field = author_email
      PAGE_UID = TEXT
      PAGE_UID.field = uid
      CONTENT < styles.content.get
   }
   workOnSubpart = DOCUMENT_BODY
}
```

Es wird ein weiteres Objekt PAGE erzeugt, das komplett mit einer eigenen Konfiguration ausgestattet werden kann. Wichtig ist dabei die Eigenschaft typeNum. Falls Sie dem Seitenaufruf im Browser den Parameter &*type=98* hinzufügen, wird statt des regulären Objekts page das Objekt alt_print zur Erzeugung der Seite verwendet. Ein *type=0* bezieht sich auf das reguläre Objekt page.

Listing 4.39: **URLs für die reguläre Seite und die Druckansicht**

```
http://www.domain.de/index.php?id=1
http://www.domain.de/index.php?id=1&type=98
```

Listing 4.40: **Definition des XML-Newsfeeds in tt_news, statisches Template Newsfeed**

```
xmlnews = PAGE
xmlnews {
   typeNum = 100
   10 < plugin.tt_news
   10.pid_list >
   10.pid_list = {$plugin.tt_news.pid_list}
   10.singlePid = {$plugin.tt_news.singlePid}
   10.defaultCode = XML
   10.catTextMode = 1
   10.catImageMode = 0
   config {
      disableAllHeaderCode = 1
      additionalHeaders = Content-type:application/xml
      xhtml_cleaning = 0
      admPanel = 0
   }
}
```

Mit der Eigenschaft `config` können Sie Einstellungen des Toplevel-Objekts *config* (siehe Abschnitt 4.6.1) für nur diesen Seitentyp überschreiben.

Weitere Eigenschaften wie für das Einbinden von CSS und JavaScript-Dateien, für die Definition von Metatags oder Angaben für das HTML-Tag `<body>` entnehmen Sie bitte der *TSRef*.

Das PAGE-Objekt wird in der PHP-Datei *typo3/sysext/cms/tslib/class.tslib_pagegen.php* in der Klasse `Tspagegen` gerendert.

> **TIPP** *Für die Version 4.3 wurden die Optionen für das Einbinden von Dateien (*`page.includeCSS`*, *`page.includeJS`*, ...), die als Parameter in einem Array konfigurierbar sind, wesentlich erweitert. Bei weiterreichendem Interesse lohnt sich ein Blick in die oben genannte Datei* class.tslib_pagegen.php.

### 4.6.4 Metatags (META)

Das Objekt `META` finden Sie z. B. als Datentyp der Eigenschaft `meta` des `PAGE`-Objekts.

Mit diesem Objekt steuern Sie die Ausgabe der Metatags im Frontend.

Listing 4.41: **Definition der Metatags description und keywords**

```
page.meta {
   DESCRIPTION.field = description
   DESCRIPTION.ifEmpty = Die Standardbeschreibung, falls in der Seite ↩
      keine Beschreibung eingegeben wurde.
   KEYWORDS.field = keywords
   KEYWORDS.ifEmpty = standardkeyword1, standardkeyword2
}
```

Listing 4.42: **Ausgabe der Standard-Metatags**

```
<meta name="DESCRIPTION" content="Die Standardbeschreibung, falls in der↩
   Seite keine Beschreibung eingegeben wurde." />
<meta name="KEYWORDS" content="standardkeyword1, standardkeyword2" />
```

Listing 4.41 zeigt die Konfiguration von *Metatags*. Dabei kann der Redakteur in den Seiteneigenschaften den Inhalt der Metatags selbst bestimmen, indem er die Felder DESCRIPTION und KEYWORDS füllt. Gibt er diese Informationen nicht ein, werden eine Standardbeschreibung und Standardstichwörter verwendet.

> **TIPP** *Die Extension* metatags *stellt Ihnen mehr Konfigurationsmöglichkeiten zur Verfügung als das* META*-Objekt. Evaluieren Sie diese Extension, wenn Sie zusätzliche Metatags wie* Dublin Core Tags *nutzen möchten.*

## 4.6.5 plugin

Unter dem Objekt `plugin` werden alle Konfigurationen für Frontend-Plugins zusammengefasst. Falls Sie einmal ein eigenes Frontend-Plugin entwickeln, sollten Sie hier Konfigurationsmöglichkeiten über den zugehörigen Namen des Plugins vorsehen.

Listing 4.43: **Beispielkonfiguration für Indexed Search**

```
plugin.tx_indexedsearch {
   search {
      page_links = 10
      detect_sys_domain_records = 0
   }
   show {
      rules = 0
      alwaysShowPageLinks = 0
      advancedSearchLink = 1
      resultNumber = 15
   }
   blind {
      sections=1
      order=1
      lang=1
   }
   _DEFAULT_PI_VARS {
      type = 1
      group = flat
   }
}
```

Die Namen und Auswirkungen der Objekte und Eigenschaften hängen vom Entwickler des Plugins und dem zugehörigen PHP-Code ab. Es gibt jedoch Eigenschaften, die generell von Frontend-Plugins unterstützt werden sollten.

| BEZEICHNUNG | AUSWIRKUNG |
|---|---|
| _CSS_DEFAULT_STYLE | Vorgefertigte CSS-Angaben für ein Frontend-Plugin sollten hier hinterlegt sein. Falls ein Anwender diese nicht nutzen will, kann er sie sehr einfach entfernen und eigene Angaben definieren.<br><br>`plugin.tx_indexedsearch._CSS_DEFAULT_STYLE >` |
| _DEFAULT_PI_VARS | Falls es von dem Frontend-Plugin unterstützt wird, können Sie Standardwerte für Parameter des Plugins festlegen. Dies sollte in aller Regel der Fall sein.<br><br>`plugin.tx_indexedsearch._DEFAULT_PI_VARS.type = 1` |
| _LOCAL_LANG | Bezeichnungen im Frontend können Sie für alle Sprachen anpassen.<br><br>`plugin.tx_indexedsearch._LOCAL_LANG.de.submit_button_label = hols dir!` |

Tabelle 4.4: **Wichtige Eigenschaften für das Objekt plugin**

## 4.6.6 Ausgabe von Datensätzen (tt_*)

Dieses Toplevel-Objekt hängt eng mit den Inhaltsobjekten CONTENT und RECORDS zusammen. Hier kann anhand des Tabellennamens die Standardausgabe von Datensätzen dieser Tabelle konfiguriert werden. Wie das im Detail funktioniert, wird in Abschnitt 4.8.5 genau erklärt.

## 4.7 Navigationen (Menüs)

### 4.7.1 Grundlagen

Die Navigationen in TYPO3 basieren auf den im Backend angelegten und im Seitenbaum hierarchisch organisierten Seiten. Wenn Sie eine Navigation erstellen, werden Sie immer mit einem HMENU-Objekt beginnen (das H steht für »hierarchisch«). Innerhalb des HMENU-Objekts definieren Sie für jede Ebene des Menüs einen Menütyp (z. B. Textmenü – TMENU, grafisches Menü – GMENU).

Innerhalb einer Menüebene können Sie wiederum die Ausgabe der einzelnen Menüpunkte anhand ihres Zustandes steuern. Das heißt, Sie können einen gerade ausgewählten Menüpunkt (die aktuelle Seite) anders darstellen als nicht ausgewählte Menüpunkte, oder Sie stellen Menüpunkte mit Unterpunkten anders dar als Menüpunkte ohne Unterpunkte.

Die folgenden Zustände können unterschieden werden (siehe TSRef, Kapitel 1.9.2, Common item states for TMENU, GMENU and IMGMENU series):

| ZUSTANDSBEZEICH-NUNG | BESCHREIBUNG |
| --- | --- |
| NO | Der Normalzustand muss für jedes Menü zwingend definiert sein und gilt als Basiseinstellung für alle nicht definierten Zustände. |
| RO | Für grafische Menüs steht außerdem ein Zustand zur Verfügung, der aktiv wird, wenn der Benutzer mit der Maus über den Menüpunkt fährt (RollOver). Diese Funktionalität wird mit JavaScript umgesetzt. |
| IFSUB, IFSUBRO | Tritt für Seiten ein, die im Menü eigene Unterpunkte enthalten. Der Zusatz RO steht für *RollOver*. |
| ACT, ACTRO | Tritt ein, wenn der Menüpunkt die aktuelle Seite oder eine der übergeordneten Seiten der aktuellen Seite darstellt. Man spricht davon, dass die Seite sich in der Rootline befindet. |
| ACTIFSUB, ACTIFSUBRO | Tritt für Seiten ein, die sich in der Rootline befinden und eigene Unterpunkte enthalten. |

## KAPITEL 4   Das Frontend – Ausgabe und Darstellung der Daten

| ZUSTANDSBEZEICH-NUNG | BESCHREIBUNG |
| --- | --- |
| CUR, CURRO | Tritt nur für die aktuelle Seite ein, kann also als ein Unterbereich von *ACT* angesehen werden. |
| CURIFSUB, CURIFSUBRO | Tritt für die aktuelle Seite ein, falls diese Unterseiten enthält. |
| USR, USRRO | Tritt für Seiten ein, die einer eingeschränkten Zugriffsberechtigung unterliegen. Diese Seiten sind nur sichtbar, falls der eingeloggte Betrachter das Zugriffsrecht hat. |
| SPC | Seiten vom Typ SPACER können für optische Zwecke im Menü dargestellt, jedoch nicht angeklickt werden. |
| USERDEF1, USERDEF1RO, USERDEF2, USERDEF2RO | Tritt für Seiten ein, die mittels der Eigenschaft special=userdefined des Objekts HMENU benutzerdefiniert erstellt wurden (z. B. bei Sprachmenüs, siehe Abschnitt 4.12). |

Tabelle 4.5: **Definition der möglichen Zustände eines Menüpunkts**

Der Zustand NO muss zwingend definiert sein, alle anderen sind optional. Zu beachten ist noch, dass die optionalen Zustände aktiviert werden müssen, um berücksichtigt zu werden (ACT = 1).

Listing 4.44: **Beispiel eines Menüs**

```
01 lib.mainMenu = HMENU
02 lib.mainMenu {
03    1 = GMENU
04    1 {
05       NO {
06          XY = 100,20
07          backColor = yellow
08          10 = TEXT
09          10 {
10             text.field = title
11             offset = 5,14
12             niceText = 1
13          }
14          wrap = | <br />
15       }
16       ACT < .NO
17       ACT = 1
18       ACT.backColor = red
19    }
20    2 = TMENU
21    2 {
22       NO.allWrap = <div class="l2-no"> | </div>
23       ACT = 1
24       ACT.allWrap = <div class="l2-act"> | </div>
25    }
26    wrap = <div id="mainMenu"> | </div>
27 }
```

**KAPITEL 4**  Das Frontend – Ausgabe und Darstellung der Daten

» Zeilen 03–19: Die erste Ebene des Menüs ist ein *grafisches Menü*. Der Menüpfad des aktiven Menüpunkts hat einen roten Hintergrund. Alle anderen Menüpunkte sind gelb.

» Zeilen 20–25: Die zweite Ebene ist ein *Textmenü*. Inaktiv und Aktiv werden durch CSS-Klassen unterschieden.

» Die möglichen Eigenschaften für das HMENU-Objekt (bei uns: `lib.mainMenu`) sind in der TSRef in Kapitel 1.8 dokumentiert.

» Für den Objektpfad `lib.mainMenu.1` können Sie sowohl die in Kapitel 1.9.1. (COMMON PROPERTIES) als auch die in Kapitel 1.9.4. (für das GMENU) beschriebenen Eigenschaften verwenden.

» Für den Objektpfad `lib.mainMenu.2` gelten die Eigenschaften aus Kapitel 1.9.1. ebenso wie die Eigenschaften aus Kapitel 1.9.7. (für das TMENU).

» Für die Objektpfade `lib.mainMenu.1.NO` sowie `lib.mainMenu.1.ACT` des GMENU-Objektes gelten auch die Eigenschaften des GIFBUILDER-Objekts (Kapitel 1.8.).

» Die Objektpfade `lib.mainMenu.2.NO` sowie `lib.mainMenu.2.ACT` sind durch das Objekt TMENUITEM (Kapitel 1.9.8.) beschrieben.

> *Die Ebenen werden durch einfaches Durchnummerieren definiert. `lib.mainMenu.1` ist Ebene 1, `lib.mainMenu.2` ist Ebene 2, zeigt also die Kinder von Ebene 1, und `lib.mainMenu.3` wäre analog die Ebene 3.*
>
> *Anders als z. B. im Objekt COA müssen Sie hier streng durchnummerieren und können nicht 10, 20, 30, ... verwenden.*

Menüs werden in der PHP-Datei *typo3/sysext/cms/tslib/tslib_menu.php* abgearbeitet.

In den folgenden Abschnitten werden wir auf die Konfigurationsoptionen näher eingehen, sodass Sie damit künftig Ihre eigenen, individuell angepassten Menüs erzeugen können.

### 4.7.2 Der Ausgangspunkt (HMENU)

Wir möchten hier auf zwei entscheidende Eigenschaften des HMENU-Objekts näher eingehen:

Mit `entryLevel` definieren Sie, auf welcher Ebene im Seitenbaum das Menü beginnt. Verwenden Sie diese Eigenschaft z. B., wenn Sie oben auf der Seite eine Hauptnavigation und links die Unternavigation erzeugen müssen.

Listing 4.45: **Aufteilung einer dreistufigen Navigation in zwei Objekte**

```
lib.topMenu = HMENU
lib.topMenu {
   1 = TMENU
   1 {
      NO.allWrap = <span class="l1"> | </span>
   }
```

```
}
lib.leftMenu = HMENU
lib.leftMenu {
    entryLevel = 1
    1 = TMENU
    [...]
    2 = TMENU
    [...]
}
```

Über die Eigenschaft `special` des Objekts HMENU lassen sich einige Spezialfälle von Navigationen abdecken. Ein Beispiel für eine *Breadcrumb-Navigation* finden Sie in Abschnitt 4.1.7. Eine Navigation, um zwischen mehreren Sprachen umzuschalten, ist in Abschnitt 4.12.3, *Menü für die Sprachumschaltung* beschrieben. In der TSRef finden Sie weitere Beispiele.

Seit Version 4.3 lässt sich auch bei `special` die Ausgabe der einzelnen Menüpunkte umkehren:

```
HMENU.special.reverseOrder = 1
```

### 4.7.3 Textmenüs (TMENU)

Das Objekt TMENU erzeugt eine textbasierte Navigation. Dieses ist das wichtigste und am häufigsten eingesetzte Menüobjekt. Das genannte zugehörige Objekt *TMENUITEM* taucht unter dieser Bezeichnung nicht im TypoScript-Code auf, es bezieht sich auf die Möglichkeiten, die für die einzelnen Menüelemente verfügbaren Zustände mit Eigenschaften im Detail zu definieren.

Listing 4.46: **Einfaches Textmenü mit drei Ebenen**

```
page.10 = HMENU
page.10 {
    1 = TMENU
    1 {
        expAll = 1
        wrap = <ul class="nav-1"> | </ul>
        NO {
            wrapItemAndSub = <li class="no"> | </li>
            stdWrap.htmlSpecialChars = 1
            stdWrap.htmlSpecialChars.preserveEntities = 1
        }
        ACT < .NO
        ACT = 1
        ACT {
            wrapItemAndSub = <li class="act"> | </li>
        }
    }

    2 < .1
    2.wrap = <ul class="nav-2"> | </ul>
    2.expAll = 0
```

```
    3 < .2
    3.wrap = <ul class="nav-3"> | </ul>
}
```

Mit `expAll` wird erzwungen, dass zu jedem Menüpunkt die zweite Ebene angezeigt wird, auch wenn ein Menüpunkt nicht ausgewählt wurde. Ist diese Option auf 0 gesetzt, klappen sich die inaktiven Menüpunkte immer ein bzw. blenden sich aus. `wrapItemAndSub` ist die Eigenschaft, die das Erstellen von *ul/li-Menüs* ermöglicht. Das `<li>`-Tag wird um alle tieferen Ebenen gewrappt.

### 4.7.4 Grafische Menüs (GMENU)

Das grafische Menü wird aus einzelnen Grafikdateien für jeden Menüpunkt zusammengestellt. Die Grafikdateien werden mithilfe des *GIFBUILDER*-Objekts erstellt. Für die verschiedenen Zustände wie z. B. Aktiv und RollOver werden jeweils eigene Dateien erstellt.

Listing 4.47: **Einfaches grafisches Menü mit einer Ebene**

```
lib.einMenu = HMENU
page.10 {
   1 = GMENU
   1.NO {
      XY = [10.w]+20,20
      backColor = #ff0000
      10 = TEXT
      10 {
         text.field = title
         offset = 0,14
         align = center
         niceText = 1
      }
   }
   1.ACT < .1.NO
   1.ACT = 1
   1.ACT.backColor = #00ff00
   1.RO < .1.NO
   1.RO = 1
   1.RO.backColor = #0000ff
}
```

Das `GMENU` kennt einen zusätzlichen Menüzustand: `RO`. Dieser wird im Frontend mithilfe von JavaScript umgesetzt. Mehr Informationen zum GIFBUILDER und seinen Optionen finden Sie weiter unten in Abschnitt 4.11.

### 4.7.5 Layermenüs (TMENU_LAYER, GMENU_LAYER)

Sie können die grafischen oder textuellen Menüs um dynamische Ebenen mittels DHTML erweitern. Diese klappen automatisch auf, sobald der Besucher die Maus über einen Menüpunkt bewegt. Die verfügbaren Eigenschaften kommen zu den Eigenschaften von `GMENU` und `TMENU` hinzu.

> **ACHTUNG**
>
> Für Layermenüs müssen Sie zwingend die notwendige Bibliothek in Form einer PHP-Datei für die gewünschte Menüart einbinden.

Listing 4.48: **Einbinden der notwendigen Scripts für Layermenüs**

```
page.includeLibs.tmenu_layers = typo3/sysext/cms/tslib/media/scripts/ ↵
    tmenu_layers.php
page.includeLibs.gmenu_layers = typo3/sysext/cms/tslib/media/scripts/ ↵
    gmenu_layers.php
```

Listing 4.49: **TMENU_LAYERS**

```
page.includeLibs.tmenu_layers = typo3/sysext/cms/tslib/media/scripts/ ↵
    tmenu_layers.php
page.10 = HMENU
page.10 {
    1 = TMENU_LAYERS
    1 {
        wrap = <ul class="nav«> | </ul>
        lockPosition = x
        relativeToTriggerItem=1
        topOffset=17
        leftOffset=0
        hideMenuWhenNotOver = 50
        hideMenuTimer = 70
        expAll=1
        NO = 1
        NO {
            allWrap = <li> | </li>
            stdWrap.htmlSpecialChars = 1
            stdWrap.htmlSpecialChars.preserveEntities = 1
        }
        ACT = 1
        ACT < .NO
    }
    2 = TMENU
    2 {
        wrap = <div class="layer-foldout1«><ul> | </ul></div>
        NO {
            wrapItemAndSub = <li> | </li>
            stdWrap.htmlSpecialChars = 1
        }
    }
}
```

Beachten Sie besonders die Angabe `expAll=1` in Zeile 13. Die aufzuklappenden Menüpunkte müssen bereits von TYPO3 generiert worden sein, um per DHTML angezeigt werden zu können. Entscheidend ist auch die Frage, ob die Menüpunkte der ersten Ebene nebeneinander (auf der x-Achse) oder untereinander (auf der y-Achse) angeordnet sind. Dies wird durch die Angabe `lockPosition = x` verdeutlicht. Für unser Beispiel muss im CSS eine entsprechende Angabe für `<ul class="nav">` hinterlegt sein.

# KAPITEL 4  Das Frontend – Ausgabe und Darstellung der Daten

Listing 4.50: **CSS-Angaben für Aufzählungspunkte &lt;li&gt; innerhalb von &lt;ul class="nav«&gt;**

```
ul.nav li {
   list-style: none;
   float: left;
   width: 9em;
}
```

> Mithilfe von modernem CSS haben Sie alternativ die Möglichkeit, ein reines CSS-Menü zu erzeugen, ohne dass JavaScript verwendet werden muss.

## 4.7.6 Menü als Auswahlbox (JSMENU, JSMENUITEM)

Das Objekt JSMENU erzeugt ein Menü in Form einer Auswahlbox, das bei Auswahl eines Elements auf die gewählte Seite springt.

Listing 4.51: **Menü als Auswahlfeld**

```
page.10 = HMENU
page.10 {
   1 = JSMENU
   1 {
      firstLabelGeneral = Bitte auswählen
      levels = 1
      wrap = |
      showActive = 1
      additionalParams = class="dropdownmenu"
   }
}
```

Abbildung 4.37: **Menü als Selectbox**

## 4.7.7 Weitere Menütypen

TYPO3 stellt Ihnen durchaus noch weitere Menütypen zur Verfügung. Dazu gehört z. B. ein Menü, das als Imagemap dargestellt wird.

> Die in der TSRef beschriebenen Menütypen, die eigene Scripts benötigen, sind keine Core-Funktionalität. Sie werden erst in den eingebundenen Scripts definiert. TYPO3 stellt eine Schnittstelle zur Erzeugung von eigenen Menütypen zur Verfügung. Wie diese funktioniert, können Sie z. B. dem Script entnehmen, mit dem Layermenüs erzeugt werden.

## 4.7.8 Spezielle Funktionen in Menüs (iProc)

Es kann vorkommen, dass Sie trotz der vielen Einstellungsoptionen für Menüs Sonderfälle wie eigene Darstellungsbedingungen nicht abbilden können. Es gibt jedoch die für alle Menüobjekte gültige Spezialeigenschaft itemArrayProcFunc, die Ihnen einen Eingriff in die Menüerzeugung per PHP-Script erlaubt.

Falls Sie beispielsweise abhängig von dynamischen Informationen einzelne Seiten in einem Menü nicht anzeigen wollen, können Sie trotzdem ein reguläres Menü mit TypoScript mit allen gewünschten Darstellungsoptionen erstellen und per PHP-Funktion dann dynamisch einzelne Seiten wieder aus dem Menü entfernen.

Listing 4.52: **HMENU mit eingebundener PHP-Klasse**

```
page.includeLibs.menuManipulation = EXT:abz_eff_template/script/ ↵
    user_menuManipulations.php
#[...]
lib.navi = HMENU
lib.navi {
 1 = TMENU
 1 {
    itemArrayProcFunc = user_menuManipulations->user_hidePages
    wrap = <ul> | </ul>
    NO {
      wrapItemAndSub = <li> | </li>
    }
  }
}
```

> **ACHTUNG** Vergessen Sie nicht, das PHP-Script, wie es in der ersten Zeile zu sehen ist, mit dem korrekten Pfad in Ihr TypoScript einzubinden.

Der PHP-Methode werden das gesamte reguläre Menü-Array und die Konfigurationseinstellungen übergeben. In $conf['parentObj'] ist eine Referenz auf das aufrufende Objekt enthalten.

Listing 4.53: **PHP-Klasse mit aufgerufener Methode**

```
class user_menuManipulations {
   function user_hidePages ($menuArr, $conf) {
      $returnArr = array();
      for($i=0;$i<count($menuArr);$i++) {
         if (REALLY_SHOW_MENUITEM) {
            $returnArr[] = $menuArr[$i];
         }
      }
      return $returnArr;
   }
}
```

# KAPITEL 4    Das Frontend – Ausgabe und Darstellung der Daten

Beachten Sie bitte, dass Sie die hier exemplarisch dargestellte Bedingung REALLY_SHOW_ME-NUITEM, die festlegt, ob jede einzelne Seite nun tatsächlich angezeigt werden soll, nach Ihren Bedürfnissen anpassen müssen. Je nach Grad der Dynamisierung werden Sie das Menü eventuell aus dem Caching-Mechanismus herausnehmen wollen (siehe Abschnitt 4.15).

*Ein Beispiel für beide hier genannten Eigenschaften finden Sie in der Datei* typo3/sysext/cms/tslib/media/scripts/example_itemArrayProcFunc.php *im TYPO3-Source-Paket.*

Für die Objekte TMENU und GMENU gibt es eine weitere Spezialfunktion zur Manipulation von Menüs: IprocFunc.

Hierbei wird der aufgerufenen Funktion bzw. Methode neben von Ihnen konfigurierten Parametern das interne Array jedes einzelnen Menüelements übergeben. Sie können dann das von Ihnen modifizierte Array für die weitere reguläre Verarbeitung zurückgeben.

## 4.7.9 Menüpunkte unterschiedlich behandeln (optionSplit)

*optionSplit* wird vor allem in Menüs eingesetzt, um abhängig von der Position des Menüpunktes in einer Ebene eine unterschiedliche Darstellung zu erreichen. Beispielsweise muss bei einer Navigation mit optischem Trenner entweder das erste oder das letzte Element unterschiedlich behandelt werden. *optionSplit* ist eine sehr mächtige Konfigurationsmöglichkeit, die jedoch häufig nicht in allen Facetten verstanden wird. Wir möchten hier das Prinzip erläutern, sodass Sie diese mächtige Option nutzen und das Ergebnis für Ihre Anforderungen selbst anpassen können.

> Home ::: Contact ::: Imprint

Abbildung 4.38: **Navigation mit optischem Trenner**

Listing 4.54: **TypoScript für die Navigation mit optischem Trenner**

```
page.10 = HMENU
page.10 {
   special = directory
   special.value = {$metanavi.pid}
   1 = TMENU
   1 {
      wrap = |
      NO {
         wrapItemAndSub = |*| | :::  |*| |
         stdWrap.htmlSpecialChars = 1
         stdWrap.htmlSpecialChars.preserveEntities = 1
      }
   }
}
```

| SYNTAX | ERGEBNIS |
|---|---|
| \|*\| | Aufteilung in Parts: einen ersten Abschnitt (*first*), einen Zwischenabschnitt (*middle*) und einen letzten Abschnitt (*last*) |
| \|\| | Teilt die entstandenen Abschnitte/Parts aus \|*\| in Unterteile/Subparts. |

Tabelle 4.6: **Syntaxmöglichkeiten für optionSplit**

Der *optionSplit* wird nach folgenden Regeln abgearbeitet:

1. Die Priorität lautet *last*, *first*, *middle*.
2. Falls der Abschnitt *middle* leer ist, wird der letzte Teil des Abschnitts *first* wiederholt.
3. Falls der Abschnitt *first* oder *middle* leer ist, wird der erste Teil des Abschnitts *last* wiederholt.
4. Der Abschnitt *middle* wird rotiert, es wird also immer wieder mit dem ersten Element von *middle* begonnen.

Sie können sich das folgendermaßen vorstellen:

Listing 4.55: **Schematische Darstellung für optionSplit**

```
first1 || first2 |*| middle1 || middle2 || middle3 |*| last1 || last 2
```

Um beispielsweise eine Farbe abwechselnd darzustellen, ist folgende Angabe möglich:

Listing 4.56: **Farben abwechseln**

```
|*| #ff0000 || #00ff00 |*|
```

Da sowohl der erste als auch der letzte Abschnitt leer sind, greift also nur noch Regel 4. Es sind nur zwei Teile definiert, das dritte Element wird also wieder wie das erste dargestellt werden.

> **TIPP** *In der TSRef in Kapitel 1.3. finden Sie ein sehr komplexes Beispiel, das alle Möglichkeiten von* optionSplit *aufklären sollte.*

## 4.8 Die Ausgabe von Inhalten (cObjects)

Die *Inhaltsobjekte* (Content Objects oder auch cObjects) finden Sie in der TSRef in Kapitel 1.7. Sie bieten unglaublich viele Möglichkeiten, HTML-Quelltext zu erzeugen. Ihre Hauptfunktion besteht in der Ausgabe der Inhaltselemente. Sie werden aber darüber hinaus für so ziemlich alle Marker und Subparts verwendet, die im HTML-Template ersetzt werden.

Die Inhaltselemente werden über PHP-Code der Klasse `tslib_cObj` aus der Datei *typo3/sysext/cms/tslib_content.php* gesteuert. Auf diese Klassen wird an vielen Stellen in TYPO3 mit der Variablen `$cObj` verwiesen. Dort ist ein PHP-Array `$this->data` enthalten, das ab-

## KAPITEL 4  Das Frontend – Ausgabe und Darstellung der Daten

hängig vom aktuellen Inhaltselement mit passenden Daten gefüllt ist. Mithilfe des Datentyps *getText* (siehe Abschnitt 4.10.1, *Die Eigenschaft data*) können Sie auf diese Daten zugreifen. Im Falle eines Menüs sind beispielsweise die Daten der aktuellen Seite aus der Tabelle *pages* hinterlegt.

*Die Generierung der regulären Inhaltselemente von TYPO3 wie* Text *und* Text mit Bild *wird auch über das hier besprochene TypoScript gesteuert. Alle dazugehörigen Konfigurationen sind im Objekt* tt_content *zusammengefasst und einsehbar.*

```
[tt_content]=CASE
  [key]
  [stdWrap]
  [header]=COA
  [text]=COA
      [10]=< lib.stdheader
      [20]=TEXT
          [field]=bodytext
          [required]=1
          [parseFunc]=< lib.parseFunc_RTE
          [editIcons]=tt_content:bodytext, rte_enabled
          [prefixComment]=2 | Text:
  [image]=COA
  [textpic]=COA
  [bullets]=COA
  [table]=COA
  [uploads]=COA
  [multimedia]=COA
  [mailform]=COA
  [search]=COA
  [login]=COA
  [splash]=CASE
  [menu]=COA
  [shortcut]=COA
```

Abbildung 4.39: **Ausschnitt aus dem TypoScript Object Browser zu tt_content**

Inhaltsobjekte verwenden Sie immer dann, wenn in der TSRef bei einer Eigenschaft der Datentyp *cObject* angegeben ist.

*Falls Sie gerne ein Inhaltselement hätten, das der Redakteur innerhalb seiner Möglichkeiten beliebig platzieren kann, der Inhalt dann jedoch aus einem individuellen TypoScript besteht, sollten Sie sich die Extension* typoscript2ce *ansehen. Sie können selbst ein* lib.*-TypoScript-Objekt *für die von Ihnen gewünschte Ausgabe erstellen, das dann als Inhalt im Backend angelegt werden kann.*

## 4.8.1 Dynamische Textausgabe (HTML, TEXT)

Diese Objekte dienen der Ausgabe von dynamischen Textbereichen. Sie besitzen lediglich die Eigenschaft value und können im Übrigen die Funktion *stdWrap* einsetzen.

Listing 4.57: **Einbau von google AdSense-Anzeigen**

```
10 = TEXT
10.value (
<script type="text/javascript">
   <!--
   google_ad_client = "pub-xxx";
   google_ad_width = 150;
   google_ad_height = 125;
   google_ad_format = "125x125_as_rimg";
   google_cpa_choice = "CAAQ_-GbCM9eLtP9";
   //-->
</script>
<script type="text/javascript" src="http://pagead2.googlesyndication.
   com/pagead/show_ads.js"></script>
)
```

*Im Grunde besitzen TEXT und HTML genau die gleiche Funktionalität. Der Unterschied besteht lediglich darin, auf welcher Ebene der stdWrap verwendet wird: beim TEXT-Objekt direkt auf der Objekt-Ebene, beim HTML-Objekt auf der Ebene der Eigenschaft value.*

Listing 4.58: **Erzeugung identischer Ausgaben mit dem TEXT- bzw. HTML-Element**

```
10 = TEXT
10 {
   value = Hallo Welt!
   wrap = <h1> | </h1>
}
20 = HTML
20 {
   value = Hallo Welt!
   value.wrap = <h1> | </h1>
}
```

*Ein Objekt TEXT wird sehr häufig nur als Grundlage eingesetzt, um die Funktion stdWrap mit ihren vielen Möglichkeiten zur Verfügung zu haben. Diese wird detailliert in Abschnitt 4.10.1 besprochen.*

## 4.8.2 Inhaltselemente zusammenfassen (COA, COA_INT)

COA (Content Object Array) ist ein Alias für COBJ_ARRAY. Ein Objekt COA_INT wird analog zu den anderen *_INT-Objekten nicht gecacht.

Dieses Objekt wird verwendet, um Inhaltselemente zusammenzufassen und zu gruppieren, beispielsweise um dann aus den zusammengefassten Objekten einen Marker im Template zu ersetzen. Auch die meisten Inhaltselemente sind als COA definiert, um die Überschrift mit dem eigentlichen Inhalt zu verbinden.

# KAPITEL 4   Das Frontend – Ausgabe und Darstellung der Daten

Listing 4.59: **Definition des Inhaltselements header als COA**

```
tt_content.header = COA
tt_content.header {
   10 = < lib.stdheader
   20 = TEXT
   20 {
      field =. subheader
      required = 1
      dataWrap = <p class="csc-subheader csc-subheader-{field:layout}">|</p>
      htmlSpecialChars = 1
      editIcons = tt_content:subheader.layout
      editIcons.beforeLastTag = 1
      editIcons.iconTitle.data = LLL:EXT:css_styled_content/pi1/locallang. ↵
         php:eIcon.subheader
      prefixComment = 2 | Subheader:
   }
}
```

*Das Objekt* COA *kennt zwei interessante Eigenschaften (*if *und* stdWrap*), die manch einem anderen Inhaltsobjekt fehlen (z. B. dem Objekt* FILE*). Möchten Sie trotzdem die Funktion* if *zum Anzeigen dieses Objekts verwenden, binden Sie das Objekt einfach im Rahmen eines* COA *ein, und nutzen Sie dessen* if*-Eigenschaft.*

Listing 4.60: **Anzeigen eines Logos in Abhängigkeit vom Feld layout**

```
lib.zweitesLogo = COA
lib.zweitesLogo {
   10 = FILE
   10.file = fileadmin/templates/media/logo2.gif
   if.value.field = layout
   if.equals = 1
}
```

*Möchten Sie einen Bereich Ihrer Seite nicht cachen, können Sie dies ganz einfach erreichen, indem Sie diesen Bereich innerhalb eines* COA_INT *einbinden. Ein typisches Beispiel dafür ist die Anzeige von Benutzerdaten. Der TYPO3-Cache berücksichtigt zwar die Benutzergruppe beim Cachen, nicht jedoch den einzelnen Benutzer. Möchten Sie also z. B. den Namen eines angemeldeten Benutzers anzeigen, dürfen Sie diesen nicht cachen. Der Cache wird ausführlich in Abschnitt 4.15 erklärt.*

Listing 4.61: **Anzeige von Benutzername und Name des angemeldeten Benutzers**

```
[loginUser = *]
lib.userData = COA_INT
lib.userData {
   10 = TEXT
   10.data = TSFE:fe_user|user|username
   10.wrap = <div>Benutzername: | </div>
   20 = TEXT
   20.data = TSFE:fe_user|user|name
   20.wrap = <div>Name: | </div>
}
[global]
```

### 4.8.3 Dateien einbinden (FILE)

Nutzen Sie dieses Objekt, um Dateien für die Frontend-Ausgabe einzubinden. Mit der Eigenschaft `file` legen Sie fest, welche Datei eingebunden wird. Dabei hängt von der Art der eingebundenen Datei ab, was damit passiert. Handelt es sich um eine Bilddatei (*jpg*, *gif*, *jpeg*, *png*), wird ein `<img>`-Tag erzeugt; handelt es sich um ein anderes Format (typischerweise *text* oder *html*), wird der Inhalt der Datei eingelesen und direkt als Quelltext ausgegeben.

Listing 4.62: **FILE-Objekt mit Pfadangabe**

```
10 = FILE
10.file = fileadmin/demo/inhaltstext.txt
```

> **INFO**
> *Der Haupteinsatzbereich für dieses Objekt ist die Eigenschaft* template *des* TEMPLATE-*Objekts. Wenn Sie Bilder einbinden möchten, sollten Sie lieber das* IMAGE-*Objekt nutzen.*

### 4.8.4 Bilder darstellen (IMAGE, IMG_RESOURCE)

Mit dem Objekt `IMAGE` binden Sie Bilder in die Frontend-Ausgabe ein. Das Objekt erzeugt ein `<img>`-Tag, das Sie mit den möglichen Eigenschaften konfigurieren können.

Die wichtigste Eigenschaft ist `file`. Mit ihr legen Sie fest, welche Datei als Bild ausgegeben werden soll. Die Eigenschaft `file` ist vom Datentyp *imgResource*. Lesen Sie einmal in der TSRef in Kapitel 1.2.2 nach, was zu diesem Datentyp gesagt wird.

Sie können mit dieser Eigenschaft direkt eine Datei einbinden. Dazu haben Sie zwei Möglichkeiten. Entweder Sie geben nur den Dateinamen an. In diesem Fall verwendet TYPO3 die Datei mit diesem Namen aus dem Feld Resources des Template-Datensatzes (Details dazu finden Sie in Abschnitt 4.4.1). In diesem Fall können Sie ein Sternchen verwenden, um die Datei auch dann richtig einzubinden, wenn TYPO3 sie beim Hochladen im Template-Datensatz durchnummeriert hat, weil sie schon einmal vorhanden war.

Listing 4.63: **Anzeigen des Bildes bild.jpg oder bild01.jpg**

```
lib.meinBild = IMAGE
lib.meinBild.file = bild*.jpg
```

Alternativ können Sie direkt auf ein Bild im Dateisystem verweisen. TYPO3 geht davon aus, dass Sie dies tun, sobald der Wert, der der Eigenschaft `file` zugewiesen wurde, mindestens einen / enthält.

Listing 4.64: **Anzeigen des Bildes aus einem Verzeichnis**

```
lib.meinBild = IMAGE
lib.meinBild.file = fileadmin/templates/media/bild.jpg
```

Bei diesen beiden Varianten stehen der Eigenschaft `file` außerdem die Eigenschaften der Funktion *imgResource* als Untereigenschaften zur Verfügung. Damit können Sie z. B. Bilder anhand des *media*-Feldes der Seite einbinden oder die Größe des Bildes im Frontend beeinflussen. Dies wird ausführlich in Abschnitt 4.10.2 erklärt.

Eine weitere spannende Möglichkeit bietet die Verwendung des `GIFBUILDER`-Objekts. Dies erreichen Sie, indem Sie keinen Pfad zur Bilddatei angeben, sondern die Eigenschaft `file` als GIFBUILDER definieren.

Listing 4.65: **Ausgabe des Seitentitels als Bild mit eigener Schriftart**

```
lib.meinBild = IMAGE
lib.meinBild {
   file = GIFBUILDER
   file {
      XY = [10.w]+10,20
      backColor = yellow
      10 = TEXT
      10.text.field = title
      10.fontSize = 10
      10.fontFile = fileadmin/templates/media/eineSchrift.ttf
      10.offset = 5,15
   }
}
```

Ausführliche Informationen zur Verwendung des `GIFBUILDER`-Objekts finden Sie in Abschnitt 4.11.

Weitere Eigenschaften des `IMAGE`-Objekts finden Sie – wie immer – in der TSRef. Wie Sie mithilfe der Eigenschaft `imageLinkWrap` einen JavaScript-Link erzeugen können, der das Bild in einem Popup-Fenster öffnet, wird in Abschnitt 4.10.3 erklärt.

`IMG_RESOURCE` gibt nur den Pfad eines Bildes zurück. So kann man – in Verbindung mit der *stdWrap*-Eigenschaft – z. B. vom `GIFBUILDER` erzeugte Bilder als Hintergrundbild einbinden.

Listing 4.66: **Einbinden des Seitentitels als Hintergrundbild**

```
lib.seitenTitel = IMG_RESOURCE
lib.seitenTitel {
   file = GIFBUILDER
   file {
      XY = [10.w]+10,20
      backColor = yellow
      10 = TEXT
      10.text.field = title
      10.fontSize = 10
      10.fontFile = fileadmin/templates/media/eineSchrift.ttf
      10.offset = 5,15
   }
   stdWrap.wrap = <div style="background:url( | ) no-repeat;"> </div>
}
```

# KAPITEL 4   Das Frontend – Ausgabe und Darstellung der Daten

> **INFO**
> 
> *Mithilfe der Funktion* stdWrap *können Sie auch über die Datenbank auf Bilder zugreifen. Ein Beispiel dazu finden Sie in Abschnitt 4.10.1,* Die Eigenschaft data

## 4.8.5 Datensätze ausgeben (CONTENT, RECORDS)

Die Objekte CONTENT und RECORDS können genutzt werden, um Datenbankabfragen zu konfigurieren und basierend auf den resultierenden Datensätzen eine Ausgabe für das Frontend zu erzeugen.

> **TIPP**
> 
> *Setzen Sie das Objekt* CONTENT *ein, wenn Sie die Datensätze anhand ihrer* pid *ermitteln wollen (z. B. alle Datensätze, die in einer bestimmten Seite liegen) oder wenn Sie eine etwas komplexere Datenbankabfrage benötigen, und setzen Sie* RECORDS *ein, wenn Sie auf Basis der* uid *der Datensätze arbeiten wollen, die Sie ausgeben. Letzteres ist z. B. dann der Fall, wenn Sie die Datensätze, die Sie auslesen wollen, im Backend-Formular über den* Element Browser *in einem Feld definieren.*

Das CONTENT-Objekt erklären wir an einem Beispiel. Wir nutzen das Feld FRAME in Inhaltselementen zur Hervorhebung. (Ist FRAME 1 ausgewählt, werden Hintergrund und Rahmen erzeugt.)

Abbildung 4.40: **Mit Rahmen und Hintergrund hervorgehobenes Inhaltselement**

Nun möchten wir auf der übergeordneten Seite in einer Übersicht alle hervorgehobenen Inhaltselemente anzeigen. Dazu nutzen wir ein CONTENT-Objekt, das die Inhaltselemente einsammelt, bei denen im Feld FRAME der Wert FRAME 1 (= 20) ausgewählt wurde.

# KAPITEL 4   Das Frontend – Ausgabe und Darstellung der Daten

Listing 4.67: **Inhaltselemente mit der Auswahl Frame 1 in Seite 91**

```
lib.abstracts = CONTENT
lib.abstracts {
   table = tt_content
   select {
      pidInList = 91
      where = section_frame=20
   }
}
```

Mit `table` wird auf die abzufragende Datenbanktabelle verwiesen. Die Funktion `select` dient dabei der Konfiguration des SQL-Statements der Datenbankabfrage. Durch `pidInList` wird die Seite festgelegt, in der die gesuchten Inhaltselemente liegen. Durch die `where`-Bedingung lässt sich die Einschränkung der Datenbankabfrage angeben; in unserem Fall muss im Feld *section_frame* der Wert 20 vorliegen. Die Ausgabe der Elemente im Frontend erfolgt anschließend anhand des Toplevel-Objekts `tt_content`.

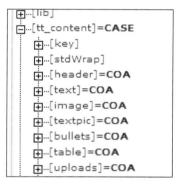

Abbildung 4.41: **Das Toplevel-Objekt tt_content**

Nun möchten wir die hartkodierte Angabe der *pid* in Zeile 05 durch dynamisch generierte Werte ersetzen. Hier soll eine Liste aus den IDs aller Unterseiten der aktuellen Seite stehen. Dafür verwenden wir wiederum das `CONTENT`-Objekt, das zunächst alle Unterseiten ermittelt und anschließend deren IDs als kommaseparierte Liste zurückgibt.

Listing 4.68: **Ermitteln der Seiten-IDs der Unterseiten**

```
lib.subPagesIds = CONTENT
lib.subPagesIds {
   table = pages
   select.pidInList.field = uid

   renderObj = TEXT
   renderObj {
      field = uid
      wrap = | ,
   }
}
```

# KAPITEL 4   Das Frontend – Ausgabe und Darstellung der Daten

Auch hier wird die Funktion *select* verwendet. Dabei werden alle Seiten (Tabelle *pages*) ermittelt, deren *pid* (parent id) der *uid* der aktuellen Seite entspricht – also die Unterseiten der aktuellen Seite. Im Unterschied zu Listing 4.67 wird in diesem Fall die Ausgabe der Datensätze nicht über das entsprechende Toplevel-Objekt, sondern mit der Eigenschaft renderObj festgelegt. Das Ergebnis sieht dann z. B. so aus: 91,92,93,. Verknüpfen Sie die beiden Listings nun miteinander, indem Sie Zeile 05 aus Listing 4.67 ändern:

Listing 4.69: **Dynamische Ermittlung der pids**

```
pidInList < lib.subPagesIds
```

> **TIPP**
>
> *Wenn Sie mehrere CONTENT-Objekte miteinander verknüpfen, lassen Sie sich zur Kontrolle Zwischenergebnisse ausgeben, z. B. durch die Zeile* page.5 < lib.subPagesIds.

### Maecenas ullamcorper nulla nec metus

Sed mollis, sapien ut elementum tristique, tellus ipsum accumsan nisl, ac interdum urna mauris ut velit. Sed nisl nisl, egestas eget, hendrerit eu, tempus at, mauris. Sed nulla nulla, fermentum et, ultricies eget, pellentesque non, nunc. Sed placerat, augue eget dignissim malesuada, nunc elit egestas nisl, a facilisis felis nibh in nisl. Sed placerat, neque sed ullamcorper luctus, erat ipsum consectetuer ante, eget scelerisque ligula tellus vel erat.

### Praesent ut mauris sit amet nibh lobortis pulvinar

Ut consectetuer, nunc at porttitor venenatis, ligula massa tristique tortor, eget volutpat tellus tortor ac arcu. Ut elit lectus, blandit at, consectetuer vitae, tincidunt eget, sapien. Ut facilisis, mi et tincidunt bibendum, ante arcu egestas diam, vitae egestas est quam sit amet orci. Ut felis justo, laoreet a, consequat non, porta pretium, massa.

### Nullam odio ante, ultricies at, dapibus a, varius in, dui

Phasellus tincidunt, tellus eget dignissim auctor, arcu risus venenatis magna, ac euismod odio felis sed orci. Praesent aliquam, elit nec pretium rutrum, urna enim imperdiet felis, quis feugiat nisl pede sit amet nisl. Praesent aliquet, diam eu lacinia consectetuer, purus risus vulputate diam, a semper nunc lacus commodo ligula.

Abbildung 4.42: **Ausgabe der hervorgehobenen Inhaltsemente aller Unterseiten**

# KAPITEL 4   Das Frontend – Ausgabe und Darstellung der Daten

Nun möchten wir noch jedem Inhaltselement einen Link auf die Seite hinzufügen, auf der dieses Inhaltselement liegt. Dafür wird wieder die Eigenschaft renderObj verwendet.

Listing 4.70: **Inklusive Verlinkung der Seite**

```
lib.abstracts = CONTENT
lib.abstracts {
   table = tt_content
   select.pidInList.cObject < lib.subPagesIds
   select.where = section_frame=20

   renderObj = COA
   renderObj {
      10 = TEXT
      10 {
         typolink.parameter.field = pid
         wrap = <h1> | :</h1>
      }
      20 =< tt_content
   }
}
```

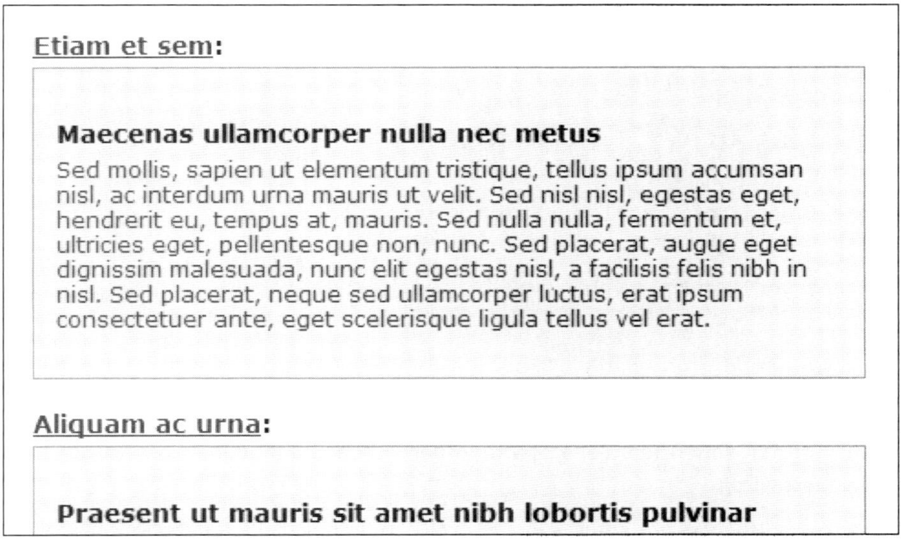

Abbildung 4.43: **Ausgabe mit Verlinkung**

renderObj ist ein COA, um zunächst die Überschrift der Seiten anzuzeigen und anschließend wieder das Standard-Rendering für Inhaltselemente aufzurufen.

Listing 4.71: **Einbinden in das PAGE-Objekt**

```
page.10.subparts.CONTENT = COA
page.10.subparts.CONTENT {
   10 < styles.content.get
   10.stdWrap.if {
```

```
      value = 1
      equals.field = layout
      negate = 1
   }
   20 < lib.abstracts
   20.stdWrap.if.value = 1
   20.stdWrap.if.equals.field = layout
}
```

Listing 4.71 können Sie verwenden, um alle Seiten, bei denen Layout 1 ausgewählt wurde, automatisch zu Übersichtsseiten zu machen. Die Inhaltselemente dieser Seiten werden dann nicht mehr angezeigt (siehe auch Abschnitt 4.10.5).

Die Erzeugung der vom Redakteur eingegebenen Inhaltselemente im statischen Template css_styled_content (bei installierter Extension css_styled_content) erfolgt mithilfe von CONTENT.

Listing 4.72: **styles.content.get\* für die Inhalte der Spalten**

```
styles.content.get = CONTENT
styles.content.get {
   table = tt_content
   select.orderBy = sorting
   select.where = colPos=0
   select.languageField = sys_language_uid
}
styles.content.getLeft < styles.content.get
styles.content.getLeft.select.where = colPos=1

styles.content.getRight < styles.content.get
styles.content.getRight.select.where = colPos=2

styles.content.getBorder < styles.content.get
styles.content.getBorder.select.where = colPos=3
```

Auch hier wird über die Eigenschaft select die Datenbankabfrage konfiguriert. Die Eigenschaft colPos legt dabei als zusätzliche Bedingung die Spalte fest, deren Inhaltselemente ausgelesen werden sollen (da diese Spalte in der Datenbanktabelle *tt_content* im Feld *colPos* gespeichert wird).

Das Objekt RECORDS funktioniert ähnlich wie CONTENT: Der Unterschied besteht darin, dass Sie eine Liste von den *uid*s der Elemente angeben, die Sie anzeigen wollen, anstatt diese auf Basis von *pid*s zu ermitteln.

Listing 4.73: **Ausgabe der Adressen der Vorstandsmitglieder**

```
lib.vorstand = RECORDS
lib.vorstand {
   tables = fe_users
   source = 2,10,14,23,18
```

```
conf.fe_users = COA
conf.fe_users {
    wrap = <div class="address"> | </div>
    10 = TEXT
    10.field = name
    10.wrap = <p><strong> | </strong></p>
    20 = TEXT
    20.field = address
    20.parseFunc =< lib.parseFunc_RTE
    30 = TEXT
    30.field = telephone
    30.wrap = <p> | </p>
    }
}
```

Geben Sie die betroffenen Tabellen in der Eigenschaft `tables` an. Die Eigenschaft `sources` enthält die *uid*s der gewünschten Datensätze. Bei mehreren Tabellen ergänzen Sie zu jeder *uid* den Tabellennamen (z. B. `fe_users_2`, `fe_users_10` etc.). Mit der Eigenschaft `conf` konfigurieren Sie für jede Tabelle die Frontend-Ausgabe.

**TIPP**

*Eine typische Fehlerquelle ist die nicht identische Eigenschaft `table` (bei CONTENT) und `tables` (bei RECORDS), die man gerne mal übersieht.*

### 4.8.6 Navigationen (HMENU)

Navigationen basieren in TYPO3 auf dem Inhaltsobjekt `HMENU`. Das heißt, Sie können überall dort, wo Sie ein Inhaltsobjekt einbinden können, auch eine Navigation erstellen. Wie Navigationen im Detail in TYPO3 funktionieren, wird ausführlich in Abschnitt 4.7 erklärt.

### 4.8.7 Text mit Bild darstellen (IMGTEXT)

Bei dem Objekt `IMGTEXT` handelt es sich um ein Objekt, das dazu dient, das Inhaltselement Text/Bild auszugeben. Dieses Objekt übernimmt die Positionierung der Bilder in Bezug auf den Text.

Die Extension `css_styled_content` stellt hierfür eine Funktion zur Verfügung, die die Positionierung der Bilder mit `div`-Tags vornimmt. Diese Funktion verarbeitet die gleichen Konfigurationseinstellungen wie das `IMGTEXT`-Objekt.

Möchten Sie sich dieses Objekt genauer anschauen, dann finden Sie es im Objektpfad `tt_content.image.20`.

## KAPITEL 4   Das Frontend – Ausgabe und Darstellung der Daten

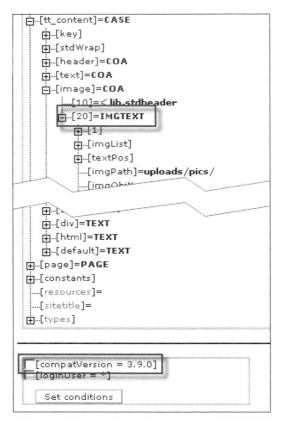

Abbildung 4.44: **Beispiel für die Verwendung des IMGTEXT-Objekts**

### 4.8.8 Fallunterscheidungen einsetzen (CASE)

Mithilfe des Objekts CASE werden Fallunterscheidungen vergleichbar zu switch in PHP erreicht. Beispielsweise könnten Sie das Feld L_AYOUT_ bei den Seiteneigenschaften dazu nutzen, den Redakteur aus vorgegebenen Hintergrundfarben eine Farbe für die jeweilige Seite auswählen zu lassen.

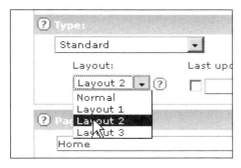

Abbildung 4.45: **Auswahlfeld für Layoutmöglichkeiten**

# KAPITEL 4 Das Frontend – Ausgabe und Darstellung der Daten

Listing 4.74: **CASE, um Auswahl umzusetzen**

```
01  page.headerData.20 = CASE
02  page.headerData.20 {
03     key.field = layout
04
05     1 = TEXT
06     1.value = gray
07     2 = TEXT
08     2.value = yellow
09     3 = TEXT
10     3.value = blue
11     default = TEXT
12     default.value = white
13
14     stdWrap.wrap = <style type='text/css'>body {Background-color:|;}</style>
15  }
```

Dabei legen Sie über die Eigenschaft key in Zeile 03 fest, auf welchen Wert geprüft werden soll – hier auf den Inhalt des Feldes *layout* des Seitendatensatzes. Der eingetragene Wert aus diesem Feld wird dann mit den Angaben in Zeile 05–10 verglichen. Ein Wert von 1 erzeugt ein *cObject* TEXT mit dem Wert gray für die CSS-Hintergrundfarbe. Um alle notwendigen HTML-Angaben für jede mögliche Option zu haben, wird die Eigenschaft stdWrap.wrap genutzt.

> **TIPP** *Geben Sie immer auch* default *an. Diese Einstellungen greifen dann, wenn keine Übereinstimmung mit den definierten Werten gefunden wurde.*

Ganz ähnlich verläuft die Generierung des Inhalts in TYPO3 – basierend auf dem Feld *CType* der Tabelle *tt_content*.

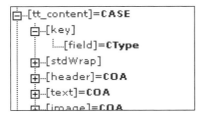

Abbildung 4.46: **CASE für die Auswahl des Inhaltselements**

## 4.8.9 Globale Variablen verwenden (LOAD_REGISTER und RESTORE_REGISTER)

Dieses *cObject* kann dazu verwendet werden, um einzelne Werte in einer globalen Variablen zu speichern, um sie von anderen TypoScript-Objekten aus aufrufen zu können.

> **ACHTUNG**
>
> Seien Sie sich bewusst, dass TypoScript keine ausführbare Programmiersprache ist, sondern nur eine Konfigurationssprache, was die Möglichkeiten hier naturgemäß sehr stark einschränkt.

Listing 4.75: **Einsatz von LOAD_REGISTER**

```
01 page.10 = LOAD_REGISTER
02 page.10.MY_VALUE = Inhalt des Registers
03
04 page.5 = TEXT
05 page.5.value = Ursprünglicher Wert
06 page.5.override.data = register:MY_VALUE
07 page.5.wrap = | <HR>
08
09 page.15 < page.5
```

Das Ergebnis sieht folgendermaßen aus:

| Ursprünglicher Wert |
| Inhalt des Registers |

Abbildung 4.47: **Ergebnis des Beispiels LOAD_REGISTER**

In den ersten beiden Zeilen wird ein Wert in das Register geschrieben. In Zeile 04 bis 07 wird ein Inhaltselement TEXT definiert. Diesem wird in Zeile 05 ein Inhalt zugewiesen. Zeile 06 definiert, dass der zugewiesene Wert dann überschrieben werden soll, wenn im Register unter dem Schlüssel MY_VALUE ein Wert hinterlegt ist. In Zeile 09 wird dann das gesamte Objekt einfach in ein neues Objekt kopiert. Entscheidend sind jedoch die Ziffern 5, 10 und 15. Diese cObjects werden in ein PHP-Array geladen, und zwar aufsteigend sortiert! Das Element page.5 wird also vor dem Element page.10 und dieses wiederum vor page.15 abgearbeitet. In page.5 ist also für TYPO3 noch gar kein Wert in das Register geschrieben, in page.15 jedoch schon.

RESTORE_REGISTER stellt im Register den Zustand wieder her, der vor dem letzten Aufruf von LOAD_REGISTER aktuell war. Sie können also das Register verändern und einsetzen und später wieder auf den Originalwert zurücksetzen.

## 4.8.10 Mail-Formulare erzeugen (FORM)

Das FORM-Objekt generiert ein Mail-Formular im Frontend. Ein umfangreiches Beispiel finden Sie in der Extension css_styled_content. Schauen Sie sich im Object Browser dazu den Objektpfad tt_content.mailform.20 an.

# KAPITEL 4   Das Frontend – Ausgabe und Darstellung der Daten

```
[mailform] = COA
  [10] = < lib.stdheader
  [20] = FORM
    [accessibility] = 1
    [noWrapAttr] = 1
    [formName] = mailform
    [dontMd5FieldNames] = 1
    [layout] = <div class="csc-mailform-field">###LABEL### ###FIELD###</div>
    [labelWrap]
    [commentWrap]
    [radioWrap]
    [REQ] = 1
      [labelWrap]
        [wrap] = |
    [COMMENT]
    [RADIO]
      [layout] = <div class="csc-mailform-field">###LABEL### <span class="csc-mailform-radio">###FIELD###</span></div>
    [LABEL]
      [layout] = <div class="csc-mailform-field">###LABEL### <span class="csc-mailform-label">###FIELD###</span></div>
    [target] = {$PAGE_TARGET}
    [goodMess] =
    [badMess] =
    [redirect]
    [recipient]
      [field] = subheader
    [data]
      [field] = bodytext
    [locationData] = 1
    [params]
      [radio] = class="csc-mailform-radio"
      [check] = class="csc-mailform-check"
      [submit] = class="csc-mailform-submit"
    [stdWrap]
```

Abbildung 4.48: **Verwendung des FORM-Objekts in tt_content**

① Die Informationen, welche Felder das Mail-Formular anzeigen soll, stehen im Feld *bodytext*. Sie können natürlich auch jede andere Datenquelle verwenden, müssen aber darauf achten, dass die Informationen zum Formular dann in der richtigen Syntax gespeichert sind (siehe Abbildung 4.49). Wenn Sie den Formularassistenten (siehe Abbildung 4.50) verwenden, brauchen Sie sich um die Syntax nicht zu kümmern, da das der Formularassistent für Sie übernimmt.

② Hier wird die grundsätzliche Ausgabe für jedes Formularfeld festgelegt.

③ Feldern dieses Typs werden zusätzliche CSS-Klassen mitgegeben. Das führt dann z. B. zu folgender HTML-Ausgabe einer Checkbox: `<input type="checkbox" class="-csc-mailform-check" checked="checked" id="mailformtv" name="tv" value="1"/>`

④ Die in 2. definierte Ausgabe wird für Felder vom Typ RADIO BUTTONS und LABEL überschrieben.

⑤ Setzen Sie dieses Flag, wenn Sie möchten, dass die Labels der Felder in ein `<label>`-Tag eingeschlossen werden, das korrekt auf das richtige Feld verweist.

⑥ Hier ist konfiguriert, dass der Empfänger des Mail-Formulars dem Feld *subheader* entnommen wird.

⑦ Hier wird für die Pflichtfelder des Formulars ein zusätzlicher Wrap um das Label definiert. Diesen Wrap sollten Sie unbedingt setzen, damit die Benutzer des Formulars Pflichtfelder als solche erkennen können. Eine Möglichkeit ist das bekannte Sternchen hinter der Feldbezeichnung:

```
tt_content.mailform.20.REQ.labelWrap.wrap = |*
```

# KAPITEL 4   Das Frontend – Ausgabe und Darstellung der Daten

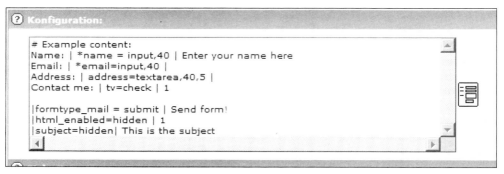

```
# Example content:
Name: | *name = input,40 | Enter your name here
Email: | *email=input,40 |
Address: | address=textarea,40,5 |
Contact me: | tv=check | 1

|formtype_mail = submit | Send form!
|html_enabled=hidden | 1
|subject=hidden| This is the subject
```

Abbildung 4.49: **Speicherung von Formularen im Feld bodytext**

**FORMULAR-ASSISTENT**

| Vorschau des Elements: | | Elementtyp: | | Detaillierte Konfiguration: | |
|---|---|---|---|---|---|
| Name: | Typ: | Eingabefeld | Feld: | name | |
| | Beschriftung: | Name: | Größe: | 40 | |
| | Benötigt: | ✓ | Max: | | |
| | | | Wert: | Enter your name here | |
| Email: | Typ: | Eingabefeld | Feld: | email | |
| | Beschriftung: | Email: | Größe: | 40 | |
| | Benötigt: | ✓ | Max: | | |
| | | | Wert: | | |
| Address: | Typ: | Textbereich | Feld: | address | |
| | Beschriftung: | Address: | Spalten: | 40 | |
| | Benötigt: | ☐ | Zeilen: | 5 | |
| | | | Kein Umbruch: | ☐ | |
| | | | Wert: | | |
| Contact me: | Typ: | Markierungsfeld | Feld: | tv | |
| | Beschriftung: | Contact me: | Markiert: | ✓ | |
| | Typ: | | | | |
| | Beschriftung: | | | | |
| | Benötigt: | ☐ | | | |

**Spezielle Konfiguration für Mail-Formulare:**

| | |
|---|---|
| Beschriftung des Absende-Buttons: | Send form! |
| HTML-Modus aktiviert: | ✓ |
| Betreff: | This is the subject |
| Empfänger EMail: | |

Abbildung 4.50: **Entsprechende Ansicht im Formularassistenten**

Per Default steht der Empfänger der E-Mail im Feld *subheader*. Der Formularassistent stellt zwar ein Feld zum Eingeben des Empfängers zu Verfügung (siehe Abbildung 4.50), er speichert die dort eingegebene Information jedoch auch im Feld *subheader*. Damit ihm dies gelingt, müssen die Redakteure die Berechtigung haben, dieses Feld zu ändern. Es muss in den *Exclude Fields* der Backend-Gruppe (siehe Kapitel 5, *Das Backend – Eingabe und Pflege der Daten*, Abschnitt 5.1) explizit freigeschaltet werden.

Wenn Sie Formularfelder mit dem Namen EMAIL sowie NAME (case-sensitiv!) definieren, dann werden die Angaben in diesen Feldern als Absender der E-Mail verwendet, die dieses Formular erzeugt. Insofern ist es auch sinnvoll, diese beiden Felder als Pflichtfelder zu definieren.

Falls die zugegebenermaßen relativ schlichten Möglichkeiten dieser Art der Formularerzeugung (speziell, das Layout betreffend) für Ihre Projektanforderungen nicht ausreichend sind, haben Sie mithilfe von Extensions deutlich umfangreichere Möglichkeiten.

### 4.8.11 Eigene PHP-Scripts verwenden (USER, USER_INT, PHP_SCRIPT)

Mithilfe dieser Objekte können Sie eigene PHP-Funktionalitäten in TYPO3 per TypoScript einbinden. Dazu definieren Sie entweder eine Funktion oder eine Methode in einer Klasse.

Unsere Empfehlung: Verwenden Sie die Organisation von PHP-Code in Klassen und Methoden. Der Aufruf per TypoScript ist fast identisch, Sie haben jedoch bereits eine saubere objektorientierte Struktur und sind somit für zukünftige Versionen von TYPO3 gewappnet. Falls Sie die Methode einer Klasse aufrufen, wird dabei ein Objekt instanziiert. Dabei wird der Eigenschaft cObj dieser Klasse eine Referenz auf das aufrufende Objekt zugewiesen.

Der Unterschied zwischen USER und USER_INT besteht auch hier darin, dass das Objekt USER_INT im Gegensatz zum Objekt USER nicht in den Cache-Mechanismus eingebunden ist, also bei jedem Seitenaufruf unabhängig vom Caching ausgeführt wird.

**Es wird empfohlen, für die Einbindung eigener Funktionalitäten auf die Erstellung einer Extension zurückzugreifen. Mit dem Kickstarter erzeugte Extensions nutzen für Frontend-Plugins bereits automatisch die Objekte USER oder USER_INT.**

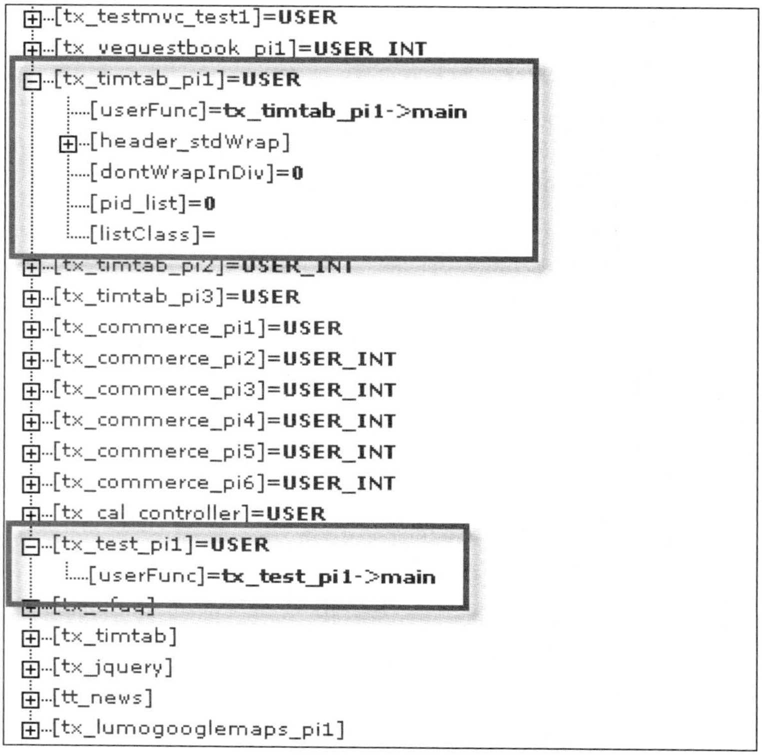

# KAPITEL 4 Das Frontend – Ausgabe und Darstellung der Daten

```
⊞··[tx_testmvc_test1]=USER
⊞··[tx_vequestbook_pi1]=USER_INT
⊟··[tx_timtab_pi1]=USER
     ····[userFunc]=tx_timtab_pi1->main
     ⊞··[header_stdWrap]
     ····[dontWrapInDiv]=0
     ····[pid_list]=0
     ····[listClass]=
⊞··[tx_timtab_pi2]=USER_INT
⊞··[tx_timtab_pi3]=USER
⊞··[tx_commerce_pi1]=USER
⊞··[tx_commerce_pi2]=USER_INT
⊞··[tx_commerce_pi3]=USER_INT
⊞··[tx_commerce_pi4]=USER_INT
⊞··[tx_commerce_pi5]=USER_INT
⊞··[tx_commerce_pi6]=USER_INT
⊞··[tx_cal_controller]=USER
⊟··[tx_test_pi1]=USER
     ····[userFunc]=tx_test_pi1->main
⊞··[tx_cfaq]
⊞··[tx_timtab]
⊞··[tx_jquery]
⊞··[tt_news]
⊞··[tx_lumogooglemaps_pi1]
```

Abbildung 4.51: **Verschiedene Plugins im TypoScript Object Browser**

In Abbildung 4.51 sehen Sie viele eingebundene Frontend-Plugins. Die beiden hervorgehobenen Objekte sind beispielhaft für viele Extensions. Dabei enthält tx_timtab_pi1 weitere Konfigurationseinstellungen, die an das aufgerufene PHP-Script als zweiter Parameter ($conf) übergeben werden. Der erste Parameter, $content, ist leer, außer das PHP-Script wird über die *stdWrap*-Funktion aus postUserFunc oder preUserFunc aufgerufen.

Listing 4.76: **Codeausschnitt der aufgerufenen Methode main()**

```
/**
 * The main method of the PlugIn
 *
 * @param string     $content: The PlugIn content
 * @param array      $conf: The PlugIn configuration
 * @return The content that is displayed on the website
 */
function main($content,$conf) {
   $this->conf=$conf;
   $this->pi_setPiVarDefaults();
   $this->pi_loadLL();

   #[...]
}
```

**KAPITEL 4**   Das Frontend – Ausgabe und Darstellung der Daten

Falls Sie Ihre eigene Funktionalität wie empfohlen über eine Extension einbinden, müssen Sie sich um die grundsätzliche Einbindung ins TypoScript keine Gedanken machen, dies geschieht durch Installation der Extension automatisch. Informationen zur Erstellung einer Extension finden Sie in Kapitel 8, *Extensions entwickeln*.

Ihre Objekte USER oder USER_INT können Sie wie die anderen *cObjects* auch direkt in die TypoScript-Konfiguration einbinden, falls Sie das Plugin nicht als reguläres Inhaltselement im Backend anlegen, sondern es immer fest an einer Stelle platzieren wollen.

Listing 4.77: **Einbindung des PHP-Scripts für einen vorgesehenen Marker**

```
page.10.marks.TEST < plugin.tx_test_pi1
```

Ein gut dokumentiertes Beispiel für das Einbinden von Funktionalitäten an einer festen Stelle auf der Webseite finden Sie in der Extension macina_searchbox von Wolfgang Becker.

*Falls Sie ein PHP-Script direkt und nicht über eine Extension ausführen wollen, müssen Sie TYPO3 veranlassen, das PHP-Script einzubinden. Dieses Beispiel finden Sie auch in der TSRef.*

```
includeLibs.something=media/scripts/example_callfunction.php
```

*Die Objekte* PHP_SCRIPT, PHP_SCRIPT_INT *und* PHP_SCRIPT_EXT *benötigen Sie heutzutage normalerweise nicht mehr. Benutzen Sie stattdessen das Objekt USER bzw. erstellen Sie eine Extension mit einem Frontend-Plugin.*

## 4.8.12 HTML-Templates verwenden (TEMPLATE)

Das TEMPLATE-Objekt dient zum Einbinden eines HTML-Templates. Es ermöglicht, innerhalb dieses HTML-Templates dynamische Bereiche zu definieren (Subparts und Marker – mehr dazu finden Sie in Abschnitt 4.2.6), deren Ausgabe über TypoScript gesteuert wird.

Listing 4.78: **Einbinden eines HTML-Templates**

```
page.10 = TEMPLATE
page.10 {
   template = FILE
   template.file = fileadmin/learning/main.html
   workOnSubpart = DOCUMENT_BODY
   relPathPrefix = fileadmin/learning/
   subparts {
      CONTENT_CONTAINER < styles.content.get
   }
   marks {
      PAGE_TITLE = TEXT
      PAGE_TITLE.field = title
   }
}
```

Die Eigenschaft template ist wiederum ein Inhaltsobjekt. Sinnvoll sind hier die Objekte FILE und TEXT. Dieses Objekt wird vollständig eingelesen und weiterverarbeitet.

Mit der Eigenschaft workOnSubpart definieren Sie wiederum den Teil des HTML-Templates, der verarbeitet werden soll. Das ist sinnvoll, da sich das PAGE-Objekt ja schon um das <html>-Tag und den <head>-Bereich etc. kümmert. Damit der CSS-Spezialist vernünftig mit Ihrem HTML-Template arbeiten kann, muss es diese Teile aber auch beinhalten. Würde man die Eigenschaft workOnSubpart nun nicht setzen, würde bei Ihrer Frontend-Ausgabe innerhalb des <body>-Tags ein weiteres <html>-Tag ausgegeben werden. Probieren Sie es ruhig aus.

Auch die Eigenschaft relPathPrefix soll dem HTML/CSS-Spezialisten das Leben leichter machen. Geben Sie hier den Pfad zu Ihrem HTML-Template an. Alle relativen Pfade – z. B. Bildquellen – werden dann von TYPO3 mit diesem zusätzlichen relativen Pfad versehen. Dadurch werden statische Bilder aus TYPO3 heraus genauso richtig angezeigt, wie wenn man das HTML-Template durch einen Doppelklick im Browser öffnet.

Mit den Eigenschaften subparts und marks definieren Sie die Ausgabe für die dynamischen Bereiche. Hier werden Sie meistens temporäre Objekte kopieren oder referenzieren.

## 4.9 Redaktionelles (Be-)Arbeiten im Frontend

### 4.9.1 Die alte Methode: Das EDITPANEL

Das Objekt EDITPANEL stellt Funktionen für das Erzeugen, Löschen, Editieren und Verschieben von Datensätzen im Frontend zur Verfügung. (Zugriffe und erlaubte Funktionalitäten sind pro Benutzer oder Benutzergruppe konfigurierbar.) EDITPANEL wird allerdings nur angezeigt, wenn es eine gültige Backend-Session gibt, der Benutzer also im Backend angemeldet ist und ihm *Frontend-Editing* (redaktionelle Bearbeitungsmöglichkeiten im Frontend) erlaubt ist. Es kann über die Eigenschaft editpanel in der Funktion *stdWrap* eingebunden werden.

Im statischen Template *css_styled_content* wird ein temporäres Objekt zum Bearbeiten von Seiten vorkonfiguriert zur Verfügung gestellt: styles.content.editPanelPage.

Listing 4.79: **styles.content.editPanelPage, css_styled_content**

```
styles.content.editPanelPage = COA
styles.content.editPanelPage {
10 = EDITPANEL
10 {
   allow = toolbar,move,hide
   label.data = LLL:EXT:css_styled_content/pi1/locallang.php:eIcon.page
   label.wrap = | <b>%s</b>
}
```

Dieses ermöglicht es Ihnen sehr komfortabel, z. B. unterhalb Ihres Menüs eine Leiste zum Bearbeiten der Seite sowie zum Hinzufügen von weiteren Seiten zur Verfügung zu stellen.

Listing 4.80: **Einbinden des EDITPANEL zum Bearbeiten von Seiten**

```
page.10 = COA
page.10 {
   10 = HMENU
   10 {
      1 = TMENU
      #[...]
   }
   // add editpanel for page record
   20 < styles.content.editPanelPage
}
```

Zusätzlich wird es im Objekt `tt_content` in der Funktion *stdWrap* für das Bearbeiten von Inhaltselementen eingesetzt.

Listing 4.81: **Konfiguration für das Frontend-Editing von Inhaltselementen, css_styled_content**

```
editPanel = 1
editPanel {
   allow = move,new,edit,hide,delete
   line = 5
   label = %s
   onlyCurrentPid = 1
   previewBorder = 4
   edit.displayRecord = 1
}
```

Damit das Editpanel zur Bearbeitung im Frontend auch tatsächlich zur Verfügung steht, müssen Sie die Eigenschaft `config.admPanel = 1` gesetzt haben. Außerdem muss für die Redakteure – sofern sie nicht Administratoren sind – die entsprechende Berechtigung im User TSconfig gesetzt worden sein (siehe Kapitel 5, *Das Backend – Eingabe und Pflege der Daten*, Abschnitt 5.2.2).

## 4.9.2 Das neue Frontend Editing

Die in Hinblick auf die optischen und benutzerfreundlichen Ansprüche bisher relativ stiefmütterlich behandelte Funktionalität des Frontend Editing hat in der letzten Zeit immer mehr an Bedeutung gewonnen. Für die Version 4.3 wurden deshalb die Bearbeitungsmöglichkeiten radikal überarbeitet. Herausgekommen ist eine moderne, mächtige sowie auch optisch ansprechende Extension mit vielen nützlichen Features, die die Intuitivität der Bedienung wesentlich verbessern.

Die neue Frontend Editing Extension ist im TER verfügbar (Extension Key: *feeditadvanced*) – sie ist bisher noch nicht als System-Extension im Core, weil es zum Releasetermin von TYPO3 4.3 noch ein paar Inkompatibilitäten zu anderen Extensions gab. Die Extension muss lediglich installiert werden und ist sofort einsatzfähig. Oben erscheint eine Bearbeitungsleiste mit allgemeinen Funktionen (Seite und Inhalte neu anlegen). Diese Leiste kann, um eine Voransicht der resultierenden Seite zu erhalten, vom User über einen Button oben rechts ein- und ausgeschaltet werden.

# KAPITEL 4   Das Frontend – Ausgabe und Darstellung der Daten

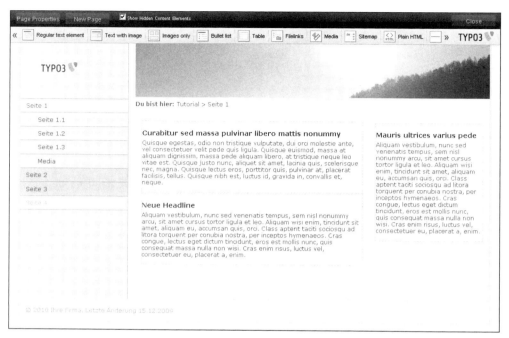

Abbildung 4.52: **Frontend-Editing-Funktionen in der Leiste am oberen Bildschirmrand**

Berechtigungen für Redakteure aus dem Modul ACCESS (für Bereiche) und den Benutzer- und Benutzergruppen-Datensätzen (für Seiten- und Inhaltselement-Typen) sowie die Berechtigungen bei der Internationalisierung werden hierbei beachtet. Die Lokalisierung von Datensätzen und die Bearbeitung von Inhalten in mehreren Sprachen ist jedoch (vor allem bei eingeschränkter Berechtigung auf bestimmte Sprachen und den verschiedenen Optionen beim Fallback) in Hinblick auf ihre Intuitivität noch verbesserungswürdig.

Damit Nicht-Admin-Redakteure die Features voll nutzen können, muss in der User TSConfig des Benutzer- oder Benutzergruppen-Datensatzes mit folgendem Listing das Editieren aktiviert werden (Zeile 2) und die Vorschau auf versteckte Elemente erlaubt sein (Zeile 3):

Listing 4.82: **Aktivierung des Frontend Editings für Redakteure**

```
admPanel {
   enable.edit = 1
   enable.preview = 1
   hide = 1
}
```

Über FeEdit.disable = 1 *in der Page TSConfig kann das Frontend Editing pro Seite bzw. Seitenbaum ausgeschaltet werden.*

# KAPITEL 4  Das Frontend – Ausgabe und Darstellung der Daten

War bisher lediglich eine einigermaßen übersichtliche Bearbeitung bestehender Inhalte der Seiten möglich und war ein Hinzufügen, Verstecken oder Löschen von Inhalten und Seiten nur mit zusätzlichem Konfigurationsaufwand umsetzbar, so können nun zusätzlich dazu auch Elemente auch an bestehenden Ankerpunkten in der Seite hinzugefügt und per Drag&Drop verschoben werden. Die Funktionen (EDIT, NEW, HIDE, DELETE, MOVE) erscheinen bei einem Mouse-Over als Overlay bei den Elementen. Die Lade-, Editier- und Speichervorgänge erfolgen AJAX-basiert.

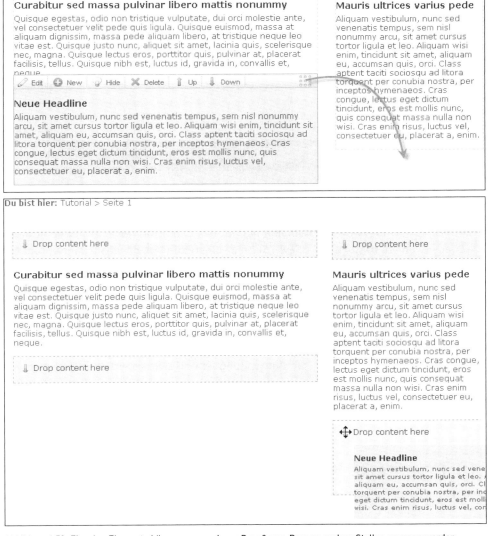

Abbildung 4.53: **Einzelne Elemente können nun auch per Drag&amp;Drop an andere Stellen gezogen werden.**

# KAPITEL 4   Das Frontend – Ausgabe und Darstellung der Daten

Die Extension wurde vielseitig mit verschiedenen Layouts getestet, und es ist davon auszugehen, dass sie in den meisten TYPO3-Installationen mit normalem Templating sowie mit TemplaVoilà problemlos einsetzbar ist.

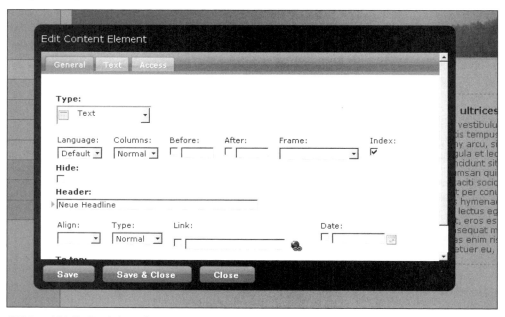

Abbildung 4.54: **Die Bearbeitungsfenster werden elegant über den Seiteninhalt gelegt.**

Die Extension *feeditadvanced* in Kombination mit der Extension *feedit* ergibt einen Konflikt. Ebenso können bestehende *USER TSConfig*-Einstellungen, die das frühere Frontend Editing konfiguriert haben, Probleme bereiten. Sollte es also nach der Installation zu Problemen kommen, mag es hilfreich sein, die Einstellungen in *USER TSConfig* zu untersuchen bzw. zu deaktivieren.

### 4.9.3 Hintergrundinfos und Links

Da diese Extension noch stark in der Entwicklung ist und sich sicherlich in nächster Zeit einiges tun wird, lohnt es sich, bei Interesse die unten genannten Links zu verfolgen:

» Aktueller Status: http://forge.typo3.org/wiki/typo3v4-feedit

» http://jeffsegars.com/2008/10/19/frontend-editing-for-typo3-43

## 4.10 Erweiterte Konfiguration: Funktionen

Die Funktionen haben einen großen Anteil an der Mächtigkeit von TypoScript. Sie sind in der TSRef in Kapitel 1.5 beschrieben. Ihre PHP-Umsetzung ist – wie die Inhaltsobjekte – in der Datei *typo3/sysext/cms/tslib/class.tslib_content.php* in der Klasse tslib_cObj zu finden.

## 4.10.1 Die Allzweckwaffe (stdWrap)

Die Funktion *stdWrap* stellt so viele und flexible Konfigurationsmöglichkeiten zur Verfügung – insbesondere auch zur dynamischen Ermittlung von Inhalten –, dass sich für Eigenschaften, die diese Funktion als Datentyp haben, enorme Möglichkeiten ergeben.

Der *stdWrap* hat sehr viele Eigenschaften, sodass diese in der TSRef in drei Hauptbereiche aufgeteilt wurden: GET DATA, OVERRIDE / CONDITIONS und PARSE DATA.

> **ACHTUNG**
>
> **Die Eigenschaften des *stdWrap* werden exakt in der Reihenfolge abgearbeitet, in der sie in der TSRef stehen. Das kann z. B. dann wichtig sein, wenn man eine PHP-Funktion einsetzen möchte und entscheiden muss, ob man diese über** `preUserFunc` **oder** `postUserFunc` **einbindet. Außerdem entscheidet sich dadurch, ob eine Eigenschaft sich überhaupt auswirken kann. So können z. B.** `dataWrap` **und** `prioriCalc` **nicht im gleichen *stdWrap*-Aufruf verwendet werden.**

Der *stdWrap* arbeitet also nach folgendem Prinzip:

1. Hole Daten (meist aus der Datenbank).
2. Prüfe diese Daten, und modifiziere/überschreibe sie gegebenenfalls.
3. Parse die Daten, um die gewünschte HTML-Ausgabe zu bekommen.

Auf die Eigenschaften des *stdWrap* einzugehen, würde ein eigenes Kapitel füllen. Wir empfehlen Ihnen, sich die Funktion in der TSRef einmal genauer anzuschauen. Außerdem finden Sie in fast jedem Listing dieses Kapitels Beispiele für den Einsatz von *stdWrap*-Eigenschaften. Da wir die Eigenschaft `data` für eine der wichtigsten halten, möchten wir im Folgenden jedoch noch auf diese eingehen.

### Die Eigenschaft data

Die Eigenschaft `data` ist vom Datentyp *getText*. Damit können Sie eine ganze Reihe von Informationen aus der Datenbank oder dem System bekommen – beispielsweise das aktuelle Datum. Lesen Sie sich die Beschreibung in der TSRef genau durch.

Listing 4.83: **Aktuelle Jahreszahl in einem Objekt TEXT**

```
temp.year = TEXT
temp.year {
   data = date:U
   strftime = %Y
}
```

Listing 4.84: **Benutzername des angemeldeten Benutzers**

```
temp.username = TEXT
temp.username.data = TSFE:fe_user|user|username
```

# KAPITEL 4   Das Frontend – Ausgabe und Darstellung der Daten

> *Die gleichen Werte, die die Eigenschaft* data *annehmen kann, können Sie auch im* dataWrap *verwenden. Dort müssen Sie sie in geschweifte Klammern setzen.*

Listing 4.85: **dataWrap**

```
temp.welcome = TEXT
temp.welcome.dataWrap = Hallo {data = TSFE:fe_user|user|name}, du bist als
{data = TSFE:fe_user|user|username} angemeldet.
```

Im Zusammenhang mit der Eigenschaft data gibt es eine sehr elegante Möglichkeit, die Rootline dafür zu nutzen, so lange von der aktuellen Seite nach oben zu gehen, bis ein Inhalt in einem definierten Feld gefunden wird. In unserem Beispiel kann der Redakteur über die Seiteninformationen ein Bild in die Seite einfügen. Falls er für eine Seite kein Bild eingefügt hat, soll das Bild der Elternseite angezeigt werden. Falls dort auch kein Bild liegt, soll wiederum das der Elternseite erscheinen, und das so lange, bis wir ganz oben angekommen sind. Es muss also lediglich auf der Rootseite ein Bild hinterlegt sein, um in jedem Fall ein Bild im Frontend angezeigt zu bekommen. Der Redakteur kann so für ganze Bereiche komfortabel verschiedene Bilder definieren, ohne dafür jede einzelne Unterseite bearbeiten zu müssen.

Listing 4.86: **Logo aus dem Feld media auslesen, Modus slide**

```
page.10 = IMAGE
page.10 {
   params = class=headerlogo
   file {
      import = uploads/media/
      import.data = levelmedia:-1,slide
      import.listNum = 0
   }
}
```

Mit dem Schlüsselwort slide wird festgelegt, dass die Dateninformation mithilfe des Datentyps *getText* gelesen werden soll. Die Angabe levelmedia zeigt auf das gewünschte Datenbankfeld (media), die Angabe -1 sagt, dass in der Rootline bei der aktuellen Seite begonnen werden soll, und slide gibt vor, so lange die Rootline nach oben zu gehen, bis Inhalt gefunden wird.

## 4.10.2 Bilddateien einbinden (imgResource)

Die Funktion *imgResource* wird vor allem von der Eigenschaft file des IMAGE-Objekts verwendet. Sie eröffnet Ihnen folgende zusätzliche Möglichkeiten:

» Verwendung eines Bildes, das über ein Backend-Formular eingegeben wurde. Es werden also Informationen aus der Datenbank benötigt.

» Anpassen der Größe des Bildes an die Vorgaben des Designers.

# KAPITEL 4    Das Frontend – Ausgabe und Darstellung der Daten

Listing 4.87: **Bild aus dem Datenbankfeld media der Seite einfügen**

```
lib.headerImage = IMAGE
lib.headerImage {
   file.import = uploads/media/
   file.import.field = media
   file.import.listNum = 0
}
```

Wenn Sie im Backend eine Datei hochladen oder über den *Element Browser* einbinden, erstellt TYPO3 eine Kopie dieser Datei in einem Unterordner von *uploads/*. In der Datenbank wird nur der Dateiname gespeichert, nicht jedoch der Ordner. In welchen Ordner die Datei kopiert wird, wird im $TCA konfiguriert. Mit dem Modul Tools, Configuration können Sie sich das $TCA anschauen (siehe Kapitel 7, *Das Framework – Werkzeugkasten für die eigene Extension*, Abschnitt 7.3.2. Das Feld *media* im Seitentitel speichert die Dateien beispielsweise im Ordner *uploads/media/*.

> **TIPP** *Soll nicht auf jeder Seite ein Bild hochgeladen werden, sondern das Bild für den gesamten untergeordneten Baumbereich gelten, dann verwenden Sie die **stdWrap**-Eigenschaft data. Ändern Sie dazu Zeile 4 in Listing 4.87 folgendermaßen:* `file.import.data = levelmedia:-1,slide`.

> **ACHTUNG** Die Funktion *imgResource* kann von der Eigenschaft `file` verwendet werden. Ihre Eigenschaften sind also innerhalb von `file` zu verschachteln. Sie greift nur, wenn es sich bei `file` nicht um ein `GIFBUILDER`-Objekt handelt.

Mit den Eigenschaften `maxH`, `maxW`, `minH` und `minW` können Sie die maximalen und minimalen Größenangaben für ein Bild bestimmen. Dabei bleiben die Größenverhältnisse des Bildes gleich, es wird also nicht verzerrt.

Schauen wir uns noch einmal das Beispiellayout aus dem Tutorial an (Abbildung 4.3). Dort gibt es rechts oben ein Bild mit untypischen Seitenverhältnissen. Wir möchten den Redakteuren nun erlauben, dieses Bild zu verändern. Dabei soll sichergestellt werden, dass ein Bild, das von Redakteuren eingestellt wurde, in die korrekte Größe umgewandelt wird, ohne verzerrt zu werden.

Da die Bilder typischerweise aus Digitalkameras stammen und Bildbearbeitung nicht unbedingt zu den Kernkompetenzen eines Segelfliegers gehört, wollen wir TYPO3-seitig sicherstellen, dass zumindest das Bildformat bei der Ausgabe im Frontend stimmt. Dazu legen wir zunächst die Breite und die Höhe des Bildes fest, das ausgegeben wird.

Listing 4.88: **Bildausgabe mit festgelegter Breite und Höhe**

```
lib.headerImage = IMAGE
lib.headerImage {
   file {
      import = uploads/media/
      import.data = levelmedia:-1,slide
```

```
        width = 726
        height = 114
    }
}
```

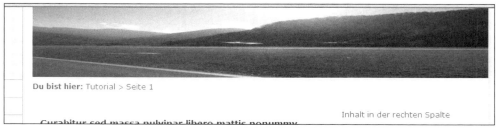

Abbildung 4.55: **Ergebnis: korrekte Größe, aber verzerrtes Bild**

Das Bild wird verzerrt ausgegeben. Lesen wir in der TSRef die Beschreibung der Eigenschaften `width` und `height` durch, stellen wir fest, dass uns folgende Möglichkeit zur Verfügung steht:

Das Bild wird zunächst so skaliert, dass es an beiden Seiten mindestens die gewünschte Größe hat. Stimmen die Seitenverhältnisse des Bildes nicht mit denen der Vorgabe überein, ist es jetzt entweder zu hoch oder zu breit. Die überschüssige Höhe oder Breite wird nun abgeschnitten. Dadurch erhalten wir einen Bildausschnitt ohne Verzerrung.

Fügen Sie dazu in Listing 4.88 den Werten der Attribute `width` und `height` ein c (für *crop*) hinzu.

Listing 4.89: **Größenangaben mit crop-Funktion**

```
width = 726c
height = 114c
```

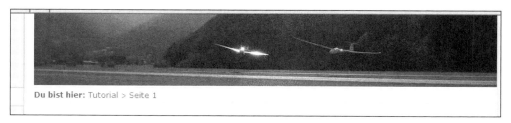

Abbildung 4.56: **Ergebnis: Ein nicht verzerrter Ausschnitt wird erzeugt.**

### 4.10.3 Klickvergrößern (imageLinkWrap)

Ein weiteres interessantes Beispiel ist die Funktion *imageLinkWrap*, mit der Sie ein Bild mit der Funktionalität *Klickvergrößern* ausstatten können. Ein Klick auf das (klein-gerechnete) Bild löst also ein Popup mit vergrößertem Bild als Inhalt aus.

Listing 4.90: **imageLinkWrap mit einigen Optionen**

```
lib.meinBild = IMAGE
lib.meinBild {
   file = fileadmin/images/einbild.jpg
   file.maxW = 300
   imageLinkWrap = 1
   imageLinkWrap {
      enable = 1
      bodyTag = <BODY bgColor="white">
      wrap = <A href="javascript:close();"> | </A>
      width = 800m
      height = 600
      JSwindow = 1
      JSwindow.newWindow = 1
      JSwindow.expand = 17,20
   }
}
```

Diese Funktion steht bisher lediglich der Eigenschaft imageLinkWrap des IMAGE-Objekts zur Verfügung.

### 4.10.4 SQL-Statement konfigurieren (select)

Mithilfe der Eigenschaften dieser Funktion lässt sich ein SQL-Statement konfigurieren, das für die Ausgabe von Daten aus der Datenbank verwendet wird.

Diese Funktion wird von der Eigenschaft select des CONTENT-Objekts sowie der Funktion numRows verwendet. In Abschnitt 4.8.5 finden Sie auch Beispiele für die Verwendung der select-Funktion.

Die Konfiguration wird von der PHP-Funktion tslib_cObj->getQuery() verarbeitet.

*Wenn Sie diese Funktion für das Ermitteln von Datensätzen verwenden, hat das den Vorteil, dass TYPO3 sich selbst darum kümmert, Datensätze, die gelöscht sind, nicht mit auszuwählen. Sie kümmert sich auch um das Versteckt-Kennzeichen, Berechtigungen sowie um die zeitgesteuerte Anzeige von Datensätzen. Dabei werden auch Angaben berücksichtigt, die im AdminPanel gemacht werden.*

### 4.10.5 Noch einmal Bedingungen (if)

In Abschnitt 4.3.5 haben Sie die Möglichkeit kennengelernt, die Verwendung von bestimmten TypoScript-Konfigurationen an Bedingungen zu knüpfen. Mithilfe der Funktion *if* können Sie die Ausgabe von Objekten an eine Bedingung knüpfen.

## KAPITEL 4  Das Frontend – Ausgabe und Darstellung der Daten

Listing 4.91: **Bild anzeigen – nur bei bestimmtem Layout**

```
page.5 = IMAGE
page.5 {
   file = fileadmin/templates/media/uebersichtsseite.gif
   if.value = 1
   if.equals.field = layout
}
```

Das Beispiel zeigt das Bild nur an, wenn Layout 1 in der Seite gewählt wurde.

Schauen wir uns die TSRef an:

| Property: | Data type: | Description: | Default: |
|---|---|---|---|
| isTrue | str / stdWrap | If the content is "true".... (not empty string and not zero) | |
| isFalse | str / stdWrap | If the content is "false"... (empty or zero) | |
| isPositive | int / stdWrap + calc | returns false if content is not positive | ① |
| isGreaterThan | value / stdWrap | returns false if content is not greater than ".value" | |
| isLessThan | value / stdWrap | returns false if content is not less than ".value" | |
| equals | value / stdWrap | returns false if content does not equal ".value" | ② |
| isInList | value / stdWrap | returns false if content is not in the comma-separated list ".value". The list in ".value" may not have spaces between elements!! | |
| value | value / stdWrap | "value" (the comparison value mentioned above) | |
| negate | boolean | This negates the result just before it exits. So if anything above returns true the overall returns ends up returning false!! | |
| directReturn | boolean | If this property exists the true/false of this value is returned. Could be used to set true/false by TypoScript constant | |

[tsref:->if]

Abbildung 4.57: **Eigenschaften der Funktion if**

① Diese Eigenschaften verwenden Sie, wenn Sie nur einen Wert haben, den Sie auf WAHR, FALSCH oder *isPositive* prüfen wollen.

# KAPITEL 4  Das Frontend – Ausgabe und Darstellung der Daten

② Diese Eigenschaften dienen dazu, zwei Werte miteinander zu vergleichen. Dafür verwenden Sie immer die Eigenschaft `value` (für den einen Wert) und eine der anderen Eigenschaften (für den anderen Wert). Dabei legen Sie für die Eigenschaft `value` einen Wert fest, mit dem Sie etwas vergleichen wollen. Anschließend wählen Sie über die Wahl der zweiten Eigenschaften, welche Art von Vergleich genutzt werden soll, und geben dieser Eigenschaft den Wert, der verglichen werden soll.

Über die Eigenschaft `negate` kann abschließend noch eine Negation durchgeführt werden. Setzen Sie `negate = 1`, wird *true* zu *false* und umgekehrt.

Sie sehen, dass die Eigenschaften aus 1. und 2. alle als Datentyp zusätzlich den *stdWrap* haben. Damit können Sie die notwendigen Werte ermitteln, z. B. Daten aus der Datenbank holen, POST/GET-Parameter auslesen oder Informationen zum angemeldeten Benutzer ermitteln.

Listing 4.92: **Rückfallbild festlegen**

```
temp.footerimage1 = COA
temp.footerimage1 {
    10 = IMAGE
    10 {
        altText = unser Bild
        file = fileadmin/userfolder/logo.gif
    }
    20 = IMAGE
    20 < .10
    20 {
        file = fileadmin/default/logo.gif
        if.isFalse.cObject < temp.footerimage1.10
    }
}
```

Im Beispiel wird ein Objekt angelegt, das ein Logo auf der Seite aus einem vorgegebenen Ordner darstellen wird. Falls der Redakteur keine Datei mit dem Logo an dieser Stelle ablegt, das Objekt `IMAGE` also leer ist, dann wird automatisch ein Rückfallbild angezeigt.

*Die Funktion* stdWrap *hat auch eine Eigenschaft* if. *Das heißt, immer, wenn Sie einen* stdWrap *zur Verfügung haben, können Sie indirekt auch auf die Funktion* if *zugreifen.*

Listing 4.93: **Zwei Bedingungen verwenden**

```
if.value = 1
if.equals.field = layout
if.isTrue.field = nav_hide
```

Sie können auch mehrere Bedingungen gleichzeitig verwenden. Dabei gilt: Die Funktion `if` gibt ein *true* zurück, sobald alle gesetzten Bedingungen erfüllt sind (AND-Verknüpfung). Bereits eine einzige nicht erfüllte Bedingung resultiert also in einem *false*. Dieses Vorgehen ist außerdem mit Vorsicht zu genießen, da TypoScript-Eigenschaften sich überschreiben. Würden Sie also zweimal die gleiche Bedingung verwenden, würde die zweite die erste überschreiben, und somit würde nur eine übrig bleiben.

Da die Funktion *stdWrap* auch über eine Eigenschaft if verfügt, haben Sie die Möglichkeit, Bedingungen zu verschachteln.

Listing 4.94: **Verschachtelte Bedingung**

```
page.5 = IMAGE
page.5 {
   file = fileadmin/templates/media/uebersichtsseite.gif
   if.isTrue.field = nav_hide
   if.isTrue {
      if.value = 1
      if.equals.field = layout
   }
}
```

Bei dieser Verschachtelung passiert Folgendes: isTrue wird mit dem Inhalt des Felds *nav_hide* gefüllt, z. B. 1. Ist nun die zweite Bedingung falsch, so gibt die Funktion *stdWrap* einen leeren String zurück (siehe TSRef). Aus der 1 wird also nichts und somit *falsch*. Ist die zweite Bedingung wahr, passiert nichts weiter, die 1 bleibt stehen, und das Bild wird angezeigt.

*Das Arbeiten mit der Funktion if kann man nicht gerade als intuitiv bezeichnen. Besonders beim Verschachteln von Bedingungen wird es sehr schnell arg kompliziert. Nutzen Sie in diesem Fall zunächst die Eigenschaft isTrue = 1 (immer wahr) oder isTrue = 0 (immer falsch), um zu kontrollieren, ob die Verschachtelung überhaupt das macht, was Sie sich wünschen. Anschließend kontrollieren Sie einzeln, ob die Bedingungen korrekt konfiguriert sind.*

### 4.10.6 Links erzeugen (typolink)

Mithilfe der TypoScript-Funktion *typolink* greifen Sie auf dieselbe PHP-Methode zurück wie jede reguläre Extension zur Erzeugung von Links. Als einfachste Konfiguration geben Sie einfach die ID der Zielseite im Parameter parameters an und erhalten den Seitentitel (je nach Einsatz von config.simulateStaticDocuments oder realurl auch das entsprechende Pendant), verlinkt auf die Zielseite, zurück. Bei Angabe eines Dateipfades wird auf die entsprechende Datei verlinkt.

**Die Funktionalität der Simulation von statischen Seiten ist seit TYPO3 4.3 in eine Extension mit dem Key** simulatestatic **ausgelagert. Sie müssen diese Extension explizit installieren.**

Oft eingesetzt wird die Funktion als Eigenschaft typolink von TEXT, um Links für das Frontend zu erzeugen. Beachten Sie vor allem die Übergabe von Parametern an typolink in den Zeilen 04 und 05.

**KAPITEL 4**  Das Frontend – Ausgabe und Darstellung der Daten

Listing 4.95: **Browsern eine RSS-Quelle anzeigen**

```
01    // adds an icon to firefox that enables dynamic favorites
02  page.headerData.47 = TEXT
03  page.headerData.47 {
04    typolink.parameters = {$rssFeedPage}
05    typolink.returnLast = url
06    wrap = <link href="|" rel="alternate" title="RSS-Feed"
         type="application/rss+xml" />
07  }
```

> **ACHTUNG**
>
> Die große Stärke von *typolink* im Vergleich zum manuellen Einbau eines Links direkt mit HTML ist die automatische Behandlung von aktuellen TYPO3-Parametern, beispielsweise Seitensprache und Seitentyp. Wenn also beispielsweise der Besucher Ihrer Seite gerade die englische Sprache betrachtet (durch den Parameter L=1), dann wird dieser automatisch dem erzeugten Link hinzugefügt, wenn dies zentral über `config.linkVars = L` konfiguriert wurde.

## 4.10.7 Textfelder/HTML parsen (parseFunc)

Die Funktion *parseFunc* stellt viele Einstellungsmöglichkeiten zur Verfügung, um Texte zu parsen und so die Inhalte der Datenbank zu »überarbeiten«. Sie wird vor allem für die Auswertung von RTE-Feldern verwendet. Aber auch, wenn Sie einfache Textfelder so ausgeben wollen, dass z. B. jeder Absatz von einem <p>-Tag eingeschlossen werden soll, ist *parseFunc* die Funktion der Wahl.

Sie können auf *parseFunc* nur über den *stdWrap* zugreifen – über die Eigenschaft `parseFunc`, die vom Datentyp *->parseFunc* ist.

Das berühmteste Beispiel für die Verwendung von *parseFunc* ist die Ausgabe des *bodytext*-Feldes von Inhaltselementen.

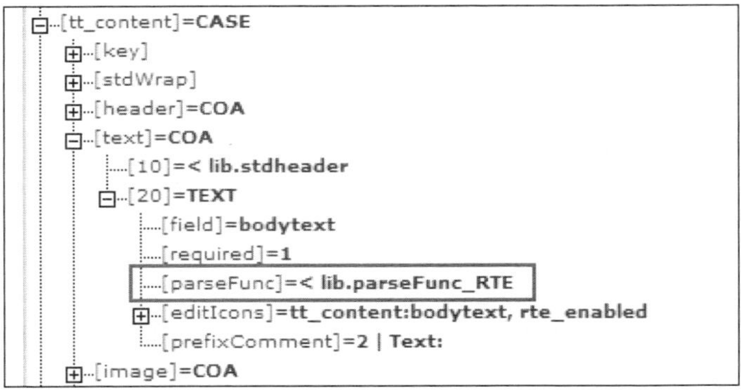

```
[tt_content]=CASE
   [key]
   [stdWrap]
   [header]=COA
   [text]=COA
      [10]=< lib.stdheader
      [20]=TEXT
         [field]=bodytext
         [required]=1
         [parseFunc]=< lib.parseFunc_RTE
         [editIcons]=tt_content:bodytext, rte_enabled
         [prefixComment]=2 | Text:
   [image]=COA
```

Abbildung 4.58: **Verwendung der Funktion parseFunc in tt_content**

> *Die Extension* css_styled_content *stellt Ihnen mit* lib.parseFunc_RTE *eine sinnvoll konfigurierte* parseFunc *zur Verfügung. Möchten Sie eigene Textfelder (mit oder ohne RTE) im Frontend ausgeben, so empfehlen wir Ihnen, diese Funktion zu verwenden. In vielen Fällen brauchen Sie nichts daran zu ändern. Die Verwendung dieser Konfiguration ist schon dann sinnvoll, wenn Sie möchten, dass Zeilenumbrüche im Backend durch* <p>*-Tags im Frontend dargestellt werden.*

Listing 4.96: **Konfiguration wiederverwenden**
```
page.5 = TEXT
page.5 {
   field = abstract
   parseFunc =< lib.parseFunc_RTE
   wrap = <div id=«abstract«> | </div>
}
```

Die Funktion *parseFunc* dient vor allem dazu, den Inhalt eines Textfeldes in Blöcke aufzuteilen und diese Blöcke dann überwiegend durch die verschiedenen Parsing-Funktionen des *stdWrap* zu schicken.

Die Eigenschaft externalBlocks legt fest, welche Tags separat geparst werden sollen. Mit der Eigenschaft tags können Sie für selbst definierte Tags eine Umwandlung ins Frontend konfigurieren. Ein Beispiel dafür ist das <link>-Tag, das auf diesem Weg in ein <a>-Tag umgewandelt wird. Mit den Eigenschaften plainTextStdWrap, nonTypoTagStdWrap lässt sich das Parsing für die übrigen Bereiche konfigurieren. Die Eigenschaft makelinks wandelt URLs und E-Mail-Adressen automatisch in entsprechende Links um. allowTags und denyTags legen fest, welche Tags überhaupt erlaubt sind. Unerlaubte Tags werden entfernt.

## 4.11 Bildbearbeitung mit dem GIFBUILDER

Sie können mit TYPO3 auf eine faszinierende Weise automatisch eigene Bilder im Format *gif* erzeugen, wobei der besondere Reiz hier in der dynamischen Erzeugung von Bildern aus Bild- und Textdaten liegt, die die Redakteure eingegeben haben.

In der TSRef finden Sie an mehreren Stellen für verschiedene Eigenschaften einen Datentyp *imgResource*. Dieser kann entweder einen Verweis auf eine Grafikdatei darstellen oder eben ein Objekt des Typs GIFBUILDER.

Falls Sie in eine Grafik Text einbinden wollen, muss dazu noch zusätzlich eine passende Schriftdatei auf Ihrem Rechner oder dem Server aufgerufen werden. Stellen Sie sicher, dass die gewünschte Datei für TYPO3 verfügbar ist.

> *Mithilfe des Toplevel-Objekts* _GIFBUILDER *können Sie globale Einstellungen für alle* GIFBUILDER-*Objekte zentral vornehmen, beispielsweise die Definition von verschiedenen Schriftdateien für unterschiedliche Sprachen. Lesen Sie dazu die Hinweise in der TSRef.*

Sie können einige Unterobjekte einbinden. Die dazu vorhandenen Optionen finden Sie in der TSRef:

- TEXT

  Die am häufigsten eingesetzte Variante bietet auch die meisten Optionen für die Darstellung des Textes in der resultierenden Grafik. Experimentieren Sie mit den einzelnen Optionen, um möglichst nah an das gewünschte Ergebnis zu kommen.

- SHADOW

  Schatten als Objekte des Typs SHADOW können für sich selbst stehen, müssen aber dann auf ein Objekt TEXT referenziert werden, für das sie angewendet werden sollen. Alternativ können sie direkt innerhalb eines Objekts TEXT über die Eigenschaft shadow definiert werden.

- EMBOSS

  Für das Objekt EMBOSS gelten die gleichen Angaben wie für SHADOW. Es werden allerdings zwei Schatten erzeugt, mit verschiedenen Farben in entgegengesetzte Richtungen.

- OUTLINE

  Bei manchen Serverkonfigurationen werden mit dem Objekt SHADOW bessere Ergebnisse erzielt als mit der Verwendung von OUTLINE.

- BOX

  Eine BOX bestimmt ein Rechteck mit definierter Größe und eigener Farbe innerhalb der Grafik.

- IMAGE

  Sie können eine Grafik in die resultierende Grafik einbinden und dafür auch noch eine Maske festlegen.

- EFFECT

  Weitere Effekte werden über eine spezielle Schreibweise hinzugefügt, z. B.:

  ```
  20 = EFFECT
  20.value = gamma=1.3 | flip | rotate=180
  ```

- WORKAREA

  Es kann ein neuer Arbeitsbereich für nachfolgende Operationen definiert werden.

- CROP

  Sie können einen Bereich des Bildes analog zu Bildbearbeitungsprogrammen herausholen. Der Arbeitsbereich (WORKAREA) wird an die neuen Dimensionen der Grafik angepasst.

- SCALE

  Sie können die Grafik analog zu Bildbearbeitungsprogrammen skalieren. Der Arbeitsbereich (WORKAREA) wird an die neuen Dimensionen der Grafik angepasst.

# KAPITEL 4   Das Frontend – Ausgabe und Darstellung der Daten

» ADJUST

Sie können Eingabe- und Ausgabe-Level wie in Photoshop angeben:

```
20 = ADJUST
20.value = inputLevels = 32,255
```

» IMGMAP

Dieses Objekt wird nur innerhalb des Objekts TEXT verwendet, um eine Image-Map für die Grafik zu erzeugen. Es wird hauptsächlich vom Menü-Objekt IMGMENU verwendet.

> **ACHTUNG**
>
> **Das Objekt TEXT des GIFBUILDERS hat nichts mit dem Inhaltsobjekt (cObject) TEXT zu tun!** Das heißt, wenn Sie sich innerhalb eines GIFBUILDER-Objekts befinden, stehen Ihnen die Eigenschaften zur Verfügung, die in der TSRef für dieses Objekt TEXT dokumentiert sind (Kapitel 1.8). Möchten Sie einem *GIFBUILDER-TEXT*-Objekt Text zuweisen, tun Sie das also nicht mit der Eigenschaft value, sondern mit der Eigenschaft text (siehe Zeile 13 und 14 in Listing 4.97).

Das statische TypoScript-Template CONTENT (DEFAULT) mit dem Untertemplate styles.header.gfx1 definiert ein Objekt GIFBUILDER.

Listing 4.97: **styles.header.gfx1**

```
01 styles.header.gfx1 = IMAGE
02 styles.header.gfx1 {
03     wrap = {$styles.header.gfx1.wrap}
04     alttext.current = 1
05     file = GIFBUILDER
06     file {
07         XY = [10.w]+10 ,{$styles.header.gfx1.itemH}
08         maxWidth = {$styles.header.gfx1.maxWidth}
09         backColor = {$styles.header.gfx1.bgCol}
10         reduceColors = {$styles.header.gfx1.reduceColors}
11         10 = TEXT
12         10 {
13             text.current = 1
14             text.crop = {$styles.header.gfx1.maxChars}
15             fontSize = {$styles.header.gfx1.fontSize}
16             fontFile = {$styles.header.gfx1.file.fontFile}
17             fontColor = {$styles.header.gfx1.fontColor}
18             offset = {$styles.header.gfx1.fontOffset}
19             niceText = {$styles.header.gfx1.niceText}
20         }
21     }
22 }
```

In Zeile 07 wird die Breite der resultierenden Grafikdatei an die Breite des enthaltenen Objekts styles.header.gfx1.file.10 (definiert in Zeile 11 bis 20) angepasst – zusätzlich werden noch 10 Pixel hinzuaddiert. Die Breite der finalen Grafik hängt also von der Breite des enthaltenen Textes ab.

# KAPITEL 4   Das Frontend – Ausgabe und Darstellung der Daten

*Immer wenn bei einer Eigenschaft des Objekts* GIFBUILDER *die Information* +calc *vermerkt ist, können Sie die Dimensionen von einzelnen* TEXT- *oder* IMAGE-*Objekten innerhalb von* GIFBUILDER *einsetzen. Dies ist sehr wichtig, da Sie dadurch auf die Höhe oder Breite von enthaltenen Objekten dynamisch reagieren können. Der Ausdruck* [10.w]+15 *in Listing 1.97, Zeile 4 bedeutet beispielsweise, dass als Wert für X die Breite des* GIFBUILDER-*Objektes* temp.header_img. file.10 *zuzüglich 15 px verwendet wird.*

Sie können beispielsweise eine Grafik mit dem Seitentitel auf jeder Seite einblenden:

Listing 4.98: **Definition einer grafischen Darstellung des Seitentitels**

```
temp.header_img = IMAGE
temp.header_img.file = GIFBUILDER
temp.header_img.file {
    XY = [10.w]+15,25
    backColor = #ffffff
    transparentBackground = 1
    format = gif
    10 = TEXT
    10 {
        text.field = title
        #text.current = 1
        text.htmlSpecialChars = 0
        text.preserveEntities = 1
        text.removeBadHTML = 0
        text.rawUrlEncode = 0
        text.HTMLparser = 1
        text.HTMLparser.htmlSpecialChars = -1
        offset = 1,19
        fontColor = #CC0033
        fontSize = 16
        niceText = 1
    }
}
page.10.marks.PAGE_TITLE < temp.header_img
```

Seit der Version 4.3 lässt sich bei den beiden kalkulierbaren Werten in der Konfigurationsoption .XY durch die Funktion *max()* bewirken, dass der größere zweier Werte verwendet wird. Hier in diesem Beispiel ist die Breite X die Summe der Breiten der Objekte 10 und 15, und die Höhe ist die resultierende größere Höhe der beiden genannten Objekte:

Listing 4.99: **Anwendung der Funktion max()**

```
temp.header_img.file.XY = [10.w]+[15.w], max([10.h],[15.h])
```

*Falls Sie automatisch Grafikdateien in Ihre Seite einbinden wollen, sollten Sie die zahlreichen Optionen testen und die resultierenden Ergebnisse vor allem auch auf dem Server für das Live-System betrachten. Das tatsächliche Ergebnis ist oft im Voraus nur schwer abzuschätzen.*

## 4.12 Mehrsprachigkeit

*There are more than many ways to do it...* So beginnt die ausführliche Dokumentation zur Mehrsprachigkeit von Kasper Skårhøj (*doc_l10nguide*). Diese finden Sie auch auf der dem Buch beiliegenden CD. Wir werden im Folgenden die verschiedenen Möglichkeiten der Konfiguration systematisch und verständlich darlegen. Dabei werden Sie feststellen, dass Sie sich in den allermeisten Fällen mit wenigen Zeilen TypoScript alle Ihre Wünsche erfüllen können.

### 4.12.1 Verschiedene Konzepte der Mehrsprachigkeit

Es gibt prinzipiell zwei Arten, mehrsprachige Seiten anzulegen, die sich aber grundlegend voneinander unterscheiden. Bei der einen Variante legen Sie für jede Sprache einen eigenen Ast bzw. Baum an. Damit werden die Sprachen wie unterschiedliche Bereiche der Webseite behandelt. Bei der anderen Variante verwalten Sie alle Sprachen im gleichen Baum. Jeder Seite im Backend wird die Übersetzung in andere Sprachen direkt zugeordnet. Dies bewirkt, dass der Besucher beim Link zur Sprachumschaltung auf der gleichen Seite verbleibt und nicht erst wieder auf der Startseite der jeweils neuen Sprache anfangen muss.

Beide Varianten haben ihre Berechtigung und werden für unterschiedliche Bedürfnisse eingesetzt.

» In dem Fall, dass die Struktur in allen Sprachen mehr oder weniger dieselbe ist, verwendet man einen Seitenbaum für alle Sprachen. Hier sollen prinzipiell alle Seiten in allen Sprachen verfügbar sein, und beim Sprachwechsel soll der Besucher auf der entsprechenden Seite bleiben. Durch Einstellung der Fallback-Modi gibt es hierbei unterschiedliche Möglichkeiten, mit nicht vorhandenen Seiten oder Inhalten umzugehen. Mehr dazu erfahren Sie in den folgenden Abschnitten.

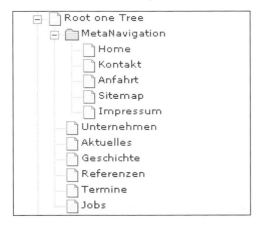

Abbildung 4.59: **Ein Seitenbaum, der für jede Sprache durch TYPO3 lokalisiert wird**

# KAPITEL 4  Das Frontend – Ausgabe und Darstellung der Daten

» Ist die Struktur einer Seite in den verschiedenen Sprachen sehr unterschiedlich (hat beispielsweise eine der angebotenen Sprachen viel weniger oder komplett andere Inhalte), dann macht es Sinn, die Seitenstruktur (d.h. die Seitenbäume) getrennt anzulegen, da man hiermit sehr flexibel bleibt. Allerdings gibt es keine Beziehungen zwischen eventuell inhaltlich gleichen Seiten in den verschiedenen Sprachbäumen, und somit gelangt man beim Sprachwechsel immer auf die Startseite der neuen Sprache. Des Weiteren hat ein Chefredakteur, der nicht alle Sprachen beherrscht, keinen Überblick darüber, mit was eine ihm nicht verständliche Seite korrespondiert.

Abbildung 4.60: **Unterschiedliche Struktur in jeder Sprache**

## 4.12.2 Grundeinstellungen

Die hier beschriebenen Einstellungen sind unabhängig davon, welches der beiden oben genannten Konzepte Sie für das Vorhalten der Inhalte gewählt haben.

### Sprachpakete für TYPO3

Zuallererst müssen Sie die für das Backend gewünschten Sprachen herunterladen (und unter Umständen auch die für das Frontend – das hängt von den Einstellungen der jeweiligen Extension ab.) Es steht bereits eine Vielzahl an Sprachen für das CMS und die Extensions zur Verfügung. Der Extension Manager bietet eine handliche Verwaltung der Sprachen an. Mehr Informationen hierzu erhalten Sie in Kapitel 7, *Das Framework – Werkzeugkasten für die eigene Extension*, Abschnitt 7.1.4.

### Zeichensatz

Spätestens ab TYPO3 Version 4.0 wird empfohlen, *utf-8* standardmäßig als Zeichensatz zu verwenden. utf-8 ist inzwischen weit verbreitet und kann im Gegensatz zu *ISO-8859-1* weit mehr Zeichen – neben lateinischen Buchstaben und arabischen Ziffern auch arabische, asiatische und kyrillische Zeichen – speichern, benötigt jedoch auch pro Zeichen mehr Speicherplatz. Dass die entsprechenden Einstellungen nicht bei Auslieferung voreingestellt sind, hat vor allem den Grund, dass Abwärtskompatibilität möglich sein soll. Auch beim Upgrade einer TYPO3-Instanz in einer älteren Version ist auf den korrekten Zeichensatz zu achten.

Mit folgenden Schritten stellen Sie Ihr Projekt auf utf-8 um. Verwenden Sie MySQL in einer Version >= 4.1, dann können Sie die Datenbank als solche in utf-8 konvertieren. In dem Fall müssen Sie nur die Schritte 1, 2, 4 und 5 vornehmen.

1. Gehen Sie im Install Tool auf Punkt 5: ALL CONFIGURATION.

2. Ändern Sie die Einstellung der BE-Variable `forceCharset` auf `utf-8` und `['SYS']['setDBinit']` auf `'SET NAMES utf8'`.

3. Falls Ihr Datenbankserver noch nicht standardmäßig auf `utf-8` eingestellt ist: Ändern Sie den Wert von `multiplyDBfieldSize` auf 2 für westeuropäische Sprachen bzw. auf 3 für asiatische Sprachen. Die Einstellung in diesem Feld bewirkt, dass bei der Berechnung der Datenbankgröße durch das Install Tool die Größe aller Datenbankfelder mit diesem Wert multipliziert wird, um Zeichen mit höherem Speicherbedarf vorhalten zu können.

4. Die Systemeinstellung `UTF8filesystem = 1` bewirkt, dass TYPO3 (wenn `forceCharset=utf-8` gesetzt ist) Dateinamen in utf-8 speichert, d.h., es können auch Umlaute, bestimmte Sonderzeichen und Akzente in den Dateinamen verarbeitet werden. Mehr Informationen zu den dafür verwendeten regulären Ausdrücken finden Sie in der Funktion `cleanFileName` in *class.t3lib_basicFileFunctions.php*.

# KAPITEL 4   Das Frontend – Ausgabe und Darstellung der Daten

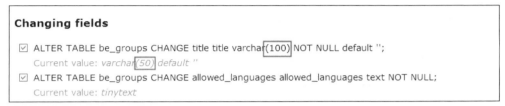

Abbildung 4.61: **Mögliche Dateinamen mit UTF8filesystem**

5. Speichern Sie die geänderten Einstellungen.
6. Klicken Sie oben im Install Tool auf den Punkt 2: DATABASE ANALYSER.
7. Klicken Sie auf COMPARE. Sie sehen jetzt, dass TYPO3 die Größe der Felder entsprechend der Angaben in `multiplyDBfieldSize` anpasst (falls Sie dies aktiviert haben).

> **Changing fields**
>
> ☑ ALTER TABLE be_groups CHANGE title title varchar(100) NOT NULL default '';
>    Current value: *varchar(50) default ''*
> ☑ ALTER TABLE be_groups CHANGE allowed_languages allowed_languages text NOT NULL;
>    Current value: *tinytext*

Abbildung 4.62: **Abbildung 1.62: Anpassung der Feldgröße an utf-8**

8. Klicken Sie so lange auf den Button WRITE TO DATABASE, bis keine Änderungen mehr angezeigt werden oder bis sich an dem, was geändert werden soll, nichts mehr ändert.

*Sollten SQL-Befehle nicht angenommen werden, versuchen Sie es direkt über phpMyAdmin, denn es kann sein, dass TYPO3 beim Erzeugen der SQL-Statements einen mit Ihrer aktuellen MySQL-Version nicht korrespondierenden Code produziert. phpMyAdmin gibt dann wenigstens eine entsprechende Fehlermeldung zurück, anhand derer Sie den Code korrigieren können.*

**Am besten nehmen Sie die utf-8-Einstellungen direkt nach der Installation von TYPO3 vor. So verhindern Sie, dass schon Text in anderen Zeichensätzen über das Backend gespeichert wird und dieser mühsam manuell in utf-8 konvertiert werden muss. Eine nachträgliche Umstellung ist zwar technisch jederzeit problemlos möglich, zieht jedoch umso mehr lästige redaktionelle Nacharbeit nach sich, je mehr Inhalte vorhanden sind.**

Die Einstellung `$TYPO3_CONF_VARS['BE']['forceCharset'] = 'utf-8';` führt nicht nur dazu, dass alle Eingaben im Backend in utf-8 erfolgen und dementsprechend in der Datenbank gespeichert werden, sondern sie sorgt auch für eine entsprechende Ausgabe im Frontend.

Über die beiden TypoScript-Parameter `config.renderCharset` und `config.metaCharset` können hier jedoch auch separate Konfigurationen vorgenommen werden. Es wird allerdings – vor allem bei mehrsprachigen Seiten – empfohlen, die Ausgabe zentral über die Variable `$TYPO3_CONF_VARS['BE']['forceCharset']` zu steuern, um unnötiges und zeitaufwendiges Konvertieren sowie Fehler zu vermeiden:

# KAPITEL 4 Das Frontend – Ausgabe und Darstellung der Daten

» Bei `renderCharset` wird der Zeichensatz angegeben, der für das interne Rendern der Seiteninhalte verwendet wird. Standard ist hier ISO-8859-1. Dies wird durch den Wert in `TYPO3_CONF_VARS[BE]['forceCharset']` überschrieben.

» Bei `metaCharset` steht der Zeichensatz, der für die Frontend-Ausgabe der Seite verantwortlich ist. Ist diese Variable nicht gefüllt, wird hier der Wert aus `renderCharset` verwendet.

Das Charset wird verwendet für:

» die Angabe in den HTML-Metatags `<meta http-equiv="Content-Type" content="text/html; charset=...>`

» den HTTP-Header (`Content-Type:text/html;charset=...`), es sei denn, dies ist durch `disableCharsetHeader` deaktiviert

» das Encoding im XML-Prolog `<?xml version="…" encoding="…"?>` (falls korrekt eingebunden, siehe `config.xmlprologue`)

*Bei der Arbeit mit utf-8 müssen Sie unbedingt darauf achten, dass das Format von Ihrem Editor unterstützt wird und eingerichtet wurde. Andernfalls kann es beim Speichern von existierenden Dateien zur Zerstörung der bereits vorhandenen Zeichen kommen. Dies passiert vor allem dann, wenn im Team gearbeitet wird und die Editoren der Teammitglieder unterschiedlich eingerichtet sind.*

## TypoScript

Das Toplevel-Objekt `CONFIG` stellt einige Eigenschaften zur Verfügung, die die sprachspezifische Ausgabe erzeugen. Diese sollten – unabhängig davon, wie viele Sprachen Sie auf der Webseite darstellen wollen – gesetzt werden, also auch für einsprachige Webseiten.

Die Konfiguration für eine Webseite mit Deutsch als Standardsprache sieht wie folgt aus:

Listing 4.100: **Sprachspezifische Grundeinstellungen für die Standardsprache**

```
config {
   language = de
   locale_all = de_DE
   htmlTag_langKey = de
}
```

Bei mehrsprachigen Seiten wird diese Konfiguration erweitert, wie es in den folgenden Abschnitten 4.12.3, *TypoScript-Grundeinstellungen* und 4.12.5 beschrieben wird.

In der Eigenschaft `language` (*string*) wird der Sprachschlüssel vergeben. Er ist dafür zuständig, dass die korrekten Übersetzungen (Sprachlabel) gewählt werden (schauen Sie dazu in *t3lib/config_default.php* unter `TYPO3_languages` nach dem offiziellen 2-Byte-Schlüssel für gewünschte Sprachen).

## KAPITEL 4   Das Frontend – Ausgabe und Darstellung der Daten

Durch die Eigenschaft locale_all (*string*) wird die Länderkennung (Locale) vergeben. Diese muss abhängig vom Betriebssystem gesetzt werden: Bei Windows lautet beispielsweise die deutsche Länderkennung german, wohingegen man bei Linux de_DE angeben muss. Sie ist unter anderem für die korrekte Konvertierung von Datums- oder Zeitformaten bei der Generierung der Frontend-Seiten zuständig (sofern die Ausgabe an der entsprechenden Stelle mit z. B. der PHP-Funktion strftime implementiert ist). Mehr Informationen können Sie bei der PHP-Funktion setlocale nachlesen.

htmlTag_langKey (*string*) ist zuständig für den Sprachwert der Attribute xml:lang und lang im <html>-Tag (wenn config.doctype = xhtml* verwendet wird).

Detaillierte Informationen zu den einzelnen Einstellungen können Sie in der TSRef nachlesen.

### 4.12.3 Alle Sprachen im gleichen Baum

#### Backend

Wollen Sie alle Sprachen in einem Baum vorhalten und deren Verwaltung durch die Lokalisierungsfunktionen von TYPO3 vornehmen lassen, so müssen Sie zunächst TYPO3 für alle Sprachen konfigurieren.

Abbildung 4.63: **Sprachendatensätze in der Weltkugel**

In der Weltkugel (oberstes Element im Seitenbaum) im Modul WEB, LIST müssen alle benötigten Sprachen hinzugefügt werden. Die UID wird später für die Konfiguration der Sprachen und das Sprachmenü (per TypoScript) benötigt.

Die angelegten Sprachen sind im gesamten Seitenbaum verfügbar. Die Konfiguration, welche Sprachen in welchem Teilbereich dann tatsächlich genutzt werden, wird durch die TypoScript-Konfiguration festgelegt.

Nun können Sie redaktionell im Modul WEB, PAGE zu jeder Seite eine alternative Seitensprache anlegen und die Seite mitsamt Inhalten durch die TYPO3-Lokalisierungsfunktionen übersetzen lassen.

# KAPITEL 4    Das Frontend – Ausgabe und Darstellung der Daten

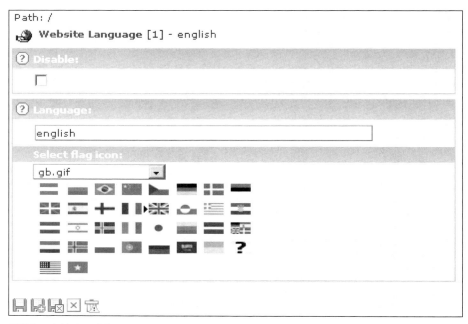

Abbildung 4.64: **Sprachdatensatz**

> In den einzelnen Inhaltselement-Datensätzen kann man zwar durch ein Auswahlfeld die Sprache direkt wählen bzw. ändern und somit Inhalte übersetzen, das Erstellen eines neuen Sprachseiteninhalts sollte jedoch möglichst nur im Seiten-, List- oder Info-Modul vorgenommen werden, da die Nutzung des eingebauten Übersetzungstools korrekte Verweise auf die Originalsprache mit den entsprechenden Features erstellt und Plausibilitätsprüfungen beinhaltet, beispielsweise ob für eine Seite die alternative Sprache bereits existiert.

Der redaktionelle Teil der Mehrsprachigkeit ist sehr umfassend und ist nicht Inhalt dieses Buches. Wir gehen im Folgenden jedoch kurz auf ein paar nützliche Werkzeuge ein.

## Lokalisierungsansicht

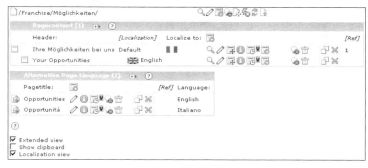

Abbildung 4.65: **Lokalisierungsansicht im List-Modul**

**KAPITEL 4**   Das Frontend – Ausgabe und Darstellung der Daten

Im Modul WEB, LIST steht Ihnen die Lokalisierungsansicht zur Verfügung (sie muss mit der Checkbox am Seitenende aktiviert werden). Damit in einer Seite die Lokalisierung anwendbar ist, muss die Seite an sich schon übersetzt sein (sprich, eine alternative Seitensprache muss vorhanden sein). Das ist insbesondere dann relevant, wenn man z. B. mehrsprachige *tt_news*-Datensätze in einem Sysfolder liegen hat, der dazu also auch übersetzt sein muss.

*Seit TYPO3 4.3 gibt es in den übersetzten Seiten (Tabelle* pages_language_overlay*) die wichtige Option, interne und externe Links mit anderen Zielen als bei denen der Hauptsprache anzulegen.*

## Übersetzungsübersicht

Im Modul WEB, INFO gibt es eine schnelle Möglichkeit, Übersetzungen zu kontrollieren, fehlende Übersetzungen aufzuspüren und die entsprechenden Seiten und Seiteninhalte direkt zu bearbeiten: die sogenannte Übersetzungsübersicht (LOCALIZATION OVERVIEW).

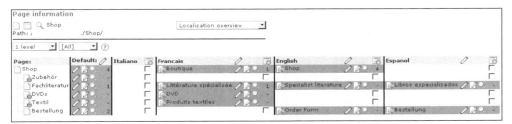

Abbildung 4.66: **Übersetzungsübersicht im Info-Modul**

Durch die Auswahl der Checkboxen können hier bequem mehrere Seiten gleichzeitig übersetzt werden.

Die verwendeten Farben haben folgende Bedeutung:

» Grün:

Die Übersetzung ist in Ordnung, die Seite ist online verfügbar.

» Grau (keine Farbhinterlegung):

Die Übersetzung für diese Seite fehlt, die Seite wird jedoch in Menüs im Frontend angezeigt, allerdings mit dem Text der Defaultsprache.

» Rot:

Die Übersetzung für diese Seite fehlt, die Seite erscheint nicht im Menü, und es kann nicht direkt auf diese Sprache der Seite zugegriffen werden.

Die Unterscheidung zwischen den Zuständen Grau und Rot hängt vom Fallback-Modus ab. Die Einstellungen dazu finden Sie weiter unten in Abschnitt *Fallback und Overlay*.

## TypoScript-Grundeinstellungen

Im TypoScript-Setup sollten folgende Einstellungen für die Standardsprache vorgenommen werden:

Listing 4.101: **Basiseinstellungen für Mehrsprachigkeit**

```
01 config {
02    linkVars = L
03    uniqueLinkVars = 1
04    language = de
05    locale_all = de_DE
06    htmlTag_langKey = de
07    sys_language_uid = 0
09 }
```

Die Angabe linkVars legt die Parameter (HTTP_GET_VARS) fest, die beim Erzeugen von Links aus TYPO3 mitgegeben werden. Hier wird in unserem Beispiel festgelegt, dass der Parameter L, der für die Auswahl der Sprache zuständig ist, als GET-Parameter allen Links mitgegeben wird, die über die Funktion *typolink* erzeugt werden. Theoretisch können Sie diesen Sprachparameter frei definieren, es ist jedoch ratsam, mit der Standardvariablen L zu arbeiten, da diese möglicherweise an diversen Stellen fest kodiert ist.

Eine weitere Option, die Sie mit linkVars festlegen können, ist eine Einschränkung der möglichen Werte, die beispielsweise der L-Parameter annehmen kann. In Listing 4.102 dürfen nur Werte für den Sprachparameter von 1 bis 5 mitgegeben werden:

Listing 4.102: **Einschränkung des L-Parameters auf vorgegebene Werte 1 bis 5**

```
config.linkVars = L(1-5)
```

Es kann passieren, dass TYPO3 durch verschiedene Operationen den Sprachparameter zweimal oder mehrmals an die Adresse der Links anhängt. Dies ist prinzipiell unproblematisch, da immer nur der letzte Wert verwendet wird. Jedoch wird durch die Einstellung von uniqueLinkVars = 1 (*boolean*) bewirkt, dass die ersteren, unnötigen Sprachparameter entfernt werden – also eine rein kosmetische Angelegenheit.

Die Zeilen 04 bis 07 in Listing 4.101 geben die notwendigen Informationen für eine deutsche Seite. Die Eigenschaften language, locale_all und htmlTag_langKey wurden bereits in Abschnitt *TypoScript* beschrieben.

Die Einstellung sys_language_uid ist die ID (Feld *uid*) des zugehörigen Sprachdatensatzes im Backend (Tabelle *sys_language*). Die Standardsprache hat die ID 0 und wird nicht in der Datenbank vorgehalten. Diese ID wird beim Umschalten der Sprache mit dem GET-Parameter, der in linkVars definiert ist, in der Adresszeile mitgegeben und daraufhin in der Bedingung im folgenden Listing beim Seitenaufbau geprüft.

# KAPITEL 4   Das Frontend – Ausgabe und Darstellung der Daten

Ist die Standardsprache definiert, können nun alle weiteren Sprachen konfiguriert werden:

Listing 4.103: **Einstellungen für alle verfügbaren Sprachen**

```
10 # languages #
11 # english
12 [globalVar = GP:L = 1]
13 config {
14     language = en
15     locale_all = en_US
16     htmlTag_langKey = en
17     sys_language_uid = 1
18 }
19 [global]
20
21 # franzoesisch
22 [globalVar = GP:L = 2]
23 config {
24     language = fr
25     locale_all = fr_FR
26     htmlTag_langKey = fr
27     sys_language_uid = 2
28 }
29 [global]
```

In den Zeilen 12 und 22 wird die Sprachvariable durch eine TypoScript-Bedingung geprüft. (GP bedeutet »GET/POST«; die hierbei genutzte Funktion t3lib_div::GPvar() prüft erst, ob es den entsprechenden POST-Parameter gibt, dann, ob es den GET-Parameter gibt.)

Die Eigenschaften language, locale_all, htmlTag_langKey und sys_language_uid (Zeilen 14 bis 17 sowie 24 bis 27 – sie wurden bereits weiter oben beschrieben) überschreiben hier also die Werte der Standardsprache und sorgen damit für die korrekte Ausgabe in der jeweils anderen Sprache.

## Menü für die Sprachumschaltung

Nun kann das Menü für alle Sprachen über TypoScript erzeugt werden. (Die Auswahloptionen werden oft durch Flaggen realisiert, in unserem Beispiel aber durch Text.)

Listing 4.104: **Sprachnavigation als Text in TypoScript erstellen**

```
01 temp.menu_lang = COA
02 temp.menu_lang {
03     10 = HMENU
04     10 {
05         # deutsch und englisch
06         special = language
07         special.value = 0,1
08
09         1 = TMENU
10         1 {
11             NO = 1
12             NO.stdWrap.cObject = TEXT
13             NO.stdWrap.cObject {
14                 value    = Deutsch || Englisch
```

## KAPITEL 4   Das Frontend – Ausgabe und Darstellung der Daten

```
15              lang.en = German || English
16          }
17          ACT < .NO
18          ACT.stdWrap.cObject {
19              value = DEUTSCH || Englisch
20              lang.en = German || ENGLISH
21          }
22          USERDEF1 < .NO
23          USERDEF1.stdWrap.cObject {
24              value = DEUTSCH || -
25              lang.en = - || ENGLISH
26          }
27          USERDEF2 < .NO
28          USERDEF2.stdWrap.cObject {
29              value = (DEUTSCH) || Englisch
30              lang.en = German || (ENGLISH)
31          }
32      }
33   }
34 }
```

Durch die Angabe HMENU.spezial = language wird definiert, dass TYPO3 ein Menü des Typs Sprachmenü mit den zugehörigen Parametern und Eigenschaften erstellt.

In Zeile 07 werden die IDs der Sprachen (definiert bei jeder Sprache im TypoScript durch sys_language_uid), die im Menü erscheinen sollen, in der beabsichtigten Reihenfolge aufgelistet. Eine Sprache kann also schon komplett fertig angelegt und im Backend vorbereitet werden, aber erst durch Hinzufügen der ID an dieser Stelle, einen weiteren *optionSplit* in Zeile 14 und eine Angabe für die jeweilige Sprache wie in Zeile 15 erscheint sie dann auch im Sprachmenü und ist damit für den Webseitenbesucher direkt verfügbar.

Zeile 14 gibt den Linktext für die Sprachnavigationspunkte in der Standardsprache an. Das Zeichen || steht hierbei für den TYPO3-*optionSplit*, der die Zeile unterteilt – der erste Teil gilt also für den Linktext für die Sprache, die in special.value in Zeile 7 als erste angegeben ist, der zweite Teil für die zweite Sprache und so weiter. Hier könnten statt Text auch die Bilder als HTML-Tag stehen: value = <img src="{$tmplPath}media/flag_de.gif" alt="Deutsch" /> || <img src="{$tmplPath}media/flag_gb.gif" alt="Englisch" />.

Zeile 15 schließlich ist für jede weitere gewünschte Sprache anzugeben und stellt die Übersetzung der Linktexte dar. Bei einer Bildnavigation würde hier das alt- und/oder title-Attribut der Bilder übersetzt werden, und man könnte aktive und inaktive Flaggen-Icons einsetzen.

Zeile 17 definiert den Zustand ACT (aktiv). Hier könnte man zusätzlich mit doNotLinkIt = 1 bewirken, dass der Link auf die gerade aktuelle Sprache nicht aktiv ist, oder man kann über eine andere CSS-Klasse die aktuelle Sprache optisch hervorheben.

Neben den in normalen Menüs vorhandenen Zuständen NO und ACT (siehe Abschnitt 4.7) gibt es beim Sprachmenü auch noch die beiden Zustände USERDEF1 und USERDEF2. Ersterer wird verwendet, wenn die aktuelle Seite in der Sprache, auf die der Link gehen soll, nicht übersetzt ist: Man kann hiermit also den Link auf nicht übersetzte Seiten deaktivieren. Die andere Option hingegen ist dann der aktuelle Zustand dieser nicht übersetzten Seite. Es ist sinnvoll, diese beiden Zustände nicht zu verlinken, denn es kann hier (je nach Fallback-Einstellungen) zu Fehlern kommen. Mit diesen vier Grundtypen kann man die Sprachnavigationsleiste sehr gut an den aktuellen Bedarf anpassen.

Das TYPO3-Sprachmenü verfügt noch über eine weitere Eigenschaft: normalWhenNoLanguage (*boolean*). Ist dieser Wert auf true gesetzt, wird jegliche Sonderbehandlung nicht übersetzter Seiten deaktiviert: Die beiden USERDEF-Zustände kommen nicht zum Tragen.

*Es könnte übrigens anstelle des TMENU ebenso beispielsweise ein grafisches GMENU oder eines der Layer-Menüs mit den entsprechenden Einstellungen verwendet werden. Natürlich ist unser Beispiel sehr auf das Wesentliche reduziert, andere Optionen wie beispielsweise allWrap, doNotLinkIt etc. müssen Sie Ihren Bedürfnissen entsprechend anpassen.*

## Vorhaltung der übersetzten Daten

Die TYPO3-interne Speicherung der Übersetzungen für Seiten und für Inhaltselemente wird unterschiedlich gehandhabt.

» Für die Übersetzungen von Seiten (Inhalte der Tabelle *pages*) gibt es eine korrespondierende Datenbanktabelle *pages_language_overlay*, die die Inhalte der zu übersetzenden Felder vorhält und eine Referenz auf den Originaldatensatz enthält.

» Bei Inhaltselementen werden alle Datensätze (Original und Übersetzungen) in der Tabelle *tt_content* gespeichert. Die Referenz auf den Originaldatensatz erfolgt im Feld *l18n_parent*, weitere Einstellungen zur Übersetzung (Sprache etc.) sind im Feld *l18n_parent_diffsource* vorgehalten. Über das TYPO3-Backend können und sollen Inhalte nur übersetzt werden, nachdem eine Übersetzung der Seite angelegt wurde.

Die für Mehrsprachigkeit zuständigen Felder werden übrigens im $TCA der jeweiligen Tabelle durch folgende Einstellungen festgelegt:

```
[ctrl][transOrigPointerField] = l18n_parent
[ctrl][transOrigDiffSourceField] = l18n_diffsource
[ctrl][languageField] = sys_language_uid
```

## Fallback und Overlay

TYPO3 hat auch bei der Mehrsprachigkeit eine Vielzahl an Optionen, die Anpassungen an individuelle Anforderungen ermöglichen. Eine ganz entscheidende Konfiguration betrifft den Umgang mit nicht vorhandenen Übersetzungen von Seiten und Inhalten.

Zu Beginn muss man sich darüber klar werden, welches Verhalten gewünscht ist: Sollen nicht übersetzte Seiten gar nicht in der Navigation auftauchen? Sollen sie auf eine andere Sprache zurückfallen (vorzugsweise auf die Standardsprache, aber auch andere Sprachen sind möglich)? Soll dem Besucher ein Fehler angezeigt werden? (Letzteres ist sicherlich nicht für den Live-Betrieb, dennoch aber beispielsweise während des Übersetzungsprozesses sinnvoll, da Übersetzer hiermit schnell noch fehlende Übersetzungen ausfindig machen können.) Was soll mit nicht übersetzten Inhalten geschehen: Sollen diese Inhaltselemente leer bleiben oder lieber in der Standardsprache gezeigt werden, um keine leeren Seiten zu generieren?

### Das Verhalten auf Seitenebene

Die folgenden Einstellungen wirken sich an vielen Stellen aus, so unter anderem auf die Menügenerierung. Standardmäßig werden alle Seiten in die Navigation integriert, eine Überprüfung auf Übersetzung findet nicht statt. Bei Seiten, die nicht über ALTERNATIVE SEITEN SPRACHE übersetzt wurden, werden Seitentitel und Inhaltselemente in der Standardsprache dargestellt.

Gibt es für eine Seite keine Übersetzung und ist deren Flag (im Seitendatensatz) für die Lokalisierungseinstellung HIDE PAGE IF NO TRANSLATION FOR CURRENT LANGUAGE EXISTS gesetzt, bekommt der Webseitenbesucher einen Fehler, da das Menü auf eine prinzipiell versteckte Seite verlinkt. Hier kann man über die Eigenschaft des *HMENU* protectLvar = 1 jede Seite daraufhin prüfen, ob eine Übersetzung vorhanden ist. Ist keine Übersetzung vorhanden, hängt die Funktion den Sprachparameter &L=0 an den Link, wodurch dann automatisch auf die Standardsprache verlinkt wird.

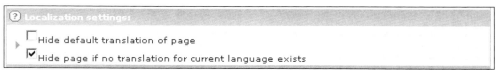

Abbildung 4.67: **Lokalisierungseinstellungen einer Seite**

*Die oben genannte Lokalisierungseinstellung* HIDE PAGE IF NO TRANSLATION FOR CURRENT LANGUAGE EXISTS *kann durch* $TYPO3_CONF_VARS['FE']['hidePagesIfNotTranslatedByDefault'] *in der* localconf.php *bzw. im Install Tool für alle Seiten gesetzt werden. Hierbei kehrt sich dann jedoch der Sinn der Lokalisierungseinstellung um, d. h., eine Seite, bei der ein Häkchen bei* HIDE PAGE IF NO TRANSLATION FOR CURRENT LANGUAGE EXISTS *gesetzt ist, wird dann bei einer fehlenden Übersetzung angezeigt, alle anderen nicht.*

Damit kann man das Verhalten bereits grob steuern. Jedoch taucht ohne weitergehende Konfiguration dann bei einer Seite, wenn diese trotz fehlender Übersetzung angezeigt wird (also wenn sie nicht durch die gerade erläuterten Optionen versteckt wird), folgendes Phänomen auf:

Die Einstellung, in welcher Sprache sich der Besucher befindet, geht verloren, da TYPO3 in die Standardsprache zurückfällt und den Sprachparameter verliert (beachten Sie auch die weiter oben genannte Eigenschaft protectLvar, die zusätzlich sogar den Sprachparameter der Standardsprache anhängt). Ebenso gehen damit die Darstellung der übersetzten Menüs sowie die Information, welche Seiten in den Menüs angezeigt werden sollen, verloren, bzw. es werden die Navigationspunkte der Standardsprache angezeigt.

Um diesem Phänomen zu begegnen, haben Sie verschiedene Optionen der TypoScript-Eigenschaft sys_language_mode:

# KAPITEL 4    Das Frontend – Ausgabe und Darstellung der Daten

» `config.sys_language_mode = content_fallback`

Diese Einstellung (empfohlen) bewirkt, dass (genau für den obigen Fall) zwar die Seiten und Inhalte von nicht übersetzten Seiten in der Standardsprache angezeigt werden (Fallback auf die Standardsprache), TYPO3 dennoch die Information beibehält, in welcher Sprache man sich gerade befindet (den Sprachparameter beibehält). Somit werden u. a. auch die Menüs weiterhin korrekt erzeugt.

» `config.sys_language_mode = strict`

Diese Einstellung bewirkt, dass eine Fehlermeldung angezeigt wird, wenn man eine nicht übersetzte Seite besucht.

» `config.sys_language_mode = ignore`

Diese Einstellung bewirkt, dass TYPO3 die Sprache nie wechselt. Nicht übersetzte Seiten werden leer angezeigt.

» `config.sys_language_mode = content_fallback:1,0`

Mit dieser zusätzlichen Option können Sie durch angehängte IDs (`sys_language_uid`) die Reihenfolge der Ausweichsprachen festlegen.

## Das Verhalten auf Inhaltsebene

Die obigen Konfigurationen betreffen den Umgang mit nicht übersetzten Seiten und die entsprechende Menügenerierung. Die Darstellung der Inhalte (ob übersetzt oder nicht) wird separat gesteuert.

Standardmäßig zeigt TYPO3 das Verhalten, dass Inhaltselemente bei einer übersetzten Seite nur in der gewählten Sprache dargestellt werden. Nicht übersetzte Elemente werden übergangen, es erfolgt kein Ausweichen auf die Standardsprache. Inhalte einer nicht übersetzten Seite werden in der Sprache dargestellt, auf die die gesamte Seite zurückfällt.

Die folgenden Einstellungen bestimmen, ob und in welcher Form ein Überlagern stattfinden soll.

» `config.sys_language_overlay =1`

Alle Elemente werden angezeigt. Falls eine Übersetzung existiert, wird diese angezeigt. Dies geschieht dadurch, dass beim Erzeugen der Seite erst die Inhalte der Standardsprache eingebunden werden. Danach wird für jedes Element einzeln nach einer Übersetzung gesucht, und diese überschreibt (falls vorhanden) das Originalelement. Diese Option ist für den Übersetzungsprozess empfehlenswert, da man im Frontend genau sieht, was bereits fertig ist und wo noch Bearbeitungsbedarf besteht.

» `config.sys_language_overlay = hideNonTranslated`

Diese Option erweitert die gerade genannte. Der Vorgang des Overlays ist derselbe, nur dass hierbei nicht übersetzte Elemente versteckt werden. Also werden nur übersetzte Elemente oder solche mit der Ländereinstellung *all* angezeigt.

» `config.sys_language_softMergeIfNotBlank = tab1:feld1, tab1:feld2, tab2:feld3`

In Kombination mit dem Overlay gibt es noch diese recht nützliche Option, dass bei einzeln festzulegenden Feldern der Inhalt des Originaldatensatzes verwendet wird, wenn keine davon abweichende Übersetzung vorliegt. Die Syntax ist eine kommagetrennte Liste mit Angabe der jeweiligen Tabelle und dem dazugehörigen Feld. Dies ist beispielsweise dann nützlich, wenn Bilder (oder andere, nicht sprachspezifische Felder) aus dem Originaldatensatz verwendet werden sollen, falls sie nicht in der alternativen Sprache überschrieben werden.

» `config.sys_language_overlay =0`

Alle Elemente werden angezeigt. Falls eine Übersetzung existiert, wird diese nicht angezeigt.

*Falls Sie TemplaVoilà verwenden, beachten Sie bitte auch den Abschnitt 4.14.4, Mehrsprachigkeit).*

### Einige TSconfig-Einstellungen

`mod.SHARED.defaultLanguageFlag` (*string*) ist der Dateiname des Flaggen-Icons in *gfx/flags/* für die Standardsprache. Dieses Icon kommt im Modul WEB, LIST sowie im Seitenmodul von TemplaVoilà zum Einsatz.

Mit `mod.SHARED.defaultLanguageLabel` (*string*) können Sie ein alternatives Label für die Standardsprache festlegen, falls die Sprachlabels angezeigt werden sollen. Dies kommt im Seiten- und List-Modul sowie im Seitenmodul von TemplaVoilà zum Einsatz. Das Label kann für Seiten oder für Benutzer festgelegt werden.

## 4.12.4 Übersetzungen

### Plugins übersetzen

Übersetzungen für Label im Frontend werden an ihren ursprünglichen Quellen (Core, Extensions) definiert. Sie können individuell in Ihren TypoScript-Einstellungen mithilfe der Eigenschaft `_LOCAL_LANG` überschrieben und für weitere Sprachen erweitert werden. Details dazu finden Sie in Kapitel 6, *Howtos*, Abschnitt 6.2.

Binden Sie nun eine (ältere) nicht Mehrsprachigkeit unterstützende Extension ein, die ein HTML-Template verwendet, jedoch keine Marker vorsieht, und möchten Sie nicht für jede Sprache ein neues Template erstellen, so arbeiten Sie mit selbst erstellten Markern in Ihrem eigenen HTML-Template.

Am Beispiel der Extension `tipafriend` sehen Sie, wie dies funktionieren kann.

## KAPITEL 4   Das Frontend – Ausgabe und Darstellung der Daten

Im HTML-Template werden an verschiedenen Stellen die Marker gesetzt:

Listing 4.105: **Ausschnitt aus dem HTML-Template mit Marker**

```
<div class="csc-tipform-field">
    <label for="name">###LABELNAME###: *</label><input id="name" type=
"text" name="TIPFORM[name]" value="###YOUR_NAME###" />
</div>
```

Die Marker müssen im entsprechenden Template-Objekt ersetzt werden. Wie Sie das entsprechende Objekt ausfindig machen, ist von der jeweils gewählten Extension abhängig. Der hier gezeigte Weg über eine Suche im TypoScript Object Browser sollte jedoch häufig funktionieren.

Listing 4.106: **Marker ersetzen in TypoScript**

```
### tipafriend ###
tt_content.list.20.11.0 >
tt_content.list.20.11.0 = TEMPLATE
tt_content.list.20.11.0 {
    template < plugin.tipafriend
    marks {
        LINKTEXT = TEXT
        LINKTEXT.lang {
            de = Seite empfehlen
            en = Tipp a Friend
            fr = Page Conseiller
        }
        LABELNAME = TEXT
        LABELNAME.lang {
            de = Ihr Name
            en = Your Name
            fr = Votre Nome
        }
    }
}
```

### Übersetzungen in einer Extension sammeln

Eine Möglichkeit, die Übersetzungen von den Dateien zur Konfiguration der Seite zu trennen, besteht darin, alle Sprachlabel in einer separaten Extension zu sammeln. Mehr Informationen dazu finden Sie in Kapitel 6, *Howtos*, Abschnitt 6.2.

### 4.12.5  Ein eigener Baum für jede Sprache

Wenn Sie sich dafür entscheiden, für jede Sprache einen eigenen Baum zu verwenden, sind nicht ganz so viele Konfigurationen vorzunehmen, dennoch gibt es ein paar Feinheiten zu beachten. Die TypoScript-Einstellungen, die für alle Sprachen gelten, halten Sie in einem zentralen TypoScript-Template auf der Rootseite, einem SysFolder oder in einer entsprechenden Extension vor (siehe auch Abschnitt 4.4). Achten Sie darauf, dass dieses TypoScript-Template bei allen Sprachen eingebunden wird.

Nun gilt es noch, die sprachspezifischen Unterschiede an der richtigen Stelle zu vergeben. Dazu benutzen Sie Extension-Templates auf der Startebene der entsprechenden Sprache. Achten Sie darauf, dass die Reihenfolge der Einbindung der Templates vom Allgemeinen (zentrales Template) zum Speziellen (Extension-Templates) geht, d. h., die speziellen Templates müssen unbedingt nachher eingebunden werden, damit die zentralen Werte überschrieben werden können. Die Reihenfolge der Einbindung können Sie im Template Analyzer schnell prüfen.

Unterschiedliche Werte bei verschiedenen Sprachen müssen haben (Beispiele):

Listing 4.107: **Sprachspezifische Grundeinstellungen**

```
config {
    language = de
    locale_all = de_DE
    htmlTag_langKey = de
}
```

Diese Konfigurationen sorgen bereits für korrekte Übersetzungen der meisten Plugins und anderer TYPO3-spezifischer Frontend-Elemente. Auch Metatags, CSS-Dateien, Farben o. Ä. können analog bei Bedarf getrennt konfiguriert werden.

Die Navigation zwischen den Sprachen kann dann wie eine Navigation zwischen verschiedenen Seitenbäumen mit jeweils eigener Rootseite erstellt werden.

### 4.12.6 Materialien zum Weitermachen

Falls Sie sich zu diesem Themenblock weitergehend informieren wollen, können Sie folgende Quellen in Betracht ziehen:

» http://typo3.org/documentation/tips-tricks/multi-language-sites-in-typo3/

» http://typo3.org/documentation/document-library/core-documentation/doc_l10nguide/current/

» http://wiki.typo3.org/index.php/UTF-8_support

## 4.13 Lesbare Pfade über realurl konfigurieren

Normale Links in TYPO3 sehen in der Standardkonfiguration – vor allem bei der Darstellung von Daten aus Extensions – nicht sehr ansprechend aus.

```
http://www.domain.de/index.php?id=30735
http://www.domain.de/index.php?id=30735&tx_ttnews[tt_news]=10&cHash=
bf998eb80d
```

Um es den Besuchern Ihrer Seite und zwecks Suchmaschinenoptimierung auch Robots leichter zu machen, in den Pfaden bereits relevante Informationen über den Inhalt in Erfah-

# KAPITEL 4  Das Frontend – Ausgabe und Darstellung der Daten

rung zu bringen, können Sie den aus TYPO3 generierten Seiten mithilfe einiger Konfigurationsparameter via TypoScript ein statisches Aussehen verleihen.

> **ACHTUNG**
>
> **Ab TYPO3 4.3 ist die Funktionalität der Simulation von statischen Seiten in eine Extension mit dem Key** simulatestatic **ausgelagert. Sie müssen die Extension also installieren, um die Konfigurationsparameter in Listing 4.108 einsetzen zu können.**

Listing 4.108: **Konfigurationsparameter für die Simulation statischer Seiten**

```
config {
    simulateStaticDocuments
    simulateStaticDocuments_noTypeIfNoTitle
    simulateStaticDocuments_addTitle
    simulateStaticDocuments_pEnc
    simulateStaticDocuments_pEnc_onlyP
}
```

Das Ergebnis könnte dann so aussehen:

```
http://www.domain.de/demo.30735.html
http://www.domain.de/demo.30735.html?tt_news[tt_news]=10&cHash=bf998eb80d
```

Beim Einsatz von vielen Extensions stehen Sie dann jedoch wieder vor dem Problem, die benötigten GET-Parameter mit in die URL einbinden zu müssen (im obigen Beispiel die ID des aktuellen News-Datensatzes ?tx_ttnews[tt_news]=10), was nach wie vor keine sehr ansprechenden URLs erzeugt. Außerdem liegen für den Betrachter alle Seiten in einer Ebene, die Strukturierung des Seitenbaumes kann nicht in das Frontend übertragen werden. Mithilfe der Konfigurationsparameter zu simulateStaticDocuments_pEnc können Sie zwar alle URL-Parameter in einen Hash zusammenfassen, es entstehen dabei jedoch weiterhin keine schönen URLs. In der *TSRef* finden Sie alle Konfigurationsmöglichkeiten und eine Beschreibung der Auswirkungen.

Die Extension realurl hebt diese Einschränkungen auf, ein Link auf eine TYPO3-Seite kann damit sowohl für Menschen wie auch für Suchmaschinen aussagekräftiger dargestellt werden, beispielsweise so:

```
http://www.domain.de/news/titel-der-news.html
```

Als serverseitige Voraussetzung müssen Sie lediglich sicherstellen, dass die von realurl erzeugten virtuellen Pfade korrekt bei TYPO3 ankommen. Dazu muss beim Webserver Apache das Modul *mod_rewrite* aktiviert sein.

Bei den meisten Hosting-Angeboten können Sie durch die Ablage einer Datei mit dem Namen *.htaccess* die korrekte Weiterleitung der virtuellen Dateien sicherstellen. Im Dummy-Paket von TYPO3 ist bereits eine solche Datei enthalten, die Sie nur noch dadurch aktivieren müssen, dass Sie den Unterstrich am Anfang des Dateinamens entfernen.

*Im Explorer von Windows lässt sich die Datei eventuell nicht in .htaccess umbenennen. Wenn Sie Eclipse als Entwicklungsumgebung nutzen, dann können Sie die Datei innerhalb von Eclipse umbenennen. Dasselbe gilt auch für andere Programme wie TotalCommander. Eine weitere Möglichkeit besteht in der Kommandozeile von Windows. Dort können Sie die Datei mit dem Befehl* move _.htaccess .htaccess *umbenennen.*

### 4.13.1 Installation und Konfiguration

Die Installation der Extension im Extension Manager alleine aktiviert realurl noch nicht, diese Aktivierung muss über TypoScript erfolgen. Hier können Sie entscheiden, in welchen Teilen Ihres Seitenbaums die Extension verwendet werden soll.

Listing 4.109: **Aktivierung in TypoScript**

```
config {
    simulateStaticDocuments = 0
    tx_realurl_enable = 1
    baseURL = http://ihredomain.de/
    prefixLocalAnchors = all
}
```

**Der Eigenschaft** baseURL **muss seit der Typo3-Version 3.8.1 eine richtige URL zugeordnet werden. Der Wert 1 ist aus Sicherheitsgründen nicht mehr erlaubt. Achten Sie darauf, diese Eigenschaft anzupassen, wenn Sie Ihre Entwicklungsinstanz live schalten und sich dabei die Domain ändert. Achten Sie auch darauf, den letzten Schrägstrich bei der Angabe der Domain nicht zu vergessen.**

Nutzen Sie mehrere Domains in einem Projekt, so können Sie mithilfe von Bedingungen in TypoScript die jeweils richtige Domain zuweisen.

Listing 4.110: **Domain-abhängige baseUrl**

```
[globalString =IENV:HTTP_HOST=dieanderedomain.de]
config.baseURL = dieanderedomain.de
[global]
```

Die eigentliche Konfiguration der Extension inklusive Konfiguration für die Ausgabe der Parameter einzelner Extensions erfolgt dann in $TYPO3_CONF_VARS['EXTCONF']['realurl']. Sie können die nötigen Einstellungen direkt in der Datei *typo3conf/localconf.php* oder einer eigenen Datei *typo3conf/realurl_conf.php* vornehmen. Schöner ist es jedoch, eine eigene projektbezogene Extension zu verwenden

Seit der Version 1.4 enthält diese mächtige Extension die Option, eine automatische Konfiguration zu aktivieren (in der Extension-Konfiguration), die in vielen Fällen einfacher TYPO3-Installationen bereits ein relativ zufriedenstellendes Ergebnis aus einer Analyse der Installation liefert und in der Datei *typo3conf/realurl_autoconf.php* abgelegt wird.

So fallen die früher notwendigen manuellen Einrichtungsaufwände oftmals nicht mehr an. Verstehen sollte man jedoch schon, was im Hintergrund passiert, damit man im Bedarfsfall (z. B. bei eigenen komplexeren Extensions) eingreifen kann. Manche Extensions wie realurlsettings, die in älteren Versionen gute Dienste geleistet haben, sind nun in der Regel nicht mehr nötig.

Listing 4.111: **Automatisch erzeugte Konfiguration in typo3conf/realurl_autoconf.php**

```
$GLOBALS['TYPO3_CONF_VARS']['EXTCONF']['realurl']=array (
  '_DEFAULT' =>
  array (
    'init' =>
    array (
      'enableCHashCache' => true,
      'appendMissingSlash' => 'ifNotFile,redirect',
      'adminJumpToBackend' => true,
      'enableUrlDecodeCache' => true,
      'enableUrlEncodeCache' => true,
      'emptyUrlReturnValue' => '/',
    ),
    'pagePath' =>
    array (
      'type' => 'user',
      'userFunc' => 'EXT:realurl/class.tx_realurl_advanced. ⮐
         php:&tx_realurl_advanced->main',
      'spaceCharacter' => '-',
      'languageGetVar' => 'L',
    ),
    'fileName' =>
    array (
      'defaultToHTMLsuffixOnPrev' => 0,
      'acceptHTMLsuffix' => 1,
      'index' =>
      array (
        'print' =>
        array (
          'keyValues' =>
          array (
            'type' => 98,
          ),
        ),
      ),
    ),
  ),
);
```

Bei der Installation der Extension bekommen Sie neben der Entscheidung für eine automatische Konfiguration noch weitere Optionen vorgeschlagen. Sie können sich beispielsweise entscheiden, ob die Speicherung der automatisiert erzeugten Konfigurationsoptionen in einem serialisierten PHP-Array oder direkt im PHP-Code vorgehalten werden soll. Aus Performance-Gründen sollten Sie möglichst erstere Option wählen – die zweite Variante sollte nur gewählt werden, falls Sie vorhaben, die Konfiguration manuell zu editieren (was im serialisierten Array nicht möglich ist) oder die PHP-Version in nächster Zeit zu ändern.

> Links aus Extensions werden nur dann korrekt umgewandelt, wenn die Links in der Extension mithilfe der TYPO3-API für Links erstellt wurden. Für das Frontend bieten sich hier die Funktionen der Klasse `class.tslib_pibase.php` an. Stellen Sie sicher, dass alle installierten Extensions `realurl`-fähig sind. Wenn Sie *Extbase/Fluid* nutzen, dann ist das richtige Verhalten durch die entsprechenden *ViewHelper* sichergestellt. Schauen Sie sich in Kapitel 8, *Extensions entwickeln* die beiden Abschnitte 8.5 und 8.6 an, um Details zu erfahren.

Bei der Anwendung im Backend gibt es nichts zu beachten. Der Redakteur wird keinen Unterschied bei der Bearbeitung von Inhalten bemerken.

> Sobald Sie neue Funktionalitäten integrieren und aktivieren wollen, wie beispielsweise Frontend-Editing, weitere Sprachen oder neue Plugins, müssen Sie die korrekte Funktionsweise im Zusammenhang mit `realurl` überprüfen. In den meisten Fällen müssen Sie lediglich Ihre Konfigurationen von `realurl` erweitern.

### 4.13.2 Spezialwissen

#### Umwandlung der virtuellen Pfade

Die Umwandlung der normalen URI inklusive aller angehängten Parameter erfolgt in der Extension `realurl` über die Anwendung eines Hooks für `t3lib_tstemplate::linkData()`.

Listing 4.112: **Hook für die Kodierung**

```
$TYPO3_CONF_VARS['SC_OPTIONS']['t3lib/class.t3lib_tstemplate.php']
   ['linkData-PostProc']['tx_realurl'] = 'EXT:realurl/class.tx_realurl.
   php:&tx_realurl->encodeSpURL';
```

Auch die Rückwandlung in für TYPO3 lesbare URIs erfolgt wiederum über die Nutzung eines Hooks. Werfen Sie einen Blick in den Quellcode, wenn Sie sich für weitere Details interessieren.

Listing 4.113: **Hook für die Dekodierung**

```
$TYPO3_CONF_VARS['SC_OPTIONS']['tslib/class.tslib_fe.php']['check
   AlternativeIdMethods-PostProc']['tx_realurl'] = 'EXT:realurl/class.tx_
   realurl.php:&tx_realurl->decodeSpURL';
```

Die Gegenüberstellung einer orginalen URL und der zugehörigen sprechenden URL bringt hier schnell Licht ins Dunkel.

Listing 4.114: **Orginale und sprechende URL**

```
.../index.php?id=123&type=1&L=1&tx_mininews[mode]=1&tx_mininews[showUid]=456
.../en/123/news/list/456/page.html
```

# KAPITEL 4   Das Frontend – Ausgabe und Darstellung der Daten

Falls Ihnen nicht alle der Parameter geläufig sind, sind sie hier noch einmal in der Übersicht:

| PARAMETER | BEDEUTUNG |
|---|---|
| id=123 | ID der gewünschten Seite |
| type=1 | Konfigurationsparameter für die Steuerung der Ansicht, wird z. B. bei Frames oder bei Ausgabe für Druck oder XML eingesetzt. |
| L=1 | Sprache, die durch die Datensätze *sys_language* dargestellt wird. In unserem Fall entspricht die ID 1 der englischen Sprache.<br>0 (Default) wäre wahrscheinlich in den meisten Fällen Deutsch. |
| tx_mininews[mode]=1 | Erster Parameter für die Extension mininews |
| tx_mininews[showUid]=456 | Zweiter Parameter für die Extension mininews<br>Diese Parameter können für jede Extension mit einem Frontend-Plugin auftreten und müssen durch Konfiguration berücksichtigt werden. |

Tabelle 4.7: **Parameter des Seitenaufrufs**

Die Konfiguration in den $TYPO3_CONF_VARS schafft die nötige Zuordnung.

Listing 4.115: **Konfiguration für obige Umwandlung**

```
01  $TYPO3_CONF_VARS['EXTCONF']['realurl']['_DEFAULT'] = array(
02      'preVars' => array(
03          array(
04              'GETvar' => 'L',
05              'valueMap' => array(
06                  'en' => '1',
07              ),
08              'noMatch' => 'bypass',
09          ),
10      ),
11      'fileName' => array (
12          'index' => array(
13              'page.html' => array(
14                  'keyValues' => array (
15                      'type' => 1,
16                  )
17              ),
18              '_DEFAULT' => array(
19                  'keyValues' => array(
20                  )
21              ),
22          ),
23      ),
24      'postVarSets' => array(
25          '_DEFAULT' => array (
```

```
26              'news' => array(
27                 array(
28                    'GETvar' => 'tx_mininews[mode]',
29                    'valueMap' => array(
30                       'list' => 1,
31                       'details' => 2,
32                    )
33                 ),
34                 array(
35                    'GETvar' => 'tx_mininews[showUid]',
36                 ),
37              ),
38           ),
39        ),
40 );
```

Die einzelnen Teile der sprechenden URL werden dabei immer in der folgenden Reihenfolge [TYPO3_SITE_URL] [preVars] [pagePath] [fixedPostVars] [postVarSets] [fileName] abgearbeitet und in den einzelnen Bereichen des Konfigurationsarrays festgelegt. Wenn Sie beispielsweise die Zeilen 26 und 30 betrachten, sehen Sie, dass Sie durch diese Konfiguration bestimmen können, welche Schlüsselwörter realurl für Parameter von Extensions nutzen soll. Wenn Ihnen also das Schlüsselwort *news* nicht zusagt, können Sie ein für Ihre Bedürfnisse besser passendes Wort definieren.

*Eine detaillierte Übersicht über die einzelnen Elemente des Konfigurationsarrays und alle Möglichkeiten finden Sie in der englischsprachigen Dokumentation zur Extension.*

## Caching

Damit die nötige Umwandlung der URLs bei jedem Seitenaufruf nicht zu einer großen Belastung für die Performance wird, werden die Parameter standardmäßig in speziellen Cache-Tabellen abgelegt: *tx_realurl_urldecodecache* und *tx_realurl_urlencodecache*. Die Einträge für die jeweilige Seite müssen bei Änderungen an der Seite gelöscht werden, was durch einen Hook für clearPageCacheEval erreicht wird.

Listing 4.116: **Aufruf eines Hooks für die Bearbeitung des Caches: ext_localconf.php**

```
$TYPO3_CONF_VARS['SC_OPTIONS']['t3lib/class.t3lib_tcemain.php']['clear ↵
   PageCacheEval']['tx_realurl'] = 'EXT:realurl/class.tx_realurl.php:&tx_ ↵
   realurl->clearPageCacheMgm';
```

In der Funktion clear_cacheCmd der Klasse t3lib_TCEmain können für Befehle zum Löschen des allgemeinen TYPO3-Frontend-Caches zusätzliche Tabellen angegeben werden, die auch gelöscht werden sollen. Hier werden die beiden Caching-Tabellen von realurl hinzugefügt.

Listing 4.117: **Zusätzliche zu leerende Caching-Tabellen angeben**

```
$TYPO3_CONF_VARS['SC_OPTIONS']['t3lib/class.t3lib_tcemain.php']['clear
    AllCache_additionalTables']['tx_realurl_urldecodecache'] = 'tx_realurl_
    urldecodecache';

$TYPO3_CONF_VARS['SC_OPTIONS']['t3lib/class.t3lib_tcemain.php']['clear
    AllCache_additionalTables']['tx_realurl_urlencodecache'] = 'tx_realurl_
    urlencodecache';
```

### Advanced Realurl

Die Klasse *class.tx_realurl_advanced.php* der `realurl`-Extension kümmert sich darum, den Titel der Seite (anstatt der Seiten-ID) im virtuellen Pfad darzustellen. Dadurch erreichen Sie eine echte sprechende URL.

Listing 4.118: **Aktivierung der Erweiterung für die Auflösung des Seitennamens**

```
'pagePath' => array(
   'type' => 'user',
   'userFunc' => 'EXT:realurl/class.tx_realurl_advanced.php:
       &tx_realurl_advanced->main',
   'spaceCharacter' => '-',
   'languageGetVar' => 'L',
   'expireDays' => 7
),
```

Falls Sie besondere Anforderungen an die sprechenden URLs in Ihrem Projekt haben, können Sie diese Klasse durch eine eigene Klasse ersetzen. Weitere Informationen finden Sie in der englischsprachigen Dokumentation von `realurl` in Kapitel 1.3.

## 4.14 Flexible Layouts mit templavoila

Die Extension `templavoila` bietet einen Ansatz zur Abbildung von komplexen Layouts. Auslöser für die Entwicklung der Extension war ein großes Projekt, an dem Kasper Skårhøj und Robert Lemke federführend beteiligt waren. Es ging vor allem darum, die Einschränkungen von TYPO3 bezüglich des Layouts von Inhalten zu eliminieren. Ohne `templavoila` sind Sie vor allem bei der Eingabe von Inhalten auf das klassische Spaltenlayout angewiesen, da im TYPO3-Backend nur eine Platzierung von Inhalten nach Spalten aufgeteilt vorgesehen ist.

> **ACHTUNG**
> 
> `templavoila` ist schnell installiert und liefert durch den mitgelieferten Wizard relativ schnell Ergebnisse. Die Konfiguration ist jedoch sehr mächtig und ohne Erfahrung in TYPO3 nicht leicht zu durchschauen. Nehmen Sie sich die Zeit, die der Extension beiliegende Dokumentation und die hier im Buch genannten Informationsquellen zu lesen, bevor Sie bei einer realen Webseite mit `templavoila` live gehen.

Durch ein von `templavoila` erzeugtes neues Modul WEB, PAGE, das das bisherige gleichnamige Modul ersetzt, wird hier Abhilfe geschaffen. Es bietet viele neue Möglichkeiten für die Seitengestaltung, hat jedoch auch einige Nachteile, vor allem, was die Ablage der Daten und Konfigurationen in der Datenbank betrifft.

`templavoila` arbeitet wie gehabt mit HTML-Templates (diese entsprechen den bisher bekannten HTML-Templates der klassischen Methode), die jedoch flexibler mit Inhalten belegt werden können, sowie mit den sogenannten *Flexible Content Elements*.

`templavoila` bietet viel mehr Freiheit bei der Strukturierung einer Webseite, als Sie mit der klassischen Methode umsetzen können. Für diese Art der Seitenorganisation gibt es eine eigene Dokumentation *Futuristic Template Building*, `doc_tut_ftb1`. Sie bietet einen guten Einstieg in die Vorgehensweise und die Ideen hinter `templavoila`, ist jedoch derzeit (Stand März 2010) veraltet!

### 4.14.1 Voraussetzungen

Im Prinzip sind keine speziellen Voraussetzungen für den Einsatz von `templavoila` nötig. Da die Möglichkeiten von `templavoila` jedoch sehr stark auf dem Einsatz von XML-Strukturen beruhen, sollten Sie als Entwickler der Webseite auf diesem Gebiet Erfahrungen mitbringen bzw. bereit sein, sich diese anzueignen.

**Treffen Sie bereits *vor Beginn der Konzeption und Umsetzung* einer Webseite die Entscheidung, ob Sie den klassischen Weg oder den Weg über** `templavoila` **einschlagen. Eine spätere Umstellung wird Ihnen einiges an Mühe bereiten.**

Entscheiden Sie sich für `templavoila`, wenn Sie die Struktur Ihrer Webseite nicht mit klassischen Inhaltselementen in einer Spaltenstruktur abbilden können. Insbesondere ineinandergeschachtelte Elemente sind eine große Stärke von `templavoila`.

*Falls Sie eigentlich auf* `templavoila` *verzichten wollen, aber die Möglichkeit der flexiblen Content-Elemente brauchen, was bei uns der häufigste Grund für den Einsatz von* `templavoila` *ist, sollten Sie sich mit dem ICE Pack von Jo Hasenau beschäftigen. Diese Sammlung von Extensions, die auf* `icecore` *(Extension Key* `icecore`*) basiert, schafft eine vergleichbare Vielfalt an Möglichkeiten der Element-Verschachtelung für die klassische TYPO3-Inhaltsstruktur.*

### 4.14.2 Installation und Konfiguration

Die Installation ist sehr einfach und auch nicht durch verwirrende Konfigurationsmöglichkeiten gekennzeichnet. Allerdings passiert dann erst mal noch gar nichts, da Sie ja erst die Strukturen Ihrer Templates aufsetzen müssen.

*Es gibt Extensions, die bereits ein vorgefertigtes Layout mitsamt der zugehörigen Konfiguration für* `templavoila` *mitbringen. Eine beliebte Extension aus dem TER ist* `tmpl_andreas09` *von Dmitry Dulepov.*

## KAPITEL 4  Das Frontend – Ausgabe und Darstellung der Daten

Falls Sie einen schnellen Start hinlegen wollen und detaillierte Grundlagen im Moment nicht benötigen, klicken Sie direkt auf das Modul WEB, TEMPLAVOILÀ. Dort wird Sie ein Wizard durch die Basisinstallation führen. Wir haben die einzelnen vom Wizard durchgeführten Schritte im Folgenden explizit erläutert. Damit sollten Sie auch ein manuelles Einrichten der Webseite bewältigen können.

Falls Sie auf grundlegende Verständnisprobleme stoßen, empfehlen wir Ihnen, die Dokumentation *Futuristic Template Building* (*doc_tut_ftb1*) durchzuarbeiten.

Wir gehen davon aus, dass Sie bereits Erfahrung in der Umsetzung von Webseiten mit TYPO3 auf dem klassischen Weg haben, und können hier aus Platzgründen nur den roten Faden zur Erstellung einer Webseite mit `templavoila` bieten. Dies sollte Ihnen jedoch genügen, um sich zurechtzufinden und sich ggf. weitere Informationen zu erarbeiten.

1. HTML-Template erstellen

   Hier gibt es keine gravierenden Unterschiede zum herkömmlichen Verfahren. Vor allem, wenn Sie bisher die Extension `automaketemplate` eingesetzt haben, können Sie oder Ihr zuständiger HTML-Profi die Templates wie bisher erstellen. Wichtig sind die korrekte Einbindung des CSS-Stylesheets und die saubere Benennung von Elementen mit den Attributen `id` oder `class`.

Listing 4.119: **Beispiel-Template ohne Dummy-Inhalte**

```
<!DOCTYPE html
    PUBLIC "-//W3C//DTD XHTML 1.0 Transitional//EN"
    "http://www.w3.org/TR/xhtml1/DTD/xhtml1-transitional.dtd">
<?xml version="1.0" encoding="iso-8859-1"?>
<html xmlns="http://www.w3.org/1999/xhtml" xml:lang="de" lang="de">

<html>
<head>
    <link href="../css/10_screen.css" rel="stylesheet" type="text/css"/>
    <title>Main Template</title>
    <meta http-equiv="Content-Type" content="text/html; charset=utf-8" />
</head>
<body>
<!-- ###DOCUMENT_BODY### begin -->
    <div id="pageContainer">
        <div id="headerContainer">
            <div id="pageTitle">
                <img src="../media/logo.gif" border="0" />
                <h1>PAGE_TITLE</h1>
            </div>
            <div id="metaNavi"></div>
            <div class="clear-both"></div>
        </div>
        <div id="mainContainer">
            <div id="col1Container">
                <div id="col1">
                    <div id="mainNavi"></div>
                </div>
            </div>
            <div id="col2Container">
```

# KAPITEL 4  Das Frontend – Ausgabe und Darstellung der Daten

```
                <div id="col2">
                    <div id="breadcrumb">Hier steht der Breadcrumb</div>
<!--TYPO3SEARCH_begin-->
                    <div id="content">Inhalt</div>
<!--TYPO3SEARCH_end-->
                </div>
            </div>
            <div class="clear-both"></div>
        </div>
        <div id="footer">
            &copy; ###YEAR### Your Company <a href="javascript:window.print();">print this page</a>
        </div>
    </div>
<!-- ###DOCUMENT_BODY### end -->
</body>
</html>
```

Der Wizard fordert die Ablage des HTML-Templates im Ordner *fileadmin/templates*. Sobald Ihr Template im richtigen Verzeichnis vorliegt, schlägt der Wizard es Ihnen vor, um es als Template zu nutzen. Sie finden die Beispieldaten auf der beiliegenden CD im Ordner *templavoila-demo*. Kopieren Sie also den Inhalt des Ordners *templavoila-demo* in den Ordner *fileadmin*.

> **ACHTUNG**
>
> **Die folgenden Punkte werden vom Wizard in wenigen Masken zusammengefasst. Sie können jedoch nach Abschluss des Wizards die Ergebnisse einfach im Seitenbaum betrachten. Im Folgenden erläutern wir die Schritte, die der Wizard für Sie übernimmt. Wir empfehlen Ihnen, alle Schritte erst einmal durchzulesen, bevor Sie beginnen, damit Sie einen Überblick haben.**

2. Benötigte Seiten anlegen

    Für eine korrekte Funktionsweise wird eine ganze Reihe von Seiten und Datensätzen benötigt. Für die Seiten sind dies insbesondere die Startseite und ein SysFolder als Speicherort für die `templavoila`-Datensätze.

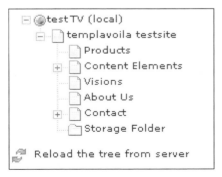

Abbildung 4.68: **Abbildung 1.68: Vom Wizard angelegter Seitenbaum**

# KAPITEL 4  Das Frontend – Ausgabe und Darstellung der Daten

3. Mapping der Datenstruktur auf das HTML-Template durchführen

   Das Mapping wird in den Datensätzen TEMPLAVOILÀ TEMPLATE OBJECT in der Seite STORAGE OLDER abgelegt. Darin sind auch Pfadangaben zum HTML-Template und der gewünschten DATA STRUCTURE hinterlegt.

   Nun wird die Verbindung zwischen den einzelnen Teilen des HTML-Templates und den dafür vorgesehenen dynamischen Inhalten hergestellt. Wählen Sie für jeden vorgesehenen dynamischen Inhaltsbereich die passende Stelle bzw. das passende HTML-Objekt im Template.

   Der Wizard bietet Ihnen die Maske aus Abbildung 4.69.

Abbildung 4.69: **Übersicht über die Zuordnung der Elemente**

Sie werden gebeten, den Hauptinhaltsbereich sowie die Haupt- und die Unternavigation zu bestimmen. Achten Sie darauf, die richtigen HTML-Elemente zu wählen.

*Wenn Sie sich in der optischen Ansicht nicht zurechtfinden, wählen Sie die HTML-Quellcode-Ansicht.*

Das von Ihnen festgelegte Mapping wird auch im Datensatz *TemplaVoilà Template Object* hinterlegt. Das dafür genutzte Feld *templatemapping* ist allerdings im Backend-Formular nicht zu sehen.

*Betrachten Sie die Informationen zum Mapping durch einen direkten Blick in die Tabelle* tx_templavoila_tmplobj.

**Dass die Mapping-Informationen auf diese Weise in der Datenbank abgelegt werden, ist aus unserer Sicht auch der größte Nachteil von** templavoila**. Sie haben praktisch keine sinnvolle Möglichkeit, manuell einzugreifen oder auch zu versionieren, sondern sind immer auf das Backend-Modul zur Verknüpfung angewiesen.**

# KAPITEL 4   Das Frontend – Ausgabe und Darstellung der Daten

Abbildung 4.70: **HTML-Source-Ansicht**

4. Gewünschte Verknüpfungen im HTML-Header auswählen

   Normalerweise wird Ihr Spezialist für HTML im Bereich <header> der HTML-Struktur bereits CSS-Dateien eingebunden haben, da er bereits das nötige Layout damit umgesetzt hat. Sie entscheiden nun, welche HTML-Tags zur Einbindung der CSS-Dateien auch für die dynamische Erzeugung des Inhalts in TYPO3 notwendig sind.

Abbildung 4.71: **Übernahme der Header-Informationen für TYPO3**

# KAPITEL 4    Das Frontend – Ausgabe und Darstellung der Daten

*Eventuell ist es sinnvoll, hier gar keine Elemente auszuwählen, und die nötigen Dateien über TypoScript (wie beim herkömmlichen Templating) in den Seitenkopf einzubinden, da die Verbindungen hier an dieser Stelle bei Änderungen an Data Structure oder Mapping gelegentlich verloren gehen und dann wieder neu angewählt werden müssen.*

5. TypoScript für dynamische Inhalte festlegen

   Sie müssen – wie auch bei herkömmlichen Seiten z. B. für die dynamischen Menüs – das dafür vorgesehene TypoScript hinterlegen. Auch dabei hilft Ihnen der Wizard. Allerdings werden Sie sicher einige Änderungen an dem vom Wizard erzeugten Code vornehmen wollen.

   Listing 4.120: **TypoScript für das Hauptmenü**

   ```
   lib.mainMenu = HMENU
   lib.mainMenu.entryLevel = 0
   lib.mainMenu.wrap = <ul>|</ul>
   lib.mainMenu.1 = TMENU
   lib.mainMenu.1.NO {
      wrapItemAndSub = <li class="no"> | </li>
   }
   lib.mainMenu.1.ACT = 1
   lib.mainMenu.1.ACT {
      wrapItemAndSub = <li class="act"> | </li>
   }
   lib.mainMenu.2 < lib.mainMenu.1
   ```

   Die Konfigurationen in TypoScript werden wie üblich im TypoScript-Template hinterlegt, das bereits in Schritt 3 angelegt wurde.

   Vom Wizard werden zusätzlich noch einige sinnvolle Einstellungen für die Konstanten vorgenommen.

   Listing 4.121: **Vorbelegung der Konstanten**

   ```
   styles.content.imgtext.maxW = 600
   PAGE_TARGET =
   content.pageFrameObj =
   styles.content.imgtext.captionSplit = 1
   ```

*Durchforsten Sie den erzeugten Seitenbaum, um alle besprochenen Inhalte und Datensätze aufzuspüren. Dadurch werden Sie die Zusammenhänge verstehen und können später bei Bedarf Änderungen vornehmen.*

Nach Abschluss des Wizards oder auch der manuellen Durchführung dieser Schritte sollten Sie im Frontend eine grundsätzlich funktionierende Webseite sehen können.

Weitergehende Informationen zu Konfigurationen für spezielle Projektanforderungen finden Sie in Abschnitt 4.14.4. Alle zur Verfügung stehenden Konfigurationsoptionen finden Sie in der englischsprachigen Dokumentation, die der Extension `templavoila` beiliegt.

### 4.14.3 Anwendung

Nach erfolgreicher Grundkonfiguration Ihrer Webseite können Sie nun die Eingabe der Inhalte im Backend angehen. Durch das neue templavoila-Seitenmodul WEB, PAGE (nicht identisch mit dem »normalen« Seitenmodul) ergeben sich auch hier einige Unterschiede.

#### Seiteninhalte einfügen

Im neuen Seitenmodul gibt es keine Einteilung der Inhalte nach Spalten, sondern eine Einteilung abhängig von der gewählten Datenstruktur. Da wir in unserem Template nur einen Bereich für Seiteninhalte vorgesehen haben, gibt es auch nur ein Feld im Backend.

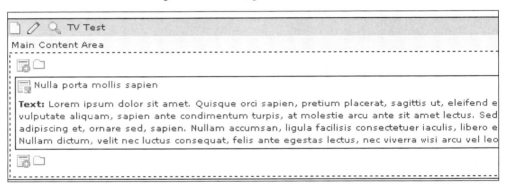

Abbildung 4.72: **Neuen Inhalt einfügen**

Die Bearbeitung der Inhalte an sich ändert sich nicht im Vergleich zu einer herkömmlichen Seite mit TYPO3. Ihnen stehen dieselben Inhaltselemente mit denselben Masken zur Verfügung. Möglicherweise müssen Sie jedoch Ihre CSS-Klassen überarbeiten bzw. flexibler gestalten, da beispielsweise Inhaltselemente ineinandergeschachtelt werden können.

Wie Sie die Datenstrukturen an die speziellen Bedürfnisse Ihres Projekts anpassen können, ist in Abschnitt *Nachträglich neue Bereiche zum Template hinzufügen* beschrieben.

#### Inhalte referenzieren

Eine sehr schöne neue Möglichkeit bietet die Referenzierung von Inhalten. Sie können anstelle einer Kopie auch die Referenz eines Inhaltselements erzeugen.

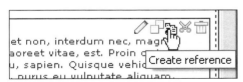

Abbildung 4.73: **Referenz statt Kopie erzeugen**

**KAPITEL 4** Das Frontend – Ausgabe und Darstellung der Daten

In der so erzeugten Referenz haben Sie später immer noch die Möglichkeit, die Referenz in eine lokale Kopie umzuwandeln, also die Referenzierung auf das Original aufzuheben.

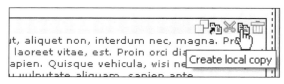

Abbildung 4.74: **Referenz in lokale Kopie umwandeln**

*Anhand der Farbe des Bereichs, in dem die Überschrift des Inhaltselements steht, können Sie tatsächliche und referenzierte Datensätze unterscheiden, allerdings ist der visuelle Unterschied bei der aktivierten Skin der Extension* t3_skin *nicht sehr auffällig.*

*Auf der Seite* http://blog.tolleiv.de/2009/11/templavoila-1-4-released/ *gibt es ein paar sehr gute Tipps, beispielsweise zur Einstellung des direkten Löschen-Buttons, wie er in Abbildung 4.74 ganz rechts zu sehen ist.*

Wie Sie jetzt sicher richtig vermuten, werden Änderungen des originalen Datensatzes direkt auch im referenzierten Datensatz angezeigt. Bei aktiviertem Frontend-Cache müssen Sie diesen für die Seite mit der Datensatzreferenz erst löschen, um die Änderung sehen zu können.

*Sie können auch vom referenzierten Datensatz aus die Inhalte ändern. Ein Klick auf* SAVE DOCU-MENT AND VIEW PAGE *liefert dann allerdings die Ansicht der Seite, auf der der originale Datensatz gespeichert ist, da TYPO3 ja eigentlich den originalen Datensatz bearbeitet.*

## Neue Seiten anlegen

Da es in dem neuen Modul WEB, PAGE keinen Button NEW PAGE mehr für das Anlegen einer neuen Seite gibt, nehmen Sie dafür am besten den Weg über den Seitenbaum.

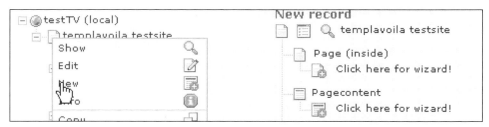

Abbildung 4.75: **Neue Seite über den Seitenbaum anlegen**

### 4.14.4 Spezialwissen

#### Speicherung der Zuordnung von Inhalt zu Seiten mit Flexforms

Um Inhalte zu den Seiten in der XML-Struktur zuzuordnen, wurde ein neues Feld zur Tabelle *pages* hinzugefügt: *tx_templavoila_flex*.

Listing 4.122: **Zuordnung von Inhaltselementen für die Darstellung im Frontend**

```xml
<?xml version="1.0" encoding="utf-8" standalone="yes" ?>
<T3FlexForms>
 <data>
 <sheet index="sDEF">
   <language index="lDEF">
     <field index="field_content">
       <value index="vDEF">92,47</value>
     </field>
   </language>
 </sheet>
 </data>
</T3FlexForms>
```

Dabei wird für jeden Inhaltsdatensatz in *tt_content* weiterhin das Feld *pid* geführt. Dadurch ist für TYPO3 immer klargestellt, ob es sich um einen originalen oder referenzierten Datensatz handelt. Wenn der Wert im Feld *pid* mit der aktuellen Seite übereinstimmt, handelt es sich um einen originalen Datensatz, ansonsten um eine Referenz.

#### Nachträglich neue Bereiche zum Template hinzufügen

Sie müssen – nach erfolgreichem Durchlauf des Wizards zum Aufsetzen von templavoila – voraussichtlich weitere dynamische Bereiche hinzufügen. Wir wollen hier exemplarisch den Ablauf für das Hinzufügen einer Breadcrumb-Navigation durchsprechen.

#### Neues Feld zur Data Structure hinzufügen

Um die Datenstruktur anzupassen, führt der direkteste Weg über den Datensatz TEMPLAVOILÀ DATA STRUCTURE. Sie können ihn über die Module WEB, LIST und WEB, TEMPLAVOILÀ erreichen.

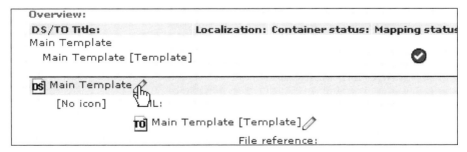

Abbildung 4.76: **Den Datensatz »data structure« editieren**

# KAPITEL 4   Das Frontend – Ausgabe und Darstellung der Daten

> **ACHTUNG**
> Sie müssen in der Notation von XML bewandert sein, um hier sinnvoll weiterarbeiten zu können. Da wir zumindest Erfahrung mit XHTML (einem Unterbereich von XML) bei Ihnen voraussetzen, sollte dies jedoch der Fall sein.

Sobald Sie sich in der Maske des Datensatzes befinden, können Sie direkt im Feld Data Structure XML die gewünschten Änderungen vornehmen. Für unser Beispiel kopieren wir das XML-Objekt <field_menu> und fügen es direkt unterhalb des Objekts wieder ein. Dann ändern wir den Namen des Feldes und alle weiteren Angaben.

Listing 4.123: **Neu eingefügter Abschnitt mit dem XML-Objekt field_breadcrumb**

```
01  [...]
02  </field_menu>
03  <field_breadcrumb type="array">
04     <tx_templavoila   type="array">
05        <title>Breadcrumb</title>
06        <description>here breadcrumb will be placed</description>
07        <sample_data type="array">
08           <numIndex index="0">[breadcrumb goes here]</numIndex>
09        </sample_data>
10        <eType>TypoScriptObject</eType>
11        <tags>table:inner,ul,div,tr,td</tags>
12        <eType_EXTRA type="array">
13           <objPath>lib.breadcrumb</objPath>
14        </eType_EXTRA>
15        <TypoScriptObjPath>lib.breadcrumb</TypoScriptObjPath>
16     </tx_templavoila>
17  </field_breadcrumb>
18  <field_submenu type="array">
19  [...]
```

Entscheidend für die Anzeige des Breadcrumb-Menüs im Frontend sind die Angaben in den Zeilen 13 und 15. Dort ist der Verweis auf ein TypoScript-Objekt mit dem Namen lib.breadcrumb hinterlegt. Dass es sich dabei um einen Verweis auf ein TypoScript-Objekt handelt, ist in Zeile 10 definiert.

> **INFO**
> *Die Inhalte der Spalte* RULES *in der Mapping-Ansicht geben an, welche HTML-Tags zum Mapping angeboten werden. Diese Angaben (im XML das Element* tags*) greifen für das Mapping auf das HTML-Template, um die Anzahl der Elemente übersichtlich und die Zuordnung damit fehlerresistent zu halten.*

### Mapping des neuen Objekts in das HTML-Template durchführen

Um das neue Objekt mit der richtigen Stelle im HTML-Template zu mappen, nutzen Sie das Modul Web, TemplaVoilà.

# KAPITEL 4    Das Frontend – Ausgabe und Darstellung der Daten

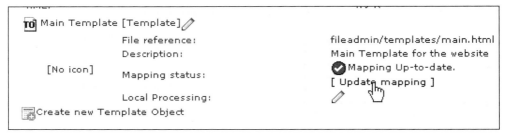

Abbildung 4.77: **Link zum Aktualisieren des Mappings**

Das Mapping führen Sie – genauso wie am Anfang – mit dem Wizard durch. Als Ergebnis haben Sie das neue Objekt eingebunden.

Abbildung 4.78: **Eingebundenes und gemapptes Element Breadcrumb**

*Es passiert manchmal (bei neuen* templavoila*-Versionen eigentlich sogar nur recht selten), dass bei einer Änderung der Datenstruktur (oder auch des HTML-Templates) die Informationen des Mappings verloren gehen. Führen Sie in diesem Fall einfach die Zuordnungen noch einmal durch. Das ist zwar lästig, aber meist mit nur wenig Zeitaufwand verbunden.*

### Definition des TypoScript-Objekts

Wie beim Hauptmenü legen wir auch das Objekt breadcrumb durch ein TypoScript-Objekt fest. Die Angabe wird (wie auch bisher die anderen TypoScript-Angaben) im TypoScript-Template auf der Hauptseite hinterlegt.

Listing 4.124: **TypoScript-Code für die Darstellung der Breadcrumb-Navigation**

```
lib.breadcrumb = HMENU
lib.breadcrumb {
   special = rootline
   special.range = 1|-1
   1 = TMENU
   1 {
     NO {
        allStdWrap.noTrimWrap = | | &gt; |
        stdWrap.htmlSpecialChars = 1
        stdWrap.htmlSpecialChars.preserveEntities = 1
     }
     CUR = 1
     CUR {
        doNotLinkIt = 1
        stdWrap.htmlSpecialChars = 1
```

```
        stdWrap.htmlSpecialChars.preserveEntities = 1
    }
  }
}
```

> **ACHTUNG:** Sie müssen das TypoScript exakt so benennen, wie Sie es im XML der Datenstruktur angegeben haben, hier also `lib.breadcrumb`.

Als Ergebnis sollten Sie eine korrekte Anzeige des jeweils aktuellen Breadcrumb auf der Webseite erhalten.

## Weitere Haupt-Templates hinzufügen

Ein weiteres Template folgt denselben Regeln wie das erste bereits erstellte. Ein pragmatischer Weg ist das Kopieren des Datensatzes TEMPLAVOILÀ TEMPLATE OBJECT im Modul WEB, LIST. Danach können Sie im neuen Datensatz ein weiteres HTML-Template auswählen und dann über das Modul WEB, TEMPLAVOILÀ das Mapping vornehmen. Falls Sie zusätzlich auch noch eine andere Datenstruktur benötigen, kopieren Sie den Datensatz TEMPLAVOILÀ DATA STRUCTURE und passen dann das enthaltene XML an Ihre Bedürfnisse an.

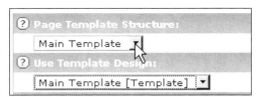

Abbildung 4.79: **Auswahl des Templates im Page Header**

Jeder Datensatz vom Typ TEMPLAVOILÀ TEMPLATE OBJECT aus der Seite STORAGE FOLDER wird im Auswahlfeld für die Templates bei den Seiteneigenschaften angezeigt.

> **ACHTUNG:** In neueren Versionen von `templavoila` müssen Sie eventuell bei der Konfiguration der Extension im Extension Manager das Häkchen bei ENABLE DATA STRUCTURE SELECTION setzen, um die neu angelegte Datenstruktur auswählen zu können.

## Frei definierte Inhaltsbereiche anlegen

Die große Stärke von `templavoila` kommt zum Tragen, wenn Sie komplizierte Inhaltsbereiche umsetzen müssen. Sie können praktisch beliebige Inhaltsstrukturen anlegen und diese im Backend vom Redakteur füllen lassen. Als einfaches Beispiel wollen wir ein neues Inhaltselement mit einem Bild links und zwei Textblöcken rechts davon erzeugen. Das wäre mit einem normalen Inhaltselement *Text mit Bild* nicht möglich.

## HTML-Template

Als Grundlage müssen Sie wieder das HTML-Template und zugehöriges CSS vorbereiten.

Listing 4.125: **HTML-Template für das neue Inhaltselement (tmpl2col.html)**

```
<!DOCTYPE html
    PUBLIC "-//W3C//DTD XHTML 1.0 Transitional//EN"
    "http://www.w3.org/TR/xhtml1/DTD/xhtml1-transitional.dtd">
<?xml version="1.0" encoding="iso-8859-1"?>
<html xmlns="http://www.w3.org/1999/xhtml" xml:lang="de" lang="de">
<head>
<title>Demo</title>
<link href="css/fce.css" rel="stylesheet" type="text/css"/>
</head>
<body>
<div id="img2col">
    <div id="imgContainer">
        <img src="endoftrail.jpg" border="0" />
    </div>
    <div id="text1Container">
        <p>Lorem ipsum dolor sit amet.</p>
    </div>
    <div id="text2Container">
        <p>Lorem ipsum dolor sit amet.</p>
    </div>
    <br class="clear" />
</div>
</body>
</html>
```

Listing 4.126: **CSS-Angaben zum HTML-Template in css/fce.css**

```
div#img2col {
    border:1px solid black;
}
div#imgContainer {
    float: left;
    width:20%;
}
div#text1Container {
    float: left;
    width:40%;
}
div#text2Container {
    float: left;
    width:40%;
}
.clear {
    clear:both;
    font-size:1px;
    margin-top:-1px;
}
```

# KAPITEL 4  Das Frontend – Ausgabe und Darstellung der Daten

## Der Datensatz data structure

Um dem Redakteur im Backend die passenden Eingabemasken zur Verfügung zu stellen, müssen Sie die Datenstruktur unseres Inhaltselements anlegen. Dazu benötigen Sie einen neuen Datensatz vom Typ TEMPLAVOILÀ DATA STRUCTURE. Stellen Sie sicher, dass im Feld CATEGORY der Wert für ein flexibles Inhaltselement ausgewählt ist. Auf der dem Buch beiliegenden CD finden Sie dieses Beispiel als Snippet.

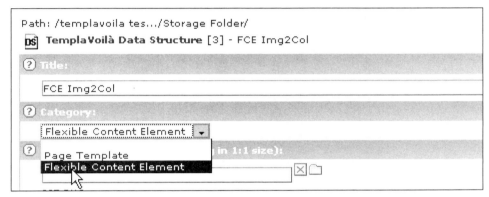

Abbildung 4.80: **Die Datenstruktur als flexibles Inhaltselement kennzeichnen**

Listing 4.127: **Konfiguration der Datenstruktur**

```
<T3DataStructure>
    <meta type="array">
        <langChildren type="integer">1</langChildren>
        <langDisable type="integer">1</langDisable>
    </meta>
    <ROOT type="array">
        <tx_templavoila type="array">
            <title>ROOT</title>
            <description>select matching container</description>
        </tx_templavoila>
        <type>array</type>
        <el type="array">


            <field_image type="array">
                <tx_templavoila type="array">
                    <title>image</title>
                    <description>image</description>
                    <sample_data type="array">
                        <numIndex index="0">[...image...]</numIndex>
                    </sample_data>
                    <eType>imagefixed</eType>
                    <TypoScript>
10 = IMAGE
10.file = GIFBUILDER
10.file {
   XY = 146,107
```

# KAPITEL 4  Das Frontend – Ausgabe und Darstellung der Daten

```
    10 = IMAGE
    10.file.import = uploads/tx_templavoila/
    10.file.import.current = 1
    10.file.import.listNum = 0
    10.file.maxW = 146
    10.file.minW = 146
    10.file.maxH = 107
    10.file.minH = 107
}
                </TypoScript>
            </tx_templavoila>
            <TCEforms type="array">
                <config type="array">
                    <type>group</type>
                    <internal_type>file</internal_type>
                    <allowed>gif,png,jpg,jpeg</allowed>
                    <max_size>1000</max_size>
                    <uploadfolder>uploads/tx_templavoila</uploadfolder>
                    <show_thumbs>1</show_thumbs>
                    <size>1</size>
                    <maxitems>1</maxitems>
                    <minitems>0</minitems>
                </config>
                <label>image</label>
            </TCEforms>
        </field_image>
        <field_col1 type="array">
            <tx_templavoila type="array">
                <title>col1</title>
                <description>col1</description>
                <sample_data type="array">
                    <numIndex index="0">[...col1...]</numIndex>
                </sample_data>
                <eType>text</eType>
                <tags>*:inner</tags>
                <proc type="array">
                    <HSC type="integer">0</HSC>
                </proc>
                <TypoScript>
<![CDATA[
10 = TEXT
10.current = 1
10.parseFunc =<   lib.parseFunc_RTE
]]>
                </TypoScript>
            </tx_templavoila>
            <TCEforms type="array">
                <config type="array">
                    <type>text</type>
                    <cols>48</cols>
                    <rows>5</rows>
                </config>
                <label>col1</label>
```

**KAPITEL 4**   Das Frontend – Ausgabe und Darstellung der Daten

```xml
<defaultExtras>richtext[*]:rte_transform[mode=ts_css]</defaultExtras>
            </TCEforms>
        </field_col1>
        <field_col2 type="array">
            <tx_templavoila type="array">
                <title>col2</title>
                <description>col2</description>
                <sample_data type="array">
                    <numIndex index="0">[..col2...]</numIndex>
                </sample_data>
                <eType>text</eType>
                <tags>*:inner</tags>
                <proc type="array">
                    <HSC type="integer">0</HSC>
                </proc>
                <TypoScript>
<![CDATA[
10 = TEXT
10.current = 1
10.parseFunc =< lib.parseFunc_RTE
]]>
                </TypoScript>
            </tx_templavoila>
            <TCEforms type="array">
                <config type="array">
                    <type>text</type>
                    <cols>48</cols>
                    <rows>5</rows>
                </config>
                <label>col2</label>
<defaultExtras>richtext[*]:rte_transform[mode=ts_css]</defaultExtras>
            </TCEforms>
        </field_col2>
    </el>
  </ROOT>
</T3DataStructure>
```

Aufgrund der vielfältigen Konfigurationsmöglichkeiten nimmt die XML-Struktur schnell einen relativ großen Platz ein, obwohl nur drei Felder enthalten sind.

> **TIPP**
>
> *Lassen Sie sich nicht durch den umfangreichen XML-Code entmutigen, sondern nehmen Sie das oben gezeigte Listing als Beispiel, um die Konfigurationsmöglichkeiten zu erkennen. In der Dokumentation der Extension* templavoila *finden Sie eine Beschreibung der einzelnen Parameter.*

### Mapping durchführen

Erzeugen Sie einen neuen Datensatz vom Typ TEMPLAVOILÀ TEMPLATE OBJECT.

# KAPITEL 4  Das Frontend – Ausgabe und Darstellung der Daten

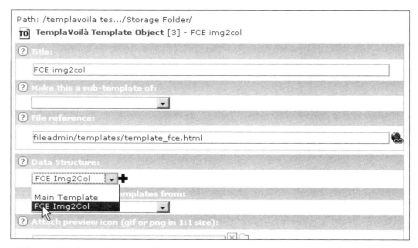

Abbildung 4.81: **Neues Template-Objekt**

Das Mapping führen Sie dann wieder mithilfe des Moduls WEB, TEMPLAVOILÀ durch. Für das Mapping von flexiblen Inhaltselementen wählen Sie anschließend den Reiter FLEXIBLE CE. Alles Weitere ist wie beim normalen Seiten-Template.

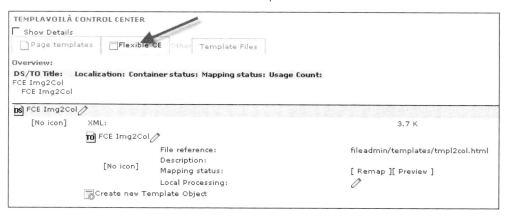

Abbildung 4.82: **Mapping des Flexible CE**

Vergessen Sie nicht, die CSS-Datei im Reiter HEADER PARTS einzubinden, da sonst die Darstellung im Frontend später nicht wie gewünscht erfolgen wird.

## Inhaltselement im Backend mit Daten füllen

Nach erfolgreicher Konfiguration wird Ihnen Ihr eben definiertes Inhaltselement im Dialog für ein neues Inhaltselement im unteren Bereich als *Flexible content* angeboten.

# KAPITEL 4  Das Frontend – Ausgabe und Darstellung der Daten

Abbildung 4.83: **Neues Inhaltselement auswählen**

Im Inhaltselement bekommen Sie dann die Felder angezeigt, die von Ihnen konfiguriert wurden. Falls Sie die Größe der Felder oder die Elemente im RTE anpassen wollen, gehen Sie einfach zurück zur Datenstruktur und passen die Einstellungen im XML entsprechend an.

## Mehrsprachigkeit

Für mit `templavoila` umgesetzte Seiten, die Mehrsprachigkeit unterstützen sollen, bedarf es einer speziellen Konfiguration. Hier gehen wir nicht weiter ins Detail. Die folgenden Quellen enthalten eine ausführliche Erläuterung dieses komplexen Themenbereiches:

» `http://typo3.org/documentation/document-library/core-documentation/doc_l10nguide/current/`

» `http://www.typo3-media.com/blog/article/mehrsprachigkeit-und-templavoila.html`

## 4.15 Caching

Die Erzeugung von dynamischen Webseiten ist insbesondere mit einem so hoch-konfigurierbaren System wie TYPO3 sehr rechenintensiv. Es müssen alle TypoScript-Einstellungen zusammengefasst, das HTML-Template eingelesen, darin Navigationen, Inhalt und sonstige dynamische Bereiche eingebunden werden, und das Ergebnis muss als HTML-Seite an den Browser ausgeliefert werden. Da jedoch viele der TYPO3-Seiten eigentlich statisch sind, also für nacheinander zugreifende Besucher dieselben Inhalte zurückliefern, muss dieser komplette Durchlauf unter Zuhilfenahme eines Caching-Mechanismus für die Erzeugung einer Seite nur einmal erfolgen. Der dabei erzeugte HTML-Code der Webseite kann zwischengespeichert (gecacht) werden und steht dann schon fertig für den nächsten Aufruf der Webseite zur Verfügung.

TYPO3 cacht standardmäßig die Inhalte der Frontend-Ausgabe. Das fertige HTML wird in einer Caching-Tabelle gespeichert und für weitere Aufrufe derselben Seite direkt aus dieser abgerufen.

Da nun aber eben nicht alle Seiten und Inhalte statisch sind und demzufolge gecacht werden können, müssen dabei verschiedene Ausnahme- und Sonderfälle berücksichtigt werden. So werden von TYPO3 unter anderem Spracheinstellungen, Benutzergruppen und Seitentypen

**KAPITEL 4**  Das Frontend – Ausgabe und Darstellung der Daten

für das Caching berücksichtigt, und bei Bedarf wird eben eine eigene, identifizierbare Variante der Seite zwischengespeichert.

> *Zusätzlich zum HTML der einzelnen Seiten werden in TYPO3 noch eine ganze Reihe von zusätzlichen Informationen gecacht. Dazu gehören verschiedene Konfigurationseinstellungen wie z. B. TypoScript selbst, Abmessungen von Grafiken, die von TYPO3 bearbeitet wurden, usw. Diese müssen jedoch in der Regel nicht angepasst oder konfiguriert werden.*

Seit der Version 4.3 wird das Caching nun durch ein neues verbessertes *Caching Framework* erweitert, das optional hinzugeschaltet werden kann. Dieses bietet zusätzliche Optionen dahingehend, dass nun beispielsweise auch in eigentlich nicht cachbaren Bereichen (da dynamisch) diejenigen Elemente, die doch immer wieder gleich sind, nicht jedes Mal neu generiert werden müssen. Sprich, das Caching kann nicht mehr nur auf Inhaltselement-Ebene (über USER_INT bzw. COA_INT), sondern auch bis hin zur Ebene einzelner definierbarer Bereiche innerhalb eines Plugins greifen.

Das Ergebnis ist ein feingliedrigeres, besser kontrollierbares Caching, das zusätzlich durch den Entwickler mithilfe verschiedener Maßnahmen für die Bedürfnisse einer jeden Applikation optimiert werden kann.

Um dieses Framework sinnvoll nutzen zu können, ist allerdings ein gewisser Konfigurationsaufwand und auch ein entsprechendes Know-how erforderlich, sodass es erst Sinn macht, dies einzurichten, wenn dadurch in einer Applikation ein wesentlicher Performance-Gewinn zu erwarten ist. Aus diesem Grund ist das neue Framework in der Standard-Installation von TYPO3 Version 4.3 nicht aktiv und muss erst eingeschaltet werden.

Daher wird das bisherige Caching, das standardmäßig aktiv ist, im ersten Teil dieses Abschnitts beschrieben; der zweite Teil geht anschließend auf das neue Caching Framework und dessen Konfigurationsmöglichkeiten ein.

> *Worauf Sie achten müssen, wenn Sie selbst Extensions entwickeln, zeigen wir in Kapitel 8,* Extensions entwickeln, *Abschnitt 8.12.*

### 4.15.1 Standard-TYPO3-Caching

Unter der Haube von TYPO3 werden die Caching-Daten auf verschiedene Caching-Tabellen aufgeteilt:

| TABELLE | BESCHREIBUNG |
| --- | --- |
| cache_extensions | Liste der verfügbaren Extensions aus dem TER (TYPO3 Extension Repository). Diese Tabelle unterstützt den Extension Manager und wird manuell durch Klicken des Buttons RETRIEVE/UPDATE im Extension Manager, Modus IMPORT EXTENSIONS gefüllt bzw. aktualisiert. |

# KAPITEL 4  Das Frontend – Ausgabe und Darstellung der Daten

| TABELLE | BESCHREIBUNG |
|---|---|
| cache_hash | Ablage verschiedener MD5-Hashes |
| cache_imagesizes | Ablage von Abmessungen der eingebundenen Grafiken, die automatisch für die Bildbearbeitungsfunktionalität von TYPO3 aus den Grafikdateien ausgelesen werden |
| cache_md5params | Ablage für MD5-verschlüsselte URL-Parameter, siehe auch den TypoScript-Parameter config.simulateStaticDocuments_pEnc=md5 |
| cache_pages | Ablage von gecachten Seiten mitsamt dem fertigen Inhalt |
| cache_pagesection | Ablage von gecachten TypoScript-Templates |
| cache_typo3temp_log | Temporäre Ablage für das Rendering von skalierten Bildern, um eine Mehrfachbearbeitung zu vermeiden |

Tabelle 4.8: **Caching-Tabellen einer TYPO3-Grundinstallation**

> Von Extensions wie realurl oder direct_mail können nochmals eigene Caching-Tabellen hinzugefügt werden, z. B. tx_realurl_pathcache, tx_realurl_urldecodecache oder cache_sys_dmail_stat.

Den aktuellen Stand zum Caching-Zustand von Seiten können Sie im Backend mithilfe des Moduls WEB, INFO für jede Seite des Seitenbaumes einsehen. Für weitere Möglichkeiten siehe auch Abschnitt 4.15, *Extensions zum Thema Caching*.

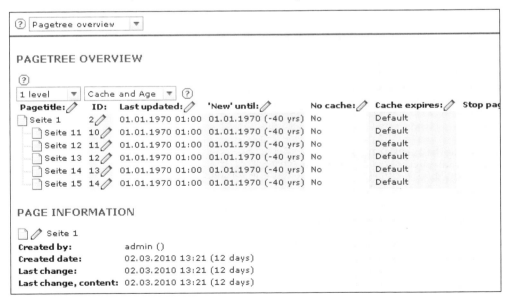

Abbildung 4.84: **Informationen zum Caching-Zustand der Seite 1**

# KAPITEL 4   Das Frontend – Ausgabe und Darstellung der Daten

Grafikdateien, die von TYPO3 bearbeitet (meist verkleinert) wurden, werden im Ordner *typo3temp* abgelegt, um auch hier den großen Rechenaufwand nur einmalig durchführen zu müssen. Darum müssen wir uns also in der Regel nicht weiter kümmern.

> **ACHTUNG**
> 
> Neben dem hier besprochenen (Frontend-)Caching, das sich auf die Anzeige im Frontend auswirkt, gibt es noch das sogenannte Backend-Caching, das hauptsächlich aus der Zusammenfassung der einzelnen Extension-Dateien *ext_localconf.php* und *ext_tables.php* in Caching-Dateien besteht. Informationen dazu finden Sie in Kapitel 8, *Extensions entwickeln*, Abschnitt 8.13.3.

Sowohl den Frontend- als auch den Backend-Cache können Sie komfortabel im Backend löschen. Als Administrator haben Sie dazu zwei entscheidende Links im Modul-Frame zur Verfügung: CLEAR ALL CACHES und CLEAR CONFIGURATION CACHE.

Abbildung 4.85: **Links für das Löschen des Caches als Administrator oben rechts**

Für normale Redakteure steht in der Grundeinstellung nur die Möglichkeit zur Verfügung, den Cache der aktuell gewählten Seite zu löschen: im List- und im Seitenmodul oben rechts beim Klick auf den gelben Blitz.

Abbildung 4.86: **Cache löschen im Modul WEB, PAGE oder WEB, LIST**

## Caching-Einstellungen

Sie können im Backend und/oder auch mithilfe von TypoScript eine ganze Reihe von Einstellungen zum Caching vornehmen.

### Caching im Backend beeinflussen

Bei den erweiterten Seiteneigenschaften haben Sie zwei grundsätzliche Möglichkeiten, das Frontend-Caching zu steuern. Sie können den Cache grundsätzlich deaktivieren oder die Gültigkeitsdauer des Caches festlegen.

# KAPITEL 4   Das Frontend – Ausgabe und Darstellung der Daten

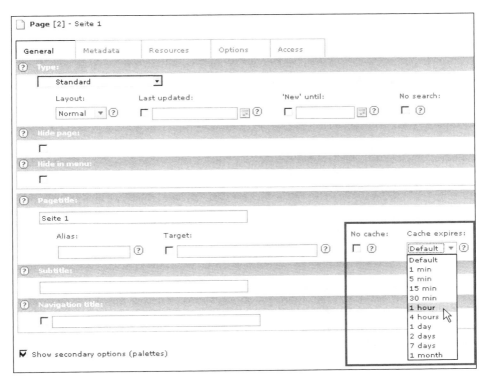

Abbildung 4.87: **Einstellungsmöglichkeiten zum Cache**

## Caching mit TypoScript beeinflussen

» `config.no_cache = 1`

Damit deaktivieren Sie das Caching für alle Seiten. Dies sollte in der Regel nur während der Entwicklung eingestellt werden. Beachten Sie, dass sich die TypoScript-Einstellungen, falls es nicht anders definiert wurde, auch auf alle Unterseiten der Seite auswirken, in der dieses TypoScript definiert wurde.

» `config.cache_period, config.cache_clearAtMidnight`

Sie können festlegen, wann die aktuell gecachte Seite ihre Gültigkeit verliert und beim nächsten folgenden Aufruf neu gerendert werden muss.

» `config.sendCacheHeaders`

Auch clientseitiges Caching kann beeinflusst werden (siehe Kapitel 10, *Spezialthemen*, Abschnitt 10.2.4).

» `config.debug`

Hier beeinflussen Sie nicht direkt das Caching, sondern sind vielmehr in der Lage, die Auswirkungen des Cachings einzuschätzen. TYPO3 fügt einen kleinen Kommentar am Ende des HTML-Quellcodes ein.

Falls die Seite noch nicht gecacht war:

```
<!-- Parsetime: 456 ms-->
```

Falls die Seite aus dem Cache zurückgeliefert wird:

```
<!-- Cached page generated 22-09-07 09:40. Expires 13-12-09 09:40 -->
<!-- Parsetime: 144 ms-->
```

Sie können dabei auch gleich den Performance-Gewinn durch Einsatz des Cachings sehen. Je komplexer der Inhalt Ihrer Seite ist, desto mehr Gewinn werden Sie hier feststellen.

> **INFO** *Bei direkten Änderungen an einem TypoScript-Template wird der Cache automatisch geleert. Falls Sie Änderungen an einem HTML-Template oder an in Textdateien ausgelagertem TypoScript durchführen, müssen Sie den Cache eigenständig leeren.*

### Ungecachte Teilbereiche einer Seite

Es kommt durchaus häufig vor, dass einzelne Elemente einer Seite nicht gecacht werden können, da sie für jeden Seitenaufruf dynamisch erzeugt werden müssen, um den richtigen Inhalt anzuzeigen. Da ein komplettes Abschalten des Cachings auf Performance-Gründen sehr unerwünscht ist, bietet sich Ihnen in TYPO3 die Möglichkeit, eine Seite grundsätzlich zu cachen, einzelne Bereiche der Seite jedoch vom Caching auszunehmen. Für diese Bereiche wird im gecachten HTML-Code ein Marker hinterlegt, der beim Aufruf der Seite automatisch von TYPO3 erkannt und durch den dynamischen Teil ersetzt wird.

Solche ungecachten Bereiche können komfortabel über TypoScript definiert werden. So wollen wir beispielsweise den Namen des gerade angemeldeten Frontend-Benutzers anzeigen. Da das Caching auf Benutzergruppenebene geschieht, muss dieser Teil der Seite vom Caching ausgenommen werden.

Die Einbindung dieses Bereiches würden wir sowieso mithilfe von TypoScript lösen – was liegt näher, als hier auch gleich unsere NoCaching-Forderung einzubauen?

Gecacht könnten wir die Information des Benutzernamens mithilfe des Objekts TEXT einfügen, was jedoch bewirkt, dass der nächste eingeloggte User den Benutzernamen des Vorgängers zu sehen bekommt:

Listing 4.128: **Objekt für die Darstellung des Benutzer-Logins und Einbindung in das HTML-Template**

```
lib.username = TEXT
lib.username.data = TSFE:fe_user|user|username

page.10.marks.USERNAME < lib.username
```

# KAPITEL 4   Das Frontend – Ausgabe und Darstellung der Daten

Um dies zu verhindern, also einen ungecachten Bereich daraus zu machen, greifen wir auf das Objekt COA_INT zurück und umhüllen damit unser eigentliches Ausgabe-Objekt:

Listing 4.129: **Anpassung als ungecachtes Objekt**

```
lib.username = COA_INT
lib.username {
    10 = TEXT
    10.data = TSFE:fe_user|user|username
}
page.10.marks.USERNAME < lib.username
```

> **INFO**
>
> *Falls die Ausgabe einer Extension innerhalb einer gecachten Seite ungecacht erfolgen soll, wird auf eine ähnliche Syntax (USER und USER_INT) zurückgegriffen (siehe Kapitel 8,* Extensions entwickeln, *Abschnitt 8.12.1). Arbeitet man jedoch auch hier mit COA oder COA_INT und verwendet darin das Objekt USER, kann der Nutzer der Extension bei Bedarf zusätzliche* stdWrap*-Eigenschaften verwenden.*

> **ACHTUNG**
>
> **Versuchen Sie nicht, COA_INT-Objekte ineinander zu verschachteln, da TYPO3 durch das Setzen der internen Marker für nicht gecachte Bereiche hier durcheinanderkommt und das innere COA_INT-Objekt nicht mehr anzeigt. Da das gesamte Objekt ungecacht erzeugt wird, können Sie jedoch als inneres Objekt ein einfaches COA benutzen.**

## Caching mit URL-Parametern (cHash)

Durch verschiedene Parameter wie Sprache, Seitentyp oder Extension-Parameter wird in der Regel jeweils eine unterschiedliche Ausgabe auf ein und derselben Seite erzeugt – für dieselbe Kombination von Parametern wird jedoch derselbe Inhalt angezeigt. Es kann also ein Caching basierend auf dieser Kombination von Parametern durchgeführt werden. Für jede einzelne Kombination der Parameter wird ein eigener Caching-Eintrag erzeugt.

Dies wird automatisch von TYPO3 durchgeführt (natürlich nur, falls das Caching aktiviert ist). Allerdings wird für eine korrekte Funktionsweise der sogenannte *cHash* nötig. Ohne passenden cHash legt TYPO3 das Seitenresultat einer beliebigen Kombination von Parametern direkt in den Cache der Hauptseite (als ob die Seite ohne Parameter aufgerufen worden wäre). Durch den Einsatz von cHash wird also einem DoS-Angriff (Denial of Service) ein Riegel vorgeschoben, denn ohne diesen Schutzmechanismus wäre es einem böswilligen Script ohne Probleme möglich, durch eine Vielzahl von beliebigen Parameterkombinationen die Cache-Tabelle mit einer Unzahl von (dann meist unsinnigen) Cache-Einträgen zu verstopfen. Im Umkehrschluss bedeutet das natürlich für uns, dass wir für korrekte Einträge in die Cache-Tabelle eben auch den richtigen cHash mitgeben müssen. Allerdings wird diese Arbeit bereits von TYPO3 für uns erledigt, falls wir zur Erzeugung von Links die entsprechenden TYPO3-Funktionen verwenden. Der cHash wird aus der Kombination der Parameter und einem zusätzlichen (nach außen unbekannten) Server-Wert berechnet.

> **ACHTUNG**
>
> Vermeiden Sie unbedingt die manuelle Erzeugung von Links in TypoScript. Nutzen Sie die Funktion *typolink* (Abschnitt 4.10.6) zur Erzeugung von Links, damit Ihre TYPO3-Installation davon profitieren kann, dass derartige Probleme nicht auftauchen.

> **TIPP**
>
> Beachten Sie in diesem Zusammenhang die TypoScript-Option linkVars, mit deren Hilfe Parameter auf bestimmte Werte vorab eingeschränkt werden können, um damit eine »Überflutung« mit unsinnigen Parametern zu unterbinden.
>
> config.linkVars = L(1-5)

### Extensions zum Thema Caching

Falls Sie sich vertiefend mit dem Thema Performance beschäftigen wollen, sollten Sie das Kapitel 10, *Spezialthemen*, Abschnitt 10.2 lesen. Eine Suche nach »cache« im TER wird Ihnen viele Extensions aufzeigen, die sich mit dem Caching-Mechanismus von TYPO3 beschäftigen. Hier erläutern wir Ihnen zwei interessante Extensions zu diesem Thema.

#### cachmgm und crawler

Mithilfe der Cache-Management-Extension cachmgm können Sie leichter als bisher einen Überblick über die aktuelle Caching-Situation Ihrer TYPO3-Installation gewinnen. Mithilfe der Extension crawler können Sie zusätzlich einen automatisierten Caching-Durchlauf für die gesamte Webseite anstoßen.

#### indexed_search

Die Extension indexed_search hat selbst keinen direkten Einfluss auf das Caching von Seiten, allerdings werden nur Inhalte für die Suche indiziert, die auch gecacht werden. Inhalte von ungecachten Seiten und Plugins, die aus dem Caching ausgenommen werden, werden also nie als Suchergebnisse auftauchen können. Das macht für tatsächlich dynamischen Inhalt auch keinen Sinn.

### 4.15.2 Das neue Caching Framework

Das neue Caching Framework wurde ursprünglich für FLOW3 entwickelt und ist anschließend in die Version 4.3 zurückportiert worden. Die gecachten Daten können nun, je nach Anforderung in unterschiedlichen Bereichen abgelegt werden, sodass eine Optimierung auf sehr tiefer Ebene stattfinden kann. Wie zu erwarten, ist für diese gesteigerte Flexibilität im Gegenzug zusätzlicher Konfigurationsaufwand nötig, und es ist projektweise abzuwägen, ob der Aufwand dem Nutzen gerecht wird. In bestimmten Fällen kann es auch vorkommen, dass das neue Caching sogar eine Verlangsamung bewirkt (deshalb wurde es nicht standardmäßig aktiviert). Für die meisten normalen Webseiten wird es vorraussichtlich nicht notwendig sein, eine Veränderung der Caching-Methode zu veranlassen. Bei Installationen, in denen die Performance von großer Bedeutung ist, wird man nicht umhin kommen, die verschiedenen Optionen gegeneinander auszutesten, da das Ergebnis von mehreren Faktoren abhängt (z. B. Schreibe- oder Lesezugriffe, Serverumgebung, ...).

## Was kann das neue Caching Framework?

Das neue Caching Framework besitzt folgende Fähigkeiten:

» Datenspeicherung in verschiedenen Quellen möglich (für drei Bereiche separat konfigurierbar)

  » Datenbank (z. B. für Seiten)

  » Dateisystem (z. B. für TypoScript)

  » MemCache-Umgebung (z. B. für einzelne Plugins)

  » APC (Alternativer PHP-Cache)

» transparentere und flexiblere Anpassungsmöglichkeiten an eigene Bedürfnisse

» Bei geeigneter Konfiguration kann ein erheblicher Performance-Gewinn bei Portalen mit hoher Traffic-Belastung erzielt werden.

> MemCache *ist ein generisches Caching-System, das durch eine optimierte Ausnutzung des Arbeitsspeichers erlaubt, kleine Datenschnipsel (Strings, Objekte) in Key-Value-Paaren abzulegen – mit dem Ziel, die Performance dynamischer Webseiten mit hoher Last zu verbessern, da der direkte Zugriff auf den Speicher immer schneller ist als ein Zugriff auf das Dateisystem oder eine Datenbank.*
>
> MemCache *muss auf dem Server installiert (als Daemon und als PHP-Extension) und in der* php.ini *konfiguriert werden. Es gibt verschiedene Gründe für oder gegen den Einsatz von* MemCache.
>
> *Das Zusatzmodul* APC *(Alternativer PHP-Cache) zur Beschleunigung der Ausführung von PHP-Code enthält auch einen Zwischenspeicher, der für Objekte nutzbar ist.*
>
> *Links mit wichtigen Detailinformationen (Einrichtung, Einsatzgebiete) sind am Ende dieses Kapitels angegeben.*

Das neue Framework nutzt, wenn es aktiviert ist, sechs Datenbanktabellen, die in einer Version 4.3 automatisch angelegt sind. Die Tabellen heißen:

» *cachingframework_cache_hash*

» *cachingframework_cache_hash_tags*

» *cachingframework_cache_pages*

» *cachingframework_cache_pages_tags*

» *cachingframework_cache_pagesection*

» *cachingframework_cache_pagesection_tags*

Die drei Tabellen, die zum Einsatz kommen, wenn für den jeweiligen Bereich die Speicherung in der Datenbank gewünscht ist, sind *cachingframework_cache_hash*, *cachingframework_cache_pages* und *cachingframework_cache_pagesection*.

**KAPITEL 4**  Das Frontend – Ausgabe und Darstellung der Daten

Alle drei sind identisch aufgebaut und besitzen die folgenden Felder:

» *id*
» *identifier* (unique)
» *crdate*
» *content*
» *lifetime* (in Sekunden)

Für jede dieser Tabellen gibt es noch die jeweils dazugehörigen Tag-Tabellen. Diese besitzen jeweils die Felder *id*, *identifier* und *tag*.

## Grundeinrichtung und Konfiguration

In einer neu aufgesetzten TYPO3-Installation der Version 4.3 mit deaktiviertem Caching Framework sind die TYPO3_CONF_VARS-Werte folgendermaßen vorgegeben:

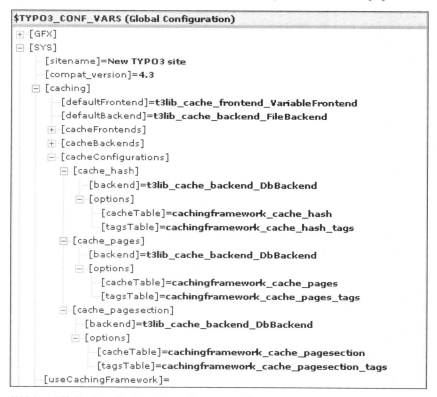

Abbildung 4.88: **Konfiguration bei deaktiviertem Caching Framework**

210

# KAPITEL 4  Das Frontend – Ausgabe und Darstellung der Daten

Mit der Einstellung `['useCachingFramework']=1;` wird das neue Caching Framework aktiviert. Die Standard-Einstellungen für das Caching sind in Abbildung 4.88 bei `['caching']['cacheConfigurations']` ersichtlich. Hier wird genau festgelegt, welche Bereiche in welchem Speicher abgelegt werden (dies gilt für die drei Bereiche *cache_hash*, *cache_pages* und *cache_pagesection*).

Im Folgenden sehen Sie ein Beispiel für eine Modifizierung dieser Standard-Einstellungen:

Listing 4.130: **Beispielkonfiguration bei aktiviertem Caching Framework**

```
01  $TYPO3_CONF_VARS['SYS']['useCachingFramework'] = 1;
02  $TYPO3_CONF_VARS['SYS']['caching']['cacheConfigurations'] = array (
03      'cache_hash' => array(
04          'backend' => 't3lib_cache_backend_FileBackend',
05          'options' => array(
06          )
07      ),
08      'cache_pages' => array(
09          'backend' => 't3lib_cache_backend_MemcachedBackend',
10          'options' => array(
11              'servers' => array('localhost:11211'),
12          )
13      ),
14      'cache_pagesection' => array(
15          'backend' => 't3lib_cache_backend_DbBackend',
16          'options' => array(
17              'cacheTable' => 'cache_pagesection',
18              'tagsTable' => 'cachingframework_cache_hash_tags',
19          )
20      ),
21  );
```

Im Array `['backend']` wird pro Bereich angegeben, wo dieser Bereich gespeichert werden soll. Tabelle 4.9 zeigt die Speicheroptionen und die jeweils zuständigen Klassen. Die beiden geläufigsten Optionen sind hervorgehoben dargestellt.

| OPTION | KLASSE |
| --- | --- |
| **t3lib_cache_backend_DbBackend**<br>= Speicherung in der Datenbank | t3lib/cache/backend/class.t3lib_cache_backend_dbbackend.php:<br>t3lib_cache_backend_DbBackend |
| **t3lib_cache_backend_FileBackend**<br>= Speicherung im Dateisystem | t3lib/cache/backend/class.t3lib_cache_backend_filebackend.php:<br>t3lib_cache_backend_FileBackend |
| t3lib_cache_backend_MemcachedBackend<br>= Speicherung im MemCache-Bereich | t3lib/cache/backend/class.t3lib_cache_backend_memcachedbackend.php:<br>t3lib_cache_backend_MemcachedBackend |

# KAPITEL 4  Das Frontend – Ausgabe und Darstellung der Daten

| OPTION | KLASSE |
|---|---|
| *t3lib_cache_backend_ApcBackend* = Speicherung im APC-Speicher | t3lib/cache/backend/class.t3lib_cache_backend_apcbackend.php: t3lib_cache_backend_ApcBackend |
| *t3lib_cache_backend_TransientMemoryBackend* = vorübergehende Speicherung während eines Scriptlaufs | t3lib/cache/backend/class.t3lib_cache_backend_transientmemorybackend.php: t3lib_cache_backend_TransientMemoryBackend |
| *t3lib_cache_backend_NullBackend* = Es wird nicht gespeichert und gecacht. | t3lib/cache/backend/class.t3lib_cache_backend_nullbackend.php: t3lib_cache_backend_NullBackend |

Tabelle 4.9: **Speicheroptionen und dazugehörige Klassen**

### Speicherung in der Datenbank

Im Array `['options']` müssen je nach Auswahl weitere Angaben gemacht werden, z. B. zum Server oder zu den jeweils gewünschten Tabellen. Die *tagsTable* in Zeile 18 von Listing 4.130 muss bei Speicherung in der Datenbank zwangsläufig definiert werden (Fehler: No TABLE TO WRITE TAGS TO HAS BEEN SET USING THE SETTING »TAGSTABLE«).

### Speicherung im Dateisystem

Im obigen Beispiel wird der Bereich für den `cache_hash` im Dateisystem gespeichert. Dies hat zur Folge, dass im Ordner *typo3temp* Dateien mit einer Struktur dieser Art angelegt werden:

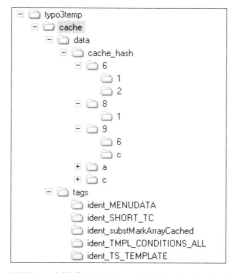

Abbildung 4.89: **Beispiel einer Dateistruktur für die Speicherung der Cache-Daten**

Welche der Optionen für welchen der Bereiche gewählt werden soll, hängt stark von den Anforderungen, der Server-Umgebung und der zu erwartenden Belastung ab. (Wird beispielsweise mehr in den Cache geschrieben oder mehr ausgelesen?) Da dieses Caching Framework sowieso eher bei größeren Installationen mit zu erwartender höherer Last zum Einsatz kommt, müssen Sie die verschiedenen Optionen überprüfen und die Konfiguration daraufhin optimieren.

### Extensions zum neuen Caching Framework

#### enetcache und enetcacheanalytics

Die im TER verfügbare Extension `enetcache` erweitert das neue Caching Framework für größere Projekte, indem sie ein besseres Handling der Parameter, ein Caching auf Plugin-Ebene und ein Taggen der Inhalte erlaubt. Die gut dokumentierte Extension abstrahiert das Caching noch weiter und enthält viele Hooks.

`enetcacheanalytics` bietet Analyse-Möglichkeiten im Backend und ist auf *forge* verfügbar. Diese Extension sollte nur während der Entwicklung aktiviert bleiben.

### Hintergrundinformationen

» Zu MemCache finden Sie Informationen unter:

  » `http://dmitry-dulepov.com/article/typo3-43-cache-and-memcached-fix-ready.html`

  » `http://dmitry-dulepov.com/article/how-to-enable-memcached-cache-in-typo3-43.html`

  » `http://memcached.org/`

  » `http://code.google.com/p/memcached/wiki/FAQ`

  » `http://code.google.com/p/memcached/wiki/WhyNotMemcached`

» Zu APC finden Sie Informationen unter:

  » `http://de.wikipedia.org/wiki/Alternative_PHP_Cache`

  » `http://www.php.net/manual/en/book.apc.php`

## 4.16  Fehler finden

Folgendes Vorgehen hat sich zum Finden von Fehlern bewährt:

» Kontrollieren Sie, ob die Anweisungen, Konfigurationen und Eigenschaften korrekt geschrieben wurden. Wurde auch auf korrekte Groß- und Kleinschreibung geachtet?

» Sind die richtigen Eigenschaften auf der richtigen Ebene eingesetzt? Gibt es diese Eigenschaften an dieser Stelle überhaupt? Schlagen Sie dazu in der TSRef nach.

**KAPITEL 4**  Das Frontend – Ausgabe und Darstellung der Daten

» Verwenden Sie den OBJECT BROWSER, um das betroffene Objekt anzuzeigen. Haben Sie z. B. im Objektpfad eine Ebene vergessen, sehen Sie das im Object Browser sofort. Dort sehen Sie auch, ob Ihre Definition an einer anderen Stelle überschrieben wurde.

» Ein Objekt wird überhaupt nicht ausgegeben? Ersetzen Sie es zunächst durch ein einfaches TEXT-Objekt. So sehen Sie sehr schnell, ob das Objekt korrekt eingebunden wurde.

» Wenn Sie Objekte verschachtelt haben, lassen Sie sich ein tief in der Verschachtelung liegendes Objekt separat ausgeben, z. B. in page.5. Korrigieren Sie gegebenenfalls Fehler in diesem Objekt, und binden Sie es erst dann wieder tiefer in der Verschachtelung ein.

## 4.16.1 Debuggen mit TypoScript

Die Funktion *stdWrap* stellt Ihnen Eigenschaften zur Verfügung, die zum Debuggen während der Entwicklung genutzt werden können.

Listing 4.131: **Die stdWrap-Eigenschaft debug**

```
page.5 = TEXT
page.5 {
   value = Titel der Seite
   wrap = <h1> | </h1>
   debug = 1
}
```

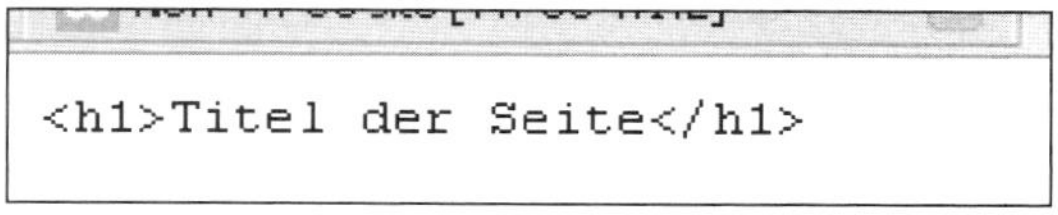

```
<h1>Titel der Seite</h1>
```

Abbildung 4.90: **Ausgabe bei eingeschaltetem debug**

Mit der Eigenschaft debug sorgen Sie dafür, dass Sie im Frontend auch die HTML-Tags sehen. Sie ersparen es sich also, jedes Mal im Quelltext nachschauen zu müssen, was denn nun ausgegeben wird.

Listing 4.132: **Die Eigenschaft debugFunc**

```
page.5 = TEXT
page.5 {
   value = Titel der Seite
   wrap = <h1> | </h1>
   debugFunc = 2
}
```

Auch durch diese Eigenschaft wird der Inhalt des *stdWrap* zurückgegeben. Dafür wird allerdings die debug-Funktion von TYPO3 verwendet (t3lib_div::debug). So ist im Frontend die Debug-Ausgabe gegebenenfalls leichter von der übrigen Ausgabe zu trennen.

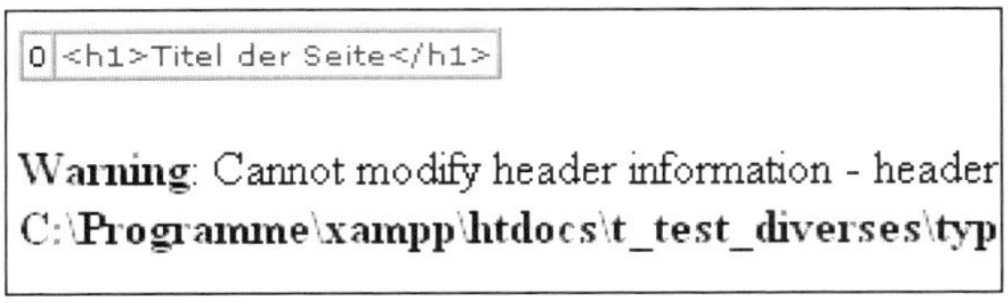

# KAPITEL 4  Das Frontend – Ausgabe und Darstellung der Daten

```
0 <h1>Titel der Seite</h1>
```
**Warning**: Cannot modify header information - header
C:\Programme\xampp\htdocs\t_test_diverses\typ

Abbildung 4.91: **Ausgabe bei Verwendung von debugFunc**

Listing 4.133: **Ausgabe der Datenfelder**

```
page.5 = TEXT
page.5 {
    value = Titel der Seite
    wrap = <h1> | </h1>
    debugData = 1
}
```

Wenn Sie Inhalte aus der Datenbank ausgeben möchten, dann ist die Eigenschaft debugData ein sehr nützliches Hilfsmittel, da sie Ihnen anzeigt, auf welche Daten Sie mit Eigenschaften wie field oder data zugreifen können.

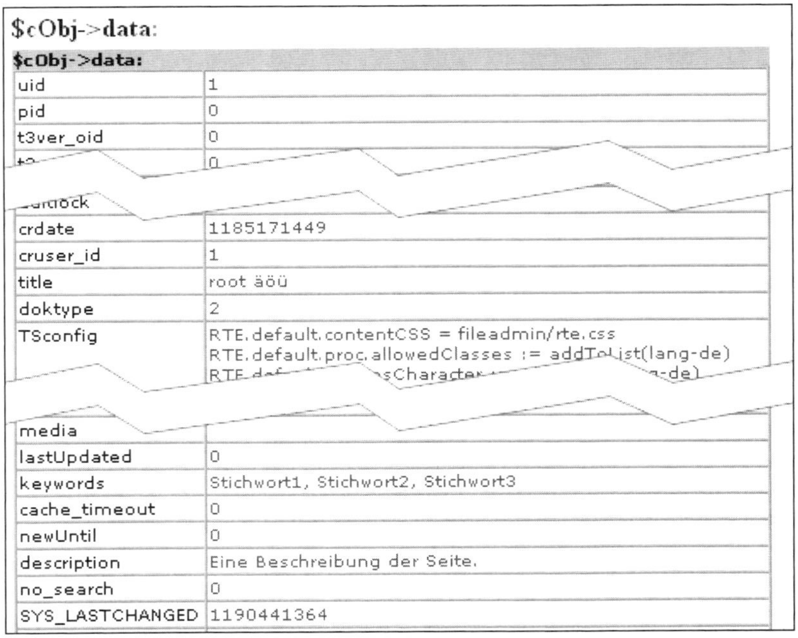

**$cObj->data:**

| $cObj->data: | |
|---|---|
| uid | 1 |
| pid | 0 |
| t3ver_oid | 0 |
| ... | 0 |
| ...lock | |
| crdate | 1185171449 |
| cruser_id | 1 |
| title | root äöü |
| doktype | 2 |
| TSconfig | RTE.default.contentCSS = fileadmin/rte.css<br>RTE.default.proc.allowedClasses := addToList(lang-de)<br>RTE.def... ...sCharacter... ...n-de) |
| media | |
| lastUpdated | 0 |
| keywords | Stichwort1, Stichwort2, Stichwort3 |
| cache_timeout | 0 |
| newUntil | 0 |
| description | Eine Beschreibung der Seite. |
| no_search | 0 |
| SYS_LASTCHANGED | 1190441364 |

Abbildung 4.92: **Ausgabe von debugData (Tabelle pages)**

## 4.16.2 Das AdminPanel verwenden

Im Bereich TypoScript stellt Ihnen das *AdminPanel* einige Informationen zum Rendering im Frontend zur Verfügung.

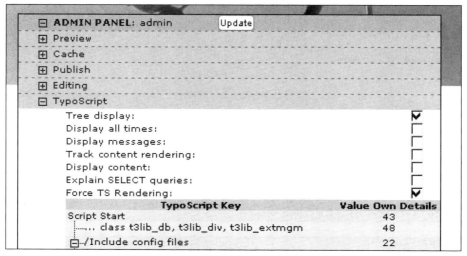

Abbildung 4.93: **Mögliche Einstellungen im AdminPanel**

Bei Fehlern können diese Einstellungen zu einer Ausgabe wie in Abbildung 4.94 führen.

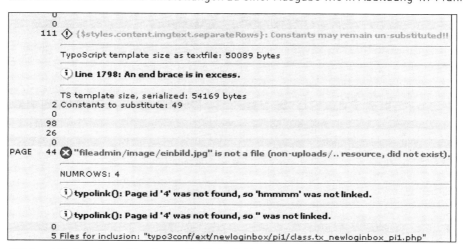

Abbildung 4.94: **Ausgabe von Hinweisen zu TypoScript-Fehlern**

Hier erkennen Sie einige Dinge, die im TypoScript noch bereinigt werden müssen. Besonders hilfreich ist die rote Zeile, die anzeigt, dass eine Datei nicht gefunden wurde. Auf diesem Weg finden Sie sehr gut Fehler in Pfadangaben.

Probieren Sie ruhig auch die anderen Optionen aus, die Ihnen das AdminPanel in diesem Zusammenhang zur Verfügung stellt.

# KAPITEL 4  Das Frontend – Ausgabe und Darstellung der Daten

*Weitere Möglichkeiten für Debug-Ausgaben, die jedoch eher die Programmierung und Extension-Entwicklung unterstützen, finden Sie in Kapitel 8,* Extensions entwickeln, *Abschnitt 8.13.7.*

## 4.17 Materialien zum Weitermachen

Falls Sie sich zu diesem Themenblock weitergehend informieren wollen, können Sie folgende Quellen in Betracht ziehen:

- Auf CD:
  - *doc_core_ts*
  - *doc_core_tstemplates*
  - *doc_core_tsref*
  - *core_tsbyex*
- Im Internet:
  - TypoScript Syntax and In-depth Study:
    
    `http://typo3.org/documentation/document-library/core-documentation/doc_core_ts/current/view/`
  
  - TSRef:
    
    `http://typo3.org/documentation/document-library/references/doc_core_tsref/current/`
  
  - TypoScript by example:
    
    `http://typo3.org/documentation/document-library/core-documentation/doc_core_tsbyex/current/`
  
  - TypoScript-Videotraining
    
    `http://www.video2brain.com/products-71.htm`
  
  - Frontend Programming:
    
    `http://typo3.org/documentation/document-library/tutorials/doc_tut_frontend/current/view/`
  
  - Golive Tutorial (1):
    
    `http://typo3.org/documentation/document-library/tutorials/doc_tut_n1/current/`
  
  - Modern Template Building Part 1
    
    `http://typo3.org/documentation/document-library/tutorials/doc_tut_templselect/current/`

# 5. Das Backend – Eingabe und Pflege der Daten

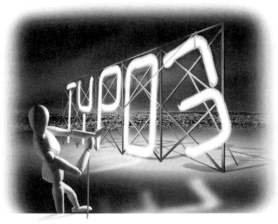

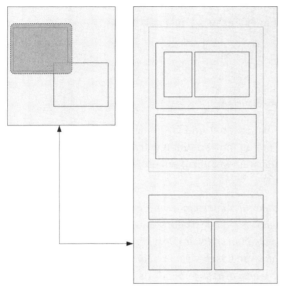

In diesem Kapitel werden Sie lernen, welche Möglichkeiten Ihnen zur Konfiguration des Backends und damit zu Pflege der Webseite geboten werden. Auf eine Besprechung jedes einzelnen Moduls verzichten wir bewusst, da wir davon ausgehen, dass Sie schon ausreichend Erfahrung mit den grundsätzlichen Modulen wie z. B. der Listenansicht gesammelt haben bzw. dass diese für einen Administrator in der Regel selbsterklärend sind. In Kapitel 6, *Howtos* finden Sie einige Aufgabenstellungen, die Ihnen als Administrator häufig begegnen können.

Lernziele:

» Möglichkeiten der Rechte- und Benutzerverwaltung kennenlernen
» Konfigurationseinstellungen mit *Page* und *User TSconfig* durchführen
» Workspaces verstehen
» Hilfreiche Zusatzfunktionalitäten kennenlernen

## 5.1 Backend-Benutzerverwaltung – Rechte

TYPO3 bietet Ihnen eine sehr fein granulierte Möglichkeit der Rechtevergabe, die auf Benutzern und Gruppen basiert. Durch eine entsprechende Anwendung kann damit auch ein rollenbasiertes Berechtigungskonzept umgesetzt werden. Durch die Möglichkeit der Vergabe und Definition von Untergruppen sind hier praktisch keine Grenzen gesetzt. Grundsätzlich gibt es zwei Arten von Benutzern: Redakteure und Administratoren. Und hier liegt auch ein wesentlicher Unterschied zwischen den Möglichkeiten der Benutzer. Ein *Administrator* darf praktisch alles, was mit der Konfiguration von TYPO3 zu tun hat. Lediglich die Einstellungen im Install Tool sind noch mal durch ein eigenes Passwort geschützt.

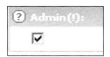

Abbildung 5.1: **Aktivierung der Admin-Rechte im Benutzerdatensatz**

Ein *Redakteur* ist auf die Pflege der Seite beschränkt und ist (in der Normalkonfiguration) von allen Möglichkeiten ausgeschlossen, die es ihm erlauben würden, die eigenen Rechte zu erweitern. Er hat also konsequenterweise keinen Zugriff auf die Einstellungen von Rechten und Einstiegspunkten.

> *Die einzige Stelle, an der ein normaler Redakteur Änderungen an Einstellungen von Bearbeitungsrechten vornehmen kann, ist das Modul* USER, SETUP. *Dafür muss das Modul aber erst für den Redakteur freigeschaltet sein. Er kann sich dann selbst im Bereich* ADVANCED FUNCTIONS *in der Standardeinstellung die Möglichkeit des rekursiven Löschens und Kopierens freischalten. Durch diese bewusste Entscheidung soll vermieden werden, dass jemand aus Unwissenheit versehentlich ganze Seitenbäume löscht.*

Letztendlich läuft es darauf hinaus, dass der Redakteur nicht auf die allgemeine Benutzerverwaltung zugreifen kann und keine Möglichkeit bekommt, eigenen PHP-Code auf dem Server auszuführen, da beide Wege eine Erweiterung der eigenen Rechte ermöglichen würden. Während dies bei der Benutzerverwaltung sofort einleuchtet, bedarf es bei der PHP-Geschichte wohl eines kleinen Beispiels.

Stellen Sie sich vor, ein erfahrener Redakteur soll auch Zugriff auf TypoScript-Templates erhalten, da er so beispielsweise selbstständig das Aussehen von Menüs verändern kann. Auf diesem Wege ist es ihm aber auch möglich, über `page.includeLibs` eigene PHP-Dateien einzubinden, die normalerweise zur individuellen Modifizierung der Menüs gedacht sind, aber im Prinzip auch Code zum Erzeugen eines neuen Backend-Administrator-Benutzers oder zur Datenbank-Manipulation enthalten können.

Standardmäßig haben Nicht-Admins von TYPO3 aus keinen Zugriff auf TypoScript, sofern TYPO3 nicht durch eine Extension oder einen Hack dahingehend manipuliert wurde. Bei ausgelagerten TypoScript-Templates dürfen die externen Dateien natürlich nicht in einem Verzeichnis liegen, auf die der Redakteur über einen Dateimount Zugriff hat. Außerdem

**KAPITEL 5**  Das Backend – Eingabe und Pflege der Daten

können Sie das Einbinden von PHP-Scripts via TypoScript im Install Tool mit `noPHPscript-Include` verhindern.

*Falls Sie einzelnen (Ober-)Redakteuren eine Möglichkeit geben wollen, die Zugriffsrechte anderer (Unter-)Redakteure zu steuern, sollten Sie einen Blick auf die Extension* groupdelegation *werfen. Damit können Gruppen zugeordnet werden, die vorher vom Administrator angelegt wurden. Sie haben also sehr gut unter Kontrolle, welche Rechte im Einflussbereich des vergebenden Redakteurs sind.*

## 5.1.1 Funktionsweise, Grundprinzip

In der Einleitung zu diesem Kapitel haben Sie gelernt, dass ein Administrator-Benutzer praktisch alle Möglichkeiten hat und dass es deswegen auch keinen Sinn macht, ihn über Rechtestrukturen einschränken zu wollen. Wir konzentrieren uns also auf den Redakteur, dem wir je nach Vorwissen und Aufgabengebieten eine auf ihn zugeschnittene Bearbeitungsoberfläche im Backend bieten wollen.

**Machen Sie sich in jedem Fall die Mühe, den Redakteuren nur die für ihre Aufgaben benötigten Module und Felder anzuzeigen. Sie erleichtern vor allem unerfahrenen Redakteuren durch diese einfache Maßnahme das Leben ungemein, da diese sich auf die für sie relevanten Elemente beschränken können. Die Zufriedenheit der Redakteure mit der Bearbeitungsoberfläche und damit auch mit TYPO3 und mit Ihnen wird deutlich erhöht!**

### Gruppen und Benutzer anlegen

Die Datensätze für Backend-Benutzer und -Benutzergruppen liegen im Seitenbaum auf der obersten Ebene. Hier können Sie über die bekannte Funktionalität des List-Moduls neue benötigte Datensätze anlegen. Sie entsprechen Einträgen in den Datenbanktabellen *be_users* und *be_groups*. Sinnvollerweise überlegen Sie sich zuerst die verschiedenen Rechte- und Zugriffsszenarien, die Sie benötigen, und schaffen dafür jeweils eine Benutzergruppe. Einem einzelnen Benutzer können Sie dann die benötigten Gruppen (oder Rollen) zuweisen, wobei – wie auch in anderen Systemen üblich – die Rechte der einzelnen Gruppen additiv auf den Benutzer angewandt werden. Anhand eines Beispielszenarios können Sie am Ende dieses Hauptkapitels eine Vorgehensweise für sinnvolle Gruppenstrukturen nachvollziehen.

*Eine weitere komfortable Möglichkeit für die Verwaltung von Backend-Benutzern und -Benutzergruppen befindet sich im Modul* TOOLS, USER ADMIN. *Näheres dazu finden Sie weiter unten.*

Da in TYPO3 bereits eine Dokumentation zu den einzelnen Feldern enthalten ist (Sie erreichen sie über das kleine Hilfe-Icon), halten wir es nicht für zielführend, hier alle Felder zu beschreiben, sondern beschränken uns auf die entscheidenden und auf diejenigen, deren Funktion nicht offensichtlich ist. Um die Übersichtlichkeit zu erhalten, haben wir die sehr umfangreiche Maske einer Benutzergruppe in einzelne Bereiche aufgeteilt.

# KAPITEL 5 Das Backend – Eingabe und Pflege der Daten

Abbildung 5.2: **Oberster Bereich der Backend-Benutzergruppen-Einstellungen**

1. Für Hauptgruppen werden Sie in der Regel die Möglichkeiten der *Access Lists* benötigen, um eine detaillierte Konfiguration zu ermöglichen. (Ist dieses Häkchen deaktiviert, sind die folgenden Optionen nicht verfügbar. Die Gruppe kann dann aber dennoch für andere Zwecke verwendet werden, beispielsweise zur Gruppierung von Backend-Gruppenrechten oder zur Vergabe von DB bzw. File Mounts.)

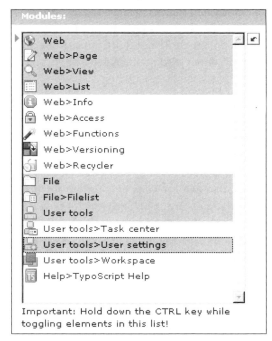

Abbildung 5.3: **Modulberechtigungen**

2. Sie können festlegen, welche Module dem Benutzer zur Verfügung stehen.
Je nach installierten Extensions stehen hier verschiedene Optionen zur Auswahl. Mithilfe der Taste [Strg] können Sie mehrere Optionen aktivieren.

# KAPITEL 5  Das Backend – Eingabe und Pflege der Daten

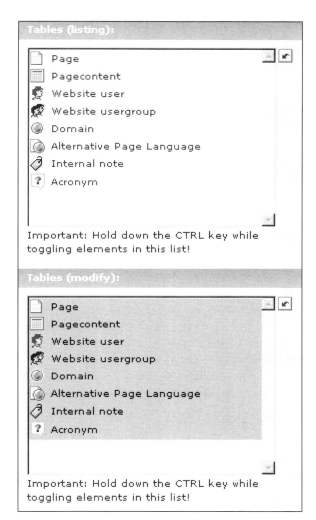

Abbildung 5.4: **Datensatzberechtigungen**

3. Sie können festlegen, welche Tabellen bzw. Datensätze vom Benutzer angesehen (LISTING) oder bearbeitet (MODIFY) werden können.
   Je nach installierten Extensions stehen hier verschiedene Optionen zur Auswahl.
   Mithilfe der Taste [Strg] können Sie mehrere Optionen aktivieren.

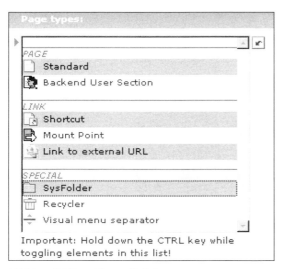

Abbildung 5.5: **Berechtigung für Seitentypen**

4. Sie können dem Redakteur – je nach seinen Aufgaben – verschiedene Seitentypen zur Verfügung stellen. (Seitentypen können übrigens auch von Ihnen als Extension-Entwickler hinzugefügt werden, lesen Sie hierzu bitte Kapitel 6, *HowTos*, Abschnitt 6.10)
Mithilfe der Taste [Strg] können Sie mehrere Optionen aktivieren.
Im $TCA ist konfiguriert, welche Felder für den jeweiligen Seitentyp angezeigt werden. Details zum $TCA finden Sie in Kapitel 7, *Das Framework – Werkzeugkasten für die eigene Extension*, Abschnitt 7.3.2.

> **TIPP**
> 
> *Sie können auch neben der schlichten Berechtigung, ob ein Feld angezeigt wird, die Position des Feldes in der Eingabemaske bestimmen, was für den Redakteur unter Umständen noch mal für eine vereinfachte bzw. intuitivere Eingabe sorgen kann.*

*Die Vorgehensweise dazu ist in Kapitel 6, Howtos, Abschnitt 6.1.4 beschrieben.*

5. Eine ganz entscheidende Möglichkeit der Konfiguration sind die sogenannten *excludefields*. Dadurch wird es Ihnen ermöglicht, ganz gezielt einzelne Felder verschiedener Datensätze für die Bearbeitung durch die Redakteure der entsprechenden Gruppe freizugeben. Natürlich muss ihnen dazu die Bearbeitungsmöglichkeit bzw. Ansicht der entsprechenden Seite (Access-Modul) und des zugehörigen Datensatzes (siehe andere Freischaltungsoptionen) erlaubt sein.
Mithilfe der Taste [Strg] können Sie mehrere Optionen aktivieren.
Im $TCA kann für jedes Feld angegeben werden, ob es generell oder als *excludefield* zur Verfügung gestellt werden soll. Diese Möglichkeit haben Sie auch für selbst erstellte Extensions.
Auch hier gilt für eine gute Konfiguration wieder die Regel: Weniger ist mehr!

# KAPITEL 5   Das Backend – Eingabe und Pflege der Daten

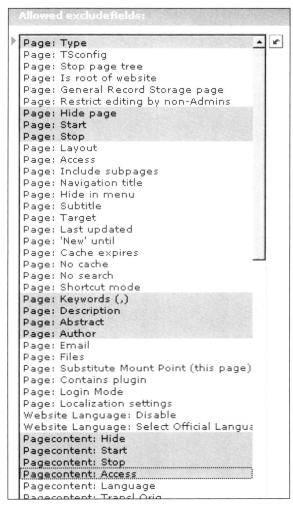

Abbildung 5.6: **Gezielt gesetzte excludefields**

6. Durch die Einstellung [BE][explicitADmode] im Install Tool können Sie erst einmal grundsätzlich definieren, ob die verschiedenen Seiteninhaltselemente erlaubt oder verboten werden müssen. Wir empfehlen, die Standardeinstellung von explicitDeny auf explicitAllow zu ändern, da dann beim Installieren neuer Extensions daraus resultierende Möglichkeiten hier für den Redakteur bewusst freigeschaltet werden müssen und nicht eventuell unbeabsichtigt direkt zur Verfügung stehen.

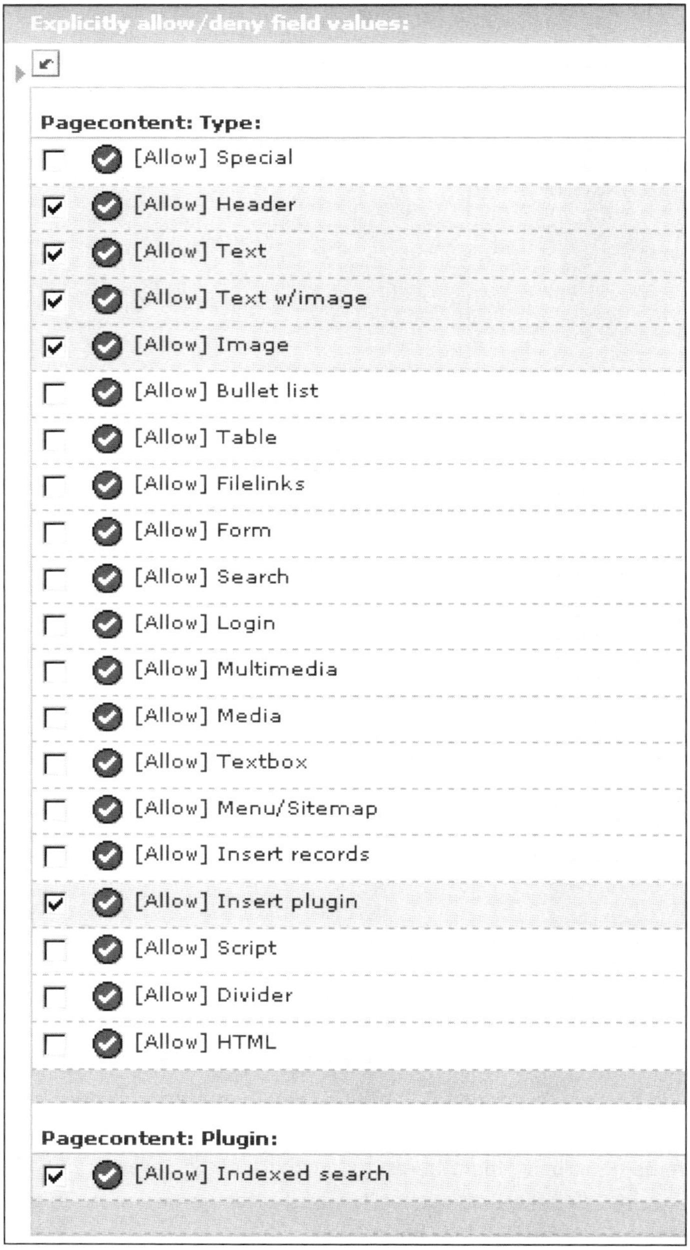

# KAPITEL 5  Das Backend – Eingabe und Pflege der Daten

**Explicitly allow/deny field values:**

**Pagecontent: Type:**
- ☐ [Allow] Special
- ☑ [Allow] Header
- ☑ [Allow] Text
- ☑ [Allow] Text w/image
- ☑ [Allow] Image
- ☐ [Allow] Bullet list
- ☐ [Allow] Table
- ☐ [Allow] Filelinks
- ☐ [Allow] Form
- ☐ [Allow] Search
- ☐ [Allow] Login
- ☐ [Allow] Multimedia
- ☐ [Allow] Media
- ☐ [Allow] Textbox
- ☐ [Allow] Menu/Sitemap
- ☐ [Allow] Insert records
- ☑ [Allow] Insert plugin
- ☐ [Allow] Script
- ☐ [Allow] Divider
- ☐ [Allow] HTML

**Pagecontent: Plugin:**
- ☑ [Allow] Indexed search

Abbildung 5.7: **Explicit Allow Fields**

# KAPITEL 5   Das Backend – Eingabe und Pflege der Daten

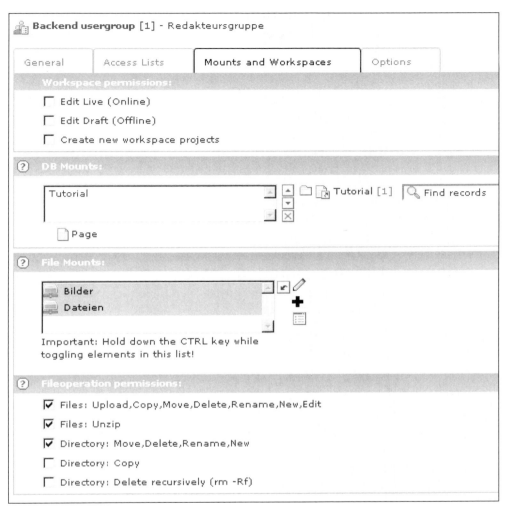

Abbildung 5.8: **Workspaces, DB und File Mounts**

7. Der *DB Mount* bestimmt den Einstiegspunkt, den der Redakteur im Seitenbaum bekommt. Wählen Sie hier einen oder mehrere Seitenbereiche, für die der Redakteur zuständig ist. Auch beim Benutzer können Sie einen DB Mount festlegen. Es wird jedoch empfohlen, diesen immer über die Gruppe zu setzen, damit die Übersichtlichkeit nicht verloren geht und das System dauerhaft pflegbar bleibt.

**ACHTUNG** Falls ein hier gewählter DB Mount beim Benutzer für den User nicht sichtbar wird, liegt dies vermutlich an der nicht korrekt gesetzten Rechtezuteilung dieser gewählten Seite im Modul WEB, ACCESS. Der Benutzer bzw. die Benutzergruppe muss mindestens Leserechte auf die Seite besitzen. Details zur Rechtezuteilung finden Sie weiter unten.

**KAPITEL 5**  Das Backend – Eingabe und Pflege der Daten

8. Ein *File Mount* bestimmt die Zugriffsberechtigung auf einen Ordner im Dateisystem, der meist ein Teilbereich innerhalb des Bereiches *fileadmin ist*. Um einen *File Mount* auswählen zu können, muss dieser zuerst angelegt werden. Dies können Sie entweder über den Button mit dem Plus-Zeichen von hier aus oder über das List-Modul auf der Root-Ebene durchführen. Der so konfigurierte Ordner steht dem Benutzer dann sowohl im Modul FILE, FILELIST als auch in den Dateiauswahlfenstern (beispielsweise beim Einfügen von Bildern) zur Verfügung. Ein File Mount kann sowohl relativ als auch absolut gesetzt werden. Falls er relativ gesetzt wird, wird ein Unterbereich von *fileadmin* angegeben. Für einen Backend-Administrator ist automatisch der File Mount *fileadmin/* vergeben. Beachten Sie bitte den Schrägstrich am Ende. Falls Ordner von außerhalb des TYPO3-Bereiches oder sogar von außerhalb des *DocumentRoot*-Verzeichnisses des Webservers zur Verfügung gestellt werden sollen, geschieht dies über die Option ABSOLUT. Um einen solchen Ordner einbinden zu können, muss jedoch im Install Tool ein passender Pfad im Feld [BE] [lockRootPath] eingetragen werden. Zusätzlich muss der Webserver-Benutzer (meist *www-data*) ausreichend Rechte für den Zugriff auf dieses Verzeichnis haben.

9. Für das Hochladen und Editieren von Dateien und für das Verwalten von Unterverzeichnissen können hier für jeden Benutzer individuelle Rechte vergeben werden. Die Beschreibung der Kästchen spricht für sich.

> **ACHTUNG**
> Falls *safe_mode* oder andere Sicherheitseinschränkungen aktiviert sind, sind Zugriffe auf Ordner außerhalb des *DocumentRoot*-Verzeichnisses in der Regel nicht möglich.

10. Eine ausführliche Beschreibung der Workspaces finden Sie in Abschnitt 5.4.

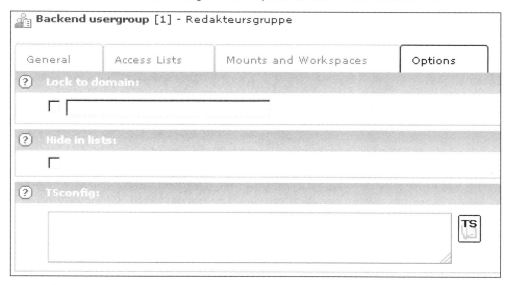

Abbildung 5.9: **Der letzte Reiter der Backend-Benutzergruppen-Einstellungen**

11. HIDE IN LISTS: Generische Gruppen, die beispielsweise *TS Config*-Einstellungen für alle an-

# KAPITEL 5   Das Backend – Eingabe und Pflege der Daten

deren Gruppen beinhalten, sollen in der Regel nicht direkt ausgewählt werden können und werden durch diese Option für den Benutzer im Task Center oder bei der Zuordnung von Gruppen zu Seiten im Modul WEB, ACCESS unsichtbar.

12. TSCONFIG: Für die *User TSconfig*-Definitionen auf Benutzergruppen-Ebene.

Sobald die Benutzergruppen korrekt erstellt worden sind, gestaltet sich das Anlegen von Benutzern und deren Zuordnung relativ einfach. Im Benutzerdatensatz sind viele Optionen verfügbar, die auch für die Benutzergruppe definiert werden können und oben beschrieben wurden.

Es empfiehlt sich, Berechtigungen ausschließlich über die Zugehörigkeit zu Gruppen zu vergeben, da damit auf lange Sicht eine wesentlich bessere Übersichtlichkeit und Pflegbarkeit gewährleistet ist.

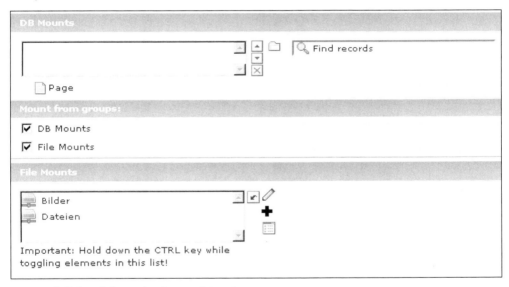

Abbildung 5.10: **Ausschnitt aus dem Benutzerdatensatz**

1. DB MOUNTS und FILE MOUNTS können speziell für diesen Benutzer hinzugefügt werden. Sowohl die Vorgehensweise als auch die Auswirkungen entsprechen der Konfiguration bei der Benutzergruppe.
2. Durch Auswahl dieser Häkchen werden alle gewählten DB MOUNTS und FILE MOUNTS der zugeordneten Gruppen für den Benutzer übernommen. Dies entspricht der empfohlenen Vorgehensweise.

*TIPP: Um die Auswirkungen der getätigten Konfiguration zu testen, öffnen Sie am besten einen weiteren Browser (nicht nur einen neuen Reiter oder ein Browserfenster desselben Browsers) und melden sich dort als der neu angelegte Redakteur an. Verändern Sie dann im ersten Browser (als Administrator angemeldet) die Konfiguration der entsprechenden Gruppen, und beobachten Sie im zweiten Browser sofort die resultierenden Änderungen.*

# KAPITEL 5   Das Backend – Eingabe und Pflege der Daten

## Im Seitenbaum zuordnen

Nachdem die benötigten Benutzer und Benutzergruppen angelegt worden sind, müssen ihnen noch die entsprechenden Teilabschnitte im Seitenbaum freigegeben werden. Dies wird im Modul WEB, ACCESS durchgeführt.

Die Möglichkeiten der Rechtevergabe sind eng an die Rechtestruktur auf einem UNIX/Linux-System angelehnt. Für jede Seite kann ein Besitzer und eine Gruppe angelegt werden. Darauf aufbauend werden die detaillierten Rechte vergeben. Seien Sie vorsichtig mit Rechten für *Everybody*. Jeder angemeldete Benutzer, der diese Seite innerhalb seines DB Mounts sehen kann, darf hier gewählte Aktionen durchführen.

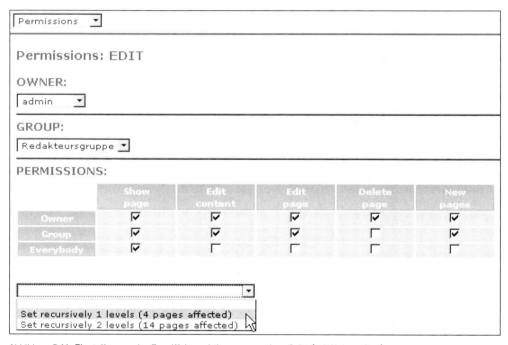

Abbildung 5.11: **Einstellungen der Zugriffsberechtigungen zu einer Seite (mit Unterseiten)**

Um nicht für jede Seite extra die nötigen Einstellungen vornehmen zu müssen, können die gewählten Rechte einschließlich Benutzer und Benutzergruppe rekursiv für alle Unterseiten bis zu dem gewählten Niveau übernommen werden. Ein Administrator hat generell auf alle Seiten Vollzugriff.

> **TIPP**
> 
> *Falls Ihnen die daraus resultierenden Zuordnungsmöglichkeiten nicht ausreichen, bietet Ihnen die Extension* be_acl *vermutlich eine Lösung. Mit den dadurch möglichen* Access Control Lists *(ACLs) können Sie einzelnen Seiten- und Seitenbäumen mehrere Gruppen und Benutzer mit jeweiligen Rechten zuweisen.*

## 5.1.2 Home-Verzeichnisse

Zusätzlich zu den oben beschriebenen Möglichkeiten für die Anlage von Arbeitsverzeichnissen für die Benutzer gibt es noch eine weitere (praktisch automatische) Möglichkeit: die sogenannten Home-Verzeichnisse. Diese von Linux bekannte Struktur bedeutet, dass es ein eigenes Verzeichnis für jeden Benutzer bzw. für jede Gruppe gibt. Somit kann auf einfache Weise und mit wenig Aufwand eine Ablagefläche für Dateien pro Benutzer/Gruppe vorgesehen werden. Dadurch wird auf elegante Weise verhindert, dass sich Benutzer gegenseitig ins Gehege kommen.

Als Grundlage ist eine entsprechende Konfiguration im Install Tool nötig. Die Felder [BE] [userHomePath] und [BE][groupHomePath] definieren das Basisverzeichnis für Home-Verzeichnisse. Die hier angegebenen Pfade müssen den im Feld [BE][lockRootPath] angegebenen Pfad enthalten.

Sie müssen natürlich wiederum sicherstellen, dass die angegebenen Verzeichnisse tatsächlich existieren und dass die nötigen Zugriffsberechtigungen für den Webserver (meist *www-data*) bestehen.

Listing 5.1: **Pfadangaben für beispielhafte Home-Verzeichnisse**

```
/pfad_zu_lockRootPath/groups/1_basisredakteur/
/pfad_zu_lockRootPath/groups/2/
/pfad_zu_lockRootPath/users/1_admin/
/pfad_zu_lockRootPath/users/3/
```

Die oben aufgelisteten Verzeichnisse könnten durch folgende Konfigurationen angesprochen werden (entnommen aus der Datei *typo3conf/localconf.php*, die vom Install Tool geschrieben wird:

Listing 5.2: **Ausschnitt aus der localconf.php**

```
$TYPO3_CONF_VARS['BE']['lockRootPath'] = '/pfad_zu_lockRootPath/';
$TYPO3_CONF_VARS['BE']['userHomePath'] = '/pfad_zu_lockRootPath/users/';
$TYPO3_CONF_VARS['BE']['groupHomePath'] = '/pfad_zu_lockRootPath/groups/';
```

Die Namen der Verzeichnisse für die Benutzer und Gruppen bestehen im einfachsten Fall aus der UID. Falls Sie in der Verzeichnisstruktur auf den ersten Blick erkennen wollen, welcher Gruppe bzw. welchem Benutzer die Unterverzeichnisse zugeordnet sind, können Sie zusätzlich, durch einen Unterstrich getrennt, den Namen der Gruppe bzw. des Benutzers hinzufügen. Das hat natürlich zur Folge, dass Sie bei einer Änderung des Namens auch das zugehörige Verzeichnis anpassen müssen.

## 5.1.3 Überblick behalten

Damit Sie bei einer ganzen Reihe von Benutzern und Benutzergruppen nicht den Überblick verlieren, können Sie mit dem Modul TOOLS, USER ADMIN arbeiten. Hier können Sie alles auf einen Blick betrachten.

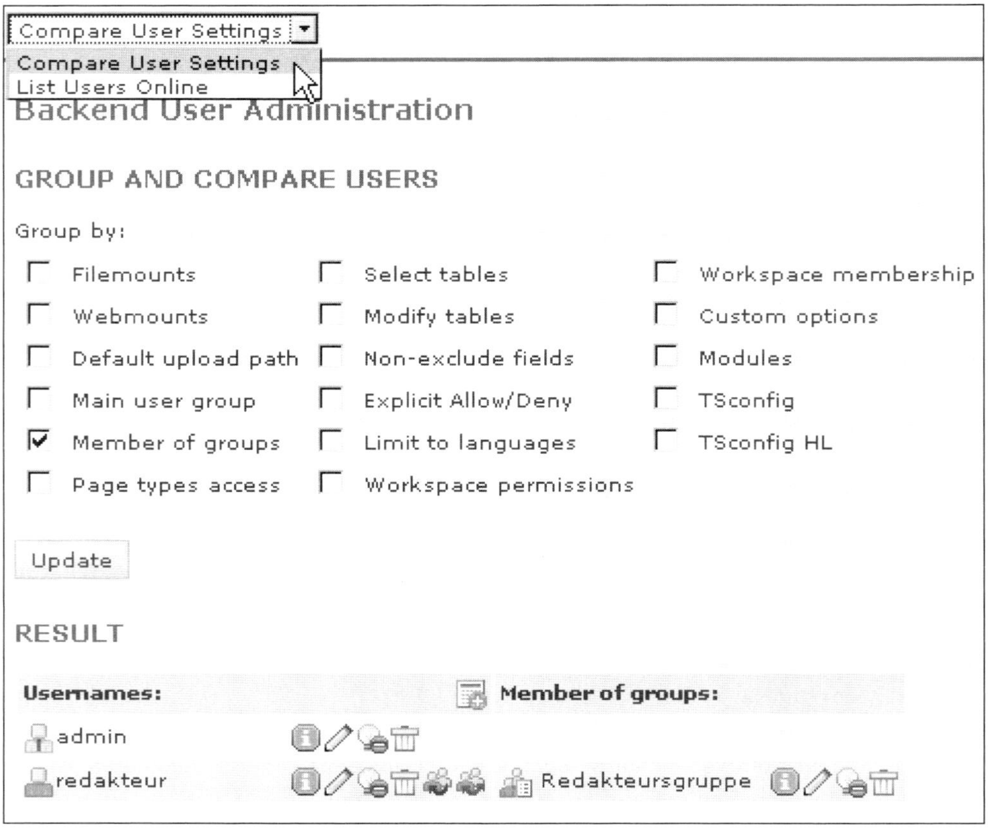

# KAPITEL 5  Das Backend – Eingabe und Pflege der Daten

![Backend User Administration screenshot]

Abbildung 5.12: **Weitere Informationen zu den Benutzern anzeigen**

Durch einen Klick auf das Icon zum Wechseln des Benutzers können Sie direkt in die Maske des ausgewählten Benutzers wechseln, um die getätigten Einstellungen zu kontrollieren.

Abbildung 5.13: **Zum Benutzer wechseln**

Das rot hinterlegte Symbol ermöglicht nach Abschluss der Kontrolle ein Zurückwechseln auf den aktuellen (Administrator-)Benutzer; beim normalen Benutzerwechsel hingegen verlieren Sie die vorige Session, müssen sich also nach Verlassen des simulierten Benutzers neu als Administrator anmelden. Dies ist beispielsweise in einer Schulung angebracht, wenn Sie nicht möchten, dass der Benutzer die Möglichkeit hat, zur Administrator-Session zurückzuwechseln.

## 5.2 TypoScript-Konfiguration (TSconfig)

Analog zur Frontend-Konfiguration per TypoScript können Sie auch im Backend viele Einstellungen mittels TypoScript konfigurieren. Die Syntax gleicht der des Frontends. Seit der Version 4.3 können Sie auch im Backend Bedingungen (*conditions*) nutzen, in älteren Versionen war dies noch nicht möglich.

Es wird zwischen *Page TSconfig* und *User TSconfig* unterschieden. Wie die Namen schon andeuten, wird Page TSconfig auf Seitenebene konfiguriert und User TSconfig auf Benutzerebene. Beide sind vererbbar und können überschrieben werden. Mehr dazu folgt in den jeweiligen Unterkapiteln. Manche Einstellungen können sowohl im Page TSconfig als auch im User TSconfig gesetzt werden. In diesem Fall überschreiben Angaben im User TSconfig die Angaben im Page TSconfig.

> **TIPP**
>
> *Falls Sie eine ganze Reihe von projektweiten Einstellungen durchführen wollen, ist es ziemlich unkomfortabel, diese in den Backend-Feldern zu verwalten. Wir empfehlen, diese Konfigurationen mittels einer eigenen Extension in Text-Dateien auszulagern. Dadurch können Sie die Bearbeitung mit Ihrem Lieblingseditor durchführen und beispielsweise Versionierungssysteme nutzen. Ein Beispiel können Sie anhand der Extension* abz_eff_tsconfig *betrachten.*

Listing 5.3: **Einbindung von TSConfig-Angaben aus externen Textdateien**

```
    // add default page TSconfig
t3lib_extMgm::addPageTSConfig('<INCLUDE_TYPOSCRIPT: source="FILE:EXT:abz_
   eff_tsconfig/tsconfig_page.txt">');
    // add default user TSconfig
t3lib_extMgm::addUserTSConfig('<INCLUDE_TYPOSCRIPT: source="FILE:EXT:abz_
   eff_tsconfig/tsconfig_user.txt">');
```

Falls Sie keine eigene Extension nutzen wollen, können Sie mittels `<INCLUDE_TYPOSCRIPT: source="FILE:EXT:abz_eff_tsconfig/tsconfig_page.txt">` auch im Feld TSconfig auf eine externe Datei verweisen.

> **ACHTUNG**
>
> **Falls Sie mehrere Extensions installiert haben, die diesen Weg nutzen, werden bei Überschneidungen die Einstellungen der in der Extension-Liste zuletzt genannten Extensions verwendet. Die Extension-Liste können Sie in der Datei *typo3conf/localconf.php* in der Variablen `$TYPO3_CONF_VARS['EXT']['extList']` einsehen.**

**Einstellungen, die in das Feld für User TSconfig bei dem Datensatz für den Benutzer oder die Benutzergruppen geschrieben werden, haben haben Priorität vor allen anderen Einstellungen.**

### 5.2.1 Page TSconfig

Konfigurationen zu Page TSconfig werden im Feld TSconfig in den Seiteneigenschaften gesetzt, oft global auf der obersten Seite, da sie für alle Unterseiten genauso gelten sollen.

# KAPITEL 5   Das Backend – Eingabe und Pflege der Daten

Durch Setzen von Konfigurationen auf Unterseiten können diese Werte explizit überschrieben werden. Definierte Werte gelten also immer auf der aktuellen Seite und auf allen innerhalb dieser Seite aufgehängten Unterseiten auf allen folgenden Ebenen.

Die aktuell gesetzten Einstellungen können Sie im Modul WEB, INFO für jede Seite des Seitenbaums betrachten. Falls Sie selbst noch keine Einstellungen vorgenommen haben, entsprechen diese den Standardeinstellungen, die von den installierten Extensions vorgenommen wurden. Sie können sich entweder die gesamte Konfiguration oder nur einen Hauptbereich anzeigen lassen.

Abbildung 5.14: **Aktuelle Page TSConfig-Einstellungen betrachten**

> **ACHTUNG**
> 
> In diesem Abschnitt werden nur die aus unserer Sicht interessantesten Konfigurationsmöglichkeiten besprochen. Eine detaillierte Übersicht entnehmen Sie bitte der Dokumentation *doc_core_tsconfig*. Einen Hinweis darauf finden Sie auch am Ende dieses Kapitels.

Sie können Einstellungen nach Hauptbereichen (auch *TLO – Top Level Object* genannt) gegliedert vornehmen:

## mod (Module)

Hier werden Konfigurationen für die Backend-Module vorgenommen. Die Syntax folgt der Struktur `mod.[module_name].[property]`. Die entsprechenden Modulnamen finden Sie in der Datei *conf.php* in der jeweiligen Extension in der Variable `$MCONF['name']`.

> **ACHTUNG:** Auch im Bereich User TSconfig können hierfür Einstellungen vorgenommen werden. Die Einstellungen im User TSconfig haben dabei Priorität. Beachten Sie bitte bei Einstellungen in diesem Bereich immer auch die dort konfigurierten Werte.

Die interessantesten Einstellungsmöglichkeiten aus unserer Sicht sind folgende:

» das Ausblenden von Optionen im Funktionsmenü der Module
» nur eingesetzte Inhaltsspalten im Seiten-Modul anzeigen
» Einschränkung der Tabellen für neue Datensätze
» weitere hilfreiche Ansichten im Extension Manager einblenden

Sie werden im Folgenden kurz erläutert.

### Ausblenden von Optionen im Funktionsmenü der Module

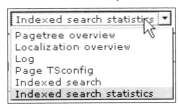

Abbildung 5.15: **Info-Menü, noch vollständig**

Um z. B. den Punkt Log des Funktionsmenüs im Modul Info auszublenden, ist folgende Konfiguration nötig:

Listing 5.4: **Menüpunkt ausblenden**

```
mod.web_info.menu.function.tx_belog_webinfo = 0
```

Dabei müssen Sie wissen, dass besagter Menüpunkt dem Modul Web, Info (interner Schlüssel `web_info`) zugeordnet ist und den Schlüssel `tx_belog_webinfo` hat. Die Modulzuordnung ist recht klar, schließlich ist der Menüpunkt überhaupt nur verfügbar, wenn man gerade im entsprechenden Modul arbeitet. Den Schlüssel finden Sie am besten durch einen Blick in den Quellcode des Auswahlmenüs heraus. Dort entspricht der Eintrag im Attribut *value* der Option dem Namen des gewünschten Menüpunktes. Die Anzahl der verfügbaren Optionen hängt natürlich davon ab, welche Extensions Sie installiert haben.

Listing 5.5: **HTML-Quellcode des Funktionsmenüs**

```
<select name="SET[function]"
onchange="jumpToUrl('index.php?&amp;id=0&amp;SET[function]='+this.options
```

## KAPITEL 5  Das Backend – Eingabe und Pflege der Daten

```
[this.selectedIndex].value,this);">
   <option value="tx_cms_webinfo_page">Pagetree overview</option>
   <option value="tx_cms_webinfo_lang">Localization overview</option>
   <option value="tx_belog_webinfo">Log</option>
   <option value="tx_infopagetsconfig_webinfo" selected="selected">Page TS ↵
      config</option>

   <option value="tx_indexedsearch_modfunc1">Indexed search</option>
   <option value="tx_indexedsearch_modfunc2">Indexed search statistics ↵
      </option>
   <option value="tx_crawler_modfunc1">Site Crawler</option>
   <option value="tx_ttnewscatmanager_modfunc1">tt_news category manager ↵
      </option>
</select>
```

> **ACHTUNG:** Ein Ausblenden von Menüpunkten stellt noch keine Zugangskontrolle dar. Es werden lediglich nicht benötigte Punkte aus dem Auswahlmenü entfernt, um für die Benutzer ein intuitiveres Arbeiten zu ermöglichen.

### Nur eingesetzte Inhaltsspalten im Seiten-Modul anzeigen

Bei vielen Projekten werden von den vier standardmäßig zur Verfügung stehenden Inhaltsspalten nur eine oder zwei benutzt. Um den Benutzer nicht unnötig zu verwirren, sollten alle unbenutzten Spalten ausgeblendet werden.

| SPALTE | INTERNE ID |
|---|---|
| Left | 1 |
| Normal | 0 |
| Right | 2 |
| Border | 3 |

Tabelle 5.1: **Standardspalten und dazugehörige interne ID**

Listing 5.6: **Nur die Spalten Normal und Right werden angezeigt.**

```
mod.SHARED.colPos_list = 0,2
```

### Einschränkung der Tabellen für neue Datensätze

Sie können explizit angeben, welche Tabellen dem Benutzer für das Anlegen von neuen Datensätzen (im Dialog CREATE NEW RECORD oder als Icon in den Modulen WEB, PAGE und WEB, LIST) angeboten werden. Diese Einstellung greift jedoch nur für Tabellen, auf die der Benutzer bereits Schreibrechte hat.

Listing 5.7: **Nur Datensätze der Tabellen pages und tt_content werden für eine Neuanlage angeboten.**

```
mod.web_list.allowedNewTables = pages,tt_content
```

## RTE

Dieser Bereich enthält die Konfigurationen für den *Rich-Text-Editor* (RTE). Eine Anpassung der Konfiguration an die Projektanforderungen ist sehr zu empfehlen, da normalerweise der größte Teil des Inhalts der Webseite über RTE-Felder gepflegt wird. Um dem Redakteur das Leben möglichst einfach zu machen, sollten im RTE nur die Felder eingeblendet werden, die nötig sind. Für den individuellen Bedarf können spezielle Formatierungsmöglichkeiten konfiguriert werden. Detailliertere Informationen dazu finden Sie weiter unten in Abschnitt 5.3.

## TCEMAIN

Hier werden Konfigurationen für die *TCE* (TYPO3 Core Engine) vorgenommen. Die *TCE* ist die Schnittstelle zwischen Backend und Datenbank, über die praktisch die komplette Datenbearbeitung abgewickelt wird. Dies beinhaltet Tätigkeiten wie das Anlegen, Editieren, Verschieben, Löschen usw.

Die interessantesten Einstellungsmöglichkeiten aus unserer Sicht sind:

» den Cache von bestimmten Seiten löschen, falls Datensätze an anderer Stelle verändert wurden
» Benutzer, Gruppen und Rechte für neue Seiten festlegen
» Kopieroptionen festlegen

Sie werden im Folgenden kurz erläutert.

### Cache von bestimmten Seiten löschen, falls Datensätze an anderer Stelle verändert wurden

TYPO3 löscht in der Standardkonfiguration automatisch den Cache einer Seite, sobald ein Element auf dieser Seite verändert wird. Beim Einsatz von Datensätzen wie z. B. bei `tt_news` liegen diese News-Datensätze jedoch häufig auf anderen Seiten als in der Darstellung im Frontend. Zum Beispiel werden Latest News auf der Startseite angezeigt, und bei einer Änderung von News muss der Cache der Startseite gelöscht werden, um die Änderung, die im News-Bereich durchgeführt wurde, sofort sichtbar zu machen. Mit unserem Beispiel-Code wird der Cache der Seiten mit der Seiten-*uid* 3 und 67 gelöscht, sobald Datensätze in der aktuellen Seite bearbeitet wurden. Somit spiegeln auch die Seiten 3 und 67 sofort den aktuellen Stand wider, obwohl auf den Seiten selbst keine Veränderungen vorgenommen wurden.

Listing 5.8: **Cache von weiteren Seiten löschen**

```
TCEMAIN.clearCacheCmd = 3,67
```

## Benutzer, Gruppen und Rechte für neue Seiten festlegen

Neu angelegten oder kopierten Seiten können Sie direkt Benutzer, eine Gruppe und gewünschte Rechte zuweisen. Ohne explizite Definition werden der neuen Seite der aktuelle Benutzer und seine Hauptgruppe zugewiesen. Eine Konfiguration dieser Einstellungen ist vor allem dann sinnvoll, wenn Sie als Administrator Seiten anlegen, die dann aber von normalen Redakteuren bearbeitet werden sollen.

Listing 5.9: **Benutzerrechte von neuen Seiten definieren**

```
TCEMAIN {
   permissions.userid = 2
   permissions.groupid = 3
   user = show,edit,delete,new,editcontent
   group = show,edit,new,editcontent
   everybody = show
}
```

Durch diese Konfiguration wird der neuen Seite der Benutzer mit der *uid* 2 und die Gruppe mit der *uid* 3 zugewiesen. Die Rechte entsprechen den gesetzten Häkchen im Modul WEB, ACCESS.

Die standardmäßige Einstellung lautet:

Listing 5.10: **Standardeinstellung der Rechte**

```
user = show,edit,delete,new,editcontent
group => show,edit,new,editcontent
everybody =
```

> **TIPP**
>
> *Sie können die gewünschten Rechte auch als Integer-Zahl setzen. Die Zahl zeigt an, welche Bits an Rechten gesetzt sind. Eine Addition der einzelnen Zahlen ergibt den aktuellen Status. Die Rechte* show, delete *und* edit *ergeben somit die Zahl 7.*
>
> ```
> show=1
> edit=2
> delete=4
> new=8
> editcontent=16
> ```
>
> *Dadurch können alle beliebigen Kombinationen an Rechten gesetzt werden.*

## Kopieroptionen festlegen

Sie können für Datensätze allgemein (`default`) oder für Datensätze von definierten Tabellen (z. B. `table.tt_content`) festlegen, dass die kopierte Seite nicht versteckt sein soll. Auch das dem Titel vorangestellte *(copy)* kann unterdrückt werden.

Listing 5.11: **Kopieroptionen für Datensätze der Tabelle tt_content festlegen**

```
TCEMAIN.table.tt_content {
   disablePrependAtCopy = 1
   disableHideAtCopy = 1
}
```

## KAPITEL 5   Das Backend – Eingabe und Pflege der Daten

## TCEFORM

In diesem Bereich können die Formulare des Backends an individuelle Bedürfnisse angepasst werden. Die generelle Syntax lautet [tablename].[field]. Sie ist sehr gut mit der $TCA vergleichbar und überschreibt dort getätigte Einstellungen.

### Mögliche Elemente für Auswahlfelder einschränken

Sie können aus Auswahlfeldern, die über das $TCA definiert sind, einzelne Elemente bewusst entfernen. Beispielsweise können Sie die umfangreiche Liste der von TYPO3 zur Verfügung gestellten Inhaltselemente oder Seitentypen auf die für das Projekt nötigen einschränken. Die im Listing hervorgehobenen Bezeichnungen entsprechen den Feldnamen in den Tabellen.

Listing 5.12: **Elemente aus Auswahllisten entfernen**

```
TCEFORM.tt_content.CType.removeItems = html,list
TCEFORM.pages.doktype.removeItems = 255
```

Die Schlüssel der Inhaltselemente können Sie auch hier dem HTML-Quelltext entnehmen. Öffnen Sie dazu beispielsweise ein Inhaltselement in der Bearbeitungsmaske, und analysieren Sie den Quellcode des Auswahlfeldes für den Inhaltstyp. Dort finden Sie die Namen und Werte der einzelnen Optionen, z. B. text, textpic oder html.

Abbildung 5.16: **Auswahlfeld (Ausschnitt) für den Inhaltstyp**

### Seitentyp umbenennen

Sie wollen dem Seitentyp *SysFolder* einen Namen geben, der dem Benutzer besser einleuchtet. Dabei können Sie direkt auf die Mehrsprachigkeitsfunktionalitäten von TYPO3 zurückgreifen.

Listing 5.13: **Überschreiben von Bezeichnungen; Möglichkeit der Mehrsprachigkeit**

```
TCEFORM.pages.doktype.altLabels.254 = Ordner für Systemdaten
TCEFORM.pages.doktype.altLabels.254 = LLL:EXT:ihreExtension/locallang_
   db.php:altLabel.sysFolder
```

**KAPITEL 5**   Das Backend – Eingabe und Pflege der Daten

Wie Sie eigene Seitentypen anlegen können, beschreiben wir in Kapitel 6, *HowTos*, Abschnitt 6.10.

Hintergrundwissen und Erläuterungen dazu, wie Sie für Mehrsprachigkeit in TYPO3 sorgen, finden Sie in Kapitel 7, *Das Framework – Werkzeugkasten für die eigene Extension*, Abschnitt 7.1.4.

Ein detailliertes Beispiel zur Anpassung von Texten finden Sie in Kapitel 6, *Howtos*, Abschnitt 6.2.

## TSFE

Dieser Bereich enthält derzeit nur zwei Konfigurationsmöglichkeiten, die unter Umständen beide sehr hilfreich sein können:

» Frontend-Session an andere Domain weitergeben

» Konfigurationen für Frontend und Backend gemeinsam nutzen

### Frontend-Session an andere Domain weitergeben

Falls Sie Verweise auf andere Seiten innerhalb Ihrer TYPO3-Datenbank im Bereich von verschiedenen Domains mithilfe von `jumpUrls` realisieren, können Sie einen Transfer der aktuellen Session des Frontend-Besuchers erzwingen. Ansonsten würde ein angemeldeter Besucher zwangsabgemeldet, da Frontend-Sessions in TYPO3 domainbasiert sind.

Listing 5.14: **Die Frontend-Session wird mit übertragen.**

```
TSFE.jumpUrl_transferSession = 1
```

### Konfigurationen für Frontend und Backend gemeinsam nutzen

Es gibt Szenarien, in denen Sie abhängig von der Position des Seitenbaums unterschiedliche Konfigurationen für ein Backend-Modul durchführen möchten. Falls Sie dieselbe Unterscheidung auch für die Darstellung im Frontend benötigen, können Sie dies durch das Objekt *constants* erreichen.

Listing 5.15: **Angabe von Werten für Frontend und Backend gleichzeitig**

```
TSFE.constants {
   websiteConfig.id = 123
   weitereAngabe = 0
}
```

Im Frontend können Sie wie in TypoScript üblich mittels `{$websiteConfig.id}` auf den Wert zugreifen. Auch in Ihrem Backend-Modul greifen Sie wie gewohnt auf die Werte zu:

Listing 5.16: **Zugriff auf die Konfiguration im Backend**

```
$PageTSconfig = t3lib_BEfunc::getPagesTSconfig($this->pObj->id);
$websiteID = $PageTSconfig['TSFE.']['constants.']['websiteConfig.']['id'];
```

## Das Objekt tx_[extKey] statt des Objekts user verwenden

Das Objekt *user* ist veraltet und sollte nicht mehr benutzt werden. Für von Ihnen definierte Einstellungen in TSconfig, z. B. für die Konfiguration von eigenen Modulen, nutzen Sie bitte die Syntax tx_[extKey]. Hierbei wird der Extension Key ohne Unterstriche geschrieben.

*Alle relevanten Einstellungen an Page TypoScript für die aktuelle Seite können Sie mithilfe des letzten Punktes in der Auswahlliste für das Page TypoScript im Modul* WEB, INFO *einsehen:* PAGE TSCONFIG.

### 5.2.2 User TSconfig

*User TSconfig* können Sie sowohl für Benutzer als auch für Benutzergruppen definieren. Falls Sie dem Benutzer mehrere Gruppen zugewiesen haben, werden die Einstellungen der Gruppen akkumuliert, Rechte addieren sich also. Die zuletzt eingebundene Gruppe überschreibt Werte der vorher eingebundenen Gruppen, und Einstellungen im Benutzer überschreiben diejenigen der Gruppen.

Um allgemeine Standardeinstellungen für alle Benutzer zu setzen, ohne dafür Gruppen anzulegen, können Sie die API-Funktion t3lib_extMgm::addUserTSconfig() so nutzen, wie am Anfang des Abschnitts 5.2 beschrieben ist.

Listing 5.17: **Beispiel für die Grundeinstellung von User TSconfig (in einer Textdatei)**

```
# show adminPanel and edit icons
admPanel {
   enable.edit = 1
   module.edit.forceNoPopup = 1
   module.edit.forceDisplayFieldIcons = 1
   module.edit.forceDisplayIcons = 0
   hide = 1
}
# allow to clear all cache
options {
   clearCache.all = 1
   clearCache.pages = 1
}

# allow resizing of navigation frame always
# you could set default instead of override also
setup.override {
   navFrameResizable = 1
   titleLen = 40
   copyLevels = 3
   recursiveDelete = 0
}
```

Über das Modul TOOLS, USER ADMIN können Sie die letztendlich resultierenden Einstellungen für jeden Benutzer kontrollieren, indem Sie das Häkchen bei TSCONFIG setzen.

# KAPITEL 5  Das Backend – Eingabe und Pflege der Daten

Abbildung 5.17: **TSConfig-Einstellungen anzeigen lassen**

Sie können Einstellungen nach Hauptbereichen (auch *TLO – Top Level Object* genannt) gegliedert vornehmen. Im Folgenden stellen wir die Hauptbereiche kurz vor.

## admPanel

Hier nehmen Sie Einstellungen bezüglich des Frontend-*Admin Panels* vor. Falls normalen Redakteuren ein Frontend-Editing ermöglicht werden soll, bietet sich eine Einstellung an, bei der die Bearbeitungsstifte und Eingabemöglichkeiten angezeigt werden, das Admin Panel selbst jedoch ausgeblendet ist.

Listing 5.18: **Mögliche Einstellung für einfaches Frontend-Editing bestehender Datensätze**

```
admPanel {
   enable.edit = 1
   override.edit.displayFieldIcons = 1
   override.edit.displayIcons = 1
   hide = 1
}
```

> **ACHTUNG**
> 
> **Um die Möglichkeiten des Admin Panels im Frontend zu nutzen, muss dieses erst generell durch die entsprechende Einstellung im regulären TypoScript ermöglicht werden:**
> 
> `config.admPanel = 1`
> 
> `page.config.admPanel = 1` **(bei einem Einsatz von Frames)**

Sie können festlegen, welche Teile des Admin Panels für den Benutzer verfügbar sein sollen:

Listing 5.19: **Einzelne Bereiche des Admin Panels freischalten**

```
admPanel.enable {
   preview = 0
   cache = 1
   publish = 0
   edit = 1
   tsdebug= 0
   info = 1
}
```

Falls Sie dies für sinnvoll erachten, können Sie mithilfe von `override` sogar die einzelnen Einstellungen im Admin Panel fest belegen. Klappen Sie alle Bereiche des Admin Panels auf, um den Zusammenhang zwischen den Einstellungen und den Parametern zu sehen.

Listing 5.20: **Beispielkonfiguration mit allen verfügbaren Parametern**

```
admPanel.override {
    preview = 1
    preview.showHiddenPages = 0
    preview.showHiddenRecords = 0
        //value must be timestamp
    preview.simulateDate = 0
        //value must be id of FE usergroup
    preview.simulateUserGroup = 1

    cache = 1
    cache.noCache = 1
    #cache.clearCacheLevels = 0

    publish = 1
    publish.levels = 1

    edit = 1
    edit.displayFieldIcons = 1
    edit.displayIcons = 0
    edit.editFormsOnPage = 0
    edit.editNoPopup = 0

    tsdebug = 1
    tsdebug.tree = 0
    tsdebug.displayTimes = 0
    tsdebug.displayMessages = 0
    tsdebug.LR = 0
    tsdebug.displayContent = 0
    tsdebug.displayQueries = 0
    tsdebug.forceTemplateParsing = 0
}
```

> **TIPP**
>
> *Falls manche Redakteure nur im Frontend arbeiten und gar nicht mit dem Backend in Berührung kommen, können Sie das Backend-Login durch einen Link (möglicherweise mit einem kleinen Login-Icon) auf der Webseite erreichen. Nach dem Login kommt der Benutzer wieder direkt zum Frontend-Editing.*
>
> `<a href="typo3/index.php?redirect_url=../">Login Edit</a>`

### options

In diesem Bereich bietet sich Ihnen eine Sammlung von verschiedensten Einstellmöglichkeiten für das Arbeiten im Backend. Eine Auflistung aller Parameter können Sie in der Core-Dokumentation *doc_core_tsconfig* einsehen. Besonders interessant aus unserer Sicht sind:

» RTEkeyList:

Benutzerdefinierte Liste der verfügbaren Buttons für den RTE. Damit können die generellen Einstellungen im Page TSconfig noch mal speziell für einzelne Benutzer angepasst werden. Dies wird hauptsächlich benutzt, um einzelnen Redakteuren aufgrund ihrer Rechte oder der Übersichtlichkeit halber weniger Buttons anzuzeigen.

# KAPITEL 5  Das Backend – Eingabe und Pflege der Daten

» clearCache:

Durch `options.clearCache.pages = 1` erhält der Benutzer die Möglichkeit, explizit den Cache von Seiten zu löschen. `options.clearCache.all = 1` ermöglicht das Leeren aller relevanten Cache-Tabellen.

» shortcutFrame:

Hierdurch wird die Anzeige des Bereiches ganz unten auf dem Bildschirm gesteuert. Dieser enthält die Suche und die Auswahlliste für Workspaces.

» saveDocNew:

Der Button SAVE AND CREATE NEW wird angezeigt. Dies kann auch explizit nur für einzelne Tabellen eingestellt werden (`options.saveDocNew.[table]`).

Seit der Version 4.3 wird dieser Button per Default angezeigt und muss bei Bedarf explizit tabellenweise ausgeblendet werden.

Abbildung 5.18: **Speichern und sofort neuen Datensatz erzeugen**

» disableDelete:

Der Button DELETE wird ausgeblendet. Dies kann auch explizit nur für einzelne Tabellen eingestellt werden (`options.disableDelete.[table]`).

Abbildung 5.19: **Der Löschbutton kann ausgeblendet werden.**

» createFoldersInEB:

Im Element-Browser wird dem normalen Benutzer die Möglichkeit angeboten, neue Dateiordner anzulegen. Der Administrator hat diese Möglichkeit immer.

Hier sehen Sie eine Sammlung von Einstellungen, die unserer Meinung nach sinnvoll sind:

Listing 5.21: **Sinnvolle Grundeinstellung für den Bereich options**

```
options {
   clearCache.all = 1
   clearCache.pages = 1
   shortcut_onEditId_keepExistingExpanded = 1
   saveDocNew = 1
# saveDocNew.[table] = 1 or top
   createFoldersInEB = 1
      //modify context Menus
# contextMenu.pageTree.disableItems = view, edit
# contextMenu.options.alwaysShowClickMenuInTopFrame = 1
}
```

## KAPITEL 5  Das Backend – Eingabe und Pflege der Daten

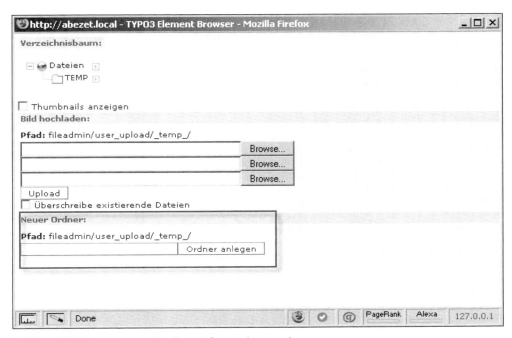

Abbildung 5.20: **Neue Ordner aus dem Element Browser heraus anlegen**

### mod

Einstellungen aus dem Page TSconfig-Bereich *mod* können hier für einzelne Benutzer gezielt überschrieben werden. Detaillierte Angaben zum Bereich *mod* finden Sie in Abschnitt 5.2.1 oder direkt in der Core-Dokumentation *doc_core_tsconfig*.

### Den Extension Manager erweitern

Für Entwickler kann es sehr hilfreich sein, einen schnellen Überblick über Auswirkungen von Extensions eines Projekts zu haben.

Listing 5.22: **Aktivierung von Experten-Optionen in der User TSconfig**

```
mod.tools_em.allowTVlisting = 1
```

Benutzen Sie diese Optionen bitte mit Bedacht, da sie sehr viel Rechenleistung in Anspruch nehmen. Es kann durchaus zu einem Abbruch des PHP-Scripts durch eine Zeitüberschreitung kommen. Falls dies bei Ihnen passiert, wird der Extension Manager erst einmal unbrauchbar. Wechseln Sie in diesem Fall in die Benutzerverwaltung, und deaktivieren Sie die zusätzlichen Optionen. Danach sollten Sie den Extension Manager wieder verwenden können.

# KAPITEL 5  Das Backend – Eingabe und Pflege der Daten

**ACHTUNG** Diese Option greift für den Extension Manager im Page TSconfig nur, wenn sie über eine externe Datei (siehe oben) eingebunden wird, da der Extension Manager nicht auf Seitenebene, sondern global greift. Ein Setzen der Option in den Seiteneigenschaften einer einzelnen Seite wird also keinerlei Auswirkungen haben. Daher haben wir diese Option bei der User TSconfig platziert.

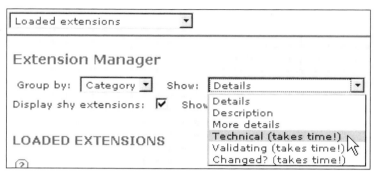

Abbildung 5.21: **Zusätzliche Optionen im Extension Manager für Entwickler**

### setup

Einstellungen können als `setup.defaults` oder `setup.override` vorgenommen werden und beziehen sich auf Konfigurationen im Modul USER, SETUP. Diese kann im Normalfall jeder Benutzer speziell für sich einstellen. Es können für den Benutzer sowohl Standardeinstellungen getroffen als auch die vom Benutzer vorgenommenen Einstellungen überschrieben werden.

**ACHTUNG** Hier festgelegte Einstellungen werden im Benutzerprofil gespeichert. Wenn Sie also einen Wert mit `setup.override` setzen und ihn später wieder entfernen möchten, reicht es nicht, einfach die Konfiguration wieder zu entfernen, da die Einstellung ja schon im Benutzerprofil gespeichert wurde. Sie müssen die gewünschte Einstellung explizit mit einem Leerwert (*blank*) in der Konfiguration setzen.

Sie sehen hier eine sinnvolle Grundeinstellung. Falls Sie die von Ihnen letztendlich gewählte Einstellung für so gut halten, dass der Benutzer sie nicht mehr ändern können soll, blenden Sie einfach das Modul USER, SETUP nicht für ihn ein.

Listing 5.23: **Sinnvolle Grundeinstellung für den Bereich setup**

```
setup.default {
    thumbnailsByDefault = 1
    startInTaskCenter = 0
    helpText = 1
    titleLen = 40
    edit_docModuleUpload = 1
    copyLevels = 5
    recursiveDelete = 0
    neverHideAtCopy = 0
```

```
    disableTabInTextarea = 0
}
setup.override {
    navFrameResizable = 1
}
```

## TCAdefaults.[tablename].[field]

Sie können für verschiedene Benutzer unterschiedliche Standardwerte für alle im $TCA definierten Felder setzen. Da auch an anderen Stellen Standardwerte gesetzt werden können, ist es wichtig, die gültige Reihenfolge dieser Werte für neue Datensätze zu beachten. In der Auflistung überschreiben spätere Punkte jeweils die vorhergehenden:

» Defaultwert im $TCA

» Defaultwert aus TCAdefaults (die aktuell besprochenen Einstellungen)

» Werte aus defVals in GET-Variablen (siehe *alt_doc.php*)

» Werte des vorhergehenden Datensatzes laut useColumnsForDefaultValues in $TCA['ctrl']

Falls der aktuelle Benutzer keinen Zugriff auf das entsprechende Feld hat (z. B. weil es nicht zu seiner Liste der ALLOWED EXCLUDEFIELDS: hinzugefügt wurde), wird entsprechend nur auf folgende Einstellungen zurückgegriffen:

» Defaultwert im $TCA

» Defaultwert aus TCAdefaults (die aktuell besprochenen Einstellungen)

In diesem Fall werden also die hier definierten Standardwerte definitiv in die Datenbank gespeichert werden, da der Benutzer gar keine Änderungsmöglichkeiten hat. Dies kann z. B. sehr sinnvoll bei der Sichtbarkeitseinstellung von neu angelegten Seiten sein.

Listing 5.24: **Seiten, Inhaltselemente und News sind beim Erstellen erst mal versteckt.**

```
TCAdefaults {
    pages.hidden = 1
    content.hidden = 1
    tt_news.hidden = 1
}
```

## user / tx_[extKey]

Das Objekt *user* ist veraltet und sollte nicht mehr benutzt werden. Für von Ihnen definierte Einstellungen in TSconfig, z. B. für die Konfiguration von eigenen Modulen, nutzen Sie bitte die Syntax tx_[extKey]. Hierbei wird der Extension Key ohne Unterstriche geschrieben.

## 5.3 rtehtmlarea und weitere Rich-Text-Editoren

rtehtmlarea ist derzeit der Standard-Rich-Text-Editor mit umfangreichen Konfigurationsmöglichkeiten, allerdings ist die Konfiguration nicht gerade einfach. Die Weiterentwicklung des originären *HTMLArea*[1] wurde eingestellt, der Rich-Text-Editor (RTE) wird derzeit nur von der TYPO3-Community weiterentwickelt. Es gibt jedoch auch Alternativen in Form von Extensions. Dabei sind vor allem tinyrte und tinymce_rte zu nennen.

*Es spricht generell nichts dagegen, statt des standardmäßig installierten* rtehtmlarea *einen anderen Rich-Text-Editor auszuprobieren. Beachten Sie dabei jedoch die der jeweiligen Extension beiliegende Dokumentation. Beispielsweise ist beim sehr vielversprechenden* tinymce_rte *aktuell noch keine direkte Unterstützung für die Extension* dam *möglich.*

Um die Funktionsweise des RTE zu verstehen und auftretende Fehler und Fehlkonfigurationen beheben zu können, müssen Sie die Datentransformation zwischen RTE, Datenbank und Frontend in ihren Grundzügen verstanden haben. Entscheidend für eine saubere Funktionsweise des RTE ist der Zusammenhang zwischen dem vom RTE erzeugten Code und der korrekten Transformation in die Frontend-Ausgabe über die RTE-API.

*Informationen zu diesen Datentransformationen finden Sie in Kapitel 7*, Das Framework – Werkzeugkasten für die eigene Extension, *Abschnitt 7.5.*

### 5.3.1 Konfiguration im Extension Manager

Die reine Anwendung des RTE sollte sogar für relative Anfänger eine intuitive Sache sein, da von Ihrer Seite dann bereits für die richtige Darstellung der gewählten Formatierungen im Frontend gesorgt ist. Allerdings sind Sie als Administrator dafür zuständig, dem Redakteur den für seine Aufgabe passend konfigurierten RTE zur Verfügung zu stellen, wobei Sie sehr viele Möglichkeiten haben.

Die Basiskonfiguration erfolgt im Extension Manager. Da die Extension im Regelfall schon vorinstalliert ist, müssen Sie gezielt zur Konfigurationsmaske springen. Klicken Sie in das Modul ADMIN TOOLS, EXT MANAGER, und wählen Sie dann oben im Dropdown-Menü LOADED EXTENSIONS. Nun können Sie aus der Liste der bereits installierten Extensions HTMLAREA RTE anklicken und gelangen in die Konfigurationsmaske.

Dort können Sie beispielsweise eine Rechtschreibprüfung aktivieren, brauchen dazu jedoch passende externe Programme auf dem Server. Für erste Tests ist vor allem die Konfiguration DEFAULT CONFIGURATION SETTINGS entscheidend. Dabei können Sie zwischen drei vorgefertigten Profilen (*minimal, typical, demo*) wählen, die Sie später noch detailliert anpassen können. Um einen Eindruck von der Mächtigkeit und den Möglichkeiten des Editors zu bekommen, empfehlen wir Ihnen zumindest testweise die Aktivierung des Demo-Profils.

---

[1] HTMLArea: http://de.wikipedia.org/wiki/HTMLArea

# KAPITEL 5    Das Backend – Eingabe und Pflege der Daten

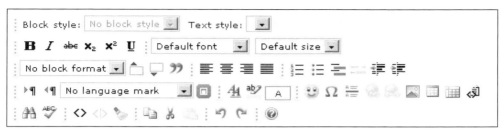

Abbildung 5.22: **Alle Möglichkeiten aktiviert (Demo-Profil)**

Dass alle diese Möglichkeiten wohl kaum in einem produktiven Projekt benötigt werden, versteht sich von selbst. Sie sollten nicht benötigte Buttons demzufolge auch nicht darstellen.

## 5.3.2 Konfiguration über TSconfig

Die detaillierte Konfiguration des RTE können Sie über Einstellungen in User und Page TSconfig vornehmen. Dabei wird durch das oben gewählte Basisprofil bereits jeweils eine Datei mit der dazu passenden Vorkonfiguration eingebunden. Diese Dateien finden Sie in der Extension selbst, beispielsweise *rtehtmlarea/res/demo/pageTSConfig.txt*. Dort können Sie sich einen guten ersten Eindruck von dem Aussehen und der Struktur der Konfiguration verschaffen.

> **TIPP**
>
> *Das Ergebnis der vorgefertigten Konfiguration, kombiniert mit Ihrer individuellen Konfiguration in Page TSconfig, können Sie im Modul* INFO *finden. Im Dropdown-Menü oben wählen Sie* PAGE TSCONFIG.

Viele Einstellungen werden für Sie direkt aus dem Profil passen, allerdings werden Sie so gut wie in jedem Projekt definieren wollen, welche Buttons im RTE angezeigt werden. Die Namen der möglichen Buttons finden Sie in der Dokumentation der Extension beim Punkt *showButtons*. Zur Konfiguration verwenden Sie am besten die Befehle `removeFromList` und `addToList` (in Page TSconfig):

Listing 5.25: **Anzeige der Buttons mittels Page TSconfig einstellen**

```
#Buttons im Typical-Profil
RTE.default.showButtons (
class, blockstylelabel, blockstyle, textstylelabel, textstyle,
formatblock, bold, italic, subscript, superscript,
orderedlist, unorderedlist, outdent, indent, textindicator,
insertcharacter, link, table, findreplace, chMode, removeformat, undo,
    redo, about,
toggleborders, tableproperties,
rowproperties, rowinsertabove, rowinsertunder, rowdelete, rowsplit,
columninsertbefore, columninsertafter, columndelete, columnsplit,
cellproperties, cellinsertbefore, cellinsertafter, celldelete, cellsplit,
    cellmerge
)
#Buttons entfernen
```

# KAPITEL 5   Das Backend – Eingabe und Pflege der Daten

```
RTE.default.showButtons:=removeFromList(subscript,superscript)
#Buttons hinzufügen
RTE.default.showButtons:=addToList(strikethrough)
```

Es gibt zusätzlich auch noch eine Konfigurationsmöglichkeit hideButtons, die Vorrang vor showButtons hat. Wir empfehlen Ihnen aus Gründen der Übersichtlichkeit jedoch, diese Option zugunsten der oben genannten Möglichkeiten nicht zu nutzen.

> **ACHTUNG** Beachten Sie bitte, dass auch im $TCA Einstellungen für die Anzeige von Buttons im RTE getätigt werden können. Falls Sie also in einem RTE überraschende Buttons angezeigt bekommen, klärt eventuell ein Blick in die $TCA-Einstellungen dieses Feldes die Sachlage.

Falls Sie Anzeige-Einstellungen gezielt für einzelne Benutzer setzen wollen, können Sie dies mit User TSconfig erreichen. Dabei geben Sie genau die Buttons an, die der Benutzer sehen soll. Diese Einstellung überschreibt die Einstellung in Page TSconfig.

Listing 5.26: **Anzeige der Buttons mittels User TSconfig**

```
options.RTEkeyList = bold, italic
```

Eine weitere häufige Aufgabenstellung ist die Zuweisung von projektspezifischen CSS-Stilen im RTE. Dabei müssen einige Konfigurationseinstellungen zusammenspielen, um das gewünschte Ergebnis zu erreichen.

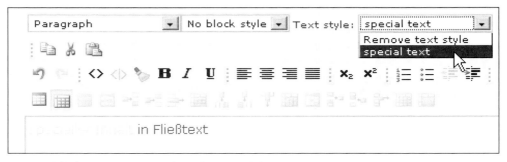

Abbildung 5.23: **Auswahl zur speziellen Darstellung von Inhalt**

Auf der Webseite soll dieser Textteil dann natürlich auch hervorgehoben (im Beispiel durch die Farbe Pink) dargestellt werden. In der Regel benötigen Sie mehrere solcher Stile, wobei der Text im Backend im Idealfall schon genauso dargestellt wird wie dann auf der Webseite. Dazu ist es sinnvoll, die CSS-Angaben für beide Darstellungen an einer Stelle (in einer CSS-Datei) abzulegen.

Im Folgenden sehen Sie die einzelnen Konfigurationsblöcke, die für dieses Verhalten nötig sind.

Listing 5.27: **Konfiguration für eine individuelle Textauszeichnung**

```
#Angaben für die Darstellung im Dropdown
RTE.classes {
```

# KAPITEL 5   Das Backend – Eingabe und Pflege der Daten

```
    specialtext {
       name = special text
       value = color:pink;
    }
 }

RTE.default {
#Angaben für CSS-Einbindung
   contentCSS = path/to/your/rte.css
       // Use stylesheet file rather than the above mainStyleOverride and ↵
   inlineStyle properties to style the contents (htmlArea RTE only)
   ignoreMainStyleOverride = 1

#Angaben, um die CSS-Klasse zuzulassen
   proc.allowedClasses := addToList(specialtext)

       //classesCharacter is synonyme to buttons.textstyle.tags.span. ↵
   allowedClasses
   classesCharacter := addToList(specialtext)
}
```

Durch die Angabe `ignoreMainStyleOverride = 1` wird eine CSS-Datei als Basis für das Auswahlfeld TEXT STYLE: genommen. Nur CSS-Klassen, die dort hinterlegt sind, werden im Backend angezeigt. Dies bewirkt, dass die nötigen Definitionen für die richtige Darstellung im Frontend automatisch getroffen sind.

In der von Ihnen angegebenen CSS-Datei können Sie dann die konfigurierten Stile definieren. Beachten Sie bitte, dass für eine richtige Darstellung auf der Webseite diese CSS-Datei auch im Frontend eingebunden werden muss.

Listing 5.28: **CSS-Definition für Frontend und Backend**

```
span.specialtext {color:pink;}
```

> **TIPP**
>
> *Speziell die getroffenen Einstellungen und Einstellungsmöglichkeiten in* proc *sollten Sie einer genaueren Prüfung unterziehen. Hier sind die Regeln definiert, was mit den Daten aus dem RTE auf dem Weg in die Datenbank passiert.*

Falls Sie den RTE für Frontend-Editing speziell konfigurieren wollen, müssen Sie Ihre Einstellungen in `RTE.default.FE` treffen. Um die Auswahlliste für Absätze zu reduzieren, hilft die Konfiguration `RTE.default.hidePStyleItems = pre,address,h5,h6`. Alle möglichen Einstellungen finden Sie in der englischsprachigen Dokumentation, die der Extension beiliegt.

## 5.4 Versionierung und Workspaces für das Team

TYPO3 ermöglicht eine Versionierung (*Versioning*) von Datensätzen und basierend darauf Arbeitsbereiche (Workspaces), die die Abbildung von Freigabe-Workflows ermöglichen. In diesem Abschnitt zeigen wir Ihnen die aktuellen Möglichkeiten und Vorgehensweisen dazu auf.

> *Seit der Version 4.3 sind Workspaces standardmäßig deaktiviert. Die Aktivierung erfolgt durch die Installation der Core-Extension* version.

### 5.4.1 Einführung

#### Teamarbeit und Freigabemechanismen in TYPO3

Die seit der TYPO3-Version 4.0 verfügbaren Workspaces bieten die Möglichkeit, Seiten und Inhalte zu bearbeiten, ohne dass die Änderungen sofort online sichtbar sind. (Der sogenannte LIVE WORKSPACE wird also nicht berührt). Dies kann vielfältige Anwendungsgebiete haben.

Zum einen gibt es die Möglichkeit, Inhalte, Seiten oder ganze Seitenbäume (*Branches*) für eine bestimmte Aktion auf der Webseite komplett vorzubereiten, sie zeitgesteuert auszutauschen und sogar nach Ablauf der Aktion wieder zum Ursprungszustand zurückzukehren. Ein Beispiel wäre eine Veranstaltung oder eine zeitlich begrenzte Aktion. Das macht aber erst Sinn, wenn die Unterschiede umfangreich genug sind, denn Inhalte und Seiten können auch direkt oder zeitgesteuert ein- und ausgeblendet werden.

Die andere, viel üblichere Nutzung besteht darin, für die Bearbeitung einzelner Seiten oder ganzer Bereiche abgestufte Rechte zu vergeben. Das heißt, manche Redakteure können Inhalte vorbereiten, andere Redakteure müssen gegenlesen und freigeben, und unter Umständen kann es noch eine Instanz geben, die erst die finale Freigabe erteilen darf. Ein derart detaillierter Redaktions-Workflow war vor der Version 4.0 nicht verfügbar und kann nun verschiedene Stufen an Komplexität einschließen, die in den Workspaces einzeln konfigurierbar sind.

Workspaces basieren auf dem TYPO3-Versionierungssystem (*Versioning*), das sie erweitern. Selbst erstellte Extensions, die workspace-fähig sein sollen, müssen also auch Versionierung unterstützen. Deshalb erläutern wir im Folgenden erst einmal deren Grundzüge.

> *Wollen Sie tiefer in den TYPO3-Core einsteigen und suchen Sie programmiertechnische Informationen über Versionierung und Workspaces, lesen Sie bitte auch Kapitel 7,* Das Framework – Werkzeugkasten für die eigene Extension, *Abschnitt 7.6.*

#### Versionierung

Versionierung ist ein System, das für beliebige Datensätze (Seiten, Seiteninhalte etc.) alle Änderungen nachvollziehbar mit einer Historie abspeichert und alte Zustände rekonstruierbar macht. Die Benutzeroberfläche für Versionierung (Extension version) ist in TYPO3 seit der Version 3.8 implementiert und bietet zumindest im Ansatz bereits ein System zur Organisation von Arbeitsabläufen.

# KAPITEL 5   Das Backend – Eingabe und Pflege der Daten

Es gibt verschiedene Datensätze, die versioniert werden können:

» Element = beliebiges Inhaltselement aus der Tabelle *tt_content* oder einer anderen Tabelle, die Versionierung unterstützt

» Page = Seite (inklusive abhängiger Elemente, die kopiert werden, z. B. Inhaltselemente, Sprachen), basierend auf der Tabelle *pages*

» Branch = Seitenbaum, also eine Seite mit Unterseiten und abhängigen Elementen bis zu einer eingestellten Tiefe

Welchen Versionstyp man nutzt, hängt davon ab, welche Art von Änderung man bezweckt.

*Element* als einfachsten Typ verwenden Sie, wenn Sie nur an einer bestimmten Stelle Änderungen vornehmen wollen, deren Umgebung (*pid*, Sortierung etc.) jedoch unberührt bleibt bzw. bleiben soll. Das bedeutet, ein Verschieben in eine andere Seite oder ein Umsortieren wird in neuen Versionen dieses Typs nicht erfasst.

Dafür ist der Typ *Page* geeignet. Der Nachteil ist allerdings, dass beim Typ *Page* alle Unterelemente kopiert werden, neue IDs erhalten und ihren Bezug zum Original verlieren, was zur Folge haben kann, dass Referenzen darauf (z. B. *TemplaVoila*) sowie interne Links nicht mehr funktionieren.

Den Typ *Branch* nutzen Sie, wenn ganze Bereiche neu bearbeitet oder umsortiert werden sollen. Das Problem ist prinzipiell dasselbe wie beim Typ *Page*, denn auch hier werden alle mit-versionierten Unterelemente (hier sogar auch die untergeordneten Seiten) kopiert und erhalten neue IDs.

Neue Versionen der Typen *Element* oder *Page* können (z. B. durch Workspaces) automatisch erzeugt werden, oder es gibt (an den entsprechenden Stellen) die Option, mit CREATE NEW VERSION diese zu erzeugen. Einen neuen Branch hingegen müssen Sie immer manuell anlegen (wählen Sie im Kontextmenü der entsprechenden Seite VERSIONING).

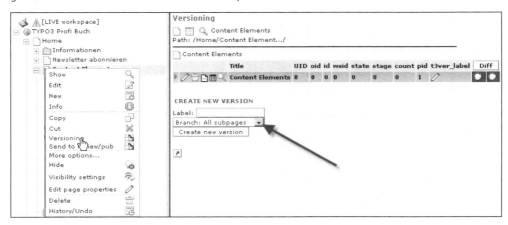

Abbildung 5.24: **Neuen Branch anlegen**

Befinden Sie sich innerhalb eines Branch, wird im Pfad der Token [#VEP#] zur Markierung der Branch-Root angezeigt.

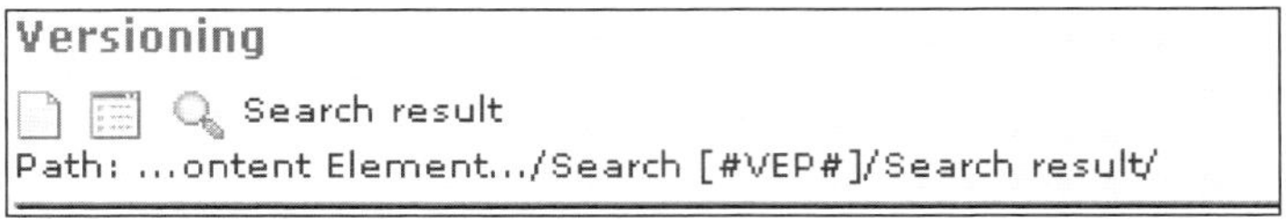

```
Versioning
  🗋  🗐  🔍  Search result
Path: ...ontent Element.../Search [#VEP#]/Search result/
```

Abbildung 5.25: **Pfad innerhalb eines Branch**

Damit ein Datensatz versionierbar ist, müssen in der entsprechenden Datenbanktabelle die Felder *t3ver_oid, t3ver_id, t3ver_wsid, t3ver_label, t3ver_state, t3ver_stage, t3ver_count, t3ver_tstamp* und *t3_origuid* vorliegen.

Der *Extension Kickstarter* von TYPO3 erzeugt diese Felder automatisch, wenn Sie bei einer neuen Extension das Häkchen bei ENABLE VERSIONING für jede Datenbanktabelle setzen. (Mehr zum Erstellen einer Extension erfahren Sie in Kapitel 8, *Extensions entwickeln*, Abschnitt 8.4.)

Hier eine Erläuterung der wichtigsten Tabellenfelder:

» Versionen, die nicht online sind, haben generell als PID den Wert -1 und in dem Feld *t3ver_oid* eine Referenz auf den Originaldatensatz, der derzeit online ist.

» In *t3ver_label* wird ein Label für die Version gespeichert. Es dient zur Hilfestellung für den Administrator bzw. Redakteur, wird von TYPO3 automatisch erzeugt und kann editiert werden.

» Ist in dem Feld *t3ver_state* der Wert 2 gespeichert, weist dies darauf hin, dass das Element in einer neuen Version existiert und gelöscht wurde. Das heißt, im Moment des Online-Stellens wird ausgelöst, dass das Originalelement gelöscht wird. Der Wert 1 zeigt an, dass dieses Element online noch nicht zur Verfügung steht – dass es sozusagen neu erstellt wurde und im Moment des Publizierens live erzeugt wird.

» Der Lebenszyklus, der in *t3ver_count* gespeichert wird, zeigt an, wie oft die Version schon online war, denn bei jedem Online-Stellen wird er hochgezählt. Ist eine Version neu erstellt – also ein Entwurf – hat dieses Feld den Wert 0.

» *t3ver_wsid* = Workspace-ID und *t3ver_stage* = Bearbeitungsstufe (siehe Abschnitt *Die Darstellung in den Entwurfs Workspaces*)

Eine Besonderheit der Versionierung ist, dass Datenbankfelder, deren Inhalte eindeutig sein müssen (z. B. *alias, username*) geschützt werden. Das heißt, sie dürfen in den neuen Versionsdatensätzen nicht kopiert und verändert werden. Eine Bearbeitung ist nur im Original-Datensatz erlaubt.

## Was sind Workspaces?

Der Begriff *Workspace* bedeutet »Arbeitsfläche«. Workspaces stellen also Bereiche dar, die getrennt voneinander bearbeitet werden können. Sie sind erst seit der TYPO3-Version 4.0

implementiert und lösen als Teamwerkzeug seither die komplizierte Arbeitsweise mit Versionierung durch einen verbesserten Ablauf des Workflows ab.

Die Schwierigkeit bei der Arbeit mit der Versionierung bestand darin, dass der Benutzer keine transparente und übersichtliche Arbeitsweise für alle notwendigen Schritte zur Verfügung hatte. Er musste sich selbst um das Verstecken und die Versionierung der Elemente kümmern, obgleich dies die Arbeit eines einfachen Redakteurs an Komplexität weit überschreiten mag. Dieses Problem wurde in den Workspaces durch automatisierte Abläufe gelöst, wobei es sicher in den folgenden TYPO3-Versionen noch zu Verbesserungen kommen kann. Ein weiterer Vorteil ist die Möglichkeit, ein komplexes Berechtigungsmodell für die Freigabe von Seiten oder von ganzen Bereichen abzubilden.

Als Schwachpunkte bisher gilt zum einen, dass es noch keine übersichtliche Kontrolle der Veröffentlichungen gibt. Zum anderen sind einige Problemstellungen noch nicht zufriedenstellend gelöst, so ist beispielsweise ein Verschieben von Seiten mit äußerster Vorsicht bzw. nachfolgender Kontrolle durchzuführen. Der Grund ist, dass die Versionierung auf dem Ansatz aufbaut, dass Sie entweder ein Element versionieren (dann stimmen weiterhin alle Referenzen auf dieses Element, jedoch können Sie weder verschieben noch umsortieren) oder dass Sie sich für die Versionierung der Seite oder des ganzen Seitenbaumes entscheiden (dann behalten Sie die oben genannten Zuordnungen der Unterelemente zueinander, jedoch wird dies unter Umständen zu nicht mehr funktionierenden Links führen, da die Unterelemente als Kopien erzeugt werden). Außerdem ist es immer ein gewisser Aufwand, einen Workspace zu konfigurieren und die Berechtigungen korrekt einzurichten, sodass der Aufwand zum Nutzen (Mindestumfang) abgewogen werden sollte.

*TIPP*

*Workspaces können im Workspace Manager nicht wieder gelöscht werden. Das heißt, dem Anlegen der Workspaces sollte eine genaue Planung vorausgehen, damit die Übersichtlichkeit im Projekt erhalten bleibt. (Eine manuelle Löschung im List-Modul in der Root-Seite oder direkt in der Datenbank ist nicht zu empfehlen, da an vielen, nicht leicht ausfindig zu machenden Stellen darauf Verweise gesetzt wurden.)*

## Überblick

Es gibt drei Arten von Workspaces:

» LIVE Workspace (Default):

Hier ist der Online-Status der Seiten zu sehen.

» DRAFT Workspace (Default):

Standard-Entwurfs-Workspace

» USER Workspaces:

Individuell erstellte und konfigurierte Workspaces

LIVE und DRAFT stehen in jedem Projekt standardmäßig zur Verfügung; die USER Workspaces sind individuell zu erstellen. Die Konfiguration der USER Workspaces kann durch den Workspace Manager erfolgen. Die entsprechenden Konfigurationsdatensätze liegen auf der Root-Seite, die Datenbanktabelle heißt *sys_workspace*. Es können beliebig viele USER Workspaces angelegt werden.

Der LIVE Workspace entspricht genau dem bisherigen Verhalten von TYPO3 ohne Verwendung des Workspace-Moduls. Jeder weitere Workspace ist initial identisch mit dem LIVE Workspace. Sobald sich jedoch etwas darin ändert, wird eine neue Version (des jeweiligen Inhaltselements, der Seite oder des Seitenbaums) erzeugt. Änderungen müssen explizit veröffentlicht werden.

> *Im Folgenden fassen wir den* DRAFT *und die* USER *Workspaces unter dem Sammelbegriff* Entwurfs-Workspaces *zusammen.*

Um die Workspaces anzusprechen oder zu erkennen (siehe später), ist es gut, ihre ID zur Verfügung zu haben: LIVE: id = 0, DRAFT: id = -1, alle USER Workspaces beginnen ab 1 aufwärts, sind also immer größer als 0.

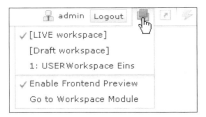

Abbildung 5.26: **Auswahl des Workspaces im oberen Frame**

Die Auswahl des im Backend dargestellten Workspaces lässt sich im Frame oben rechts bestimmen. Bei den selbst angelegten USER Workspaces wird vor dem Namen die ID angezeigt. Es werden nur die Workspaces zur Auswahl dargestellt, auf die der jeweilige Benutzer Zugriffsrechte hat.

Beim Wechsel in einen anderen Workspace wird die komplette Backend-Seite neu geladen, da in den unterschiedlichen Workspaces unterschiedliche Bearbeitungsmöglichkeiten und Module erlaubt sind. Die aktuelle Auswahl des Workspaces wird für den Benutzer gespeichert, d.h., nach einem erneuten Einloggen landen Sie im zuletzt gewählten Workspace. Sollten Sie als Administrator also einmal einige Ihrer Module vermissen, lohnt es sich, zu schauen, ob Sie sich denn gerade nicht im LIVE Workspace befinden, denn nur dort sind alle Module verfügbar.

## Eigenschaften der Workspaces

### LIVE Workspace

» Der Inhalt des LIVE Workspaces entspricht dem Online-Zustand.

» Benutzern und Gruppen muss explizit Zugriff gestattet werden (Einstellung in Benutzer- und Gruppendatensätzen).

# KAPITEL 5   Das Backend – Eingabe und Pflege der Daten

- » DB-Mounts und File-Mounts kommen aus den Benutzerprofilen.
- » Es ist keine Kontrolle der Publizierung möglich.
- » Module können freigegeben oder abgeschaltet werden (siehe Abschnitt 5.4.5).

## DRAFT Workspace

- » Auch hier geschieht die Vergabe der Zugriffsrechte und der DB Mounts über die Einstellung in den Benutzer- und Gruppendatensätzen.
- » Es sind keine File Mounts verfügbar, der Dateizugriff ist nicht gestattet.
- » Den Veröffentlichungsprozess können Sie über die Vergabe der Bearbeitungsstufen *Editing, Review, Reject & Publish* steuern.
- » Publizieren können alle Benutzer mit Zugriff auf den LIVE Workspace.
- » Automatische Versionierung und *Swapping* (Tausch gegen den LIVE Workspace) sind möglich.
- » Alle Versionierungstypen (*Element, Page, Branch*) sind verfügbar.
- » Module können (wie oben) freigegeben oder abgeschaltet werden.

## USER Workspaces

- » Die Zugriffsberechtigung wird im Workspace Manager vergeben. Es gibt 3 Berechtigungsstufen, die dem Redakteur über die Zugehörigkeit zu bestimmten Rollen (*Owner, Reviewer, Editor*) vergeben werden.
- » DB Mounts sind konfigurierbar, als Standard gelten diejenigen der Benutzerdatensätze. Diese können Sie aber durch die in der Workspace-Konfiguration festgelegten DB Mounts überschreiben.
- » Standardmäßig sind keine File Mounts verfügbar, da hier bei schlechter Konfiguration ein Zugriff auf den Online-Zustand möglich wäre. File Mounts können Sie jedoch in der Workspace-Konfiguration anlegen.
- » Zeitgesteuerte Veröffentlichung und Tausch sind möglich (per Cronjob).
- » Fein abstimmbarer Veröffentlichungsprozess: Bestimmte Rollen (*Owner, Reviewer, Editor*) dürfen bestimmte Bearbeitungsstufen (*Editing, Review, Reject & Publish*) vergeben.
- » Veröffentlichen dürfen alle Benutzer mit Zugriff auf den LIVE Workspace sowie die jeweiligen Workspace-Besitzer (*Owner*), selbst wenn sie keinen Zugriff auf den LIVE Workspace haben. Es gibt die Option, die Veröffentlichung auf Elemente mit der Bearbeitungsstufe *publish* zu beschränken.
- » Automatische Benachrichtigungen bei Änderungen der Bearbeitungsstufen sind möglich. (Achtung: Benachrichtigungen erhalten nur die User, deren Datensatz dem Workspace hinzugefügt wurde, Gruppenmitglieder erhalten keine Mails; dies soll jedoch in Version 4.4 behoben werden).

# KAPITEL 5   Das Backend – Eingabe und Pflege der Daten

» Automatische Versionierung und *Swapping* (Tausch gegen den LIVE Workspace) sind möglich, können aber jeweils deaktiviert werden.

» Alle Versionierungstypen (*Element, Page, Branch*) sind verfügbar, können aber einzeln deaktiviert werden. (Das ist sehr nützlich, da man damit die Probleme der kopierten Elemente bei den Typen *Page* und *Branch* umgehen kann.)

» USER Workspaces können eingefroren werden (Deaktivierung).

» Module können (wie oben) freigegeben oder abgeschaltet werden.

Details zu all diesen Punkten finden Sie in den folgenden Kapiteln.

## Begriffsklärung

Folgende Begriffe werden im Folgenden häufig verwendet:

### Swap und Publish

Die beiden Funktionen SWAP und PUBLISH haben beide die Auswirkung, die Entwurfs-Version online zu stellen.

Der Unterschied liegt darin, dass SWAP einen Austausch/Wechsel bedeutet, mit der Absicht, wieder zurückwechseln zu können. Die ursprüngliche Online-Version ist nun stattdessen im Entwurfs-Workspace vorhanden. Sie können zwei Versionen hiermit beliebig oft hin und her tauschen. In der Konfiguration der Workspaces kann dies deaktiviert werden.

PUBLISH hingegen bedeutet, die Entwurfsversion zu veröffentlichen, d. h. online zu stellen und die bisherige Online-Version zu archivieren. Der Entwurfs-Workspace ist folglich aktuell, stimmt also mit dem LIVE-Zustand überein.

## Das diff-Tool

Um Workspaces in allen Facetten nutzen zu können, sollten Sie das *diff*-Tool (farbige Darstellungsmöglichkeiten von Unterschieden in verschiedenen Versionen) installieren. Für Windows ist das Tool im Internet verfügbar[2]. Es zeigt die vorkommenden Unterschiede zweifarbig an, wobei in Rot der entfernte Inhalt und in Grün der hinzugefügte Inhalt dargestellt wird.

Dazu müssen Sie (unter Windows) die folgende Variable in der *localconf.php* auf den lokalen Wert setzen:

```
$TYPO3_CONF_VARS['BE']['diff_path'] = 'C:\Programme\GnuWin32\bin\diff.exe';
```

---

[2] diff-Tool: http://unxutils.sourceforge.net oder http://gnuwin32.sourceforge.net/packages/diffutils.htm

# KAPITEL 5   Das Backend – Eingabe und Pflege der Daten

> **ACHTUNG**
>
> Die Beschreibung im Install-Tool für [BE][diff_path] ist etwas irreführend. Im Gegensatz zu vielen anderen Konfigurationen wird hier zusätzlich zum Verzeichnispfad auch der Name der auszuführenden Datei (*diff.exe*) benötigt.

## 5.4.2 Benutzerverwaltung und Rechtevergabe

| Backend user (7) | | | [Ref] | Admin(!): | Workspace permissions: |
|---|---|---|---|---|---|
| Username: | | | | | |
| chefredakteur | ⁄⊕🗊🗐🗑 | 🗗✕ | 3 | | Edit Live (Online), Edit Draft (Offline), Create new workspace projects |
| redakteur1 | ⁄⊕🗊🗐🗑 | 🗗✕ | 1 | | Edit Live (Online), Edit Draft (Offline) |
| redakteur2 | ⁄⊕🗊🗐🗑 | 🗗✕ | 2 | | Edit Draft (Offline) |
| redakteur3 | ⁄⊕🗊🗐🗑 | 🗗✕ | 1 | | |
| admin_01 | ⁄⊕🗊🗐🗑 | 🗗✕ | 1 | Yes | Edit Live (Online), Edit Draft (Offline) |
| admin_02 | ⁄⊕🗊🗐🗑 | 🗗✕ | 1 | Yes | Edit Live (Online), Edit Draft (Offline) |
| admin_03 | ⁄⊕🗊🗐🗑 | 🗗✕ | | Yes | Edit Live (Online) |

Abbildung 5.27: **Berechtigungen für die BE-User**

Die Backend-Benutzer bekommen Berechtigungen für die Bearbeitung einzelner Workspaces über den Benutzerdatensatz oder die Gruppenzugehörigkeit.

Die Berechtigungen für das Bearbeiten des LIVE und des DRAFT Workspaces und für das Erstellen neuer Workspaces erteilen Sie in den Benutzer- und Benutzergruppen-Datensätzen. (Achtung: Neu angelegte Benutzer erhalten per Default Zugriff auf beide Workspaces, dies muss explizit deaktiviert werden.)

Abbildung 5.28: **Rechtevergabe im Benutzer- bzw. Benutzergruppendatensatz**

Benutzer, die die Berechtigung EDIT LIVE haben, dürfen die Seiten wie bisher bearbeiten und damit auch veröffentlichen. Bei der Berechtigungsstufe EDIT DRAFT darf der Benutzer im Default-DRAFT-Workspace Änderungen vornehmen; für die Veröffentlichung muss er jedoch separat berechtigt werden. Die dritte Option, CREATE NEW WORKSPACE PROJECTS, erlaubt einem Nicht-Admin-Benutzer, neue Workspaces anzulegen. Dies kann er nur, wenn er Zugriff auf das Workspace-Modul hat.

> **ACHTUNG**
>
> Ein Workspace-Besitzer darf Inhalte veröffentlichen, selbst wenn er keinen Zugriff auf den LIVE Workspace hat.

Den Zugriff auf Seiten erteilen Sie über DB MOUNTS bei dem Benutzer- oder Benutzergruppendatensatz oder im Workspace-Datensatz sowie im *Access Modul*.

**KAPITEL 5**  Das Backend – Eingabe und Pflege der Daten

Weitere Berechtigungen für die USER Workspaces erfolgen im *Workspace Manager* über die Zugehörigkeit zu den Rollen *Owner*, *Member* und *Reviewer* (mehr Informationen dazu finden Sie in Abschnitt *Konfiguration der USER Workspaces*).

Die Berechtigungsvergabe ist somit grob verteilt:

» für die Standard-Workspaces LIVE und DRAFT über Benutzer und Gruppe

» für die einzelnen USER Workspaces im *Workspace Manager*

Eine Übersicht der vergebenen Berechtigungen erhalten Sie im Modul TOOLS, USER ADMIN mit Markierung der Checkboxen wie in Abbildung 5.29.

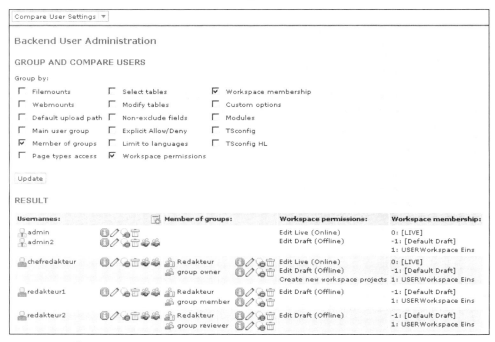

Abbildung 5.29: **Übersicht über die Berechtigungen**

## 5.4.3 Der Workspace Manager

Die Veröffentlichung von Unterschieden in den verschiedenen Workspaces an zentraler Stelle und die Verwaltung der Workspaces erfolgt im Modul *Workspace Manager*. Auf den beiden Reitern sind alle dafür notwendigen, teils sehr komplexen Funktionen gesammelt.

Workspaces und Versioning arbeiten eng zusammen, der Workspace Manager bietet die dafür notwendige Verwaltungsoberfläche. Die darin zur Verfügung gestellten Funktionen sind prinzipiell für die Bearbeitung durch den Administrator konzipiert. Ein normaler Redakteur, der mit dieser Oberfläche eher überfordert sein wird, findet entsprechende Funktionen im Seiten- und List-Modul (siehe Abschnitt 5.4.4).

## Review and Publish: Filter- und Veröffentlichungsfunktionen

Der erste Reiter gibt Ihnen eine Übersicht über die vorhandenen Workspaces mit allen darin vorkommenden Versionen, gefiltert durch verschiedene – je nach Art des aktuellen Workspaces – andersartige Auswahloptionen.

Es wird jeweils die Online-Version (Spalte Live) mit der Version bzw. den Versionen eines oder aller Offline- bzw. Entwurfs-Workspaces (Spalte Draft) verglichen.

### Die Darstellung im LIVE Workspace

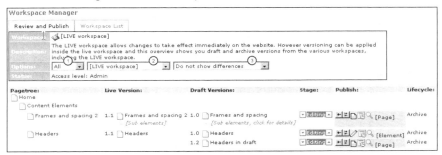

Abbildung 5.30: **Der Workspace Manager im LIVE Workspace**

Die Darstellung zeigt jeweils den gesamten Seitenbaum. Um eine situations- bzw. benutzerspezifische Ansicht zu ermöglichen, stehen folgende Filter-Optionen zur Verfügung:

① Auswahl der Art der Versionen (nur im LIVE Workspace)

Sie zeigt nicht aktuelle Versionen. Die Option *Drafts* zeigt Entwürfe, die noch nicht online sind, die Option *Archive* zeigt Versionen, die bereits angenommen wurden bzw. nicht mehr online sind. Dies kann auch hilfreich sein, um eine Übersicht über alte Versionen zu erhalten, eventuell zum Wiederherstellen. Mit der Option *All* sehen Sie dementsprechend alle Versionen.

② Auswahl des Workspaces (nur im LIVE Workspace)

Abbildung 5.31: **Auswahl des Workspaces**

Alle Optionen (erkennbar an den eckigen Klammern) außer All und Draft Workspaces stellen eine Auflistung der vorhandenen Workspaces dar.

Bei All werden die Inhalte aller Workspaces dargestellt, bei Draft Workspaces die Inhalte aller Entwurfs-Workspaces außer dem LIVE Workspace.

# KAPITEL 5    Das Backend – Eingabe und Pflege der Daten

③ Darstellung oder Nicht-Darstellung von Unterschieden

Hier wählen Sie die Darstellungsweise aus, um sich einen schnellen Überblick über die durchgeführten Änderungen zu verschaffen. Es gibt die Möglichkeit, Änderungen nicht darzustellen (DO NOT SHOW DIFFERENCES), Änderungen in derselben Zeile darzustellen (SHOW DIFFERENCES INLINE) und Änderungen in einer Art Popup-Menü zu zeigen (SHOW DIFF. POPUPS (BRANCHES)).

Die dritte Option unterscheidet sich kaum von der zweiten, allerdings greift sie nur bei den Unterelementen von Branches. Dazu muss jedoch auch der Haken bei SHOW SUB ELEMENTS gesetzt sein, den es nur in den Entwurfs-Workspaces gibt. Also liefert diese dritte Option nur in den Entwurfs-Workspaces ein unterschiedliches Ergebnis zur zweiten Option.

Um die Unterschiede farbig anzuzeigen, muss das *diff*-Tool installiert sein (siehe Abschnitt *Das diff Tool*).

### Die Darstellung in den Entwurfs-Workspaces

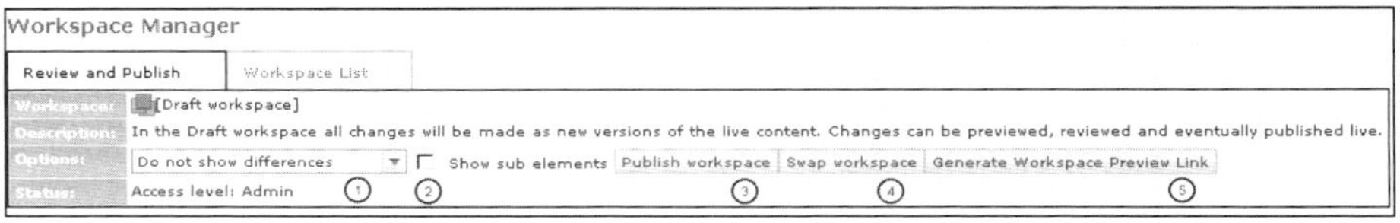

Abbildung 5.32: **Der Workspace Manager im DRAFT Workspace**

Die folgenden Funktionen verbergen sich in dieser Maske:

① DO NOT SHOW DIFFERENCES

Darstellung oder Nicht-Darstellung von Unterschieden (wie oben)

② SHOW SUB ELEMENTS

Wenn diese Checkbox markiert ist, erscheint anstelle der Zeile bei Nummer 11 in Abbildung 5.33 eine Inline-Darstellung aller Unterelemente.

③ PUBLISH WORKSPACE

Direkte Veröffentlichung des gesamten Workspaces (erscheint nur, wenn der Benutzer die Berechtigung hat)

④ SWAP WORKSPACE

Austausch des Inhaltes dieses Workspaces gegen den LIVE Workspace (erscheint nur, wenn der Benutzer die Berechtigung hat)

Mehr Informationen zu diesem Punkt finden Sie in Abschnitt *Begriffsklärung*.

⑤ GENERATE WORKSPACE PREVIEW LINK

Hier wird ein Preview Link auf diesen Workspace generiert, der 48 Stunden Gültigkeit hat.

# KAPITEL 5  Das Backend – Eingabe und Pflege der Daten

## Die Darstellung der Änderungen

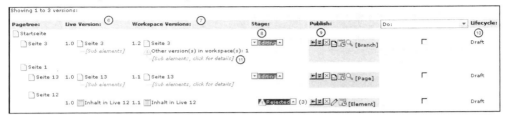

Abbildung 5.33: **Darstellung der Änderungen**

Die folgenden Funktionen verbergen sich in den Masken aller Workspaces:

⑥ LIVE VERSION

Beim Klick auf das Symbol des jeweiligen Elements bekommen Sie das Kontextmenü zu dem Element, und beim Klick auf den Titel bekommen Sie die Übersicht aller seiner Versionen. Dies wird im folgenden Abschnitt *Übersicht aller Versionen eines Elementes* veranschaulicht und erklärt.

⑦ WORKSPACE-VERSION

Beim Klick auf das Symbol erscheint das Kontextmenü zu dem Element.

Beim Klick auf den Titel gelangen Sie zu einer detaillierten Versionsübersicht mit farbiger Darstellung der Unterschiede und Veröffentlichungsoptionen. Dies wird im noch folgenden Abschnitt *Versionsübersicht* veranschaulicht und erklärt.

⑧ STAGE (Bearbeitungsstufe der Version)

Hier ist durch die Pfeiltasten eine Änderung mit Benachrichtigung der entsprechend zugewiesenen Person möglich (soweit das im jeweiligen Workspace konfiguriert ist).

Mögliche Stufen in der Reihenfolge der Abarbeitung sind:

» Publish (Veröffentlichung)
» Review (Revision, Überprüfung und Überarbeitung)
» Editing (Bearbeitungsstatus – Standardstatus einer neuen Version)
» Reject (Zurückweisung)

Der rechte Pfeil nach oben weist die nächsthöhere, der linke Pfeil nach unten die nächstniedrigere Stufe zu. Hierbei hat der entsprechende Redakteur jeweils die Möglichkeit, eine Bemerkung anzufügen.

# KAPITEL 5    Das Backend – Eingabe und Pflege der Daten

Abbildung 5.34: **Kommentar zur Statusänderung**

Die Zahlen in Klammern zeigen die Anzahl der angefügten Kommentare an, die beim MouseOver erscheinen. (Die Änderungen und Kommentare werden in der Datenbanktabelle *sys_log* vorgehalten.)

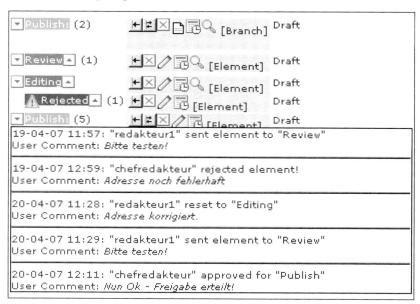

Abbildung 5.35: **Nachverfolgung der Bearbeitungsstufen**

⑨ PUBLISH-Funktionen

Abbildung 5.36: **Abbildung 1.36: Publish-Funktionen**

# KAPITEL 5   Das Backend – Eingabe und Pflege der Daten

Je nach dem Status des Elements können hier folgende Funktionen erscheinen (von links nach rechts):

» Veröffentlichen (*publish*) und Austauschen (*swap*) – Mehr Informationen dazu finden Sie in Abschnitt *Begriffsklärung*.

» Version aus dem Workspace entfernen – Die Version wird damit nicht gelöscht, sondern verliert nur ihre Zugehörigkeit und kann künftig nur noch über den Workspace Manager erreicht werden.

» Version bearbeiten – Das Symbol kann ein Stift sein (Element bearbeiten) oder eine Seite (Seite oder Branch bearbeiten).

» Verlauf ansehen (Mehr Informationen folgen unten in Abschnitt *Verlauf einer Version*.)

» Seitenvorschau ansehen (nur bei Seiten und Branches verfügbar)

Weitere Informationen finden Sie in Abschnitt *Verlauf einer Version*.

⑩ LIFECYCLE

Hier wird angezeigt, zu welchem Workspace die Version gehört. Archivierte Versionen, die zu keinem Workspace mehr gehören, haben die Markierung ARCHIVE (sie wurden bereits einmal veröffentlicht). Es wird hier auch die Information dargestellt, wie oft eine bestimmte Version bereits veröffentlicht wurde.

⑪ SUB ELEMENTS

Ist die Checkbox bei 2 (in Abbildung 5.32) nicht markiert, gelangen Sie hier auf eine neue Seite mit der Darstellung der Unterelemente, die sonst inline dargestellt werden. Die Funktionen gleichen denen der detaillierten Versionsübersicht in Punkt 6.

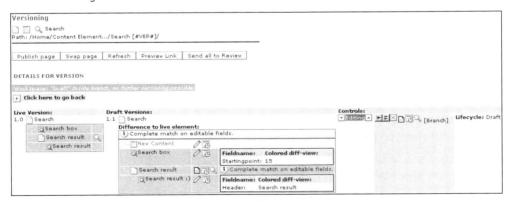

Abbildung 5.37: **Darstellung der Unterelemente auf eigener Seite**

Im Folgenden werden nun die Seiten erläutert, die bei den beiden Punkten 6 und 7 (aus Abbildung 5.33) durch einen Klick auf den jeweiligen Link aufgerufen werden.

## Übersicht aller Versionen eines Elements

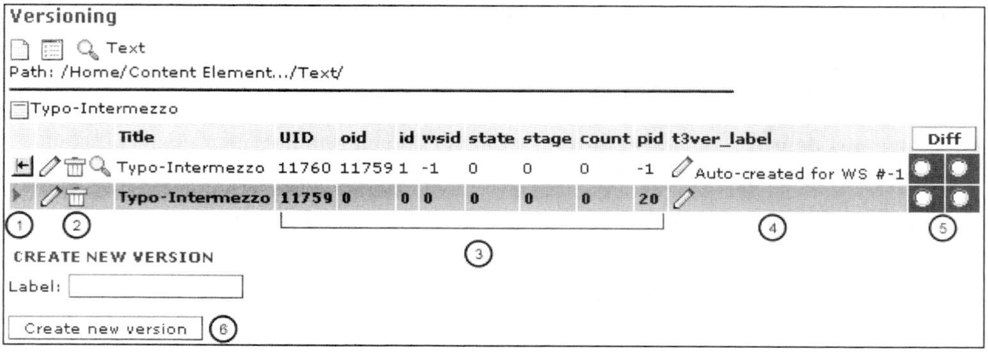

Abbildung 5.38: **Abbildung 1.38: Alle Versionen eines Elements**

In dieser Maske verbirgt sich eine Vielzahl an Funktionen:

① Der rote Pfeil markiert die aktuelle Online-Version.

Mit dem grauen Pfeil-Symbol tauschen Sie die jeweilige Version gegen die Online-Version aus. (Bitte beachten Sie: Wenn Sie hiermit – anstatt über die *swap*-Funktion – eine Entwurfs-Workspace-Version hin und her tauschen, geht ihre Zugehörigkeit zum Workspace verloren, und sie ist nur mehr als schwebende Version über den Workspace Manager verfügbar.)

② Hier erscheinen die Bearbeitungssymbole zum jeweiligen Element, die Sie aus dem List-Modul kennen. Mit dem Löschen-Symbol ist die Version tatsächlich gelöscht. Dies wird nicht versioniert.

③ Die Angaben hier sind – von links nach rechts:

» UID = ID der Version des Elements (nicht des Originals) in der Tabelle *tt_content*

» OID = Referenz auf den Datensatz, der online ist

» ID = automatisch erzeugte, eindeutige Versionsnummer

» WSID = ID des Workspaces des Elements. (Pro Workspace ist immer nur ein Element möglich, TYPO3 prüft auch beim manuellen Anlegen einer neuen Version, dass dies gewährleistet bleibt, und reagiert mit einer Fehlermeldung, falls dies nicht so ist.) Mehr Infos zu den Workspace-IDs finden Sie im Abschnitt 5.4.1 -> *Überblick*.

» STATE = Status der Version (*t3ver_state*)

0 = normal

1 = Online-Platzhalter für eine neue Version, die noch nicht online ist

# KAPITEL 5    Das Backend – Eingabe und Pflege der Daten

   1 = neue Version, die bisher nur in einem Entwurfs-Workspace existiert

   2 = als gelöscht markiert

» STAGE = Bearbeitungsstufe (Details siehe Punkt 8)

   0 = Editing (Normalzustand)

   1 = Review

   1 = Reject

   10 = Publish

» COUNT = Lebenszykluszähler

   Bei jedem Nicht-Veröffentlichen des Elements wird dieser hochgezählt.

» PID = Parent-ID (Durch den Wert -1 wird der Datensatz als nicht veröffentlichte Version eines anderen Datensatzes gekennzeichnet.)

④ Das Label der jeweiligen Version (*t3_ver_label*), das zunächst automatisch generiert wird, bearbeiten Sie mit dem Stift. Es dient lediglich als Hilfestellung für Redakteure und hat weiter keine Funktion.

⑤ Haben Sie das *diff*-Tool installiert, ist hier eine Prüfung der Unterschiede möglich: Wählen Sie dazu die beiden zu vergleichenden Versionen aus, und klicken Sie auf den Button DIFF.

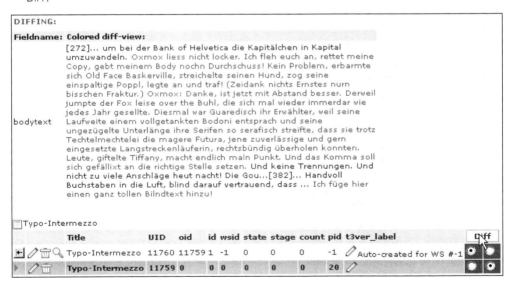

Abbildung 5.39: **Abbildung 1.39: Unterschiede der einzelnen Versionen farbig vergleichen**

⑥ Hiermit lässt sich manuell eine neue Version des Elements, der Seite oder der Seite mit Unterseiten erzeugen. Sie können dabei das Label mit angeben, sonst wird es automatisch generiert.

# KAPITEL 5 Das Backend – Eingabe und Pflege der Daten

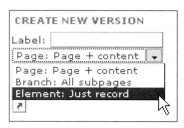

Abbildung 5.40: **Abbildung 1.40: Möglichkeiten beim Erstellen einer neuen Version**

### Versionsübersicht

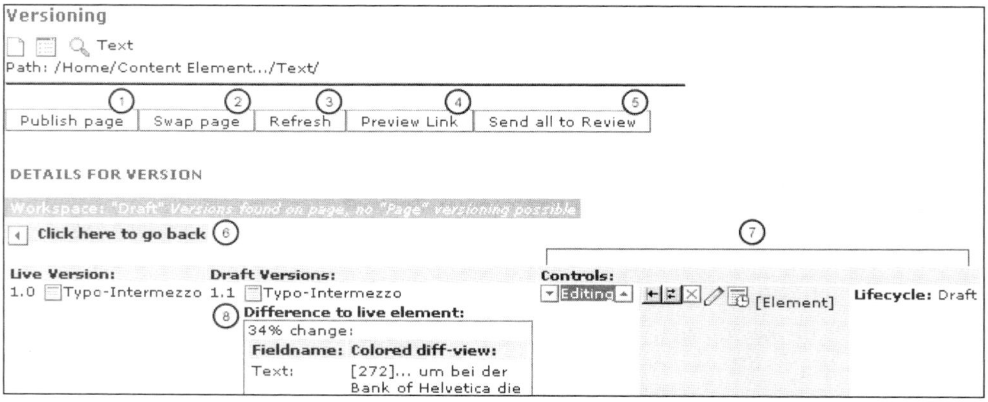

Abbildung 5.41: **Abbildung 1.41: Detailinformationen zur jeweiligen Version**

Diese Maske bietet eine Vielzahl an Funktionen:

① Veröffentlichung der Version; die LIVE-Version wird archiviert.

② Austausch (*swap*) dieser Version gegen die LIVE-Version, die dafür in den entsprechenden Entwurfs-Workspace wechselt. Mehr Informationen dazu finden Sie im Abschnitt 5.4.1 -> *Begriffsklärung*.

③ Seite neu laden – Dies kann nützlich sein, wenn gleichzeitig verschiedene Redakteure im Team an den Versionen arbeiten.

④ Generierung eines Vorschau-Links

Hiermit wird ein sogenannter Vorschau-Link der aktuellen Seite erzeugt, der 48 Stunden aktiv bleibt und mit dem eine Frontend-Vorschau aufgerufen werden kann, ohne dass die Backend-Berechtigung abgefragt wird. Sinnvoll ist dies, wenn ein Kunde ohne jegliche TYPO3-Zugriffe eine Änderung erst freigeben muss.

⑤ Hier wird die aktuelle Version auf die Bearbeitungsstufe *Review* gesetzt. Diese Option erscheint nur, wenn die aktuelle Stufe auf *Editing* steht. Mehr zu den Bearbeitungsstufen (*Stages*) finden Sie in Punkt 8 der übergeordneten Maske.

# KAPITEL 5   Das Backend – Eingabe und Pflege der Daten

⑥ Hier gelangen Sie zurück zur übergeordneten Übersichtsmaske.

⑦ Diese Leiste an Funktionen ist mit der in der übergeordneten Maske identisch.

⑧ Farbige Darstellung der Unterschiede

> **ACHTUNG**
>
> Bei der Konzeption der Workspace-Berechtigungen sollten Sie berücksichtigen, dass es zwar technisch möglich, aber nicht sinnvoll ist, verschiedene Versionen eines Elements in verschiedenen Workspaces vorzuhalten. Insofern sollten Sie in Betracht ziehen, den Bearbeitungsgruppen von unterschiedlichen Workspaces nur Zugang zu Ihren Teilbäumen zu gewähren.
>
> Wie Sie sich sicherlich gut vorstellen können, kann es hier zu Datenverlusten und Fehlern kommen, da TYPO3 nicht verschiedene Versionen ineinander zu überführen vermag, sondern dies immer noch die Aufgabe des Redakteurs bleibt.
>
> Nur im Workspace Manager erhält man eine Benachrichtigung, dass zu einem Element Versionen in verschiedenen Workspaces vorliegen.

Abbildung 5.42: **Ansicht im LIVE Workspace**

Abbildung 5.43: **Ansicht in einem der betroffenen Entwurfs-Workspaces**

Nur im LIVE Workspace lassen sich alle Versionen vergleichen. Die Zusammenführung ist letztlich die manuelle Aufgabe des Redakteurs mit der entsprechenden Berechtigung.

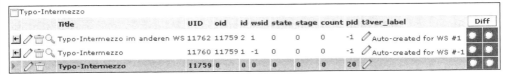

Abbildung 5.44: **Vergleich aller Versionen im LIVE Workspace**

## Verlauf einer Version

TYPO3 stellt noch eine weitere Maske zur Verfügung, die dem Redakteur gute Dienste leisten kann (siehe Abbildung 5.33, Punkt 9, PUBLISH-Funktionen).

# KAPITEL 5  Das Backend – Eingabe und Pflege der Daten

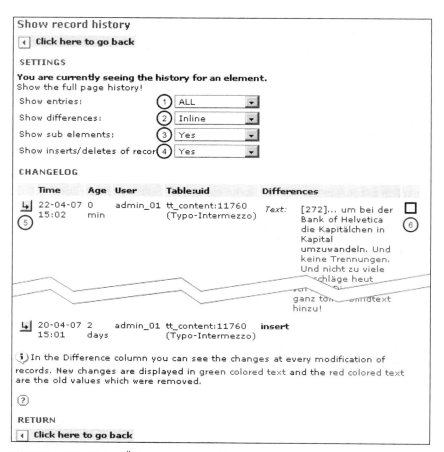

Abbildung 5.45: **Verlauf der Änderungen an einem Datensatz**

① Die Anzahl der dargestellten Datensätze auf einer Seite. Mit der Option MARKED beschränken Sie die Darstellung auf die Datensätze, die mit dem Haken an der Position 6 markiert sind.
② Anzeige der Unterschiede: INLINE veranlasst die farbige Darstellung der Unterschiede der jeweiligen Version.
③ Sollen Unterelemente dargestellt werden?
④ Sollen neu erstellte bzw. gelöschte Elemente dargestellt werden?
⑤ Bei einem Klick auf diesen Pfeil bekommen Sie folgende Vorschau, in der Sie die Rollback-(Rückgängig-)Schritte steuern können.
⑥ Checkbox zur Markierung mehrerer Einträge

# KAPITEL 5  Das Backend – Eingabe und Pflege der Daten

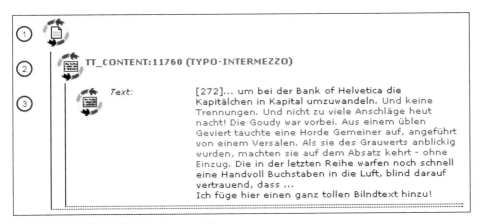

Abbildung 5.46: **Rollback-Möglichkeiten eines Elements**

① Alle angezeigten Änderungen rückgängig machen

② Alle Änderungen des Elements rückgängig machen

③ Die Änderungen in dem angezeigten Feld rückgängig machen

## Workspace List: Die Workspaces und ihre Konfigurationen

Der zweite Reiter im Workspace Manager verschafft Ihnen eine Übersicht über alle vorhandenen Workspaces und bietet die entsprechenden Verwaltungsoptionen.

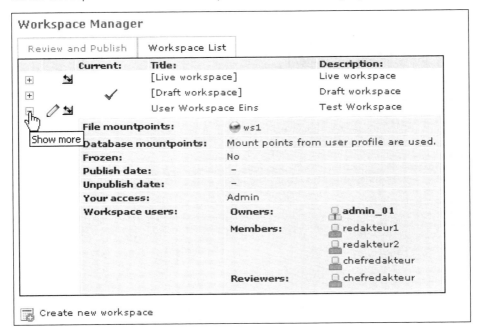

Abbildung 5.47: **Verwaltung aller Workspaces**

**KAPITEL 5** Das Backend – Eingabe und Pflege der Daten

Durch das Klicken auf das [+]-Zeichen bekommen Sie Informationen über den jeweiligen Workspace. Es können neue Workspaces angelegt (CREATE NEW WORKSPACE) und bestehende Workspaces durch Klicken auf den Stift konfiguriert werden.

### Die Entwurfs-Workspaces

Entwurfs-Workspaces dienen, wie der Name schon sagt, zum Entwerfen neuer Versionen der Webseite. Standardmäßig gibt es nur den DRAFT Workspace, dessen Bearbeitung bestimmten Benutzern explizit erlaubt werden darf. Die individuell angelegten USER Workspaces können im Gegensatz dazu

» über eigene DB Mounts oder File Mounts verfügen,

» Rollen für die Prozesse zugewiesen bekommen (für Status, Benachrichtigung),

» automatische Benachrichtigungen generieren,

» über Cronjobs automatisch veröffentlichen/publizieren und

» auf bestimmte Versionierungsmodi beschränkt werden.

**Dadurch, dass das Dateisystem nicht in die Versionierung eingebunden ist, kann hier – bei falscher Konfiguration der File Mounts – durch Bearbeitung von Dateien, die im Online-Betrieb sind, das LIVE-System betroffen sein.**

### Konfiguration der USER Workspaces

Im Folgenden werden alle Konfigurationsmöglichkeiten erläutert, die Sie erhalten, wenn Sie im Workspace Manager auf den Stift zum Bearbeiten eines USER Workspaces klicken.

### General (allgemeine Einstellungen)

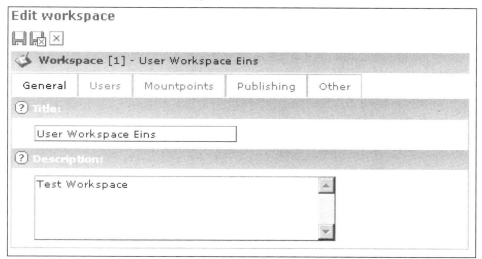

Abbildung 5.48: **USER Workspace: Allgemeine Einstellungen**

272

Die Einrichtung eines Workspace kann für bestimmte Benutzergruppen oder Aktionen bzw. Zeiträume sinnvoll sein. Der Name sollte dies sinnvoll erkennbar machen und aussagekräftig sein, damit die Struktur bei einem größeren Projekt jederzeit nachvollziehbar bleibt. (Vergessen Sie dabei nicht, dass Workspaces nicht mehr gut gelöscht werden können, siehe oben.)

### Users (Berechtigungen)

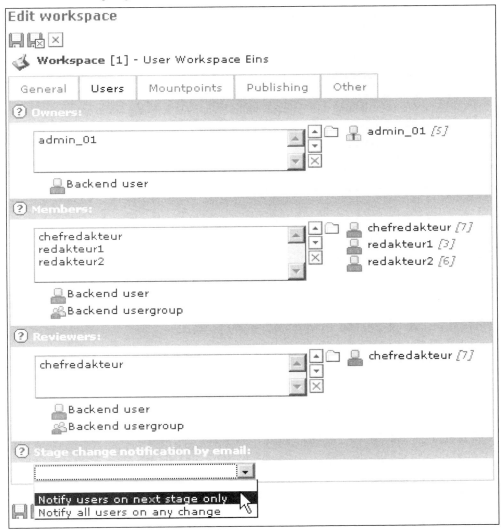

Abbildung 5.49: **USER Workspace: Berechtigungsvergabe in drei Ebenen**

Es gibt drei Rollen bzw. Berechtigungsstufen für einen USER Workspace, und selbstverständlich kann es zu jeder Rolle mehrere Benutzer und Gruppen geben.

» *Owner*: Der Besitzer des Workspaces (Backend-Benutzer). Er hat in diesem Workspace alle Rechte. Ebenso darf er den Workspace konfigurieren, Nutzer hinzufügen und Rechte vergeben. Der Ersteller bekommt bei der Erstellung automatisch diese Rolle zugewiesen. Neben den Besitzern dürfen nur Administratoren publizieren. Der Besitzer darf veröffentlichen, selbst wenn er keinen Zugriff auf den LIVE Workspace hat.

» *Member*: Backend-Benutzer und -Benutzergruppen, die in dem Workspace Änderungen durchführen und zum *Review* senden können. Diese Berechtigungsrolle erlaubt kein Publizieren. Diese Benutzer dürfen Inhalte nur editieren, wenn diese in der Bearbeitungsstufe *Editing* sind.

» *Reviewer*: Backend-Benutzer und -Benutzergruppen, die als Rezensenten des Workspaces fungieren. Zusätzlich zu den Rechten der Mitglieder haben diese die Möglichkeit, die Bearbeitungsstufe *Publish* zu vergeben, um damit zu signalisieren, dass sie die Inhalte für eine Veröffentlichung freigegeben haben, oder sie können Änderungen ablehnen (*Reject*). Diese Benutzer dürfen Inhalte nur editieren, wenn diese nicht in der Bearbeitungsstufe *Publish* sind.

**Die Rangfolge der Berechtigungen ist (entgegen der Reihenfolge in dieser Maske):**

**Owner (meiste Rechte) – *Reviewer* – *Member* (geringste Rechte)**

Die Veranlassung von Benachrichtigungen erfolgt hier:

» NOTIFY ALL USERS ON ANY CHANGE sorgt für eine Benachrichtigung bei einer beliebigen Änderung innerhalb des Workspaces.

» NOTIFY USERS ON NEXT STAGE ONLY sorgt für eine Benachrichtigung bei Zuweisung einer neuen Bearbeitungsstufe eines Elements dieses Workspaces.

» Es erfolgt eine Benachrichtigung von:

   » Besitzern (Wechsel der Stufe *Review* → *Publish*)

   » Rezensenten (Wechsel der Stufe *Editing* → *Review*)

   » Rezensenten und Mitgliedern (Wechsel der Stufe *Editing* → *Reject*)

   » Mitgliedern (Wechsel der Stufe *Reject* → *Editing*)

Bevor Sie die Benachrichtigungen einstellen, sollten Sie sich das Ausmaß der zu erwartenden Änderungen bewusst machen. In dem Fall, dass selten Änderungen durchgeführt werden oder die Mitglieder sich nicht regelmäßig einloggen, kann es sinnvoll sein, diese per E-Mail zu informieren. Über die (nicht beabsichtigte und auch bereits als zu verbessernd deklarierte) Tatsache, dass nur diejenigen Redakteure Benachrichtigungen erhalten, die als Benutzer und nicht als Gruppe eingebunden sind, können Sie dies gegebenenfalls steuern.

# KAPITEL 5    Das Backend – Eingabe und Pflege der Daten

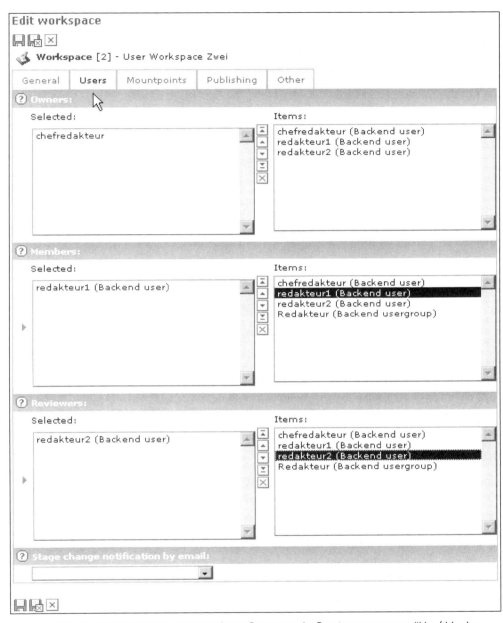

Abbildung 5.50: **Der Besitzer kann nur aus vorgegebenen Benutzern oder Benutzergruppen auswählen (d. h. ohne Administratoren).**

**KAPITEL 5**  Das Backend – Eingabe und Pflege der Daten

### Mountpoints (Datenbank und Dateimounts)

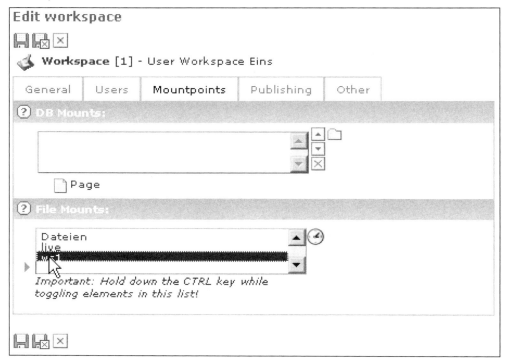

Abbildung 5.51: **USER Workspace: DB und File Mounts**

Im Gegensatz zum DRAFT Workspace können in den USER Workspaces eigene DB Mounts (Teilbäume in der TYPO3-Seitenstruktur) und File Mounts (Datei-Verzeichnisbäume) zugewiesen werden.

Einem Redakteur des jeweiligen Workspaces stehen nur diese DB und File Mounts zur Verfügung; die seinem Benutzerdatensatz vergebenen Mountpoints werden ausgeblendet. Sind keine Mountpoints angegeben, gelten die des jeweiligen Benutzers.

> **TIPP** *Die File Mounts müssen vorab erstellt werden, denn im Datensatz des Workspace ist keine Möglichkeit zum direkten Erstellen vorhanden. File Mounts können Sie wie üblich im Modul* WEB, LIST *auf der Rootseite mithilfe von* CREATE NEW RECORD *erzeugen.*

Ein Workspace kann automatisch veröffentlicht und gegebenenfalls wieder zurückgeschaltet werden. Die Konfiguration dafür findet hier statt. Dies können Sie verwenden, wenn Sie beispielsweise für den Zeitraum einer Messe oder einer Aktion bestimmte Informationen online zugänglich machen möchten und diese nach Ablauf des Zeitraums automatisch zurückgezogen werden sollen (damit Sie den Termin nicht vergessen oder nachts um 12 den Administrator an die Applikation schicken müssen).

## Publishing (Veröffentlichung)

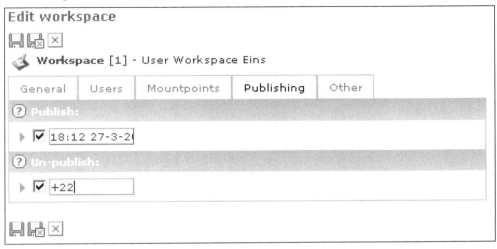

Abbildung 5.52: **USER Workspace: Veröffentlichung**

Hierfür müssen folgende Bedingungen gegeben sein:

» In der folgenden Maske OTHER muss der Swap-Modus auf *Swap-Into-Workspace on Auto Publish* eingestellt sein.

» Es muss ein Cronjob laufen, der folgende Datei minütlich aufruft:

*typo3\mod\user\ws\cli\ws_cli.phpsh*

Im Reiter OTHER in Abbildung 5.53 stehen folgende weitere Optionen zur Verfügung:

1. FREEZE EDITING

    Hiermit können Sie den Workspace (auch temporär) einfrieren. Eine Bearbeitung ist dann nicht möglich.

2. ALLOW »LIVE« EDITING OF RECORDS FROM TABLES WITHOUT VERSIONING

    Inhaltselemente, die keine Versionierung unterstützen (beispielsweise aus nicht dafür befähigten oder älteren Extensions), können standardmäßig in Entwurfs-Workspaces nicht bearbeitet werden: Sie sind schreibgeschützt. Dies hat den Hintergrund, dass Änderungen sich sofort auf das Online-System auswirken würden. Hier kann diese Sicherheitsmaßnahme deaktiviert werden, sodass diese Inhaltselemente direkt bearbeitet werden können.

    Damit hat jedoch ein Benutzer, der eigentlich nicht im LIVE-System arbeiten darf, nun direkten Zugriff auf die Online-Version: Diese Konfiguration sollte also wohlüberlegt sein.

**KAPITEL 5** Das Backend – Eingabe und Pflege der Daten

## Other (andere Einstellungen)

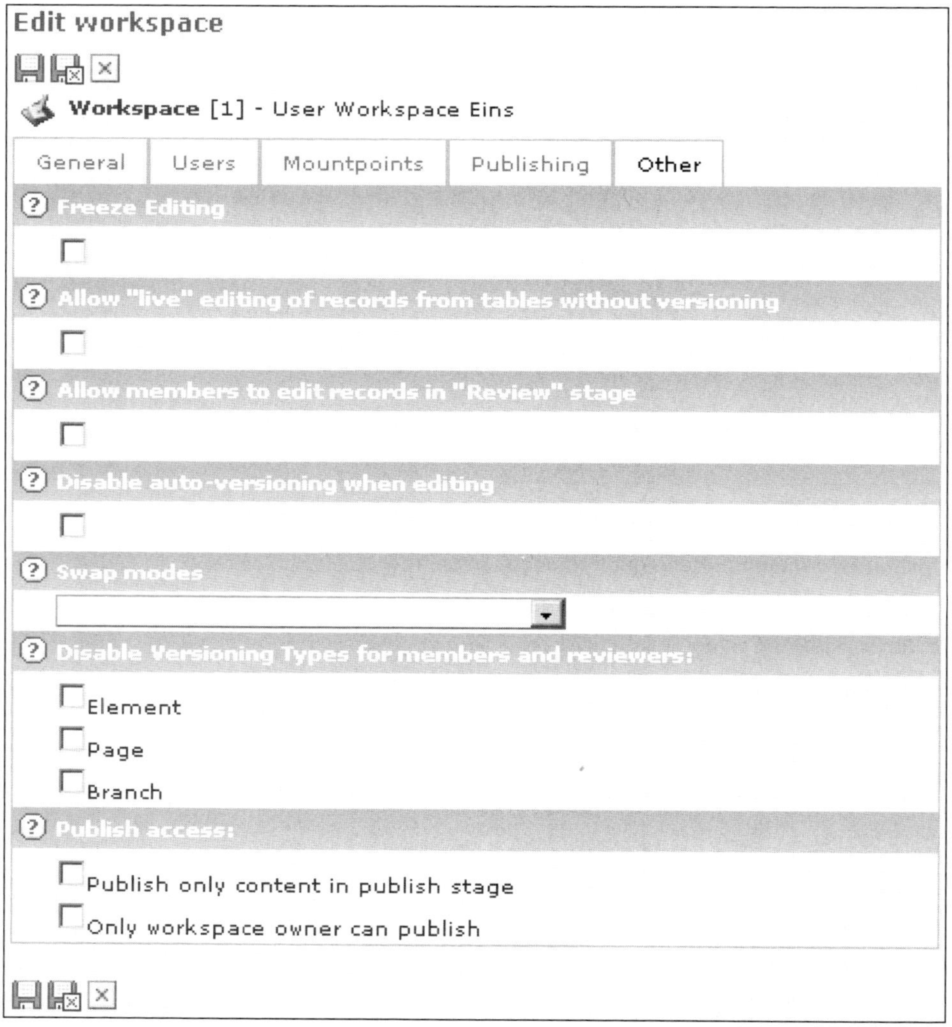

```
Edit workspace
 Workspace [1] - User Workspace Eins
 General | Users | Mountpoints | Publishing | Other
 (?) Freeze Editing
   ☐
 (?) Allow "live" editing of records from tables without versioning
   ☐
 (?) Allow members to edit records in "Review" stage
   ☐
 (?) Disable auto-versioning when editing
   ☐
 (?) Swap modes
   [                    ▼]
 (?) Disable Versioning Types for members and reviewers:
   ☐ Element
   ☐ Page
   ☐ Branch
 (?) Publish access:
   ☐ Publish only content in publish stage
   ☐ Only workspace owner can publish
```

Abbildung 5.53: **USER Workspace: andere Einstellungen**

3. ALLOW MEMBERS TO EDIT RECORDS IN »REVIEW« STAGE

   Hier kann den Benutzern mit der Rollenzugehörigkeit *Member* erlaubt werden, Datensätze auch zu editieren, wenn diese in der Bearbeitungsstufe *Review* sind. Normalerweise können diese Benutzer nur Datensätze in der Stufe *Editing* bearbeiten.

4. DISABLE AUTO-VERSIONING WHEN EDITING

   Ist diese Option aktiviert, werden beim Bearbeiten nicht automatisch neue Versionen der jeweiligen Elemente in dem Workspace erzeugt, sondern müssen manuell angelegt werden. Als Fehler erscheint dann folgende Meldung:

# KAPITEL 5  Das Backend – Eingabe und Pflege der Daten

Abbildung 5.54: **Fehlermeldung**

5. SWAP MODES

Jeder Workspace kann verschieden mit den *Swap*-Optionen umgehen. Die Konfiguration erfolgt hier. Normalerweise ist *Swap* ermöglicht.

Die Option *Swap-Into-Workspace on Auto Publish* ermöglicht zudem ein Austauschen der Version des Workspaces mit dem LIVE Workspace durch die automatische Veröffentlichung (siehe die Maske PUBLISHING).

Ist diese Option nicht gesetzt, wird beim ersten automatischen Publizieren nicht *Swap* (Tausch), sondern *Publish* (Veröffentlichung) durchgeführt, und das Zurücktauschen durch Angabe des zweiten Datums in dieser Maske ist nicht möglich.

Die Option *Disable Swap-Into-Workspace* bewirkt, dass das Tauschen (*Swap*) in dem Workspace nicht möglich ist.

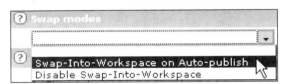

Abbildung 5.55: **USER Workspace: Swap Modes**

6. DISABLE VERSIONING TYPES FOR MEMBERS AND REVIEWERS

Die Versionierung von Elementen, Seiten oder ganzen Branches für Mitglieder und Rezensenten können Sie hier deaktivieren. Benutzer, die diese Rollen innehaben, können also nur in vorhandenen Versionen arbeiten.

7. PUBLISH ACCESS

Die Option *Publish only content in publish stage* erzwingt, dass eine Version erst die notwendigen Bearbeitungsstufen bis *publish* durchlaufen muss, bevor sie tatsächlich veröffentlicht werden kann. (Elemente mit der Standardstufe *Editing* können also nicht versehentlich veröffentlicht werden.)

Die Option *Only workspace owner can publish* lässt die Veröffentlichung nur durch den/die Besitzer des jeweiligen Workspaces zu, Benutzer der Rollen *Mitglied* und *Rezensent* dürfen selbst dann nicht publizieren, wenn sie Zugriff auf den LIVE Workspace haben.

# KAPITEL 5   Das Backend – Eingabe und Pflege der Daten

*Alle diese Einstellungen können übrigens ebenso in dem Workspace-Datensatz im List-Modul in der Root bearbeitet werden.*

## 5.4.4 Redaktionelles Arbeiten mit Workspaces

### Seitenvorschau eines Entwurfs-Workspaces

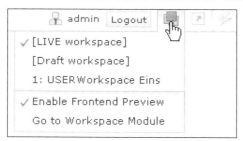

Abbildung 5.56: **Aktivierung des Frontend Preview**

Befinden Sie sich in einem Entwurfs-Workspace und haben Sie den Preview (siehe Abbildung 5.56) im Frontend aktiviert, dann erscheint im aktuellen Browser (session-abhängig) bei der Seitenvorschau der Zustand des jeweils aktuellen Workspaces (auch erkennbar an dem roten Balken mit Titel und ID des entsprechenden Workspaces). Wollen Sie den aktuellen Online-Status sehen, deaktivieren Sie die Checkbox. Den Preview erhalten Sie selbstverständlich nur, wenn Sie gleichzeitig im Backend eingeloggt sind und den jeweiligen Workspace gerade aktiviert haben. Das Aussehen der Preview-Box können Sie optisch individuell anpassen (siehe Abschnitt 5.4.5).

Abbildung 5.57: **Markierung eines Entwurfs-Workspaces im Frontend**

### Bearbeitung im Backend

In der Bearbeitung des LIVE Workspaces werden sämtliche Änderungen, die hier durchgeführt werden, sofort online übernommen.

In den Entwurfs-Workspaces ist oben in der zweiten Spalte über der Seitenstruktur der Name des Workspaces angegeben, in dem Sie sich gerade befinden. Jede Abweichung vom LIVE Workspace an einer Seite oder an einem Inhaltselement wird hier entsprechend einem Farbschema hervorgehoben, das im nächsten Abschnitt näher erläutert wird.

Inhaltselemente, die keine Versionierung unterstützen, können standardmäßig in Entwurfs-Workspaces nicht bearbeitet werden. Bei der Konfiguration der USER Workspaces kann dies jedoch aktiviert werden (siehe Abschnitt *Konfiguration der USER Workspaces*).

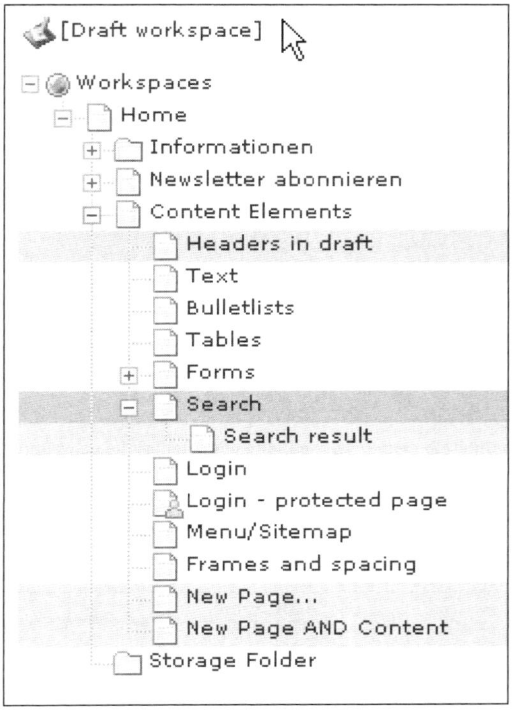

# KAPITEL 5  Das Backend – Eingabe und Pflege der Daten

Abbildung 5.58: **Die Seitenstruktur in einem Entwurfs-Workspace**

Eine neue Version einer Seite in dem aktuellen Workspace erzeugen Sie durch die Funktion NEW VERSION OF PAGE im Seitenmodul. (Hinweis: Dies ist nicht gleichbedeutend mit der Bearbeitung der Seite durch EDIT PAGE PROPERTIES, bei der eine neue Version nur erzeugt wird, wenn die automatische Versionierung erlaubt ist.)

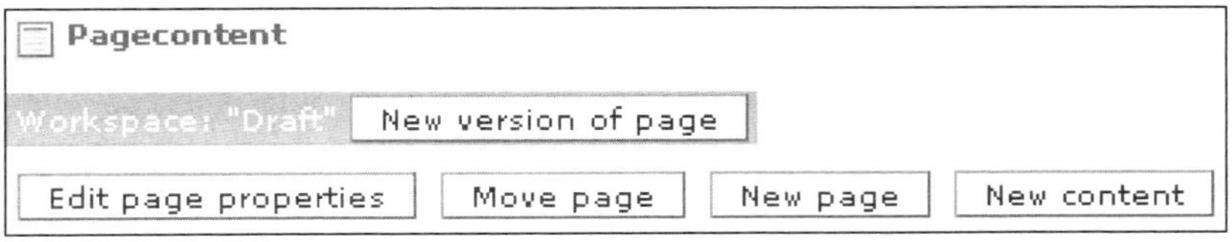

Abbildung 5.59: **Bearbeitung einer Seite im Seitenmodul**

Ist nun eine von der LIVE-Version abweichende Version der Seite verfügbar, erscheint oben stattdessen die Funktion PUBLISH PAGE, mit der Sie die Seite direkt publizieren können (vorausgesetzt, Sie haben dazu die Berechtigung).

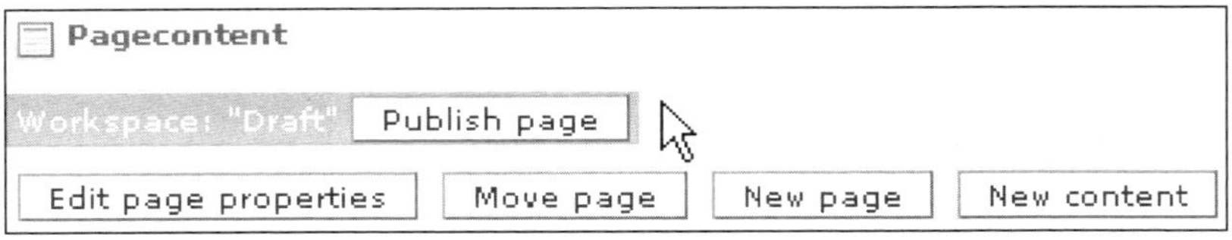

Abbildung 5.60: **Hier wird die Seite direkt veröffentlicht.**

# KAPITEL 5  Das Backend – Eingabe und Pflege der Daten

Es gibt bestimmte Zustände, in denen die Versionierung nicht möglich ist:

Abbildung 5.61: **Liegt eine Seite innerhalb eines Branch, ist keine weitere Versionierung und auch keine direkte Veröffentlichung möglich.**

Abbildung 5.62: **Sind unterschiedliche Versionen, auch von Unterelementen, auf der Seite enthalten, ist keine weitere Versionierung der Seite möglich.**

Im LIVE Workspace schauen die Optionen anders aus. Hier schalten Sie in einem Dropdown-Feld zur Bearbeitung und Ansicht zwischen den verschiedenen Versionen um.

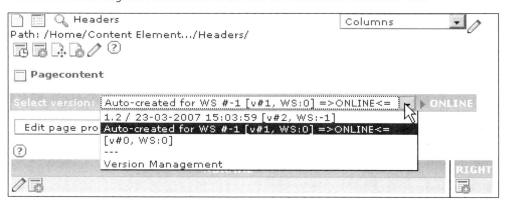

Abbildung 5.63: **Versionen einer Seite im LIVE Workspace**

Das Dropdown-Feld gibt folgende Informationen:

» [v#0, WS:0] – Versionsnummer und Workspace ID

» 1.2 / 23.03.2007 15:03:59 – Versioning Label (*t3ver_label*), wird automatisch vergeben und kann editiert werden (siehe unten). Es enthält das Erstellungsdatum einer neuen Version, erzeugt durch Änderung an dem Datensatz.

» Auto-created for WS #-1 – automatische Erzeugung einer neuen Version des Datensatzes durch den Workspace mit der ID -1

» => ONLINE <= – markiert die aktuelle Online-Version.

# KAPITEL 5    Das Backend – Eingabe und Pflege der Daten

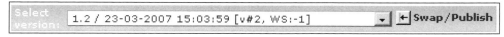

Abbildung 5.64: **Versionen direkt austauschen über Swap/Publish**

Das Dropdown-Feld erlaubt folgende Aktionen:

» Wechsel zwischen den Versionen im Backend und ein anschließendes Tauschen im Frontend durch SWAP / PUBLISH

» Über VERSION MANAGEMENT gelangen Sie zu den Versionierungswerkzeugen (siehe weiter unten).

## Farbschema zur Darstellung von Versionsunterschieden

Das Vorhandensein verschiedener Versionen von Inhalten, Seiten und Seitenbäumen wird durch Farben dargestellt. Die Farben sind jedoch in der aktuellen Standardansicht nicht besonders gut zu erkennen.

*Lesen Sie hierzu bitte auch die Beschreibung der verschiedenen Versionstypen und deren Verwendung inklusive ihrer Vor- und Nachteile in Abschnitt Versionierung.*

» *Blau/Lila* – die komplette Seite und ihre Inhalte (Versionierungstyp *page*: Der Seitenheader wurde modifiziert, und Inhaltselemente wurden kopiert; Tabelle *pages*.)

» *Gelb* – Die gelbe Farbmarkierung erscheint im Seitenbaum für Seiten, bei denen mindestens ein Inhaltselement verändert wurde (Versionierungstyp *element,* Tabelle *tt_content*). Gelb bedeutet also, dass dieser Datensatz versionierte Unterelemente hat.

» *Grün* – Die grüne (eigentlich eher graue) Farbmarkierung erscheint im List- und im Page-Modul bei den Elementen, die verändert wurden, also in einer neuen Version vorliegen (Tabelle *tt_content* oder andere versionierbare Elemente). Wurde nur der Seitenheader einer Seite modifiziert, dann wird die entsprechende Seite im Seitenbaum auch grün angezeigt. Grün bedeutet also: Genau dieser Datensatz ist versioniert.

» *Rosa* – Ein ganzer Branch wurde verändert (Seite mit Unterseiten). Das dunklere Rosa steht hier für die Ursprungsseite, das hellere Rosa für die kopierten Unterelemente.

Zusammenfassend lässt sich sagen: Ist ein Datensatz farbig markiert, ist er nicht in dieser Version online sichtbar.

# KAPITEL 5     Das Backend – Eingabe und Pflege der Daten

So schaut derselbe Ausschnitt des Listmoduls im LIVE bzw. im DRAFT Workspace aus:

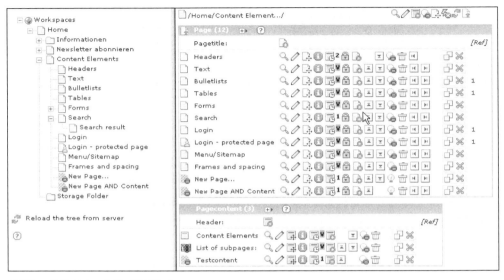

Abbildung 5.65: **Listmodul im LIVE Workspace**

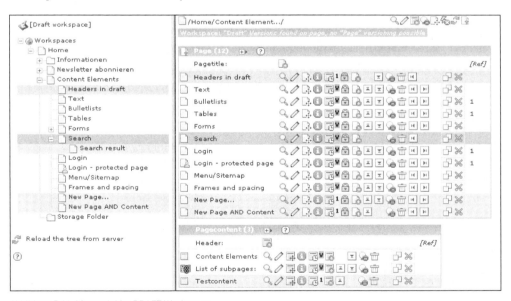

Abbildung 5.66: **Listmodul im DRAFT Workspace**

## Der 3-Frame-Modus

Das Workspace-Modul bietet eine sehr komfortable Möglichkeit, um die Unterschiede direkt im Frontend zu vergleichen und mit den entsprechenden Versionierungs- und Veröffentlichungswerkzeugen zu bearbeiten.

Abbildung 5.67: **Frontend-Preview**

Hierzu gibt es die Ansicht in einem 3-Frame-Modus, zu dem Sie mit der Lupe im Backend gelangen.

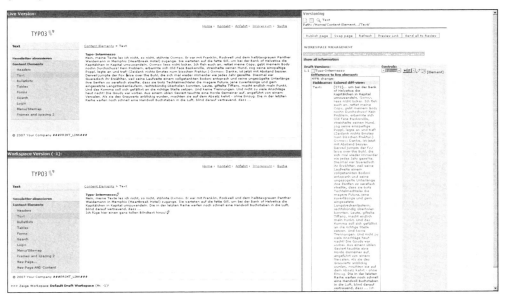

Abbildung 5.68: **Der 3-Frame-Modus im Frontend**

In den beiden linken Frames werden der Online-Zustand (rot) und der Zustand des gewählten Workspaces (grün) untereinander dargestellt. Im rechten Frame bieten sich, bezogen auf den aktuellen Ausschnitt, alle zur Verfügung stehenden Werkzeuge an.

*Innerhalb dieses Modus können Sie auf Verlinkungen nur innerhalb des aktuellen Frames zugreifen. Diese haben keine Auswirkung auf die anderen Frames.*

**KAPITEL 5**     Das Backend – Eingabe und Pflege der Daten

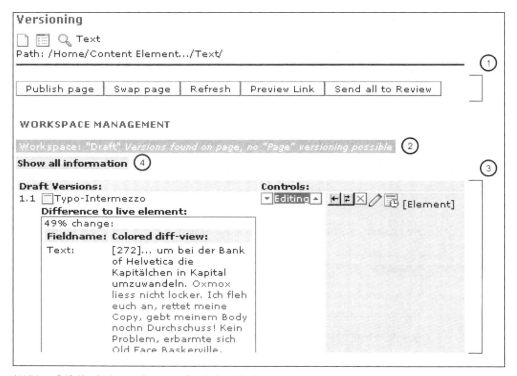

Abbildung 5.69: **Versionierungsframe zur Bearbeitung im Frontend**

① Diese Funktionsleiste wurde bereits in Abschnitt *Review and Publish* beschrieben.
② Hier erhalten Sie gegebenenfalls die Möglichkeit, neue Versionen zu erzeugen oder die entsprechenden Meldungen auszugeben.
③ Diese Funktionen wurden bereits in Abschnitt *Review and Publish* beschrieben.
④ Hier gelangen Sie zu der folgenden Maske, deren Funktionen bereits in Abschnitt *Review and Publish* beschrieben wurden. Sie haben die Möglichkeit, durch Aktivierung der Checkbox SHOW DIFFERENCE VIEW die farbige Vorschau der Unterschiede inline angezeigt zu bekommen.

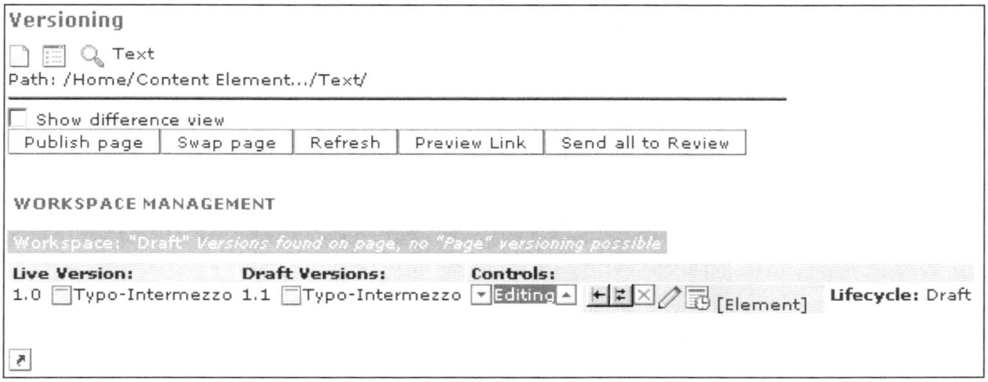

Abbildung 5.70: **Versionierungsansicht**

### 5.4.5 Tipps und Tricks

In diesem Abschnitt zeigen wir Ihnen zusätzliche Tipps und Tricks beim Umgang mit Workspaces, die sich während den Arbeiten an Projekten herauskristallisiert haben.

#### Eigene Extensions

Wie wir bereits zu Anfang dieses Abschnittes in *Versioning* erwähnt haben, müssen Datensätze, sollen sie in Workspaces verwendet werden, auch Versionierung unterstützen. Der Kickstarter bietet diese Option beim Erstellen einer neuen Extension.

Des Weiteren müssen Sie ein paar Punkte beachten, die in Kapitel 8, *Extensions entwickeln*, Abschnitt 8.13.5 erläutert werden.

#### Eigene Extensions vom Typ Modul

Der Parameter `$MCONF['workspaces']` in der Datei *mod1/conf.php* einer Extension definiert, in welchen Workspaces das Modul verfügbar sein soll. Ist der Parameter leer, ist das Modul überall verfügbar. Mögliche Werte sind *online* (LIVE), *offline* (DRAFT) und *custom* (verfügbar für die USER Workspaces), möglich ist auch eine Kombination dieser Werte.

Diese Einstellung kann auch für bestehende Module genutzt werden.

#### Diverse Konfigurationsmöglichkeiten

Mit der Option `message_preview_workspace` (*string*) steuern Sie, wie die HTML-Ausgabe der Box der Preview-Funktion eines Entwurfs-Workspaces aussehen soll. Die beiden Platzhalter stehen für den Namen und die ID des aktuellen Workspaces.

# KAPITEL 5    Das Backend – Eingabe und Pflege der Daten

```
>>> Zeige Workspace Default Draft Workspace (Nr. -1)!
```

Abbildung 5.71: **Individuelle Anzeige**

Listing 5.29: **Mögliche Konfigurationen für die Voransicht**

```
config.message_preview_workspace = <div class="prevbox">
>>> Zeige Workspace <b>%s</b> (Nr. %s)! </div>
#oder
config.message_preview_workspace = <div class="prevbox">
Workspace Nr. %2$s, Name: %1$s! </div>
```

Wenn der Wert options.pageTree.onlineWorkspaceInfo (*boolean*) in USER TSconfig gesetzt ist, wird auch im Seitenbaum des LIVE Workspaces eine Info-Box erscheinen. Dies ist praktisch für Benutzer, die viel mit Workspaces arbeiten.

Abbildung 5.72: **Workspace-Info-Box**

## Systemlog

Im Systemlog werden auch die Operationen der Workspaces angezeigt, wobei in der USER-Spalte neben dem Benutzer der jeweilige Workspace angezeigt wird (z. B. *admin_01@Draft*).

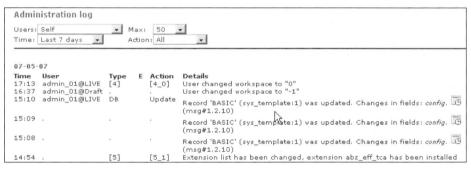

Abbildung 5.73: **Systemlog**

## Übersichtlichkeit

Die neue TYPO3-Skin ist (durch das Weglassen von Tabellenrahmen) in vielen Bereichen unübersichtlich, beispielsweise bei den unter Umständen sehr großen Tabellen im Modul *Workspaces*.

# KAPITEL 5   Das Backend – Eingabe und Pflege der Daten

*Hier kann Ihnen eventuell ein Deinstallieren der Extension* t3skin *die Arbeit erleichtern. Es gibt auch die Extension* t3skin_improved, *die jedoch an dieser Stelle keine bemerkenswerte Verbesserung schafft.*

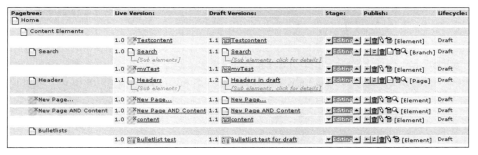

Abbildung 5.74: **Auch wenn die alte Skin nicht so schön war, waren in ihr die Farben klarer und die zueinander-gehörenden Zeilen besser zu erkennen.**

### 5.4.6 Ausblick

Bei den noch in den Kinderschuhen steckenden Workspaces gibt es noch einige Fehler und konzeptionelle Unzulänglichkeiten, die Sie bei Implementierung nicht außer Acht lassen dürfen. Es ist zwar im Ansatz ein gutes Konzept, das TYPO3 mit Sicherheit einen weiteren Schritt in Richtung Enterprise-CMS gebracht hat, dennoch gibt es ein paar grundlegende Probleme (einige wurden in der Einleitung bereits erwähnt), die die Zukunft dieses Moduls etwas im Ungewissen lassen. Generell müssen Sie davon ausgehen, dass den Redakteuren neben einer ausführlichen Schulung ein kompetenter Ansprechpartner bereitgestellt werden muss und Sie sich auf einen erhöhten Supportaufwand einstellen dürfen.

Mehr Informationen zum konzeptionellen und technischen Hintergrund von Versionierung und Workspaces finden Sie in Kapitel 7, *Das Framework – Werkzeugkasten für die eigene Extension*, Abschnitt 7.6.

## 5.5 Interessante (oft unbekannte) Funktionalitäten

Die schiere Menge an Funktionen und Möglichkeiten in TYPO3 ist überwältigend, allerdings sind viele Funktionen oft nicht weithin bekannt. Hier wollen wir verschiedene Funktionalitäten im Backend ansprechen, die vielen Benutzern auf den ersten und manchmal auch auf den zweiten Blick verborgen bleiben, da sie nicht auf Anhieb auffallen und auch in vielen Dokumentationen nicht auftauchen.

### 5.5.1 Arbeitsschritte zusammenfassen

Mithilfe der sogenannten Befehle können Sie wiederkehrende Aufgaben automatisieren oder auf eine andere Art angehen und so die Arbeit vereinfachen.

# KAPITEL 5    Das Backend – Eingabe und Pflege der Daten

*Sie können nur als Administrator Befehle anlegen. Diese können dann allerdings auch von Redakteuren ausgeführt werden. Dazu müssen diese natürlich über die entsprechenden Rechte verfügen. Nötig ist der Zugriff auf das Modul TASK CENTER und Lese- bzw. Schreibrechte auf die betroffenen Tabellen. Für das Anlegen einer News muss der Redakteur beispielsweise auf die Tabelle tt_news schreibend zugreifen können.*

Um Befehle nutzen zu können, müssen Sie die Core-Extension sys_action installieren. Diese legt bei der Installation unter anderem die Tabelle *sys_action* an, in der Befehle gespeichert werden. Einen neuen Befehl legen Sie als neuen Datensatz mithilfe des Moduls WEB, LIST auf der obersten Ebene im Seitenbaum an.

Abbildung 5.75: **Neue Action anlegen**

Für alle Befehle haben Sie die Möglichkeit, Benutzergruppen zu vergeben. Nur Mitglieder dieser Gruppen können dann auf den Befehl zugreifen und diesen ausführen. Sie können also neben der generellen Möglichkeit über das Modul auch einzelne Befehle explizit über die Benutzergruppen für verschiedene Benutzer freigeben oder eben sperren.

Standardmäßig haben Sie fünf verschiedene Befehlstypen zur Auswahl:

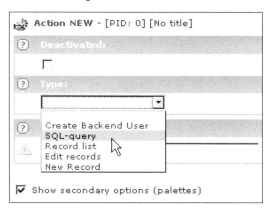

Abbildung 5.76: **Leerer Datensatz einer neuen Action**

## Create Backend User

Falls Sie immer wieder neue Backend-Benutzer des gleichen Typs erstellen müssen, kann diese Option Ihnen hierbei behilflich sein. Basierend auf einem sogenannten Template-Benutzer können Sie oder auch ein von Ihnen vorgesehener Redakteur ohne Admin-Zugang auf einen Rutsch neue Backend-Benutzer anlegen. Dabei besteht dann beim Erzeugen des neuen Benutzers die Möglichkeit, aus einer vorgegebenen Liste von Benutzergruppen auszuwählen, Seitenstartpunkte anzugeben und natürlich die benutzerbezogenen Daten wie Name, E-Mail, Anmeldename und Passwort anzugeben.

Die Komplexität des Vorgangs NEUEN BACKEND BENUTZER ANLEGEN wird also deutlich vereinfacht und dadurch beschleunigt.

## SQL-Query

Über diesen Typ können Sie eine SQL-Datenbankabfrage definieren und auf die Ergebnisse in Form einer TYPO3-Listenansicht zugreifen. Die Erstellung der Abfrage erfolgt nicht in der Befehlsmaske. Die Vorgehensweise ist etwas komplizierter und wird deshalb getrennt in Kapitel 6, *HowTos*, Abschnitt 6.6 beschrieben.

## Record List

Hier können Sie im Prinzip einen Schnellzugriff auf Datensätze ähnlich dem Modul WEB, LIST implementieren. Sie wählen die gewünschte Seite aus und können zusätzlich die Anzeige auf Elemente von nur einer Tabelle einschränken.

## Edit Records

Sie können Datensätze aus verschiedenen Tabellen von verschiedenen Seiten zusammenfassen, um sie in einer editierbaren Liste anzuzeigen. Der große Vorteil hierbei ist, dass häufig zu ändernde Datensätze sehr schnell aufgegriffen werden können, egal wo im Seitenbaum sie liegen.

## New Record

Für Redakteure mit einer sehr spezifischen Aufgabe, beispielsweise dem Anlegen von News innerhalb immer derselben Seite, kann durch diese Option die gesamte Komplexität von Seitenbaum und Listview reduziert werden. Der Redakteur legt über einen Link News an, ohne zu wissen bzw. wissen zu müssen, wo diese im Seitenbaum gespeichert werden oder um welche Datensätze es sich genau handelt.

Für Arbeiten an Datensätzen müssen die Rechte des Bearbeiters ausreichend sein. Um beispielsweise Änderungen an den Datensätzen speichern zu können, muss die zugrunde liegende Tabelle für den Benutzer freigeschaltet sein, und der Bearbeiter muss auf die Seite zugreifen können, in der der Datensatz liegt. Details zu Rechtestrukturen in TYPO3 finden Sie in Abschnitt 5.1.

Alle angelegten Befehle, auf die der aktuelle Benutzer Zugriff hat, werden diesem dann im Modul USER, TASK CENTER zur Auswahl angeboten.

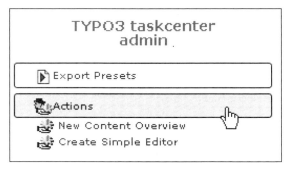

Abbildung 5.77: **Zwei angelegte Actions für den Benutzer**

## 5.5.2 Daten durchsuchen im Backend

Es gibt derzeit zwei sehr gute Möglichkeiten, bestimmte Datensätze mithilfe von TYPO3 im Backend ausfindig zu machen. Dies ist einmal die Suche über den kompletten Datenbestand im Backend rechts oben; zum Abschicken der Suchanfrage betätigen Sie die Return-Taste zu.

 Tabellenfelder, die mit dem Konfigurationstyp *none* versehen sind, werden von der Suche nicht erfasst, d. h., es werden nur die Inhalte von Tabellenfeldern durchsucht, die im TCA als bearbeitbar definiert wurden. Ausgenommen davon sind die *uids* der Datensätze.

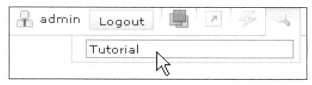

Abbildung 5.78: **Die Suchbox, die in allen Datensätzen sucht, ist im rechten oberen Bereich des TYPO3-Backends stets erreichbar.**

In den Modulen WEB, PAGE und WEB, LIST finden Sie im unteren Bereich eine weitere Möglichkeit der Suche. Hier startet die Suche nur in dem Bereich des Seitenbaums, in dem Sie sich gerade befinden, oder rekursiv in den Seiten darunter. Dazu können Sie zusätzlich die Tiefe der zu durchsuchenden Ebenen angeben. Für den Fall, dass Ihre Suche eine große Menge an Ergebnisdatensätzen liefert, können Sie die Anzahl der Ergebnisse über das Feld SHOW RECORDS einschränken.

# KAPITEL 5   Das Backend – Eingabe und Pflege der Daten

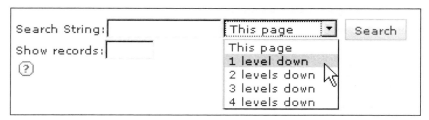

Abbildung 5.79: **Suche im Page- und Listmodul**

Sie haben mehrere Möglichkeiten der Eingabe in das Suchfeld:

» Volltextsuche

Geben Sie einfach den Titel, Teile des Titels oder auch Teile des Inhalts in das Suchfeld ein. Die Suche greift dabei nicht nur auf die Elemente Seite und Seiteninhalt zu, sondern auch auf alle anderen Datensätze, die über die PID mit einer Seite in TYPO3 verbunden sind.

» Seiten-ID

Durch die Eingabe einer Seiten-ID, die Sie beispielsweise aus der Anzeige im Frontend kennen, können Sie schnell und direkt die Anzeige dieser Seite im Modul WEB, PAGE erreichen, ohne die Lage im Seitenbaum kennen zu müssen. Dies ist vor allem bei großen Seitenstrukturen eine enorme Hilfe.

» ID eines anderen Datensatzes

Über die Syntax *tabellenname:uid*, also beispielsweise *tt_news:2*, können Sie direkt in die Bearbeitungsmaske des Datensatzes springen. Die Position des Datensatzes wird dabei oberhalb der Bearbeitungsmaske als Pfadangabe dargestellt, und auch die Seiten-ID, in der der Datensatz liegt, wird angezeigt.

Eine weitere Hilfe für Redakteure ist die Filtermöglichkeit über dem Seitenbaum. Wir nennen diese Hilfestellung bewusst »Filter«, da eine Eingabe in das Filterfeld keine Suche auslöst, sondern – per JavaScript – die aktuell ausgeklappten Bereiche des Seitenbaums so modifiziert, dass nur noch Seitentitel mit dem eingegebenen Suchstring normal angezeigt werden; alles andere wird ausgegraut. Die ist vor allem bei großen Seitenbäumen oft recht hilfreich und auch sehr schnell.

## Modul TOOLS, DB CHECK

Für Administratoren bietet auch das Modul TOOLS, DB CHECK die Möglichkeit, eine Volltextsuche über die gesamte Datenbank durchzuführen. Es werden alle Tabellen durchsucht, die im $TCA konfiguriert sind.

Auch für die Suche im Dateisystem bietet dieses Modul hervorragende Möglichkeiten. Dies kommt besonders zur Geltung, falls Sie keinen Zugang zur Konsole des Betriebssystems haben. Allerdings müssen Sie ein grundsätzliches Verständnis für reguläre Ausdrücke mitbringen, um hiermit arbeiten zu können. Wählen Sie dazu die Option FIND FILENAME, und geben Sie im Suchfeld den benötigten Suchausdruck ein.

*Reguläre Ausdrücke sind aufgrund ihrer Komplexität und gleichzeitiger Kompaktheit nicht gerade einfach zu verstehen. Wir wollen hier keinen Exkurs zu regulären Ausdrücken machen, sondern die richtige Schreibweise aufzeigen, die einer Volltextsuche entspricht. Wenn Sie nach einer Zeichenkette* typo3 *suchen, müssen Sie diese für eine Suche mit regulären Ausdrücken wie folgt schreiben:* (typo3)+. *Probieren Sie es aus! Die Klammer definiert eine zusammenhängende Zeichenkette, und das + dahinter besagt, dass die Zeichenkette einmal oder mehrfach vorkommen soll. Dies entspricht einer Volltextsuche.*

### 5.5.3 Datenbankfelder kontrollieren

Wurde Ihnen schon einmal der im Folgenden aufgeführte oder ein ähnlicher Fehler gemeldet, und hatten Sie erst einmal keine Ahnung, was die Ursache des Fehlers war? Seien Sie beruhigt, Sie sind nicht allein, das ist schon vielen TYPO3-Benutzern so ergangen, einschließlich den Autoren.

```
Warning: mysql_fetch_row(): supplied argument is not a valid MySQL result resource in
D:\_projects\_abezet\_t3_version_4.3\      \typo3\sysext\dbal\class.ux_t3lib_db.php on line 1307
```

Abbildung 5.80: **Datenbankfehler im Backend**

In den meisten Fällen resultiert so eine Meldung ganz einfach aus einer Inkonsistenz zwischen $TCA und Datenbank. Sie erinnern sich: Das $TCA enthält die Datenbankfelder und ihre Konfiguration für die Darstellung und Bearbeitung im Backend. Mit dem Befehl COMPARE (oder etwas anders aufbereitet COMPARE WITH $TCA) können Sie diese Konsistenz überprüfen. Sie führen diese Prüfung im Modul TOOLS, INSTALL im Bereich DATABASE ANALYSER aus.

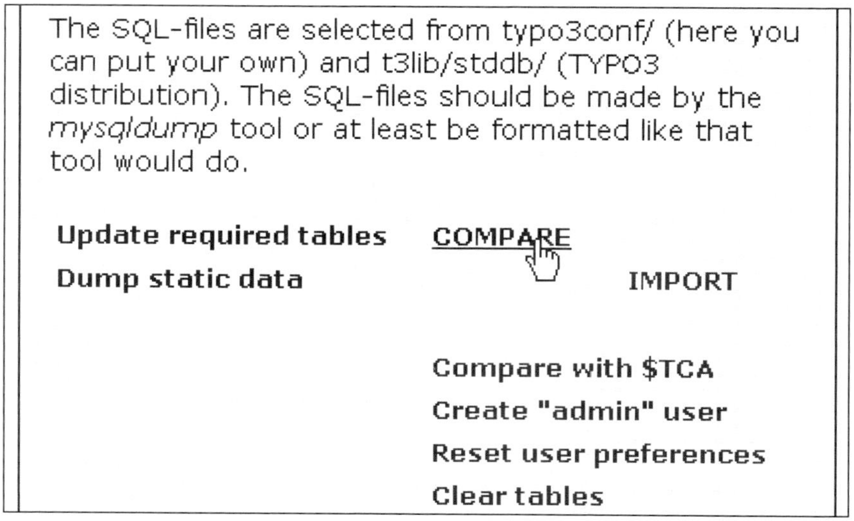

Abbildung 5.81: **Vergleich zwischen $TCA und Datenbank starten**

## KAPITEL 5   Das Backend – Eingabe und Pflege der Daten

Nach einer Überprüfung der vorgeschlagenen Änderungen an der Datenbank können Sie alle oder einzeln ausgewählte Befehle ausführen, um die Datenbank wieder an das $TCA anzugleichen. In über 90 Prozent aller Fälle kann somit die Fehlerquelle entdeckt und behoben werden.

> *Aufgrund des Einsatzes verschiedener Betriebssysteme und vor allem verschiedener MySQL-Versionen kommt es manchmal vor, dass ein Vergleich zwischen $TCA und Datenbank immer wieder denselben Änderungsvorschlag bringt, obwohl Sie die Änderung (vermeintlich) schon durchgeführt haben. Dies liegt dann meist daran, dass TYPO3 die gewünschte Änderung an der Datenbank nicht durchführen kann, weil sie von der Datenbank mit einer Fehlermeldung abgebrochen wird. Nur leider wird diese Fehlermeldung im Install Tool nicht angezeigt! Vergleichen Sie in diesem Fall den Soll- mit dem Ist-Zustand, und entscheiden Sie selbst, ob die vorgeschlagene Änderung nötig ist. Sie können auch den angezeigten SQL-Befehl kopieren und direkt auf die Datenbank loslassen, z. B. über ein Tool wie phpmyadmin. Dadurch sollten Sie über die dann angezeigte Fehlermeldung eine Idee bekommen, was zu tun ist. Unsere Erfahrungswerte sagen: In aller Regel können Sie solche nicht verschwindenden Meldungen ignorieren, falls Sie sonst im Backend keine Fehler angezeigt bekommen.*

```
ALTER TABLE cachingframework_cache_hash ADD KEY cache_id (identifier(320));
ALTER TABLE sys_refindex CHANGE ref_table ref_table text;
Current value: varchar(255) default ''
```

### 5.5.4   Import/Export von Daten als *.t3d

Genau genommen wird die Import/Export-Funktionalität erst durch die Installation der Extension impexp zur Verfügung gestellt. Sie zählt jedoch zu den System-Extensions und ist im TYPO3-Basispaket standardmäßig bereits installiert. Erreichbar ist sie im Kontextmenü des Seitenbaums unter MORE OPTIONS... Damit können Sie sehr komfortabel Daten zwischen verschiedenen Installationen von TYPO3 austauschen. Alle benötigten Daten und Dateien werden automatisch von TYPO3 eingebunden. Es werden einige Features zur Verfügung gestellt.

Die resultierende Exportdatei *.t3d kann durch die eingebundenen Dateien schnell das PHP-Speicherlimit sprengen. In diesem Fall sollten Sie versuchen, den Export in mehreren Schritten vorzunehmen, oder Sie übertragen die einzelnen Bestandteile manuell (fileadmin/, typo3conf/, uploads/, Datenbank). Im Kapitel 3, *Installation*, Abschnitt 3.4 finden Sie Hinweise zu Extensions, die dies für Sie erledigen können.

#### Export

Bei einem Export sind mehrere Schritte durchzuführen:

» Auswahl der zu exportierenden Seitenbaumebenen

» Auswahl der direkten und in Beziehung stehenden Tabellen für den Export

» Festlegung der maximalen Anzahl von Datensätzen pro Tabelle

# KAPITEL 5    Das Backend – Eingabe und Pflege der Daten

» expliziter Ausschluss von einzelnen Datensätzen
» Anzeige der aus den Einstellungen resultierenden Exportdaten
» Speicherung von Export-Einstellungen
» Festlegung von notwendigen Extensions für zugehörige Datensätze. Diese Extensions müssen vor dem Import in ein anderes TYPO3-System bereits installiert sein, um alle Daten korrekt importieren zu können.

Falls Sie eine komplette Übertragung eines TYPO3-Projekts von kleiner bis mittlerer Größe durchführen möchten, ist es in der Regel sinnvoll, möglichst alle Daten in einem einzigen Durchgang zu exportieren.

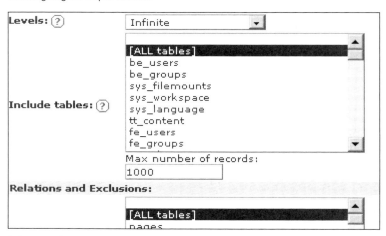

Abbildung 5.82: **Einstellung für einen Import**

## Import

*Stellen Sie vor einem Import sicher, dass alle benötigten Extensions installiert und damit die zugehörigen Datenbanktabellen und Felder angelegt sind, da Daten für diese Felder sonst beim Import verloren gehen.*

*Falls beim Export des t3d die* EXTENSION DEPENDENCIES *im Reiter* ADVANCED OPTIONS *angegeben wurden, werden Sie von TYPO3 darauf hingewiesen, dass vor dem Import noch Extensions zu installieren sind.*

Sie können neue Daten importieren oder ein Update von bestehenden Daten durchführen. Ein spezielles Augenmerk sollten Sie auf die Option FORCE ALL UIDs VALUES legen. Damit werden die IDs der importierten Datensätze beibehalten. Bestehende Datensätze, z. B. Seiten mit derselben *uid*, werden überschrieben und gehen verloren. Nutzen Sie diese Option nur, wenn Sie tatsächlich den bestehenden Datenbank-Stand komplett mit dem Import überschreiben wollen.

Im Normalfall werden die importieren Daten den bestehenden Daten hinzugefügt, wobei TYPO3 die Zuordnung von einzelnen Datensätzen automatisch richtig einstellt. Falls beispielsweise eine Seite mit Inhalten eingefügt wird, die Option FORCE ALL UIDs VALUES *nicht* gesetzt ist und bereits eine Seite mit der *uid* der zu importierenden Seite vorliegt, bekommt die zu importierende Seite eine neue *uid*, und die entsprechenden Einträge im Feld *pid* der Inhaltsdatensätze aus *tt_content* werden automatisch angepasst.

### 5.5.5 Drag&Drop

Ein Feature, das seit der Version 4 Einzug in den TYPO3-Core gehalten hat, ist die Möglichkeit, Seiten mit der Maus an eine andere Position im Seitenbaum zu ziehen. Damit lassen sich sehr komfortabel die Aktionen Verschieben und Kopieren durchführen. Im Hintergrund wird hier *AJAX* eingesetzt, und das schafft eine Arbeitseffizienz annähernd wie im Datei-Explorer eines aktuellen Betriebssystems wie z. B. Windows.

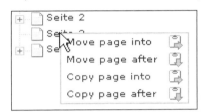

Abbildung 5.83: **Optionen für Drag&amp;Drop**

*Für ein Verschieben von Inhaltselementen innerhalb einer Seite im Modul* WEB, PAGE *gibt es eine ähnliche Funktionalität, die von der Extension* gb_bedraganddrop *zur Verfügung gestellt wird. Diese Extension ist zum Zeitpunkt der Bucherstellung schon recht lange (seit 2006) nicht mehr aktualisiert worden, funktioniert jedoch auch in TYPO3 4.3 unserer Erfahrung nach recht zuverlässig. Eine Verschiebung in andere Spalten klappt nur, wenn dort bereits Inhaltselemente vorhanden sind, da diese für das Droppen als Anker verwendet werden.*

### 5.5.6 Das Klemmbrett (Clipboard)

Das Klemmbrett dient als Zwischenablage für alle Kopiervorgänge im Backend. Diese Zwischenablage für Dateneinheiten aller Art kann erst genutzt werden, wenn man sie über die Checkbox am Seitenende einblendet.

Abbildung 5.84: **Anzeige des Klemmbretts aktivieren**

Wenn Sie nun einen Datensatz mit dem Ihnen bekannten Befehl kopieren, ist eine Referenz auf diesen Datensatz auf dem Klemmbrett zu sehen.

## KAPITEL 5    Das Backend – Eingabe und Pflege der Daten

Das Klemmbrett besteht genau genommen aus vier verschiedenen Unterebenen, wir sprechen zur Vereinfachung von *Klemmbrettebenen*. Hier ist eine – auf den ersten Blick nicht ersichtliche – Besonderheit enthalten. Die Klemmbrettebene NORMAL kann nur einen Datensatz aufnehmen, die anderen akzeptieren jedoch mehrere! Wenn Sie also das Klemmbrett durch einen Klick auf den Namen der Klemmbrettebene (Nr. 1, 2 oder 3) wechseln, sehen Sie (in der Listenansicht durch das Modul WEB, LIST) plötzlich hinter den Datensätzen Checkboxen, die bei Aktivität der normalen Klemmbrettebene nicht sichtbar sind. Damit können Sie nun auch mehrere Datensätze auf einen Schlag auf die jeweilige Klemmbrettebene verschieben, und zwar nicht nur von einem Typ, sondern durchaus auch gemischt. Dies schließt sogar Dateien aus dem Modul FILE, FILELIST mit ein, also z. B. Bilder.

Abbildung 5.85: **Datensätze zum Klemmbrett hinzufügen**

Dabei gehen die Daten einer anderen Klemmbrettebene nicht verloren. Sie können also parallel mit den verschiedenen Ebenen arbeiten. Auf der Ebene *normal*, auf der wie besprochen nur ein Element liegen kann, wird das aktuelle Element natürlich durch ein neu kopiertes Element ersetzt; auf den anderen Ebenen werden neue Elemente einfach hinzugefügt.

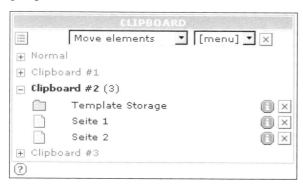

Abbildung 5.86: **Ansicht des Klemmbretts**

1. Für Bilder können Sie mit dem Button links oben Vorschaubilder (Thumbnails) anzeigen lassen, um sie einfacher zu identifizieren. Diese Funktionalität setzt jedoch eine Installation und korrekte Konfiguration von ImageMagick oder GraphicsMagick voraus. Details zur Installation der Grafikunterstützung in TYPO3 finden Sie in Kapitel 3, *Installation*, Abschnitt 3.3.
2. Wenn Sie direkt über das Klemmbrett arbeiten, wird normalerweise beim anschließenden Einfügen an der neuen Stelle die Aktion *verschieben* (MOVE ELEMENTS) durchgeführt, d. h., das Element bzw. die Elemente an der ursprünglichen Stelle werden gelöscht. Dies wird Ihnen auch in der Hinweismeldung vor dem Einfügen des Klemmbrettinhalts an

# KAPITEL 5   Das Backend – Eingabe und Pflege der Daten

die neue Stelle mitgeteilt. Wollen Sie stattdessen den Vorgang *kopieren* (COPY ELEMENTS) durchführen, können Sie dies hier durch ein Umschalten bewerkstelligen.

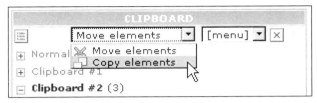

Abbildung 5.87: **Verschieben oder Kopieren vom Klemmbrett**

3. Sobald die gewählte Klemmbrettebene Elemente enthält, haben Sie weitere Bearbeitungsmöglichkeiten für diese Elemente. So bringt Sie z. B. ein Klick auf den Titel des Elements in die Seite, aus der das Element auf dem Klemmbrett stammt.
4. Sie können mit den Löschsymbolen das gesamte Klemmbrett leeren oder gezielt einzelne Elemente entfernen. Wie Sie sicher vermuten, wird dabei natürlich nicht das Originalelement gelöscht, sondern eben nur die Referenz vom Klemmbrett entfernt.

> **ACHTUNG**
> Standardmäßig werden Elemente über das Klemmbrett nicht kopiert, sondern verschoben! Falls Sie mehrere Elemente gleichzeitig kopieren möchten, müssen Sie diese Option auf dem Klemmbrett entsprechend aktivieren.

## 5.5.7 Mehrsprachigkeit, Lokalisierung

Da dieses Thema sowohl das Frontend als auch das Backend betrifft, finden Sie mehr Informationen hierzu (auch redaktioneller Art) in Kapitel 4, *Das Frontend – Ausgabe und Darstellung der Daten*, Abschnitt 4.12.

Vertiefende Informationen zur Funktionsweise der Lokalisierung finden Sie in Kapitel 7, *Das Framework – Werkzeugkasten für die eigene Extension*, Abschnitt 7.1.4.

## 5.5.8 Datensätze im Modul Page anzeigen

Für viele Aufgaben ist ein normaler Redakteur mit dem Modul WEB, PAGE bestens bedient. Falls Sie nun aber über eine Extension eigene Datensätze zur Verfügung gestellt haben, die der Redakteur bearbeiten soll, müssen Sie ihm im Normalfall auch das Modul WEB, LIST freischalten, damit er überhaupt auf die Datensätze Zugriff hat. Alternativ können Sie diese Datensätze aber auch gezielt mit im Modul WEB, PAGE anzeigen. Diese Option steht auch für Datensätze anderer Extensions zur Verfügung, die nicht von Ihnen selbst geschrieben wurden.

Listing 5.30: **Beispielkonfiguration für tx_myext_table-Datensätze**

```
$TYPO3_CONF_VARS['EXTCONF']['cms']['db_layout']['addTables']['tx_myext_↵
   table'][0] = Array(
   'fList' => 'title,author,category',
   'icon' => TRUE,
);
```

Sie können auf sehr einfache Weise konfigurieren, welche Datenbankfelder in der Liste angezeigt werden sollen. Über das Schlüsselwort *icon* können Sie festlegen, ob ein zugehöriges Logo angezeigt werden soll.

In Kapitel 6, *Howtos*, Abschnitt 6.1.3 finden Sie die Beschreibung der Extension abz_eff_tca, die eine dynamische Konfigurierbarkeit für diese Anzeige bereitstellt.

### 5.5.9 Kontrollmöglichkeiten, Logs

Bei einem Team von mehreren Redakteuren (und eventuell auch Administratoren) werden Sie immer mal wieder in die Lage geraten, dass Sie nachvollziehen müssen, welche Änderungen innerhalb von TYPO3 (von anderen Benutzern) durchgeführt worden sind. Dazu stellt TYPO3 Ihnen eine umfangreiche Vorgangsprotokollierung zur Verfügung. Eine direkte Zugriffsmöglichkeit zum Logging bietet das Modul TOOLS, LOG. Dieses Modul wird durch die Extension belog realisiert, die als *Shy Extension* bereits in der Grundinstallation enthalten ist. Dort können Sie detailliert nachvollziehen, welcher Benutzer wann welche Änderungen an Datensätzen durchgeführt hat. Falls Sie dieses Protokoll explizit für bestimmte Teilbereiche des Seitenbaums betrachten wollen, finden Sie über das Modul WEB, INFO und die darin enthaltene Auswahloption LOG den Zugang dazu.

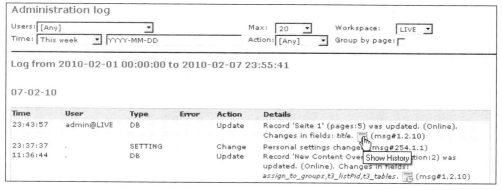

Abbildung 5.88: **Log für die Seite HomeEinträge**

Als besonderes Zuckerl haben Sie hierbei sogar die Möglichkeit, über das Icon SHOW HISTORY Änderungen in einer weiteren Maske gezielt rückgängig zu machen. Aber Achtung: Machen Sie sich erst bewusst, was Sie vorhaben. Ohne Erfahrung mit diesem sogenannten Rollback können Sie heilloses Chaos für die gewählten Datensätze verursachen!

Falls Sie das Tool *diff* installiert und den Pfad dazu korrekt im Install Tool unter [BE][diff_path] eingetragen haben, können Sie sogar sehen, welche Änderungen im Detail durchgeführt wurden.

**KAPITEL 5** Das Backend – Eingabe und Pflege der Daten

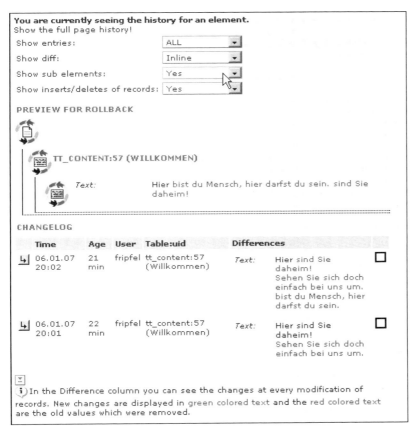

Abbildung 5.89: **Veränderungsdarstellung mit Rollback-Möglichkeit**

### 5.5.10 Autologin im Backend

Speziell während der Entwicklung einer Seite auf dem lokalen Rechner ist es sehr angenehm, wenn man sich nicht ständig wieder neu am Backend anmelden muss. Eine sehr komfortable und intelligente Lösung bietet hier das von René Fritz geschriebene servicebasierte IP-Login. Mithilfe der Extensions cc_ipauth und cc_iplogin_be können Sie für einen bestehenden Benutzer eine IP-Adresse angeben, für die der Benutzer automatisch angemeldet wird. Für die lokale Entwicklung könnten Sie somit die IP-Adresse 127.0.0.1 angeben und bei einem Aufruf des Backends sofort zu arbeiten beginnen, ohne eine Anmeldung vornehmen zu müssen.

### 5.5.11 Überblick über die aktuelle Konfiguration

Das Backend-Modul ADMIN TOOLS, CONFIGURATION bietet eine umfangreiche Übersicht über aktuelle Konfigurationseinstellungen. Die Möglichkeiten sind in der Version 4.3 nochmals erweitert worden.

# KAPITEL 5  Das Backend – Eingabe und Pflege der Daten

```
$TYPO3_CONF_VARS (Global Configuration)
$TYPO3_CONF_VARS (Global Configuration)
$TCA (Table configuration array)
$TCA_DESCR (Table Help Description)
$TYPO3_LOADED_EXT (Loaded Extensions)
$T3_SERVICES (Registered Services)
$TBE_MODULES (BE Modules)
$TBE_MODULES_EXT (BE Modules Extensions)
$TBE_STYLES (Skinning Styles)
$BE_USER->uc (User Settings)
$TYPO3_USER_SETTINGS (User Settings Configuration)
```

Abbildung 5.90: **Auswahlmöglichkeiten für die Anzeige der aktuellen Konfiguration**

Neben den $TYPO3_CONF_VARS, die vor allem im Install Tool gepflegt werden, finden Sie das komplette $TCA-Array, das für die Darstellung der Bearbeitungsmasken im Backend zuständig ist. Sehr hilfreich ist auch die Übersicht über die aktuellen Benutzereinstellungen (User Settings), vor allem dann, wenn Redakteure über Probleme klagen.

Als tolle Zugabe können Sie hier auch gleich die korrekte Schreibweise einer zu ändernden Einstellung anzeigen lassen, wenn Sie auf den Namen der Einstellung klicken. Eine direkte Änderung der Einstellung von dieser Stelle aus ist leider nicht möglich, da entsprechende Änderungen meist die Erzeugung bzw. Verwendung einer eigenen Extension voraussetzen, in der diese Einstellungen dann gesetzt werden können.

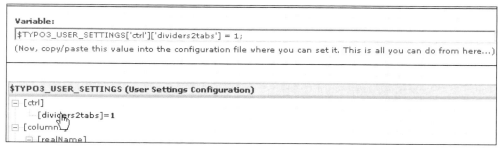

Abbildung 5.91: **Kopiermöglichkeit für die gewünschte Einstellung**

## 5.5.12 Scheduler

Der Scheduler ist seit TYPO3 4.3 verfügbar und aus der Extension gabriel hervorgegangen. Damit können Sie steuern, welche Tasks zeitgesteuert wann ausgeführt werden sollen. Die verfügbaren Tasks hängen von den installierten Extensions ab. In der jeweiligen Extension wird also vom Entwickler bereits eine Entscheidung getroffen, welche Tasks im Scheduler angeboten werden. Der Scheduler selbst dient dann der (zeitlichen) Konfiguration und vor allen der optischen Darstellung der aktuellen Situation. Informationen für den Extension-Entwickler zum Thema Scheduler finden Sie in Kapitel 8, *Extensions entwickeln*, Abschnitt *Alleinstehende Scripts und zeitgesteuerte Ausführung (per Scheduler)*.

# KAPITEL 5  Das Backend – Eingabe und Pflege der Daten

Die Oberfläche im Modul ADMIN TOOLS, SCHEDULER ist relativ selbsterklärend. Sie haben eine Übersicht aller aktiven Aufgaben und sehen dabei auch den aktuellen (zeitlichen) Status. Der Scheduler selbst wird regelmäßig von einem von Ihnen einzurichtenden Cronjob aufgerufen und entscheidet dann, welche Aufgaben auszuführen sind. Dies hat zur Folge, dass Sie den Cronjob in einem relativ engen Intervall aufrufen sollten, weil dieses Intervall dann die kleinste sinnvolle Häufigkeitsangabe (in Sekunden) darstellt.

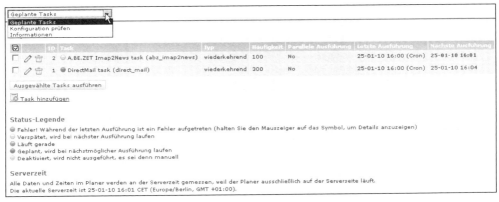

Abbildung 5.92: **Ansicht des Moduls Scheduler**

Listing 5.31: **Beispiel für einen Eintrag in der crontab aus der Scheduler-Dokumentation**

```
*/15 * * * * /usr/local/bin/php /home/bob/www/typo3/cli_dispatch.phpsh ↵
    scheduler
```

Zusätzlich müssen Sie einen Backend-Benutzer _cli_scheduler anlegen, mit dessen Identität die einzelnen Aufgaben gestartet werden. Grundsätzlich muss der Benutzer also keine weiteren Rechte besitzen. Jedoch müssen entsprechende Rechte gesetzt werden, wenn ein Task beispielsweise TCEMain nutzt und die dortigen Rechteprüfungen zum Tragen kommen.

> **TIPP** *Die Extension* scheduler *beinhaltet eine sehr gute und ausführliche Dokumentation. Lesen Sie dort aktuelle Details zu Ihren Möglichkeiten.*

## 5.6 Extension Manager für Administratoren

Der Extension Manager ist in Kapitel 3, *Installation*, Abschnitt 3.5 beschrieben.

## 5.7 Materialien zum Weitermachen

Falls Sie sich zu diesem Themenblock weitergehend informieren wollen, können Sie folgende Quellen in Betracht ziehen:

- Im Internet
  - `http://typo3.org/documentation/document-library/core-documentation/doc_core_tsconfig/current/`
  - `http://typo3.org/documentation/document-library/extension-manuals/doc_v4_workspace/1.0.5/view/`
  - `http://wiki.typo3.org/index.php/Overview_Administrator_Manuals`

# 6. HowTos

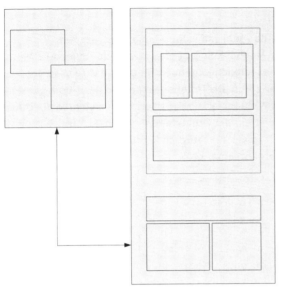

In diesem Kapitel wollen wir für einige häufig anfallende Problemstellungen Lösungen vorstellen. Es wird von einigen Stellen im Buch hierher verwiesen. Es geht uns nicht in erster Line darum, alle Hintergründe ausführlich zu erläutern, sondern darum, Ihnen möglichst schnell und unkompliziert Lösungen für oft auftretende Aufgabenstellungen zur Verfügung zu stellen.

> **ACHTUNG**
>
> Beachten Sie bitte, dass die hier genannten Möglichkeiten einen Administrator-Zugang zum Backend voraussetzen. Die HowTos sind für Leser gedacht, die TYPO3 für ein Projekt einrichten und entsprechenden Vollzugriff auf das System haben.

## 6.1 Darstellung im Backend anpassen

Aufgrund der vielfältigen Konfigurationsmöglichkeiten gibt es viele Stellen, an denen Sie das Aussehen des Backends und die Strukturierung von Feldern beeinflussen können. Dabei geht es neben den optischen Anpassungen wie dem Austauschen von Icons oder CSS-Angaben auch um die Position und Anzeige von Feldern. Die meisten Möglichkeiten aus optischer Sicht finden Sie in der System-Extension t3skin, die standardmäßig installiert ist und das »normale« und auch hier im Buch verwendete Layout im TYPO3-Backend vorgibt. Die im Folgenden gezeigten Code-Beispiele sind größtenteils aus t3skin extrahiert. Hier sollten Sie auch genug Ideen für Ihre eigenen Anpassungen finden.

Beim Einsatz von eigenen Skins gibt es neben den technischen jedoch auch rechtliche Einschränkungen. Beachten Sie dazu die Bestimmungen der GPL. Es muss beispielsweise immer erkennbar sein, dass es sich um TYPO3 handelt.

### 6.1.1 Login-Formular anpassen

Seit der Version 4.3 kann das Login-Formular sehr individuell angepasst werden, ohne dafür den Core zu überschreiben, da es die Möglichkeit gibt, das zugrunde liegende HTML-Template auszutauschen. Dazu müssen Sie lediglich folgenden Befehl (so wird er in der Extension t3skin genutzt) auf den Pfad Ihrer Template-Datei anpassen. In der Regel werden Sie eine einfache leere Extension mit dem Kickstarter erzeugen und den Befehl in die Datei *ext_tables.php* schreiben. Am einfachsten ist es, die Orginaldatei aus t3skin in die eigene Extension zu kopieren und nach Bedarf anzupassen. Natürlich können Sie auch eine eigene bereits im Projekt eingesetzte Extension entsprechend erweitern.

Listng 6.1: **Aktivierung eines eigenen HTML-Templates für das Backend-Login**

```
$GLOBALS['TBE_STYLES']['htmlTemplates']['templates/login.html'] = 'sysext/
    t3skin/templates/login.html';
```

Sie können auch (nur) die Texte der Login-Maske über den unten in Abschnitt 6.2 beschriebenen Vorgang an Ihre eigenen Bedürfnisse anpassen. Falls Mehrsprachigkeit in der Login-Maske für Sie kein Thema ist, können Sie natürlich auch einfach die Marker im HTML-Template durch Ihre Texte ersetzen. Für ältere Versionen gibt es dafür die Option [loginLabels] im Install Tool.

### 6.1.2 Icons und Farben verändern

Auch die Angaben zu eigenen Icons werden in der *ext_tables.php* festgelegt. Mittels $TBE_STYLES['skinImgAutoCfg'] können bestehende Icons durch eigene Icons überschrieben werden.

Dazu müssen Sie die eigenen Icons unter dem gleichen Namen und relativen Pfad (unterhalb des in $TBE_STYLES['skinImgAutoCfg'] konfigurierten Pfades) abspeichern wie das Original. Zusätzlich können Sie die Verwendung der Dateierweiterung *png* erzwingen und die Größe Ihrer Icons skalieren bzw. festlegen.

Listing 6.2: **Angaben zum Pfad zu den Icons in ext_tables.php**

```
$TBE_STYLES['skinImgAutoCfg'] = array(
    'absDir'             => t3lib_extMgm::extPath($_EXTKEY).'icons/',
    'relDir'             => t3lib_extMgm::extRelPath($_EXTKEY).'icons/',
    'forceFileExtension' => 'gif',   // Force to look for PNG alternatives...
#   'scaleFactor'        => 2/3,  // Scaling factor, default is 1
    'iconSizeWidth'      => 16,
    'iconSizeHeight'     => 16,
);
```

# KAPITEL 6  HowTos

Einige wenige Icons müssen direkt über $TBE_STYLES['skinImg'] gesetzt werden, da sie nicht über $TBE_STYLES['skinImgAutoCfg'] abgedeckt werden können. Überschreiben Sie dabei einfach den Pfad des Icons mit dem neuen Pfad zu Ihrem Icon.

Listing 6.3: **Pfad zum Überschreiben spezieller Icons in ext_tables.php**

```
$TBE_STYLES['skinImg'] = array_merge($presetSkinImgs, array (
   'MOD:web/website.gif' => array($extPath.'icons/module_web.
      gif','width="24" height="24"'),
));
```

Durch Einbindung einer eigenen CSS-Datei können Sie die für das Backend vorgegebenen Stile überschreiben. Alternativ können Sie auch das vorgegebene CSS komplett überschreiben oder CSS-Angaben definieren, die direkt in das Dokument eingebunden werden. Die Standardeinstellungen (ohne installierte t3skin) kommen aus der Datei *typo3/stylesheet.css*.

> **TIPP**
> 
> *Um die richtige CSS-Definition schnell und einfach zu finden, verwenden Sie am besten Hilfs-Plugins für Ihren Browser wie beispielsweise Firebug für den Firefox.*

Listing 6.4: **Alternative CSS-Dateien und -Definitionen angeben in ext_tables.php**

```
      // Setting up stylesheets (See template() constructor!)
#  $TBE_STYLES['stylesheet']                 = $temp_eP.'stylesheets/
   stylesheet.css';        // Alternative stylesheet to the default
      "typo3/stylesheet.css" stylesheet.
#  $TBE_STYLES['stylesheet2']                = $temp_eP.'stylesheets/
   stylesheet.css';       // Additional stylesheet (not used by
      default).Set BEFORE any in-document styles
   $TBE_STYLES['styleSheetFile_post']        = $temp_eP.'stylesheets/
      stylesheet_post.css';   // Additional stylesheet. Set AFTER any
      in document styles
#  $TBE_STYLES['inDocStyles_TBEstyle']       = '* {text-align: right;}';
//  Additional default in-document styles.
   $TBE_STYLES['stylesheets']['modulemenu']   = $temp_eP.'stylesheets/
      modulemenu.css';
   $TBE_STYLES['stylesheets']['backend-style'] = $temp_eP.'stylesheets/
      backend-style.css';
   $TBE_STYLES['stylesheets']['admPanel'] = $temp_eP.'stylesheets/adm
      Panel.css';
```

> **ACHTUNG**
> 
> **Durch das Festlegen einer eigenen CSS-Datei wird die originale Datei nicht mehr eingebunden. Falls Sie bereits eine *Skinning Extension* wie t3skin installiert haben und die dort verwendeten Layouts beibehalten wollen, müssen Sie die korrekte Übernahme der dort definierten Stile sicherstellen.**

Da nach den Regeln von CSS eine exakte Definition eines Stils (z. B. SPAN.class-main24 b {color: red;}) Vorrang vor einer allgemeinen Definition (z. B. b {color: yellow;}) hat, können Sie so ganz gezielt einzelne Stile überschreiben. Besser nachvollziehbar ist allerdings folgende Vorgehensweise: Definieren Sie eigene Klassen in $TBE_STYLES, und belegen Sie diese mit Stilen.

## Kurzes Beispiel für das schnelle Erfolgserlebnis

Listing 6.5: **Angabe einer neuen Stilgruppe und Verwendung für das Feld title: ext_tables.php**

```
$TBE_STYLES['colorschemes'][7]='-|class-main71,-|class-main72,-|class-
   main73,-|class-main74,-|class-main75';
$TBE_STYLES['inDocStyles_TBEstyle'] .= 'tr.class-main71 td {background-
   color: red;color:white;}';
t3lib_div::loadTCA("pages");
$TCA['pages']['types']['1']['showitem'] = 'hidden;;;;1-1-1,
   doktype;;2;button, title;;3;;7-7-7';
```

Hier sehen Sie die wenigen Zeilen, die für einen schnell sichtbaren Erfolg nötig sind. Platzieren Sie diese Zeilen in der Datei *ext_tables.php* Ihrer Extension. Die erste Zeile definiert eine neue Stilgruppe unter Verwendung von CSS-Klassen, die zweite Zeile definiert diese CSS-Klassen und sorgt gleichzeitig dafür, dass sie auch eingebunden werden, und die Zeile 4 ändert schließlich die Anzeige der Felder in der Maske der Seiteneigenschaften. Beachten Sie dabei die Verwendung der neuen Stilgruppe 7 für das Feld *title*. Im Backend im Datensatz für die Seiteneigenschaften wird dann (nach Löschen des Backend-Konfigurationscache) das Feld für den Seitentitel rot dargestellt. Beachten Sie bitte, dass aus Gründen der Übersichtlichkeit die letzte Angabe `showitem` verkürzt wurde. Im Beispielcode fehlen alle weiteren Felder, wodurch sie im Backend auch nicht mehr angezeigt werden, falls Sie den Beispielcode bei sich ausprobieren.

Hintergründe zu diesen Veränderungen im *$TCA* finden Sie in Kapitel 7, *Das Framework – Werkzeugkasten für die eigene Extension*, Abschnitt 7.3.2.

### 6.1.3 Datensätze im Page-Modul anzeigen

Für viele Redakteure würde die Funktionalität im Modul WEB, PAGE vollkommen ausreichen, wären da nicht Datensätze von Extensions, die per Frontend-Plugin auf der Webseite angezeigt werden und die oftmals nur im LIST-Modul verwaltet werden können.

Ein sehr häufig eingesetztes Beispiel sind News-Datensätze der Extension `tt_news`. Diese sind auch bereits für eine Sichtbarkeit im Modul WEB, PAGE konfiguriert.

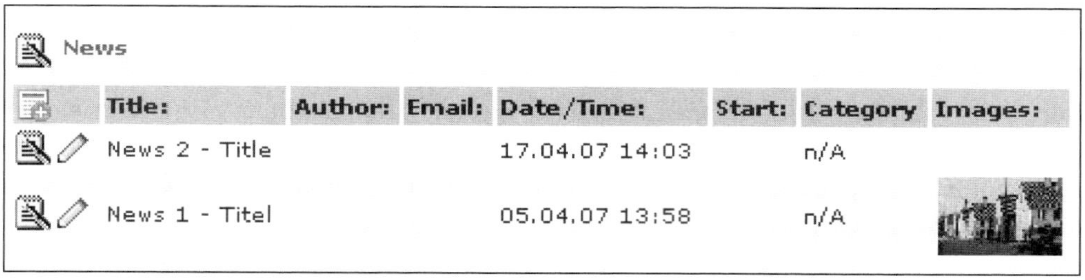

Abbildung 6.1: **Darstellung von tt_news-Datensätzen im Page-Modul**

## KAPITEL 6  HowTos

Mithilfe der Extension `abz_eff_tca` können Sie recht einfach auch andere Datensätze im Page-Modul anzeigen bzw. auch die Anzeigen der `tt_news`-Datensätze verändern.

```
Show tables in page module                                    [tablesInPageModule]
If you want, that other tables then tt_content are also shown in the page module (like tt_news and
fe_users do already), you can add them here. See manual for the syntax. The listet fields will be shown in
the page module. Make sure to define some fields. Otherwise the table will not be shown.
tt_news:title,author,datetime|tx_abzbabysitter_babysitters:name
Default:
```

Abbildung 6.2: **Konfiguration von tt_news und einer weiteren Extension für die Darstellung im Page-Modul**

Die Konfigurationsangaben der Beispiel-Extension `abz_eff_tca` (auf der Buch-CD) im Extension Manager werden in der Datei *ext_localconf.php* ausgewertet und in entsprechende Angaben für TYPO3 umgewandelt.

Listing 6.6: **Auswertung des Parameters tablesInPageModule**

```php
if($confArr['tablesInPageModule']) {
   $tablesInPageModule = explode('|',$confArr['tablesInPageModule']);
}
if (is_array($tablesInPageModule)) {
   foreach($tablesInPageModule as $tableLine)   {
      $tableData = explode(':',trim($tableLine));
         // set the localconfvar for each table

      $TYPO3_CONF_VARS['EXTCONF']['cms']['db_layout']['addTables'][trim ↵
($tableData[0])][0] = array(
         'fList' => trim($tableData[1]),
         'icon' => TRUE,
      );
   }
}
```

Die entscheidenden Aktionen passieren dabei innerhalb der Schleife. Hier wird die Konfigurationsvariable `$TYPO3_CONF_VARS['EXTCONF']['cms']['db_layout']['addTables']` gefüllt. Diese Aktion können Sie auch manuell für eine ganz bestimmte Tabelle in Ihrer eigenen Extension durchführen. Im Backend-Modul ADMIN TOOLS, CONFIGURATION können Sie die aktuellen Einstellungen für Ihr Projekt ansehen. Falls Sie beispielsweise `tt_news` installiert haben, werden Sie dort die zugehörigen Einstellungen finden.

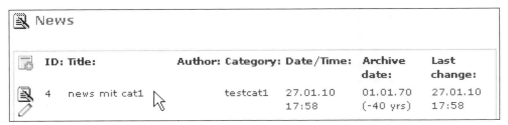

Abbildung 6.3: **Ansicht der tt_news-Datensätze nach der Neukonfiguration**

**KAPITEL 6** HowTos

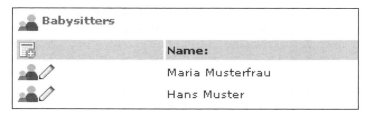

Abbildung 6.4: **Mögliche Ansicht der Datensätze einer eigenen Extension namens Babysitters**

## 6.1.4 Die Position und das Erscheinen von Feldern beeinflussen

Falls Sie Felder eines Seitentyps (beispielsweise das Feld *shortcut* aus dem Seitentyp SHORT-CUT) auch auf anderen Seitentypen (beispielsweise hier *Standard*) in der Backend-Maske verfügbar machen wollen, können Sie dies sehr komfortabel mithilfe der Klasse *t3lib_BEfunc* durchführen.

Listing 6.7: **Feld abstract auf dem Seitentyp Standard anzeigen**

```
t3lib_div::loadTCA('pages');
t3lib_extMgm::addToAllTCAtypes('pages','shortcut','1','after:title');
```

Als erster Parameter wird die gewünschte Tabelle angegeben, als zweiter ein String mit den Feldnamen, durch Kommas getrennt. Der im Beispiel angegebene dritte Parameter (optional) limitiert – falls angegeben – die Ausführung des Befehls auf eine sogenannte *specificTypesList*, das bedeutet '1' gibt in diesem Fall den *doktype* der Seiten an, dem die Felder hinzugefügt werden sollen. Das Feld wird also gezielt nur dem Seitentyp Standard hinzugefügt. Der vierte Parameter, 'after:title', gibt an, an welcher Stelle in der Maske die Felder eingefügt werden sollen. (Hier können Sie auch das Schlüsselwort *before:* nutzen.)

Alternativ können Sie direkt auf die Angabe showitem zugreifen. Beachten Sie hier jedoch, dass andere Extensions über die oben genannte Methode eigene Felder hinzufügen können, was Sie durch eine harte Angabe wie hier im Beispiel überschreiben würden. Aus diesem Grund empfehlen wir die obige Variante.

Listing 6.8: **Direktes Verändern der Konfiguration mit showitem**

```
t3lib_div::loadTCA('pages');
$TCA['pages']['types']['1']['showitem'] = 'hidden;;;;1-1-1, ↵
   doktype;;2;button';
```

Ab TYPO3 4.3 haben Sie zusätzlich eine schnelle Möglichkeit, Felder gezielt zu Paletten hinzuzufügen.

Listing 6.9: **Felder gezielt zu Paletten hinzufügen**

```
t3lib_extMgm::addNewFieldsToAllPalettesOfField($table, $field,
$addFields, $insertionPosition = '');
t3lib_extMgm::addNewFieldsToPalette($table, $palette, $addFields,
$insertionPosition = '');
```

*Einen tieferen Einblick in die Möglichkeiten der Backend-Gestaltung über das* $TCA *erhalten Sie in Kapitel 7,* Das Framework – Werkzeugkasten für die eigene Extension, *Abschnitt 7.3.2.*

## 6.2 Label überschreiben

Spracheinträge (Label) können Sie sowohl im Frontend als auch im Backend an Ihre eigenen Bedürfnisse anpassen, ohne dass Sie den eigentlichen Code einer Extension ändern müssen. Eine aus unserer Sicht sehr kompakte und übersichtliche Möglichkeit bietet eine eigene Extension mit den gewünschten Spracheinträgen für das jeweilige Projekt (dies muss nicht nur für mehrsprachige Seiten verwendet werden). Für diesen Zweck stellen wir die Extension abz_eff_labels auf CD und im TER zur Verfügung.

Das Vorgehen sieht wie folgt aus: Für einen Text im Backend müssen wir zuerst herausfinden, welcher Schlüssel in welcher *locallang*-Datei den entsprechenden Text enthält. Falls unklar ist, zu welcher Extension das Label gehört, starten Sie am besten eine Volltextsuche in den Dateien des infrage kommenden Bereichs. In der System-Extension lang sind diejenigen Label zusammengefasst, die nicht aus einer Extension heraus definiert sind.

**Beachten Sie bitte, dass diese Vorgehensweise nur funktionieren kann, falls das infrage kommende Label mittels des TYPO3-Lokalisierungsframeworks über das globale $LANG-Objekt eingebunden wurde, was jedoch im Core durchgehend und mittlerweile auch bei den meisten Extensions der Fall ist.**

Wie Sie bereits wissen, ist ein Großteil der Texte in TYPO3 lokalisiert, das heißt in verschiedene Sprachen übersetzt bzw. damit in weitere Sprachen übersetzbar. Wenn Sie also Label gezielt mit eigenen Ausdrücken überschreiben möchten, sollten Sie dabei auch die Auswahlmöglichkeit verschiedener Sprachen für die Benutzer berücksichtigen. Entweder Sie übersetzen die von Ihnen veränderten Label in alle benötigten Sprachen, oder Sie stellen sicher, dass den Benutzern nur bestimmte Sprachen zur Verfügung stehen, genau diejenigen nämlich, die Sie angepasst haben.

Es gibt grundsätzlich drei Bereiche für Label:

» Label für Frontend-Plugins basieren auf der Sprache der Webseite.

» Tabellenbasierte Label sind solche, die im $TCA konfiguriert sind und über Page TypoScript angepasst werden können.

» Sonstige Texte wie z. B. die Beschriftung des Logout-Buttons können über eigene Sprachdateien modifiziert werden.

Die beiden letzten Bereiche basieren auf der eingestellten Sprache des Backend-Benutzers.

## 6.2.1 Label über Frontend-TypoScript anpassen

Sie können mithilfe von TypoScript-Angaben die Texte für das Frontend anpassen bzw. überschreiben – und das für jede gewünschte Sprache. In Listing 6.10 sind die Hinweise auf die Standardsprache Englisch und die Sprache Deutsch fett markiert.

Listing 6.10: **Anpassung der Beschriftung des Buttons für die indizierte Suche**

```
plugin.tx_indexedsearch {
   _LOCAL_LANG.default {
      submit_button_label = go for it!
   }
   _LOCAL_LANG.de {
      submit_button_label = hols dir!
   }
}
```

Da wir diese TypoScript-Angaben in einer Datei namens *ext_typoscript_setup.txt* abgelegt haben, werden sie von TYPO3 automatisch mit der (installierten) Extension eingebunden. Sie können diese Angaben natürlich an jeder anderen Stelle für TypoScript machen, z. B. in einem Extension-Template.

## 6.2.2 Label für das Backend über Page TSConfig anpassen

Mit dem Parameter *altLabels* in Page TypoScript können Sie alternative Begriffe für Label aus Elementen von Auswahlfeldern vergeben.

Listing 6.11: **Anpassung der Texte von Auswahlfeldern**

```
TCEFORM.pages.doktype {
   altLabels.1 = normale Seite
}
```

Eine grundsätzliche Sache zur Lokalisierung müssen Sie hierbei beachten: Wenn Sie direkt einen neuen Begriff mit *altLabels* festlegen, dann überschreibt dieser alle Sprachen. Es ist also völlig gleichgültig, welche Sprache der Benutzer in seinem Backend eingestellt hat, er wird immer den von Ihnen festgelegten neuen Begriff zu sehen bekommen.

Listing 6.12: **Anpassung der Texte von Auswahlfeldern mit Mehrsprachigkeit über eine eigene Extension, hier abz_eff_labels**

```
TCEFORM.pages.doktype {
   altLabels.1 = LLL:EXT:abz_eff_labels/locallang_be.php:altLabel.page ↵
   Standard
}
```

Falls Sie also mehrere Sprachen unterstützen wollen, wählen Sie die gezeigte zweite Option und definieren eine Sprachdatei mit zugehörigem Schlüssel, in der dann alle von Ihnen gewünschten Sprachen angelegt werden können. Die Sprachdatei und Informationen zur Aktivierung derselben finden Sie im folgenden Kapitel.

## 6.2.3 Label über Sprachdateien

Wenn Sie Beschriftungen im Backend wie den Text des Logout-Buttons anpassen wollen, müssen Sie zuerst einmal herausfinden, in welcher Datei und mit welchem Schlüssel dieser Text definiert ist. Dazu starten Sie am besten eine Volltextsuche mit Ihrem Lieblingseditor und suchen so nach dem aktuellen Begriff. Den Schlüssel für den Logout-Button finden Sie so in der Datei *typo3/sysext/lang/locallang_core.xml*.

> **INFO**
> In älteren TYPO3-Versionen und auch einigen Extensions wird statt einer .xml-*Datei eine* .php-*Datei verwendet. Die Vorgehensweise ändert sich dadurch jedoch nicht.*

Um Label im TYPO3-Backend zu überschreiben, legen wir eine neue Datei *locallang_db.php* in unserer Extension an, die wir dafür nutzen, und weisen TYPO3 an, diese einzubinden. Das Beispiel bindet unsere Datei für das Überschreiben von Labeln im Core ein. Analog können Sie für Label von anderen Extensions vorgehen.

Listing 6.13: **Angabe in der Datei ext_localconf.php**

```
$TYPO3_CONF_VARS['BE']['XLLfile']['EXT:lang/locallang_core.php']=
'EXT:abz_eff_labels/locallang_db.php';
```

Aus der Originaldatei kopieren Sie den Schlüssel – hier `buttons.logout` – heraus und können diesen dann in Ihrer Sprachdatei neu belegen.

Listing 6.14: **Änderung des Logout-Buttons im Backend**

```
$LOCAL_LANG = Array (
   'default' => Array (
      'buttons.logout' => 'end my session',
   ),
   'de' => Array (
      'buttons.logout' => 'Session verlassen',
   ),
);
```

Abbildung 6.5: **Geänderte Beschriftung des Logout-Buttons im Backend**

Falls Sie mehrere Label aus verschiedenen Stellen im TYPO3-Backend anpassen möchten, können Sie diese innerhalb einer Sprachdatei zusammenfassen, obwohl sie aus verschiedenen Quellen stammen.

Listing 6.15: **Selbst erstellte Sprachdatei locallang_db.php**

```
$LOCAL_LANG = Array (
   'default' => Array (
         //label from EXT:lang/locallang_core.php
      'buttons.logout' => 'end session',
         //label from EXT:cms/locallang_tca.php
```

```
            'pages.doktype.I.0' => 'advanced page',
            'pages.hidden' => 'hide on website',
               //label from EXT:cms/locallang_ttc.php
            'CType.I.0' => 'only Header',
               //version with Page TS, see tsconfig_page.txt
            'altLabel.pageStandard.1' => 'basic page',
        ),
        'de' => Array (
            'buttons.logout' => 'Session verlassen',
            'pages.doktype.I.0' => 'erweiterte Seite',
            'pages.hidden' => 'auf Webseite verstecken',
            'CType.I.0' => 'nur Überschrift',
            'altLabel.pageStandard.1' => '0815 Seite',
        ),
    );
```

Sie müssen dazu den entsprechenden API-Aufruf für alle Dateien ausführen, die originale Texte enthalten – in unserem Fall durch Code in der Datei *ext_localconf.php*:

Listing 6.16: **Einbindung der neuen Sprachdatei**

```
$TYPO3_CONF_VARS['BE']['XLLfile']['EXT:lang/locallang_core.php']='EXT:abz_
   eff_labels/locallang_db.php';
$TYPO3_CONF_VARS['BE']['XLLfile']['EXT:cms/locallang_ttc.php']='EXT:
   abz_eff_labels/locallang_db.php';
$TYPO3_CONF_VARS['BE']['XLLfile']['EXT:cms/locallang_tca.php']='EXT:
   abz_eff_labels/locallang_db.php';
```

> **TIPP**
>
> *Leeren Sie prinzipiell den Cache für das Backend* CLEAR CACHE IN TYPO3CONF, *nachdem Sie Änderungen in* ext_localconf.php-*Dateien vorgenommen haben, um sicher zu sein, dass TYPO3 die neuen Anweisungen annimmt.*

### Extension abz_eff_labels

Als Basis für die kompakte Zusammenfassung von veränderten Texten in einer Extension können Sie die Extension `abz_eff_labels` aus dem TYPO3 TER herunterladen, installieren und das TypoScript in der Datei *ext_typoscript.txt* Ihren Anforderungen entsprechend erweitern und verändern.

Einer der Vorteile der Auslagerung in eine einzige Textdatei ist (neben einer übersichtlicheren Vorhaltung der Sprach-Labels), dass man bei einer Erweiterung um zusätzliche Sprachen sofort alle notwendigen Stellen parat hat und diese Datei sogar an externe (Nicht-Programmierer-)Übersetzer herausgeben kann. Außerdem muss man sich bei Zeichensatz-Problemen nur um den Zeichensatz dieser einzigen Datei kümmern.

## 6.3 Kontextsensitive Hilfe einbauen

Oft ist es für neu eingefügte oder bestehende Felder im Backend sinnvoll, einen Hilfetext für die Redakteure hinzuzufügen, um ihnen die Arbeit zu erleichtern bzw. ihnen genauere Informationen zu den einzelnen Feldern zu liefern. Zu unserer in Kapitel 8, *Extensions entwickeln* erstellten, relativ einfachen Demo-Extension `abz_references` wollen wir für die Auswahl der Kategorie erläuternde Texte hinzufügen.

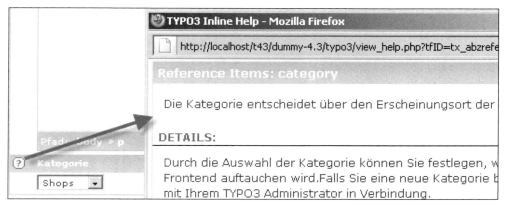

Abbildung 6.6: **Beschreibungstexte als Hilfe für Redakteure**

Erzeugen Sie diese Sprachdatei nach der Namenskonvention, das heißt, dem eigentlichen Namen sollte *locallang_csh_* vorangestellt sein. Die Tabelle unseres Beispiels heißt *tx_abzreferences_items*, wir nennen die Sprachdatei *locallang_csh_refitems.php*. Füllen Sie die Datei mit den vorgesehenen Texten. Die entsprechende Syntax sehen Sie beispielhaft in der Extension. In unserem Fall wird die Extension nur projektbezogen für deutsche Mitarbeiter eingesetzt, deshalb werden die neuen Label direkt und nur auf Deutsch angelegt. Es wird also unabhängig von der gewählten Sprache im Backend nur ein deutscher Hilfetext zur Verfügung stehen.

Listing 6.17: **Inhalt der Datei locallang_csh_refitems.php**

```
<?php
$LOCAL_LANG = Array (
    'default' => Array (
        'category.description' => 'Die Kategorie entscheidet über den ↵
    Erscheinungsort der Referenz.',
        'category.details' => 'Durch die Auswahl der Kategorie können Sie ↵
    festlegen, wo genau die Referenz im Frontend auftauchen wird.<br /> ↵
    Falls Sie eine neue Kategorie benötigen, setzen Sie sich mit Ihrem ↵
    TYPO3-Administrator in Verbindung.',
    ),
);
?>
```

Entscheidend für die richtige Zuordnung ist dabei der richtige Name des Feldes, der um die Schlüsselbegriffe `description` und `details` erweitert wird, wie in Listing 6.17 hervorgehoben zu sehen ist.

Binden Sie die Datei durch einen entsprechenden Befehl in *ext_tables.php* in TYPO3 ein:

```
t3lib_extMgm::addLLrefForTCAdescr('tx_abzreferences_items','EXT:'.$_EXT ↵
    KEY.'/locallang_csh_refitems.php');
```

Optional können Sie jetzt noch die PHP-Datei mit dem passenden Tool der Extension extdeveval in XML umwandeln. Dies macht vor allem dann Sinn, wenn Sie für Ihre Webseite Zeichensätze einsetzen, die nicht aus dem mitteleuropäischen Sprachraum stammen.

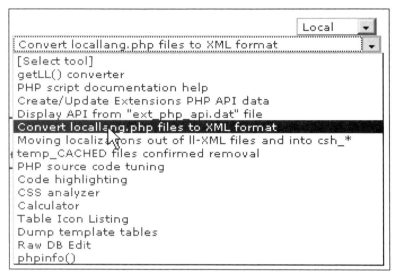

Abbildung 6.7: **Umwandlung von PHP in XML über das Modul der Extension extdeveval**

Falls es sich nur um wenige Label handelt und Sie diese nur projektbezogen einsetzen, können Sie eventuelle Übersetzungen direkt in dieser einen Datei anlegen. Bei größeren Textmengen und Extensions für die gesamte TYPO3-Gemeinde sollten Sie die Extension llxmltranslate einsetzen, um Sprachpakete zu erzeugen.

## 6.4 Datensätze in Feldern speziell bearbeiten (itemsProcFunc)

Im $TCA wird bei den Feldtypen *radio*, *check* oder *select* darauf hingewiesen, dass die Inhalte von Feldern über eigene PHP-Funktionen modifiziert werden können. Diese Möglichkeit wird beispielsweise in der Extension direct_mail für das Feld *module_sys_dmail_category* genutzt, um lokalisierte Kategorien darzustellen.

Die Extension static_info_tables nutzt auch diese Option, um durch eine eigene Funktion die Einflussmöglichkeiten auf das Auswahlfeld für den ISO-Code in Datensätzen zu *sys_language* auszuweiten.

# KAPITEL 6　　HowTos

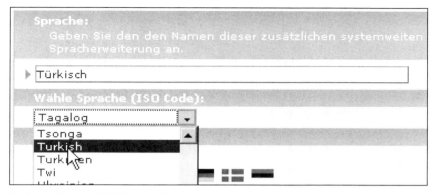

Abbildung 6.8: **Auswahlfeld für den ISO-Code**

Listing 6.18: **$TCA-Konfiguration für sys_language:static_lang_isocode**

```
$TCA['sys_language']['columns']['static_lang_isocode']['config'] = array(
    'type' => 'select',
    'items' => array(
        array('',0),
    ),
    #'foreign_table' => 'static_languages',
    #'foreign_table_where' => 'AND static_languages.pid=0 ORDER BY static_
languages.lg_name_en',
    'itemsProcFunc' => 'tx_staticinfotables_div->selectItemsTCA',
    'itemsProcFunc_config' => array(
        'table' => 'static_languages',
        'indexField' => 'uid',
        // I think that will make more sense in the future
        // 'indexField' => 'lg_iso_2',
        'prependHotlist' => 1,
        // defaults:
        //'hotlistLimit' => 8,
        //'hotlistSort' => 1,
        //'hotlistOnly' => 0,
        //'hotlistApp' => TYPO3_MODE,
    ),
    'size' => 1,
    'minitems' => 0,
    'maxitems' => 1,
);
```

Mit der Konfiguration in itemsProcFunc wird auf die aufzurufende PHP-Funktion verwiesen, und mittels itemsProcFunc_config können eigene Parameter definiert werden, die der Funktion bei einem Aufruf mit übergeben werden.

> **ACHTUNG**
>
> **Damit der Aufruf funktioniert, muss die Datei, in der die Klasse definiert ist, eingebunden sein. In** static_info_tables **geschieht dies in der Datei** *localconf.php*.
>
> require_once(t3lib_extMgm::extPath(STATIC_INFO_TABLES_EXTkey).'class.tx_
staticinfotables_div.php');

# KAPITEL 6  HowTos

Listing 6.19: **Auszug aus der Funktion selectItemsTCA, die von itemsProcFunc aufgerufen wird**

```
function selectItemsTCA($params) {
   global $TCA;
   $table = $params['config']['itemsProcFunc_config']['table'];

   if ($table) {
      $indexField = $params['config']['itemsProcFunc_config']['indexField'];
      $indexField = $indexField ? $indexField : 'uid';

      $lang = strtolower(tx_staticinfotables_div::getCurrentLanguage());
      $titleFields = tx_staticinfotables_div::getTCAlabelField($table, ↵
         TRUE, $lang);
#[...]
      if ($params['config']['itemsProcFunc_config']['prependHotlist']) {
#[...]
         foreach ($rows as $index => $title) {
            $params['items'][] = array($title, $index, '');
            $cnt++;
         }
         if($cnt && !$params['config']['itemsProcFunc_config']['hotlist ↵
            Only']) {
            $params['items'][] = array('---------------', '', '');
         }
      }
#[...]
   }
}
```

> Das Array der Items wird als Referenz über $params['items'] an die Funktion übergeben, sodass über diese Variable direkt Änderungen durchgeführt werden können. Um also die Daten für die Darstellung im Backend anzupassen, müssen Sie in Ihrer Funktion das Array $params['items'] verändern.

## 6.5 Eigene Wizards zu Feldern hinzufügen

Falls Sie bestehenden oder neuen Feldern einen eigenen Wizard hinzufügen wollen, betrachten Sie doch einmal die Extension lorem_ipsum. Diese fügt einfach dem Feld, dessen Lipsum-Wizard Sie anklicken, Blindtext hinzu.

Abbildung 6.9: **Wizard der Extension lorem_ipsum**

Sie können relativ einfach im $TCA der entsprechenden Tabelle über den Konfigurationsparameter wizards einen weiteren Wizard mitsamt Konfiguration in das entsprechende Feld einbinden.

Im Fall der Extension lorem_ipsum wird der zu diesem Feld hinzugefügte Wizard vom Typ *userFunc* wie folgt eingebunden:

# KAPITEL 6 HowTos

Listing 6.20: **Hinzufügen des Wizards zu bestimmten Feldern: ext_tables.php**

```
    // Create wizard configuration:
$wizConfig = array(
    'type' => 'userFunc',
    'userFunc' => 'EXT:lorem_ipsum/class.tx_loremipsum_wiz.php:tx_loremip ↵
       sum_wiz->main',
    'params' => array()
);

    // Load affected tables (except "pages"):
t3lib_div::loadTCA('tt_content');
t3lib_div::loadTCA('pages_language_overlay');
t3lib_div::loadTCA('sys_language');
    // *********************
    // Apply wizards to:
    // *********************
    // Titles:
$TCA['pages']['columns']['title']['config']['wizards']['tx_loremipsum'] =
$TCA['pages']['columns']['nav_title']['config']['wizards']['tx_loremip ↵
   sum'] =
$TCA['pages_language_overlay']['columns']['title']['config']['wizards'] ↵
   ['tx_loremipsum'] =
$TCA['pages_language_overlay']['columns']['nav_title']['config'] ↵
   ['wizards'] ['tx_loremipsum'] =
   array_merge($wizConfig,array('params'=>array(
       'type' => 'title'
   )));
```

Die Logik ist also in einer PHP-Funktion hinterlegt. Die Rückgabe der Funktion wird dann den Wizard im Backend bestimmen.

Listing 6.21: **Auszug aus class.tx_loremipsum_wiz.php**

```
/**
 * Main function for TCEforms wizard.
 *
 * @param    array     Parameter array for "userFunc" wizard type
 * @param    object        Parent object
 * @return string      HTML for the wizard.
 */
function main($PA,$pObj)   {
        // Detect proper LR file source:
    $this->setLRfile($PA);
        // Load Lorem Ipsum sources from text file:
    $this->loadLoremIpsumArray();
    switch($PA['params']['type']) {
       case 'title':
       case 'header':
       case 'description':
       case 'word':
       case 'paragraph':
       case 'loremipsum':
           $onclick = $this->getHeaderTitleJS(
"document.".$PA['formName']."['".$PA['itemName']."'].value",
               $PA['params']['type'],
```

# KAPITEL 6  HowTos

```
                   $PA['params']['endSequence'],
                   $PA['params']['add'],
                   t3lib_div::intInRange($PA['params']['count'],2,100,10),
                   "document.".$PA['formName']."['".$PA['itemName']."']"
               ).';'.
               implode('',$PA['fieldChangeFunc']).    // Necessary to tell
                   TCEforms that the value is updated.
               'return false;';
           $output.= '<a href="#" onclick="'.htmlspecialchars($onclick).'">'.
               $this->getIcon($PA['params']['type'],$this->backPath).
               '</a>';
       break;
#[...]
   return $output;
}
```

Um nun beispielsweise diesen Wizard auch Feldern in Datensätzen für die Extension tt_news hinzuzufügen, sind nur relativ wenige weitere Zeilen Code notwendig. Diesen Code können Sie am einfachsten durch eine neue (fast leere) Extension in TYPO3 einbringen. Der Code aus dem Listing muss dabei in einer Datei *ext_tables.php* innerhalb der neuen Extension abgelegt werden.

Listing 6.22: **Wizard lorem ipsum für tt_news-Datensätze: ext_tables.php**

```
if (TYPO3_MODE=='BE')   {
       // Load additional affected tables (except "pages"):
   t3lib_div::loadTCA('tt_news');
       // **********************
       // Apply wizards to:
       // **********************

       // Titles:
   $TCA['tt_news']['columns']['title']['config']['wizards']['tx_loremip
       sum'] = array_merge($wizConfig,array('params'=>array(
           'type' => 'title'
       )));
       // Description / Abstract:

   $TCA['tt_news']['columns']['short']['config']['wizards']['tx_loremip
       sum'] = array_merge($wizConfig,array('params'=>array(
           'type' => 'description',
           'endSequence' => '46,32',
           'add' => TRUE
       )));
       // Bodytext field in Content Elements:

   $TCA['tt_news']['columns']['bodytext']['config']['wizards']['_
       VERTICAL'] = 1;

   $TCA['tt_news']['columns']['bodytext']['config']['wizards']['tx_
       loremipsum_2'] = array_merge($wizConfig,array('params'=>array(
           'type' => 'loremipsum',
           'endSequence' => '32',
           'add'=>TRUE
       )));
```

# KAPITEL 6  HowTos

```
    $TCA['tt_news']['columns']['bodytext']['config']['wizards']['tx_loremip ↵
        sum'] = array_merge($wizConfig,array('params'=>array(
            'type' => 'paragraph',
            'endSequence' => '10',
            'add'=>TRUE
        )));

    $TCA['tt_news']['columns']['image']['config']['wizards']['_POSITION'] = ↵
        'bottom';

    $TCA['tt_news']['columns']['image']['config']['wizards']['tx_loremip ↵
        sum'] = array_merge($wizConfig,array('params'=>array(
            'type' => 'images'
        )));
}
```

**ACHTUNG**

Damit diese simple Form der Einbindung des Lipsum-Wizards in einer anderen Extension funktioniert, muss die Extension `lorem_ipsum` bereits installiert sein. Sie stellen dies durch eine Abhängigkeit Ihrer Extension von `lorem_ipsum` sicher. Abhängigkeiten können Sie im Kickstarter bzw. in der Datei *ext_emconf.php* Ihrer Extension festlegen.

Eine detaillierte Übersicht über alle Möglichkeiten zum Einbinden von Wizards finden Sie in der *TYPO3 Core API*.

## 6.6 Durch eigene Listenansichten den Überblick behalten

Mithilfe von Befehlen (*actions*) können Sie sich im TYPO3-Backend eigene Listen zusammenstellen. Beispielsweise möchten Sie auf einen Blick sehen können, welche Inhalte in der letzten Zeit von Backend-Benutzern bearbeitet worden sind. Diese Möglichkeit ist speziell für einen Supervisor von mehreren Redakteuren sehr wertvoll.

Folgende Schritte müssen Sie dazu durchführen:

1. Installieren Sie die Extension `sys_action`.

2. Legen Sie auf der root-Seite (der Seite mit dem Globus) einen neuen Befehl (ACTION) an, und wählen Sie dann den Typ SQL-QUERY.

Abbildung 6.10: **Befehl aus der Maske Create new record auswählen**

3. Speichern Sie den neuen Befehl mit einem aussagekräftigen Namen. Sie können zu diesem Zeitpunkt auch schon bestimmen, welche Backend-Benutzergruppen über das Modul USER, TASK CENTER auf diesen Befehl später zugreifen können.

# KAPITEL 6   HowTos

4. SQL-Abfrage erzeugen

   Um die SQL-Abfrage zu erzeugen, wechseln Sie in das Modul TOOLS, DB CHECK und wählen aus der Auswahlliste die Option FULL SEARCH. In der daraufhin zusätzlich erscheinenden Auswahlliste wählen Sie die Option ADVANCED QUERY. Dann können Sie mithilfe des Assistenten die gewünschte SQL-Abfrage für eine gewählte Tabelle zusammenstellen. Der Assistent ist etwas gewöhnungsbedürftig, sollte aber trotzdem selbsterklärend sein. Als Hilfestellung können Sie sich nach jeder Änderung den resultierenden SQL-Befehl anschauen. Spielen Sie einfach ein wenig mit den Möglichkeiten, und Sie werden schnell die gewünschte Abfrage erstellt haben.

   *Diese Vorgehensweise hat leider die Schwäche, dass Sie mit dem Assistenten nur Abfragen zu einer einzelnen Tabelle erzeugen können, also nicht mehrere Tabellen verknüpfen können.*

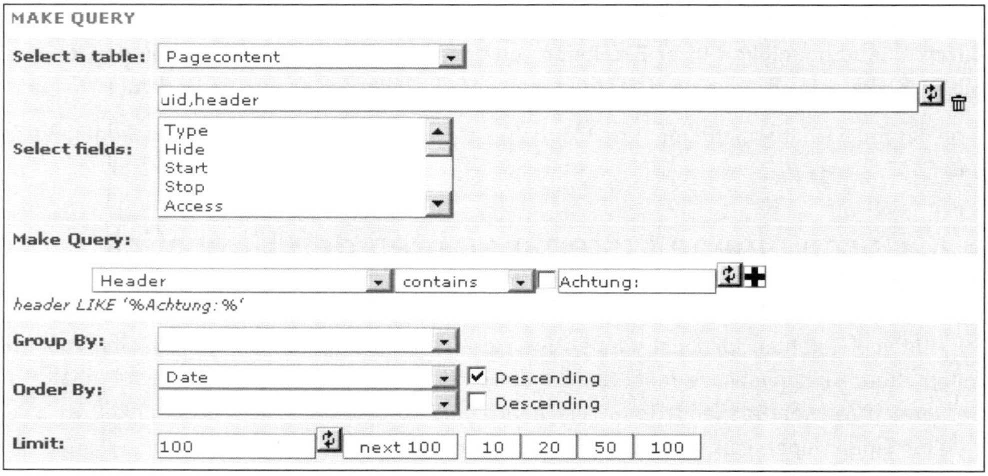

   Abbildung 6.11: **Aufbau einer einfachen Abfrage**

5. Speichern und verknüpfen

   Abschließend müssen Sie noch die eben erstellte Abfrage mit dem zuvor erstellten Befehl verknüpfen. Dies können Sie ganz komfortabel mit dem Auswahlfeld LOAD/SAVE QUERY, indem Sie den gewünschten Befehl (den Sie vorher erstellt haben) zur Zuordnung auswählen und dann auf den SAVE-Button klicken.

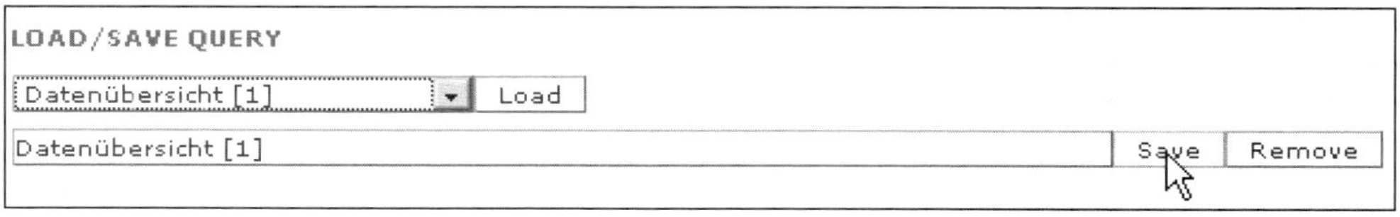

   Abbildung 6.12: **Neue Abfrage zum Befehl speichern**

## KAPITEL 6   HowTos

> *Für die technisch Interessierten: Der SQL-Befehl wird von TYPO3 in das Feld* t2_data *in der Tabelle* sys_action *im gewählten Befehl gespeichert.*

Ein Backend-Benutzer mit Zugriff auf den soeben erstellten Befehl kann dann sehr komfortabel eine speziell auf ihn zugeschnittene Liste von Datensätzen zur Anzeige vorgelegt bekommen. Dazu ruft er das Modul USER, TASK CENTER auf und wählt den entsprechenden Befehl (*action*) aus. Dabei steht ihm noch die Möglichkeit zur Verfügung, jeden der Datensätze zu editieren.

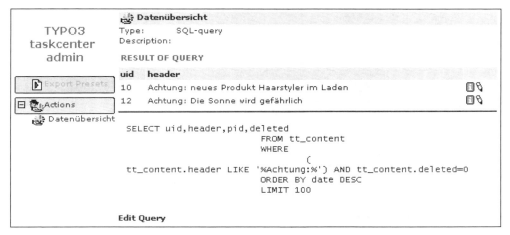

Abbildung 6.13: **Benutzeransicht der individuellen Liste**

Welcher SQL-Befehl für Ihre Bedürfnisse und die Ihrer Anwender Sinn macht, können nur Sie entscheiden. Wir sind jedoch sicher, dass Sie nach diesem Beispiel die Idee verstanden haben.

## 6.7 Den kompletten Seitenbaum auf einmal erzeugen

Es kommt relativ häufig vor, dass Sie für eine neue Webseite bereits die Seitenstruktur mit allen gewünschten Seiten konzeptionell erarbeitet haben, die Seiten jedoch noch in TYPO3 angelegt werden müssen. Mit etwas Erfahrung kennen Sie bereits die Funktionalität aus dem Modul WEB, FUNCTIONS, mit dem Sie mehrere Seiten auf einmal anlegen können.

Die Extension `wizard_crpagetree` von Michiel Roos erweitert diese Möglichkeiten in diesem Modul, sodass Sie den gesamten Seitenbaum auf einen Schlag anlegen können!

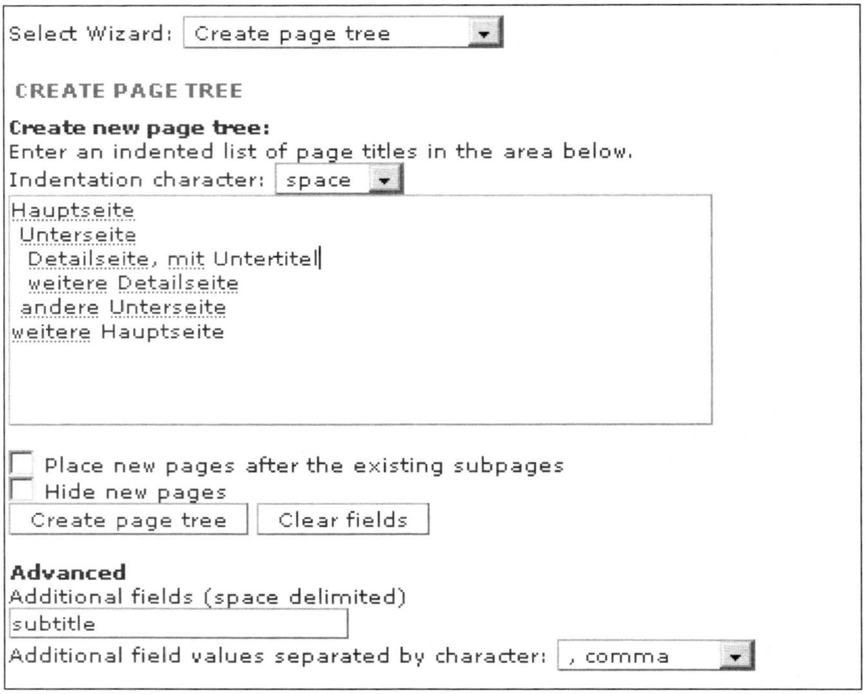

# KAPITEL 6  HowTos

*Abbildung 6.14:* **Bearbeitungsmaske mit dem Wizard Create page tree**

Nach einem Klick auf CREATE PAGE TREE wird der gesamte Baum auf einen Schlag angelegt. Über das Feld ADVANCED können Sie dabei sogar noch weitere Datenbankfelder der Seite befüllen. In Abbildung 6.15 sehen Sie das Feld *Subtitle*, das bereits in diesem Schritt mit Daten gefüllt werden kann.

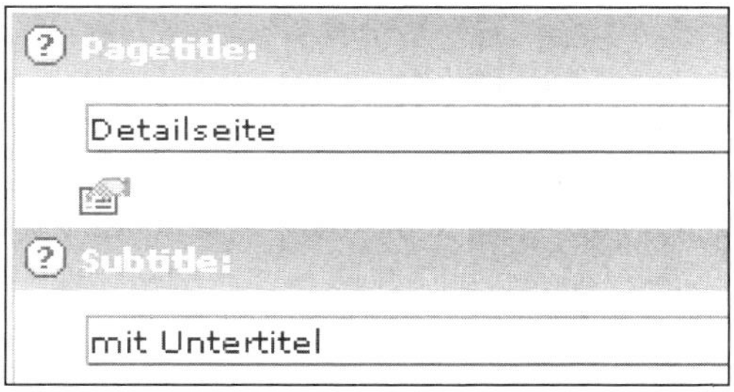

*Abbildung 6.15:* **Das Feld Subtitle wird gleich mit gefüllt.**

Für das Anlegen der Seiten wird in der Datei *class.tx_wizardcrpagetree_webfunc.php* die TYPO3-API wie in Kapitel 7, *Das Framework – Werkzeugkasten für die eigene Extension*, Abschnitt 7.3.1 beschrieben genutzt.

*Listing 6.23:* **Datenarray mithilfe der TCE einspielen**

```
$tce->start($pageTree,array());
$tce->process_datamap();
```

## 6.8 Extensions von Updates ausschließen

Obwohl wir es nicht empfehlen, werden Sie manchmal eine Extension von Dritten installieren und direkt in der Extension Anpassungen speziell für Ihr Projekt vornehmen. Dadurch können Sie jedoch keine direkten Updates dieser Extensions mehr machen, ohne dass Ihre Anpassungen verloren gehen. Damit können Sie vermutlich oft ganz gut leben, schließlich funktioniert die Extension ja wie gewünscht.

**Behalten Sie trotzdem im Auge, ob Sicherheitslücken in TYPO3 oder TYPO3-Extensions gefunden wurden. Falls dies für eine von Ihnen angepasste Extension der Fall ist, haben Sie zwei Optionen:**

1. Sie holen sich die neue Version der Extension und arbeiten Ihre Anpassungen wieder ein.

2. Sie behalten die alte Extension, schließen allerdings selbstständig die neu gefundene Sicherheitslücke. Die richtigen Stellen im Code dafür finden Sie durch aufmerksames Lesen der Sicherheitsmeldung und einen Vergleich des neuen Extension-Quellcodes mit Ihrer alten Variante.

Diese Entscheidung werden Sie je nach Schweregrad und Komplexität der Sicherheitslücke und der Komplexität Ihrer Anpassungen treffen. Vorzuziehen ist nach Möglichkeit immer die erste Variante, da Sie vermutlich Ihre eigenen Anpassungen besser überblicken und schneller umsetzen können, als Sicherheitsanpassungen nachzupatchen.

Eventuell wollen Sie auch einfach nur verhindern, dass bei einem größeren Versionssprung einer installierten Extension diese aufgrund von fehlender Abwärtskompatibilität nicht mehr richtig mit Ihrer TYPO3-Installation funktioniert.

Wenn Sie nun verhindern wollen, dass die Extension bei einem allgemeinen Extension-Update (Modul EXT MANAGER) auf eine neuere Version aktualisiert wird, können Sie in der Datei *ext_emconf.php* der Extension den Wert im Feld state auf excludeFromUpdates setzen ('state' => 'excludeFromUpdates'). Diese Konfiguration wirkt sich auch sichtbar auf die Darstellung im Extension Manager aus.

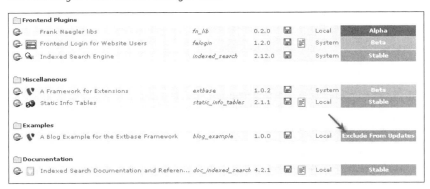

Abbildung 6.16: **Schnelle Auffindbarkeit der ausgeschlossenen Extensions im EM**

## 6.9 Eigene Evaluierung für Felder im Backend

Neben den bereits bestehenden Evaluierungsmöglichkeiten für Backend-Formulare über Angaben im $TCA (zu den Details siehe Kapitel 7, *Das Framework – Werkzeugkasten für die eigene Extension*, Abschnitt 7.3.2 können Sie auch eigene Evaluierungsmuster festlegen. Dabei haben Sie die Möglichkeit, Ihre Überprüfung sowohl clientseitig per JavaScript als auch serverseitig per PHP durchzuführen.

In unserem Beispiel wollen wir in einer Extension namens datarules in einem Text-Eingabefeld nur eine Liste von positiven Integer-Werten zulassen, die durch Kommas getrennt sind. Ein leeres Feld oder auch nur ein Integerwert (also ohne Komma) sollen auch erlaubt sein.

Die Klasse können wir (relativ) frei benennen, da wir uns aber an die TYPO3 Coding Guidelines halten, empfehlen wir Ihnen folgendes Namensschema: *tx_[Extension Key]_eval[Bezeichnung der Evaluierung]*.

Wir erzeugen also eine Klasse namens tx_datarules_evalIntegerList und schreiben diese in die dazu passende Datei *class.tx_datarules_evalintegerlist.php*. Darin benötigen wir zwei Methoden:

» returnFieldJS()

  Gibt den JavaScript-Code zurück, der eine clientseitige Prüfung übernimmt. Falls keine clientseitige Überprüfung vorgesehen ist, können Sie diese Methode auch weglassen.

» evaluateFieldValue($value, $is_in, $set)

  Für die serverseitige Überprüfung werden drei Parameter benötigt.

  » $value

    Darüber wird der zu evaluierende Wert übergeben. Achten Sie bitte darauf, dass Sie diesen Wert bzw. den von Ihnen modifizierten Wert am Schluss mit return wieder zurückgeben.

  » $is_in

    Darin sind die Zeichen enthalten, die für die bereits bestehende eval-Option is_in konfiguriert sind. Dadurch können Sie sicherstellen, dass Ihre Werteprüfungen kompatibel zu eventuellen is_in-Konfigurationen sind.

  » $set

    Solange dieses Flag gesetzt ist, darf der gelieferte Wert verändert werden, ansonsten sollte er genauso zurückgeliefert werden, wie er übergeben wurde. Auch dieser Parameter dient der Kompatibilität mit anderen eval-Konfigurationsmöglichkeiten.

Für Sonderfälle können Sie zusätzlich über die Methode deevaluateFieldValue() definieren, was mit dem Wert aus der Datenbank auf dem Weg zum Formular passiert. Sie können im Formular also etwas anderes anzeigen lassen, als ursprünglich in der Datenbank stand.

# KAPITEL 6   HowTos

Listing 6.24: **Die Klasse tx_datarules_evalIntegerList**

```
class tx_datarules_evalIntegerList {

   /*
    * return the JavaScript-Code for clientside evaluation
    * just dummy, we do evaluation only on server side
    *
    * @return string
    */
   public function returnFieldJS() {
      return '
         return value;
      ';
   }

   /*
    * evaluates the value and returns the resulting value
    * @param string Is-in string for 'is_in' evaluation
    * @param boolean modification of value is allowed if TRUE
    *
    * @return string
    */
   public function evaluateFieldValue($value, $is_in, $set) {
      if (!$set) {
         return $value;
      }

      $tempIntegerArray = t3lib_div::intExplode(',',$value,TRUE);
      $integerArray = array();
      foreach ($tempIntegerArray as $singleValue) {
         if ($singleValue > 0) {
            $integerArray[] = $singleValue;
         }
      }
      $value = join(',',$integerArray);
      if (!$value) {
         $value = '';
      }
      return $value;
   }

   /*
    * DEMO: set the value in mask different from value in DB
    * @param array parameters for the hook
    *
    * @return array
    */
   public function deevaluateFieldValue($params) {
      return $params['value'] .= 'xxx';
   }
}
```

Die Registrierung unserer Klasse bei TYPO3 erfolgt in der Datei *ext_localconf.php*.

Listing 6.25: **Registrierung der Klasse in ext_localconf.php**

```
$GLOBALS['TYPO3_CONF_VARS']['SC_OPTIONS']['tce']['formevals']['tx_ ↵
    datarules_evalIntegerList'] =
'EXT:datarules/class.tx_datarules_evalintegerlist.php';
```

Ab diesem Zeitpunkt (eventuell müssen Sie noch den Backend Configuration Cache leeren) können Sie die neu eingeführte Evaluierungsregel im $TCA anwenden. Die Schreibweise ist dabei genauso wie bei den bisherigen Evaluierungsregeln.

Listing 6.26: **Nutzung der neuen Evaluierungsregel für das Feld selector2**

```
$TCA['tx_datarules_rule']['columns']['selector2']['eval'] => 'tx_ ↵
    datarules_evalIntegerList';
```

Als Resultat wird das Feld *selector2* der Tabelle *tx_datarules_rule* in unserer Maske beim Speichern überprüft, und es wird sichergestellt, dass nur Integerwerte in kommagetrennter Form abgespeichert werden. Falls beispielsweise Buchstaben in das Feld eingetragen werden, werden diese kurzerhand vom System wieder entfernt.

Falls Sie gerne noch wissen möchten, wo Ihre Klasse aufgerufen wird, werden Sie hier fündig:

Listing 6.27: **Einbindung der serverseitigen Evaluierung in t3lib_TCEmain::checkValue_text_Eval**

```
if (substr($func, 0, 3) == 'tx_')    {
    $evalObj = t3lib_div::getUserObj($GLOBALS['TYPO3_CONF_VARS']['SC_ ↵
        OPTIONS']['tce']['formevals'][$func].':&'.$func);
    if (is_object($evalObj) && method_exists($evalObj, 'evaluateField ↵
        Value')) {
        $value = $evalObj->evaluateFieldValue($value, $is_in, $set);
    }
}
```

Listing 6.28: **Einbindung der clientseitigen Evaluierung in t3lib_TCEforms ::getSingleField_typeInput()**

```
foreach ($evalList as $evalData) {
    if (substr($evalData, 0, 3) == 'tx_') {
        $evalObj = t3lib_div::getUserObj($GLOBALS['TYPO3_CONF_VARS']['SC_ ↵
            OPTIONS']['tce']['formevals'][$evalData].':&'.$evalData);
        if(is_object($evalObj) && method_exists($evalObj, 'returnFieldJS')) {
            $this->extJSCODE .= "\n\nfunction ".$evalData."(value) ↵
                {\n".$evalObj->returnFieldJS()."\n}\n";
        }
    }
}
```

## 6.10 Eigene Seitentypen erzeugen

Wenn Sie für Ihr Projekt eigene Seitentypen benötigen, bei denen Sie den Redakteuren spezielle Datenbankfelder für die Tabelle *pages* gezielt bereitstellen möchten, so zeigen wir Ihnen hier, wie das geht.

Diese Lösung kann beispielsweise sinnvoll sein, wenn Sie Produkte (oder Ähnliches) darstellen möchten, deren Erscheinungsbild immer identisch sein soll. Jedes Produkt wird also als eigene Seite gepflegt. Damit kann die Eingabe ganz spezifisch festgelegter Felder erzwungen werden.

Zuerst müssen Sie (optimalerweise in einer eigenen Extension) die Tabelle *pages* um die gewünschten Felder erweitern (in den Dateien *ext_tables.sql* und *locallang_db.xml*) und die Konfiguration im TCA für diese Felder festlegen (in *ext_tables.php* Ihrer neuen Extension).

> **TIPP**
> *Diesen Schritt können Sie sich vom Kickstarter mit der Funktionalität* Extend existing Tables *abnehmen lassen. Für die folgenden Schritte wird er Ihnen jedoch nicht mehr helfen können – Sie werden die Dateien selbst bearbeiten müssen.*

Für unser Beispiel sollten Sie folgenden Code bekommen, wobei *[extname]* der Name Ihrer Extension ist:

Listing 6.29: **Inhalt der Datei ext_tables.sql**

```
#
# Table structure for table 'pages'
#
CREATE TABLE pages (
    tx_extname_artikelnr tinytext,
    tx_extname_subcat tinytext,
    tx_extname_url tinytext,
);
```

Listing 6.30: **TCA der Tabelle pages um die neuen Felder zu erweitern (in ext_tables.php)**

```
$tempColumns = Array (
    "tx_extname_ artikelnr" => Array (
        "label" => "LLL:EXT:extname/locallang_db.xml:pages.tx_extname_ ⮠
    artikelnr",
        "config" => Array (
            "type" => "text",
            "size" => 30,
        )
    ),
    ...
);
t3lib_div::loadTCA("pages");
t3lib_extMgm::addTCAcolumns("pages",$tempColumns,1);
t3lib_extMgm::addToAllTCAtypes('pages','--div--;###Label###, tx_extname_ ⮠
    artikelnr;;;;1-1-1, tx_extname_subcat, tx_extname_url');
```

# KAPITEL 6  HowTos

Mit dem bisherigen Code sind diese Felder nun erst einmal allen Seitentypen zugeordnet (beachten Sie die Funktion `t3lib_extMgm::addToAllTCAtypes` ganz unten). Das Zuordnen zu unserem neuen Seitentyp anstatt zu allen Seitentypen wird weiter unten beschrieben. Mit dem String `--div--;###Label###` vor den neuen Feldern veranlassen Sie, dass diese Felder in einem neuen Reiter angefügt werden. Ausführliche Details zum TCA und dessen Konfigurationsmöglichkeiten finden Sie in Kapitel 7, *Das Framework – Werkzeugkasten für die eigene Extension*, Abschnitt 7.3.2.

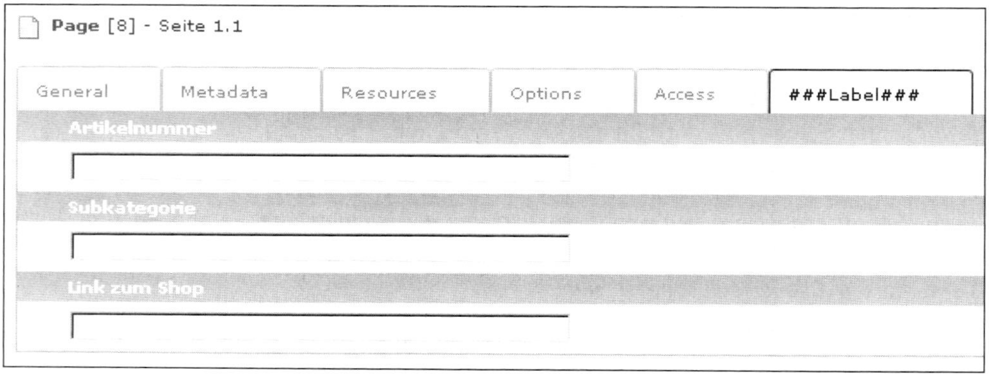

Abbildung 6.17: **Die drei Felder in einem neuem Reiter**

Als Nächstes möchten wir unsere beiden neuen Seitentypen *Kategorie* und *Produkt* anlegen. Für das hier beispielhaft angelegte Produkt verwenden wir den Seitentyp mit der von uns neu angelegten Nummer 42. Diese Zahl wird zur Identifizierung des Typs in der Tabelle *pages* in dem Feld *doktype* abgelegt. Sie können die folgende Richtlinie beachten: Zahlen unter 200 sind für Seiten mit einer Ausgabe im Frontend; größere Zahlen sollten für das Backend genutzt werden (Ordner, Verwaltungshilfen) und werden in Menüs und Navigationen im Frontend ausgeblendet.

Bei der Wahl Ihres *doktype* beachten Sie bitte, dass Sie keine der standardmäßig vorbelegten Nummern oder Nummern von Seitentypen der Extensions benutzen, die auf Ihrer Installation verwendet werden, und stellen Sie sicher, dass auch keine später installierte Extension Ihre Nummern überschreibt.

Die in TYPO3 Version 4.3 standardmäßig angelegten Seitentypen sind:

» 1 = Standard
» 3 = Link to external URL
» 4 = Shortcut
» 6 = Backend User Section
» 7 = Mount Point
» 199 = Visual menu separator

## KAPITEL 6 HowTos

» 254 = Sysfolder

» 255 = Recycler

**Diese können sich versionsabhängig geringfügig unterscheiden. Beispielsweise gab es bis einschließlich TYPO3 4.1 den Typ *Advanced* (2), der seit TYPO3 4.2 mit dem Typ *Standard* zusammengelegt wurde.** Sie erhalten im Backend eine Übersicht aller bei Ihnen aktuell verwendeten Nummern in dem Modul CONFIGURATION, und zwar in der folgenden Variable:

`$TCA['pages']['columns']['doktype']['config']['items']`

Listing 6.31: **Anlegen und Konfigurieren eines neuen Seitentyps**

```
01  $TCA['pages']['types']['42']['showitem'] = 'doktype;;;;1-1-1,
    title;;;;1-1-1, tx_extname_artikelnr, tx_extname_subcat, tx_extname_url';
02  $TCA['pages']['columns']['doktype']['config']['items'][] = Array(
03        '0' => 'Produkt',
04        '1' => 42,
05        '2' => 'i/icon_tx_extname_product.gif',
06  );
07  $PAGES_TYPES['42'] = Array (
08        'icon' => '../typo3conf/ext/extname/icons/icon_tx_extname_product.
    gif',
09        'allowedTables' => 'pages_language_overlay',
10        'onlyAllowedTables' => '0'
11  );
```

Beachten Sie die erste Zeile, die besagt, welche Felder für den neuen Seitentyp sichtbar sind. Da wir diese Felder bei den anderen Typen nicht sehen wollen, müssen wir nun also noch in Listing 6.30 die vom Kickstarter erzeugte letzte Zeile mit der Funktion t3lib_extMgm::addToAllTCAtypes entfernen.

Das Konfigurationsarray, das in Zeile 2 erzeugt wird, konfiguriert den neuen Seitentyp durch Angabe von Label, Nummer und optional eines Icons (siehe weiter unten). Ihre neu angelegten Typen werden durch [] (analog einem `array_push`) an das Ende angefügt, Sie müssen also auf die Reihenfolge selbst achten.

In dem Array $PAGES_TYPES können Sie folgende weitere Angaben machen: (Zeile 8 wird weiter unten erklärt): Zeile 9 definiert, welche Tabellen angelegt werden dürfen, und in Zeile 10 wird dies noch mal dahingehend verstärkt, dass – sobald eine nicht erlaubte Tabelle auf der Seite existiert – der Seitentyp nicht mehr gewählt werden kann. Der Inhalt muss dann erst bereinigt werden, bevor der Typ gewechselt werden darf.

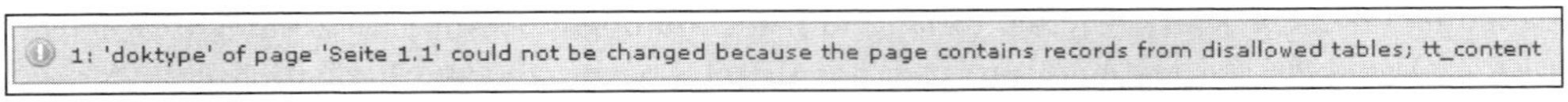

> 1: 'doktype' of page 'Seite 1.1' could not be changed because the page contains records from disallowed tables; tt_content

Abbildung 6.18: **Fehlermeldung bei der Einstellung 'onlyAllowedTables' => '1'**

Nun möchten wir noch vor unsere neuen Typen einen Abstand mit einem Label einfügen. Um also im Dropdown-Menü in der Reihenfolge davor zu bleiben, müssen wir diese Zeilen unbedingt *vor* den Zeilen aus Listing 6.31 einfügen:

# KAPITEL 6    HowTos

Listing 6.32: **Anlegen eines Dividers**

```
$TCA['pages']['columns']['doktype']['config']['items'][] = Array (
    '0' => 'PRODUKTE',
    '1' => '--div--',
);
```

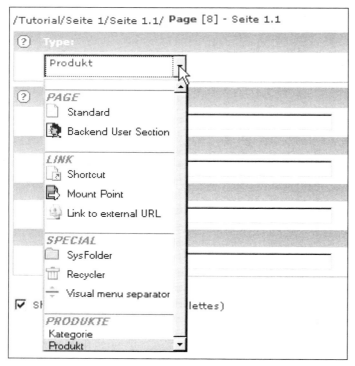

Abbildung 6.19: **Die beiden neu angelegten Seitentypen im Dropdown-Menü**

Als Letztes können wir für die neuen Seitentypen noch eigene Icons bereitstellen. Dazu schauen wir uns nochmals das Listing 6.31 an, wo dies in Zeile 5 und 8 bereits definiert wurde. Wo müssen diese Icons nun abgelegt werden, und wozu sind die beiden Zeilen gut?

Zeile 8 bestimmt das Icon für den Seitenbaum und liegt optimalerweise in der eigenen Extension. Die Definition in Zeile 5 ist für die Darstellung des Icons im Typen-Dropdown-Menü des Seitendatensatzes zuständig. Hier wird standardmäßig von dem Verzeichnis *typo3/gfx/* ausgegangen. Sie können jedoch mit relativen Pfadangaben wie ../../ auch in andere Ordner wechseln. Am saubersten ist in der Regel die Angabe des Pfades mit EXT:, so wie Sie es vermutlich auch von TypoScript bereits kennen, z.B. EXT:myext/icons/icon_tx_extname_product.gif.

Achten Sie darauf, dass die Icons in der Größe 18 × 16px als *.png* oder *.gif* vorliegen.

# KAPITEL 6  HowTos

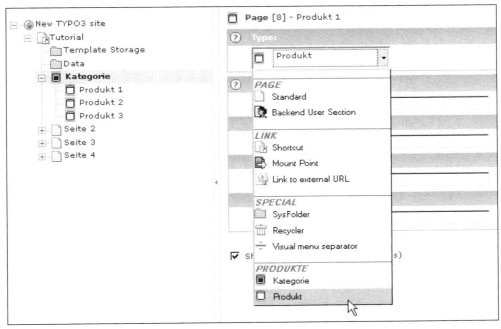

Abbildung 6.20: **Die erstellten Icons für die neuen Seitentypen im Seitenbaum und im Type-Dropdown-Menü der Seiten.**

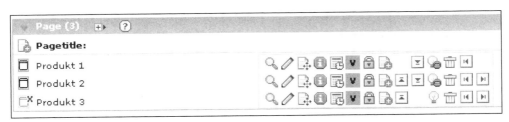

Abbildung 6.21: **Das Standard-Icon wird verwendet, falls der Zustand nicht explizit definiert wurde.**

Per Default werden die Status einer Seite (versteckt, zeitweise versteckt, Zugriff auf FE-Usergruppen eingeschränkt, rekursiv oder nicht – in allen Kombinationen) von TYPO3 automatisch mit einer Grafik des entsprechenden Status überlagert.

Wenn Sie im Detail selbst bestimmen wollen, wie Ihr Icon für alle Zustände der Seiten angezeigt wird, dann müssen Sie zusätzlich zu dem bestehenden Icon noch verschiedene Versionen anlegen.

Das Standard-Icon für die Tabelle *pages* heißt *pages.gif*. Ist beispielsweise eine Seite nur für bestimmte FE User sichtbar, dann wird das Icon *pages__u.gif* verwendet; ist sie inklusive Unterseiten zugriffsbeschränkt, kommt das Icon *pages__up.gif* zum Tragen. Da es durch eine Kombination aller Status an die 30 verschiedene Icons geben muss, sind Sie mit der TYPO3-Standard-Überlagerung sehr gut bedient.

> Um die automatische Überlagerung nutzen zu können, müssen Sie in der *localconf.php* die Option $TYPO3_CONF_VARS['GFX']['noIconProc'] auf 0 setzen. Dies lässt sich auch im Install Tool unter ALL CONFIGURATION einstellen. Selbstverständlich müssen die benötigten Grafik-Pakete verfügbar sein.

Alle möglichen Status und die dazugehörigen Icon-Namenskonventionen für das Icon *pages.gif* können Sie im Verzeichnis *typo3/gfx/i/* einsehen.

Schließlich haben wir noch die Möglichkeit, das Label für alle (!) Seiten zu überschreiben, beispielsweise möchten wir, dass in der Listansicht vor dem Seitentitel eine (Sub-) Kategorie oder eine Artikelnummer steht – dies erleichtert den Redakteuren die Übersicht sowie die Zuordnungen. Dieses Feld sollte zwar idealerweise in allen Seitentypen vorhanden sein, ist es jedoch nicht vorhanden, wird es einfach nicht dargestellt.

Listing 6.33: **Label für Tabelle pages erweitern**

```
// label
$TCA['pages']['ctrl']['label'] = 'tx_extname_subcat';
$TCA['pages']['ctrl']['label_alt'] = 'title';
$TCA['pages']['ctrl']['label_alt_force'] = 1;
```

Abbildung 6.22: **Ansicht der Tabelle pages mit erweiterten Labels**

Mit den oben beschriebenen Optionen können Sie also neben den erweiterten Funktionalitäten auch das Backend für Ihre Redakteure intuitiver und einfacher gestalten. Bei derartigen Erweiterungen macht es Sinn, vorab konzeptionell gut zu durchdenken, wie denn die Anforderungen am besten und intuitivsten umzusetzen sind.

## 6.11 Backend (zu Wartungszwecken) sperren

In TYPO3-Versionen 4.2 und älter können Sie das Backend über eine Einstellung im Install Tool sperren.

Listing 6.34: **Backend sperren in TYPO3 4.2 und älter**

```
    //nur Zugang für Admins
$TYPO3_CONF_VARS['BE']['adminOnly'] = 1;
    //Backend wird komplett gesperrt
$TYPO3_CONF_VARS['BE']['adminOnly'] = -1;
```

**ACHTUNG**

**Bei einem Wert von -1 ist jeglicher Zugriff auf das Backend gesperrt. Dadurch sind natürlich auch Sie und alle anderen Administratoren vom System getrennt. Führen Sie also diese Einstellung nur durch, wenn Sie die Einstellung durch direkten Zugriff auf die Datei *typo3conf/localconf.php* verändern können. Alternativ können Sie versuchen, direkt das Install-Tool-Script zur Konfiguration aufzurufen:**

http://www.ihreDomain/typo3/install/

Seit TYPO3 4.3 gibt es die Möglichkeit, das Backend über eine Lock-Datei zu sperren. Dazu müssen Sie lediglich eine Datei *typo3conf/LOCK_BACKEND* anlegen. Das Vorgehen orientiert sich dabei an der bereits seit TYPO3 4.1 genutzten Möglichkeit, das Install Tool mithilfe der Datei *typo3conf/ENABLE_INSTALL_TOOL* freizuschalten.

**TIPP**

*Falls Sie mit der von TYPO3 angezeigten Information zur Sperrung nicht zufrieden sind, können Sie sogar eine Weiterleitung durch die Angabe einer URL in der Datei* LOCK_BACKEND *festlegen.*

CLI-Scripts haben während der Sperrung weiterhin Zugriff. Dadurch werden Sie in die Lage versetzt, Wartungsaufgaben per Script vor Störungen durch Redakteure zu schützen. Besonders komfortabel ist das im Zusammenspiel mit der alternativen Möglichkeit, das bereits im Core enthaltene CLI-Script `lowlevel_admin` zu nutzen, um das Sperren und Entsperren durchzuführen.

Listing 6.35: **Sperren und Entsperren des Backends per CLI-Script**

```
    //sperren mit redirect
/[yourpath]/typo3/dispatch.phpsh lowlevel_admin setBElock --redirect ↵
    http://www.ihrziel.de
    //entsperren
/[yourpath]/typo3/dispatch.phpsh lowlevel_admin clearBElock
```

Falls Sie `lowlevel_admin` (class `tx_lowlevel_admin_core` extends `t3lib_cli`) näher unter die Lupe nehmen wollen, werfen Sie einen Blick in die Datei *typo3/sysext/lowlevel/class.tx_lowlevel_admin_core.php*.

# 7. Das Framework – Werkzeugkasten für die eigene Extension

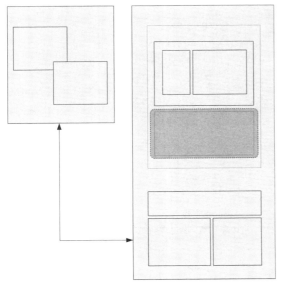

Nachdem Sie jetzt bereits komplette Webseiten mit TYPO3 erstellen können – sowohl was die Darstellung im Frontend als auch was die Datenpflege im Backend angeht –, ist es jetzt an der Zeit, den Aufbau und die Funktionsweise unseres Lieblings-CMS näher zu betrachten. Mit diesem Kapitel wollen wir erreichen, dass Sie TYPO3 so gut verstehen, dass Sie bei der Programmierung Ihrer Extensions die bestehenden Möglichkeiten voll ausnutzen können.

**ACHTUNG**

Wer TYPO3 wirklich begreifen, gute Extensions schreiben und eine Chance auf erfolgreiches Ablegen der kommenden Zertifizierung als TYPO3-Programmierer haben will, der muss dieses Kapitel verstanden haben.

Lernziele:

» die Struktur und den Aufbau von TYPO3 verstehen

» das Konfigurationsarray $TCA verstehen und einsetzen

» mögliche Vorgehensweisen zur Anpassung von TYPO3 durch eigene Extensions kennen

**KAPITEL 7**   Das Framework – Werkzeugkasten für die eigene Extension

## 7.1 Aufbau und Funktionsweise

In diesem Abschnitt erfahren Sie, wie TYPO3 schematisch aufgebaut ist, wo wichtige Dateien liegen und welche Funktion diese erfüllen. Außerdem besprechen wir, wie TYPO3 in vielen verschiedenen Sprachen zur Verfügung gestellt werden kann.

### 7.1.1 Konzeptioneller Aufbau

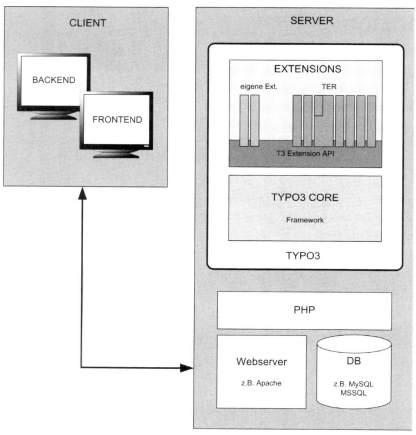

Abbildung 7.1: **TYPO3 &amp; Friends in der Übersicht**

> Den hier gezeigten Aufbau sehen Sie in den relevanten Kapiteln in der vereinfachten Darstellung mit Hervorhebung des jeweils besprochenen Bereiches, damit Sie sich schnell orientieren können.

### 7.1.2 Dateisystem

Einen ersten Einblick in das System bekommen Sie am einfachsten über das Dateisystem und die darin gelegene Struktur von TYPO3. Grundsätzlich können wir zwischen den beiden

Teilen *Source* und *Instanz* unterscheiden. Der Source-Bereich ist für jede Instanz der gleichen Version identisch und kann deswegen per *Symlink* auch mehrfach genutzt werden. In den Ordnern und Dateien für die Instanz sind dann die projektspezifischen Anpassungen und Konfigurationen enthalten.

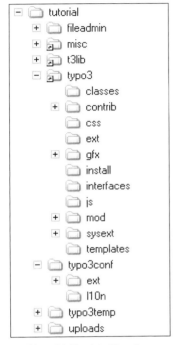

Abbildung 7.2: **Dateistruktur einer normalen Installation**

Aus dem Source-Paket (Download-Paket *Source*) werden für ein Projekt folgende Ordner eingebunden:

» *misc*

Verschiedene zusätzliche Scripts wie *superadmin.php*. Dieser Ordner wird für den direkten Betrieb einer Webseite mit TYPO3 nicht benötigt und kann ohne Probleme gelöscht werden.

» *t3lib*

Diese Klassen und Dateien werden sowohl im Backend als auch im Frontend eingebunden. Der Unterordner *stddb* enthält das grundsätzliche Datenbank-Setup.

» *typo3*

Quellcode für den Backend- und Administrationsbereich. Dies ist in dem URI zum Backend-Zugang ersichtlich (z.B. http://www.ihre-domain.de/typo3/). Die Datei *backend.php* bildet standardmäßig den Startpunkt für Backend-Scripts. Die *alt_\*.php*-Dateien waren vor längerer Zeit als alternative Aufbaumöglichkeit des Backends hinzugekommen, deswegen tragen sie auch die Bezeichnung *alt_\** für *alternativ*. Da mittlerweile (seit TYPO3 4.2) *backend.php* den standardmäßigen Einstiegspunkt für das Backend darstellt, ist zumindest für den deutschen Betrachter das »alt« nach wie vor korrekt, diesmal allerdings im deutschen Wortsinn.

» *typo3/classes*

Im Zuge der Umstrukturierung des Backend-Einstiegspunktes wurden Funktionalitäten sauber in Klassen gekapselt und in diesen Ordner ausgelagert. Die Bezeichnungen der Dateien bzw. enthaltenen Klassen geben bereits einen guten Hinweis auf die Zuständigkeit des enthaltenen Codes.

» *typo3/contrib*

Dieser Ordner ist der Ablageort für externe Software und Frameworks wie ExtJS oder JSON, die von TYPO3 eingebunden werden.

» *typo3/css*

Dateien mit CSS-Eigenschaften für die optische Darstellung des Backends. Sie ergänzen die Angaben in *typo3/stylesheet.css*. Achtung: Die System-Extension `t3skin` ist in den meisten TYPO3-Installationen installiert und stellt dann den dominierenden Sammelpunkt für Daten zur Darstellung des Backends dar.

» *typo3/ext*

Hier liegen alle global installierten Extensions, jede in einem eigenen Ordner mit dem Namen der Extension. Hier abgelegte Extensions sind für all diejenigen Installationen verfügbar, die diese Source benutzen. Das Verzeichnis muss für den Webserver schreibbar sein, falls Extensions global mithilfe des TYPO3 Extension Managers installiert werden sollen. In diesem Fall muss außerdem das entsprechende Flag in den `$TYPO3_CONF_VARS` gesetzt sein (*allowGlobalInstall*). Der Ordner *typo3/ext* ist von Haus aus leer, kann aber dafür verwendet werden, Extensions an zentraler Stelle für mehrere TYPO3-Installationen, die per Symlink auf die gleiche Source zugreifen, zur Verfügung zu stellen. Dieser globale Extension-Ordner sollte nicht für Extensions verwendet werden, die nur von einer TYPO3-Installation verwendet werden.

Generell sollten Sie beachten, dass der Inhalt des Ordners beim Upgrade auf eine neue TYPO3-Version verloren geht (wenn er nicht manuell gesichert wurde), weil dann ja der wiederum leere *ext*-Ordner des neuen Source-Paketes eingebunden wird.

» *typo3/sysext*

Siehe auch *typo3/ext*. Hier liegende Extensions sind jedoch System-Extensions. Dadurch sind sie immer im Source-Paket enthalten und nicht durch den Extension Manager veränderbar. Dadurch können Sie in diesen Ordner auch keine weiteren Extensions schreiben. System-Extensions sind zwar in jeder TYPO3-Installation vorhanden, müssen jedoch nicht zwangsläufig installiert sein. Die Entscheidung, ob eine System-Extension

## KAPITEL 7  Das Framework – Werkzeugkasten für die eigene Extension

installiert und aktiv sein soll, können Sie im Extension Manager fällen, solange die Extension nicht systemrelevant und deswegen zwangsweise installiert ist.

» *typo3/gfx*

Dieser Ordner enthält verschiedene grafische Elemente für Frontend und Backend.

» *typo3/install*

Dieser Ordner enthält das Install-Tool-Script. Der Zugriff erfolgt entweder über das Backend-Modul ADMIN TOOLS -> INSTALL oder indem Sie direkt im URI den Ordner *install* mit angeben. Ein Zugriff ist jedoch nur möglich, falls die Datei *typo3conf/ENABLE_INSTALL_TOOL* vorhanden ist (siehe Kapitel 3, *Installation*, Abschnitt 3.3).

» *typo3/interfaces*

Im Zuge der verbesserten Objektorientierung des TYPO3-Kerns wurden hier einige Interface-Definitionen vor allem für Hook-Klassen festgelegt. Implementieren Sie diese Interfaces in Ihre Klassen, falls Sie einen der betroffenen Hooks nutzen wollen.

» *typo3/js*

Seit der Version 4.2 werden hier die meisten JavaScript-Funktionalitäten für das Backend zusammengefasst, um PHP-Code und JavaScript-Code sauberer zu trennen.

» *typo3/mod*

Dieser Ordner enthält Backend-Module und stellt noch das alte Konzept vor der Einführung der Extensions dar. Er enthält derzeit hauptsächlich Platzhalter und Standardmodule wie den Extension Manager.

» *typo3/templates*

Hier sind die HTML-Templates zu finden, auf denen das Backend basiert. Der Zweck ist auch hier die sauberere Trennung von Logik und Optik.

In jeder Instanz unabhängig vorhanden (aus dem Download-Paket *Dummy_\**) sind die folgenden Ordner:

» *fileadmin*

Dieser Ordner wird in der Regel als Dateiablage für die Redakteure benutzt. Standardmäßig sieht der Administrator diesen Ordner (mit all seinen Unterordnern) bei einem Klick auf das Backend-Modul FILELIST. Hier liegen keine Dateien von TYPO3.

» *typo3conf*

Dieser Ordner ist das Konfigurationsverzeichnis für jede Instanz von TYPO3. Er wird deswegen auch oft »Lokalverzeichnis« genannt. Er enthält im Unterordner *ext* alle lokalen Extensions und muss zwingend für den Webserver schreibbar sein.

» *typo3conf/ext*

Hier liegen alle lokal installierten Extensions, jede in einem eigenen Ordner, der den Namen der Extension trägt. Dieser Ordner muss zwingend für den Webserver schreibbar sein.

» *typo3conf/l10n*

Hier liegen die Lokalisierungen (*l10n* steht für »localization«, also die Lokalisierung) von TYPO3. Dieser Ordner ist seit der Version 4.0 im Einsatz.

» *typo3temp*

Dies ist die Ablage für temporäre Dateien aus Frontend und Backend. Inhalte können in der Regel ohne Probleme gelöscht werden, benötigte Dateien werden neu generiert. Es ist empfehlenswert, diesen Ordner ab und an zu leeren, um Dateileichen zu verhindern. Direkt nach dem Leeren ist allerdings mit Performance-Einbußen zu rechnen, da der Server die temporären Dateien wieder neu generieren muss.

» *uploads*

Dieser Ordner ist die Ablage für alle Dateien, die direkt mit Datenbankeinträgen verknüpft sind. So werden beispielsweise Bilder, die in das Inhaltselement TEXT MIT BILD eingefügt werden, in den Ordner *uploads/pics/* kopiert, selbst wenn das Bild vorher schon auf dem Server im Ordner *fileadmin/* vorhanden war. Auch die im RTE (Rich Text Editor) eingefügten Bilder werden in der Defaulteinstellung hier abgelegt. Eine neue Extension legt bei Bedarf hier einen Ordner mit dem Namen der Extension an, um spezifische Dateien der Extension hier abzulegen.

> *Falls Sie bereits längere Zeit mit TYPO3 gearbeitet haben, ist Ihnen sicher aufgefallen, dass ab der Version 4.0 keine Symlinks mehr innerhalb des Source-Pakets gebraucht werden, um redundanzfrei arbeiten zu können. Der Ordner tslib auf der Hauptebene ist verschwunden und nur noch innerhalb der System-Extension cms zu finden. Für die Benutzer von Windows-Systemen oder bei Hosting-Paketen nur mit FTP-Zugang wird dadurch der Umfang einer Grundinstallation deutlich verringert. Um die Source-Quellcodes von der Arbeitsinstanz zu trennen und so das Source-Paket mehrfach zu nutzen, sind Symlinks jedoch nach wie vor sinnvoll.*

### 7.1.3 Dateien in typo3conf, Konfiguration

#### localconf.php

Die Datei *localconf.php* ist die zentrale Konfigurationsdatei, die vom Install Tool und vom Extension Manager beschrieben wird. Dort sind die Zugangsdaten zur Datenbank, die Liste der installierten Extensions mit deren Konfiguration und nicht zuletzt die vielen Konfigurationsparameter aus dem Install Tool hinterlegt. Öffnen Sie die Datei einfach mal in Ihrem Lieblingstexteditor: Sie werden schnell Zuordnungen herstellen können. Konfigurationen

**KAPITEL 7**  Das Framework – Werkzeugkasten für die eigene Extension

für installierte Extensions sind serialisiert hinterlegt, was die Lesbarkeit für den Menschen nicht gerade erhöht, für den Rechner jedoch eine deutlich erhöhte Lesegeschwindigkeit bringt. Sie können manuell Änderungen an der Datei vornehmen, sollten sich jedoch immer bewusst sein, dass auch das Install Tool und der Extension Manager schreibend auf diese Datei zugreifen.

*Wenn Sie einmal TYPO3 auf Ihrem Rechner über das Install Tool sauber installiert haben, also z. B. ImageMagick korrekt konfiguriert ist und diverse andere Einstellungen nach Ihrem Geschmack sind, können Sie diese manuell in der* localconf.php *nach Konfigurationsgruppen sortieren und die gesamte Konfiguration durch Kopieren und Einfügen für die nächste TYPO3-Installation wiederverwenden. Falls Sie gleich die gesamten Daten oder gar das gesamte Projekt kopieren, vergessen Sie nicht, die Datenbankparameter anzupassen, um nicht versehentlich in die Datenbank des ursprünglichen Projekts zu schreiben. Das ist ein ärgerlicher, aber häufiger Flüchtigkeitsfehler – wir sprechen aus Erfahrung!*

*Alternativ können Sie auch den Teil, der für alle Installationen gleich ist (z. B. die Konfiguration für die Grafikbearbeitung), in eine eigene Datei auslagern und von dort in jede* localconf.php *einbinden.*

Listing 7.1: **Beispiel typischer Einstellungen, die auf einem Rechner für alle TYPO3-Installationen gleich sind**

```php
<?php
##############################################################
# this should be included on every localconf.php locally
##############################################################

$TYPO3_CONF_VARS["BE"]["sessionTimeout"] = '136000';
$TYPO3_CONF_VARS["BE"]["forceCharset"] = 'utf-8';
$TYPO3_CONF_VARS["BE"]["diff_path"] = 'c:/programme/diff/diff.exe';

$TYPO3_CONF_VARS["EXT"]["extCache"] = '0';

$TYPO3_CONF_VARS["GFX"]["gdlib_png"] = '0';

$TYPO3_CONF_VARS["GFX"]["im"] = '1';
$TYPO3_CONF_VARS["GFX"]["im_combine_filename"] = 'composite';
$TYPO3_CONF_VARS["GFX"]["im_path"] = 'c:\\apachefriends\\xampp\\image
    magick\\';
$TYPO3_CONF_VARS["GFX"]["im_path_lzw"] = 'c:\\apachefriends\\xampp\\image
    magick\\';
$TYPO3_CONF_VARS["GFX"]["im_version_5"] = '0';
$TYPO3_CONF_VARS["GFX"]["im_no_effects"] = '0';
$TYPO3_CONF_VARS["GFX"]["im_mask_temp_ext_gif"] = '0';
$TYPO3_CONF_VARS["GFX"]["im_combine_filename"] = 'combine';
$TYPO3_CONF_VARS["GFX"]["gif_compress"] = '1';
$TYPO3_CONF_VARS["GFX"]["gdlib_2"] = '1';
$TYPO3_CONF_VARS["GFX"]["TTFdpi"]='96';
$TYPO3_CONF_VARS["GFX"]["thumbnails"] = '0';
$TYPO3_CONF_VARS["GFX"]["imagefile_ext"] = 'gif,jpg,jpeg,tif,bmp,png';

$TYPO3_CONF_VARS["SYS"]["setMemoryLimit"] = '20';
$TYPO3_CONF_VARS["SYS"]["ddmmyy"] = 'd.m.y';
```

```
$TYPO3_CONF_VARS['FE']['logfile_dir'] = 'stats/';
$typo_db_extTableDef_script = 'extTables.php';
?>
```

Listing 7.2: **Einbinden einer generellen Konfiguration innerhalb der localconf.php**

```
include ('d:\projekte_t3\zentral\localconf_all.php');
```

### extTables.php

Diese Datei ist eigentlich nur noch aus historischen Gründen hier vorhanden, gibt aber trotzdem einen guten ersten Einblick in die Funktionsweise von TYPO3. Sie könnten hier Einstellungen zum $TCA (Table Configuration Array) erweitern oder überschreiben. *ext* steht für »extend«, also erweitern. Damit hier getätigte Veränderungen von TYPO3 gelesen und berücksichtigt werden, muss die Variable $typo_db_extTableDef_script in der Datei *localconf.php* entsprechend mit dem Wert extTables.php gesetzt sein. Heutzutage wird jedoch von Entwicklern erwartet, dass Erweiterungen und Veränderungen am $TCA über Extensions vorgenommen werden, um größtmögliche Nachvollziehbarkeit zu ermöglichen. Wie Sie dazu vorgehen, können Sie in Kapitel 8, *Extensions entwickeln* nachlesen.

### 7.1.4 Sprachvielfalt durch Lokalisierung L10n, UTF8

Mit der Version 4.0 hat sich die Vorgehensweise bei der Lokalisierung in TYPO3 geändert. Das Ziel der Änderung war eine möglichst saubere Trennung von Code und Sprache bei gleichzeitiger Unabhängigkeit des Übersetzers vom Entwickler. Daraus folgt, dass im Idealfall in der einzelnen Extension nur die Standardsprache (Englisch) und eventuell die Muttersprache des Entwicklers enthalten ist und praktisch beliebig viele weitere Sprachen in Sprachpaketen (sogenannten *language packs*) enthalten sind. Diese werden wie auch die Extension selbst vom Extension Manager verwaltet. Bei der Installation von TYPO3 oder neuen Extensions ist es deshalb ratsam, die Aktualität der installierten Sprachpakete zu überprüfen. Eine Anleitung zur Überprüfung der aktuell geladenen Sprachen und die Vorgehensweise für das Laden neuer Sprachen finden Sie in Kapitel 3, *Installation*, Abschnitt 3.6.

Geladene Sprachpakte werden von TYPO3 im Ordner *typo3conf/l10n* abgelegt.

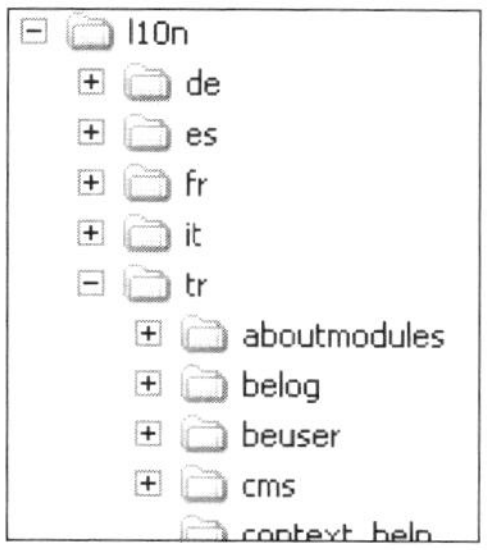

Abbildung 7.3: **Struktur der geladenen Sprachpakete**

# KAPITEL 7   Das Framework – Werkzeugkasten für die eigene Extension

Um auch die Übersetzer der verschiedenen Sprachen voneinander unabhängig zu machen, müssen die einzelnen Sprachen in verschiedene Dateien bzw. Ordnerstrukturen separiert werden. Dem aktuellen Stand der TYPO3-Technik entsprechen die *locallang*-XML-Dateien (*llXML*), in denen alle Labels sowohl für das Backend als auch für das Frontend enthalten sind. Die davor gebräuchlichen *locallang.php*-Dateien können mithilfe von Funktionen der Extension `extdeveval` in XML-Dateien umgewandelt werden. Informationen zum praktischen Einfügen von Sprachen für Extension-Entwickler finden Sie in Kapitel 8, *Extensions entwickeln*, Abschnitt 8.5.7.

Die Struktur innerhalb des Sprachpakets gleicht der Struktur der zugehörigen Extension, da sich die einzelnen Sprachdateien jeweils auf Backend-Module oder Frontend-Plugins beziehen.

> **INFO** *Die vor Version 4.0 gebräuchlichen Sprach-Extensions* `csh_*` *wurden durch das neue System abgelöst und müssen nicht mehr installiert werden.*

Listing 7.3: **Beispiel für den Inhalt der Datei typo3conf/l10n/de/rtehtmlarea/de.locallang.xml**

```xml
<?xml version="1.0" encoding="utf-8" standalone="yes" ?>
<T3locallangExt>
   <data type="array">
      <languageKey index="de" type="array">
         <label index="Please wait">Der Editor wird geladen. Bitte ↵
            warten...</label>
         <label index="Normal">Normal</label>
         <label index="Heading 1">Überschrift 1</label>
<!--[...]-->
         <label index="Preformatted">Vorformatiert</label>
         <label index="Address">Adresse</label>
         <label index="No font">Keine Schriftart</label>
         <label index="No size">Keine Größe</label>
      </languageKey>
   </data>
   <orig_hash type="array">
      <languageKey index="de" type="array">
         <label index="Please wait" type="integer">82508915</label>
         <label index="Normal" type="integer">157332556</label>
         <label index="Heading 1" type="integer">265768972</label>
<!--[...]-->
         <label index="Preformatted" type="integer">189632771</label>
         <label index="Address" type="integer">232242979</label>
         <label index="No font" type="integer">69479293</label>
         <label index="No size" type="integer">122201874</label>
      </languageKey>
   </orig_hash>
   <orig_text type="array">
      <languageKey index="de" type="array">
         <label index="Please wait">The editor is being loaded. Please ↵
            wait...</label>
         <label index="Normal">Normal</label>
         <label index="Heading 1">Heading 1</label>
```

**KAPITEL 7**   Das Framework – Werkzeugkasten für die eigene Extension

```
<!--[...]-->
        <label index="Preformatted">Preformatted</label>
        <label index="Address">Address</label>
        <label index="No font">No font</label>
        <label index="No size">No size</label>
    </languageKey>
  </orig_text>
</T3locallangExt>
```

In den Übersetzungsdateien ist oft zusätzlich zu den übersetzten Texten auch der Block mit den originalen englischen Texten enthalten. Diese sind für die korrekte Darstellung der Sprache in TYPO3 jedoch nicht nötig, sondern dienen als Unterstützung für den Übersetzer.

Für die entsprechende Sprachauswahl zu den von Ihnen sowohl im Frontend als auch im Backend gewählten Einstellungen ist die Extension lang zuständig. Diese ist im Source-Paket enthalten und dementsprechend im Ordner *typo3/sysext/* zu finden. Die in der Datei *lang.php* enthaltene Klasse *language* wird an vielen Stellen im Code bei Bedarf aufgerufen und stellt beispielsweise für Frontend-Plugins bereits das $LOCAL_LANG-Array zur Verfügung. Diese Klasse liefert bei vorhandenen Übersetzungen die von Ihnen gewählte Sprache und fällt ansonsten auf die Defaultsprache (Englisch) zurück. Zusätzlich zu dieser Sprachklasse sind in dieser Extension auch die Labels für den Core von TYPO3 enthalten – allerdings, wie Sie jetzt sicher richtig vermuten, natürlich nur in der Standardsprache Englisch. Alle weiteren Sprachen sind in Sprachpakete ausgelagert.

Das TYPO3-Backend ist derzeit in circa 50 Sprachen verfügbar, wobei einige Bereiche, die nur für Administratoren/Entwickler zugänglich sind, bewusst von Übersetzungen ausgenommen wurden, um eine einheitliche Begriffswelt unter den Entwicklern zu schaffen. Die verfügbaren Sprachen sind in der Konstante TYPO3_languages enthalten und direkt in der Datei *typo3/t3lib/config_default.php* kodiert.

Listing 7.4: **Ausschnitt zu den verfügbaren Sprachen aus der Datei config_default.php**

```
  // Defining backend system languages
  // When adding new keys, remember to:
  //     - Update pages.lang item array (t3lib/stddb/tbl_be.php)
  //     - Add character encoding for lang. key in t3lib/class.t3lib_cs.php
              (default for new languages is "utf-8")
  //     - Add mappings for language in t3lib/class.t3lib_cs.php (TYPO3/ISO,
              language/script, script/charset)
  //     - Update 'setup' extension labels (sysext/setup/mod/locallang.xml)
  //     - Using translation server? Create new user with username = "langu
              age key", member of "translator" group, set to "language key"
              language.
  // Thats it! Use extension "llxmltranslate" to begin translation. Langu
     age pack is automatically created in "typo3conf/l10n/[language key]/"
  define('TYPO3_languages', 'default|dk|de|no|it|fr|es|nl|cz|pl|si|fi|tr|se
    |pt|ru|ro|ch|sk|lt|is|hr|hu|gl|th|gr|hk|eu|bg|br|et|ar|he|ua|lv|jp|vn|
    ca|ba|kr|eo|my|hi|fo|fa|sr|sq|ge|ga');
```

An dieser Stelle ist praktischerweise auch gleich dokumentiert, was in dem Fall zu tun ist, wenn eine neue Sprache für TYPO3 angelegt werden soll.

In einer Extension, die von Dritten übersetzt werden können soll, sollten also nur die Label für die englische Sprache enthalten sein und in den entsprechenden Sprachpaketen die zugehörigen Übersetzungen.

Um bei der Übersetzung von TYPO3 mitzuhelfen, können Sie Mitglied im Übersetzer-Team[1] werden oder Ihre Übersetzungen direkt an den Extension-Entwickler oder einen der Übersetzer der jeweiligen Sprache schicken. Sie können sich außerdem bei der Übersetzer-Mailing-Liste[2] anmelden.

Um eine neue Übersetzung zu einer Extension anzulegen, installieren Sie die Extension l10nxmltranslate. Damit können Sie ganz einfach neue Sprachpakete erzeugen. Derzeit müssen Sie diese noch an den Hauptübersetzer oder das Übersetzer-Team Ihrer Sprache schicken. Es ist jedoch vorgesehen, solche Sprachpakete über die Extension l10nxmltranslate in das Extension Repository laden zu können, damit sie dort direkt zum Herunterladen zur Verfügung stehen.

> *Falls Sie sich vorstellen können, bei Übersetzungen zu helfen oder sogar eine bisher noch nicht unterstützte Sprache in TYPO3 einzubringen, finden Sie wichtige Informationen unter* http://typo3.org/extensions/translators/.

## 7.2 Datenbank

Obwohl TYPO3 mittlerweile durch die Datenbankabstraktionsschicht *DBAL* nicht mehr zwingend direkt auf MySQL oder überhaupt eine relationale Datenbank angewiesen ist, wird der Einsatz einer relationalen Datenbank wie MySQL doch in den allermeisten Fällen stattfinden. Wir werden im Folgenden deshalb immer von Tabellen, Feldern und Datensätzen sprechen.

### 7.2.1 Anforderungen an Tabellen, die von TYPO3 verwaltet werden

Damit die Verwaltung der Tabellen reibungslos von TYPO3 gehandhabt werden kann, müssen ein paar Voraussetzungen erfüllt sein:

» Die Tabelle muss im Konfigurationsarray $TCA konfiguriert sein. Dort sind Informationen über die Tabelle, deren Felder und deren Darstellung in der Verwaltungsoberfläche abgelegt. Die bei der Installation mitgelieferten und die durch Extensions erzeugten Tabellen erfüllen diese Voraussetzung.

» Es müssen mindestens die Felder *uid* und *pid* vorhanden sein. Die *uid* (Integer) enthält die sogenannte *unique id* des Datensatzes, die eine eindeutige Identifizierung ermöglicht. Die *pid* (*parent id*, Integer) enthält in der Regel einen Verweis auf die *uid* der Seite, die den aktuellen Datensatz beinhaltet.

---

[1] Zentrale Seite der Übersetzer: http://typo3.org/extensions/translators
[2] Übersetzer-Mailing-Liste: lists.netfielders.de/cgi-bin/mailman/listinfo/typo3-translators

**KAPITEL 7**  Das Framework – Werkzeugkasten für die eigene Extension

» Wichtige Funktionen haben außerdem folgende Felder:
  » ein Feld für den Titel des Datensatzes (*title*)
  » ein Feld für die Zeit der letzten Veränderung des Datensatzes (*tstamp*)
  » ein Feld für die Sortierung von Datensätzen (*sorting*)
  » ein Feld, um einen Datensatz als gelöscht zu markieren (*deleted*). Der Datensatz wird dann nicht mehr angezeigt, kann aber bei unbeabsichtigtem Löschen wiederhergestellt werden.

## 7.2.2 Wichtige Tabellen

Im Folgenden sind wichtige bzw. interessante Tabellen beschrieben.

| TABELLENNAME | BESCHREIBUNG |
| --- | --- |
| *pages* | Bildet das Rückgrat von TYPO3 und beinhaltet die Seiten und deren Struktur. Die meisten anderen Datensätze verweisen auf diese Tabelle, um ihre Position im Seitenbaum zu definieren. Sie ist im Seitenbaum im Backend sichtbar. |
| *tt_content* | Beinhaltet alle Inhaltselemente der Seite, die über NEUEN INHALT EINFÜGEN erzeugt werden und im Seiten- oder Listmodul sichtbar sind. |
| *be_groups, be_users* | Backend-Benutzer und -Benutzergruppen mitsamt den zugehörigen Einstellungen |
| *be_sessions* | Sessioninformationen der angemeldeten Backend-Benutzer |
| *sys_be_shortcuts* | Shortcuts, die sich die Benutzer im Backend anlegen können |
| *sys_history* | In dieser Tabelle wird die Veränderungshistorie aller Datensätze abgelegt, die bei der Undo- und Revert-Funktion sowie im Backend-Log genutzt wird. |
| *cache_pages cache_hash cache_* cachingframework_** | Diese Tabellen enthalten Informationen für das Caching (Seiten, TypoScript und einiges mehr). *cache_pages* enthält die gesamte generierte Seite bereits im HTML-Format mit eventuellen Platzhaltern für USER_INT-Bereiche. Die Tabellen *cachingframework_** gehören zum neuen Caching-Framework, das von *FLOW3* rückportiert wurde. Dieses ist jedoch standardmäßig nicht aktiviert, die Tabellen sind in diesem Fall also folglich unbenutzt und leer (siehe Kapitel 4, *Das Frontend – Ausgabe und Darstellung der Daten*, Abschnitt 4.15). |
| *fe_groups fe_users* | Frontend-Benutzer und -Benutzergruppen mitsamt den zugehörigen Einstellungen |

# KAPITEL 7   Das Framework – Werkzeugkasten für die eigene Extension

| TABELLENNAME | BESCHREIBUNG |
|---|---|
| fe_sessions<br>fe_session_data | Sessioninformationen angemeldeter Frontend-Benutzer, falls Zugangsbeschränkungen auf Seiten eingesetzt werden |
| static_tempate | Von TYPO3 mitgelieferte *Static Templates*, die im Modul *Templates* ausgewählt werden können. In *uid* 43 liegt z. B. content (default), das in fast jeder älteren TYPO3-Installation zum Einsatz kam, mittlerweile aber durch die Extension css_styled_content abgelöst wurde. |
| sys_template | Im Backend angelegte Templates |
| sys_filemounts | Zuordnung von Ordnern zu Benutzern/Benutzergruppen, mit denen in der FILELIST gearbeitet werden kann |
| sys_lockedrecords | »Gesperrte Datensätze« für die Warnanzeige, welcher andere Benutzer gerade Datensätze editiert |

Tabelle 7.1: **Wichtige Datenbanktabellen von TYPO3**

## 7.2.3  Wie erkennt TYPO3 neu anzulegende Tabellen?

TYPO3 macht dem Benutzer das Anlegen neuer Datenbanktabellen und das Ergänzen von Feldern zu bestehenden Tabellen besonders einfach: Indem es aus einer Reihe von SQL-Dateien die *Soll*-Datenbankstruktur ausliest und diese mit der bestehenden Datenbankstruktur vergleicht, kann es gezielte Änderungsvorschläge ausgeben, die im Install Tool bzw. bei der Installation einer neuen Extension im Extension Manager vom Benutzer ausgeführt werden können.

Das Grundgerüst der vom TYPO3 Core unbedingt benötigten Tabellen ist in der Datei *t3lib/stddb/tables.sql* definiert. Die Extension cms (*typo3/sysext/cms/ext_tables.sql*) steuert weitere wichtige Tabellen bei. Beim Installieren von TYPO3 werden diese beiden Dateien und die *ext_tables.sql*-Dateien der weiteren als required gekennzeichneten Extensions von *TYPO3* gelesen, und daraus werden die Tabellen erzeugt. Eine Installation von Extensions, die neue Tabellen benötigen, funktioniert nach demselben Schema. Tabellendefinitionen in Form von SQL-Befehlen liegen immer in der Datei *ext_tables.sql* innerhalb des Extension-Ordners.

*Auch die Option* COMPARE *im Install Tool greift auf die SQL-Befehle in diesen Dateien zu, um die angeforderten Tabellen und Felder mit dem Ist-Zustand zu vergleichen.*

Die in der jeweiligen Datei abgelegten SQL-Befehle werden allerdings nicht einfach direkt ausgeführt. Wenn Sie z. B. die Datei *ext_tables.sql* der Extension rlmp_tmplselector betrachten, erkennen Sie auch sofort, warum das so ist.

**KAPITEL 7** Das Framework – Werkzeugkasten für die eigene Extension

Listing 7.5: **SQL für neue benötigte Felder in der Tabelle pages**
```
CREATE TABLE pages (
   tx_rlmptmplselector_main_tmpl varchar(32) DEFAULT '' NOT NULL,
   tx_rlmptmplselector_ca_tmpl varchar(32) DEFAULT '' NOT NULL
);
```

Ein Absetzen dieses SQL-Befehls würde von der Datenbank umgehend mit einem Fehler quittiert werden, da die Tabelle *pages* im Regelfall bereits besteht. Da aufgrund der vielfältigen Kombinationsmöglichkeiten von Extension und verschiedenen Einsatzzielen von TYPO3-Installationen im Vorfeld nicht mit Sicherheit gesagt werden kann, ob eine Tabelle bereits existiert und nur um neue Felder erweitert werden muss oder ob sie komplett neu angelegt werden muss, wird hier immer der CREATE TABLE-Befehl hinterlegt. Der Extension Manager liest die Befehle ein und führt je nachdem, ob die Tabelle bereits existiert oder nicht, einen CREATE- oder UPDATE-Befehl aus. Auch die Definitionen für jedes Tabellenfeld werden erst noch über einen Parser in der Klasse t3lib_install kontrolliert und modifiziert, um verschiedenen Versionen von TYPO3 und Datenbanken Rechnung tragen zu können.

### 7.2.4 Tabellenverknüpfungen

In TYPO3 gibt es verschiedene Möglichkeiten, Beziehungen zwischen Datensätzen abzubilden.

*Diese Beziehungen werden über das $TCA hergestellt. Dieses wird in Abschnitt 7.3.2 näher erläutert. Auch die Möglichkeit der Datenverknüpfung im Backend namens IRRE (Inline Relational Record Editing) wird dort besprochen.*

Die häufigste Form der Verknüpfung von Datensätzen in TYPO3 ist die Zuordnung von Elementen zu einer Seite des Seitenbaums. Dabei ist ein Datensatz wie z. B. ein Inhaltselement oder ein News-Datensatz genau einer Seite zugeordnet. Dies wird über den Eintrag der Seiten-*uid* in das Feld *pid* des jeweiligen Datensatzes realisiert.

Abbildung 7.4: **Inhalte auf der Seite mit der uid 4**

# KAPITEL 7    Das Framework – Werkzeugkasten für die eigene Extension

Alle Datensätze der Tabelle *tt_content* mit dem Eintrag 4 im Feld *pid* sind der Seite mit der *uid* 4 zugeordnet und werden auch entsprechend im Backend und Frontend angezeigt.

Diese einfache Form der Verknüpfung ist in einigen Fällen nicht ausreichend, deswegen werden weitere Vorgehensweisen nötig.

## Kommaseparierte Listen

Einem Datensatz kann eine kommaseparierte Liste von *uid*s anderer Datensätze zugeordnet werden. Diese Verbindung von Datensätzen ist die ursprünglich in TYPO3 realisierte Umsetzung von m:m-Verknüpfungen in relationalen Datenbanken. Dabei kann ein Datensatz (theoretisch) beliebig viele Beziehungen zu Datensätzen einer anderen Tabelle bilden. Diese wiederum können auch (theoretisch) beliebig viele Verbindungen zu Datensätzen der ersten Tabelle eingehen. Die Zuordnung von Benutzergruppen zu Benutzern (sowohl Frontend- als auch Backend-Benutzern) erfolgt auf diesem Wege.

Abbildung 7.5: **Zwei zugewiesene Gruppen für einen Frontend-Benutzer**

Dieser Ansatz wurde gewählt, um auf die sonst nötige Zwischentabelle zur Abbildung der Beziehungen verzichten zu können.

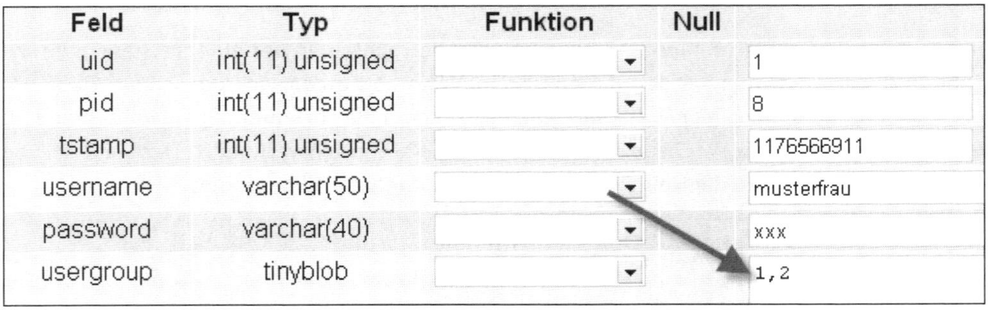

| Feld | Typ | Funktion | Null |
|---|---|---|---|
| uid | int(11) unsigned |  | 1 |
| pid | int(11) unsigned |  | 8 |
| tstamp | int(11) unsigned |  | 1176566911 |
| username | varchar(50) |  | musterfrau |
| password | varchar(40) |  | xxx |
| usergroup | tinyblob |  | 1,2 |

Abbildung 7.6: **Werte in der Datenbank für den Benutzer**

Die *uid* jeder zugeordneten Gruppe wird direkt, durch Kommas getrennt in die Datenbank geschrieben.

Da die Beziehungen über kommagetrennte Listen nicht über direkte SQL JOIN-Befehle aus der Datenbank gelesen werden können, hat TYPO3 API-Funktionen, um den Umgang mit dieser Art der Datenverknüpfung zu erleichtern, und liefert in vielen Objekten bereits Daten der verknüpften Datensätze mit.

## KAPITEL 7 Das Framework – Werkzeugkasten für die eigene Extension

### m:m-Relationen

Auf Wunsch von zahlreichen Programmierern haben auch die für Datenbankapplikationen gebräuchlichen m:m-Verknüpfungen zwischen Tabellen Einzug in TYPO3 gehalten. Dabei werden die Datensatzbeziehungen klassisch über eine Zwischentabelle realisiert. Bei der Erstellung von neuen Extensions bietet der Kickstarter die Möglichkeit, direkte m:m-Beziehungen anzulegen.

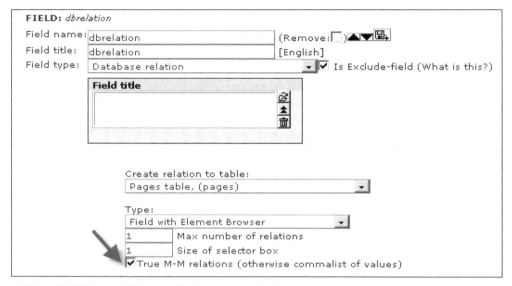

Abbildung 7.7: **Häkchen im Kickstarter für eine reale m:m-Beziehung**

In der Extension tt_news können wir ein Beispiel betrachten. In der entsprechenden m:m-Tabelle *tt_news_cat_mm* werden die einzelnen News zu Kategorien zugeordnet. Das Feld *uid_local* enthält dabei die *uid* des Datensatzes, von dem die Verknüpfung ausgeht, hier z. B. eine News mit der *uid* 19. Diese ist mit mehreren Kategorien verknüpft. Das Feld *sorting* schafft die Möglichkeit, die Reihenfolge der Verknüpfungen zu bestimmen.

| ←T→ | uid_local | uid_foreign | tablenames | sorting |
|---|---|---|---|---|
| □ ✎ ✗ | 11 | 38 | | 1 |
| □ ✎ ✗ | 19 | 73 | | 5 |
| □ ✎ ✗ | 19 | 80 | | 4 |
| □ ✎ ✗ | 19 | 92 | | 3 |
| □ ✎ ✗ | 19 | 98 | | 2 |
| □ ✎ ✗ | 19 | 97 | | 1 |
| □ ✎ ✗ | 16 | 97 | | 1 |
| □ ✎ ✗ | 17 | 80 | | 2 |

Abbildung 7.8: **m:m-Verknüpfungstabelle**

Falls Ihnen der Begriff *Normalisierung* im Zusammenhang mit Datenbanken nichts sagt, empfehlen wir Ihnen eine Recherche im Internet mit den Begriffen »Datenbank Normalisierung«. Dabei werden Sie auf vielfältige Informationen darüber stoßen, wie Sie eine gute Datenbankstruktur anlegen. Beim Einsatz von TYPO3 ist es zwar sehr hilfreich zu wissen, wie Normalisierung funktioniert, aber dieses Wissen ist nicht unbedingt nötig. Sobald Sie jedoch komplexere eigene Extensions mit neuen Tabellen für TYPO3 erstellen, sollten Sie die Zusammenhänge zwischen erster, zweiter und dritter Normalform verstanden haben, um gute relationale Datenbankstrukturen erstellen zu können.

### Reference Index Table

Die Tabelle *sys_refindex* liefert Ihnen eine Möglichkeit, direkte SQL-Abfragen über verschiedene Verknüpfungen durchzuführen. Die Reference Index Table und die Möglichkeiten, die sich durch sie ergeben, sind in Kapitel 8, *Extension entwickeln*, Abschnitt 8.11.6 beschrieben.

## 7.3 Im Zentrum der Macht: The Core

Der Kern oder *Core* ist der Sammelbegriff für das Herz von TYPO3. Hier werden unter anderem die gesamte Editiermöglichkeit im Backend und der Zusammenhang mit der Datenbank gesteuert.

### 7.3.1 TCE (TYPO3 Core Engine)

Die *TCE* (TYPO3 Core Engine) ist die Einheit, die für die *gesamte* Verwaltung aller Daten im Backend zuständig ist. Alle Datenbewegungen zu Tabellen, die über das $TCA (siehe auch den folgenden Abschnitt) konfiguriert sind, werden über die Klasse t3lib_TCEmain (in der Datei *t3lib/class.t3lib_tcemain.php*) gesteuert. Dazu gehören Aktionen wie neu anlegen, verschieben, kopieren, löschen, Historie schreiben, Versionierung verwalten und Zugriffsrechte kontrollieren – also praktisch alles, was mit der Datenverwaltung im Backend zu tun hat.

Falls Sie sich fragen, warum alles so zentral geregelt wird, gibt es dafür eine relativ simple Antwort: Nur so kann die Datenintegrität sichergestellt werden.

Sie sollten es vermeiden, auf Core-Tabellen ohne die *TCE* zuzugreifen, also z. B. einfach einen Datensatz per SQL-Befehl einzufügen, da Sie zugehörige Informationen beispielsweise zur Versionierung und Workspaces sonst vermutlich nicht korrekt behandeln.

> **ACHTUNG**
> 
> Da die *TCE* zur Rechtekontrolle einen Backend-Benutzer benötigt, kann sie vom normalen Frontend aus nicht eingesetzt werden. Bei Aktionen, die vom Frontend ohne Backend-Login ausgehen, müssen die entsprechenden Tabellen derzeit leider direkt angesprochen werden. Solange Sie hier nur die Tabellen Ihrer eigenen Extension bearbeiten, sollten Sie dadurch auch keine Probleme bekommen. Extreme Umsicht ist bei Zugriffen auf Core-Tabellen angebracht.

**KAPITEL 7**  Das Framework – Werkzeugkasten für die eigene Extension

Es handelt sich bei notwendigen Updates aus dem Frontend in der Regel um Tabellen von Extensions, z. B. des Gästebuchs oder von einem Forum. Werden diese Tabellen durch sogenanntes *Frontend Editing* bearbeitet, greift die *TCE* wiederum, weil hier bekanntermaßen erst mal ein Backend-Login erforderlich ist.

Auch die Dateiverwaltung im Modul FILE, FILELIST wird über die *TCE* abgewickelt. Hierfür sind zwei weitere Core-Klassen, t3lib_basicFileFunc und t3lib_extFileFunc, zuständig. Einen ausführlichen Einblick in die Möglichkeiten und die API von Dateifunktionen bekommen Sie am besten, wenn Sie einen Blick direkt in die Quellcodes werfen.

Um die *TCE* für eigene Programmierung im Backend zu nutzen, sind zwei Arten von Informationen nötig: die zu verwaltenden Tabellendaten und die durchzuführenden Aktionen/Befehle. Beide werden in Array-Strukturen vorgehalten. Sie sollten immer versuchen, für Datenaktionen in einem von Ihnen geschriebenen Backend-Modul diese Vorgehensweise zu benutzen.

> **INFO**
> *Ein reales Code-Beispiel für ein Befehlsarray und ein Datenarray finden Sie am Ende des Abschnitts ab Listing 7.6*

### Befehlsarray ($cmd)

Das Befehlsarray enthält pro Aktion ein Element, und diese Elemente werden der Reihe nach abgearbeitet. Die Aktionen beziehen sich alle auf Elemente des Seitenbaums. Dort sind die Datensätze über das Listmodul einsehbar. Die Syntax ist wie folgt:

```
$cmd[ tablename ][ uid ][ command ] = value
```

» tablename:

Name der Tabelle des Datensatzes. Diese muss im TCA konfiguriert sein.

» uid:

Die uid (unique id) des Datensatzes, der bearbeitet werden soll.

» command (Befehl):

Der durchzuführende Befehl (siehe Tabelle 7.2). Es kann jeweils nur ein Befehl pro Element ausgeführt werden.

» value (Wert):

Konfiguration für den Befehl (siehe Tabelle 7.2).

| BEFEHL | DATENTYP | WERT |
|---|---|---|
| copy | integer | 0: Der Datensatz wird in den *rootlevel* kopiert.<br>Positiver Integer: Stellt die Zielseite des Datensatzes (evtl. einschließlich von Unterseiten im Falle von `tablename="pages"`) dar. Der Datensatz wird an die erste Stelle in dieser Seite kopiert.<br>Negativer Integer: Der absolute Wert zeigt auf einen Datensatz, der derselben Tabelle wie der zu kopierende Datensatz angehört. Dieser wird dann auf derselben Seite eingefügt. Falls `$TCA[...]['ctrl']['sortby']` gesetzt ist, wird er direkt dahinter eingefügt.<br>Die *uid* der Zielseite wird also hier nicht definiert, sondern von TYPO3 aus dem angegebenen Datensatz extrahiert und verwendet. |
| move | integer | siehe `copy`. Der Datensatz wird verschoben statt kopiert. |
| delete | »1« | Der Datensatz mit *uid* wird gelöscht, oder das *deleted*-Flag wird gesetzt, falls dies im `$TCA` so konfiguriert ist. |
| localize | integer | `value` entspricht der *uid* eines Eintrags in der Tabelle *sys_language*. Die Lokalisierung eines Datensatzes erzeugt im Prinzip eine Kopie des Datensatzes mit einer Zuordnung zur entsprechenden Sprache. Folgende Bedingungen müssen erfüllt sein:<br>Die `[ctrl]`-Optionen `languageField` und `transOrigPointerField` müssen für die Tabelle gesetzt sein.<br>Ein Eintrag mit der angesprochenen *uid* muss in der Tabelle *sys_language* tatsächlich vorhanden sein.<br>Für den Datensatz darf noch keine Lokalisierung in der gewählten Sprache bestehen.<br>Alle weiteren Rechte werden wie für normales Kopieren angewendet. |
| version | array | Im Schlüssel `[action]` ist die gewünschte Aktion der Versionierung hinterlegt.<br>» `new`<br>Für das Anlegen einer neuen Version eines Datensatzes können weitere Schlüssel gefüllt werden:<br>Durch `treeLevels` wird die Tiefe des zu versionierenden Seitenbaums bestimmt. Dabei ist als Defaultwert *-1* eingestellt, wodurch nur der Seiteneintrag versioniert wird. Ein Wert *0* steht für den Seiteneintrag und alle direkten Inhaltselemente, eine positive Zahl von 1 bis 4 zeigt die Tiefe im Seitenbaum an. Dabei werden alle erfassten Unterseiten inklusive aller Inhalte erfasst.<br>» `label` gibt der aktuellen Version einen Namen. |

| BEFEHL | DATENTYP | WERT |
|---|---|---|
| | | » swap |
| | | Die aktuelle Online-Version wird gegen eine andere Version ausgetauscht. Zusätzliche Schlüssel sind swapWith, um die ID der neuen Online-Version anzugeben, und swapIntoWS, um beim Publizieren den bisherigen Live-Datensatz in den Workspace zu holen. |
| | | » clearWSID |
| | | Dadurch wird der Workspace des Datensatzes auf 0 gestellt, wodurch der Datensatz ohne Publizieren aus dem Workspace entfernt wird. |
| | | » setStage |
| | | Es wird ein neuer Status für eine Version festgelegt. Um den Status für mehrere Datensätze gleichzeitig ändern zu können, wird aus dem Feld uid im Befehlsarray auch eine kommagetrennte Liste von IDs ausgelesen. Weitere Schlüssel sind stageId, um den neuen Status zu definieren (-1 (rejected), 0 (editing, default), 1 (review), 10 (publish)), und comment. |

Tabelle 7.2: **Befehle und dafür mögliche Werte**

Hier ein paar Beispiele für häufige Aktionen:

Listing 7.6: **Beispiele für das Array $cmd**

```
    // löscht den Datensatz uid=54 aus tt_content
$cmd['tt_content'][54]['delete'] = 1;
    //Kopiert die Seite mit uid 12 an die Position nach der Seite 30
$cmd['pages'][12]['copy'] = -30;
    // Verschiebt die Seite mit uid 12 an die erste Stelle innerhalb der ↩
    Seite 30
$cmd['pages'][12]['move'] = 30;
```

## Datenarray ($data)

Das Datenarray enthält die zu bearbeitenden Daten mit folgender Syntax:

```
$data[ tablename ][ uid ][ fieldname ] = value
```

» tablename:

Name der Tabelle des Datensatzes. Diese muss im $TCA konfiguriert sein.

# KAPITEL 7   Das Framework – Werkzeugkasten für die eigene Extension

» `uid`:

Die *uid* des Datensatzes, der bearbeitet werden soll. Für einen neuen Datensatz wird die Zeichenfolge `"NEW"`, gefolgt von einem Zufallsstring, genutzt, z. B. »*NEW7342abc5e6d*«.

» `fieldname`:

Name des Datenbankfeldes. Dieses muss im `$TCA` in `$TCA[ tablename ]['columns']` konfiguriert sein.

» `value`:

Der Wert für das Feld. Stellen Sie sicher, dass vor dem Einsatz von TCEmain `$this->stripslashes_values = false` gesetzt ist.

> **INFO** *Beim Einsatz von Flexforms kann das Array auch deutlich mehr Ebenen als die hier beschriebenen drei enthalten.*

Hier einige häufig anzutreffende Beispiele:

Eine neue Seite mit dem Titel *My Page* wird als erste Unterseite zu der Seite mit der *uid* 45 angelegt:

Listing 7.7: **Beispiel 1 zum Array $data**

```
$data['pages']['NEW9823be87'] = array(
    "title" => "My Page",
    "subtitle" => "Other title stuff",
    "pid" => "45"
);
```

Eine neue Seite mit dem Titel *My Page* wird direkt unterhalb der Seite mit der *uid* 45 angelegt:

Listing 7.8: **Beispiel 2 zum Array $data**

```
$data['pages']['NEW9823be87'] = array(
    "title" => " My Page ",
    "subtitle" => "Other title stuff",
    "pid" => "-45"
);
```

Die Felder der Seite mit der *uid* 34 werden verändert:

Listing 7.9: **Beispiel 3 zum Array $data**

```
$data['pages'][34] = array(
    "title" => "changed title",
    "no_cache" => "1"
);
```

**KAPITEL 7**   Das Framework – Werkzeugkasten für die eigene Extension

## TCE selbst einsetzen

Die *TCE* (TYPO3 Core Engine) kann sehr einfach in eigenen Scripts benutzt werden. Es muss dazu immer ein Backend-User ($BE_USER) initialisiert sein.

Ein Beispiel für das Bearbeiten von Daten:

Listing 7.10: **Daten mit TCE bearbeiten**

```
$tce = t3lib_div::makeInstance('t3lib_TCEmain');
$tce->stripslashes_values = 0;
$tce->start($data,array());
$tce->process_datamap();
```

Nachdem das TCE-Objekt instanziiert ist, wird der Einsatz von stripslashes() unterbunden (dies ist die empfohlene Einstellung), dann wird das *Datenarray* zur Verfügung gestellt und dabei die TCE initialisiert, und schließlich werden die Befehle in der Reihenfolge der Arraystruktur ausgeführt.

Ein Beispiel für das Abarbeiten von Befehlen:

Listing 7.11: **Befehle mit TCE abarbeiten**

```
$tce = t3lib_div::makeInstance('t3lib_TCEmain');
$tce->stripslashes_values = 0;
$tce->start(array(),$cmd);
$tce->process_cmdmap();
```

Nachdem das TCE-Objekt instanziiert ist, wird der Einsatz von stripslashes() unterbunden (dies ist die empfohlene Einstellung), dann wird das *Befehlsarray* geladen und dabei die TCE initialisiert, und schließlich werden die Befehle ausgeführt.

Vor dem Ausführen der Befehle können bei Bedarf einige Parameter als Attribute des Objekts $tce gesetzt werden. Tabelle 7.3 führt die wichtigsten auf.

| ATTRIBUT | DATENTYP | BESCHREIBUNG |
| --- | --- | --- |
| deleteTree | Boolean | Durch Setzen dieses Flags kann eine Seite mitsamt allen Unterseiten und Inhalten gelöscht werden. Dazu muss der aktuelle Benutzer das Recht zu löschen für alle betroffenen Seiten haben. Wenn das Flag nicht gesetzt ist, kann eine Seite nicht gelöscht werden, falls sie Unterseiten hat. Standardwert: false |

# KAPITEL 7   Das Framework – Werkzeugkasten für die eigene Extension

| ATTRIBUT | DATENTYP | BESCHREIBUNG |
|---|---|---|
| copyTree | Integer | Legt die Tiefe des beim Kopieren einer Seite rekursiv mitzukopierenden Unterbaums fest. Bei 0 wird nur die aktuelle Seite kopiert, bei 1 die erste Ebene, also alle Kindseiten und so weiter.<br>Standardwert: 0 |
| reverseOrder | Boolean | Die Reihenfolge des Datenarrays wird für die Abarbeitung umgekehrt. Speziell beim Anlegen von einer ganzen Reihe von Datensätzen wie z. B. mehrerer Seiten auf einen Streich ist diese Möglichkeit sehr vorteilhaft, da dann die Reihenfolge der Unterseiten wieder der Reihenfolge des Datenarrays entspricht. In TYPO3 wird eine neue Seite standardmäßig an erster Stelle im Vergleich zu den anderen Unterseiten angelegt. Da das Datenarray normalerweise von »oben nach unten« abgearbeitet wird, würde dann die letzte Seite im Datenarray im TYPO3-Seitenbaum ganz oben erscheinen.<br>Standardwert: false |
| copyWhichTables | Liste von Strings | Sie können die Tabellen angeben, deren Datensätze beim Kopieren von Seiten mitkopiert werden sollen. Voraussetzung ist, dass der aktuelle Benutzer Lese- und Schreibrecht auf diese Tabellen hat.<br>Standardwert: »*« (Datensätze aller Tabellen mitkopieren) |
| stripslashes_values | Boolean | Dieser Wert ist seit den Anfangstagen von TYPO3 standardmäßig auf true gesetzt, weil Eingaben aus Formularen mit escape() behandelt waren und dementsprechend »unescapet« werden mussten. Dieses Verhalten ist heutzutage veraltet; Werte sollten zur Weiterverarbeitung nicht »escapet« werden.<br>Standardwert: true<br>Es wird empfohlen, diesen Wert immer auf false zu stellen, sobald Sie die Klasse t3lib_TCEmain in eigenen Scripts einsetzen. |

Tabelle 7.3: **Wichtige Parameter bzw. Attribute für den Einsatz des TCE-Objekts**

Auch für das Löschen des Caches wird eine API zur Verfügung gestellt. Dabei werden keine Daten in die Datenbank geschrieben oder Befehle aus einem Befehlsarray ausgeführt. Sie müssen das Objekt $tce jedoch in jedem Fall initialisieren. Dabei muss der aktuelle Benutzer entweder Administrator sein oder durch eine entsprechende Konfiguration im User-TypoScript die Erlaubnis zum Löschen des Caches besitzen.

Listing 7.12: **Den Cache mit TCE löschen**

```
$tce = t3lib_div::makeInstance('t3lib_TCEmain');
$tce->start(Array(),Array());
$tce->clear_cacheCmd('all');
```

## Dateiverwaltung

Die TCE verwaltet Dateioperationen über die Klasse t3lib_extFileFunctions, die eine Ableitung von t3lib_basicFileFunctions darstellt. Die Befehle für Dateimanipulationen werden über ein mehrdimensionales Array übergeben. Die Syntax ist der von Befehls- und Datenarrays sehr ähnlich.

Listing 7.13: **Befehl für Dateioperationen**

```
$file[ command ][ index ][ key ] = value
```

» command (Befehl):

   Der auszuführende Befehl (siehe Tabelle 7.4)

» index:

   Integer-Index, der mehrere Befehle desselben Typs unterscheidet

» key (Schlüssel):

   Abhängig vom Befehl steht hier der Schlüssel, der den auszuführenden Befehl genauer spezifiziert. In der Regel wird der Schlüssel target das Zielverzeichnis oder der Schlüssel data bearbeitete Daten beinhalten.

   Details können Sie Tabelle 7.4 entnehmen.

» value (Wert):

   Der Wert des auszuführenden Befehls

   Details können Sie Tabelle 7.4 entnehmen.

| BEFEHL | SCHLÜSSEL | WERT |
|---|---|---|
| delete | "data" | Absoluter Pfad zur Datei bzw. zum Verzeichnis, das gelöscht werden soll |
| copy | "data" "target" "altName" | Absoluter Pfad zur Datei bzw. zum Verzeichnis, das kopiert werden soll<br>Absoluter Pfad zum Zielverzeichnis<br>Boolescher Wert: Falls gesetzt, werden an die Dateinamen der zu kopierenden Dateien aufsteigende Ziffern angehängt, falls schon eine Datei mit diesem Namen existiert. |
| move | "data" "target" "altName" | Es gelten die gleichen Angaben wie bei copy. |
| rename | "data" "target" | Neuer Name als alphanumerische Zeichenfolge mit max. 30 Zeichen<br>Absoluter Pfad zum umzubenennenden Ordner oder zu der umzubenennenden Datei |
| newfolder | "data" "target" | Ordnername als alphanumerische Zeichenfolge mit max. 30 Zeichen<br>Absoluter Pfad zu dem Ordner, in dem der neue Ordner erstellt werden soll |
| newfile | "data" "target" | Name der neuen Datei<br>Absoluter Pfad zu dem Ordner, in dem die neue Datei erstellt werden soll |
| editfile | "data" "target" | Der neue Inhalt der Datei<br>Absoluter Pfad zu der Datei, die editiert werden soll |
| upload | "data" "target" upload_$id | ID, die auf die globale Variable zeigt, in der die Dateireferenz gespeichert ist $GLOBALS["HTTP_POST_FILES"]["upload_".$id]["name"]<br><br>Absoluter Pfad zum Zielverzeichnis für die hochgeladene Datei<br>Dateireferenz, wobei $id dem Wert in "data" entsprechen muss |
| unzip | "data" "target" | Absoluter Pfad zur zip-Datei. Der Name der Datei muss die Erweiterung zip haben.<br>Absoluter Pfad zu dem Verzeichnis, in das entpackt werden soll. Standardmäßig ist dies das Verzeichnis, in dem die zip-Datei liegt. |

Tabelle 7.4: **Befehle für Dateimanipulationen**

**KAPITEL 7** Das Framework – Werkzeugkasten für die eigene Extension

Sie können die Befehle über ein Objekt der Klasse `t3lib_extFileFunctions` absetzen. Ein Nutzungsbeispiel finden Sie in der Klasse `TYPO3_tcefile` in der Datei *class.typo3_tcefile.php* (im Ordner *typo3/classes*).

### 7.3.2 $TCA (Table Configuration Array)

Das globale Array `$TCA` enthält für TYPO3 alle Informationen zum Aufbau der Datenbanktabellen und zu ihren Beziehungen zueinander sowie zur Darstellung der entsprechenden Bearbeitungsmasken im Backend. Eine exzellente und ausführliche Dokumentation zum `$TCA` finden Sie in der TYPO3-Core-API[3], die auch auf der CD enthalten ist, die dem Buch beiliegt. Aufgrund der schieren Menge an Informationen und Möglichkeiten werden wir hier nicht auf alle Details eingehen können; wir werden Ihnen jedoch einen guten Einblick in den Aufbau und die Funktionsweise des `$TCA` geben.

> **TIPP**
>
> *Falls Sie basierend auf bestimmten Bedingungen eine zur Laufzeit dynamisch veränderbare Darstellung von Flexform-Bearbeitungsmasken brauchen, sollten Sie die Extension* dynaflex *von Thomas Hempel begutachten. Darin finden Sie einen sehr schlauen Ansatz zur Veränderung des $TCA während der Laufzeit, der auf dem sogenannten DCA (Dynaflex Configuration Array) basiert.*

Das `$TCA` ist einfach erweiter- und veränderbar, was durch viele TYPO3-Extensions genutzt wird. In der Datei *t3lib/stddb/tables.php* liegt die Basis des `$TCA`. Diese Grundeinstellung muss für jede TYPO3-Installation zwingend vorhanden sein. Dort sind die Konfigurationen für die Tabellen *pages*, *be_users*, *be_groups* und *sys_filemounts* enthalten. Damit Sie einen Eindruck vom Aufbau des `$TCA` bekommen, haben wir Ihnen hier die Grunddefinitionen für die Tabelle *pages* aufgelistet, die mit dem Seitenbaum das Rückgrat von TYPO3 bildet. In den folgenden Abschnitten werden wir die einzelnen Bestandteile näher erläutern.

Listing 7.14: **Basiseinstellung des $TCA für die Tabelle pages aus t3lib/stddb/tables.php**

```
$TCA['pages'] = array(
    'ctrl' => array(
        'label' => 'title',
        'tstamp' => 'tstamp',
        'sortby' => 'sorting',
        'title' => 'LLL:EXT:lang/locallang_tca.php:pages',
        'type' => 'doktype',
        'versioningWS' => 2,
        'origUid' => 't3_origuid',
        'delete' => 'deleted',
        'crdate' => 'crdate',
        'hideAtCopy' => 1,
        'prependAtCopy' => 'LLL:EXT:lang/locallang_general.php:LGL.prependAt ↩
            Copy',
        'cruser_id' => 'cruser_id',
        'editlock' => 'editlock',
```

---

3  TYPO3-Core-API:  http://typo3.org/documentation/document-library/core-documentation/doc_core_api/current/

```
        'useColumnsForDefaultValues' => 'doktype'
    ),
    'interface' => array(
        'showRecordFieldList' => 'doktype,title',
        'maxDBListItems' => 30,
        'maxSingleDBListItems' => 50
    ),
    'columns' => array(
        'doktype' => array(
            'exclude' => 1,
            'label' => 'LLL:EXT:lang/locallang_general.php:LGL.type',
            'config' => array(
                'type' => 'select',
                'items' => array(
                    array('LLL:EXT:lang/locallang_tca.php:doktype.I.0', '1', ↵
                        'i/pages.gif'),
                    array('LLL:EXT:lang/locallang_tca.php:doktype.I.1', '254', ↵
                        'i/sysf.gif'),
                    array('LLL:EXT:lang/locallang_tca.php:doktype.I.2', '255', ↵
                        'i/recycler.gif')
                ),
                'default' => '1',
                'iconsInOptionTags' => 1,
                'noIconsBelowSelect' => 1,
            )
        ),
        'title' => array(
            'label' => 'LLL:EXT:lang/locallang_tca.php:title',
            'config' => array(
                'type' => 'input',
                'size' => '30',
                'max' => '255',
                'eval' => 'required'
            )
        ),
        'TSconfig' => array(
            'exclude' => 1,
            'label' => 'TSconfig:',
            'config' => array(
                'type' => 'text',
                'cols' => '40',
                'rows' => '5',
                'wizards' => array(
                    '_PADDING' => 4,
                    '0' => array(
                        'type' => t3lib_extMgm::isLoaded('tsconfig_help')?' ↵
                            popup':'',
                        'title' => 'TSconfig QuickReference',
                        'script' => 'wizard_tsconfig.php?mode=page',
                        'icon' => 'wizard_tsconfig.gif',
                        'JSopenParams' => 'height=500,width=780,status=0, ↵
                            menubar=0,scrollbars=1',
                    )
                ),
                'softref' => 'TSconfig'
            ),
            'defaultExtras' => 'fixed-font : enable-tab',
```

```
        ),
        'php_tree_stop' => array(
            'exclude' => 1,
            'label' => 'LLL:EXT:lang/locallang_tca.php:php_tree_stop',
            'config' => array(
                'type' => 'check'
            )
        ),
        'is_siteroot' => array(
            'exclude' => 1,
            'label' => 'LLL:EXT:lang/locallang_tca.php:is_siteroot',
            'config' => array(
                'type' => 'check'
            )
        ),
        'storage_pid' => array(
            'exclude' => 1,
            'label' => 'LLL:EXT:lang/locallang_tca.php:storage_pid',
            'config' => array(
                'type' => 'group',
                'internal_type' => 'db',
                'allowed' => 'pages',
                'size' => '1',
                'maxitems' => '1',
                'minitems' => '0',
                'show_thumbs' => '1',
                'wizards' => array(
                    'suggest' => array(
                        'type' => 'suggest',
                    ),
                ),
            )
        ),
        'tx_impexp_origuid' => array('config'=>array('type'=>'passthrough')),
        't3ver_label' => array(
            'label' => 'LLL:EXT:lang/locallang_general.php:LGL.versionLabel',
            'config' => array(
                'type' => 'input',
                'size' => '30',
                'max' => '255',
            )
        ),
        'editlock' => array(
            'exclude' => 1,
            'label' => 'LLL:EXT:lang/locallang_tca.php:editlock',
            'config' => array(
                'type' => 'check'
            )
        ),
    ),
    'types' => array(
        '1' => array('showitem' => 'doktype, title, TSconfig;;6;nowrap, ↵
            storage_pid;;7'),
        '254' => array('showitem' => 'doktype, title;LLL:EXT:lang/locallang_ ↵
            general.php:LGL.title, TSconfig;;6;nowrap, storage_pid;;7'),
        '255' => array('showitem' => 'doktype, title, TSconfig;;6;nowrap, ↵
            storage_pid;;7')
```

## KAPITEL 7   Das Framework – Werkzeugkasten für die eigene Extension

```
    ),
    'palettes' => array(
        '6' => array('showitem' => 'php_tree_stop, editlock'),
        '7' => array('showitem' => 'is_siteroot')
    )
);
```

Viele weitere Tabellen und dazugehörige Konfigurationen werden durch Extensions definiert. Lassen Sie sich durch den Begriff *Extension* (Erweiterung) nicht verwirren. Für eine normale Basisinstallation von TYPO3 sind schon eine ganze Reihe von Extensions automatisch eingebunden und auch notwendig. Diese gehören zu den sogenannten *System-Extensions*, die bereits im Core von TYPO3 enthalten sind. Informationen zur Philosophie und Funktionsweise der TYPO3-Extensions finden Sie in Kapitel 8, *Extensions entwickeln*. Die wichtige System-Extension cms definiert für das $TCA viele weitere wichtige Tabellen wie beispielsweise die Tabelle für die Inhaltselemente *tt_content*.

Falls Sie eigene Erweiterungen und Modifikationen am $TCA vornehmen wollen und müssen, halten Sie sich bitte an die einfache Regel:

> »Alle Erweiterungen an TYPO3 kommen in Extensions, fremde Extensions sollten möglichsten nicht projektabhängig modifiziert werden.«

Deshalb müssen Sie für projektbezogene Anpassungen dann eigene Extensions erzeugen. Weitere Informationen zum Erstellen von Extensions finden Sie in Kapitel 8, *Extensions entwickeln*.

Einen guten Einblick in das aktuell in Ihrer TYPO3-Installation geladene $TCA haben Sie im Modul ADMIN TOOLS, CONFIGURATION. Darin wählen Sie im Dropdown-Feld $TCA (Table configuration array) aus.

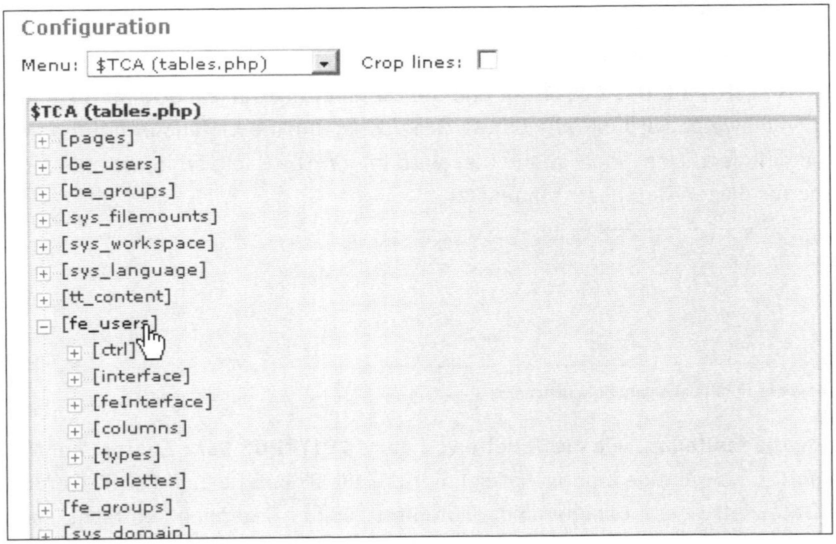

*Abbildung 7.9:* **Baumübersicht des $TCA**

# KAPITEL 7   Das Framework – Werkzeugkasten für die eigene Extension

Wie Sie sehen können, besteht die erste Ebene des $TCA aus den Tabellen Ihrer TYPO3-Installation. Innerhalb der Tabellendefinition gibt es mehrere wichtige Bereiche.

## ctrl

Listing 7.15: **Grundkonfiguration des Bereichs ctrl der Tabelle fe_users (aus sysext/cms/ext_tables.php)**

```
01  $TCA['fe_users'] = array (
02      'ctrl' => array (
03          'label' => 'username',
04          'tstamp' => 'tstamp',
05          'crdate' => 'crdate',
06          'cruser_id' => 'cruser_id',
07          'fe_cruser_id' => 'fe_cruser_id',
08          'title' => 'LLL:EXT:cms/locallang_tca.xml:fe_users',
09          'delete' => 'deleted',
10          'enablecolumns' => array (
11              'disabled' => 'disable',
12              'starttime' => 'starttime',
13              'endtime' => 'endtime'
14          ),
15          'useColumnsForDefaultValues' => 'usergroup,lockToDomain,disable,
                  starttime,endtime',
16          'dynamicConfigFile' => t3lib_extMgm::extPath($_EXTKEY).'tbl_cms.
                  php',
17          'dividers2tabs' => 1
18      ),
19      'feInterface' => array (
20          'fe_admin_fieldList' => 'username,password,usergroup,name,
                  address,telephone,fax,email,title,zip,city,country,www,company',
21      )
22  );
```

Der Bereich ctrl beinhaltet die allgemeinen Definitionen zur Tabelle. Dabei kann zwischen zwei Gruppen unterschieden werden:

1. **Eigenschaften, die sich auf das Aussehen und die Behandlung der Tabelle im Backend beziehen.** Beispielsweise wird in Zeile 03 als Bezeichner für die Listendarstellung das Feld username definiert. Der Inhalt des Feldes wird im TYPO3-Backend immer als Titel zur Erkennung für diesen Datensatz eingesetzt.

Abbildung 7.10: **Anzeige des Inhalts aus dem Feld username**

2. **Eigenschaften, die festlegen, wie die Tabelle von der *TCE* (TYPO3 Core Engine) behandelt werden soll.** Eine wichtige Eigenschaft ist hier in Zeile 09 definiert. In TYPO3 werden in der Regel Datensätze beim Löschen nicht komplett aus der Datenbank entfernt, sondern als gelöscht markiert. Hier wird das Feld *deleted* als Aufbewahrungsort für diese

Information festgelegt. Wird ein Datensatz im Backend gelöscht, wird in diesem Feld ein Flag auf 1 gesetzt, wodurch das ganze System den Datensatz als gelöscht behandelt, also z. B. nicht mehr in Auflistungen anzeigt, obwohl er physikalisch in der Datenbank noch vorhanden ist.

*Diesen Ansatz für das Markieren von Datensätzen als gelöscht sollten Sie auch für Tabellen beibehalten, die Sie neu in das System einbringen. Falls Sie per SQL-Abfrage auf Tabellen zugreifen, müssen Sie die mit dem* deleted-*Flag gesetzten Datensätze auch als solche behandeln und beispielsweise für Auflistungen nicht darstellen. Die Klasse für den Datenbankzugriff (siehe Kapitel 8,* Extensions entwickeln, *Abschnitt 8.11.5) bietet entsprechende Methoden dafür an.*

Für eine detaillierte Beschreibung der einzelnen Elemente und ihrer Bedeutung sei hier noch einmal auf die TYPO3-Core-API verwiesen.

### interface

Der Bereich `interface` enthält Konfigurationen für die Darstellung und Auflistung im Backend.

Listing 7.16: **Beispielkonfiguration für den Bereich interface (aus t3lib/stddb/tables.php)**

```
$TCA['pages']['interface'] => Array (
    'showRecordFieldList'] => 'doktype,title',
    'maxDBListItems' => 30,
    'maxSingleDBListItems' => 50
);
```

Sie können definieren, welche Felder im Informationsdialog angezeigt werden, ob die Feldbeschreibung in den Formularen immer angezeigt werden soll (unabhängig von den Einstellungen des einzelnen Benutzers) und wie viele Datensätze in der Listenansicht angezeigt werden – sowohl für die reguläre Darstellung einer Seite als auch für die Darstellung von nur einer Tabelle.

*Die Feldbeschreibungen können mit der Einstellung* always_description *für die sofortige Anzeige aktiviert bzw. deaktiviert werden. Diese ist standardmäßig auf 0 gesetzt und deswegen im Code nicht enthalten, es wird jedoch ein kleines Fragezeichen angezeigt, bei dem die zusätzliche Feldbeschreibung hinterlegt ist. Jeder Benutzer kann in seinem Profil (*User Tools -> User Settings*) einstellen, ob er die Information immer sofort angezeigt bekommen will. Deshalb empfehlen wir Ihnen, den Wert auf 0 stehen zu lassen.*

### columns

Dies ist der umfangreichste und komplexeste Bereich des `$TCA`, da hier für jedes Feld sowohl die Darstellung in Backend als auch der Bearbeitungsprozess für die eingegebenen Daten definiert wird. TYPO3 stellt bereits eine große Anzahl an verschiedenen Feldtypen zur Verfügung, die umfangreich konfiguriert werden können. Über Extensions können Sie bei Bedarf zusätzliche benutzerdefinierte Feldtypen hinzufügen.

# KAPITEL 7   Das Framework – Werkzeugkasten für die eigene Extension

Unabhängig vom Feldtyp sind einige Felder zur Ausgestaltung der Darstellung oder Datenverarbeitung im Backend notwendig. Diese werden für alle Datenbankfelder angegeben.

Listing 7.17: **Definition des beschreibenden Titels für das Feld username der Tabelle fe_users**

```
$TCA['fe_users']['columns']['username']['label'] = 'LLL:EXT:cms/locallang_
   tca.php:fe_users.username';
```

» `label`, Typ String

Dies ist der Titel des Feldes im Bearbeitungsformular des Datensatzes im Backend.

Abbildung 7.11: **Darstellung der Feldbezeichnung**

» `exclude`, Typ Boolean

Falls dieses Flag gesetzt ist, ist das Feld für Backend-Benutzer nicht sichtbar, solange es nicht über die Möglichkeit ALLOWED EXCLUDEFIELDS für eine Benutzergruppe des Backend-Benutzers freigeschaltet wird. Administratoren können immer alle Felder einsehen und bearbeiten.

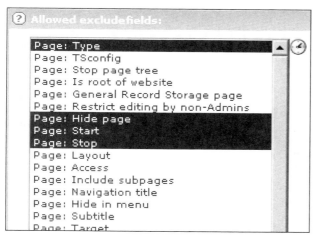

Abbildung 7.12: **Allowed excludefields bei einer Backend-Benutzergruppe**

Falls Sie über den Extension Manager neue Felder anlegen, können Sie diese Einstellung bereits beim initialen Anlegen festlegen. Mehr zum Thema Berechtigungen im TYPO3-Backend finden Sie in Kapitel 5, *Das Backend – Eingabe und Pflege der Daten*, Abschnitt 5.1.

- l10n_mode, Typ String, Schlüsselwert

  Hier kann ein Schlüssel für den Lokalisierungsmodus hinterlegt werden. Diese Angabe greift nur, falls im Feld `languageField` im Bereich `ctrl` ein Datenbankfeld angegeben wurde.

- l10n_cat, Typ String, Schlüsselwert

  Falls ein Feld übersetzt, also lokalisiert werden soll, wird hier `text` oder `media` eingetragen. Nur dann ist das Feld für die Übersetzungsfunktionalität im TYPO3-Backend freigegeben und wird für den Vorgang des Übersetzens angezeigt.

- config, Typ Array

  Dieses Feld enthält die wichtigsten Informationen bezüglich der Darstellung und Bearbeitung im Backend. Prinzipiell hängen diese vom Typ des Feldes ab, der innerhalb des `config`-Bereiches definiert wird. Eine Übersicht über die verschiedenen Feldtypen finden Sie weiter unten in diesem Abschnitt.

- displayCond, Typ String

  Sie können für ein Feld definieren, ob es nur in Abhängigkeit vom Inhalt eines anderen Feldes angezeigt werden soll. Beispielsweise soll ein Feld *cancelled_reason* nur angezeigt werden, wenn in einem anderen Feld des gleichen Datensatzes *cancelled* der Wert auf `true` steht.

  ```
  'displayCond' => 'FIELD:cancelled:REQ:true',
  ```

  Es gibt noch eine Reihe weiterer Bedingungsmöglichkeiten, die Sie im Detail in der Core-API nachschlagen können.

- defaultExtras, Typ String

  Hier können Sie einen Standardwert festlegen, der als zusätzliche Konfiguration zum Bereich `types` festgelegt wird. Dort können Sie an der vierten Stelle eine erweiterte Konfiguration festlegen, beispielsweise die Einstellungen für ein RTE-Feld: Details zu dieser Möglichkeit finden Sie in Abschnitt *types und showitem*.

Und nun zu den standardmäßig verfügbaren Feldtypen, denen Sie bei Ihrer Arbeit mit TYPO3 ständig begegnen. In den folgenden Beispielen sehen Sie den Ausschnitt aus dem $TCA, der das jeweilige Feld bestimmt. Relevant für die einzelnen Feldtypen ist hier der Bereich `config`.

## Feldtyp input

Der wohl am häufigsten eingesetzte Feldtyp besticht durch seine vielfältigen Konfigurationsmöglichkeiten und automatischen Feldprüfungen. Das standardmäßige Eingabefeld kann neben einer normalen Texteingabe wie z. B. für einen Titel noch für viele andere Zwecke der Darstellung und Bearbeitung genutzt werden, z. B. für Passwortfelder oder Zeitangaben. Sie können Daten auf bestimmte Bereiche überprüfen, Pflichtfelder festlegen, die Daten in Datumsangaben umwandeln oder trimmen lassen. Für einen detaillierten Überblick empfehlen wir wiederum einen Blick in die TYPO3-Core-API. Ein paar häufig benötigte Konfigurationen können wir Ihnen hier vorstellen.

Listing 7.18: **Konfiguration für den Titel einer Seite: pages:title**

```
'title' => Array (
   'label' => 'LLL:EXT:lang/locallang_tca.php:title',
   'config' => Array (
      'type' => 'input',
      'size' => '30',
      'max' => '256',
      'eval' => 'required'
   )
),
```

Neben der Größe des Feldes wird die Anzahl der maximal möglichen Zeichen festgelegt und das Feld als Pflichtfeld definiert. Eine Seite kann also nur gespeichert werden, falls der Titel eingegeben wurde.

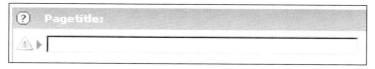

Abbildung 7.13: **Der Titel einer Seite ist ein Pflichtfeld in pages:title.**

Listing 7.19: **Konfiguration für das Datum einer News in tt_news:datetime**

```
'datetime' => Array (
   'l10n_mode' => 'mergeIfNotBlank',
   'exclude' => 1,
   'label' => 'LLL:EXT:tt_news/locallang_tca.php:tt_news.datetime',
   'config' => Array (
      'type' => 'input',
      'size' => '10',
      'max' => '20',
      'eval' => 'datetime',
      'default' => mktime(date("H"),date("i"),0,date("m"),date("d"),date ↵
   ("Y"))
   )
),
```

Der Inhalt des Feldes wird als Datum im Backend dargestellt und auch bei der Eingabe durch JavaScript bereits auf einen Wert überprüft, der in ein Datum umgewandelt werden kann. Versuchen Sie einmal, in einem solchen Datumsfeld Buchstaben einzugeben: Es wird Ihnen nicht gelingen. Da für eine News in der Regel immer ein Datum gewünscht ist, wurde hier ein Standardwert (aktuelles Datum und Uhrzeit) festgelegt, der bereits beim Öffnen der Maske für eine neue News im Feld vorgegeben wird.

## KAPITEL 7  Das Framework – Werkzeugkasten für die eigene Extension

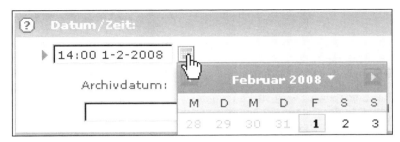

Abbildung 7.14: **Datum einer News: tt_news:datetime**

Listing 7.20: **Konfiguration für das Passwortfeld eines Backend-Benutzers in be_users:password**

```
'password' => Array (
   'label' => 'Password:',
   'config' => Array (
      'type' => 'input',
      'size' => '20',
      'max' => '40',
      'eval' => 'required,md5,password'
   )
),
```

Neben der Größe des Feldes und der maximal zulässigen Anzahl der Zeichen für das Passwort können wir weitere Bearbeitungs- und Prüfoptionen definieren. Wir haben hier ein Pflichtfeld, das beim Speichern in einen MD5-Hash umgewandelt wird und dann bei der Darstellung auch als Passwortfeld behandelt wird. Das heißt, statt einer Klartextanzeige werden nur Sternchen angezeigt.

Abbildung 7.15: **Passwortfeld eines Backend-Benutzers in be_users:password**

Die verschiedenen `eval`-Optionen können durch Kommata getrennt zusammen verwendet werden.

| OPTION | AUSWIRKUNG |
| --- | --- |
| required | Das Feld wird zum Pflichtfeld; der aktuelle Datensatz kann nicht gespeichert werden, solange hier nichts eingetragen ist. |
| trim | Vom Wert im Feld werden am Anfang und am Ende Whitespaces entfernt. |
| date | Die Eingabe wird als Datum erkannt und als UNIX-Timestamp in die Datenbank gespeichert. In der Maske wird aber wieder ein formatiertes Datum angezeigt.<br>Bespiel: 19-11-2006 |

| OPTION | AUSWIRKUNG |
| --- | --- |
| datetime | Analog zur Option date mit zusätzlicher Zeitinformation in Stunden und Minuten.<br>Beispiel: 15:51 19-11-2006 |
| time | Der Eingabewert wird als Zeitangabe in Minuten und Sekunden erkannt. In der Datenbank wird die Anzahl der Sekunden für einen Tag bis zu diesem Zeitpunkt gespeichert.<br>Für 00:05 wird in der Datenbank also 300 gespeichert. (5 Minuten entsprechen 300 Sekunden.) |
| timesec | Analog zur Option time, aber mit Sekundengenauigkeit.<br>Für 00:05:12 wird in der Datenbank also 312 gespeichert. (5 Minuten und 12 Sekunden entsprechen 312 Sekunden.) |
| year | Der Eingabewert wird als Jahreszahl zwischen 1970 und 2038 erkannt. Falls Sie einen weiter gefassten Bereich für Jahreszahlen benötigen, können Sie die int-Option dafür verwenden. |
| int | Der Eingabewert wird als Integer-Zahl evaluiert. |
| upper | Alle wandelbaren Zeichen der Eingabe werden in Großbuchstaben umgewandelt. Die wandelbaren Zeichen beschränken sich auf den Bereich von A-Z und einige Zeichen des westeuropäischen Zeichensatzes. |
| lower | Analog zu upper, nur wird hier in Kleinbuchstaben umgewandelt. |
| alpha | Es werden nur Zeichen von a-z und A-Z für die Eingabe erlaubt. |
| num | Es werden nur numerische Eingaben erlaubt, also die Ziffern 0-9. |
| alphanum | Es werden nur alphanumerische Zeichen für die Eingabe erlaubt, also die Summe aus den Optionen alpha und num. |
| alphanum_x | Analog zu alphanum; zusätzlich sind Bindestrich – und Unterstrich _ erlaubt. |
| nospace | Alle Leerzeichen (chr(32)) werden entfernt. |
| md5 | Der Eingabewert wird in den daraus resultierenden MD5-Hash umgewandelt. Dies wird durch die Funktion MD5() in *typo3/md5.js* erledigt. |
| is_in | Alle Eingabewerte, die nicht im Schlüssel is_in definiert sind, werden ausgefiltert. Dieser Schlüssel liegt im $TCA auf gleicher Ebene wie das hier besprochene eval. |
| password | Der Eingabewert wird in Sternchen umgewandelt, sobald der Cursor das Feld verlässt. Während der Eingabe sind die Zeichen in Klartext sichtbar. |

# KAPITEL 7   Das Framework – Werkzeugkasten für die eigene Extension

| OPTION | AUSWIRKUNG |
|---|---|
| double2 | Wandelt den Eingabewert in einen `float` mit zwei Dezimalstellen um, wobei sowohl ein Punkt als auch ein Komma als Trennzeichen erkannt werden. |
| unique | Der Eingabewert muss für alle regulären Datensätze der gesamten Tabelle einmalig sein. Dies wird serverseitig sichergestellt. Beachten Sie bitte jedoch, dass für die Tabelle bei der Verwendung von Versionierung keine wirkliche `unique`-Vorgabe auf SQL-Ebene getroffen werden darf, weil versionierte Datensätze durchaus gleichlautende Inhalte aufweisen können. Zur Unterscheidung steht bei diesen im Feld *pid* der Wert -1. Verwenden Sie für eigene Abfragen auf eine solche Tabelle also den SQL-Zusatz `where pid >=0`. |
| uniqueInPid | Analog zur Option `unique`, allerdings wird die Bedingung der Eindeutigkeit auf Datensätze mit derselben *pid* eingeschränkt, gilt also nur für Datensätze, die auf der gleichen Seite liegen. |
| tx_* | Benutzerdefinierte Prüfungen werden durch jeweils eine eigene Klasse zur Verfügung gestellt. Ein Beispiel finden Sie in Kapitel 6, *Howtos*, Abschnitt 6.9. |

Tabelle 7.5: **Optionen des Feldes eval**

Die Überprüfungen werden dabei in der Regel bereits mit JavaScript in der Maske ausgeführt. Der zugehörige JavaScript-Code kommt aus *t3lib/jsfunc.evalfield.js*. Zusätzlich wird auch noch serverseitig überprüft. Den zugehörigen Code finden Sie in `t3lib_TCEmain::checkValue_input_Eval()`.

Wie Sie eigene Prüfregeln definieren können, wird in Kapitel 6, *HowTos*, Abschnitt 6.9 erläutert.

## Feldtyp text

Neben allen Eingabebereichen für größere Felder (wie z. B. für TypoScript-Eingaben) als HTML-Textarea-Feld wird dieser Typ auch für Felder mit Rich Text Editor verwendet. Neben den Dimensionen des Eingabebereichs können Sie diverse Wizards hinzufügen.

Listing 7.21: **Konfiguration für das Feld Page TypoScript in pages: TSconfig**

```
'TSconfig' => Array (
    'exclude' => 1,
    'label' => 'TSconfig:',
    'config' => Array (
        'type' => 'text',
        'cols' => '40',
        'rows' => '5',
        'wizards' => Array(
            '_PADDING' => 4,
            '0' => Array(
                'type' => t3lib_extMgm::isLoaded('tsconfig_help')?'popup':'',
                'title' => 'TSconfig QuickReference',
```

# KAPITEL 7 Das Framework – Werkzeugkasten für die eigene Extension

```
            'script' => 'wizard_tsconfig.php?mode=page',
            'icon' => 'wizard_tsconfig.gif',
            'JSopenParams' => 'height=500,width=780,status=0,menubar=0,
scrollbars=1',
         )
      ),
      'softref' => 'TSconfig'
   ),
   'defaultExtras' => 'fixed-font : enable-tab',
),
```

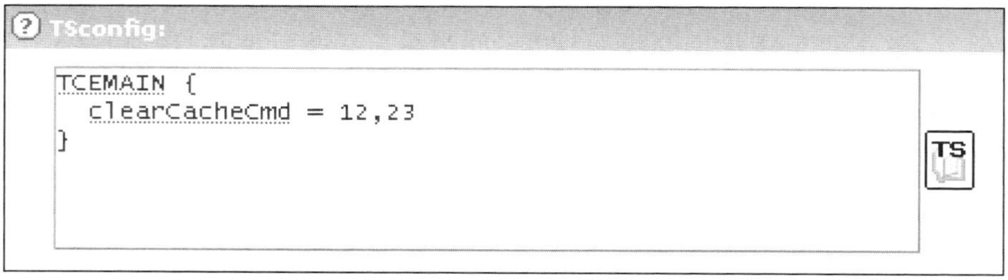

![TSconfig: TCEMAIN { clearCacheCmd = 12,23 }]

Abbildung 7.16: **Das Feld Page TypoScript in pages: TSconfig**

Weitere Informationen zur Konfiguration von Wizards finden Sie in Abschnitt *wizards* am Schluss der Beschreibung der Feldtypen.

### Feldtyp check

Die vermutlich auch von Ihnen am häufigsten verwendete Checkbox in TYPO3 bietet die Möglichkeit, eine Seite zu verstecken bzw. einzublenden.

Listing 7.22: **Konfiguration für das Feld zur Sichtbarkeit einer Seite: pages:hidden**

```
'hidden' => Array (
   'label' => LLL:EXT:cms/locallang_tca.php:pages.hidden,
   'exclude' => 1,
   'config' => Array (
      'type' => 'check',
      'default' => '1'
   )
),
```

Abbildung 7.17: **Sichtbarkeit einer Seite in pages:hidden**

Mit Checkboxen können Sie auf sehr einfache Art Ein/Aus-Zustände darstellen. Es dürfen bis zu 10 Checkboxen in einer Reihe sein. In der Datenbank werden die Zustände der Checkboxen als Integer abgebildet. Jede Box wird als ein Bit des Integers dargestellt. Aus diesem Grund sollten Sie auch bei einem Einsatz von nur einer Checkbox nicht auf 0/1 überprüfen, sondern den Wert des ersten Bits von rechts (Bit 0) abfragen.

## Zustände bitweise speichern

Mehrere zusammengehörige Werte, die nur den Zustand 0 oder 1 annehmen, können sehr elegant in einer Integerzahl gespeichert werden. Der Benutzer bekommt dabei häufig zusammengehörige Checkboxen zu sehen. Beispiel:

Abbildung 7.18: **Feld zur Speicherung von Wochentagen**

Sie müssen für wiederkehrende Veranstaltungen festlegen, an welchen Wochentagen diese stattfinden. Dabei sind einzelne Veranstaltungen häufig für mehrere Wochentage vorgesehen. Sie könnten nun für jeden Wochentag ein eigenes Feld als booleschen Wert definieren und darin ablegen, ob die Veranstaltung an diesem Tag stattfindet oder nicht. Viel eleganter ist es jedoch, die Informationen der Wochentage in einem einzigen Feld zusammenzufassen. Dazu belegen Sie für eine Integer-Zahl die einzelnen Stellen mit je einem Wochentag. Dabei weisen Sie dem Montag das erste Bit von rechts (Bit 0), dem Dienstag das zweite Bit von rechts (Bit 1) zu und so weiter. In der binären Schreibweise hätten Sie dann für eine Veranstaltung, die am Montag und Mittwoch stattfindet, folgende Darstellung:

0000101

Die Umrechnung von Binärdarstellung in das Dezimalsystem[4] erfolgt durch Addition der einzelnen Bitwerte, also so:

1*1+0*2+1*4+0*8+0*16+0*32+0*64 = 5

Im Datenbankfeld steht also die Zahl 5. Falls die Veranstaltung zusätzlich auch noch am Sonntag stattfindet (der Sonntag liegt auf dem letzten Bit ganz links) ergibt sich folgendes Bild:

1*1+0*2+1*4+0*8+0*16+0*32+1*64 = 69

Jede Kombination von Zuständen ergibt somit eine eindeutige Zahl, die sehr effektiv und ressourcenschonend in der Datenbank abgelegt werden kann.

Die Extrahierung der einzelnen Zustände kann per PHP mit den bitweisen Operatoren durchgeführt werden. Wollen wir prüfen, wann unsere Veranstaltungen stattfinden, wäre folgender Code möglich:

Listing 7.23: **Beispielcode zur Bestimmung von gesetzten Wochentagen**
```
print 'Montag ist '.($a & 1 ? '':'nicht ').'gesetzt!'.'<br />';
print 'Dienstag ist '.($a & 2 ? '':'nicht ').'gesetzt!'.'<br />';
```

---

[4] Binär nach Dezimal umwandeln: http://www.cinetix.de/interface/tiptrix/dec2bin.htm

> ```
> print 'Mittwoch ist '.($a & 4 ? '':'nicht ').'gesetzt!'.'<br />';
> print 'Donnerstag ist '.($a & 8 ? '':'nicht ').'gesetzt!'.'<br />';
> print 'Freitag ist '.($a & 16 ? '':'nicht ').'gesetzt!'.'<br />';
> print 'Samstag ist '.($a & 32 ? '':'nicht ').'gesetzt!'.'<br />';
> print 'Sonntag ist '.($a & 64 ? '':'nicht ').'gesetzt!'.'<br />';
> ```

Unser Beispiel mit den Wochentagen sieht im $TCA wie folgt aus:

Listing 7.24: **Konfiguration für das Feld zur Speicherung von Wochentagen**

```
'config' => array (
    'type' => 'check',
    'cols' => 7,
    'default' => 5,
    'items' => array (
        array('Mo', ''),
        array('Di', ''),
        array('Mi', ''),
        array('Do', ''),
        array('Fr', ''),
        array('Sa', ''),
        array('So', ''),
    ),
)
```

Ein Wert 5 (1+4) für die Eigenschaft `default` resultiert dabei schon bei einem neuen Datensatz in einem Häkchen für Montag und Mittwoch.

### Feldtyp radio

Radiobuttons werden eher selten eingesetzt. Sie sind sehr eng mit Auswahlboxen verwandt, die in der Regel von den Benutzern bevorzugt werden. Funktionell können sie komplett durch Auswahlboxen ersetzt werden. An einigen Stellen kann hiermit eventuell eine optisch ansprechende Lösung gefunden werden.

Listing 7.25: **Konfiguration für die Auswahl der Basis für Filemounts in sys_filemounts:base**

```
'base' => array(
    'label' => 'LLL:EXT:lang/locallang_tca.xml:sys_filemounts.base',
    'config' => array(
        'type' => 'radio',
        'items' => array(
            array('LLL:EXT:lang/locallang_tca.xml:sys_filemounts.base_
                absolute', 0),

            array('LLL:EXT:lang/locallang_tca.xml:sys_filemounts.base_
                relative', 1)
        ),
        'default' => 0
    )
```

# KAPITEL 7   Das Framework – Werkzeugkasten für die eigene Extension

Abbildung 7.19: **Auswahl der Basis für Filemounts in sys_filemounts:base**

Sie definieren den Text, der zu den Radiobuttons angezeigt wird, und den Wert, der bei einer Auswahl in die Datenbank geschrieben wird.

> **TIPP** *Für eine spezielle Bearbeitung der Elemente können Sie eine selbst zu schreibende PHP-Funktion einsetzen, die sogenannte* itemsProcFunc. *Der Name leitet sich von »items processing function« ab. Weitere Informationen dazu finden Sie im Anschluss an die Feldtypen im Abschnitt* itemsProcFunc.

## Feldtyp select

Auswahlboxen werden in TYPO3 in verschiedenen Variationen eingesetzt. Neben herkömmlichen Auswahlboxen als Dropdown-Liste können damit auch Tabellenverknüpfungen abgebildet werden.

Der Feldtyp select ist der mächtigste und deshalb auch komplizierteste Typ, den wir standardmäßig zur Verfügung haben. Für eine tiefergehende Recherche zu den Konfigurationsoptionen verweisen wir auch hier auf die TYPO3-Core-API. An dieser Stelle wollen wir Ihnen die gebräuchlichsten Formen aufzeigen und erklären, damit Sie einen Eindruck von den Möglichkeiten bekommen.

Die einfachste Verwendung von select ist ein statisch gefülltes Auswahlfeld, wie es für die Bestimmung des Layouts einer Überschrift in einem normalen Inhaltselement genutzt wird.

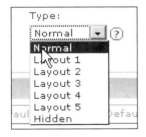

Abbildung 7.20: **Layoutmöglichkeiten für die Überschrift in tt_content:header_layout**

Listing 7.26: **Konfiguration für das Feld Layoutmöglichkeiten für die Überschrift in tt_content:header_layout**

```
01 'header_layout' => Array (
02    'exclude' => 1,
03    'label' => 'LLL:EXT:lang/locallang_general.php:LGL.type',
04    'config' => Array (
05       'type' => 'select',
06       'items' => Array (
07          Array('LLL:EXT:lang/locallang_general.php:LGL.normal', '0'),
08          Array('LLL:EXT:cms/locallang_ttc.php:header_layout.I.1', '1'),
09          Array('LLL:EXT:cms/locallang_ttc.php:header_layout.I.2', '2'),
```

```
10            Array('LLL:EXT:cms/locallang_ttc.php:header_layout.I.3', '3'),
11            Array('LLL:EXT:cms/locallang_ttc.php:header_layout.I.4', '4'),
12            Array('LLL:EXT:cms/locallang_ttc.php:header_layout.I.5', '5'),
13            Array('LLL:EXT:cms/locallang_ttc.php:header_layout.I.6', '100')
14        ),
15        'default' => '0'
16    )
17 ),
```

Die Einstellungen hier sind recht einfach. Neben den auszuwählenden Optionen ist als Standardwert die Ziffer 0 vorbelegt. Die Beschriftungen für einzelne Optionen sind in eine Sprachdatei ausgelagert, wodurch die Mehrsprachigkeit sehr komfortabel unterstützt werden kann.

Sie können auch Dateien als Grundlage für Ihr Auswahlfeld verwenden. Dies wird beispielsweise beim Anlegen einer Webseitensprache genutzt.

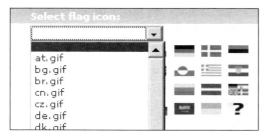

Abbildung 7.21: **Auswahl des Icons Flagge in sys_language:flag**

Listing 7.27: **Konfiguration zur Auswahl des Icons Flagge in sys_language:flag**

```
01 'flag' => array(
02    'label' => 'LLL:EXT:lang/locallang_tca.php:sys_language.flag',
03    'config' => Array (
04       'type' => 'select',
05       'items' => Array (
06          Array('',0),
07       ),
08       'fileFolder' => 'typo3/gfx/flags/', // Only shows if "t3lib/" is
             in the PATH_site...
09       'fileFolder_extList' => 'png,jpg,jpeg,gif',
10       'fileFolder_recursions' => 0,
11       'selicon_cols' => 8,
12       'size' => 1,
13       'minitems' => 0,
14       'maxitems' => 1,
15    )
16 )
```

In Zeile 05 wird der Basiswert festgelegt; dies entspricht dem weißen Feld vor einer Auswahl. In Zeile 08 wird mittels fileFolder das Verzeichnis definiert, aus dem die Inhalte gelesen werden sollen. Diese können mithilfe von fileFolder_extList anhand der Dateiendungen eingeschränkt werden. Des Weiteren können Sie einstellen, wie viele Ebenen von

## KAPITEL 7 Das Framework – Werkzeugkasten für die eigene Extension

Unterordnern durchsucht werden sollen. Dadurch bleiben Sie relativ frei bei der Gestaltung Ihrer Ordnerstruktur. Und natürlich können Sie auch hier wieder die Größe des Feldes und die minimale und maximale Anzahl der ausgewählten Elemente bestimmen.

Neben der direkten Angabe der Auswahloptionen und dem Lesen aus einem Verzeichnis können Optionen auch aus einer weiteren Tabelle generiert werden. Die Ansicht der Auswahlbox kann variiert und durch Wizards mit Funktionalität aufgewertet werden.

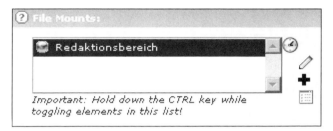

Abbildung 7.22: **Datei-Mount-Points für den Benutzer in be_users:file_mountpoints**

Listing 7.28: **Konfiguration zum Feld der Datei Mount Points in be_users:file_mountpoints**

```
01    'file_mountpoints' => array(
02      'label' => 'LLL:EXT:lang/locallang_tca.xml:be_users.options_file_
            mounts',
03      'config' => array(
04        'type' => 'select',
05        'foreign_table' => 'sys_filemounts',
06        'foreign_table_where' => ' AND sys_filemounts.pid=0 ORDER BY sys_
            filemounts.title',
07        'size' => '3',
08        'maxitems' => '10',
09        'autoSizeMax' => 10,
10        'renderMode' => $GLOBALS['TYPO3_CONF_VARS']['BE']['accessList
            RenderMode'],
11        'iconsInOptionTags' => 1,
12        'wizards' => array(
13          '_PADDING' => 1,
14          '_VERTICAL' => 1,
15          'edit' => array(
16            'type' => 'popup',
17            'title' => 'LLL:EXT:lang/locallang_tca.xml:file_mount
                points_edit_title',
18            'script' => 'wizard_edit.php',
19            'icon' => 'edit2.gif',
20            'popup_onlyOpenIfSelected' => 1,
21            'JSopenParams' => 'height=350,width=580,status=0,menubar=
                0,scrollbars=1',
22          ),
23          'add' => array(
24            'type' => 'script',
25            'title' => 'LLL:EXT:lang/locallang_tca.xml:file_mount
                points_add_title',
26            'icon' => 'add.gif',
27            'params' => array(
28              'table' => 'sys_filemounts',
```

# KAPITEL 7   Das Framework – Werkzeugkasten für die eigene Extension

```
29                    'pid' => '0',
30                    'setValue' => 'prepend'
31                ),
32                'script' => 'wizard_add.php',
33            ),
34            'list' => array(
35                'type' => 'script',
36                'title' => 'LLL:EXT:lang/locallang_tca.xml:file_mount
                     points_list_title',
37                'icon' => 'list.gif',
38                'params' => array(
39                    'table' => 'sys_filemounts',
40                    'pid' => '0',
41                ),
42                'script' => 'wizard_list.php',
43            )
44        )
45    ),
```

In Zeile 05 und 06 legen Sie den Zugriff auf die externe Tabelle fest. Beim Punkt renderMode in Zeile 10 legen Sie fest, wie die Auswahl dargestellt wird. Um für diese Auswahlmöglichkeiten im Backend eine einheitliche Darstellung zu bekommen, wurde eine Einstellmöglichkeit im *Install Tool* geschaffen: [BE][accessListRenderMode]. Diese ist standardmäßig auf den Wert singlebox gestellt, wodurch die Darstellung erreicht wird, die Sie im Screenshot sehen. Ändern Sie ruhig einmal die Einstellung im *Install Tool*, und begutachten Sie die verschiedenen Darstellungen.

Die Konfiguration der Wizards werden wir noch einmal speziell in Abschnitt *wizards* am Ende der Feldtypen besprechen.

Eine für den TYPO3-Anwender sehr komfortable Konfiguration ist die Auswahl von Datensätzen mittels zweier Felder. Beispielsweise bekommen Sie bei der Zuordnung von Benutzergruppen zu Backend-Benutzern im rechten Feld alle möglichen Gruppen angezeigt und können diese durch einen einfachen Klick auswählen. Da die Reihenfolge der zugewiesenen Benutzergruppen von Bedeutung ist, haben Sie zusätzlich die Möglichkeit, diese zu verändern.

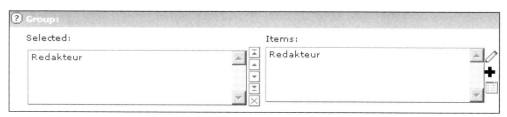

Abbildung 7.23: **Gruppen für Backend-Benutzer in be_users:usergroup**

Listing 7.29: **Konfiguration des Feldes Gruppen für Backend-Benutzer: be_users:usergroup**

```
01 'usergroup' => array(
02    'label' => 'LLL:EXT:lang/locallang_tca.xml:be_users.usergroup',
03    'config' => array(
```

## KAPITEL 7    Das Framework – Werkzeugkasten für die eigene Extension

```
04          'type' => 'select',
05          'foreign_table' => 'be_groups',
06          'foreign_table_where' => 'ORDER BY be_groups.title',
07          'size' => '5',
08          'maxitems' => '20',
09          #'renderMode' => $GLOBALS['TYPO3_CONF_VARS']['BE']['accessList ↵
                RenderMode'],
10          'iconsInOptionTags' => 1,
11          'wizards' => array(
12              '_PADDING' => 1,
13              '_VERTICAL' => 1,
14              'edit' => array(
15                  'type' => 'popup',
16                  'title' => 'LLL:EXT:lang/locallang_tca.xml:be_users.user ↵
                        group_edit_title',
17                  'script' => 'wizard_edit.php',
18                  'popup_onlyOpenIfSelected' => 1,
19                  'icon' => 'edit2.gif',
20                  'JSopenParams' => 'height=350,width=580,status=0,menubar=0, ↵
                        scrollbars=1',
21              ),
22              'add' => array(
23                  'type' => 'script',
24                  'title' => 'LLL:EXT:lang/locallang_tca.xml:be_users.user ↵
                        group_add_title',
25                  'icon' => 'add.gif',
26                  'params' => array(
27                      'table' => 'be_groups',
28                      'pid' => '0',
29                      'setValue' => 'prepend'
30                  ),
31                  'script' => 'wizard_add.php',
32              ),
33              'list' => array(
34                  'type' => 'script',
35                  'title' => 'LLL:EXT:lang/locallang_tca.xml:be_users.user ↵
                        group_list_title',
36                  'icon' => 'list.gif',
37                  'params' => array(
38                      'table' => 'be_groups',
39                      'pid' => '0',
40                  ),
41                  'script' => 'wizard_list.php',
42              )
43          )
44      )
45 ),
```

Abgesehen von den Wizards, die wir weiter unten noch näher besprechen werden, ist hier nur sehr wenig Konfiguration nötig. Vergleichen Sie bitte diese Konfiguration mit den Einstellungen für die Mount-Points in Listing 7.28. Sie sind praktisch identisch bis auf den renderMode, der einen sehr starken Einfluss auf die Darstellung hat. Hier bei usergroup ist die Einstellung für renderMode auskommentiert, wodurch die standardmäßige Darstellung der zwei Boxen nebeneinander verwendet wird.

# KAPITEL 7   Das Framework – Werkzeugkasten für die eigene Extension

Es besteht auch die Möglichkeit, feste Werte mit dynamischen Werten zusammenzufügen. Dies wird unter anderem für die Zugangsbeschränkung von Seiten im Frontend genutzt.

Abbildung 7.24: **Zugriffsbeschränkung im Frontend in pages:fe_group**

Listing 7.30: **Konfiguration des Feldes Zugriffsbeschränkung im Frontend in pages:fe_group**

```
01  'fe_group' => array (
02     'exclude' => 1,
03     'label' => 'LLL:EXT:lang/locallang_general.xml:LGL.fe_group',
04     'config' => array (
05        'type' => 'select',
06        'size' => 5,
07        'maxitems' => 20,
08        'items' => array (
09           array('LLL:EXT:lang/locallang_general.xml:LGL.hide_at_
                 login',-1),
10           array('LLL:EXT:lang/locallang_general.xml:LGL.any_login', -2),
11           array('LLL:EXT:lang/locallang_general.xml:LGL.usergroups',
                 '--div--')
12        ),
13        'exclusiveKeys' => '-1,-2',
14        'foreign_table' => 'fe_groups',
15        'foreign_table_where' => 'ORDER BY fe_groups.title',
16     ),
17  ),
```

Wie Sie sehen, können Sie über items feste Einträge definieren und aus einer weiteren Tabelle zusätzliche Einträge automatisch hinzufügen lassen. Wichtig ist hier, dass Sie das Element exclusiveKeys verstehen, denn damit können Sie bei Feldern mit Mehrfachauswahl definieren, welche Schlüssel respektive Auswahloptionen exklusiv sind – das heißt, dass neben ihnen keine anderen Auswahlmöglichkeiten gewählt sein dürfen. In der Praxis äußert sich dies darin, dass automatisch alle bisher gewählten Optionen entfernt werden, falls der Benutzer eine der exklusiven Optionen auswählt.

Es gibt verschiedene Möglichkeiten, diese Beziehungen von Datensätzen untereinander in den Tabellen abzubilden. Diese sind in Abschnitt 7.2.4 besprochen.

Für eine spezielle Bearbeitung der Elemente können Sie eine selbst zu schreibende PHP-Funktion einsetzen, die sogenannte itemsProcFunc. Der Name leitet sich von »items processing function« ab. Weitere Informationen dazu finden Sie im Anschluss an die Feldtypen in Abschnitt *itemsProcFunc*.

# KAPITEL 7  Das Framework – Werkzeugkasten für die eigene Extension

## Feldtyp group

Der Feldtyp group hat eine starke Ähnlichkeit mit dem Feldtyp select; beide schaffen Verbindungen zwischen Datensätzen und/oder Dateien. Beim Feldtyp group liegt der Schwerpunkt allerdings auf der Verknüpfung von Objekten, die über den gesamten TYPO3-Seitenbaum oder -Dateibaum verstreut sein können. Sie können mithilfe des *TYPO3 Object Browsers* Elemente aus verschiedenen Tabellen oder Bereichen einfügen.

Die Verknüpfung von grafischen Elementen mit Text im Inhaltselement *Text mit Bild* erfolgt auf diese Weise.

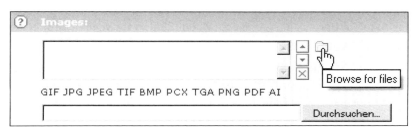

Abbildung 7.25: **Bilder einfügen: tt_content:image**

Listing 7.31: **Konfiguration für das Feld Bilder einfügen in tt_content:image**

```
01 'image' => Array (
02    #'l10n_mode' => 'mergeIfNotBlank',
03    'label' => 'LLL:EXT:lang/locallang_general.php:LGL.images',
04    'config' => Array (
05       'type' => 'group',
06       'internal_type' => 'file',
07       'allowed' => $GLOBALS['TYPO3_CONF_VARS']['GFX']['imagefile_ext'],
08       'max_size' => $GLOBALS['TYPO3_CONF_VARS']['BE']['maxFileSize'],
09       'uploadfolder' => 'uploads/pics',
10       'show_thumbs' => '1',
11       'size' => '3',
12       'maxitems' => '200',
13       'minitems' => '0',
14       'autoSizeMax' => 40,
15    )
16 ),
```

Der internal_type definiert, ob wir Dateien (file) oder Datenbankinhalte (db) verknüpfen wollen. Dieses Feld ist ein Pflichtfeld und muss von Ihnen bewusst gesetzt werden. Eine Mischung ist dabei nicht möglich (und nach unserem Erkenntnisstand auch nicht sinnvoll). Mittels allowed können Sie genau definieren, welche Dateiendungen (für Dateiverknüpfungen) bzw. Tabellen (für Datenbankverknüpfungen) erlaubt sind. Nur diese werden im *TYPO3 Object Browser* zur Auswahl angeboten. In unserem Beispiel werden die im *Install Tool* gewählten Dateierweiterungen genutzt, um den Redakteuren einheitliche und stringente Möglichkeiten zu bieten. Wir empfehlen Ihnen, sich bei neuen Feldern an diese Vorgehensweise zu halten, solange Sie keine Sonderanforderungen speziell für dieses Feld haben.

**KAPITEL 7**   Das Framework – Werkzeugkasten für die eigene Extension

Eine alternative Möglichkeit zur Definition von erlaubten Dateierweiterungen bietet der Konfigurationsparameter disallowed, mit dessen Hilfe Sie explizit festlegen können, welche Dateiendungen aus Sicherheitsgründen nicht erlaubt sind (oft beispielsweise *.php*). Ansonsten können Sie dem Benutzer viel Freiheit lassen.

Bei der Verknüpfung von Dateien mit Datenbankinhalten wird in TYPO3 nicht einfach nur eine Referenz zur Datei erstellt. Die gewählte Datei (vornehmlich aus einem Ordner im Bereich *fileadmin*, der FILELIST) wird vielmehr in einen internen Bereich von TYPO3 kopiert, und diese Kopie in der Datenbank verknüpft. Dieser interne Bereich ist in der Regel der Ordner *uploads* mitsamt allen Unterordnern. So ist sichergestellt, dass ein versehentliches Löschen einer Datei im Bereich FILELIST, die an vielen Stellen verwendet wird, keine fatalen Auswirkungen auf die Webseite hat.

Falls Sie die direkte Upload-Möglichkeit für Dateien innerhalb von Inhaltselementen nutzen, landen diese Dateien direkt im Ordner *uploads* oder einem Unterordner. Die Möglichkeit für das direkte Hochladen von Dateien wird zentral in den Benutzereinstellungen geregelt, z. B. im *User TSConfig*.

Das Inhaltselement INSERT RECORDS nutzt die Möglichkeiten des Feldtyps group ganz explizit. Damit können Sie verschiedene Elemente aus verschiedenen Bereichen im Seitenbaum zusammenfassen.

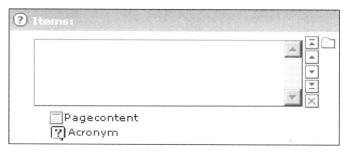

Abbildung 7.26: **Feld in Inhalt vom Typ Insert Records in tt_content:records**

Listing 7.32: **Inhaltselemente verknüpfen und zusammenfassen in tt_content:records**

```
01  'records' => Array (
02      'label' => 'LLL:EXT:cms/locallang_ttc.php:records',
03      'config' => Array (
04          'type' => 'group',
05          'internal_type' => 'db',
06          'allowed' => 'tt_content',
07          'size' => '5',
08          'maxitems' => '200',
09          'minitems' => '0',
10          'show_thumbs' => '1',
11          'wizards' => array(
12              'suggest' => array(
13                  'type' => 'suggest',
14              ),
```

384

# KAPITEL 7 Das Framework – Werkzeugkasten für die eigene Extension

```
15      ),
16    ),
17 ),
```

Da der Parameter `internal_type` diesmal auf 'db' steht, bezieht sich der Wert in `allowed` auf Datenbanktabellen, aus denen Datensätze verknüpft werden dürfen. Um sowohl die Information zur Tabelle wie auch zur Datensatz-ID hinterlegen zu können, wird in der Datenbank der Name der Tabelle durch einen Unterstrich mit der *uid* zusammengefasst, also beispielsweise als `tt_content_12`.

Im Frontend erfolgt beim Inhaltselement INSERT RECORDS die Darstellung aller gewählten Elemente untereinander. Da es sich hier um Referenzen auf Seiteninhalte handelt, wird bei einer Änderung des Originals auch die Anzeige bei der Referenz entsprechend geändert. Beispielsweise können Sie so Kontaktdaten an einer Stelle pflegen und an verschiedenen Stellen auf der Webseite platzieren.

Es gibt verschiedene Möglichkeiten, Beziehungen von Datensätzen untereinander in den Tabellen abzubilden. Diese werden in Abschnitt 7.2.4 besprochen.

Für eine spezielle Bearbeitung der Elemente können Sie eine selbst zu schreibende PHP-Funktion einsetzen, die sogenannte *itemsProcFunc*. Der Name leitet sich von »items processing function« ab. Weitere Informationen dazu finden Sie im Anschluss an die Feldtypen in Abschnitt *itemsProcFunc*.

## Feldtyp none

Beim Feldtyp `none` wird der Inhalt des Feldes einfach nur im Backend dargestellt und kann nicht editiert werden. Es erfolgt auch keine Umwandlung, beispielsweise von *timestamp* in ein für Menschen besser lesbares Datumsformat. Verständlicherweise gibt es dabei nicht sehr viele Konfigurationsmöglichkeiten. Neben der Größe des Feldes ist vor allem der Konfigurationsparameter `pass_content` wichtig. Falls Sie diesen auf *true* setzen, wird der Inhalt direkt ausgegeben und nicht durch die PHP-Funktion `htmlspecialchars()` gegen *Cross Site Scripting*-(XSS-)Angriffe geschützt. Seien Sie also hier entsprechend vorsichtig. Mehr Informationen zum Thema Sicherheit finden Sie in Kapitel 10, *Spezialthemen*, Abschnitt 10.1.2.

Listing 7.33: **Anzeige der Session-ID für indexed search in index_config:set_id**

```
'set_id' => Array (
   'label' => ' LLL:EXT:indexed_search/locallang_db.php:index_config.set_ ↵
      id',
   'config' => Array (
      'type' => 'none',
   )
),
```

## Feldtyp passthrough

Felder von diesem Typ können über die TCE-API direkt in die Datenbank geschrieben werden. Dabei findet keine Datenüberprüfung statt, jedoch werden Veränderungen geloggt, und history/undo-Funktionen funktionieren wie gewohnt. Sie können also Verarbeitungsdaten hinterlegen, die für Ihre Extensions, aber nicht für den Bearbeiter relevant sind. Die Extension impexp (Import- und Export-Funktionalität) nutzt dies für interne Informationen.

Listing 7.34: **Information zur Original-uid des Datensatzes in pages:tx_impexp_origuid**

```
'tx_impexp_origuid' => Array(
   'config'=>array(
      'type'=>'passthrough'
   )
),
```

## Feldtyp user

Sie haben die Möglichkeit, ein komplett selbst definiertes Feld in die regulären TYPO3- Masken mit einzubinden. Dazu müssen Sie lediglich eine benutzerdefinierte Funktion oder Methode für diesen Zweck erzeugen. Die Art der Darstellung und eventuelle Datenmanipulationen werden ausschließlich durch Ihre Methode bestimmt. Für Sonderfälle haben Sie also die volle Kontrolle und Konfigurationsmöglichkeit.

Listing 7.35: **Benutzerdefiniertes Feld für Sonderanforderungen**

```
'my_own_special_field' => Array (
   'label' => 'Mein Spezialfeld:',
   'config' => Array (
      'type' => 'user',
      'userFunc' => 'user_class->user_TCAform_test',
   )
),
```

Natürlich müssen Sie dafür sorgen, dass Ihre Klasse eingebunden wird und dass die genannte Methode auch darin enthalten ist.

Listing 7.36: **Beispielcode für selbst generierte Felder**

```
class user_class {
   function user_TCAform_test($PA, $fobj) {
debug($PA,'Test auf $PA');
      return 'Testinhalt:
      <input
         name="'.$PA['itemFormElName'].'"
         value="'.htmlspecialchars($PA['itemFormElValue']).'"
      />';
   }
}
```

Analysieren Sie die Eingangsvariablen $PA und $fobj, um einen Einblick in Ihre Möglichkeiten zu bekommen. Dies können Sie in der Regel am einfachsten durch die Angabe der debug-Funktion erreichen, die wir hier demonstrativ eingebaut haben.

> **ACHTUNG**
>
> Direkte Debug-Funktionen sollten Sie nur für die Zeit der Entwicklung einsetzen.
>
> Mehr zum Thema Debugging finden Sie in Kapitel 8, *Extensions entwickeln*, Abschnitt 8.13.7.

### Feldtyp flex

Im Feldtyp `flex` können Elemente hierarchisch strukturiert hinterlegt werden. Das entsprechende Feld in der Datenbank enthält dann eine XML-Datenstruktur, da eine *Flexform* durch XML-Strukturen abgebildet wird, die von TYPO3 interpretiert und ausgewertet werden. Die wohl geläufigste Flexform ist die Konfigurationsmaske in Plugins von Extensions, die per Flexform umfangreich erweitert werden kann.

Dazu ist in TYPO3 bereits ein Feld in der Tabelle *tt_content* vorgesehen. Falls Sie Konfigurationsparameter für ein Plugin benötigen, sollten Sie diese darüber ermöglichen und nicht der Tabelle *tt_content* neue Tabellenspalten hinzufügen.

Listing 7.37: **Bereits vorbereitetes Feld für Flexforms in tt_content:pi_flexform**

```
'pi_flexform' => array(
   'l10n_display' => 'hideDiff',
   'label' => 'LLL:EXT:cms/locallang_ttc.php:pi_flexform',
   'config' => Array (
      'type' => 'flex',
      'ds_pointerField' => 'list_type,CType',
      'ds' => array(
         'default' => '
         <T3DataStructure>
            <ROOT>
               <type>array</type>
               <el>
                  <!-- Repeat an element like "xmlTitle" beneath for as
                     many elements you like. Remember to name them
                     uniquely -->
                  <xmlTitle>
                  <TCEforms>
                     <label>The Title:</label>
                     <config>
                        <type>input</type>
                        <size>48</size>
                     </config>
                  </TCEforms>
                  </xmlTitle>
               </el>
            </ROOT>
         </T3DataStructure>
         '
         ,'media' => file_get_contents(t3lib_extMgm::extPath('cms') .
            'flexform_media.xml'),
      )
   )
),
```

# KAPITEL 7  Das Framework – Werkzeugkasten für die eigene Extension

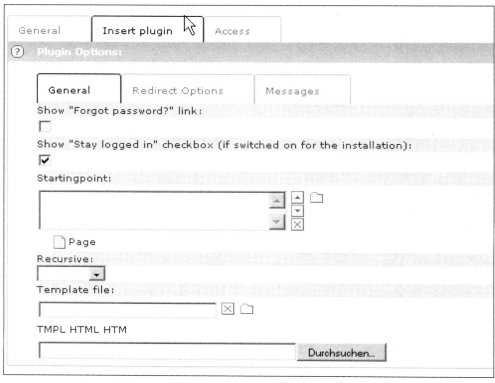

Abbildung 7.27: **Flexform der System-Extension felogin**

**Flexforms in Kürze:**

Flexforms sind im Prinzip nichts anderes als Formulare innerhalb von Formularen. Ihre Eingaben in diese Formulare werden weiterhin in der Datenbank gespeichert, allerdings alle zusammen innerhalb einer XML-Struktur (<T3DataStructure>) in einem einzigen Datenbankfeld. Zur Konfiguration können Sie prinzipiell alle Elemente einsetzen, die auch für reguläre Formulare im $TCA möglich sind. Es gibt allerdings einige Punkte zu beachten:

» Eine Evaluierung von Inhalten auf unique und uniqueInPid ist nicht möglich.

» Es können keine Flexforms innerhalb von Flexforms verschachtelt werden.

» Der verwendete Zeichensatz entspricht dem Zeichensatz des Backends, also entweder der Definition in [BE][forceCharset] oder der gewählten Sprache des Backend-Benutzers.

Wollen Sie ein Rich-Text-Editor-Feld innerhalb einer Flexform definieren, so bietet TYPO3 auch die hierzu nötigen Konfigurationsmöglichkeiten:

## KAPITEL 7  Das Framework – Werkzeugkasten für die eigene Extension

Listing 7.38: **Konfigurationsbeispiel für ein RTE-Feld innerhalb einer Flexform**

```
<TCEforms>
   <config>
      <type>text</type>
      <cols>48</cols>
      <rows>10</rows>
   </config>
   <label>Mein RTE Feld:</label>
   <defaultExtras>richtext[*]:rte_transform[mode=ts_css]</defaultExtras>
</TCEforms>
```

> **TIPP**
>
> Falls Sie basierend auf bestimmten Bedingungen eine zur Laufzeit dynamisch veränderbare Darstellung der Bearbeitungsmasken brauchen, sollten Sie sich die Extension dynaflex von Thomas Hempel ansehen. Darin finden Sie einen sehr schlauen Ansatz zur Veränderung des $TCA (und der darin enthaltenen Flex-Informationen) während der Laufzeit, der auf dem sogenannten DCA (Dynaflex Configuration Array) basiert.

Weitere Informationen und Tipps zum Thema »Flexform für Plugins« finden Sie in Kapitel 8, *Extensions entwickeln*, Abschnitt 8.13.1. Dort lernen Sie auch, welche weiteren Dateien und Einstellungen nötig bzw. möglich sind, um in Ihrer eigenen Extension (bzw. Ihrem eigenen Plugin) eine Flexform einzusetzen.

### Feldtyp inline

Der Feldtyp *inline* wird durch eine Technik mit dem Namen *Inline Relational Record Editing (IRRE)* ermöglicht. Er steht seit TYPO3 4.1 zur Verfügung. Die Umsetzung im Backend basiert auf einer AJAX-Implementierung, sodass kein Reload der Seite durch die Bearbeitung nötig wird.

> **INFO**
>
> IRRE ermöglicht das Bearbeiten (mehrerer aufeinanderfolgender) verknüpfter Datensätze innerhalb einer einzigen Backend-Maske. Es bietet also unter Umständen eine deutliche Komfortsteigerung für den Bearbeiter. Die Extension irre_tutorial bietet einen guten Einstieg in die Möglichkeiten des neuen Datentyps.

Um einen Datensatz mit einem anderen verknüpfen zu können, war es vor TYPO3 4.1 nötig, erst beide Datensätze anzulegen und dann von einem Datensatz ausgehend den anderen zu verknüpfen oder alternativ einen Wizard über ein Popup-Fenster zu nutzen. Mit *IRRE* ist es möglich, den verknüpften Datensatz direkt in der Maske des Hauptdatensatzes zu erzeugen und damit automatisch zu verknüpfen. Dabei kann auch der Hauptdatensatz neu sein, also bisher noch nicht gespeichert sein. IRRE bietet verschiedene Verknüpfungsvarianten an.

Die einfachste Variante ist die Verknüpfung von Datensätzen über die in TYPO3 bekannte kommagetrennte Liste (vergleichbar zu Feldtyp select).

# KAPITEL 7   Das Framework – Werkzeugkasten für die eigene Extension

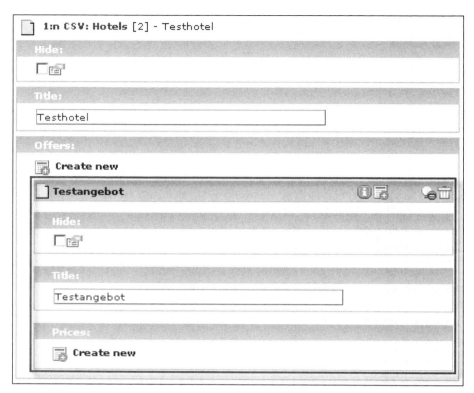

Abbildung 7.28: **Das Testangebot kann direkt innerhalb des Hotel-Datensatzes bearbeitet werden.**

Listing 7.39: **Konfiguration der Angebote eines Hotels in tx_irretutorial_1ncsv_hotel:offers**

```
"offers" => Array (
    "exclude" => 1,
    "label" => "LLL:EXT:irre_tutorial/locallang_db.xml:tx_irretutorial_
        hotel.offers",
    "config" => Array (
        "type" => "inline",
        "foreign_table" => "tx_irretutorial_mnasym_hotel_offer_rel",
        "foreign_field" => "hotelid",
        "foreign_sortby" => "hotelsort",
        "foreign_label" => "offerid",
        "maxitems" => 10,
        'appearance' => array(
            'showSynchronizationLink' => 1,
            'showAllLocalizationLink' => 1,
            'showPossibleLocalizationRecords' => 1,
            'showRemovedLocalizationRecords' => 1,
        ),
        'behaviour' => array(
            'localizationMode' => 'select',
        ),
    )
),
```

# KAPITEL 7  Das Framework – Werkzeugkasten für die eigene Extension

*Ab TYPO3 4.3 gibt es die zusätzliche Möglichkeit, die Kontroll-Icons für die Inhaltselemente innerhalb von* appearance *zu konfigurieren.*

Listing 7.40: **Ausschnitt aus dem TCA zur Konfiguration der Darstellung der Kontroll-Icons**
```
'enabledControls' => array(
   'info' => false,
   'new' => false,
   'dragdrop' => false,
   'sort' => true,
   'hide' => true,
   
   'delete' => true,
   'localize' => false,
),
```

Auch mit dem bereits besprochenen Feldtyp select sind m:n-Verknüpfungen möglich, allerdings wird dabei die Verknüpfungstabelle nicht extra im $TCA definiert, sondern aus der Verknüpfungsdefinition abgeleitet, wodurch ein direktes Bearbeiten der Verknüpfungstabelle und/oder eine Historie der Verknüpfungen nicht möglich ist. Mit *IRRE* kann dies in einer zweiten Verknüpfungsvariante ermöglicht werden.

Über diesen Ansatz wird das Bearbeiten von Verknüpfungen von beiden Seiten aus möglich, indem auch die Datensätze der m:m-Beziehung direkt bearbeitet werden können. Sie können nicht nur vom Hotel ausgehend neue Angebote verknüpfen, sondern auch vom Angebot aus die verbundenen Hotels einsehen und verändern. Allerdings muss in dieser Variante bei der Verknüpfung eines neuen Angebots zum Hotel das Angebot bereits angelegt sein.

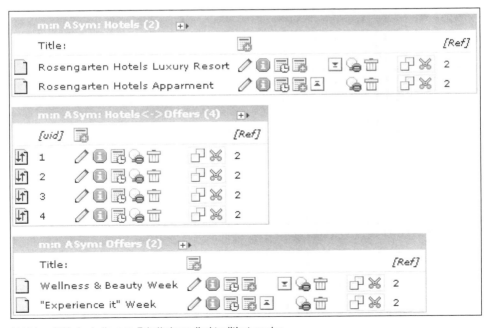

Abbildung 7.29: **Auch die m:m-Tabelle kann direkt editiert werden.**

# KAPITEL 7  Das Framework – Werkzeugkasten für die eigene Extension

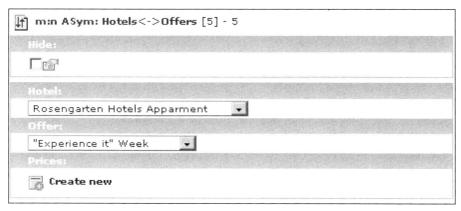

Abbildung 7.30: **Editieren der m:m-Tabelle**

Listing 7.41: **Konfiguration der für die Verknüpfung relevanten Felder**

```
$TCA["tx_irretutorial_mnasym_hotel"] = Array (
    "columns" => Array (
        "offers" => Array (
            "exclude" => 1,
            "label" => "LLL:EXT:irre_tutorial/locallang_db.xml:tx_irre ↵
                tutorial_hotel.offers",
            "config" => Array (
                "type" => "inline",
                "foreign_table" => "tx_irretutorial_mnasym_hotel_offer_rel",
                "foreign_field" => "hotelid",
                "foreign_sortby" => "hotelsort",
                "foreign_label" => "offerid",
                "maxitems" => 10,
                'appearance' => array(
                    'showSynchronizationLink' => 1,
                    'showAllLocalizationLink' => 1,
                    'showPossibleLocalizationRecords' => 1,
                    'showRemovedLocalizationRecords' => 1,
                ),
                'behaviour' => array(
                    'localizationMode' => 'select',
                ),
            )
        ),
    )
);

$TCA["tx_irretutorial_mnasym_offer"] = Array (
    "columns" => Array (
        "hotels" => Array (
            "exclude" => 1,
            "label" => "LLL:EXT:irre_tutorial/locallang_db.xml:tx_irre ↵
                tutorial_offer.hotels",
            "config" => Array (
                "type" => "inline",
                "foreign_table" => "tx_irretutorial_mnasym_hotel_offer_rel",
                "foreign_field" => "offerid",
```

## KAPITEL 7  Das Framework – Werkzeugkasten für die eigene Extension

```php
                "foreign_sortby" => "offersort",
                "foreign_label" => "hotelid",
                "maxitems" => 10,
                'appearance' => array(
                    'showSynchronizationLink' => 1,
                    'showAllLocalizationLink' => 1,
                    'showPossibleLocalizationRecords' => 1,
                    'showRemovedLocalizationRecords' => 1,
                ),
                'behaviour' => array(
                    'localizationMode' => 'select',
                ),
            )
        ),
    ),
);

$TCA["tx_irretutorial_mnasym_hotel_offer_rel"] = Array (
    "ctrl" => $TCA["tx_irretutorial_mnasym_hotel_offer_rel"]["ctrl"],
    "columns" => Array (
        "hotelid" => Array (
            "label" => "LLL:EXT:irre_tutorial/locallang_db.xml:tx_irre
                tutorial_hotel_offer_rel.hotelid",
            "config" => Array (
                "type" => "select",
                "foreign_table" => "tx_irretutorial_mnasym_hotel",
                "foreign_table_where" => "AND tx_irretutorial_mnasym_hotel.
                    pid=###CURRENT_PID### AND tx_irretutorial_mnasym_hotel.
                    sys_language_uid='###REC_FIELD_sys_language_uid###'",
                "maxitems" => 1,
                'localizeReferences' => 1,
            )
        ),
        "offerid" => Array (
            "label" => "LLL:EXT:irre_tutorial/locallang_db.xml:tx_irre
                tutorial_hotel_offer_rel.offerid",
            "config" => Array (
                "type" => "select",
                "foreign_table" => "tx_irretutorial_mnasym_offer",
                "foreign_table_where" => "AND tx_irretutorial_mnasym_offer.
                    pid=###CURRENT_PID### AND tx_irretutorial_mnasym_offer.
                    sys_language_uid='###REC_FIELD_sys_language_uid###'",
                "maxitems" => 1,
                'localizeReferences' => 1,
            )
        ),
        "hotelsort" => Array (
            "config" => Array (
                "type" => "passthrough",
            )
        ),
        "offersort" => Array (
            "config" => Array (
                "type" => "passthrough",
            )
        ),
    ),
);
```

# KAPITEL 7   Das Framework – Werkzeugkasten für die eigene Extension

> Um die Übersichtlichkeit zu wahren, wurden in Listing 7.41 nur die für die Verknüpfung relevanten Felder dargestellt; das $TCA ist nicht vollständig.

Die fett dargestellten Elemente zeigen die Zusammenhänge zwischen den Elementen hotel und offer auf. Von den beiden Haupttabellen wird auf die Verknüpfungstabelle *tx_irretutorial_mnasym_hotel_offer_rel* verwiesen, dort jeweils auf die zugehörige Haupttabelle.

Eine weitere tolle Möglichkeit ist die Variante, Attribute an die eigentliche Verknüpfung zu binden. Dadurch kann in unserem Beispiel zur Verknüpfung zwischen Hotel und Angebot noch eine zusätzliche Information zur Qualität von genau dieser Kombination angegeben werden.

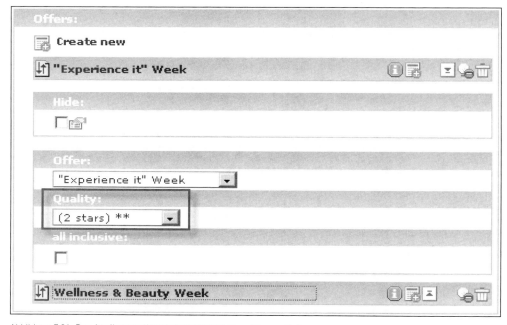

Abbildung 7.31: **Das Attribut quality wird zur Verknüpfung hinzugefügt.**

Listing 7.42: **Verknüpfungstabelle mit Zusatzinformationen als Attribute**

```
$TCA["tx_irretutorial_mnattr_hotel_offer_rel"] = Array (
   "columns" => Array (
      "quality" => Array (
         "exclude" => 1,
         "label" => "LLL:EXT:irre_tutorial/locallang_db.xml:tx_irre ↵
            tutorial_hotel_offer_rel.quality",
         "config" => Array (
            "type" => "select",
            "items" => Array (
               Array("LLL:EXT:irre_tutorial/locallang_db.xml:tx_irre ↵
                  tutorial_hotel_offer_rel.quality.I.0", "1"),
               Array("LLL:EXT:irre_tutorial/locallang_db.xml:tx_irre ↵
                  tutorial_hotel_offer_rel.quality.I.1", "2"),
```

## KAPITEL 7    Das Framework – Werkzeugkasten für die eigene Extension

```
                Array("LLL:EXT:irre_tutorial/locallang_db.xml:tx_irre
                    tutorial_hotel_offer_rel.quality.I.2", "3"),
                Array("LLL:EXT:irre_tutorial/locallang_db.xml:tx_irre
                    tutorial_hotel_offer_rel.quality.I.3", "4"),
                Array("LLL:EXT:irre_tutorial/locallang_db.xml:tx_irre
                    tutorial_hotel_offer_rel.quality.I.4", "5"),
            ),
        )
    ),
  ),
);
```

*Es gibt noch einige weitere Möglichkeiten, auf deren Darstellung wir aus Platzgründen hier verzichten. Mithilfe der Extension* irre_tutorial *können Sie sich tiefer einarbeiten.*

Für die Darstellung der inline-Datensätze gibt es verschiedene Konfigurationsmöglichkeiten.

Listing 7.43: **Darstellungsoptionen für IRRE-Datensätze**

```
"offers" => Array (
    "exclude" => 1,
    "label" => "LLL:EXT:irre_tutorial/locallang_db.xml:tx_irretutorial_
        hotel.offers",
    "config" => Array (
        "type" => "inline",
        "foreign_table" => "tx_irretutorial_1ncsv_offer",
        "maxitems" => 10,
        'appearance' => array(
            'showSynchronizationLink' => 1,
            'showAllLocalizationLink' => 1,
            'showPossibleLocalizationRecords' => 1,
            'showRemovedLocalizationRecords' => 1,
        ),
        'behaviour' => array(
            'localizationMode' => 'select',
        ),
    )
),
```

Im Bereich appearance wird bestimmt, wie die Darstellung erfolgen soll. Die Einstellungen aus dem Beispiel der Extension irre_tutorial, die Sie in Listing 7.43 sehen, drehen sich um Möglichkeiten zur Verwaltung von Übersetzungen der Datensätze, sind also nur für mehrsprachige Webseiten interessant. Die Standardeinstellungen sind gut gewählt, Sie werden also meist gar nichts anpassen müssen. Eine komplette Auflistung aller Möglichkeiten finden Sie in der Core API.

**Der Feldtyp** inline **ist nicht mit Versioning kompatibel. Tabellen, die über diesen Feldtyp verbunden sind, dürfen nicht mit dem Versionierungsfeature ausgestattet werden, da (laut Core API) sonst böse Überraschungen passieren können.**

**KAPITEL 7** Das Framework – Werkzeugkasten für die eigene Extension

### itemsProcFunc

Manchmal kann es passieren, dass Sie trotz der vielfältigen Konfigurationsmöglichkeiten von TYPO3 Ihre genaue Anforderung an die Verarbeitung von Feldern, die auf Datensatzlisten (Feldtypen radio, check oder select) basieren, nicht abbilden können. Für diesen eher relativ selten auftretenden Fall haben Sie natürlich auch eine konfigurierbare Eingreifmöglichkeit. Sie können eine selbst geschriebene PHP-Funktion aufrufen, um die einzelnen Datensatzelemente zu bearbeiten.

Die Funktionsweise und alle nötigen Schritte finden Sie in Kapitel 6, *HowTos*, Abschnitt 6.4.

### Wizards

Wizards dienen dazu, Felder um Funktionalitäten zu erweitern, die in der Regel in mehreren Schritten ablaufen und dazu ein eigenes Fenster öffnen. Sie können für die Feldtypen input, text, select und group verwendet werden. Sehr häufig werden Wizards als Unterstützung für Auswahlfelder angelegt, beispielsweise für die Funktionalitäten NEU, BEARBEITEN und AUFLISTEN. Betrachten wir einmal die Konfiguration im $TCA für die Zuordnung von Backend-Benutzergruppen zu Benutzern.

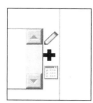

Abbildung 7.32: **Wizards für das Bearbeiten, Hinzufügen und Auflisten**

Listing 7.44: **Konfiguration der Gruppenzuordnung in be_users:usergroup**

```
'usergroup' => Array (
    'label' => 'Group:',
    'config' => Array (
        'type' => 'select',
        'foreign_table' => 'be_groups',
        'foreign_table_where' => 'ORDER BY be_groups.title',
        'size' => '5',
        'maxitems' => '20',
        'iconsInOptionTags' => 1,
        'wizards' => Array(
            '_PADDING' => 1,
            '_VERTICAL' => 1,
            'edit' => Array(
                'type' => 'popup',
                'title' => 'Edit usergroup',
                'script' => 'wizard_edit.php',
                'popup_onlyOpenIfSelected' => 1,
                'icon' => 'edit2.gif',
                'JSopenParams' => 'height=350,width=580,status=0,menubar=0,
                    scrollbars=1',
            ),
```

```
            'add' => Array(
               'type' => 'script',
               'title' => 'Create new group',
               'icon' => 'add.gif',
               'params' => Array(
                  'table'=>'be_groups',
                  'pid' => '0',
                  'setValue' => 'prepend'
               ),
               'script' => 'wizard_add.php',
            ),
            'list' => Array(
               'type' => 'script',
               'title' => 'List groups',
               'icon' => 'list.gif',
               'params' => Array(
                  'table'=>'be_groups',
                  'pid' => '0',
               ),
               'script' => 'wizard_list.php',
            )
         )
      )
   )
),
```

Zusätzlich zu den Feldkonfigurationen wird der Bereich wizards eingebracht. Innerhalb dieses Abschnitts können Sie mehrere vordefinierte Helfer als Array definieren.

Sie können das Aufrufverhalten der einzelnen Wizards recht detailliert steuern, die Funktionalität innerhalb wird dann durch das aufgerufene Script im Parameter script definiert. Für den Wizard BEARBEITEN wird hier festgelegt, dass ein neues Fenster geöffnet werden soll und dass diese Möglichkeit nur zur Verfügung steht, falls wirklich ein Datensatz ausgewählt wurde. Für das Hinzufügen von neuen Datensätzen muss die Tabelle des Datensatzes bestimmt werden. Alle weiteren Informationen für das Erzeugen des Formulars werden dann aus dem $TCA geholt.

Eine detaillierte Übersicht über alle Möglichkeiten zum Einbinden von Wizards finden Sie in der *TYPO3-Core-API (doc_core_api)*.

Wie Sie eigene Wizards erzeugen und dem TYPO3-Backend hinzufügen, können Sie in Kapitel 6, *HowTos*, Abschnitt 6.5 nachlesen.

### types und showitem

Bei der Konfiguration im Bereich types wird durch das showitem-Element festgelegt, welche der in columns definierten Felder wie und in welcher Reihenfolge dargestellt werden. Alle Felder, die auf der Maske erscheinen sollen, müssen also hier definiert werden; nur eine Definition in columns reicht nicht aus. Das mag etwas verwirrend sein, diese Aufteilung ermöglicht aber eine maximale Flexibilität der Konfiguration. Der Eintrag showitem beinhaltet die darzustellenden Felder in der angesetzten Reihenfolge, durch ein Komma voneinander getrennt. Zusätzlich können weitergehende Einstellungen zu jedem Feld vorgenommen werden. Diese werden durch ein Semikolon getrennt und an den eigentlichen Feldnamen angehängt. Seit TYPO3 4.2 sind die Felder außerdem nach Gruppen auf verschiedene Reiter sortiert. Auch diese Verteilung wird über die Konfiguration in types gesteuert.

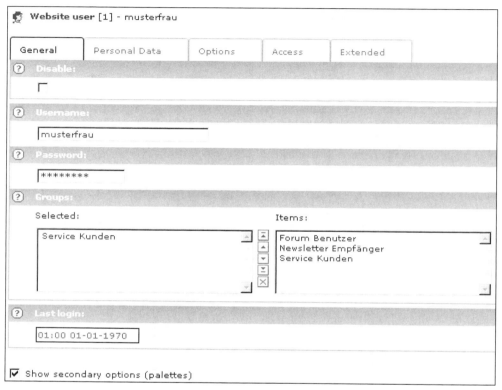

Abbildung 7.33: **Backend-Maske zur Bearbeitung der Frontend-Benutzer**

Listing 7.45: **Konfiguration für die Darstellung der Felder in fe_users**

```
$TCA['fe_users']['types']['0']['showitem'] = '
disable,username;;;;1-1-1, password, usergroup, lastlogin;;;;1-1-1,
--div--;LLL:EXT:cms/locallang_tca.xml:fe_users.tabs.personelData,
name;;1;;1-1-1, address, zip, city, country, telephone, fax, email, www,
    image;;;;2-2-2,
--div--;LLL:EXT:cms/locallang_tca.xml:fe_users.tabs.options, lockToDo
    main;;;;1-1-1, TSconfig;;;;2-2-2,
--div--;LLL:EXT:cms/locallang_tca.xml:fe_users.tabs.access, starttime,
    endtime,
--div--;LLL:EXT:cms/locallang_tca.xml:fe_users.tabs.extended';
```

Der Schlüssel --div-- erzeugt einen neuen Reiter, die Beschriftung des Reiters erfolgt im Feld direkt danach. Es werden also zuerst die Felder sinnvoll gruppiert, und dann wird dazwischen noch der Reiter inklusive Beschriftung erzeugt.

## KAPITEL 7   Das Framework – Werkzeugkasten für die eigene Extension

Die einzelnen Bereiche bei jedem Feld (durch Strichpunkt getrennt) stehen für folgende Vorgaben:

1. Feldname
2. alternative Feldbezeichnung (für die Anzeige im Formular)
3. Nummer der Palette, die diesem Feld zugeordnet ist (siehe Abschnitt *palettes*)
4. weitere Einstellungen, diesmal durch Doppelpunkt getrennt
5. Code für die grafische Darstellung des Feldes (siehe Abschnitt 7.4)

*Eine detaillierte Angabe der Konfigurationsmöglichkeiten finden Sie wie üblich in der TYPO3-Core-API.*

Sie sehen am Beispiel der *fe_users* bereits, dass für ein normales Standardformular viele der speziellen Konfigurationsmöglichkeiten nicht benötigt werden.

Sie haben eventuell bemerkt, dass die Konfiguration für types aus mehr als nur einer Angabe showitems bestehen muss, da die Direktive types ein Array beinhaltet:

```
$TCA['fe_users']['types']['0']['showitem'] =
```

Durch die Anordnung in ein Array wird es möglich, die Darstellung von Feldern abhängig vom Inhalt eines bestimmten Feldes zu definieren. Bei Anlegen von Seiten haben Sie dies schon vielfach beobachtet. Der Seitentyp (STANDARD, SYSFOLDER, ...) hat Einfluss auf die Darstellung von Feldern, es werden je Seitentyp unterschiedliche Felder zur Bearbeitung angezeigt. Die Zuordnung zwischen dem ausgewählten Wert im Seitentyp und der korrekten Darstellung von Feldern erfolgt dabei über den Schlüssel im Array types.

Listing 7.46: **Vereinfachte Basisdefinition für das Feld des Seitentyps in pages:doktype**

```
'doktype' => Array (
    'exclude' => 1,
    'label' => 'LLL:EXT:lang/locallang_general.php:LGL.type',
    'config' => Array (
        'type' => 'select',
        'items' => Array (
            Array('LLL:EXT:lang/locallang_tca.php:doktype.I.0', '1'),
            Array('LLL:EXT:lang/locallang_tca.php:doktype.I.1', '254'),
            Array('LLL:EXT:lang/locallang_tca.php:doktype.I.2', '255')
        ),
        'default' => '1'
    )
),
```

# KAPITEL 7  Das Framework – Werkzeugkasten für die eigene Extension

Listing 7.47: **Basiseinstellung der types für die Tabelle pages (aus t3lib/stddb/tables.php)**

```
'types' => Array (
    '1' => Array('showitem' => 'doktype, title, TSconfig;;6;nowrap, 
        storage_pid;;7'),
    '254' => Array('showitem' => 'doktype, title;LLL:EXT:lang/locallang_ 
        general.php:LGL.title, TSconfig;;6;nowrap, storage_pid;;7'),
    '255' => Array('showitem' => 'doktype, title, TSconfig;;6;nowrap, 
        storage_pid;;7')
),
```

Wenn also im Seitentyp der Wert 1 ausgewählt ist, wird für die Darstellung der Felder das Element 1 aus dem types-Array verwendet, und demzufolge sind die Felder zu sehen, die hier in showitem definiert sind. Sobald der Benutzer einen anderen Seitentyp wählt, wird die dazu passende showitem-Konfiguration verwendet.

Um eine Tabelle für die Verwendung von solchen Ansichts-Umschaltern zu konfigurieren, müssen Sie die Angabe type im Bereich ctrl des $TCA entsprechend setzen. Darin geben Sie den Feldnamen an, der den Umschalter enthält:

```
$TCA['pages']['ctrl']['type'] = 'doktype';
```

Im obigen Code-Listing sind nur drei verschiedene Seitentypen definiert. Sie werden sich jetzt sagen: »Moment mal, für eine Seite kann ich doch wesentlich mehr als drei verschiedene Seitentypen festlegen!«

Abbildung 7.34: **Verfügbare Seitentypen**

# KAPITEL 7   Das Framework – Werkzeugkasten für die eigene Extension

Richtig! Wie immer in TYPO3 können mithilfe von Extensions eigene Erweiterungen schnell und effektiv eingebunden werden. Und bei einer Basisinstallation von TYPO3 sind schon eine ganz Reihe von Extensions installiert.

Dazu gehört unter anderem die Extension cms, die die wichtigste Basis-Extension für den Einsatz von TYPO3 als Redaktionssystem darstellt. Dort werden in der Datei *ext_tables.php* weitere Seitentypen definiert.

Listing 7.48: **Hinzufügen weiterer Seitentypen in der Extension cms, ext_tables.php**

```
#[...]
// Merging in CMS doktypes:
array_splice(
   $TCA['pages']['columns']['doktype']['config']['items'],
   1,
   0,
   array(
      array('LLL:EXT:cms/locallang_tca.xml:pages.doktype.I.4', '6', 'i/be_
         users_section.gif'),
      array('LLL:EXT:cms/locallang_tca.xml:pages.doktype.div.link',
         '--div--'),
      array('LLL:EXT:cms/locallang_tca.xml:pages.doktype.I.2', '4',
         'i/pages_shortcut.gif'),
      array('LLL:EXT:cms/locallang_tca.xml:pages.doktype.I.5', '7',
         'i/pages_mountpoint.gif'),
      array('LLL:EXT:cms/locallang_tca.xml:pages.doktype.I.8', '3',
         'i/pages_link.gif'),
      array('LLL:EXT:cms/locallang_tca.xml:pages.doktype.div.special',
         '--div--')
   )
);
#[...]
```

Durch die PHP-Funktion `array_splice()` werden direkt nach dem ersten Element (Seitentyp *Standard*) eine ganze Reihe weiterer Elemente hinzugefügt, die für den Einsatz von TYPO3 als CMS benötigt werden.

*TYPO3 ist grundsätzlich als Framework für Webapplikationen angelegt und muss nicht zwangsläufig als Content-Management-System eingesetzt werden, auch wenn dies meistens der Fall ist.*

Auch für die Konfiguration der verschiedenen Ansichten abhängig vom Seitentyp werden Sie in der Datei *typo3/sysext/cms/ext_tables.php* fündig. Wir haben hier aufgrund der schieren Menge auf die Darstellung des Codes verzichtet.

Sie sehen, dass durch Extensions jederzeit alle bisherigen Einstellungen im $TCA überschrieben werden können. Als einzige Bedingung müssen Sie beachten, dass die Einstellungen der zuletzt eingebundenen Extension die letztlich gültigen sind. Die final gültige Konfiguration, die auf allen installierten Extensions basiert, können Sie im Modul CONFIGURATION im Bereich $TCA (TABLE CONFIGURATION ARRAY) einsehen.

# KAPITEL 7   Das Framework – Werkzeugkasten für die eigene Extension

> **ACHTUNG**
>
> Die Reihenfolge der Einbindung von Extensions hängt neben der Reihenfolge der Installation auch von der Priorität der Extensions ab. Die aktuelle Einbindungsreihenfolge können Sie in der Datei *localconf.php* in der Variable $TYPO3_CONF_VARS['EXT']['extList'] einsehen. Diese wird vom Extension Manager gepflegt und wird manchmal in der Datei *localconf.php* einfach ganz unten noch mal angefügt. Durchsuchen Sie also immer die ganze Datei! Mehr Informationen zu Einstellungen für den Extension Manager finden Sie in Kapitel 8, *Extensions entwickeln*, Abschnitt 8.5.1.

## palettes

Paletten dienen zum Zusammenfassen von Elementen, indem einzelne – nicht häufig benötigte Felder – zu einen Hauptfeld zugeordnet werden und erst einmal nicht sichtbar sind. Dadurch wird das Formular übersichtlicher und besonders für den normalen Redakteur einfacher zu bedienen. Eine Palette kann über ein optisch immer gleich aussehendes Icon angesprochen werden. Paletten sind auch als *secondary options* (siehe das Häkchen SHOW SECONDARY OPTIONS (PALETTES)) bekannt und können von jedem Redakteur gezielt auch generell sichtbar geschaltet werden.

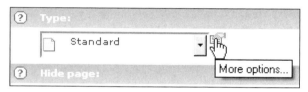

Abbildung 7.35: **Seitentitel ohne »Show secondary options (palettes)«**

Abbildung 7.36: **Seitentitel mit »Show secondary options (palettes)«**

Die letztendlich gültige Konfiguration für die Paletten kann wiederum durch verschiedene Extensions beeinflusst werden.

Listing 7.49: **Basiseinstellung in t3lib/stddb/tables.php**

```
'palettes' => Array (
    '6' => Array('showitem' => 'php_tree_stop, editlock'),
    '7' => Array('showitem' => 'is_siteroot')
)
```

## KAPITEL 7   Das Framework – Werkzeugkasten für die eigene Extension

Listing 7.50: **Erweiterung der Einstellungen in der Extension cms: ext_tables.php**

```
    // Merging palette settings:
    // t3lib_div::array_merge() MUST be used - otherwise the keys will be
        re-numbered!
$TCA['pages']['palettes'] = t3lib_div::array_merge($TCA['pages']
['palettes'],array(
    '1' => array('showitem' => 'starttime, endtime, extendToSubpages'),
    '2' => array('showitem' => 'layout, lastUpdated, newUntil, no_search'),
    '3' => array('showitem' => 'alias, target, no_cache, cache_timeout'),
    '5' => array('showitem' => 'author, author_email', 'canNotCollapse' => 1)
));
```

```
[palettes]
    [1]
    [15]
    [2]
        [showitem]=layout, lastUpdated, newUntil, no_search
    [3]
    [5]
    [6]
    [7]
```

Abbildung 7.37: **Das Ergebnis, wie Sie es im Modul Tools, Konfiguration sehen**

Damit ist jede Palette einer Tabelle über ihren Schlüssel eindeutig identifizierbar und kann in der Konfiguration von Feldern referenziert werden. Sie erinnern sich an die Ausführungen im vorhergehenden Kapitel über types:

Listing 7.51: **Ausschnitt aus dem Bereich types für den Seitentyp Standard**

```
    // Totally overriding all type-settings:
$TCA['pages']['types'] = Array (
    '1' => array('showitem' =>
        'doktype;;2;;1-1-1, hidden, nav_hide, title;;3;;2-2-2, subtitle,
            nav_title,
        --div--;LLL:EXT:cms/locallang_tca.xml:pages.tabs.metadata,
            --palette--;LLL:EXT:lang/locallang_general.xml:LGL.author;5;;
            3-3-3, abstract, keywords, description,
        --div--;LLL:EXT:cms/locallang_tca.xml:pages.tabs.files,
            media,
        --div--;LLL:EXT:cms/locallang_tca.xml:pages.tabs.options,
            TSconfig;;6;nowrap;6-6-6, storage_pid;;7, l18n_cfg, module,
            content_from_pid,
        --div--;LLL:EXT:cms/locallang_tca.xml:pages.tabs.access,
            starttime, endtime, fe_login_mode, fe_group, extendToSubpages,
        --div--;LLL:EXT:cms/locallang_tca.xml:pages.tabs.extended,
        '),
```

Für das Feld doktype sehen Sie die Einstellung, dass die Palette mit dem Schlüssel 2 zugeschaltet werden soll. Diese wiederum enthält die folgende Konfiguration:

**KAPITEL 7** Das Framework – Werkzeugkasten für die eigene Extension

Listing 7.52: **Ausschnitt des Bereichs palettes für die Palette '2'**

```
'2' => Array('showitem' => 'layout, lastUpdated, newUntil, no_search'),
```

### 7.3.3 Spezialkonfigurationen in defaultExtras

Innerhalb der Möglichkeit, durch unterschiedliche `types` verschiedene Felder anzuzeigen (siehe Abschnitt *types und showitem* weiter oben), können weitere Konfigurationseinstellungen vorgenommen werden. Diese speziellen Konfigurationen werden an der vierten Stelle innerhalb der Felddefinitionen angegeben.

```
$TCA['pages']['types']['1']['showitem'] = 'doktype, title,
    TSconfig;;6;nowrap, storage_pid;;7'
```

Für das Feld `TSconfig` im Seitenkopf ist im Beispiel für den Seitentyp 1 (Standard) vorgesehen, dass der Inhalt nicht umbrochen wird, wie es normalerweise bei einem `textarea`-Element der Fall wäre. Dabei wirkt sich diese Konfiguration nur für den Seitentyp 1 aus, auf anderen Seitentypen können also andere Einstellungen wirksam sein.

Um eine solche Einstellung gleich für alle `types` zur Verfügung zu stellen, gibt es den Parameter `defaultExtras` innerhalb der Konfiguration für ein Datenbankfeld.

Listing 7.53: **Konfiguration für ein fiktives Feld testfeld**

```
'testfeld' => Array (
    'label' => 'Testfeld für defaultExtras',
    'config' => Array (
        'type' => 'text',
    ),
    'defaultExtras' => 'nowrap'
),
#[...]
),
'types' => Array (
    '0' => Array('showitem' => 'hidden;;1, type, title, testfeld'),
```

> Neben `nowrap` stehen noch eine ganze Reihe weiterer Spezialkonfigurationen wie die Aktivierung des RTE, die Ermöglichung von Tabulatoren und das Schreiben des Feldinhalts in Textdateien zur Verfügung. Details entnehmen Sie bitte der TYPO3-Core-API.

### 7.3.4 $PAGES_TYPES

Neben dem `$TCA` gibt es noch eine Reihe weiterer Konfigurationsarrays, die in der Regel mit dem `$TCA` zusammenarbeiten. An dieser Stelle wollen wir uns noch einmal den Seitentypen und weiteren Konfigurationsmöglichkeiten dafür zuwenden. In `$PAGE_TYPES` können Sie vor allem festlegen, welche Inhalte und Datensätze auf welchen Seitentypen erlaubt sind. Auch

# KAPITEL 7  Das Framework – Werkzeugkasten für die eigene Extension

die Icons für die Darstellung können hier definiert werden. $PAGE_TYPES ist ein Array und bei den Basiskonfigurationen in der Datei *t3lib/stddb/tables.php* zu finden.

Listing 7.54: **Basiskonfiguration für $PAGES_TYPES**

```
$PAGES_TYPES = Array(
   '254' => Array(      // Doktype 254 is a 'sysFolder' - a general 
      purpose storage folder for whatever you like. In CMS context it's 
      NOT a viewable page. Can contain any element.
      'type' => 'sys',
      'icon' => 'sysf.gif',
      'allowedTables' => '*'
   ),
   '255' => Array(      // Doktype 255 is a recycle-bin.
      'type' => 'sys',
      'icon' => 'recycler.gif',
      'allowedTables' => '*'
   ),
   'default' => Array(
      'type' => 'web',
      'icon' => 'pages.gif',
      'allowedTables' => 'pages',
      'onlyAllowedTables' => '0'
   )
);
```

| SCHLÜSSEL | BESCHREIBUNG |
|---|---|
| type | Kann die Werte sys und web annehmen. Seitentypen aus der Gruppe sys entsprechen den Ordnern im Backend; Seitentypen aus der Gruppe web entsprechen den Seiten. |
| icon | Alternatives Icon, dessen Pfadangabe der Einstellung in ['ctrl']['iconfile'] entspricht. In Ihrer Extension würden Sie beispielsweise<br><br>$PAGES_TYPES['1']['icon'] = t3lib_extMgm::extRelPath($_EXTKEY).'icons/my_icon.gif'<br><br>in der Datei *ext_tables.php* schreiben, wobei Ihre Icons in einem Unterordner *icons* innerhalb der Extension liegen. |
| allowedTables | Kommagetrennte Liste mit Namen von Tabellen, deren Datensätze für den jeweiligen Seitentyp erlaubt sind. Ein »*« erlaubt alle Tabellen.<br>Eine Ausnahme bieten die Tabellen *be_users* und *be_groups*, die generell nur auf der Root-Seite erlaubt sind. |
| onlyAllowed-Tables | Wenn dieser boolesche Wert gesetzt ist, kann der Seitentyp nicht umgestellt werden, falls auf der Seite Datensätze sind, die für den gewünschten Seitentyp nicht erlaubt sind. |

Der Bereich default gilt für alle Seitentypen, solange diese nicht explizit konfiguriert werden. Auch das Array $PAGES_TYPES kann von jeder Extension angepasst werden.

### 7.3.5 Aufbau der Backend-Schnittstelle

**Oberfläche**

Das Standard-Backend baut sich aus einem HTML-Rahmen mit eingebettetem *iframe* für den Inhaltsbereich auf. Der Inhaltsbereich besteht aktuell noch aus einem regulären Frameset, falls nötig, z. B. für den Seitenbaum und die Bearbeitungsmaske. Das hat in erster Linie historische Gründe, da bis zur Version 4.1 das Backend aus mehreren Frames zusammengesetzt war und es entsprechende Startdateien für die Darstellung gab. In der Regel werden Sie hier nichts an der Basis-Funktionalität ändern, eher am Aussehen. Informationen und Möglichkeiten dazu finden Sie in Kapitel 6, *Howtos*, Abschnitt 6.1.

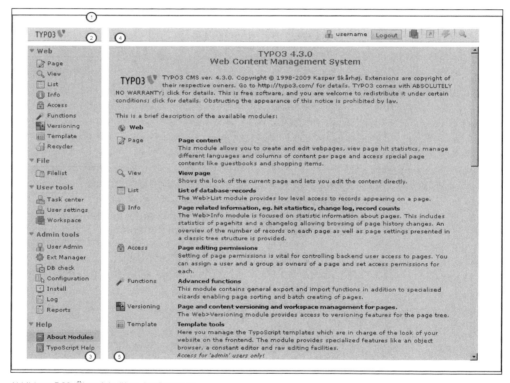

Abbildung 7.38: **Übersicht über das Backend**

① *backend.php*
Auf diese Seite wird der Benutzer nach erfolgreichem Login weitergeleitet. Sie beinhaltet das Modulmenü ③, die gesamte Kopfzeile (②, ④) und viele Hilfsfunktionen in JavaScript (JavaScript-Objekt `top`).

② Logobereich, wird seit TYPO3 4.2 in *backend.php* eingebunden.

③ Modulmenü, wird seit TYPO3 4.2 in *backend.php* eingebunden.

④ Toolbar, wird seit TYPO3 4.2 in *backend.php* eingebunden. In der Extension `extdeveval` finden Sie ein Beispiel, wie Sie hier Elemente (z.B. die Links zu API-Funktionen) hinzufügen können.

**KAPITEL 7** Das Framework – Werkzeugkasten für die eigene Extension

⑤ *alt_intro.php*, *alt_mod_frameset.php*, ...
Der Hauptbereich ⑤ wird über ein *iframe* eingebunden und stellt je nach ausgewähltem Modul andere Inhalte dar. Diese werden je nach Modul von unterschiedlichen Scripts erzeugt. Falls Sie hier einen genaueren Einblick brauchen, verwenden Sie am besten *firebug*, um zu sehen, welches Script bei welchem Modul im *iframe* eingebettet wird. *alt_intro.php* erzeugt den regulären Start-Bereich des TYPO3-Backends. Nach dem Login ins Backend wird hier standardmäßig die Ansicht About modules dargestellt, die Startseite nach dem Login kann sich jeder Benutzer zur Bequemlichkeit selbst konfigurieren.
*alt_mod_frameset.php* wird von vielen Modulen genutzt, z. B. wurde sie zu dem Zeitpunkt, als dieses Buch geschrieben wurde (TYPO3-Version 4.3), für alle Module im Bereich Web verwendet. Je nach aktivem Menü werden die entsprechenden Inhalte und Masken generiert. Einige Module wie Web, Page und File, Filelist resultieren in einem Frameset, das aus dem Seiten- oder Ordnerbaum und zugehörigen Inhalten besteht (JavaScript-Objekt `top.content`).

Weitere konfigurierbare Ansichten und ihre Besonderheiten finden Sie in der Dokumentation *TYPO3 Core Inside (doc_core_inside)* – aber Achtung: Zumindest zu dem Zeitpunkt, als dieses Buch entstand (Januar 2010), war diese Dokumentation nicht auf dem aktuellen Stand.

## Verschiedene Modultypen

Module sind die grundlegenden Organisationselemente im Backend. Es gibt 3 verschiedene Modultypen in TYPO3, die je nach Funktionalität und Wünschen der Benutzer eingesetzt und einfach erweitert werden können. Informationen zum Erstellen eigener Module finden Sie in Kapitel 8, *Extensions entwickeln*, Abschnitt 8.4.6.

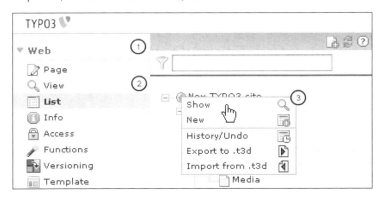

Abbildung 7.39: **Alle 3 Modultypen auf einen Blick**

① Main-Module
Main-Module (Web, File, User Tools, Admin Tools, Help) dienen hauptsächlich zur übersichtlichen Organisation und logischen Gliederung der Sub-Module.

② Sub-Module
In der Regel werden alle Funktionalitäten übergeordnet durch Sub-Module dargestellt, und Extensions fügen gerne eigene Module hinzu. Ein Klick auf das gewünschte Modul öffnet normalerweise die entsprechenden Masken oder Inhalte im rechten Bearbeitungsbereich.

③ Function-Module
Vor allem Funktionalitäten, die sich auf eine spezifische Seite beziehen, werden gern in das Kontextmenü (Funktionsmenü) des Seiten-Icons im Seitenbaum gepackt.

## $TBE_MODULES

Im globalen Array $TBE_MODULES sind alle Main-Module und Sub-Module des Backends enthalten. Dabei wird auch die Anordnung der Module (und Untermodule) über dieses Konfigurationsarray gesteuert. Die Grundfüllung des Arrays erfolgt wiederum in der Datei *t3lib/stddb/tables.php*.

Listing 7.55: **Basisfüllung des Arrays $TBE_MODULES**

```
$TBE_MODULES = Array (
   'web'   => 'list,info,perm,func',
   'file'  => 'list',
   'user'  => 'ws',
   'tools' => 'em',
   'help'  => 'about,cshmanual'
);
```

Die Start-Dateien für die Kernmodule sind im Ordner *typo3/mod* enthalten.

*Sie können eigene Module sehr einfach mithilfe des Kickstarters hinzufügen. Die richtige Konfiguration und Erweiterung von* $TBE_MODULES *erfolgt automatisch. Mehr Informationen zum Erstellen von eigenen Modulen finden Sie in Kapitel 8*, Extensions entwickeln, *Abschnitt 8.4.6. Details zur Struktur von neuen Modulen in eigenen Extensions finden Sie in Kapitel 8*, Extensions entwickeln, *Abschnitt 8.5.5.*

## 7.4 Aussehen der Backend-Formulare anpassen

Es ist relativ einfach, das Layout des TYPO3-Backends an eigene Bedürfnisse und Wünsche anzupassen. Änderungen können in einer eigenen Extension zusammengefasst werden und beziehen sich größtenteils auf das Anpassen des globalen Arrays $TBE_STYLES in Sachen Größe der Frames, Austausch von Icons und Einsatz von eigenen CSS-Stilen. Diese Möglichkeit wird von mehreren Extensions genutzt, unter anderem von der seit der Version 4.0 im TYPO3-Core mitgelieferten Extension t3skin. Natürlich kann $TBE_STYLES auch dazu genutzt werden, nur kleinere Anpassungen im Backend durchzuführen, z. B. um bestimmte Felder besonders hervorzuheben.

*Seit der Version 4.3 kann auch die Variable* $TBE_STYLES *im Modul* ADMIN TOOL -> CONFIGURATION *begutachtet werden.*

Im $TCA wird auf die hier im Anschluss genauer beschriebenen Farbschemata verwiesen.

## KAPITEL 7　Das Framework – Werkzeugkasten für die eigene Extension

Listing 7.56: **Konfiguration für die Darstellung der Felder in fe_users**

```
$TCA['fe_users']['types']['0']['showitem'] = disable,username;;;;1-1-1,
    password, usergroup, lastlogin;;;;1-1-1,--div--;LLL:EXT:cms/locallang_
    tca.xml:fe_users.tabs.personelData, name;;1;;1-1-1, address, zip, city,
    country, telephone, fax, email, www, image;;;;2-2-2,--div--;LLL:EXT:
    cms/locallang_tca.xml:fe_users.tabs.options, lockToDomain;;;;1-1-1,
    TSconfig;;;;2-2-2,--div--;LLL:EXT:cms/locallang_tca.xml:fe_users.tabs.
    access, starttime, endtime,--div--;LLL:EXT:cms/locallang_tca.xml:fe_
    users.tabs.extended';
```

Die im Listing hervorgehobenen Angaben stellen den Bezug des Feldes zu den Farbschemata her. Dabei verweist die erste Zahl auf colorschemes, die zweite Zahl auf stylechemes und die dritte Zahl auf borderschemes. Da diese jeweils aufeinander abgestimmt sind, wird meist jeweils derselbe Index angesprochen. Zusätzlich gruppiert diese Angabe Felder optisch zusammen. In unserem Beispiel bekommen das Feld username und alle folgenden Felder eine einheitliche Gestalt, und dann beginnt vor lastlogin wieder ein neuer optischer Bereich.

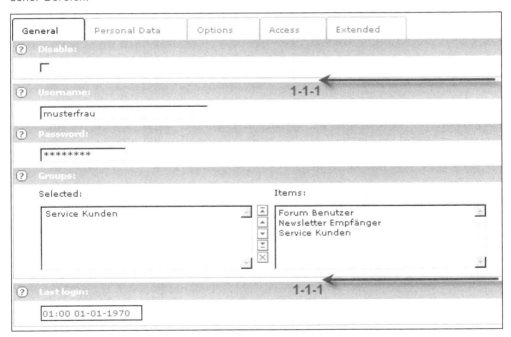

Abbildung 7.40: **Feldgruppierung im fe_users-Datensatz**

Standardmäßig stehen Ihnen bereits sechs verschiedene Grunddarstellungen zur Verfügung.

| INDEX/SCHLÜSSEL | BESCHREIBUNG |
| --- | --- |
| 0 | Standard:<br>Falls Sie keine Angaben machen, wie z. B. bei mit dem Kickstarter eingefügten Feldern, wird diese Darstellung verwendet. |
| 1 | Meta-Felder:<br>Dazu zählen Felder wie *hidden*, *type* und andere Meta-Felder. |
| 2 | Titelfelder:<br>Diese Felder stellen die Überschrift und Erkennung des Datensatzes für den Benutzer dar. Auch damit in Verbindung stehende Felder können damit ausgezeichnet werden. |
| 3 | Hauptinhalte:<br>Damit werden Felder ausgezeichnet, die wesentliche Inhalte bereitstellen. |
| 4 | Extras:<br>Zusätzliche Inhalte wie Bilder oder Dateien werden hiermit dargestellt. |
| 5 | Erweitert:<br>Besondere Inhalte wie Konfigurationsfelder können hiermit hervorgehoben werden. |

Tabelle 7.6: **Standardmäßig vorgesehene Darstellungsarten**

> *Aus Gründen der Einheitlichkeit der Benutzeroberfläche ist der Unterschied zwischen den Grunddarstellungen oft nicht zu sehen, Sie könnten das jedoch einfach durch eine Anpassung der* $TBE_STYLES *bzw. der CSS-Stile verändern.*

## 7.4.1 Colorschemes

Sie können fünf Klassen- bzw. Farbdefinitionen (durch Kommas getrennt) für die einzelnen Bereiche eines Feldblocks in der Backend-Maske angeben. Die Reihenfolge wird durch die Auswirkung auf einzelne Bereiche definiert:

[Bereich allgemein], [Bereich Überschrift], [Bereich Überschrift für Felder aus der Palette], [Schriftfarbe der Überschrift], [Schriftfarbe der Überschrift für Felder aus der Palette]

Die Extension t3skin legt (in ihrer Datei *ext_tables.php*) folgende Stile fest:

Listing 7.57: **Definition der $TBE_STYLES['colorschemes'] in t3skin**

```
$TBE_STYLES['colorschemes'][0]='-|class-main1,-|class-main2,-|class-main3,
   -|class-main4,-|class-main5';
$TBE_STYLES['colorschemes'][1]='-|class-main11,-|class-main12,-|class-
   main13,-|class-main14,-|class-main15';
$TBE_STYLES['colorschemes'][2]='-|class-main21,-|class-main22,-|class-
   main23,-|class-main24,-|class-main25';
```

```
$TBE_STYLES['colorschemes'][3]='-|class-main31,-|class-main32,-|class-
    main33,-|class-main34,-|class-main35';
$TBE_STYLES['colorschemes'][4]='-|class-main41,-|class-main42,-|class-
    main43,-|class-main44,-|class-main45';
$TBE_STYLES['colorschemes'][5]='-|class-main51,-|class-main52,-|class-
    main53,-|class-main54,-|class-main55';
```

Durch diese Schreibweise werden Farben nicht direkt angegeben, sondern über die definierten CSS-Klassen angesprochen. In einer eigenen CSS-Datei können Sie dann die gewünschten Farben festlegen.

### 7.4.2 Styleschemes

Jedes Formularelement bekommt eine Stilangabe zugewiesen. Diese kann für jeden Typ eines Formularelements getrennt angegeben werden. Die Angabe all gilt für alle Formularelemente und kann speziell für einzelne Elementtypen überschrieben werden. Betrachten Sie doch einmal den Quelltext eines Backend-Formulars (bei installierter Extension t3skin), und suchen Sie nach hier definierten Klassen. Sie werden den Zusammenhang schnell verstehen.

Listing 7.58: **Definition der $TBE_STYLES['styleschemes'] in t3skin**

```
$TBE_STYLES['styleschemes'][0]['all'] = 'CLASS: formField';
$TBE_STYLES['styleschemes'][1]['all'] = 'CLASS: formField1';
$TBE_STYLES['styleschemes'][2]['all'] = 'CLASS: formField2';
$TBE_STYLES['styleschemes'][3]['all'] = 'CLASS: formField3';
$TBE_STYLES['styleschemes'][4]['all'] = 'CLASS: formField4';
$TBE_STYLES['styleschemes'][5]['all'] = 'CLASS: formField5';

$TBE_STYLES['styleschemes'][0]['check'] = 'CLASS: checkbox';
$TBE_STYLES['styleschemes'][1]['check'] = 'CLASS: checkbox';
$TBE_STYLES['styleschemes'][2]['check'] = 'CLASS: checkbox';
$TBE_STYLES['styleschemes'][3]['check'] = 'CLASS: checkbox';
$TBE_STYLES['styleschemes'][4]['check'] = 'CLASS: checkbox';
$TBE_STYLES['styleschemes'][5]['check'] = 'CLASS: checkbox';

$TBE_STYLES['styleschemes'][0]['radio'] = 'CLASS: radio';
$TBE_STYLES['styleschemes'][1]['radio'] = 'CLASS: radio';
$TBE_STYLES['styleschemes'][2]['radio'] = 'CLASS: radio';
$TBE_STYLES['styleschemes'][3]['radio'] = 'CLASS: radio';
$TBE_STYLES['styleschemes'][4]['radio'] = 'CLASS: radio';
$TBE_STYLES['styleschemes'][5]['radio'] = 'CLASS: radio';

$TBE_STYLES['styleschemes'][0]['select'] = 'CLASS: select';
$TBE_STYLES['styleschemes'][1]['select'] = 'CLASS: select';
$TBE_STYLES['styleschemes'][2]['select'] = 'CLASS: select';
$TBE_STYLES['styleschemes'][3]['select'] = 'CLASS: select';
$TBE_STYLES['styleschemes'][4]['select'] = 'CLASS: select';
$TBE_STYLES['styleschemes'][5]['select'] = 'CLASS: select';
```

## 7.4.3 Borderschemes

Jetzt fehlen uns nur noch die Angaben zu Rahmen und Abständen. Da die Backend-Formulare als Tabellen erzeugt werden, können wir hier derzeit auch nur tabellenspezifische Angaben machen. Diese sind in vier Elemente eines Arrays unterteilt.

| INDEX/SCHLÜSSEL | BESCHREIBUNG |
| --- | --- |
| 0 | Inhalt des `style`-Attributs der umschließenden Tabelle |
| 1 | Pixelabstand nach der umschließenden Tabelle |
| 2 | Inhalt des `background`-Attributs der umschließenden Tabelle |
| 3 | Inhalt des `class`-Attributs der umschließenden Tabelle |

Tabelle 7.7: **Formatierungselemente für die umschließenden Tabellen**

Da heutige Browsergenerationen sehr gut mit CSS-Angaben umgehen können, wird meist nur noch das letzte Element verwendet, und die gesamten Stileinstellungen werden über die dabei definierte Klasse vorgenommen.

Listing 7.59: **Definition der $TBE_STYLES['borderschemes'] in t3skin**

```
$TBE_STYLES['borderschemes'][0]= array('','','','wrapperTable');
$TBE_STYLES['borderschemes'][1]= array('','','','wrapperTable1');
$TBE_STYLES['borderschemes'][2]= array('','','','wrapperTable2');
$TBE_STYLES['borderschemes'][3]= array('','','','wrapperTable3');
$TBE_STYLES['borderschemes'][4]= array('','','','wrapperTable4');
$TBE_STYLES['borderschemes'][5]= array('','','','wrapperTable5');
```

Wie Sie eigene optische Darstellungen der Backend-Oberfläche festlegen, ist in Kapitel 6, *HowTos*, Abschnitt 6.1 beschrieben.

## 7.5 RTE-API

Um dem Redakteur komfortable Möglichkeiten zur Eingabe von formatierten Inhalten zu geben, können Eingabefelder im Backend mit einem *Rich Text Editor (RTE)* belegt werden. Dies wird (unter anderem) durch entsprechende Einstellungen im $TCA vorgenommen. Da es für verschiedene Browser und Betriebssysteme oder Anforderungen verschiedene RTEs gibt, wurde in TYPO3 eine Schnittstelle für die Kommunikation zwischen den RTEs und TYPO3 entwickelt. Auch der seit der Version 4.0 als Standard eingebundene RTE (Extension Key `rtehtmlarea`) arbeitet über diese Schnittstelle. Sie können theoretisch für verschiedene Bedürfnisse sogar mehrere Editoren installieren, damit z.B. Benutzer mit unterschiedlichen Browsern jeweils einen spezialisierten RTE nutzen können.

Der wichtigste Vorgang beim Einsatz eines RTE ist die Transformation der Daten zwischen RTE und Datenbank. Betrachten Sie einmal den HTML-Code innerhalb des RTE, und vergleichen Sie diesen mit dem korrespondierenden Inhalt der Datenbank.

# KAPITEL 7   Das Framework – Werkzeugkasten für die eigene Extension

In der Datenbank wiederum sieht der Code deutlich anders aus. Das liegt daran, dass beim Speichern des Formulars die RTE-API zum Tragen kommt und die entsprechenden Konfigurationen (vor allem aus *Page TSconfig*) auswertet und umsetzt. Beispielsweise können Tags und CSS-Klassen je nach Bedarf erlaubt und verboten werden. Solche nicht gestatteten Elemente werden dann zwar im RTE erzeugt, z. B. durch Hineinkopieren von externen Daten, werden aber auf dem Weg zur Datenbank ausgefiltert.

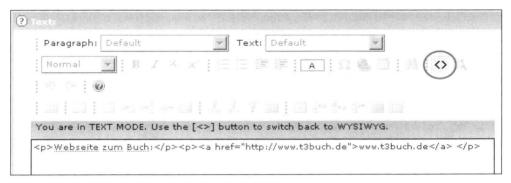

Abbildung 7.41: **Der RTE rtehtmlarea mit aktivierter Code-Ansicht**

Listing 7.60: **Inhalt des Feldes bodytext in der Datenbank**

```
Webseite zum Buch:
<link http://www.t3buch.de>www.t3buch.de</link>
```

Auf der erzeugten Webseite wiederum erscheint der Code so, wie Sie ihn vermutlich überall erwartet hätten. Zwischen der Datenbank und dem Frontend erfolgt also wiederum eine Transformation. Diese Transformation wird dann jedoch nicht mehr von der RTE-Schnittstelle bestimmt, sondern von TypoScript in *css_styled_content*.

Listing 7.61: **Resultat auf der Webseite**

```
<p class="bodytext">
<a href="http://www.t3buch.de" target="_blank">www.t3buch.de</a> </p>
```

Ein Grund für diese Transformationen ist die spezielle Behandlung von einzelnen Inhalten in TYPO3, wie z. B. der Links. Diese sollen beispielsweise bei mehreren Domains innerhalb einer TYPO3-Installation mal interne Links, mal externe Links sein, je nachdem, über welche Domain der Besucher die Seite aufgerufen hat. Interne Links sollen relative Links sein, externe Links müssen absolut sein. Die notwendigen Prüfungen dazu können auf dem Weg des Inhalts von der Datenbank ins Frontend durchgeführt werden, und entsprechende Umwandlungen können angestoßen werden. Der Editor im Backend muss davon gar nichts mitbekommen. Auf dem Weg zwischen Datenbank und RTE muss der von TYPO3 formatierte Inhalt nur so weit umgewandelt werden, dass der RTE entsprechend arbeiten kann.

**KAPITEL 7**   Das Framework – Werkzeugkasten für die eigene Extension

> **INFO**
>
> *Rich-Text-Editoren werden oft unabhängig von TYPO3 entwickelt und als eigene Projekte vorangetrieben. Sie können dann in TYPO3-Extensions verpackt werden, um eine Nutzung innhalb von TYPO3 zu ermöglichen. Bekannte Extensions sind beispielsweise* `tinyrte` *und* `tinymce_rte`, *die beide auf dem externen RTE* TinyMCE *basieren.*

Da Sie wahrscheinlich keinen neuen RTE in TYPO3 integrieren möchten, sondern einen bestehenden für Ihre Projekte konfigurieren, werden wir an dieser Stelle nicht detailliert auf die Schnittstellenkonfiguration eingehen. Falls Sie an näheren Details interessiert sind, empfehlen wir die Recherche in der TYPO3-Core-API im Abschnitt *RTE API*.

Die möglichen Konfigurationsparameter sind für die einzelnen RTEs unterschiedlich. Beachten Sie dazu die Informationen in Kapitel 5, *Das Backend – Eingabe und Pflege der Daten*, Abschnitt 5.3 oder auch die Dokumentation der jeweiligen Extension.

## 7.6 Technikhintergrund zu Versionierung und Workspaces

Die seit der Version 4.0 möglichen Workspaces basieren auf der Versionierung von Datensätzen und erweitern seither die Möglichkeiten, mit TYPO3 redaktionell im Team zu arbeiten. Versionierung kann dazu genutzt werden, von einzelnen Datensätzen oder ganzen Gruppen von Datensätzen Versionen zu erzeugen, die nicht sofort online sichtbar sein müssen. Eine der Versionen stellt dabei immer die Live-Version dar, und dazu kann es beliebig viele Bearbeitungsversionen geben, die als Entwurf (noch nicht online) oder als Archiv (bereits einmal oder mehrmals online) vorliegen. Versionierung wird vom *TYPO3 Core* direkt unterstützt.

> **TIPP**
>
> *Wollen Sie mehr über die redaktionellen Möglichkeiten und Anwendungsgebiete erfahren, lesen Sie bitte auch das Kapitel 5,* Das Backend – Eingabe und Pflege der Daten, *Abschnitt 5.4.*

Es gibt drei verschiedene Typen der Versionierung:

» `Element`: einzelnes Element

Ein einzelner Datensatz einer Tabelle wird versioniert. Die Tabelle muss natürlich Versionierung unterstützen. Die Voraussetzungen dazu finden Sie weiter unten.

Der Datensatz wird für sich allein kopiert und enthält eine Referenz auf die Originalversion. Dies stellt die einfachste und direkteste Variante des Versionierens dar, ist allerdings für die Redakteure nicht das Optimum, da eine Version eines Datensatzes immer nur zu ihrem Originaldatensatz eine Verbindung hat, nicht jedoch zu anderen Datensätzen, die gemeinsam mit ihm geändert werden sollen (beispielsweise durch Umsortierung).

» `Page`: einzelne Seite

Ein einzelner Datensatz der Tabelle *pages* wird versioniert. Dabei wird eine Kopie des Datensatzes erzeugt, der eine Referenz auf die Originalversion enthält. Alle untergeordneten Datensätze der Originalseite werden – soweit sie mit `versioning_followPages` im

**KAPITEL 7**     Das Framework – Werkzeugkasten für die eigene Extension

$TCA, Bereich ctrl, dafür vorgesehen sind – mitkopiert und als Inhalte der neuen Version angelegt. Durch das Kopieren der Unterseiten enthalten diese komplett neue *uid*s und haben keine Referenz mehr zum Originaldatensatz. Als Folge kann es dazu kommen, dass interne Verlinkungen verloren gehen.

» Branch: ganzer Zweig des Seitenbaums

Es passiert das Gleiche wie bei einer einzelnen Seite, allerdings werden zusätzlich auch enthaltene Unterseiten – rekursiv bis zu einer bestimmten Tiefe – und deren Inhalte mitkopiert. Bei der Versionierung von Zweigen wird also eine ganze Menge neuer Datensätze erzeugt.

> **ACHTUNG**
>
> Bei einer versionierten Seite gehen leider alle Verknüpfungen beispielsweise des Inhaltselements INSERT RECORDS zu den originalen Inhaltselementen verloren, da sie neue *uid*s bekommen und nur zur neuen Version der Seite eine Verknüpfung aufweisen. Bei der Variante des ganzen Seitenbaums gehen dabei sogar Verlinkungen auf Unterseiten verloren. Sie sollten also bei einem geplanten Einsatz der Workspaces sehr genau überlegen, wie diese genutzt werden sollen und ob die Verlinkungsproblematik für Sie gefährlich werden kann. Zudem sind auch bekannte Extensions nicht immer workspace-fähig.
>
> Der technische und konzeptionelle Aufwand, um diesen Nachteil auszuschalten, ist so groß, dass es dafür bisher keinen Lösungsansatz gibt.

### 7.6.1 Voraussetzungen für eine versionierbare Tabelle

Tabellen müssen im $TCA für die Versionierung konfiguriert werden und die dafür benötigten Felder enthalten.

Listing 7.62: **Ausschnitt aus der Tabellendefinition für pages**

```
CREATE TABLE pages (
 uid int(11) NOT NULL auto_increment,
 pid int(11) DEFAULT '0' NOT NULL,
 t3ver_oid int(11) DEFAULT '0' NOT NULL,
 t3ver_id int(11) DEFAULT '0' NOT NULL,
 t3ver_wsid int(11) DEFAULT '0' NOT NULL,
 t3ver_label varchar(255) DEFAULT '' NOT NULL,
 t3ver_state tinyint(4) DEFAULT '0' NOT NULL,
 t3ver_stage tinyint(4) DEFAULT '0' NOT NULL,
 t3ver_count int(11) DEFAULT '0' NOT NULL,
 t3ver_tstamp int(11) DEFAULT '0' NOT NULL,
 t3ver_swapmode tinyint(4) DEFAULT '0' NOT NULL,
 t3ver_move_id int(11) DEFAULT '0' NOT NULL,
 t3_origuid int(11) DEFAULT '0' NOT NULL,
```

Wie in Listing 7.62 sehr schön zu sehen ist, sind für die Tabelle *pages* eine ganze Reihe von Feldern für die Versionierung vorgesehen. Bis auf das Feld *t3ver_swapmode* sind diese auch für alle anderen Tabellen notwendig, die versionierungsfähig sein sollen. Beim Anlegen neuer Extensions bietet der Kickstarter die Option, Datensätze versionierbar zu machen, indem die benötigten Felder und Konfigurationen automatisch angelegt werden.

Listing 7.63: **ctrl-Abschnitt einer neu erzeugten Tabelle mit Versioning**

```
"ctrl" => Array (
    'title' => 'LLL:EXT:abz_references/locallang_db.xml:tx_abzreferences_
       items',
    'label' => 'uid',
    'tstamp' => 'tstamp',
    'crdate' => 'crdate',
    'cruser_id' => 'cruser_id',
    'versioningWS' => TRUE,
    'origUid' => 't3_origuid',
    'languageField' => 'sys_language_uid',
    'transOrigPointerField' => 'l18n_parent',
    'transOrigDiffSourceField' => 'l18n_diffsource',
    "default_sortby" => "ORDER BY crdate",
    "delete" => "deleted",
    "enablecolumns" => Array (
        "disabled" => "hidden",
        "starttime" => "starttime",
        "endtime" => "endtime",
    ),
),
```

Den Unterschied zu einer herkömmlichen Tabelle machen die beiden in Listing 7.63 hervorgehobenen Zeilen aus. Damit wird TYPO3 mitgeteilt, dass eine Versionierung gewünscht ist und in welchem Datenbankfeld die Verknüpfung zum Originaldatensatz abgelegt werden soll. Entwurfs- oder Archiv-Versionen eines Live-Datensatzes werden zusätzlich mit dem Wert *-1* im Feld *pid* als offline gekennzeichnet. Beim Austausch einer neuen Version eines einzelnen Datensatzes werden die *pid* und *uid* für die Live-Version nicht verändert. Somit bleiben alle Referenzen darauf intakt (im Gegensatz zur Versionierung von ganzen Seiten oder Seitenbäumen, siehe oben).

### 7.6.2 Sonderfall Löschen und Erzeugen

Für das Löschen wird erst eine neue Version des Datensatzes erzeugt. Dieser Datensatz bekommt das Flag `t3ver_state=2`. Beim Publizieren wird dann das vorgesehene Löschen durchgeführt.

Für neue Elemente wird zuerst ein Platzhalterelement erzeugt, das den Status `t3ver_state=1` bekommt. Dieses Element ist tatsächlich live, wird aber online aufgrund des Flags nicht angezeigt. Dann wird von diesem Element ein versionierter Datensatz erzeugt, der dann beim Publizieren sichtbar wird.

### 7.6.3 Eindeutige Felder (unique fields)

Felder mit einer Einschränkung auf Eindeutigkeit (wie Benutzernamen oder Seitenalias) bergen eine gewisse Problematik in sich, da eine Prüfung auf Eindeutigkeit nur mit den Live-Datensätzen Sinn macht. Da die Online-Version und die Entwurfsversionen alle in einer Tabelle liegen, kann nicht auf eine Eindeutigkeitsprüfung auf Datenbankbasis zurückgegriffen werden. Die Online-Version und die neue Version enthalten nach dem Erzeugen einer neuen Version erst einmal die gleichen Werte. Derzeit ist in TYPO3 der einfachste Weg gewählt: Diese Felder werden beim Livestellen überhaupt nicht ausgetauscht, sondern behalten ihren Wert. Sie können also nur im Live-Datensatz geändert werden.

Um Verwirrungen zu vermeiden, können Sie diese Felder in den versionierten Datensätzen mithilfe der Darstellungsbedingungen im *$TCA* ausblenden.

Listing 7.64: **Darstellungsbedingung im Falle einer Versionierung: pages:alias**

```
$TCA['pages']['columns']['alias']['displayCond'] = 'VERSION:IS:false';
```

### 7.6.4 Lebenszyklus von versionierten Elementen

Das Feld *t3ver_count* enthält die Information über die Versionierungshistorie des Elements. Nach dem Erzeugen des Elements hat es den Zustand draft, und der Zähler steht auf 0. Wird das Element veröffentlicht, lautet der Status live. Der Unterschied zwischen draft und live ist im Feld *pid* erkennbar: -1 steht bei einem draft-Datensatz, und das Element unter all den Versionen, das mit der tatsächlichen *pid* versehen ist, ist der live-Datensatz.

Sobald das aktuelle Live-Element abgelöst wird, bekommt es den Status archiv. Dabei wird der Zähler im Feld *t3ver_count* um eins hochgezählt. Dies passiert jedes Mal beim Wechsel vom Zustand live zu archiv und zeigt somit an, wie oft ein Element den Zustand live innehatte.

### 7.6.5 Workspaces-API für Programmierer

Bei der Programmierung von Extensions, die für Workspaces geeignet sein sollen, gibt es einige Punkte zu beachten. Sie finden diese in Kapitel 8, *Extensions entwickeln*, Abschnitt 8.13.5.

## 7.7 Kontextsensitive Menüs

Kontextsensitive Menüs in TYPO3 sind eine sehr hilfreiche und gern angenommene Möglichkeit. Technisch gesehen entspricht das Menü einem HTML-Layer-Menü. Das PHP-Script in *typo3/alt_clickmenu.php* erzeugt dieses Menü, bietet aber vor der endgültigen Generierung des HTML-Codes die Möglichkeit für externe Scripts, dem Menü eigene Punkte hinzuzufügen. Ein solches externes Script wird über $GLOBALS['TBE_MODULES_EXT']['xMOD_alt_clickmenu']['extendCMclasses'] definiert. Ein gutes Beispiel für eine solche Einbindung finden Sie in den System-Extensions extra_page_cm_options und impexp.

Listing 7.65: **Einbindung eines Elements ins Kontextmenü in ext_tables.php in impexp**

```
$GLOBALS['TBE_MODULES_EXT']['xMOD_alt_clickmenu']['extendCMclasses'][]=
   array(
   'name' => 'tx_impexp_clickmenu',
   'path' => t3lib_extMgm::extPath($_EXTKEY).'class.tx_impexp_clickmenu.php'
);
```

# KAPITEL 7 Das Framework – Werkzeugkasten für die eigene Extension

Praktische Anweisungen zum Erzeugen und Einbinden von eigenen Menüpunkten in ein kontextsensitives Menü finden Sie in Kapitel 8, *Extensions entwickeln*, Abschnitt 8.4.8.

## 7.8 Kontextsensitive Hilfe

Damit die Benutzer von TYPO3 an der Fülle der Felder und ihrer jeweiligen Bedeutung nicht verzweifeln, bietet TYPO3 die Möglichkeit, für alle Felder und Masken eine kontextbezogene Hilfe einzufügen.

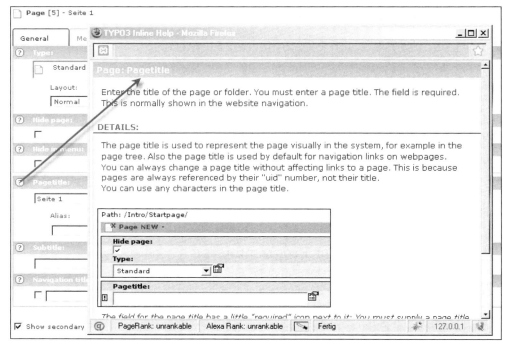

Abbildung 7.42: **Aufruf der kontextsensitiven Hilfe**

Realisiert wird dies durch die Einbindung von sprachabhängigen Dateien (*locallang_csh_\*.php* oder *locallang_csh_\*.xml*) analog zu den Labels für die Benennung der Felder. Bestehende Hilfetexte können durch eigene Texte ersetzt oder erweitert werden, was eine sehr hohe Flexibilität ermöglicht. Die Labels werden in dem globalen Array $TCA_DESCR vorgehalten und können genauso wie die anderen Labels über das Objekt $LANG im Backend ausgelesen werden. Für Formulare, die mit der TCE erzeugt werden, geschieht dies bereits automatisch. Sobald also Hilfetexte vorhanden sind, werden sie direkt in das Hilfesystem eingebunden.

# KAPITEL 7 Das Framework – Werkzeugkasten für die eigene Extension

In das globale Array $TCA_DESCR werden die Labels durch spezielle Aufrufe geladen:

Listing 7.66: **Einbindung von Hilfetexten**

```
t3lib_extMgm::addLLrefForTCAdescr('pages','EXT:lang/locallang_csh_pages.↵
   php');
t3lib_extMgm::addLLrefForTCAdescr('sys_filemounts','EXT:lang/locallang_↵
   csh_sysfilem.php');
t3lib_extMgm::addLLrefForTCAdescr('_MOD_tools_em','EXT:lang/locallang_csh_↵
   em.php');
```

Sie sehen, dass Sie anhand dieser API sowohl Hilfetexte für Tabellenfelder als auch für Modulmasken laden können. Dafür müssen Sie statt dem Tabellennamen den Modulnamen angeben. Der korrekte Name des Moduls ist innerhalb des Moduls in der Datei *conf.php* in der Variable $MCONF gespeichert.

Für ein eigenes Modul müssen Sie die Label natürlich auch erst laden, bevor sie angezeigt werden können.

Listing 7.67: **Modullabels innerhalb des Moduls laden**

```
$key = '_MOD_'.$MCONF['name'];
$LANG->loadSingleTableDescription($key);
```

Die eigentlichen Sprachdateien können wiederum wie alle anderen Sprachdateien auch als *.php-* oder *.xml*-Datei vorliegen. Eine Umwandlung von *php* nach *xml* kann auch hier mittels der Extension extdeveval durchgeführt werden.

Der Inhalt der Sprachdateien folgt natürlich auch gewissen Regeln. Öffnen Sie dazu am besten eine *csh*-Datei wie z. B. *sysext/lang/locallang_csh_pages.xml* oder *sysext/impexp/locallang_csh.xml*.

Der Aufbau der Schlüssel ist sehr ähnlich zu den regulären Sprachdateien, allerdings kann hier noch eine spezielle Option gewählt werden. Informationen für das Feld php_tree_stop werden beispielsweise auf mehrere Bereiche aufgeteilt.

Listing 7.68: **Gekürzte Darstellung der Informationen für das Feld pages:php_tree_stop**

```
<label index="php_tree_stop.description">Stops backend rendering of the ↵
   page tree in navigation and lists.</label>
<label index="php_tree_stop.details">If you set this flag ....</label>
<label index="_php_tree_stop.seeAlso">_MOD_web_info:pagetree_overview ↵
   </label>
<label index="_php_tree_stop.image">EXT:lang/cshimages/pages_8.png, ↵
   ...</label>
<label index="php_tree_stop.image_descr">Here the ...</label>
<label index="php_tree_stop.description">
```

» Fieldname (php_tree_stop):

   Name des Feldes, für das ein Hilfetext definiert wird

- `type-key` kann folgende Werte annehmen:
  - `description`:
  
    Beschreibung des Feldes; wird bei entsprechend gesetzter Option direkt im Feld angezeigt.
  - `details`:
  
    Ausführliche Beschreibung, die im Popup-Fenster erscheint
  - `syntax`:
  
    Beschreibt die nötige Schreibweise für Inhalte des Feldes, falls dies nötig ist.
  - `image`:
  
    Verweis auf ein Bild, das im Popup-Fenster erscheint
  - `image_desc`:
  
    Beschreibung für das Bild
  - `seeAlso`:
  
    Verweis auf weitere relevante Einträge in der Hilfe
  - alttitleAlternativer Titel für das Feld oder die Tabelle
- special optionsWenn Sie einen bestehenden Hilfetext nicht überschreiben möchten, können Sie durch Angabe des Zeichens »+« Ihren Text zum bestehenden hinzufügen (ohne den bestehenden Text kennen zu müssen).

Die Umsetzung eines praktischen Beispiels finden Sie in Kapitel 6, *HowTos*, Abschnitt 6.3.

## 7.9 Funktionsweisen von TYPO3 abändern

Als Entwickler werden Sie immer wieder vor der Aufgabe stehen, bestehende Funktionalitäten zu erweitern oder abzuändern. Für diese Aufgabe stehen Ihnen mehrere Möglichkeiten zur Verfügung.

### 7.9.1 Ändern des Core-Codes

Die schnellste und wohl (auf den ersten Blick) einfachste Möglichkeit für Änderungen an Funktionalitäten ist das direkte Abändern der entsprechenden Stelle im Code. Allerdings hat diese Vorgehensweise so gravierende Nachteile, dass wir sie als tabu deklarieren.

In Ausnahmefällen kann das direkte Ändern nötig sein, z. B. wenn die im Folgenden besprochenen Änderungsmöglichkeiten nicht anwendbar sind. Sorgen Sie dann aber unbedingt für eine entsprechende Dokumentation.

# KAPITEL 7  Das Framework – Werkzeugkasten für die eigene Extension

Gründe, die gegen eine direkte Änderung sprechen, sind:

» Bei einem Update von TYPO3 gehen die Anpassungen verloren bzw. müssen manuell nachgeführt werden, was einen sehr großen Aufwand darstellt und ein beträchtliches Fehlerrisiko beinhaltet.

» Projektspezifische Anpassungen werden von anderen Entwicklern (z. B. neu im Projekt eingesetzten) nicht im Core vermutet und stellen dadurch eine Fehlerquelle dar. Die Übersichtlichkeit leidet.

**Änderungen an Funktionalitäten in TYPO3 sollten *immer* in Extensions gepackt werden.**

Es ist ziemlich einfach, neue Extensions in TYPO3 zu erstellen. Informationen zum Erstellen von Extensions finden Sie in Kapitel 8, *Extensions entwickeln*.

## 7.9.2 Erweiterung mittels XCLASS

Eine sehr häufig und schon lange in TYPO3 eingesetzte Möglichkeit zur Anpassung von Funktionalitäten stellt die Erweiterung von Klassen dar. Dieses Vorgehen wird im TYPO3-Universum *XCLASS* genannt (eXtending CLASSes). So gut wie alle PHP-Scripts in TYPO3 sind in Klassen gekapselt und können durch sogenannte *user classes* erweitert werden.

Die Erweiterung von bestehenden Klassen hat jedoch einen Nachteil: Eine Klasse kann nur einmal erweitert werden. Wenn mehrere Extensions dieselbe Klasse erweitern möchten, kommt in der Regel nur die Erweiterung der Extension zum Zuge, die als Letzte installiert wurde. Versuchen Sie also nach Möglichkeit, Hooks (siehe im nächsten Abschnitt) für Anpassungen zu verwenden, und setzen Sie die XCLASS-Methode nur für projektspezifische Anpassungen ein. Die Erweiterung einer Erweiterung ist durchaus möglich, allerdings aus Gründen der Übersichtlichkeit generell in Frage zu stellen.

Ein gutes Anschauungsbeispiel finden Sie in der Extension `ingmar_admpanelwrap` von Ingmar Schlecht:

Listing 7.69: **Einbindung einer XCLASS in der Datei ext_localconf.php der Extension ingmar_admpanelwrap**

```
$TYPO3_CONF_VARS[TYPO3_MODE]["XCLASS"]["t3lib/class.t3lib_tsfebeuserauth.
    php"] = t3lib_extMgm::extPath($_EXTKEY)."class.ux_t3lib_tsfeBeUserAuth.
    php";
```

Und so wird's gemacht:

1. Erzeugen Sie mit dem Extension Kickstarter eine neue Extension.

*Öffnen Sie die Datei, die das zu ändernde Script enthält. Im Regelfall werden Sie zu diesem Zeitpunkt schon wissen, wo Sie die Anpassung durchführen möchten. Beim Auffinden hilft Ihr Editor und in schwierigen Fällen entsprechendes Debugging.*

# KAPITEL 7  Das Framework – Werkzeugkasten für die eigene Extension

2. Stellen Sie den Namen der zu überschreibenden Klasse fest (Originalklasse).

3. Legen Sie eine neue *php*-Datei im Verzeichnis der eben geschaffenen Extension an. Der Name folgt diesen Vorgaben: *class.ux_[Originalklasse].php*

4. Kopieren Sie die Originalklasse in diese Datei, und passen Sie den Kommentar im Kopf entsprechend an.

5. Ändern Sie die Zeile

    ```
    class [Originalklasse] {
    ```

    in:

    ```
    class ux_[Originalklasse] extends [Originalklasse] {
    ```

6. Entfernen Sie alle Eigenschaften und Methoden, die Sie nicht verändern werden, aus der neuen Klasse.

7. Betrachten Sie den Code ganz am Ende der Datei mit der Originalklasse,

    Listing 7.70: **Die Einbindung der XCLASS ist bereits vorbereitet.**

    ```
    if (defined('TYPO3_MODE') && $TYPO3_CONF_VARS[TYPO3_MODE]['XCLASS']
    ['t3lib/class.t3lib_tsfebeuserauth.php']) {
    ...include_once($TYPO3_CONF_VARS[TYPO3_MODE]['XCLASS']['t3lib/class.
       t3lib_tsfebeuserauth.php']);
    }
    ```

    und kopieren Sie die komplette $TYPO3_CONF_VARS-Variable.

8. Öffnen bzw. erzeugen Sie die Datei *ext_localconf.php* der neuen Extension. Fügen Sie die eben kopierte Variable ein, und belegen Sie diese mit dem Dateipfad zu Ihrer Datei *class. ux_[Originalklasse].php*, z. B.:

    ```
    $TYPO3_CONF_VARS[TYPO3_MODE]['XCLASS']['t3lib/class.t3lib_
       tsfebeuserauth.php'] = t3lib_extMgm::extPath($_EXTKEY).'class.ux_
       t3lib_tsfeBeUserAuth.php';
    ```

    Falls Sie Änderungen an einer Klasse vornehmen, die sowohl im Frontend als auch im Backend zum Einsatz kommt, die Änderung aber nur im Frontend zum Tragen kommen soll, ändern Sie TYPO3_MODE in FE (oder analog in BE). In der Konstante TYPO3_MODE ist genau diese Information enthalten, je nachdem, ob sich der Benutzer im Frontend oder im Backend befindet.

9. Passen Sie den Schluss Ihrer Klassendatei entsprechend an, damit auch diese bei Bedarf wieder überschrieben werden kann:

    Listing 7.71: **Die Einbindung der XCLASS wird wiederum bereits vorbereitet.**

    ```
    if (defined("TYPO3_MODE") && $TYPO3_CONF_VARS[TYPO3_MODE]["XCLASS"]
       ["ext/ingmar_admpanelwrap/class.ux_t3lib_tsfeBeUserAuth.php"]) {
    ```

```
...include_once($TYPO3_CONF_VARS[TYPO3_MODE]["XCLASS"]["ext/ingmar_ ↵
    admpanelwrap/class.ux_t3lib_tsfeBeUserAuth.php"]);
}
```

10. Ändern Sie die gewünschten Funktionalitäten in der neuen Klasse. Bei Bedarf kopieren Sie die Methode aus der Originalklasse und ändern sie dann entsprechend ab. Falls Sie nur ein Pre- oder Postprocessing benötigen, kopieren Sie nicht den gesamten Code der Methode, sondern rufen innerhalb der neuen Methode die Originalmethode mit `parent::[funktion]` auf und fügen Ihren Code hinzu. Pre- oder Postprocessing bedeutet das Hinzufügen von Code ganz am Anfang oder am Schluss, es ist jedoch keine Änderung des eigentlichen Codes notwendig.

    Falls Sie Ihrer Klasse gänzlich neue Methoden hinzufügen, versehen Sie diese mit dem Suffix ux_*, um sicherzustellen, dass später vom Autor der Originalklasse nicht derselbe Name für eine Funktion verwendet wird (und somit diesmal unerwünschterweise statt der Originalmethode wieder Ihre Methode aufgerufen wird).

11. Testen Sie die korrekte Funktionsweise Ihrer XCLASS, nachdem Sie den Cache geleert haben.

**ACHTUNG**

**Die Erweiterung durch eine XCLASS ist nur für instanziierte Klassen möglich. Klassen wie t3lib_div, t3lib_extMgm oder t3lib_BEfunc und ihre Funktionen können Sie also nicht erweitern, da sie statisch aufgerufen werden.**

Damit TYPO3 die erweiterten Klassen erkennt und entsprechend einbindet, müssen alle Instanziierungen von Klassen über das TYPO3-Framework durchgeführt werden. Bei der Instanziierung von Klassen mittels `t3lib_div::makeInstance()` wird auf das Vorhandensein von XCLASSes geprüft, und diese werden entsprechend eingebunden.

Wenn Sie eine Klasse instanziieren oder einen Klassennamen zur Instanziierung vorbereiten, sollten Sie immer die Hilfsfunktionen `t3lib_div::makeInstance()` (oder in Versionen vor 4.3 auch `t3lib_div::makeInstanceClassName()`) benutzen. Dadurch stellen Sie die korrekte Einbindung einer eventuell vorhandenen *XCLASS* sicher.

## SC_*-Klassen im Backend

Aus historischen Gründen werden hier sehr viele Variablen aus dem globalen Gültigkeitsbereich benutzt. Da derzeit versucht wird, möglichst viele Variablen als intern zu deklarieren, können in zukünftigen Versionen globale Variablen in lokale bzw. interne Variablen umgewandelt werden. Versuchen Sie, dies bei Ihrer Programmierung bereits zu berücksichtigen.

## Weitere Punkte, die Sie beachten sollten

» Falls Sie eine sehr umfangreiche Methode erweitern wollen, sind Sie vom Core Team dazu aufgefordert, den Einbau einer Dummy-Methode vorzuschlagen (falls ein Hook keinen Sinn macht, siehe im nächsten Abschnitt). Dabei wird ein kleiner Ausschnitt der Methode in eine eigene Methode ausgelagert, und Sie können dann diese kleine Methode

**KAPITEL 7**    Das Framework – Werkzeugkasten für die eigene Extension

überschreiben und die große Methode unangetastet lassen. Dies steigert die Übersichtlichkeit und verringert die Gefahr, dass Ihre XCLASS nicht mehr mit einer Folgeversion von TYPO3 kompatibel ist.

» Machen Sie sich bewusst, dass die Originalmethode in der Zukunft durchaus neue Parameter dazubekommen kann. In diesem Fall sind Sie vermutlich dazu gezwungen, Ihre Methoden nachzubessern.

» Falls Sie in Ihrer Klasse einen Konstruktor einsetzen, prüfen Sie unbedingt das Vorhandensein eines Konstruktors in der Originalklasse, und rufen Sie diesen in diesem Fall am Anfang Ihres eigenen Konstruktors auf.

Listing 7.72: **Codestruktur für eine XCLASS mit Konstruktor**

```
class ux_classname extends classname {
    /* constructor */
    function ux_classname() {
        parent::classname();
        #weiterer Code
    }
}
```

» Stellen Sie sicher, dass Sie exakt die richtige Klasse erweitern und nicht die Elternklasse der eigentlich gewünschten, z. B. `tslib_tmenu` statt `tslib_menu`.

### 7.9.3 Hooks

Hooks sind derzeit die nachhaltigste Möglichkeit für Veränderungen an Funktionalitäten in TYPO3 und werden mit Nachdruck für diesen Zweck empfohlen. Hooks bieten die Möglichkeit, funktionelle Anpassungen für mehrere Extensions gleichzeitig vorzunehmen. Ein Nachteil ist, dass Hooks erst von einem autorisierten Entwickler im Quellcode implementiert werden müssen, bevor sie eingesetzt werden können. Ein simples Einsatzbeispiel für Hooks bietet beispielsweise die Extension `abz_developer`.

Listing 7.73: **Nutzung eines Hooks zum Löschen des Frontend-Caches**

```
$TYPO3_CONF_VARS['SC_OPTIONS']['tslib/index_ts.php']['preBeUser'][] =
    'EXT:abz_developer/hooks/index_ts.php:tx_cache->clearCache';
```

In der Schreibweise der Konfiguration sehen Sie dabei, wo der Hook greift (hier *tslib/index_ts.php*), und können Sie mit dem Namen des Hooks (`preBeUser`) direkt im Quellcode danach suchen.

Es gibt keine komplette Liste von verfügbaren Hooks, weil die Pflege dieser Liste bei einer schnell wachsenden Anzahl aufwendig und die Liste wohl selten gänzlich aktuell wäre. Außerdem kann die Entscheidung, ob ein Hook benötigt wird, meist nur durch Kenntnisse des Quellcodes beurteilt werden, und ein direkter Blick in die entsprechende Klasse klärt schnell die Frage nach dem Vorhandensein eines Hooks.

Generell gibt es verschiedene Bereiche für die Konfiguration von Hooks:

## $TYPO3_CONF_VARS['EXTCONF']

Mit `$TYPO3_CONF_VARS['EXTCONF']` werden Hooks innerhalb spezifischer Extensions angesprochen. Welche Hooks mit welchen Konfigurationsmöglichkeiten vorliegen, hängt von der jeweiligen Extension ab. Beachten Sie dabei die Dokumentation der Extension. Beispiele: tt_news, indexed_search.

Schreibweise:

`$TYPO3_CONF_VARS['EXTCONF'][ extension_key ][ sub_key ] = value`

» extension_key:

Extension Key der zu erweiternden Extension

» sub_key:

String zur Identifikation des Kontextes des Hooks

» value:

Es hängt von der Extension ab, welche Werte hier möglich sind. Lesen Sie die Dokumentation der Extension, oder werfen Sie einen Blick in den Quellcode.

Listing 7.74: **Aufruf eines Hooks der Extension tt_news in ihrer eigenen Extension**

```
//hook for additional markers in single view
$GLOBALS['TYPO3_CONF_VARS']['EXTCONF']['tt_news']['extraItemMarkerHook']
['additionalFields'] = 'EXT:myExt/hooks/class.tx_myext_additionalMarkers.
php:tx_myext_additionalMarkers';
```

Die hier genannte Klasse und Methode müssen Sie dann natürlich auch zur Verfügung stellen.

Listing 7.75: **Funktionalität für den Hook bereitstellen**

```
class tx_myext_additionalMarkers {
   function extraItemMarkerProcessor($markerArray, $row, $lConf, &$obj) {
      [markerArray anpassen]
      return $markerArray;
   }
}
```

## $TYPO3_CONF_VARS['SC_OPTIONS']

Mit `$TYPO3_CONF_VARS['SC_OPTIONS']` werden Hooks für Core-Scripts angesprochen.

Schreibweise:

`$TYPO3_CONF_VARS['SC_OPTIONS'][ main_key ][ sub_key ][ index ] = function_reference`

» main_key:

Relativer Pfad des Scripts, z. B. *tslib/index_ts.php*

» sub_key:

Wird vom Hook definiert und beschreibt den Kontext des Hooks

» index:

Index des Hook-Arrays, normalerweise Integer, entscheidet über die Aufrufreihenfolge der Hooks.

» function_reference:

Funktionsreferenz, die je nach Art des Hooks durch t3lib_div::callUserFunction() oder t3lib_div::getUserObj() bestimmt wird.

### $TYPO3_CONF_VARS['TBE_MODULES_EXT']

Die Variante $TYPO3_CONF_VARS['TBE_MODULES_EXT'] werden Sie vermutlich nicht sehr häufig verwenden. Sie wurde schon vor dem Konzept der Hooks eingesetzt. Ihr Haupteinsatzgebiet ist das Einbinden von neuen Menüpunkten in Kontextmenüs oder von neuen Funktionsmenüpunkten in Backend-Module.

So lässt sich z. B. dem Template-Modul ein neues Untermodul mithilfe von t3lib_extMgm::insertModuleFunction() hinzufügen. In der System-Extension tstemplate_analyzer können Sie die Anwendung betrachten.

### Hooks nutzen

Die Notwendigkeit, einen Hook zu nutzen, resultiert im Allgemeinen aus der Erkenntnis, dass Ihre speziellen Anforderungen an die Konfiguration mit den TYPO3-Bordmitteln nicht abzudecken sind. Um auf diesen Wissensstand zu kommen, haben Sie schon die entsprechende Dokumentation gelesen und vermutlich sogar einen Blick in den Quelltext geworfen, um den zur Verfügung stehenden Hook zu begutachten.

Im Folgenden werden wir den Ablauf für den Einsatz eines Hooks anhand von zwei Beispielen durchgehen, da es zwei verschiedene Arten von Hooks gibt.

» Beispiel 1, Typ Funktionsaufruf

Mithilfe der Extension abz_developer wollen wir einen Hook nutzen, um in Zukunft auf das lästige Löschen des Frontend-Caches während der Entwicklung verzichten zu können.

» Beispiel 2, Typ Objektaufruf

Mithilfe der fiktiven Extension myext wollen wir einen Hook in der Extension tt_news nutzen, um dem Template eigene Marker hinzuzufügen.

# KAPITEL 7  Das Framework – Werkzeugkasten für die eigene Extension

1. Sie erzeugen mit dem Extension Kickstarter die neue Extension.
2. Sie öffnen die Datei, in der die Funktionsanpassung erfolgen soll. Im Regelfall werden Sie zu diesem Zeitpunkt schon wissen, in welcher Datei bzw. Klasse Sie einen Hook nutzen möchten. Alle Hooks sollten mit einem entsprechenden Kommentar markiert sein und können anhand einer Suche nach »hook« im Quellcode der entsprechenden Klasse leicht gefunden werden.

   Listing 7.76: **Beispiel 1: Hook in der Datei tslib/index_ts.php**

   ```
   // ****************
   // PRE BE_USER HOOK
   // ****************
   if (is_array($TYPO3_CONF_VARS['SC_OPTIONS']['tslib/index_ts.php']
      ['preBeUser'])) {
      foreach($TYPO3_CONF_VARS['SC_OPTIONS']['tslib/index_ts.php']
         ['preBeUser'] as $_funcRef) {
         $_params = array();
         t3lib_div::callUserFunction($_funcRef, $_params , $_params);
      }
   }
   ```

   Listing 7.77: **Beispiel 2: Hook in der Datei tt_news/pi1/class.tx_ttnews.php**

   ```
      // Adds hook for processing of extra item markers
   if (is_array($GLOBALS['TYPO3_CONF_VARS']['EXTCONF']['tt_news']
      ['extraItemMarkerHook'])) {
      foreach($GLOBALS['TYPO3_CONF_VARS']['EXTCONF']['tt_news']['extra
         ItemMarkerHook'] as $_classRef) {
         $_procObj = & t3lib_div::getUserObj($_classRef);
         $markerArray = $_procObj->extraItemMarkerProcessor($markerArray,
            $row, $lConf, $this);
      }
   }
   ```

3. Sie bestimmten die Art des Hooks. Derzeit gibt es den Typ *Objektaufruf* (die neuere Variante) und den Typ *Funktionsaufruf*. Es unterscheidet sich lediglich die Art des Aufrufs, die Funktionsweise ist dieselbe.
4. Sie legen eine neue *php*-Datei im Verzeichnis der eben geschaffenen Extension an. Falls der originale Hook innerhalb einer Klasse zu finden ist, folgt der Name der Datei idealerweise folgenden Vorgaben: `class.tx_[myext]_[hookfunctionname].php`.

   In unserem Beispiel nennen wir die Datei wie die Datei, in der der originale Hook liegt (*index_ts.php*), da es sich nicht um eine Klasse handelt.

5. Sie schreiben die Klasse in die Datei und fügen die richtigen Funktionen ein. Die Funktionalität bleibt Ihnen überlassen, Sie müssen lediglich eine korrekte Rückgabe von eventuell modifizierten Daten sicherstellen.

# KAPITEL 7   Das Framework – Werkzeugkasten für die eigene Extension

Listing 7.78: **Beispiel 1: Funktionalität des Hooks**

```
function clearCache(&$params, &$ref) {
    // clear cache tables for this page to be sure to have no caching
       while developing:
    //also check the new caching framework since 4.3
    if ($GLOBALS['TYPO3_CONF_VARS']['SYS']['useCachingFramework']) {
       $GLOBALS['TYPO3_DB']->exec_DELETEquery('cachingframework_cache_
          hash','');
       [...]
    } else {
       $GLOBALS['TYPO3_DB']->exec_DELETEquery('cache_pages','');
       [...]
    }
    [...]
    if (TYPO3_DLOG) t3lib_div::devLog('clearCache','index_ts.php',
       0,$params);
    return true;
}
```

Listing 7.79: **Beispiel 2: Funktionalität des Hooks**

```
class tx_myext_additionalMarkers {
    function extraItemMarkerProcessor($markerArray, $row, $lConf, &$obj) {
       // 2 additional Text Blocks for content
       $markerArray['###NEWS_CONTENT_BLOCK_2###'] = $obj->pi_
          RTEcssText($row['tx_myext_rte_textblock2']);
       $markerArray['###NEWS_CONTENT_BLOCK_3###'] = $obj->pi_
          RTEcssText($row['tx_myext_rte_textblock3']);
       return $markerArray;
    }
}
```

> **INFO** In tt_news ab Version 3.0 sind zusätzliche generische Marker möglich, die mithilfe von reinem TypoScript gesetzt werden können. Sie müssen also für individuell hinzugefügte Marker nicht zwangsläufig den hier genannten Hook nutzen. Mehr Informationen finden Sie in der Dokumentation von tt_news.

6. Sie öffnen bzw. erzeugen die Datei *ext_localconf.php* in der neuen Extension und registrieren den Hook.

Listing 7.80: **Beispiel 1: Hook registrieren**

```
//hook to delete all cache before generating page
$TYPO3_CONF_VARS['SC_OPTIONS']['tslib/index_ts.php']['preBeUser'][] =
   'EXT:abz_developer/hooks/index_ts.php:tx_cache- >clearCache';
```

Listing 7.81: **Beispiel 2: Hook registrieren**

```
//hook for additional markers in single view
$GLOBALS['TYPO3_CONF_VARS']['EXTCONF']['tt_news']['extraItemMarker
   Hook']['additionalFields'] = 'EXT:myExt/hooks/class.tx_myext_
   additionalMarkers.php:tx_myext_additionalMarkers';
```

7. Sie löschen den Cache im Backend: CLEAR CACHE IN TYPO3CONF/

Nun sollte Ihre Modifizierung der Funktionalität greifen.

Eine ausführliche Beschreibung zum Einsatz von Hooks von Robert Lemke finden Sie auch auf der Seite *typo3.org*[5].

### Hooks anfordern

Falls Sie einen Hook im Core oder in einer fremden Extension benötigen, sollten Sie mit dem Autor der Klasse Kontakt aufnehmen. Beschreiben Sie den Grund und die gewünschte Stelle für einen Hook. Der Hook selbst ist sehr schnell implementiert und hat selbst noch keinen Einfluss auf die Funktionsweise. Erst die Nutzung des Hooks verursacht Veränderungen. Da Sie den Autor der ursprünglichen Klasse von der Güte Ihrer Idee erst überzeugen müssen, wird dadurch (hoffentlich) auch die Qualität des Codes verbessert.

### Hooks selbst einbauen

Falls Sie der Autor einer beliebten Extension sind, kann es Ihnen passieren, dass andere Entwickler einen Hook bei Ihnen anfordern. Überdenken Sie zuerst immer den Sinn und die Aufgabe des Hooks, und wählen die Stelle im Code mit Bedacht. Unsinnig gesetzte Hooks bringen nur Verwirrung. Der Einbau ist denkbar einfach. Betrachten Sie dazu ruhig einmal Hooks in bekannten Extensions wie tt_news:

Listing 7.82: **Hook vom Typ Objektaufruf in EXT:tt_news/pi1/class.tx_ttnews.php**

```
// function Hook for processing the selectConf array
if (is_array($GLOBALS['TYPO3_CONF_VARS'] ['EXTCONF']['tt_news']['select
    ConfHook'])) {
    foreach($GLOBALS['TYPO3_CONF_VARS'] ['EXTCONF']['tt_news']['select
        ConfHook'] as $_classRef) {
        $_procObj = & t3lib_div::getUserObj($_classRef);
        $selectConf = $_procObj->processSelectConfHook($this, $selectConf);
    }
}
```

Der hier gezeigte Hook bietet die Möglichkeit, in die Erzeugung des WHERE-Bereichs der SQL-Abfrage einzugreifen, die die richtigen News finden soll. Der Hook wurde dabei bewusst an das Ende der Erzeugung dieses SQL-Teils gesetzt, damit Sie eben noch finale Änderungen über den Hook einbringen können.

### 7.9.4 Services

Services verfolgen ein ganz ähnliches Konzept wie Hooks. Mit Services können Sie die Funktionalität von TYPO3 erweitern, ohne Änderungen am eigentlichen Code vornehmen zu müssen. Bei Services werden jedoch nicht wie bei Hooks aufzurufende Klassennamen de-

---

[5] Hooks nutzen: http://typo3.org/development/articles/how-to-use-existing-hooks/

# KAPITEL 7  Das Framework – Werkzeugkasten für die eigene Extension

finiert, sondern der jeweilige Servicetyp. Daraus resultiert, dass der Klassenname und die jeweilige Nutzung nicht hartkodiert sind. Ein und derselbe Service kann von verschiedenen Extensions zur Verfügung gestellt werden, wobei der Service mit der höchsten Priorität und Qualität zuerst gewählt wird. Der einfachste Einsatzfall eines Service ist die Verwendung eines Objekts für einen Servicetyp. Ein gutes Anschauungsbeispiel bietet der Authentifizierungsservice in TYPO3.

Alle Serviceklassen basieren auf der Klasse t3lib_svbase in *t3lib/class.t3lib_svbase.php*. Für den Service vom Typ auth wird von TYPO3 bereits die Basisklasse tx_sv_authbase in *EXT:sv/class.tx_sv_authbase.php* implementiert.

Eine einfache Extension, die diesen Service nutzt, ist die Extension sg_beiplogin von Stefan Geith. Diese Extension bietet einen zusätzlichen Authentifizierungsservice für das Login am Backend. Normalerweise müssen Sie Benutzernamen und ein Passwort angeben. Falls es den Benutzer gibt und das Passwort richtig ist, werden Sie eingeloggt. Für Entwicklungsarbeiten an Projekten auf dem lokalen Server ist es jedoch manchmal lästig, sich immer wieder anmelden zu müssen. Die Extension bietet Ihnen die Möglichkeit, sich über Ihre IP-Adresse anzumelden. Eine bestimmte IP-Adresse wird automatisch einem Backend-Benutzer zugeordnet. Im Falle der Entwicklung auf Ihrem Rechner wird z. B. die IP-Adresse 127.0.0.1 (*localhost*) mit dem von Ihnen benutzten Backend-Admin-User gemappt.

So testen Sie die Funktionsweise:

Installieren Sie die Extension sg_beiplogin, und tragen Sie bei Ihrem Backend-Benutzer die IP-Adresse 127.0.0.1 ein.

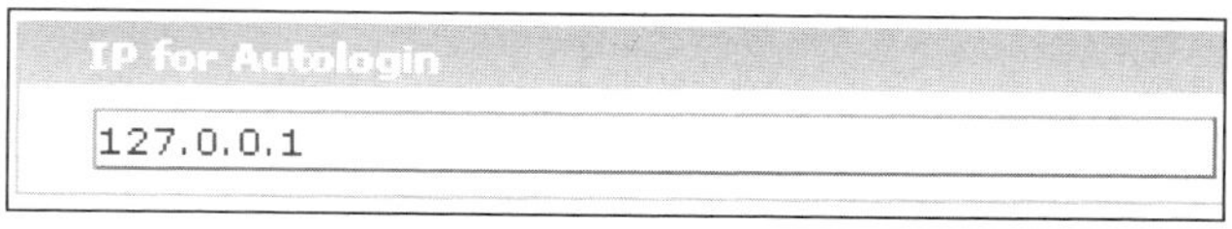

Abbildung 7.43: **Neues Feld im Backend-Benutzer für die IP-Adresse des Autologins**

Klicken Sie auf den Button LOGOUT, und Sie sehen wieder die Login-Maske. Jetzt einfach OK klicken, ... und Sie sind drin! Natürlich nur, falls Sie auch wirklich lokal arbeiten und tatsächlich mit der IP-Adresse 127.0.0.1 auf TYPO3 zugreifen. Was ist passiert? TYPO3 hat die Authentifizierungsmethode der Extension benutzt, um Sie anzumelden.

**Ein solches Autologin stellt ein erhebliches Sicherheitsrisiko dar und sollte nur zu Entwicklungszwecken auf dem eigenen Rechner eingesetzt werden.**

Nachdem wir den erfolgreichen Einsatz getestet haben, kehren wir noch einmal zur Registrierung und Konfiguration eines Service zurück:

Listing 7.83: **Registrierung des auth-Service in EXT:sg_beiplogin/ext_localconf.php**

```
t3lib_extMgm::addService($_EXTKEY, 'auth' /* sv type */, 'tx_sgbeiplogin_
    sv1' /* sv key */,
```

# KAPITEL 7 Das Framework – Werkzeugkasten für die eigene Extension

```
       array(
          'title' => 'Automatic BE login by IP',
          'description' => 'Login a backend user automatically if one is found
             with the right IP configured.',
          'subtype' => 'getUserBE,authUserBE',
          'available' => TRUE,
          'priority' => 60,
          'quality' => 50,
          'os' => '',
          'exec' => '',
          'classFile' => t3lib_extMgm::extPath($_EXTKEY).'sv1/class.tx_
             sgbeiplogin_sv1.php',
          'className' => 'tx_sgbeiplogin_sv1',
       )
);
```

Die Extension registriert einen Service vom Typ `auth` mit den Subtypen `getUserBE` und `authUserBE`. Die Subtypen werden von der API des jeweiligen Servicetyps bestimmt, sind also in der Regel für verschiedene Servicetypen unterschiedlich.

Konfigurationswerte:

» `Available`:

Gibt an, ob der registrierte Service von TYPO3 genutzt werden soll.

» `priority`: (0 bis 100)

Entscheidet über die Reihenfolge, in der die registrierten Services aufgerufen werden. Höhere Priorität kommt zuerst; der Defaultwert ist 50 und kann per `$TYPO3_CONF_VARS` konfiguriert werden. Die normale Authentifizierung im TYPO3-Backend hat die Priorität 50, unser Service (Priorität 60) wird also zuerst aufgerufen.

» `quality`:

Bei gleicher Priorität entscheidet die Qualität über die Reihenfolge des Aufrufs. Die Angabemöglichkeit hängt vom Servicetyp ab, normalerweise liegt sie im Bereich von 0 bis 100, eine normale Qualität wird mit 50 angegeben.

» `os`:

Wird ein spezielles Betriebssystem (*operating system*) für den Service benötigt? Mögliche Werte sind `""`, `"UNIX"`, `"WIN"`.

» `exec`:

Liste von externen Programmen, die vom Service benötigt werden.

» `classFile`:

Dateipfad der Serviceklasse; wird vom Extension Kickstarter bereits richtig ausgefüllt.

» `className`:

Name der Serviceklasse; wird vom Extension Kickstarter bereits richtig ausgefüllt.

# KAPITEL 7 Das Framework – Werkzeugkasten für die eigene Extension

Werfen wir nun einen Blick in die Serviceklasse:

```
class tx_sgbeiplogin_sv1 extends tx_sv_authbase {
```

Die Serviceklasse basiert auf der `tx_sv_authbase`, die wiederum auf der `t3lib_svbase` basiert.

Die Methoden `getUser()` und `authUser()` werden implementiert und entsprechend unseren Authentifizierungsvorgaben gefüllt. Die Namen der möglichen Methoden, Eingangs- und Rückgabeparameter werden von der Service-API vorgegeben und müssen eingehalten werden. Falls wir dazu keine Dokumentation finden können, hilft ein Blick in den Quellcode:

Listing 7.84: **Aufruf der Serviceklassen für getUser* in t3lib/class.t3lib_userauth.php**

```
    // use 'auth' service to find the user
    // first found user will be used
$serviceChain = '';
$subType = 'getUser'.$this->loginType;
while (is_object($serviceObj = t3lib_div::makeInstanceService('auth', $sub
    Type, $serviceChain))) {
    $serviceChain.=','.$serviceObj->getServiceKey();
    $serviceObj->initAuth($subType, $loginData, $authInfo, $this);
    if ($row=$serviceObj->getUser()) {
        $tempuserArr[] = $row;

        if ($this->writeDevLog)   t3lib_div::devLog('User found: '.t3lib_
div::arrayToLogString($row, array($this->userid_column,$this->username_
    column)), 't3lib_userAuth', 0);

            // user found, just stop to search for more if not configured to
    go on
        if(!$this->svConfig['setup'][$this->loginType.'_fetchAllUsers']) {
            break;
        }
    }
    unset($serviceObj);
}
unset($serviceObj);
```

Listing 7.85: **Aufruf der Serviceklassen für authUser* in t3lib/class.t3lib_userauth.php**

```
$serviceChain='';
$subType = 'authUser'.$this->loginType;
while (is_object($serviceObj = t3lib_div::makeInstanceService('auth',
    $subType, $serviceChain))) {
    $serviceChain.=','.$serviceObj->getServiceKey();
    $serviceObj->initAuth($subType, $loginData, $authInfo, $this);
    if (($ret=$serviceObj->authUser($tempuser)) > 0) {

            // if the service returns >=200 then no more checking is needed -
            useful for IP checking without password
        if (intval($ret) >= 200)   {
            $authenticated = TRUE;
```

```
         break;
      } elseif (intval($ret) >= 100) {
         // Just go on. User is still not authenticated but there's no ↵
            reason to stop now.
      } else {
         $authenticated = TRUE;
      }

   } else {
      $authenticated = FALSE;
      break;
   }
   unset($serviceObj);
}
unset($serviceObj);
```

Das Serviceobjekt wird sowohl für getUser als auch für authUser neu erzeugt, und die entsprechende Funktion wird aufgerufen.

Der Ablauf ist wie folgt:

Für alle verfügbaren Serviceklassen wird in der Reihenfolge ihrer Priorität die Methode getUser aufgerufen. Da $this->svConfig['setup'][$this->loginType]['BE_fetchAll-Users'] nicht gesetzt ist, wird danach die Aktion (prüfe, ob *user* im System angelegt ist) beendet. Mit dem gefundenen Benutzer wird dann einige Zeilen weiter im Code die Authentifizierung durchgeführt. Auch hier wird dann die Methode authUser aller verfügbaren Serviceklassen aufgerufen – mit ein paar logischen Einschränkungen: Sobald eine Serviceklasse >=200 zurückliefert, ist die Authentifizierung erfolgreich abgeschlossen; falls stattdessen >=100 zurückgeliefert wird, wird das nächste Serviceobjekt aufgerufen, und falls nichts oder *false* zurückgeliefert wird, gilt die Authentifikation als fehlgeschlagen und wird beendet.

*In der Version 4.3 sind weitere hilfreiche Login-Services als Core-Extensions hinzugekommen, z. B. openid und rsaauth. Auch in diesen Extensions finden Sie gute Code-Vorbilder für Ihren eigenen Service. Eine weitere Extension, die Services sehr intensiv nutzt ist cal (siehe auch Kapitel 9, Extensions, von denen Sie lernen können, Abschnitt 9.3).*

## 7.10 Texte (Label) anpassen

Da die Anpassung von Texten (von uns auch Label genannt) in der Regel projektspezifisch ist und sehr gut innerhalb einer dafür vorgesehenen Extension gekapselt werden kann, haben wir dafür ein eigenes HowTo vorgesehen (siehe Kapitel 6, *HowTos*, Abschnitt 6.2).

## 7.11 Materialien zum Weitermachen

Falls Sie sich zu diesem Themenblock weitergehend informieren wollen, können Sie folgende Quellen in Betracht ziehen:

- Auf der CD:
    - *doc_core_api*
    - *doc_core_inside*
    - *doc_l10nguide*
- Im Internet:
    - http://typo3.org/documentation/
    - http://wiki.typo3.org/index.php

# 8. Extensions entwickeln

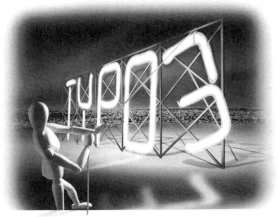

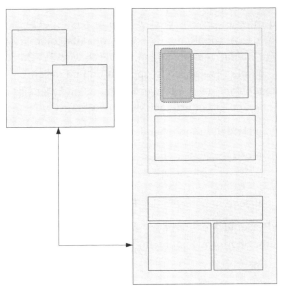

Die große Beliebtheit und Mächtigkeit von TYPO3 hat zu einem erheblichen Teil mit der Erweiterbarkeit durch sogenannte Extensions zu tun. Seit in der Version 3.5 das modulare Konzept der Einbindung von Extensions geschaffen wurde, ist die Anzahl der aktiven TYPO3-Entwickler geradezu explodiert. Seitdem wurde es sukzessive leichter und unkomplizierter, mit eigenen Extensions den Funktionsumfang von TYPO3 zu erweitern. Auch aus dem bestehenden TYPO3-Kern werden sukzessive Funktionalitäten in Extensions gekapselt. Es gibt jedoch viele Dinge zu beachten, wenn Sie selbst wirklich gute Extensions schreiben wollen.

Lernziele:

» Geltungsbereich von Extensions unterscheiden können

» Extensions erstellen und verstehen

» API-Funktionen kennen und einsetzen

» Coding Guidelines einhalten

## 8.1 Wozu dienen Extensions?

Ganz einfach, wie ihr Name schon sagt: Extensions dienen dazu, das System TYPO3 zu erweitern. Dies stellt dann auch einen idealen Brutkasten für neue Ideen und Funktionalitäten dar. Das Extension-Modell versetzt jeden Entwickler in die Lage, neue Funktionen hinzuzufügen oder bestehende Funktionalitäten zu verändern oder zu erweitern – und zwar ohne auf das Source-Paket von TYPO3 Schreibzugriff zu besitzen oder gleich Absprachen mit allen anderen Entwicklern treffen zu müssen. Extensions können praktisch alles an TYPO3 verändern, wobei die Änderung nur greift, sobald die Extension installiert ist. Wird die Extension deinstalliert, ist die Änderung wieder verschwunden. Dadurch wird TYPO3 zu einem wirklich sehr flexiblen Framework, da die resultierende Applikation und deren Einsatzzweck durch die Art der installierten Extensions gesteuert werden kann. Mit Extensions werden unter anderem folgende Änderungen und Erweiterungen durchgeführt:

» Hinzufügen neuer Datenbanktabellen und -felder zu bestehenden Tabellen

» Hinzufügen von Tabellen mit statischen Informationen

» Hinzufügen von statischen TS Templates

» Hinzufügen von Backend-Skins für die optische Anpassung des Backends

» Hinzufügen von Frontend-Plugins und Backend-Modulen aller Art. So sind Funktionalitäten wie Gästebuch, Fotogalerie, Forum, Shop-Anwendungen, Besucherauswertungen usw. alle in Extensions gekapselt.

» Hinzufügen von Punkten zu kontextsensitiven Menüs

» Hinzufügen von *Page-* und *User TS Config*-Angaben

» Hinzufügen und Anpassen von Konfigurationseinstellungen

» Erweitern bzw. Überschreiben von praktisch allen Klassen im System (*XCLASS*). Dadurch ist eine fast beliebige Anpassung möglich. Aber Achtung: Codestellen, die sich bei einem Update des TYPO3-Source-Pakets (also der TYPO3-Version) ändern könnten, sollten nur mit Bedacht überschrieben werden, bzw. sollte bei einem Upgrade immer geprüft werden, ob derart überschriebene Anweisungen im neuen Kontext noch sinngemäß funktionieren.

» Einbinden von *Hooks*. Mehr Informationen zum Konzept von Hooks finden Sie in Kapitel 7, Framework – *Werkzeugkasten für die eigene Extension*, Abschnitt 7.9.3.

» Aktivierung von Services, z. B. für eigene Login-Möglichkeiten. Informationen zu Services finden Sie in Kapitel 7, Framework – *Werkzeugkasten für die eigene Extension*, Abschnitt 7.9.4.

» Kapselung der kompletten Layouteinstellungen eines Projektes (HTML, CSS, TypoScript) in Dateien in einer Extension. Dadurch wird ein Transfer des Layouts zu anderen Pro-

# KAPITEL 8   Extensions entwickeln

jekten ein Kinderspiel. Außerdem lassen sich die Dateien versionieren. Damit wird bei umfangreichen Projekten eine Zusammenarbeit im Team wesentlich erleichtert.

Natürlich sind auch alle möglichen Kombinationen der genannten Punkte möglich.

## 8.2 Extension Key

Der sogenannte *Extension Key* ist eine Zeichenkette, die die Extension eindeutig identifiziert. Er könnte auch als ihr Kurzname bezeichnet werden.

> *Der Extension Key dient als Schlüssel, der Ihre Extension und alle dazugehörigen Datenbanktabellen, Tabellenfelder, Frontend-Plugins, Backend-Module und PHP-Klassen eindeutig identifiziert. Dadurch sind Namensüberschneidungen und daraus folgende Probleme ausgeschlossen, was bei weltweit verstreuten, oft unabhängig voneinander agierenden Entwicklern extrem wichtig ist.*

Der Ordner im Dateisystem, der die Extension enthält, entspricht exakt diesem Namen. Dadurch führt die Suche nach der richtigen Stelle sehr schnell zum Erfolg, falls Sie den Code einer Extension im Editor öffnen wollen.

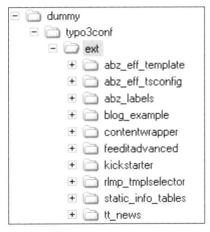

Abbildung 8.1: **Vorhandene lokale Extensions in einer TYPO3-Installation**

Die derzeit offiziellen (nicht immer eingehaltenen) Richtlinien für gute Extension-Namen sind:

1. Der Name sollte Sinn machen, also bereits etwas über die Funktion und die Einsatzmöglichkeiten aussagen.

2. Er sollte bereits von vornherein durchdacht sein und endgültig festgelegt werden. Es ist relativ aufwendig, ihn im Nachhinein zu ändern, da er sich, wie wir oben erwähnt haben, in fast jedem Element der Extension und in der Datenbank wiederfindet.

3. Unterstriche sollten vermieden werden. Ein Name muss auch ohne Unterstriche noch einzigartig sein, da Backend-Module (automatisch) wie die Extension benannt werden, allerdings ohne Unterstriche. Da der Name der Extension also mal mit, mal ohne Unterstrich vorkommt, kann es gelegentlich zu Verwirrungen kommen.
4. Der Name sollte möglichst kurz sein, wenn möglich nicht länger als 10 Zeichen.
5. Vermeiden Sie Großbuchstaben. Die Anfangsbuchstaben tx oder u (Ausnahme: Präfix user_, siehe folgender Absatz) sind nicht erlaubt.
6. Sehen Sie sich die Praxis der Namensvergabe bereits bestehender Extensions an. Dadurch erhalten Sie gute Ideen, welche Namen für welche Art von Extension passen.
7. Zum Testen der Namensregistrierung probieren Sie einen beliebigen Schlüssel mit dem Präfix test_ aus.

*Manche Extensions der ersten Stunde genügen nicht den Namensanforderungen. Aus Gründen der Abwärtskompatibilität wird hier eine Ausnahme gemacht.*

Rein technisch können Sie mit dem Namen keinen Fehler machen, da bei der Registrierung auf alle nötigen Einschränkungen geprüft wird. Wenn Sie einen Extension-Namen registrieren konnten, dann wird er auch funktionieren.

*Viele Programmierer und Agenturen beginnen den Namen von selbst entwickelten Extensions mit einem Kürzel, das auf den Autor hinweist. Wir halten dies durchaus für legitim, weil dann neben der nur fairen Eigenwerbung allein der Name der Extension schon einen (oft zutreffenden) Rückschluss auf die Qualität der Extension zulässt.*

Die Namensregeln für den Extension Key werden bei der Registrierung einer Extension auf typo3.org automatisch geprüft. Es gibt zwei vorgeschlagene Namensgruppen für Extensions:

1. *Projektbezogene Extensions* sind speziell für ein Projekt erstellt und erfüllen einen Zweck, der nicht direkt für andere Projekte einsetzbar ist. Einem beliebigen Namen (natürlich den Regeln oben folgend) wird user_ vorangestellt. Dies ist der einzige Fall, bei dem ein u am Anfang erlaubt ist.
2. *Allgemeine Extensions* können auf typo3.org kostenlos registriert werden. Der Name wird dabei geprüft und dem Autor zugesichert. Es kann also niemand mehr eine andere Extension mit demselben Namen registrieren. Diese Extensions erfüllen einen allgemeinen Zweck und können nach Freigabe auch von anderen Benutzern aus dem *TER (TYPO3 Extension Repository)* geladen und eingesetzt werden.

In der Realität sieht es mit der Benennung natürlich nicht immer so einfach aus, da sich eine Spezial-Extension für ein Projekt durchaus zu einer allgemein einsetzbaren Extension mausern kann. Sie sind natürlich aufgerufen, Extensions möglichst so zu programmieren und zu dokumentieren, dass auch andere davon profitieren können – frei nach dem Motto:

***TYPO3 – inspiring people to share!***

Bedenken Sie, dass TYPO3 und dadurch auch Ihre Extension der GPL unterliegt. Dies zwingt Sie nicht zum Teilen, sollte Sie aber dazu inspirieren.

Sie müssen sicherstellen, dass Sie das Copyright am Code Ihrer Extension besitzen oder dass alle von anderen übernommenen Teile selbst der GPL oder einer kompatiblen Lizenz unterliegen. Andernfalls können Ihre Extensions vom Webmaster auf `typo3.org` ohne Warnung entfernt werden.

### 8.2.1 Extension Key registrieren

Falls Sie schon eine neue Extension im Kopf haben, können Sie sich gleich einmal den Namen sichern und damit auch schon Ihren Beitrag zur Verbesserung von TYPO3 ankündigen. Auf `typo3.org`[1] finden Sie die entsprechenden Masken. Beachten Sie bitte, dass Sie angemeldet sein müssen, um einen Extension Key registrieren zu können. Folgen Sie einfach den Anweisungen auf dem Bildschirm.

## 8.3 Ja, wo liegt sie denn? Sysext vs. global vs. lokal

TYPO3 bietet drei verschiedene Bereiche für den Speicherort der Extension und aller zugehörigen Dateien an. Dies hat in der Vergangenheit schon des Öfteren zu Verwirrung geführt, macht aber durchaus Sinn. Extensions müssen generell so programmiert werden, dass sie ihre Position automatisch erkennen können und dass sie von allen drei Positionen aus installiert werden können. Ist dieses Verhalten explizit nicht erwünscht, können Sie in der Konfigurationsdatei entsprechende Einstellungen vornehmen (siehe Abschnitt 8.5.1).

### 8.3.1 System-Extensions, typo3/sysext

System-Extensions gehören zum TYPO3-Source-Paket. Sie können sich darauf verlassen, dass diese *immer* mit jeder Version des Source-Paketes mitgeliefert werden, da sie grundlegende Funktionalitäten für TYPO3 bereitstellen. System-Extensions haben einen besonderen Status und verlangen explizit die Einhaltung der Coding Guidelines, um die Qualität des Source-Paketes hochzuhalten. Alle Instanzen, die auf dieses Source-Paket zugreifen, können die enthaltenen Extensions installieren. Sie werden normalerweise nicht einzeln aktualisiert, sondern zusammen mit dem Source-Paket in einer neuen Version veröffentlicht.

---

[1] http://typo3.org/extensions/extension-keys/

## 8.3.2 Globale Extensions, typo3/ext

Globale Extensions gehören zum Bereich des TYPO3-Source-Paketes, da sie im Ordner *typo3* liegen. Alle TYPO3-Instanzen, die auf dieses Source-Paket zugreifen, können darin enthaltene Extensions installieren. Vor der Version 4.0 wurden je nach Popularität, historischen Gegebenheiten oder den Vorlieben des Package Managers ausgewählte Extensions standardmäßig mit dem Source-Paket ausgeliefert. Seit der Version 4.0 ist der Ordner für globale Extensions erst einmal leer. Der Hauptvorteil ist der dadurch reduzierte Umfang des Source-Paketes.

Bei entsprechender Einstellung in $TYPO3_CONF_VARS['EXT']['allowGlobalInstall'] (Default: 0) können globale Extensions auch über das Backend einer Instanz mit Wirkung für alle anderen Instanzen nachgeladen oder gelöscht werden. Normalerweise stellt der Administrator hier Extensions zur Verfügung, die für viele Instanzen interessant sind.

## 8.3.3 Lokale Extensions, typo3conf/ext/

Lokale Extensions sind nur für das jeweilige Projekt (die jeweilige Instanz) verfügbar. Die allermeisten Extensions werden lokal installiert. Änderungen an diesen Extensions wirken sich nur auf das jeweilige Projekt aus.

> *Natürlich können auch lokale Extensions in vielen verschiedenen Projekten importiert und installiert werden – dann aber jeweils unabhängig voneinander.*

## 8.3.4 Vorrangreihenfolge

**Lokal geht vor global geht vor System.**

Falls eine Extension sowohl global als auch lokal verfügbar ist, wird die lokale Version installiert und verwendet. Dadurch kann die aktuellste Version einer Extension eingesetzt werden, auch wenn sie global bereits installiert ist, dort aber ein Update für den Anwender nicht erlaubt ist. Dies ermöglicht z. B. auch das Vorhalten von sehr stabilen Versionen in Form von globalen Extensions und den Einsatz von weniger getesteten Extensions auf lokalen Umgebungen.

Abbildung 8.2: **Extensions im Extensions Manager**

**KAPITEL 8**  Extensions entwickeln

In Abbildung 8.2 sehen Sie drei Extensions, von denen nur die Extension `cron_printlink` installiert ist. Die Extension `automaketemplate` ist sowohl global als auch lokal verfügbar. Falls die Extension installiert wird, greift der Code der lokalen Version.

## 8.4 Kickstarter (herkömmliche Extension)

Der herkömmliche Kickstarter ist – wie sollte es anders sein – selbst eine Extension. Unserer Meinung nach ist der Kickstarter das wichtigste Tool innerhalb von TYPO3 für die Entwicklung von Extensions. Selbst für Anfänger mit wenigen Vorkenntnissen erschließt sich sehr schnell die Funktionsweise der einzelnen Bereiche, und als Endergebnis halten Sie bereits eine funktionierende Extension in den Händen bzw. haben diese auf dem Rechner gespeichert. Als Entwickler müssen Sie sich nur noch um die Implementierung der gewünschten Funktionalität kümmern, die Einbindung in das TYPO3-Framework ist bereits so gut wie erledigt. Genial!

> **ACHTUNG**
> Seit der Version 4.3 gibt es die Möglichkeit, neue Extensions auf Basis von *Extbase* und *Fluid* zu schreiben. Diese beiden Extensions stellen ein komplexes MVC-Framework für Ihre Extension zur Verfügung und schaffen die Möglichkeit für eine relativ einfache Migration in das kommende TYPO3 5.0. Die hier in diesem Kapitel folgenden Ausführungen beziehen sich auf die »alte« Art, Extensions zu schreiben. Informationen zum Erstellen einer Extension auf Basis von Extbase und Fluid finden Sie in Abschnitt 8.6.

Die Extension Kickstarter ist jedoch keine System-Extension und muss demzufolge erst einmal aus dem *TYPO3 Extension Repository (TER)* importiert und installiert werden.

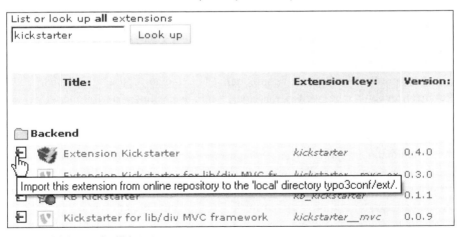

Abbildung 8.3: **Import des Kickstarters**

Nach der Installation des Kickstarters haben Sie im *Extension Manager* die Möglichkeit, neue Extensions zu erstellen (siehe Abbildung 8.4).

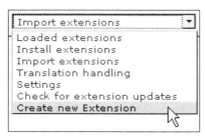

Abbildung 8.4: **Kickstarter auswählen**

Das Wichtigste zuerst: der Extension Key. In Abschnitt 8.2, haben Sie bereits alle wichtigen Informationen zur Benennung von Extensions erfahren. Falls Sie Ihre Extension später auch anderen TYPO3-Benutzern zur Verfügung stellen wollen, ist es spätestens jetzt an der Zeit, sich einen guten Namen zu überlegen und diesen auf typo3.org zu registrieren. Den Namen tragen Sie dann in das Feld ENTER EXTENSION KEY ein.

Bevor Sie anfangen, die Grundstruktur der Extension im Kickstarter zusammenzustellen, sollten Sie sich bereits überlegt haben, was Sie mit Ihrer Extension bezwecken und welche Bestandteile dafür benötigt werden.

> *Die Grundregel für gute und nachhaltige Programmierung lautet:*
>
> **Erst nachdenken, dann umsetzen.**
>
> *Auch wenn diese Aussage ziemlich banal klingt, uns hat sie schon so manches Mal das Leben leichter gemacht. Die Nutzung des Kickstarters zumindest wird dadurch deutlich erleichtert.*

Wir werden anhand einer einfachen Extension (abz_references) die notwendigen Schritte bei der Erstellung mit dem Kickstarter besprechen. Die Extension soll eine Übersicht über Projektreferenzen geben. Dabei wollen wir eine Listenansicht und eine Detailansicht ermöglichen.

Alle Einstellungen, die über den Kickstarter für die Extension vorgenommen werden, könnten Sie auch direkt in die entsprechenden Konfigurationsdateien schreiben. Der Kickstarter nimmt Ihnen einfach diese aufwendige und nicht immer ganz übersichtliche Arbeit ab. Nach dem Speichern der erzeugten Extension können Sie jederzeit noch Anpassungen vornehmen. Falls Sie sich also einmal nicht sicher in Hinblick auf ein Feld oder eine Vorgabe des Kickstarters sind, probieren Sie einfach aus, welches Ergebnis daraus entsteht. Solange Sie noch keine manuellen Änderungen in den vom Kickstarter erzeugten Dateien vorgenommen haben, können Sie jederzeit mit dem Kickstarter auf eine andere Konfiguration umstellen.

## 8.4.1 Allgemeine Informationen

Zuerst geben Sie die allgemeinen Informationen zur Extension an. Diese Daten sollten es anderen TYPO3-Benutzern ermöglichen, Ihre Extension zu verstehen.

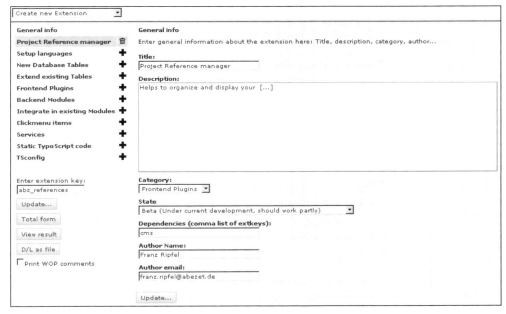

Abbildung 8.5: **Allgemeine Informationen für die neue Extension**

1. **Titel der Extension.** Finden Sie einen möglichst prägnanten Titel, da dieser sowohl im Extension Manager als auch auf der Seite der Extensions[2] auf typo3.org darstellt wird. Auch eine schnelle und erfolgreiche Suche nach Extensions wird durch einen guten Namen wesentlich erleichtert.

2. **Kurze Beschreibung der Extension.** Die Beschreibung kann im Extension Manager mit angezeigt werden und sollte mit wenigen Sätzen umschreiben, was die Extension ausmacht.

3. Durch die **Kategorien** sollten die Extensions grob nach ihrer Aufgabe eingeteilt werden können. Eine Extension kann jedoch durchaus Aufgaben mehrerer Kategorien erfüllen, z. B. ein Frontend-Plugin zur Darstellung und Sammlung von Daten und ein Backend-Modul zur Auswertung dieser enthalten. Wählen Sie einfach die Ihnen am geeignetsten erscheinende Kategorie.

---

2   http://typo3.org/extensions/repository

4. Der **Status/Entwicklungsstand** soll dem Benutzer der Extension eine Einschätzung vermitteln, wie erwachsen sie bereits ist und ob sie demzufolge auf einer Seite im Produktivbetrieb schon eingesetzt werden kann.

5. Die **Abhängigkeiten** sind sehr wichtig beim Zusammenspiel mit anderen Extensions. Der Extension Manager prüft bei der Installation, ob die hier angegebenen Extensions bereits installiert sind, und reagiert entsprechend.

6. Der Name und die E-Mail-Adresse des Autors werden vom Kickstarter in den Kopfbereich von Code-Dateien eingefügt. Falls im aktuell genutzten Backend-Benutzer die Daten eingetragen sind, werden sie von dort übernommen, falls Sie hier nichts eingeben.

7. Ein Update speichert die Daten in der Session zwischen.

### 8.4.2 Verschiedene Sprachen vorsehen

Falls Sie bereits zum Zeitpunkt der Erstellung der Extension wissen, dass Sie verschiedene Sprachen (z. B. Deutsch und Englisch) für die Redakteure unterstützen wollen, sollten Sie schon von vornherein diese Sprachen über den Punkt SETUP LANGUAGES anlegen. Dadurch können Sie später bei allen Bezeichnungen bereits die verschiedenen Sprachen mit ihren Labels auf einen Rutsch anlegen.

> *Sehen Sie auch für einfache Extensions bereits die Sprachen Englisch und Deutsch vor. Als Standardsprache sollte immer Englisch benutzt werden, zusätzlich werden die meisten Ihrer Kunden aber auch gerne deutsche Bezeichnungen vorfinden.*

### 8.4.3 Eigene Datenbanktabellen anlegen

Nun können Sie die notwendigen Datenbanktabellen und Felder anlegen.

# KAPITEL 8  Extensions entwickeln

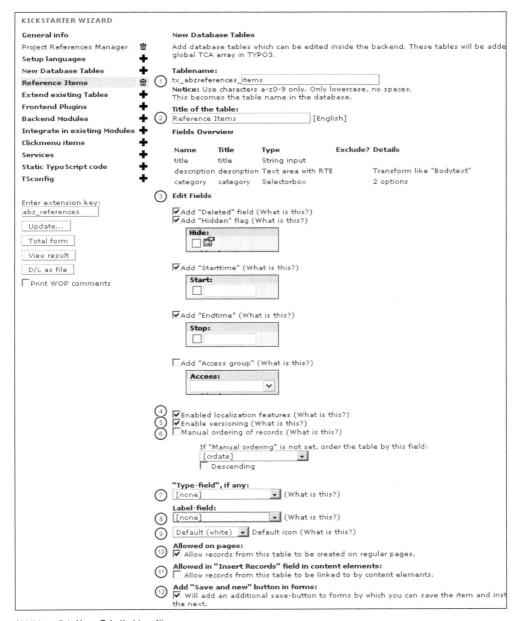

Abbildung 8.6: **Neue Tabelle hinzufügen**

Jede Extension-Tabelle folgt gewissen Grundregeln:

① Der Tabellenname enthält bereits den Namen der Extension und wird sinnvoll vervollständigt. Dadurch kann die Tabelle eindeutig der Extension zugeordnet werden, und mehrere Tabellen derselben Extension stehen bei alphabetischer Sortierung sauber untereinander. Versuchen Sie, weitere Unterstriche im Namen zu vermeiden.

② Der Tabellentitel dient vor allem zur Orientierung im Backend, z. B. im List-Modul als Überschrift zu den Datensätzen in der Tabelle. Haben Sie mehrere Sprachen aktiviert, erscheint hier für jede Sprache eine Eingabeoption.

③ Die Felder *deleted*, *hidden*, *starttime*, *endtime* und *access group* werden auch als *enable fields* bezeichnet und bilden die Standardauswahl für die Entscheidung, ob der Datensatz im Frontend angezeigt werden soll. Falls Sie diese Häkchen setzen, werden für das Backend-Formular von Datensätzen dieser Tabelle die entsprechenden Felder automatisch hinzugefügt.

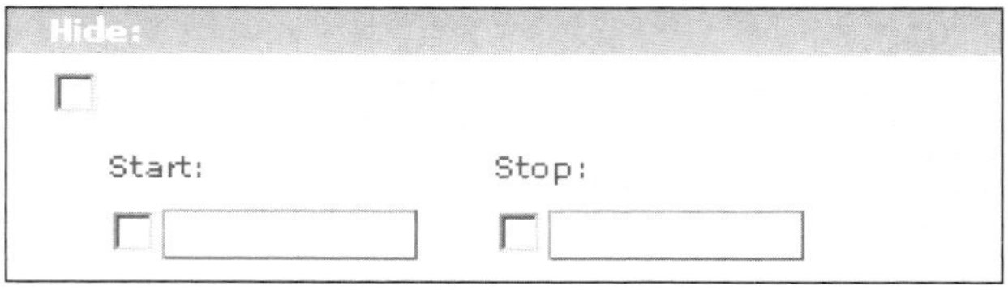

Abbildung 8.7: **Erzeugte Felder für hidden, starttime und endtime im Backend**

④ Bei aktivierter Option ENABLED LOCALIZATION FEATURES unterstützen die Datensätze Ihrer Tabelle Mehrsprachigkeit. Es werden automatisch ein Feld für die Sprachauswahl und eine Referenz zur Standardsprache angelegt. Diese Felder passen sich nahtlos in die Funktionalität der Mehrsprachigkeit von TYPO3 ein und werden dementsprechend automatisch behandelt.
Falls die Datensätze Ihrer Extension Mehrsprachigkeit im Frontend unterstützen sollen, müssen Sie diese Option markieren.

⑤ Eine Versionierung für die Datensätze dieser Tabelle wird mit der Option ENABLE VERSIONING ermöglicht. Auch hier erfolgt der größte Teil der Behandlung für eine Versionierung automatisch.
Sie sollten diese Option unbedingt setzen, falls die Datensätze einen Einsatz von Workspaces unterstützen sollen.

⑥ Die Datensätze können im Backend entweder analog zu normalen Inhaltselementen manuell sortiert werden oder automatisch nach dem hier auszuwählenden Feld. Beachten Sie bitte, dass die Sortierung im Frontend nach wie vor von der entsprechenden Programmierung abhängt.

⑦ Ein *Type-field* schafft eine Gruppierung der Datensätze. Vergleichen Sie dazu die Konfiguration von regulären Inhaltselementen in der Tabelle *tt_content*. Der Typ ÜBERSCHRIFT enthält andere Felder in der Bearbeitungsmaske als der Typ TEXT MIT BILD, obwohl beides Datensätze in der Tabelle *tt_content* sind. Die Strukturierung nach Typen wird für Tabellen von Extensions relativ selten eingesetzt.
Beachten Sie auch, dass Sie das Feld, das den Typ beinhalten soll, bereits angelegt haben müssen, bevor Sie es hier auswählen können.

⑧ Der Inhalt des hier ausgewählten Feldes wird im Backend benutzt, um als Label den Datensatz für den Benutzer zu identifizieren. So wird er beispielsweise standardmäßig in der Listing-Ansicht angezeigt.

Beachten Sie auch, dass Sie das gewünschte Feld bereits angelegt haben müssen, um es hier auswählen zu können.

⑨ Jede Tabelle bekommt im Backend ein Standard-Icon zugewiesen, um die Unterscheidung auch optisch zu erleichtern. Dieses Icon kann später jederzeit durch ein selbst kreiertes Icon ersetzt werden.

⑩ Datensätze der Tabelle können, wenn die Option ALLOWED ON PAGES aktiviert ist, auf normalen Seiten angelegt werden, zum Beispiel über den Link Create new record in der Listenansicht. Andernfalls können diese Datensätze im Backend nur in einem *Sysfolder* angelegt werden.
Die Darstellung im Frontend hängt vollkommen von Ihrer Programmierung ab. Diese Einstellung bezieht sich nur auf die Organisation der Datensätze im Backend.

⑪ Datensätze der Tabelle können, wenn diese Option aktiviert ist, aus dem Inhaltselement INSERT RECORDS verknüpft werden.

⑫ Mit dieser Option erzeugen Sie den Button SAVE AND NEW in den Datensätzen dieser Tabelle. Damit gelangt der Redakteur nach dem Speichern direkt in die Eingabemaske für einen neuen Datensatz und kann komfortabel mehrere hintereinander anlegen – dies erspart dem Redakteur im Backend unnötige und lästige Arbeitsschritte.

Abbildung 8.8: **Buttonleiste mit »Save and New«**

> **TIPP**
>
> *Ab der Version 4.3 ist der Button SAVE AND NEW standardmäßig für alle Tabellen aktiviert. Sie können mittlerweile dieses Häkchen also auch ignorieren, ohne etwas zu verpassen.*
>
> *Mit diesem Befehl in den User TSconfig-Einstellungen können Sie diesen Button nachträglich tabellenweise konfigurieren:*
>
> ```
> options.saveDocNew.[tabellenname] = 1 bzw. 0
> options.saveDocNew.pages = 0
> ```

Sie können für jede Tabelle alle gewünschten Felder mit den jeweils nötigen Feldtypen anlegen.

Nach einem Betätigen des UPDATE-Buttons wird das neu definierte Feld der Feldliste hinzugefügt, und Sie wenden sich dem nächsten Feld zu. Sie können weiterhin alle Angaben verändern, brauchen also keine Angst vor einer eventuellen Falscheingabe zu haben.

Es stehen Ihnen eine ganze Reihe von Feldtypen zur Verfügung, die in TYPO3 bestimmte automatische Verhaltensweisen auslösen.

Die möglichen Eingabefelder sind größtenteils selbsterklärend und mit kleinen Bildchen versehen, um die resultierende Funktionalität zu veranschaulichen.

Sie können für jedes Feld festlegen, ob es sich um ein *Exclude Field* handelt. Ein *Exclude Field* ist für einen normalen Redakteur nicht sichtbar, solange Sie es nicht explizit in der Benutzerverwaltung für seine Backend-Gruppe freischalten. Nutzen Sie diese Möglichkeit für Felder, die nicht von allen Redakteuren bearbeitet werden sollen.

# KAPITEL 8  Extensions entwickeln

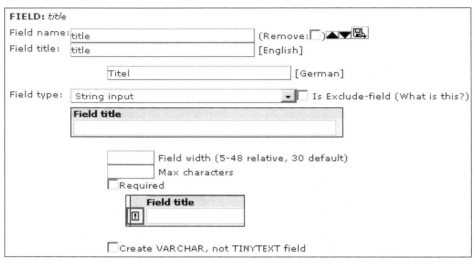

Abbildung 8.9: **Neue Tabellenfelder hinzufügen (bereits mit einer zweiten Sprache versehen)**

Weitere Informationen zur Einstellung von Benutzerrechten finden Sie in Kapitel 5, *Das Backend-Eingabe und Pflege der Daten* - Abschnitt 5.1.

> **TIPP**
>
> *Falls Ihnen nicht alle möglichen Feldtypen und deren Auswirkungen auf die Bearbeitung im Backend bekannt sind, erzeugen Sie doch einfach mal eine Test-Extension, und legen Sie darin beliebige Feldtypen in einer Extension an. Speichern und installieren Sie die Extension, und begutachten Sie das Ergebnis im Backend am besten in einem neuen Browserfester. Dann können Sie im Kickstarter Änderungen vornehmen und (nach dem Speichern der Änderungen) die Auswirkungen feststellen. Vergessen Sie dabei nicht, jedes Mal den Backend-Cache zu löschen.*

Eine ganze Reihe von Feldtypen können derzeit direkt über den Kickstarter angelegt werden. Diese Typen beziehen sich auf die im $TCA möglichen Typen (siehe Kapitel 7, *Das Framework – Werkzeugkasten für die eigene Extension*, Abschnitt *columns*). Dabei werden hier im Kickstarter noch ein paar Varianten angeboten. Falls Sie sich bereits jetzt im Detail mit der ausführlichen Konfiguration der Feldtypen beschäftigen wollen, werden Sie dort fündig. Wir empfehlen Ihnen jedoch, erst einmal mit den Möglichkeiten des Kickstarters vorlieb zu nehmen und die damit erzielten Ergebnisse zu begutachten.

## String input

Der am häufigsten vorkommende Feldtyp eignet sich für alle einfachen Informationen im String-Format wie Titel oder Namen. Die Optionen wie FIELD WIDTH, MAX CHARACTERS und REQUIRED sind wohl selbsterklärend. Mit CREATE VARCHAR, NOT TINYTEXT FIELD wird bei der Installation der Extension ein Datenbankfeld vom Typ *varchar* statt *tinytext* angelegt. Den Feldtyp können Sie in der Datei *ext_tables.sql* einsehen, die beim Speichern der Extension geschrieben wird.

## String input, advanced

Hier können Sie zusätzlich noch einige Dinge wie Datenevaluierung, Verschlüsselung und eine trim-Funktion festlegen. Die Beschreibung im Kickstarter sollte als Erklärung ausreichen. Spannend ist insbesondere die Option zur Einzigartigkeit des Feldinhaltes (UNIQUE IN WHOLE DATABASE, UNIQUE INSIDE PARENT PAGE oder NOT UNIQUE (DEFAULT)).

## Text area

Dieses Feld wird für längere beschreibende Texte verwendet, die jedoch nicht speziell formatiert werden müssen. Dies können z. B. Teaser-Texte sein. Um dem Benutzer mehr Komfort zu bieten, können Wizards hinzugefügt werden. Durch das Häkchen bei ADD WIZARD EXAMPLE wird bereits ein Beispiel-Wizard konfiguriert, den Sie dann allerdings später bei der Programmierung der Extension noch mit Leben füllen müssen.

## Text area with RTE

Für alle Felder, die vom Redakteur mit Stilinformationen bearbeitet werden sollen, wählen Sie in der Regel ein RTE-Feld. Dabei können Sie Transformationsregeln festlegen.

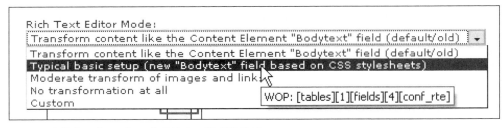

Abbildung 8.10: **Transformationsmöglichkeiten für RTE-Felder**

Falls Sie die Extension css_styled_content einsetzen, empfehlen wir Ihnen die Variante TYPICAL BASIC SETUP, um ein Verhalten wie bei regulären Inhaltselementen zu erhalten.

## Text area, No wrapping

Diese Sonderform des HTML-Elements textarea reagiert ein wenig anders, als Sie es von textarea normalerweise gewohnt sind. In der Standardeinstellung wird eingegebener Text am Ende der sichtbaren Größe des Feldes einfach umbrochen, in diesem Fall jedoch nicht. Stattdessen werden Laufleisten aktiviert. Speziell für Code-Eingaben und Konfigurationen wie TypoScript ist das sehr wichtig, da die Konfiguration zeilenweise definiert wird. Wählen Sie diesen Typ also für alle Felder, in denen kein automatischer Zeilenumbruch gewünscht ist.

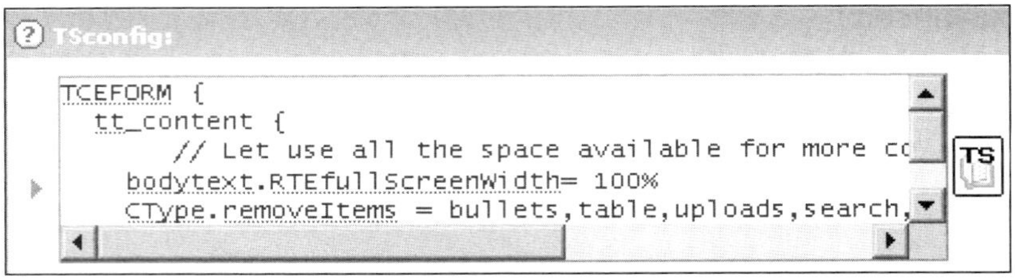

```
TCEFORM {
    tt_content {
        // Let use all the space available for more cc
        bodytext.RTEfullScreenWidth= 100%
        CType.removeItems = bullets,table,uploads,search,
```

Abbildung 8.11: **Beispiel für nowrap, TSConfig der Seiteneigenschaften**

### Checkbox, single

Die einfache Checkbox basiert auf dem Datentyp *Boolean*. Es kann also nur der Zustand 0 oder 1 eingenommen werden. Ein klassisches Beispiel ist das Flag *hidden* bei fast allen TYPO3-Datensätzen.

### Checkbox, 4 boxes in a row

Sie können mehrere Auswahlmöglichkeiten in einer Reihe darstellen, die aber in einem Datenbankfeld gespeichert werden. So eine Struktur kann für eine Auswahl von Kategorien oder Wochentagen sinnvoll sein. Die Speicherung im Datenbankfeld erfolgt dabei bitbasiert. Falls Sie nicht exakt 4 Boxen, sondern eben 3 oder 5 brauchen, ist dies trotzdem das richtige Feld für Sie. Sie können nach dem Abspeichern der Ergebnisse des Kickstarters einzelne Elemente hinzufügen oder entfernen.

In Kapitel 7, *Das Framework – Werkzeugkasten für die eigene Extension*, Abschnitt *columns* finden Sie Hintergrundinformationen zu der Art der Speicherung (*bitwise*).

### Checkbox, 10 boxes in two rows (max)

Falls Sie schon wissen, dass Sie viele Boxen brauchen werden, können Sie sofort auf 10 Boxen erhöhen. Noch mehr Boxen sind jedoch nicht möglich.

### Link

Ein Link kann auf eine interne Seite in TYPO3, auf eine Datei, auf eine externe URL oder auch auf eine E-Mail-Adresse zeigen. Dabei wird dem Benutzer zur Auswahl des Links der TYPO3-Link-Assistent zur Verfügung gestellt.

### Date

Dieses Feld enthält ein einfaches Datum. Wenn Sie auf die kleine Checkbox klicken, wird direkt das aktuelle Datum eingefügt.

*Falls Sie Ihren Benutzern auch in Versionen älter als 4.3 einen zusätzlichen Komfort bieten wollen, installieren Sie die Extension* erotea_date2cal. *Diese fügt allen Datumsfeldern ein kleines Auswahl-Icon hinzu, das auf einen aufklappbaren Kalender verweist.*

Abbildung 8.12: **Feld für Datum mit Kalenderfunktion**

### Date and time

Entspricht dem Typ *Date* mit dem Unterschied, dass hier auch die Uhrzeit gespeichert und angezeigt wird.

### Integer, 10–1000

Dieses Feld ist eine Spezialisierung des Feldes *String Input*. Durch eine Evaluierungsfunktion wird geprüft, ob es sich um den Datentyp Integer handelt. Falls Sie jedoch einen Wert kleiner als zehn ermöglichen wollen, keine Sorge: Sie können den Wert der oberen und unteren Begrenzung später noch im $TCA anpassen.

### Selectorbox

In der einfachsten Form können Sie hier ein Auswahlfeld mit der gewünschten Anzahl an Wahloptionen einstellen. Falls eine grafische Unterstützung Sinn macht, kann diese einfach durch das Häkchen bei ADD A DUMMY SET OF ICONS erzeugt werden. In der resultierenden Datei *tca.php* sehen Sie den Pfad zu den Icons und können diesen auf Ihre eigenen Icons abändern oder auch nur die vorgegebenen Dummy-Icons austauschen. Falls mehrere Optionen gleichzeitig gewählt werden können, wird im Backend standardmäßig eine andere Darstellung angezeigt.

Abbildung 8.13: **Darstellung für mehrere mögliche Beziehungen**

**Sobald Sie im Feld MAX NUMBER OF RELATIONS eine Zahl höher als 1 eingeben, wird für das Datenbankfeld statt dem Typ *int* der Typ *varchar* benötigt. Falls Sie dies einmal nachträglich ändern wollen, müssen Sie das zugrunde liegende Datenbankfeld in der Datei *ext_tables.php* manuell anpassen und in der Datenbank über das Install Tool (DB Compare) einen Aufruf der Extension im Extension Manager oder direkt z. B. mit *phpMyAdmin* anpassen.**

### Radio buttons

Da diese Auswahlmöglichkeit sehr eng mit der *Selectorbox* verwandt ist und durch diese ersetzt werden kann, kommt sie nicht sehr häufig zum Einsatz. Aus optischen Gründen wird diese Form der Darstellung jedoch manchmal vorgezogen.

### Database relation

Das wohl hilfreichste Feld im Kickstarter bietet die Möglichkeit, Datenbankbeziehungen zu anderen Tabellen herzustellen. Dabei können Sie im Kickstarter bereits die Zieltabelle und verschiedene Optionen der Auswahl einstellen.

In der Regel werden Sie die Option FIELD WITH ELEMENT BROWSER beibehalten, da diese dem Redakteur die meisten Möglichkeiten bietet. Falls Sie jedoch gerade diese Möglichkeiten einschränken wollen, können Sie die Auswahl auf eine einfache Auswahlliste beschränken, die auf der gewünschten Seite basiert.

Die Wizards ADD RECORD, LIST RECORDS und EDIT RECORD schaffen weiteren Komfort für den Redakteur und sind Ihnen sicher bereits aus dem TYPO3-Backend geläufig.

Die Option TRUE M-M RELATIONS hat auf die Darstellung im Backend keine Auswirkung, sie verändert jedoch die Datenbankstruktur. Statt den herkömmlichen Verbindungen über kommagetrennte Listen werden tatsächliche m:m-Verbindungen über eine entsprechende Zwischentabelle realisiert.

### Files

Um Dateien (z. B. aus dem Bereich *fileadmin*) einzubinden, können Sie den Feldtyp FILES einsetzen. Dabei ist standardmäßig sowohl ein direkter Upload als auch die Einbindung über den TYPO3-internen Dateibrowser vorgesehen.

Die erlaubten Dateiendungen können Sie über das Install Tool basierend auf der Konfiguration für `$GLOBALS['TYPO3_CONF_VARS']['GFX']['imagefile_ext']` einstellen. Falls gewünscht, ist jedoch auch eine direkte Konfiguration im aus dem Kickstarter resultierenden `$TCA` möglich.

### Flex

Mithilfe eines Feldes vom Typ *Flex* können Sie beinahe beliebige Strukturen von Feldern abbilden. Ein gutes Beispiel dafür ist die Konfiguration von Frontend-Plugins. Mehr Informationen zu dieser Art der Datenspeicherung finden Sie in Abschnitt 8.13.1.

### Not editable, only displayed

Manchmal werden Daten durch Programmierung oder andere Extensions in Felder geschrieben, die Sie dem Benutzer zwar als Information anzeigen wollen, wo der Benutzer aber keinerlei Bearbeitungsmöglichkeiten haben soll. Das Datenbankfeld wird nach wie vor von Ihrer Extension angelegt.

## [Passthrough]

Dieser Feldtyp erzeugt keine Anzeige von Daten im Backend. Auf das Datenbankfeld kann jedoch über die *TYPO3 Core Engine (TCE)* zugegriffen werden, und dabei können Features wie *logging* und *history/undo* eingesetzt werden.

Als Ergebnis unserer Konfiguration erhalten wir unter anderem eine *.sql-Datei für das spätere Erzeugen der Tabelle. Alle benötigten Datenbankfelder werden automatisch vom Kickstarter erzeugt.

Listing 8.1: **Tabellendefinition, die auf der getätigten Konfiguration basiert: ext_tables.sql**

```
#
# Table structure for table 'tx_abzreferences_items'
#
CREATE TABLE tx_abzreferences_items (
    uid int(11) NOT NULL auto_increment,
    pid int(11) DEFAULT '0' NOT NULL,
    tstamp int(11) DEFAULT '0' NOT NULL,
    crdate int(11) DEFAULT '0' NOT NULL,
    cruser_id int(11) DEFAULT '0' NOT NULL,
    t3ver_oid int(11) DEFAULT '0' NOT NULL,
    t3ver_id int(11) DEFAULT '0' NOT NULL,
    t3ver_wsid int(11) DEFAULT '0' NOT NULL,
    t3ver_label varchar(30) DEFAULT '' NOT NULL,
    t3ver_state tinyint(4) DEFAULT '0' NOT NULL,
    t3ver_stage tinyint(4) DEFAULT '0' NOT NULL,
    t3ver_count int(11) DEFAULT '0' NOT NULL,
    t3ver_tstamp int(11) DEFAULT '0' NOT NULL,
    t3_origuid int(11) DEFAULT '0' NOT NULL,
    sys_language_uid int(11) DEFAULT '0' NOT NULL,
    l18n_parent int(11) DEFAULT '0' NOT NULL,
    l18n_diffsource mediumblob NOT NULL,
    deleted tinyint(4) DEFAULT '0' NOT NULL,
    hidden tinyint(4) DEFAULT '0' NOT NULL,
    starttime int(11) DEFAULT '0' NOT NULL,
    endtime int(11) DEFAULT '0' NOT NULL,
    title tinytext NOT NULL,
    description text NOT NULL,
    category int(11) DEFAULT '0' NOT NULL,
    image blob NOT NULL,

    PRIMARY KEY (uid),
    KEY parent (pid),
    KEY t3ver_oid (t3ver_oid,t3ver_wsid)
);
```

Auch die nötige Konfiguration für die Darstellung der Felder im Backend wird automatisch erzeugt. Sie wird aus Gründen der Übersichtlichkeit auf zwei Dateien aufgeteilt. Wenn Sie die einzelnen Inhalte im Detail betrachten, werden Sie alle im Kickstarter getätigten Konfigurationen wiederfinden.

## KAPITEL 8  Extensions entwickeln

Listing 8.2: **Erzeugte Konfiguration des Kickstarters: ext_tables.php**

```php
<?php
if (!defined ('TYPO3_MODE')) die ('Access denied.');

t3lib_extMgm::allowTableOnStandardPages('tx_abzreferences_items');

$TCA['tx_abzreferences_items'] = array (
    'ctrl' => array (
        'title'     => 'LLL:EXT:abz_references/locallang_db.xml:tx_
            abzreferences_items',
        'label'     => 'uid',
        'tstamp'    => 'tstamp',
        'crdate'    => 'crdate',
        'cruser_id' => 'cruser_id',
        'versioningWS' => TRUE,
        'origUid' => 't3_origuid',
        'languageField'            => 'sys_language_uid',
        'transOrigPointerField'    => 'l18n_parent',
        'transOrigDiffSourceField' => 'l18n_diffsource',
        'default_sortby' => "ORDER BY crdate",
        'delete' => 'deleted',
        'enablecolumns' => array (
            'disabled'  => 'hidden',
            'starttime' => 'starttime',
            'endtime'   => 'endtime',
        ),
        'dynamicConfigFile' => t3lib_extMgm::extPath($_EXTKEY).'tca.php',
        'iconfile'          => t3lib_extMgm::extRelPath($_EXTKEY).'icon_tx_
            abzreferences_items.gif',
    ),
);

t3lib_div::loadTCA('tt_content');

$TCA['tt_content']['types']['list']['subtypes_excludelist'][$_EXTKEY.'_
    pi1']='layout,select_key';

t3lib_extMgm::addPlugin(array('LLL:EXT:abz_references/locallang_db.xml:
    tt_content.list_type_pi1', $_EXTKEY.'_pi1'),'list_type');

t3lib_extMgm::addStaticFile($_EXTKEY, 'pi1/static/', 'references');

if (TYPO3_MODE == 'BE') { t3lib_extMgm::addModule('web', 'txabzreferences
    M1','',t3lib_extMgm::extPath($_EXTKEY).'mod1/');
}
?>
```

Beachten Sie bitte den hervorgehobenen Verweis auf die Datei *tca.php*. Sie könnten hier also durchaus einen anderen Namen für die Auslagerungsdatei verwenden.

Listing 8.3: **Erzeugte Konfiguration des Kickstarters: tca.php**

```php
<?php
if (!defined ('TYPO3_MODE')) die ('Access denied.');

$TCA['tx_abzreferences_items'] = array (
```

```
    'ctrl' => $TCA['tx_abzreferences_items']['ctrl'],
    'interface' => array (
       'showRecordFieldList' => 'sys_language_uid,l18n_parent,l18n_
          diffsource,hidden,starttime,endtime,title,description,category'
    ),
    'feInterface' => $TCA['tx_abzreferences_items']['feInterface'],
    'columns' => array (
       't3ver_label' => array (
           'label' => 'LLL:EXT:lang/locallang_general.xml:LGL.versionLabel',
           'config' => array (
              'type' => 'input',
              'size' => '30',
              'max' => '30',
           )
       ),
       'sys_language_uid' => array (
           'exclude' => 1,
           'label' => 'LLL:EXT:lang/locallang_general.xml:LGL.language',
           'config' => array (
              'type'                => 'select',
              'foreign_table'       => 'sys_language',
              'foreign_table_where' => 'ORDER BY sys_language.title',
              'items' => array(
                 array('LLL:EXT:lang/locallang_general.xml:LGL.
                    allLanguages',-1),
                 array('LLL:EXT:lang/locallang_general.xml:LGL.
                    default_value', 0)
              )
           )
       ),
       'l18n_parent' => array (
           'displayCond' => 'FIELD:sys_language_uid:>:0',
           'exclude'     => 1,
           'label'       => 'LLL:EXT:lang/locallang_general.xml:LGL.l18n_
                            parent',
           'config'      => array (
              'type' => 'select',
              'items' => array (
                 array('', 0),
              ),
              'foreign_table'       => 'tx_abzreferences_items',
              'foreign_table_where' => 'AND tx_abzreferences_items.
pid=###CURRENT_PID### AND tx_abzreferences_items.sys_language_uid IN
   (-1,0)',
           )
       ),
       'l18n_diffsource' => array (
           'config' => array (
              'type' => 'passthrough'
           )
       ),
       'hidden' => array (
           'exclude' => 1,
           'label'   => 'LLL:EXT:lang/locallang_general.xml:LGL.hidden',
           'config' => array (
              'type'    => 'check',
              'default' => '0'
```

```
            )
        ),
        'starttime' => array (
            'exclude' => 1,
            'label'   => 'LLL:EXT:lang/locallang_general.xml:LGL.starttime',
            'config' => array (
                'type'    => 'input',
                'size'    => '8',
                'max'     => '20',
                'eval'    => 'date',
                'default' => '0',
                'checkbox' => '0'
            )
        ),
        'endtime' => array (
            'exclude' => 1,
            'label'   => 'LLL:EXT:lang/locallang_general.xml:LGL.endtime',
            'config' => array (
                'type'    => 'input',
                'size'    => '8',
                'max'     => '20',
                'eval'    => 'date',
                'checkbox' => '0',
                'default' => '0',
                'range'   => array (
                    'upper' => mktime(0, 0, 0, 12, 31, 2020),
                    'lower' => mktime(0, 0, 0, date('m')-1, date('d'), ↵
                        date('Y'))
                )
            )
        ),
        'title' => array (
            'exclude' => 0,
            'label' => 'LLL:EXT:abz_references/locallang_db.xml:tx_ ↵
                abzreferences_items.title',
            'config' => array (
                'type' => 'input',
                'size' => '30',
            )
        ),
        'description' => array (
            'exclude' => 0,
            'label' => 'LLL:EXT:abz_references/locallang_db.xml:tx_ ↵
                abzreferences_items.description',
            'config' => array (
                'type' => 'text',
                'cols' => '30',
                'rows' => '5',
                'wizards' => array(
                    '_PADDING' => 2,
                    'RTE' => array(
                        'notNewRecords' => 1,
                        'RTEonly' => 1,
                        'type' => 'script',
                        'title' => 'Full screen Rich Text Editing|Formatteret ↵
                            redigering i hele vinduet',
                        'icon' => 'wizard_rte2.gif',
```

# KAPITEL 8   Extensions entwickeln

```php
                    'script' => 'wizard_rte.php',
                ),
            ),
        )
    ),
    'category' => array (
        'exclude' => 0,
        'label' => 'LLL:EXT:abz_references/locallang_db.xml:tx_
            abzreferences_items.category',
        'config' => array (
            'type' => 'select',
            'items' => array (
                array('LLL:EXT:abz_references/locallang_db.xml:tx_abzreferences_items.
                    category.I.0', '0'),

                array('LLL:EXT:abz_references/locallang_db.xml:tx_abzreferences_items.
                    category.I.1', '1'),
            ),
            'size' => 1,
            'maxitems' => 1,
        )
    ),
    'image' => array (
        'exclude' => 1,
        'label' => 'LLL:EXT:abz_references/locallang_db.xml:tx_
            abzreferences_items.image',
        'config' => array (
            'type' => 'group',
            'internal_type' => 'file',
            'allowed' => $GLOBALS['TYPO3_CONF_VARS']['GFX']['imagefile_
                ext'],
            'max_size' => 500,
            'uploadfolder' => 'uploads/tx_abzreferences',
            'size' => 1,
            'minitems' => 0,
            'maxitems' => 1,
        )
    ),
),
'types' => array (
    '0' => array('showitem' => 'sys_language_uid;;;;1-1-1, l18n_parent,
        l18n_diffsource, hidden;;1, title;;;;2-2-2, description;;;
        richtext[cut|copy|paste|formatblock|textcolor|bold|italic|
        underline|left|center|right|orderedlist|unorderedlist|outdent|
        indent|link|table|image|line|chMode]:rte_transform[mode=ts_css|
        imgpath=uploads/tx_abzreferences/rte/];3-3-3,category,image')
),
'palettes' => array (
    '1' => array('showitem' => 'starttime, endtime')
)
);
?>
```

## 8.4.4 Bestehende Datenbanktabellen erweitern

Falls Sie eine bestehende Funktionalität von TYPO3 erweitern wollen, ist es durchaus möglich, dass Sie dazu eine bereits bestehende Datenbanktabelle um ein oder mehrere neue Felder erweitern müssen.

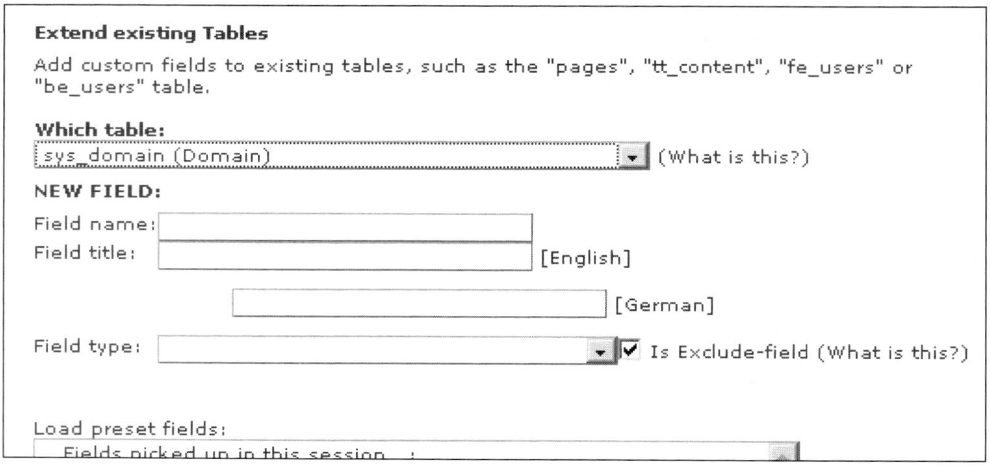

Abbildung 8.14: **Bestehende Datenbanktabelle erweitern**

Wählen Sie die zu erweiternde Tabelle aus, und folgen Sie dann der gleichen Vorgehensweise wie bei neuen Datenbanktabellen. Im Vergleich zu neuen Tabellen gibt es bezüglich der Namen der Felder einen entscheidenden Unterschied. Dem von Ihnen gewählten Namen eines neuen Feldes in einer bereits bestehenden Datenbanktabelle wird automatisch die Kennung für Ihre Extension vorangestellt, also z. B. `tx_myext_feldname`. Dadurch wird sichergestellt, dass es keine Namenskonflikte mit anderen Extensions gibt. Außerdem erleichtert diese Vorgehensweise das Verstehen der Zusammenhänge in der Datenbank ganz ungemein. Sie sehen auf den ersten Blick, welche Extension welche Felder hinzugefügt hat.

In Formularen im Backend werden die neuen Felder standardmäßig unten angefügt. Das Verhalten der Felder entspricht dem Verhalten von Feldern in Datensätzen von neu angelegten Tabellen.

## 8.4.5 Frontend-Plugin erstellen

Ein Frontend-Plugin stellt eine neue Funktionalität für das Frontend bereit. Bekannte Beispiele sind ein Gästebuch, ein Forum oder ein Shop. Frontend-Plugins können auf verschiedenen Wegen ins Frontend eingebunden werden und erfüllen unterschiedliche Zwecke. Deswegen müssen Sie sich im Kickstarter für eine Variante entscheiden. Diese bestimmt jedoch nur den vom Kickstarter erzeugten vorläufigen Code. Sie können die Variante jederzeit anpassen.

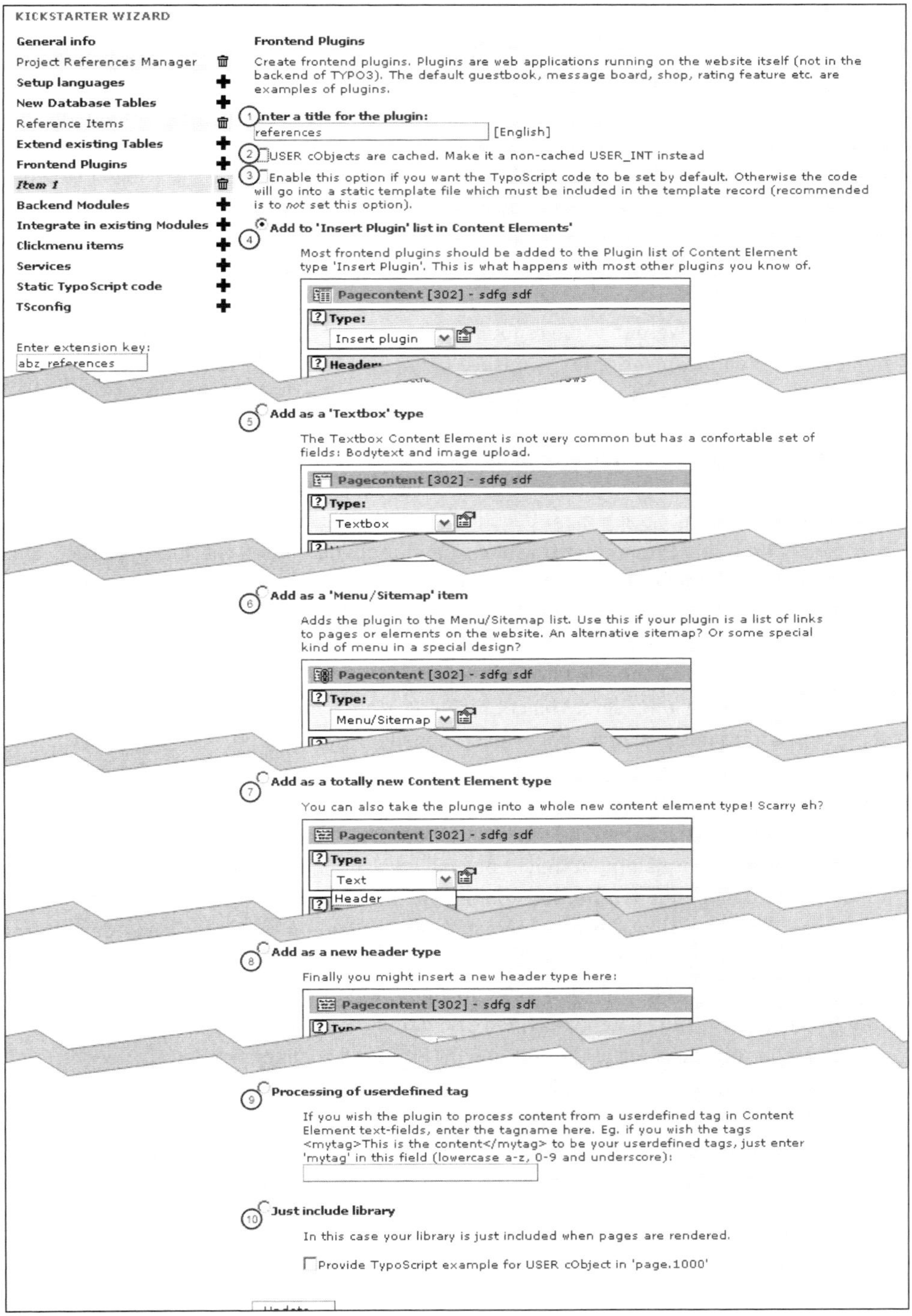

# KAPITEL 8  Extensions entwickeln

**KICKSTARTER WIZARD**

**General info**
Project References Manager
Setup languages
New Database Tables
Reference Items
Extend existing Tables
Frontend Plugins
*Item 1*
Backend Modules
Integrate in existing Modules
Clickmenu items
Services
Static TypoScript code
TSconfig

Enter extension key:
`abz_references`

**Frontend Plugins**

Create frontend plugins. Plugins are web applications running on the website itself (not in the backend of TYPO3). The default guestbook, message board, shop, rating feature etc. are examples of plugins.

(1) **Enter a title for the plugin:**
`references` [English]

(2) ☐ USER cObjects are cached. Make it a non-cached USER_INT instead

(3) ☐ Enable this option if you want the TypoScript code to be set by default. Otherwise the code will go into a static template file which must be included in the template record (recommended is to *not* set this option).

(4) ⦿ **Add to 'Insert Plugin' list in Content Elements'**

Most frontend plugins should be added to the Plugin list of Content Element type 'Insert Plugin'. This is what happens with most other plugins you know of.

> Pagecontent [302] - sdfg sdf
> Type:
> Insert plugin ▾

(5) ⦾ **Add as a 'Textbox' type**

The Textbox Content Element is not very common but has a confortable set of fields: Bodytext and image upload.

> Pagecontent [302] - sdfg sdf
> Type:
> Textbox ▾

(6) ⦾ **Add as a 'Menu/Sitemap' item**

Adds the plugin to the Menu/Sitemap list. Use this if your plugin is a list of links to pages or elements on the website. An alternative sitemap? Or some special kind of menu in a special design?

> Pagecontent [302] - sdfg sdf
> Type:
> Menu/Sitemap ▾

(7) ⦾ **Add as a totally new Content Element type**

You can also take the plunge into a whole new content element type! Scarry eh?

> Pagecontent [302] - sdfg sdf
> Type:
> Text ▾
> Header

(8) ⦾ **Add as a new header type**

Finally you might insert a new header type here:

> Pagecontent [302] - sdfg sdf

(9) ⦾ **Processing of userdefined tag**

If you wish the plugin to process content from a userdefined tag in Content Element text-fields, enter the tagname here. Eg. if you wish the tags <mytag>This is the content</mytag> to be your userdefined tags, just enter 'mytag' in this field (lowercase a-z, 0-9 and underscore):

(10) ⦾ **Just include library**

In this case your library is just included when pages are rendered.

☐ Provide TypoScript example for USER cObject in 'page.1000'

Abbildung 8.15: **Neues Plugin hinzufügen**

# KAPITEL 8    Extensions entwickeln

① Der Titel des Plugins wird später in der Auswahl der möglichen Plugins angezeigt. Falls Sie mehrere Sprachen über den Punkt SETUP LANGUAGES ermöglicht haben, können Sie diesen Text sprachabhängig eingeben.

② Sie sollten – um unnötige Serverlast zu vermeiden – versuchen, mit Ihrem Plugin Caching zu verwenden. Manchmal ist dies aus funktionalen Gründen jedoch nicht möglich oder macht einfach keinen Sinn. Falls Ihr Plugin über TypoScript als `USER_INT`-Objekt gekennzeichnet ist, wird die Ausgabe des Plugins generell nicht gecacht.

③ Vorbereitetes TypoScript der Extension kann immer und überall eingebunden werden oder in ein statisches Template abgelegt werden, das vom Administrator nur in dem Teil des Seitenbaumes eingebunden wird, in dem es benötigt wird.

④ Die meisten Plugins werden in die reguläre Liste der verfügbaren Plugins aufgenommen. Auch wir wählen diese Variante für unsere Extension. Bei der Einbindung eines solchen Plugins in eine Seite wird ein Inhaltselement mit dem Typ *Plugin* gewählt und dann das gewünschte Plugin eingestellt.

Zusätzlich zur Aufnahme in die reguläre Liste der Plugins kann das neue Plugin auch noch in die Auswahlmöglichkeit im Wizard NEW CONTENT ELEMENT eingefügt werden. Die Funktionsweise wird hiervon nicht berührt, es wird lediglich noch eine weitere Möglichkeit geschaffen, das Plugin auszuwählen. Entsprechend sollten Sie hier natürlich eine aussagekräftige Beschreibung des Plugins wählen. Falls Sie mehrere Sprachen über den Punkt SETUP LANGUAGES ermöglicht haben, können Sie diesen Text sprachabhängig eingeben.

Sie können Ihr Plugin auch der Liste des Inhaltselements *Textbox* hinzufügen. Sie haben die Textbox noch nie eingesetzt? Macht nichts, wir auch nicht. Dieses Inhaltselement ist veraltet und wird deshalb nicht näher besprochen.

⑥ Fügen Sie Ihr Plugin zur Liste im Inhaltselement *Sitemap* hinzu, wenn Sie damit eine Reihe von Links auf Seiten oder andere Elemente der Webseite dynamisch erstellen, z. B. eine spezielle Art einer Sitemap.

⑦ Ein völlig neues Inhaltselement macht beispielsweise Sinn, wenn Ihre Datensätze direkt auf einer Seite eingebunden werden können und im Frontend angezeigt werden.

⑧ Ein neuer Typ einer Überschrift könnte beispielsweise ein dynamisch aus dem Überschriftentext erzeugter Button sein.

⑨ Mit einen benutzerdefinierten Tag ermöglichen Sie es Ihren Redakteuren, im Backend Inhalte mit diesem Tag zu kennzeichnen und damit eine bestimmte von Ihnen programmierte, bisher nicht mögliche Darstellung im Frontend zu erreichen.

⑩ Falls TYPO3 einfach nur den Code Ihrer TypoScript-Bibliothek integrieren soll, wählen Sie die Option JUST INCLUDE LIBRARY. Es wird eine Beispiel-PHP-Klasse für eine Darstellung im Frontend erzeugt. Die OPTION PROVIDE TYPOSCRIPT EXAMPLE FOR USER COBJECT IN 'PAGE.1000' erzeugt folgende TypoScript-Zeile, damit der Code Ihrer Extension im Frontend ausgeführt wird:

Listing 8.4: **Code der Extension auf der Seite einfügen**

```
page.1000 < plugin.tx_myext_pi1
```

*Den genauen Namen der PHP-Klasse finden Sie in der Datei* ext_localconf.php *im Hauptverzeichnis Ihrer Extension.*

### 8.4.6 Backend-Modul anlegen

Die Möglichkeiten des Kickstarters beim Anlegen eines Backend-Moduls sind im Vergleich zu einem Frontend-Plugin deutlich beschränkt, da es hier schlicht weniger Varianten der Einbindung gibt. Das rührt von den wesentlich geringeren Möglichkeiten zur Einbindung her. Sie können entweder ein neues Hauptmodul wie Tools oder ein Untermodul wie Ext Manager zu einem bestehenden Hauptmodul definieren. Die Maske im Kickstarter sollte selbsterklärend sein.

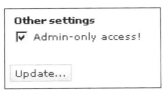

Abbildung 8.16: **Das Backend-Modul nur für Administratoren freigeben**

Der interessanteste Punkt ist die Möglichkeit, Ihr Modul nur für Administratoren freizugeben. Wie Sie in Kapitel 5, *Das Backend – Eingabe und Pflege der Daten*, Abschnitt 5.1 bereits gelernt haben, sind für Benutzer mit dem Administrator-Attribut immer alle Module sichtbar. Für alle redaktionellen Benutzer müssen Module explizit freigegeben werden.

Falls Sie Ihr Modul also nur für Administratoren erstellen, besteht gar keine Möglichkeit der Freigabe. Diese Option sollten Sie dann wählen, wenn das Modul systemkritische Operationen durchführt und deshalb nie in den Einflussbereich von Redakteuren gelangen soll.

*Weitere interessante Optionen und Beispiele zum Thema Backend-Module finden Sie in Kapitel 9,* Extensions, von denen Sie lernen können, *Abschnitt 9.4 und Abschnitt 9.5.*

### 8.4.7 Neue Möglichkeiten für bestehende Module hinzufügen

Zusätzliche Funktionen können nur zu Modulen hinzugefügt werden, falls diese dafür vorbereitet sind, also eine API dafür implementieren. Nur solche Module bekommen Sie hier zur Auswahl angeboten. Die Grafiken, die Sie im Kickstarter sehen, veranschaulichen sehr gut, wo Ihr Modul nach der Installation auftauchen könnte.

# KAPITEL 8    Extensions entwickeln

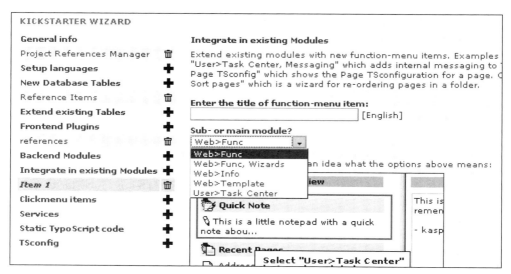

Abbildung 8.17: **Einbinden neuer Funktionen in bestehende Module**

Da neue Funktionselemente in Modulen zu einem bereits bestehenden Modul gehören, brauchen Sie hier keine Modulkonfiguration wie die *conf.php*-Datei. Es wird lediglich eine Option zum Menü hinzugefügt und die PHP-Klasse dafür erstellt. In der Datei *ext_tables.php* wird diese Klasse eingebunden.

Listing 8.5: **Fiktive Einbindung in der Extension abz_references**

```
01 if (TYPO3_MODE=="BE")    {
02    t3lib_extMgm::insertModuleFunction(
03       "web_func",
04       "tx_abzreferences_modfunc1",
05       t3lib_extMgm::extPath($_EXTKEY)."modfunc1/class.tx_abzreferences_
              modfunc1.php",
06       "LLL:EXT:abz_references/locallang_db.xml:moduleFunction.tx_
              abzreferences_modfunc1"
07    );
08 }
```

### In eigenen Modulen eine API zum Hinzufügen weiterer Menüpunkte ermöglichen

Falls Sie es anderen Programmierern ermöglichen wollen, zu einem von Ihnen geschriebenen Modul neue Menüpunkte hinzuzufügen, verwenden Sie TYPO3-API-Funktionen. Erzeugen Sie Ihr Funktionsmenü mithilfe von

`t3lib_BEfunc::getFuncMenu($mainParams,$elementName,$currentValue,$menuItems, $script='',$addparams='');`

in der Datei *class.tx_abzreferences_modfunc1.php*.

Betrachten Sie beispielsweise den Code für das Modul WEB->INFO in *typo3/mod/web/info*, um ein funktionierendes Beispiel dafür zu sehen.

## 8.4.8 Neue Elemente im Kontextmenü der Seiten

Eine sehr elegante Möglichkeit für die Platzierung von Zusatzfunktionalitäten ist das Kontextmenü (Klickmenü). Auch hier ist die Grafik wohl selbsterklärend.

Der Kickstarter stellt außerdem noch einige Optionen bereit:

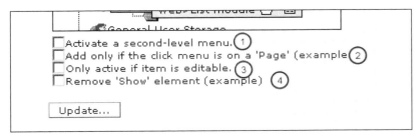

Abbildung 8.18: **Optionen für Klickmenü-Elemente**

① Ein Menü auf der zweiten Ebene schafft weitere Möglichkeiten zur Platzierung von Funktionalitäten. Damit dient der Punkt in der ersten Ebene lediglich als Einstieg in die wirklichen Funktionalitäten auf der zweiten Ebene. Über den Kickstarter können Sie lediglich einen Punkt auf der zweiten Ebene platzieren. Für weitere Punkte erweitern Sie einfach direkt den vom Kickstarter gelieferten Code.
② Ihr Menüpunkt erscheint nur im Kontextmenü der Seite, falls diese auch wirklich eine Seite und nicht etwa z. B. ein Sysfolder ist.
③ Solange die zugrunde liegende Seite nicht vom aktuellen Redakteur bearbeitet werden kann, wird der neue Menüpunkt inaktiv dargestellt und kann demzufolge nicht ausgewählt werden. Aktivieren Sie diese Option, falls Ihre Funktionalität etwas mit dem Editieren der Seite zu tun hat.
④ Neben der ganz normalen Einbindung Ihres Menüpunktes wird der Punkt *show* entfernt. Hier stellt sich die Frage, ob das nicht an anderer Stelle konfiguriert werden sollte, aber immerhin gibt es hier die Möglichkeit dazu und damit ein Anschauungsbeispiel im resultierenden Code, wie so etwas gemacht wird.

Ein gutes Anschauungsbeispiel für neue Funktionalitäten im Kontextmenü ist die Extension stfl_ptg von Wolfgang Klinger.

## 8.4.9 Neuen Service definieren

Services werden von TYPO3-Extension-Entwicklern relativ selten verwendet. Nichtsdestotrotz sind sie extrem nützlich. Lesen Sie zuerst die entsprechenden Grundlagen in Kapitel 7, *Das Framework – Werkzeugkasten für die eigene Extension*, Abschnitt 7.9.4, um mehr über das Konzept und die Funktionsweise von Services zu erfahren. Dort wird auch der Einsatz einer guten Beispiel-Extension besprochen.

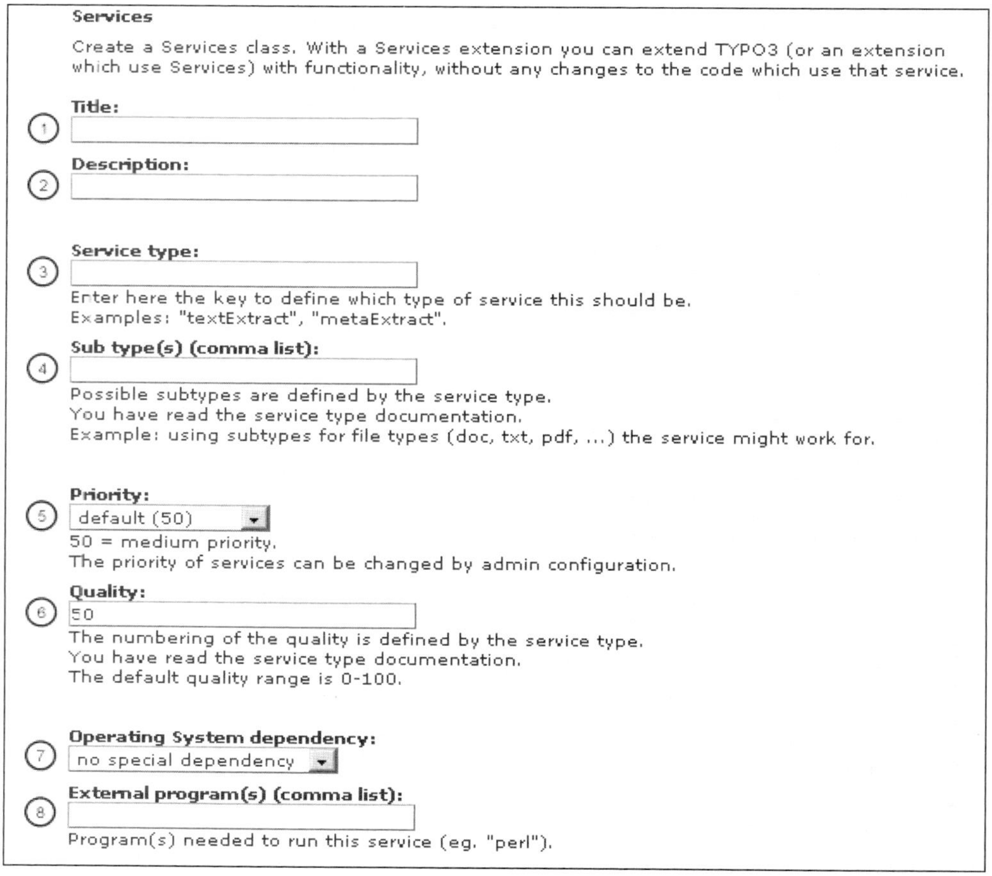

# KAPITEL 8  Extensions entwickeln

**Services**

Create a Services class. With a Services extension you can extend TYPO3 (or an extension which use Services) with functionality, without any changes to the code which use that service.

① **Title:**

② **Description:**

③ **Service type:**
Enter here the key to define which type of service this should be.
Examples: "textExtract", "metaExtract".

④ **Sub type(s) (comma list):**
Possible subtypes are defined by the service type.
You have read the service type documentation.
Example: using subtypes for file types (doc, txt, pdf, ...) the service might work for.

⑤ **Priority:**
default (50)
50 = medium priority.
The priority of services can be changed by admin configuration.

⑥ **Quality:**
50
The numbering of the quality is defined by the service type.
You have read the service type documentation.
The default quality range is 0-100.

⑦ **Operating System dependency:**
no special dependency

⑧ **External program(s) (comma list):**
Program(s) needed to run this service (eg. "perl").

Abbildung 8.19: **Angaben für einen neuen Service**

① Geben Sie einen aussagekräftigen Kurztitel für den Service an.
② Die Beschreibung erläutert, was der Service bewirkt. Zusätzlich sind Informationen über Abhängigkeiten und Bedingungen sinnvoll, die für eine einwandfreie Funktion Voraussetzung sind.
③ Der Servicetyp soll helfen, verschiedene Services des gleichen Typs zusammenzufassen. Dem Titel der Extension, mit der ein Service umgesetzt wird, sollte nach Möglichkeit dieser Servicetyp vorangestellt werden, um eine Sortiermöglichkeit und schnelle Erkennung zu ermöglichen. Ein Service für Authentifizierung wird beispielsweise dem Typ *auth* angehören. Falls Sie also einen neuen Service für eine Authentifizierung schreiben wollen, muss dieser dem Typ *auth* angehören.

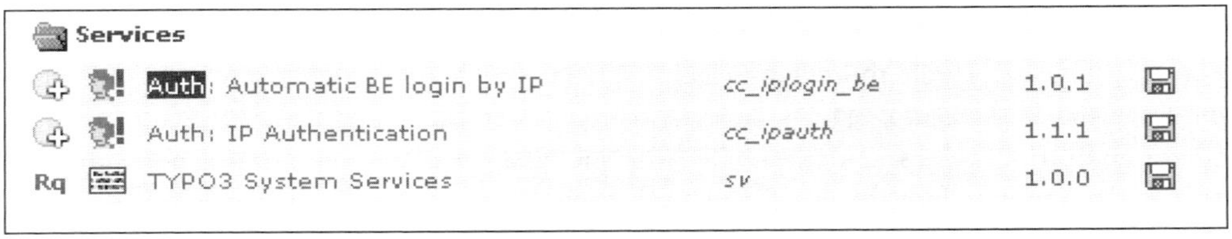

# KAPITEL 8 Extensions entwickeln

| | | | | | |
|---|---|---|---|---|---|
| | Services | | | | |
| ⊕ ▣! | **Auth**: Automatic BE login by IP | | cc_iplogin_be | 1.0.1 | 💾 |
| ⊕ ▣! | Auth: IP Authentication | | cc_ipauth | 1.1.1 | 💾 |
| Rq | TYPO3 System Services | | sv | 1.0.0 | 💾 |

Abbildung 8.20: **Erkennbare Zuordnung durch den Servicetyp im Titel**

④ Der Subtyp eines Service wird durch die API des Servicetyps definiert. Für den Servicetyp *auth* würden Sie vermutlich die Subtypen *getUserBE, authUserBE, getUserFE* oder *authUserFE* nutzen.

⑤ Die Priorität entscheidet über die Reihenfolge, in der Services aufgerufen werden, falls mehrere zu demselben Subtyp existieren. 50 entspricht dem Standardwert, höhere Werte kommen zuerst.

⑥ Bei gleicher Priorität entscheidet die Qualität über die Reihenfolge des Aufrufs. Die Angabemöglichkeit hängt vom Servicetyp ab, normalerweise liegt sie im Bereich von 0 bis 100; eine normale Qualität wird mit 50 angegeben.

⑦ Falls Ihr Service abhängig von Betriebssystem aufgerufen werden soll, können Sie hier eine entsprechende Einschränkung definieren.

⑧ Hier können Sie eine Liste von externen Programmen definieren, die vom Service benötigt werden.

## 8.4.10 Statischen TypoScript-Code einfügen

Über diesen Punkt können Sie statischen TypoScript-Code in die Bereiche *constants* und *setup* einfügen. Diese werden wie die Konfiguration eines statischen Templates abgelegt und können genauso im Backend als statisches Template eingebunden werden.

## 8.4.11 TSconfig hinzufügen

Auch für die Bereiche *User TSconfig* und *Page TSconfig* können Sie Konfigurationen angeben. Die hier angegebenen Konfigurationen gelten für die gesamte Webseite und können durch Angaben in den *TSconfig*-Feldern im Seitenkopf bzw. den Benutzer- oder Gruppendatensätzen überschrieben werden.

**In den von uns getesteten Versionen des Kickstarters 0.3.7, 0.3.8 und 0.4.0 wurden die hier angegebenen Informationen einfach ignoriert.**

Informationen über ein manuelles Hinzufügen von allgemeinen Angaben für *User* oder *Page TSConfig* finden Sie in Kapitel 5, *Das Backend – Eingabe und Pflege der Daten*, Abschnitt 5.2.

## 8.4.12 Extensions-Dateien speichern

Für ein einfaches Plugin mit eigenen Datensätzen in List- und Single-View haben Sie dann die Bereiche GENERAL INFO, SETUP LANGUAGES, NEW DATABASE TABLES und FRONTEND PLUGINS gefüllt. Über den Button VIEW RESULT kommen Sie anschließend zur Übersichtsanzeige der vom Kickstarter zu erzeugenden Dateien. Sie können nach unten scrollen oder über einen der VIEW-Links bei den einzelnen Dateien bereits einen Einblick in das erhalten, was der Kickstarter produzieren wird.

Merken Sie sich diese Stelle, Sie können hierher öfter zurückkommen, eine neue Option testen und das Ergebnis ansehen, auch ohne es zu speichern. So haben Sie immer eine schnelle Quelle für korrekten Code.

Der Button WRITE schreibt dann tatsächlich die Dateien (und damit die Extension).

Abbildung 8.21: **Schlussansicht vor dem Schreiben der Extension**

Fürs erste: Sie sind fertig!

# KAPITEL 8   Extensions entwickeln

Nun können Sie Ihre Extension ganz normal im Extension Manager installieren und das erzeugte Plugin auf einer Testseite einfügen. Falls Sie jetzt noch einmal mithilfe des Kickstarters Änderungen vornehmen wollen, können Sie dies wieder über den Extension Manager erreichen.

Im Extension Manager gibt es bei installiertem Kickstarter in der Detailansicht jeder Extension die Option EDIT IN KICKSTARTER.

Das Aussehen im Frontend (und die Logik) können Sie dann in der Datei pi1/tx_myext_pi1.php festlegen.

## 8.5 Struktur, Aufbau und Funktionsweise (herkömmliche Extension)

Nachdem wir unsere Extension gespeichert haben, können wir einen ersten Einblick in die Weise gewinnen, wie sie aufgebaut ist. Die Extension wurde vom Kickstarter in den Ordner *typo3conf/ext/abz_references* geschrieben.

### 8.5.1 Extension-Daten in ext_emconf.php

Die im Hauptordner unserer Extension abgelegte Datei *ext_emconf.php* wird vom Extension Manager benötigt und enthält alle Informationen zur Extension, die für eine Installation respektive Deinstallation vonnöten sind. Sie wird beim Speichern der Extension angelegt. Die Informationen sind im Array $EM_CONF[$_EXTKEY] hinterlegt. In vielen Fällen müssen an den vom Extension Kickstarter geschaffenen Einstellungen keine Änderungen mehr vorgenommen werden. Es ist jedoch wichtig, die einzelnen Felder zu kennen, um die Funktionsweise des Extension Managers zu verstehen.

Listing 8.6: **Das Array $EM_CONF[$_EXTKEY] aus ext_emconf.php**

```
$EM_CONF[$_EXTKEY] = array(
'title' => 'Project References Manager',
'description' => 'Helps you to organize and display your Project ↵
   References',
'category' => 'plugin',
'author' => 'Franz Ripfel',
'author_email' => 'fr@abezet.de',
'shy' => '',
'dependencies' => '',
'conflicts' => '',
'priority' => '',
'module' => '',
'doNotLoadInFE' => 0,
'state' => 'beta',
'internal' => '',
'uploadfolder' => 0,
'createDirs' => '',
'modify_tables' => '',
'clearCacheOnLoad' => 0,
'lockType' => '',
'author_company' => '',
'version' => '0.0.0',
```

# KAPITEL 8  Extensions entwickeln

```
    'constraints' => array(
        'depends' => array(
        ),
        'conflicts' => array(
        ),
        'suggests' => array(
        ),
    ),
    '_md5_values_when_last_written' => 'a:14:{s:9:"ChangeLog";s:4:"352e";s:
        10:"README.txt";s:4:"9fa9";s:12:"ext_icon.gif";s:4:"1bdc";s:17:"ext_
        localconf.php";s:4:"dc23";s:14:"ext_tables.php";s:4:"fd8f";s:14:"ext_
        tables.sql";s:4:"1bcc";s:31:"icon_tx_abzreferences_items.gif";s:4:
        "475a";s:16:"locallang_db.xml";s:4:"53d7";s:7:"tca.php";s:4:"a88e";s:
        19:"doc/wizard_form.dat";s:4:"6e55";s:20:"doc/wizard_form.html";s:4:
        "0865";s:34:"pi1/class.tx_abzreferences_pi1.php";s:4:"5910";s:17:"pi1/
        locallang.xml";s:4:"2862";s:24:"pi1/static/editorcfg.txt";s:4:"7bca";}',
);
```

» Die Felder title, description, category, author, author_email und state werden im Kickstarter beim Erstellen der Extension definiert und bedürfen wohl keiner weiteren Erklärung. Das Feld author_company kann zusätzlich definiert werden.

» shyAls shy markierte Extensions ('shy' = '1') werden vom Extension Manager nur angezeigt, falls das entsprechende Häkchen bei DISPLAY SHY EXTENSIONS: ganz oben im Extension Manager gesetzt ist.

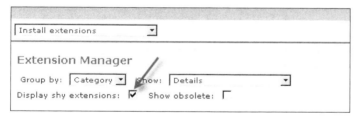

Abbildung 8.22: **Anzeige auch von »shy extensions« im Extension Manager**

» dependencies (alte Variante, siehe constraints)

Von den hier kommagetrennt eingetragenen Extensions besteht eine Abhängigkeit, sie müssen also für eine korrekte Funktionsweise unserer Extension installiert sein. Der Extension Manager prüft bei der Installation unserer Extension, ob diese bereits geladen sind, und weist auf eine eventuell vorher zu ladende Extension hin.

» Conflicts (alte Variante, siehe constraints)

Hier stehen Extensions, die bei gleichzeitiger Installation mit unserer Extension Probleme bereiten würden. Falls eine solche Extension bereits installiert ist, verweigert der Extension Manager die Installation und weist auf das Problem hin. Diese Werte setzen Sie beispielsweise, wenn Sie eine *XCLASS* erstellt haben und wissen, dass eine andere Extension dieselben Funktionen einer PHP-Klasse überschreibt. Mehr Informationen zu möglichen Problemen bei einer *XCLASS* finden Sie in Kapitel 7, *Das Framework – Werkzeugkasten für die eigene Extension*, Abschnitt 7.9.2.

# KAPITEL 8  Extensions entwickeln

» `priority`

Dies ist ein sehr selten benutztes, aber enorm hilfreiches Feld, das über die Installationsreihenfolge der Extensions entscheidet. Nutzen Sie dieses Feld, falls Sie sichergehen wollen, dass von Ihnen getroffene Einstellungen nicht von anderen Extensions überschrieben werden. Mögliche Einstellungen sind »top«, »«, »bottom«. Zuerst werden alle mit `top` gekennzeichneten Extensions in der Reihenfolge der Installation geladen (was zuerst installiert wurde, wird auch zuerst geladen), dann folgen alle Extensions ohne Eintrag und am Schluss alle mit der Kennzeichnung `bottom`.

Der Extension Manager setzt diese Einstellung um, indem er beim Installieren einer Extension die Reihenfolge der Extension Keys in der Variablen `$TYPO3_CONF_VARS['extList']` entsprechend manipuliert. Wenn Sie diese Einstellung in einer bereits installierten Extension ändern, müssen Sie diese also deinstallieren und noch einmal installieren, damit die Einstellung greift.

Die Reihenfolge, in der Extensions eingebunden werden, ist deshalb besonders wichtig, weil Einstellungen in der zuletzt geladenen Extension alle früher getroffenen Einstellungen vom Core oder anderen Extensions überschreiben. Ein gutes Anwendungsbeispiel dafür bietet die Extension `abz_eff_template`.

» `doNotLoadInFE`

Diese Option besteht seit Version 4.3 und wird vom Kickstarter derzeit nicht automatisch geschrieben. Aus Performance-Gründen sollten Sie reine Backend-Extensions mit diesem Flag kennzeichnen, da diese dann im Frontend gar nicht geladen werden. Ermöglicht und abgebildet wird dies durch `$TYPO3_CONF_VARS['EXT']['extList_FE']`. Diese Liste wird für das Laden des Frontends verwendet, falls Sie `doNotLoadInFE` gesetzt haben, wird der Name Ihrer Extension nicht mit in die Liste aufgenommen.

» `module`

Hier steht eine Liste der Namen der Ordner aller Backend-Module, falls welche vorhanden sind. Die Liste wird automatisch vom Kickstarter erstellt.

» `internal`

Dieser Wert wird für eng mit dem *TYPO3 Core* verwobene Extensions gesetzt. Nur wenige elementare Extensions wie `cms` oder `lang` haben dieses Flag gesetzt.

» `uploadfolder` und `createDirs` geben an, ob ein spezieller Ordner für Datei-Uploads angelegt werden muss, und wenn ja, wie dieser heißen soll.

» `modify_tables`

Alle hier aufgelisteten Tabellen werden für TYPO3 explizit als von der Extension zu ändernde Tabellen gesetzt. In der Regel können Sie dieses Feld ignorieren. Falls Sie jedoch Namensfehler bei der Installation der Extension bekommen, sollten Sie die auslösende Tabelle manuell hier eintragen. Der Kickstarter schreibt *keine* Werte, auch wenn Sie darüber eine Tabelle erweitern.

# KAPITEL 8   Extensions entwickeln

» `clearCacheOnLoad`

Setzen Sie diese Option, wenn es erforderlich ist, dass bei der Installation der Extension der Frontend-(Webseiten-)Cache gelöscht wird.

» `lockType`

Durch den `lockType` können Sie die möglichen Installationsorte speziell für diese Extension festlegen. Mögliche Werte sind *L* für lokal in *typo3conf/ext*, *G* für global in *typo3/ext* und *S* für System in *typo3/sysext*. Ein Leerstring erlaubt die Installation überall, falls im Install Tool die entsprechenden Optionen generell erlaubt sind.

» `version`

Die Version der Extension sollte nicht manuell verändert werden, sie wird beim Hochladen ins *TER (TYPO3 Extension Repository)* entsprechend Ihren Angaben angepasst.

» `constraints`

Die neue und flexiblere Art, Einschränkungen für die Installation einer Extension anzugeben, wurde mit dem *TER2* und dem dazugehörigen neuen Extension Manager für die TYPO3-Version 4.0 eingeführt. Hier können Sie zusätzlich zu den Extensions auch noch bestimmte Versionen ansprechen.

Listing 8.7: **Verbesserte Möglichkeiten für Einschränkungen**

```
'constraints' => array(
   'depends' => array(
      'typo3' => '3.8.1-',
      'php' => '4.3.2-5.3.0',
      'cms' => '',
   ),
   'conflicts' => array(
      'badext' => '-1.2.4'
   ),
   'suggests' => array(
      'goodext' => ''
   ),
),
```

Im Beispiel definieren Sie für Ihre Extension die Notwendigkeit der TYPO3-Version 3.8.1 oder höher, eine PHP-Version von 4.3.2-5.3.0 und die `cms`-Extension in beliebiger Version.

Die fiktive Extension `badext` wird in den Versionen bis zu 1.2.4 einen Konflikt im Extension Manager hervorrufen, und die Extension `goodext` wird zur Installation empfohlen, aber nicht zwingend gefordert.

» `_md5_values_when_last_written` Dieser Wert dient zur Überprüfung, ob Dateien der Extension seit dem Anlegen durch den Extension Kickstarter (bzw. seit dem Hochladen ins TER) verändert wurden, und wird vom Extension Manager gepflegt. Veränderungen an Dateien provozieren eine Warnmeldung in der Detailanzeige der Extension im Extension Manager.

## 8.5.2 Weitere reservierte Datei- und Ordnernamen

Die folgenden Dateinamen sind für die ihnen von TYPO3 zugedachten Funktionen reserviert.

### ext_localconf.php

Diese Datei bildet eine Erweiterung zur Hauptkonfigurationsdatei *localconf.php* und wird in der Reihenfolge der Extension-Liste direkt nach dieser eingebunden. Hier können $TYPO3_CONF_VARS gesetzt bzw. überschrieben und benötigte Klassen inkludiert werden. Außerdem werden normale Plugins meist vom Extension Kickstarter hier dem statischen Default-Template hinzugefügt:

Listing 8.8: **Einbindung unseres Plugins**

```
t3lib_extMgm::addPItoST43($_EXTKEY,'pi1/class.tx_abzreferences_pi1. ↵
   php','_pi1','list_type',1);
```

Solange $TYPO3_CONF_VARS['EXT']['extCache'] = '1' gesetzt ist (Default), werden alle *ext_localconf.php*-Dateien in der *temp_CACHED_*_ext_localconf.php* aus Geschwindigkeitsgründen zusammengefasst und ihre Konfigurationen darüber aufgerufen. Wenn Sie die *ext_localconf.php* Ihrer Extension manuell geändert haben, ohne die Extension neu zu installieren, klicken Sie auf den Link CLEAR CACHE IN TYPO3CONF/ über dem Logout-Button, um damit die *temp_CACHED_*-Dateien zu löschen und die geänderte Konfiguration Ihrer Extension zu laden. Die Datei *ext_localconf.php* wird vom Extension Kickstarter angelegt, sofern sie gebraucht wird.

### ext_tables.php

Diese Datei bildet analog zur *ext_localconf.php* die Erweiterung zur Tabellenkonfigurationsdatei *tables.php* und enthält Anweisungen, welche Plugins und Module von der Extension eingebunden werden sollen. Des Weiteren befinden sich hier die Angaben zum $TCA (Table Configuration Array). Dieses Array enthält alle nötigen Angaben zu neuen Datenbanktabellen und Feldern und bestimmt damit das Aussehen der Formulare im Backend.

Solange $TYPO3_CONF_VARS['EXT']['extCache'] = '1' gesetzt ist (Default), werden alle *ext_tables.php*-Dateien in der *temp_CACHED_*_ext_tables.php* aus Geschwindigkeitsgründen zusammengefasst und darüber aufgerufen. Die Datei *ext_tables.php* wird vom Extension Kickstarter angelegt, sofern sie gebraucht wird.

Konfigurationen für die Darstellung der Felder in Backend-Formularen können teilweise in die Datei *tca.php* ausgelagert werden (siehe den folgenden Abschnitt).

### tca.php

Die *tca.php* enthält in der Regel alle weiteren $TCA-Einstellungen, die von der *ext_tables.php* ausgelagert sind. Wenn Sie bestehende Tabellen erweitern, werden die $TCA-Einstellungen für die neuen Felder in der *ext_tables.php* hinterlegt. Legen Sie eigene Tabellen neu an, wird die $TCA-Konfiguration für die Tabelle in der *ext_tables.php* gespeichert, die $TCA-Konfiguration für die Felder aber in der *tca.php*. Die Auslagerung dient dem Zweck, *ext_tables.php* bei vielen $TCA-Konfigurationen übersichtlich zu halten.

# KAPITEL 8    Extensions entwickeln

Listing 8.9: **Ausschnitt einer Konfiguration in ext_tables.php, um auf die tca.php zu verweisen**

```
$TCA['tx_yourTable'] = Array (
   'ctrl' => Array (
      [...weitere Definitionen...]
      'dynamicConfigFile' => t3lib_extMgm::extPath($_EXTKEY).'tca.php'
   )
);
```

Detaillierte Angaben zu Konfigurationsmöglichkeiten über das $TCA finden Sie in Kapitel 7, *Das Framework – Werkzeugkasten für die eigene Extension*, Abschnitt 7.3.2.

## ext_tables.sql

Falls die Extension neue Datenbanktabellen oder Felder benötigt, werden hier die entsprechenden *SQL*-Befehle hinterlegt. Der *Extension Manager* greift beim Installieren der Extension darauf zurück, um die Tabellen und Felder anzulegen. Auch bei der Überprüfung der Datenbank auf Konsistenz mit den *$TCA*-Konfigurationen durch den Aufruf von COMPARE im *Install Tool* wird auf diese Informationen zurückgegriffen. Lassen Sie sich nicht durch den CREATE TABLE-Befehl auch für neue Felder einer bestehenden Datenbank irritieren. Der Extension Manager interpretiert die SQL-Befehle entsprechend. Die Datei *ext_tables.sql* wird bei Bedarf vom Extension Kickstarter angelegt.

## ext_tables_static+adt.sql

Hier können benötigte statische Datenbanktabellen und ihre Inhalte hinterlegt werden. Diese werden vom Extension Manager und vom Install Tool automatisch erkannt und können direkt importiert werden. Ein Einsatzbeispiel können Sie anhand der Extension sr_static_info begutachten.

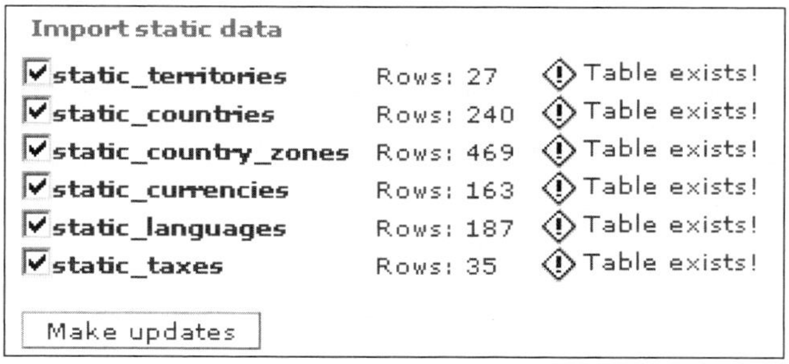

| Import static data | | |
|---|---|---|
| ☑ static_territories | Rows: 27 | ⚠ Table exists! |
| ☑ static_countries | Rows: 240 | ⚠ Table exists! |
| ☑ static_country_zones | Rows: 469 | ⚠ Table exists! |
| ☑ static_currencies | Rows: 163 | ⚠ Table exists! |
| ☑ static_languages | Rows: 187 | ⚠ Table exists! |
| ☑ static_taxes | Rows: 35 | ⚠ Table exists! |
| [ Make updates ] | | |

Abbildung 8.23: **Direkter Import statischer Daten**

## ext_typoscript_constants.txt und ext_typoscript_setup.txt

Die Inhalte dieser Dateien werden in den CONSTANTS- bzw. SETUP-Bereich aller *TypoScript*-Templates eingebunden und dürfen daher auch nur entsprechende Inhalte beinhalten. Bitte beachten Sie, dass es auch die Möglichkeit der sogenannten *static template files* gibt, deren

Benutzung für die Einbringung von extensionbezogenem TypoScript empfohlen wird (siehe auch Abschnitt *Spezielles zu Frontend-Plugins* weiter unten).

### ext_typoscript_editorcfg.txt

Diese Datei ist veraltet, und Sie werden sie deshalb nur in ganz wenigen Extensions finden. Sie kann dazu genutzt werden, Konfigurationen für den *TypoScript*-Editor im Backend anzulegen. Genauso wie bei *ext_typoscript_constants.txt* und *ext_typoscript_setup.txt* werden diese Konfigurationen derzeit meist als *static template files* angelegt (siehe auch Abschnitt *Spezielles zu Frontend-Plugins* weiter unten).

### ext_autoload.php

Seit der TYPO3-Version 4.3 gibt es einen Autoload-Mechanismus, um benötigte Klassen automatisch von TYPO3 laden zu können. Dadurch entfällt das oftmals lästige Einfügen der *require*- oder *include*-Befehle. Aus Performance-Sicht ergibt sich der schöne Nebeneffekt, dass nur wirklich benötigte Klassen geladen werden.

Aus dieser Datei holt sich das Framework die Informationen, welche (im Code angeforderte) Klassen für den Autoloader zur Verfügung stehen und wo diese zu finden sind (siehe auch Abschnitt 8.11.4).

### ext_icon.gif

Das Icon der Extension wird vor allem in der Installationsansicht im Extension Manager dargestellt. Es sollte das Format 16×18 oder 16×16 Pixel haben. Die Datei und der Verweis darauf wird vom Extension Kickstarter automatisch angelegt, und Sie können die Datei einfach austauschen.

### locallang*.xml, locallang*.php

Dateien der Form *locallang*.xml* und *locallang*.php* enthalten die Sprachinformationen für die mehrsprachige Darstellung von Textinformationen. Das *Language Tool* erkennt die Inhalte dieser Dateien automatisch. Mehr Informationen zur Mehrsprachigkeit finden Sie in Abschnitt 8.5.7 weiter unten und in Kapitel 7, *Das Framework – Werkzeugkasten für die eigene Extension*, Abschnitt 7.1.4.

### class.ext_update.php

Wenn diese Datei vorhanden ist, wird im Extension Manager ein neuer Punkt UPDATE zum Menü in der Extension hinzugefügt. Dadurch erhalten Extension-Programmierer die Möglichkeit einer Update-Funktionalität. Beim Aufruf des Update wird die zwingend enthaltene Klasse ext_update instanziiert und die Methode main() aufgerufen. Der zurückgelieferte HTML-Code wird dann vom Extension Manager angezeigt. Zusätzlich ist eine Methode access() nötig, die durch Zurückgeben eines booleschen Wertes entscheidet, ob die

Menüoption UPDATE angezeigt werden soll. Ein Einsatzbeispiel finden Sie in der Extension tt_news. Sie können anhand dieser Klasse die Benutzer Ihrer Extension beim Umstieg auf eine neuere Version unterstützen, bei der keine Abwärtskompatibilität mehr gegeben ist, also z. B. Datenbankeinträge umorganisiert werden müssen.

### ext_api_php.dat

Hier sind API-Informationen zu den Klassen der Extension innerhalb eines serialisierten Arrays hinterlegt. Die Datei kann mithilfe von Tools der Extension extdeveval erzeugt (CREATE/UPDATE EXTENSION PHP API DATA) werden, und ihre Inhalte können betrachtet werden (DISPLAY API FROM »EXT_PHP_API.DAT« FILE). Dadurch soll anderen Entwicklern ein schneller Einblick in die API Ihrer Extension-Klassen ermöglicht werden.

### res/

Weitere Dateien der Extension, die nicht zu einem *Frontend-Plugin* oder einem *Backend-Modul* gehören, können prinzipiell beliebig innerhalb der Extension platziert werden. Der Ordner *res* (für »resources«) bietet hier eine standardisierte Möglichkeit. Des Weiteren können hier abgelegte Dateien in der Konfigurationsmaske des Extension Managers für die Installation von Extensions ausgewählt werden. Ein entsprechender Eintrag in der *ext_conf_template.txt* erzeugt eine Auswahlbox mit Dateien aus diesem Ordner.

## 8.5.3 Konfigurationsmöglichkeiten für Extensions (ext_conf_template.txt)

Die Datei *ext_conf_template.txt* enthält ein Template für die Konfigurationsmöglichkeiten des Benutzers der Extension bei der Installation. Die Syntax entspricht der im *Constant Editor* für TypoScript.

> **ACHTUNG** Anders als im *Constant Editor* kann hier als Kategorie nur basic ausgewählt werden. Die Unterkategorien entsprechen denen des *Constant Editors*. Eine Angabe der Sortierung wird ignoriert, kann also weggelassen werden.

Der Extension Manager erzeugt aus diesen Angaben eine Maske mit den Konfigurationsoptionen, die beim Installieren der Extension ausgewählt werden können und in die Datei *localconf.php* als serialisiertes Array geschrieben werden. Betrachten wir als Beispiel den *Page Template Selector* von Robert Lemke, rlmp_tmplselector.

Der Benutzer kann bei der Installation (und bei Bedarf auch noch später) auswählen, ob die verschiedenen Templates auf Dateien oder *TypoScript* basieren sollen. Sie können solcherlei Konfigurationsmöglichkeiten recht einfach zur Verfügung stellen.

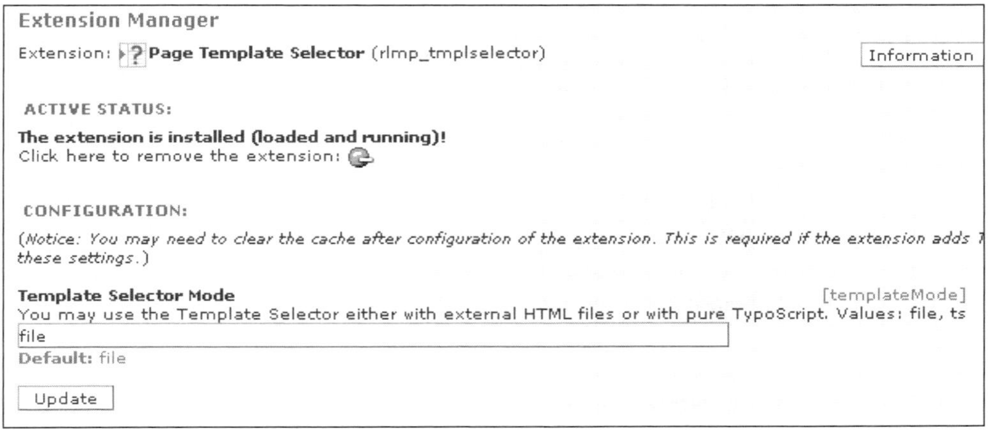

# KAPITEL 8   Extensions entwickeln

Abbildung 8.24: **Konfigurationsmöglichkeit im Page Template Selector**

Listing 8.10: **Inhalt der Datei ext_conf_template.txt**

```
# cat=basic//; type=string; label=Template Selector Mode: You may use the 
    Template Selector either with external HTML files or with pure Typo 
    Script. Values: file, ts
templateMode = file
```

Neben einer Zuordnung zu einer Kategorie können Sie den Typ des Feldes (*type=string*) und beschreibenden Text (*label=...*) definieren. Die hervorgehobene Überschrift wird durch den Doppelpunkt von der tatsächlichen Beschreibung getrennt. Den Namen für die Option können Sie frei vergeben; ein sinnvoller Name in englischer Sprache ist hier natürlich wünschenswert. Als Standardwert ist im Beispiel *file* vorgegeben, wodurch für die Auswahl der Templates Dateien aus einem in *TypoScript* zu definierenden Verzeichnis verwendet werden. TYPO3 speichert die Daten serialisiert in eine $TYPO3\_CONF\_VARS.

Listing 8.11: **Resultierender Eintrag in der localconf.php**

```
$TYPO3_CONF_VARS['EXT']['extConf']['rlmp_tmplselector'] = 'a:1:{s:12: 
    "templateMode";s:4:"file";}';
```

*Ein sehr umfangreiches Einsatzbeispiel können Sie in der Extension* tt_news *von Rupert Germann vorfinden. Aufgrund der vielen Konfigurationsmöglichkeiten sind dabei die einzelnen Werte gruppiert dargestellt. Dies können Sie durch eine entsprechende Auswahl vorgefertigter Kategorien für Ihre Parameter erreichen – beispielsweise* cat=basic**/**enable**/**100.

Listing 8.12: **Vordefinierte Kategorien in t3lib/class.t3lib_tsparser_ext.php**

```
var $subCategories = array(
// Standard categories:
    "enable" => Array("Enable features", "a"),
    "dims"   => Array("Dimensions, widths, heights, pixels", "b"),
    "file"   => Array("Files", "c"),
    "typo"   => Array("Typography", "d"),
```

## KAPITEL 8   Extensions entwickeln

```
    "color"    => Array("Colors", "e"),
    "links"    => Array("Links and targets", "f"),
    "language" => Array("Language specific constants", "g"),
    // subcategories based on the default content elements
    [...]
);
```

Innerhalb der Extension können Sie dann auf dieses serialisierte Array zugreifen und die enthaltenen Werte entsprechend berücksichtigen. Auch hier sehen wir uns die Vorgehensweise in tt_news an. Aus dem entsprechenden Bereich in $GLOBALS holen wir die Konfiguration, entserialisieren das Ganze und können dann auf die konfigurierten Werte über das resultierende Array zugreifen. Sinnvollerweise schreiben Sie die Konfiguration gleich in eine Eigenschaft Ihrer *pi*-Klassen (hier $this-confArr), damit Sie überall in der Klasse darauf Zugriff haben. Die Namen der Schlüssel im Array entsprechen den Bezeichnungen, die Sie in der Datei *ext_conf_template.txt* gewählt haben.

Listing 8.13: **Auslesen und Verwerten der Konfiguration in tt_news/pi/class.tt_news.php**

```
$this->confArr = unserialize($GLOBALS['TYPO3_CONF_VARS']['EXT']['extConf']
    ['tt_news']);
if ($this->confArr['writeParseTimesToDevlog']) {
    $this->debugTimes = TRUE;
}
if ($this->confArr['parsetimeThreshold']) {
    $this->parsetimeThreshold = floatval(trim($this->confArr['parsetime
    Threshold']));
}
```

In der Extension rlmp_tmplselector ist der Zugriff analog dazu, allerdings wird hier eine normale Variable anstatt einer Klasseneigenschaft genutzt:

Listing 8.14: **Auslesen und Verwerten der Konfiguration in rlmp_tmplselector/pi1/ class.tx_rlmptmplselector_pi1.php**

```
$confArray = unserialize($GLOBALS["TYPO3_CONF_VARS"]["EXT"]["extConf"]
    ["rlmp_tmplselector"]);
[...]
if ($confArray['templateMode']=='file') {
    [...]
```

Falls Sie an den eingegebenen Daten, bevor sie in das serialisierte Array gespeichert werden, Änderungen vornehmen müssen, können Sie einen dafür vorgesehenen *Hook* verwenden:

Listing 8.15: **Aktivierungsbeispiel für den Hook in typo3/mod/tools/em/class.em_index.php**

```
$TYPO3_CONF_VARS['SC_OPTIONS']['typo3/mod/tools/em/index.php']['tsStyle
    ConfigForm'][] = Ihre Funktion
```

Weitere Informationen zu Hooks finden Sie in Kapitel 7, *Framework – Werkzeugkasten für die eigene Extension*, Abschnitt 7.9.3.

## 8.5.4 Bereich für Frontend-Plugins (pi*)

Frontend-Plugins und zugehörige Dateien liegen innerhalb des Extension-Ordners im Unterordner *pi\**. In der Regel werden Sie nur den Ordner *pi1* haben, da zu den meisten Extensions nur ein Frontend-Plugin gehört. Mehrere sind jedoch kein Problem und werden einfach durch die Ziffer nach der Zeichenfolge *pi* unterschieden.

### class.tx_[extName ohne Unterstrich]_pi1.php

Die PHP-Klasse enthält den logischen Code für die Erzeugung der Darstellung im Frontend. Standardmäßig erbt sie von der Klasse *tslib/class.tslib_pibase.php* und wird nur um spezifische Funktionalitäten erweitert. Hier findet die meiste Arbeit für den Entwickler des Frontend-Plugins statt. Der *Extension Kickstarter* stellt bereits eine funktionierende Grundlage inklusive der standardmäßig aufgerufenen Funktion *main* bereit.

### locallang.xml, locallang.php

Label für die Unterstützung der Mehrsprachigkeit im Frontend werden in einer PHP- oder XML-Datei abgelegt. Die Form der PHP-Dateien ist veraltet, da hier keine umfassende Zeichensatzunterstützung möglich ist. Der *Extension Kickstarter* legt bereits eine funktionierende Grundlage vor.

### static/setup.txt

Falls ein Frontend-Plugin mithilfe von *TypoScript* auf Basis eines statischen Templates konfiguriert werden kann, sollte die zugrunde liegende Basiskonfiguration für den Bereich SETUP in dieser Datei liegen.

### static/constants.txt

Falls ein Frontend-Plugin mithilfe von *TypoScript* und zugehörigen Konstanten konfiguriert werden kann, sollten die zugrunde liegenden Konstanten für den Bereich CONSTANTS in dieser Datei liegen.

### static/editorcfg.txt

Die Konfigurationsdatei für den *TypoScript Editor* wird vom Kickstarter automatisch angelegt, wird aber in der Regel nicht benötigt.

Beachten Sie, dass die statischen Templates im Backend eingebunden werden müssen.

## 8.5.5 Bereich für Backend-Module (mod*)

Backend-Module und zugehörige Dateien liegen innerhalb des Extension-Ordners im Unterordner *mod\**. In der Regel werden Sie nur den Ordner *mod1* haben, da zu den meisten

## KAPITEL 8  Extensions entwickeln

Extensions nur ein Backend-Modul gehört. Mehrere sind jedoch kein Problem und werden einfach durch die Ziffer nach der Zeichenfolge *mod* unterschieden.

### conf.php

Diese Datei wird vom Kickstarter fertig angelegt und muss in der Regel nicht mehr angepasst werden. Hier sind Konfigurationsangaben (z. B. für Zugriffsrechte) enthalten, die vom Backend benötigt werden. Die Angabe `$MCONF['access']='user,group';` legt fest, dass der Zugriff über die Rechtevergabe für die einzelnen Benutzer bzw. Gruppen geregelt wird. Ihr Modul wird dort automatisch zur Auswahl hinzugefügt. Ein Wert `'admin'` würde den Zugriff nur für Administratoren zulassen, ein Leerstring den Zugriff für alle Benutzer ermöglichen.

Die Information, wo das Backend-Modul dann angezeigt wird, ist nicht hier, sondern in der Datei *ext_tables.php* hinterlegt.

Listing 8.16: **Einbindungsanforderung für das Backend-Modul der Extension cc_beinfo**

```
if (TYPO3_MODE=='BE') {
   t3lib_extMgm::addModule('web',
                           'txccbeinfoM1',
                           '',
                           t3lib_extMgm::extPath($_EXTKEY).'mod1/');
}
```

### index.php

In dieser Datei nehmen Sie analog zur *pi*-Klasse im Frontend die von Ihnen benötigten Änderungen nach der Erzeugung durch den Kickstarter vor.

Wichtig für den Anfang sind dabei die Funktionen `menuConfig` und `moduleContent`.

In `menuConfig` werden die Elemente für das Auswahlfeld der Funktionalität konfiguriert, und in `moduleContent` wird der entsprechende Code dafür implementiert.

Listing 8.17: **Startversion für Backend-Funktionalitäten: menuConfig()**

```
function menuConfig()   {
   global $LANG;
   $this->MOD_MENU = Array (
      'function' => Array (
         '1' => $LANG->getLL('function1'),
         '2' => $LANG->getLL('function2'),
         '3' => $LANG->getLL('function3'),
      )
   );
   parent::menuConfig();
}
```

# KAPITEL 8  Extensions entwickeln

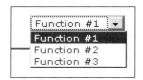

Abbildung 8.25: **Bereits vom Kickstarter erzeugtes Funktionsmenü**

Listing 8.18: **Startversion für Backend-Funktionalitäten: moduleContent()**

```
function moduleContent()   {
   switch((string)$this->MOD_SETTINGS['function']) {
      case 1:
         $content='<div align="center"><strong>Hello World!</strong>
            </div><br />
            The "Kickstarter" has made this module automatically, it
               contains a default framework for a backend module but apart
               from that it does nothing useful until you open the script
               '.substr(t3lib_ extMgm::extPath('test'),strlen(PATH_
               site)).$pathSuffix.'index.php and edit it!
            <hr />
            <br />This is the GET/POST vars sent to the script:<br />'.
            'GET:'.t3lib_div::view_array($_GET).'<br />'.
            'POST:'.t3lib_div::view_array($_POST).'<br />'.
            '';
         $this->content.=$this->doc->section('Message #1:',$content,0,1);
      break;
      case 2:
         $content='<div align=center><strong>Menu item #2...</strong>
            </div>';
         $this->content.=$this->doc->section('Message #2:',$content,0,1);
      break;
      case 3:
         $content='<div align=center><strong>Menu item #3...</strong>
            </div>';
         $this->content.=$this->doc->section('Message #3:',$content,0,1);
      break;
   }
}
```

> **TIPP**
>
> In Abschnitt 8.11 finden Sie viele Anhaltspunkte zu bereits bestehenden Objekten, die Sie für Ihre Programmierung einsetzen können.

## locallang.xml, locallang.php

Hier hinterlegen Sie alle Label, die innerhalb des Backend-Moduls benötigt werden. Die Form der PHP-Dateien ist veraltet, da hier keine umfassende Zeichensatzunterstützung möglich ist. Weitere Informationen zum Thema Lokalisierung finden Sie in Kapitel 7, *Framework – Werkzeugkasten für die eigene Extension*, Abschnitt 7.1.4.

## locallang_mod.xml, locallang_mod.php

Die Bezeichnung des Moduls wird hier bereits vom Kickstarter hinterlegt und muss in der Regel nicht mehr von Ihnen angepasst werden.

## moduleicon.gif

Das Icon für das Modul wird im Backend in der Modulliste dargestellt. Die Datei und der Verweis darauf werden vom Extension Kickstarter automatisch angelegt, Sie können die Datei einfach austauschen.

### 8.5.6 Bereich für Services (sv*)

In Ordnern, die mit *sv\** beginnen, werden Dateien abgelegt, die für Services benötigt werden. Informationen zu Services finden Sie in Kapitel 7, *Framework – Werkzeugkasten für die eigene Extension*, Abschnitt 7.9.4.

### 8.5.7 Textinformationen und ihre Lokalisierung (L10n)

*Die grundsätzliche Funktionsweise der Lokalisierung und Informationen darüber, was dahintersteht, finden Sie in Kapitel 7*, Framework – Werkzeugkasten für die eigene Extension, *Abschnitt 7.1.4.*

*Um zu verstehen, wie Sie eine Lokalisierung richtig einsetzen, ist es sicher von Vorteil, wenn Sie sich erst in dem genannten Abschnitt über die Zusammenhänge schlau machen. Falls Ihnen dazu gerade die Lust oder auch die Zeit fehlt, können Sie nur mit dem Wissen dieses Abschnittes trotzdem erfolgreich Lokalisierung betreiben, da wir hier besprechen, wie die Möglichkeiten von TYPO3 genutzt werden und wie Sie Ihre Extension mehrsprachig machen.*

Beim Anlegen eines neuen Frontend-Plugins oder Backend-Moduls mit dem Kickstarter können Sie im Bereich SETUP LANGUAGES bereits im Vorfeld die gewünschten Sprachen zusätzlich zur Standardsprache anlegen. In Ihrem Fall wird das vermutlich meistens die Sprache Deutsch sein. Wir empfehlen Ihnen diese Vorgehensweise, anstatt einfach nur die deutschen Begriffe in die Felder für die Standardsprache einzutragen. Denn dann sind Sie praktisch ohne Mehraufwand bereits auf eine Erweiterung für mehrere Sprachen vorbereitet.

Der Kickstarter bietet Ihnen dann gleich die Eingabefelder für die jeweiligen Sprachen an und speichert diese in die entsprechenden XML-Sprachdateien ab.

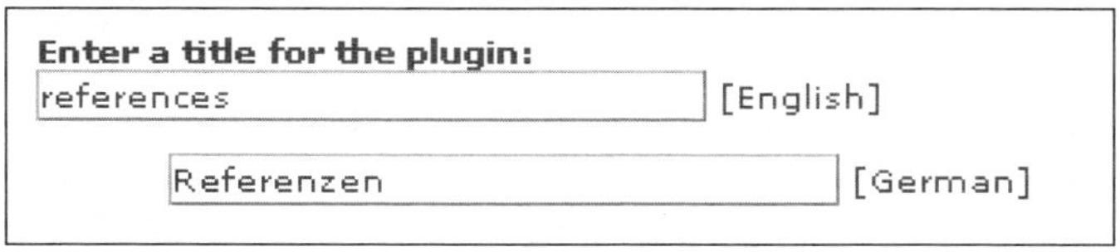

Abbildung 8.26: **Mehrsprachigkeit im Kickstarter für Label des Frontend-Plugins**

# KAPITEL 8  Extensions entwickeln

```
FIELD: title
Field name: title                           (Remove: ☐ ) ▲▼💾
Field title:  title                         [English]
              Titel                         [German]
```

Abbildung 8.27: **Mehrsprachigkeit im Kickstarter für Label von Datenbankfeldern**

Listing 8.19: **Zweisprachige Label vom Kickstarter erzeugt: locallang_db.xml**

```xml
<?xml version="1.0" encoding="utf-8" standalone="yes" ?>
<T3locallang>
   <meta type="array">
      <type>database</type>
      <description>Language labels for database tables/fields belonging to ↵
         extension 'abz_references'</description>
   </meta>
   <data type="array">
      <languageKey index="default" type="array">
         <label index="tx_abzreferences_items">Reference Items</label>
         <label index="tx_abzreferences_items.title">title</label>
         <label index="tx_abzreferences_items.description">description ↵
            </label>
         <label index="tx_abzreferences_items.category.I.0">shop</label>
         <label index="tx_abzreferences_items.category.I.1">intranet</label>
         <label index="tx_abzreferences_items.category">category</label>
         <label index="tt_content.list_type_pi1">references</label>
      </languageKey>
      <languageKey index="de" type="array">
         <label index="tx_abzreferences_items">Referenzen</label>
         <label index="tx_abzreferences_items.title">Titel</label>
         <label index="tx_abzreferences_items.description">Beschreibung ↵
            </label>
         <label index="tx_abzreferences_items.category.I.0">Shops</label>
         <label index="tx_abzreferences_items.category.I.1">Intranet</label>
         <label index="tx_abzreferences_items.category">Kategorie</label>
         <label index="tt_content.list_type_pi1">Referenzen</label>
      </languageKey>
   </data>
</T3locallang>
```

> **TIPP**
>
> *Der Kickstarter legt Label inzwischen im .xml-Format an. Die Label können Sie mit der Extension* 11xmltranslate *aus dem TER bequem im Backend anpassen. Die Version 2.2.0 der Extension ist mit TYPO3 4.3 nicht kompatibel, voraussichtlich ist jedoch bereits eine aktualisierte Version im TER, wenn Sie diese Zeilen lesen. Wenn Sie die XML-Dateien mit einem Editor bearbeiten, sollten Sie darauf achten, dass der Editor auf den Zeichensatz UTF-8 eingestellt ist, sonst werden z. B. Umlaute nicht korrekt abgespeichert.*

## Label im Backend einbinden

Im Backend sollten Sie beim Zugriff auf lokalisierte Texte in aller Regel mit der bereits als globales Objekt zur Verfügung gestellten Klasse $LANG arbeiten. Diese bietet alles, was Sie für eine Lokalisierung brauchen.

```
$LANG->getLL("label_key");
```

Damit greifen Sie direkt auf ein Label im $LOCAL_LANG-Array zu. Zuvor müssen Sie jedoch die entsprechenden Label mittels $LANG->includeLLFile()in das globale Sprachobjekt geladen haben.

Eine weitere Möglichkeit ist das Auslesen der Informationen aus einem lokalen $LOCAL_LANG-Array mit $LANG->getLL("label_key", $LOCAL_LANG). Dieses Array können Sie mittels des zweiten Parameters der $LANG->includeLLFile()-Funktion anlegen, damit Sie dann darauf zugreifen können. Standardmäßig werden Label aus geladenen Lokalisierungsdateien in das globale $LOCAL_LANG-Array geladen. Falls Sie den angesprochenen zweiten Parameter $setGlobal jedoch auf 0 stellen, wird stattdessen ein Spracharray zurückgegeben.

Listing 8.20: **Ausschnitt aus einen fiktiven Testmodul frisch vom Kickstarter: mod1/index.php**

```
$LANG->includeLLFile('EXT:testext/mod1/locallang.xml');
require_once(PATH_t3lib.'class.t3lib_scbase.php');
$BE_USER->modAccess($MCONF,1);

class tx_testext_module1 extends t3lib_SCbase {
var $pageinfo;
   function init()     {
      global $BE_USER,$LANG,$BACK_PATH,$TCA_DESCR,$TCA,$CLIENT,$TYPO3_ ⮠
         CONF_VARS;
      parent::init();
   }
   function menuConfig()    {
      global $LANG;
      $this->MOD_MENU = Array (
         'function' => Array (
            '1' => $LANG->getLL('function1'),
            '2' => $LANG->getLL('function2'),
            '3' => $LANG->getLL('function3'),
         )
      );
      parent::menuConfig();
   }
}
```

Eine weitere Möglichkeit besteht darin, über eine Dateireferenz direkt auf ein bestimmtes Label zuzugreifen:

```
$LANG->sL("LLL:[file-reference of locallang file]:[key-name]")
```

Es spielt keine Rolle, ob Sie als Dateiendung *xml* oder *php* angegeben, da TYPO3 automatisch nach Dateien beider Endungen sucht. Diese Methode erfordert kein vorhergehendes Einbinden der `locallang`-Dateien und wird normalerweise nur benutzt, falls auf einzelne Label des Core (also Label außerhalb der eigenen Extension) zugegriffen wird. Für reguläre Zugriffe auf Label für die eigene Extension gilt diese Methode als veraltet (*deprecated*). Verwenden Sie dieses Verfahren also nach Möglichkeit nicht!

### Label im Frontend einbinden

In Ihrer *pi*-Klasse, die je nach Extension Key einen anderen Namen hat, können Sie sehen, wie die vom Kickstarter erzeugten Label eingebunden werden.

Listing 8.21: **Ausschnitt aus einen fiktiven Plugin, frisch vom Kickstarter: pi1/class.tx_testext_pi1.php**

```
function main($content,$conf) {
   $this->conf=$conf;
   $this->pi_setPiVarDefaults();
   $this->pi_loadLL();
   $content='
      <h3>This is a form:</h3>
      <form action="'.$this->pi_getPageLink($GLOBALS['TSFE']->id).'"
         method="POST">
         <input type="hidden" name="no_cache" value="1">
         <input type="text" name="'.$this->prefixId.'[input_field]"
            value="'.htmlspecialchars($this->piVars['input_field']).'">
         <input type="submit" name="'.$this->prefixId.'[submit_button]"
            value="'.htmlspecialchars($this->pi_getLL('submit_button_
            label')).'">
      </form>
      <br />
      <p>You can click here to '.$this->pi_linkToPage('get to this page
         again',$GLOBALS['TSFE']->id).'</p>';
   return $this->pi_wrapInBaseClass($content);
}
```

Mithilfe der Funktion `$this->pi_loadLL()` werden die Sprachinformationen geladen, `$this->pi_getLL('submit_button_label')` greift auf den gewünschten Label zu. Der Zugriff erfolgt also analog zum Backend, da bei beiden Szenarien im Hintergrund dieselbe Funktionalität verwendet wird.

> **INFO**
>
> *Die Einbindung von lokalisierten Texten in Extensions, die auf Extbase bzw. Fluid basieren, erfolgt sehr ähnlich, aber mit anderen API-Funktionen (siehe Abschnitt 8.6).*

### Weitere nützliche Funktionen für die Lokalisierung

Die Funktion `t3lib_page::getRecordOverlay()` schafft eine generelle Möglichkeit, um im Frontend Datensätze auszulesen, die in verschiedene Sprachen übersetzt werden können. Die den Datensätzen zugrunde liegende Tabelle muss im `$TCA` entsprechend konfiguriert sein. Der bekannteste Einsatz dieser Methode erfolgt bei normalen TYPO3-Seiten, die für verschiedene Sprachen angelegt werden können. Dabei wird nicht der gesamte Datensatz kopiert und übersetzt, sondern nur für bestimmte Felder des Datensatzes ein Übersetzungsdatensatz mit Bezug auf den Orginaldatensatz angelegt. Vergleichen Sie dazu die Datenbanktabellen *pages* und *pages_language_overlay*.

Für die Bearbeitung von eingehenden Zeichen, z.B. über Formulare, bieten uns Funktionen wie makeEntities($str) oder JScharCode($str) des $LANG-Objekts Hilfestellung. Die Extension extdeveval bietet nach Installation in der oberen rechten Ecke ein Dropdown-Menü mit Links zu den Beschreibungen der verschiedenen verfügbaren Klassen.

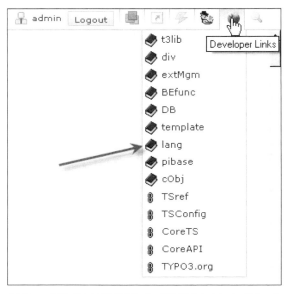

Abbildung 8.28: **Objekt $LANG in der API-Link-Leiste der Extension extdeveval**

Weitere detaillierte Informationen finden Sie direkt im Code oder alternativ über die Extension t3dev, die eine Beschreibung der API von wichtigen Klassen zur Verfügung stellt.

### Hilfreiche Extensions zum Thema Lokalisierung

Wie üblich in TYPO3 lohnt vor Beginn einer Problemlösung ein Blick auf die Liste der vorhandenen Extensions. Viele Probleme sind bereits bei anderen Programmierern aufgetreten, deren Wissen und Engagement Sie für Ihre Bedürfnisse einsetzen können. Suchen Sie im TER beispielsweise nach *translate* oder *language*.

» rlmp_language_detection

Mithilfe dieser kleinen Extension von Robert Lembke können Sie die im Browser eingestellte bevorzugte Sprache erkennen und den Besucher automatisch auf die richtige Sprache bzw. den richtigen Teilbaum für diese Sprache weiterleiten. Falls diese Sprache auf Ihrer Webseite noch nicht angeboten wird, können Sie eine alternative Sprache definieren.

» `t3_locmanager`

Schafft eine Schnittstelle für zu lokalisierende Inhalte zu professioneller Übersetzungssoftware.

» `gl_transstat`

Gibt eine gute Hilfestellung für Redakteure, die für Übersetzungen zuständig sind. Es werden beispielsweise alle nicht übersetzten Datensätze in einer übersichtlichen Listenansicht aufgezeigt.

» `abz_eff_labels`

Bietet eine Basis für die kompakte Zusammenfassung von veränderten Textlabels (in TypoScript) für das Frontend (siehe auch Kapitel 6, *HowTos*, Abschnitt 6.2.3).

### 8.5.8 Und dann geht's los!

Nachdem Sie die Struktur einer Extension verstanden haben, können Sie nun beginnen, Änderungen am vom Kickstarter geschriebenen Code vorzunehmen und die Extension genau an Ihre Bedürfnisse anzupassen. Beachten Sie dabei bitte auch die weiteren Ausführungen dieses Kapitels.

**Falls Sie später noch einmal eine Anpassung über den Kickstarter machen, sollten Sie bereits getätigte Veränderungen in einem Backup sichern, da der Kickstarter die von Ihnen durchgeführten Änderungen überschreiben wird, falls Sie die zugrunde liegende Datei nicht explizit vom Schreiben ausnehmen.**

## 8.6 Extensions auf Basis von Extbase und Fluid

Wir wollen uns in diesem Abschnitt mit der neuen Art beschäftigen, Extensions auf Basis von Extbase und Fluid zu schreiben. Nach einigen Blicken in die Referenz-Extension werden wir unsere eigene Extension entwickeln und dabei so weit wie möglich auch bereits auf den neuen Kickstarter für Extbase- und Fluid-Extensions zurückgreifen.

*Die Extensions* extbase *und* fluid *sind noch sehr jung und entsprechend stark in der Weiterentwicklung begriffen. Es kann jederzeit zu Bugs und fehlenden Features, aber auch zu Korrekturen und neuen Funktionen kommen. Für dieses Buch haben wir mit den Core-Extensions der TYPO3-Version 4.3 gearbeitet. Falls Sie eine komplexe Extension entwickeln wollen, lohnt eventuell ein Blick auf den aktuellsten Trunk von TYPO3*[3]*.*

Falls Sie sich fragen, warum Sie denn neue Extensions anstatt wie bisher basierend auf der *piBase* jetzt in dieser Form entwickeln sollen, hier ein paar Vorteile:

---

3   https://svn.typo3.org/TYPO3v4/Core/trunk

» Durch die klaren und fest vorgegebenen Strukturen wird ihre Extension übersichtlicher und leichter les- und erweiterbar. Dies gilt umso mehr, je komplexer die Aufgaben sind, die Ihre Extension zu erfüllen hat.

» Durch die vielen Arbeiten, die Ihnen Extbase abnimmt, z. B. die Zugriffe auf die Datenbank, können Sie sich viel mehr als früher auf die wirkliche Logik (Domain-Logik) konzentrieren.

» Die verwendete Struktur ist sehr nahe an der Struktur, die auch für TYPO3-5.0-Erweiterungen verwendet werden wird, eine Portierung wird also relativ einfach. Dies wird mit Extensions nach der alten Struktur nicht möglich sein.

» Fluid: Die neue und sehr mächtige Templating Engine entfaltet erst mit Extbase ihre ganze Stärke. Logik für die reine Darstellung wie Schleifen kann damit tatsächlich aus dem PHP-Code herausgehalten werden und in die Templates verlagert werden.

*Es gibt eine weitere offizielle Alternative: lib/div. Auch damit können MVC-basierte Extensions entwickelt werden. Wir gehen jedoch davon aus, dass dieser Ansatz in Extbase aufgeht. Den aktuellsten Stand und Verweise zu Dokumentation und Beispiel-Extensions können Sie über eine eigens eingerichtete Seite im TYPO3-Wiki einsehen:* `http://wiki.typo3.org/index.php/MVC_Framework`

### 8.6.1 Die Model-View-Control-Architektur in der Theorie

*Der Begriff Modell-Präsentation-Steuerung (MPS) bzw. englisch Model-View-Control (MVC) bezeichnet ein Architekturmuster zur Aufteilung von Softwaresystemen in die drei Einheiten Datenmodell (engl. Model), Präsentation (engl. View) und Programmsteuerung (engl. Controller).*

*Ziel des Modells ist ein flexibles Programmdesign, um u. a. eine spätere Änderung oder Erweiterung einfach zu halten und die Wiederverwendbarkeit der einzelnen Komponenten zu ermöglichen. Außerdem sorgt das Modell bei großen Anwendungen für eine gewisse Übersicht und Ordnung durch Reduzierung der Komplexität.*[4]

Es soll also eine bessere Wartbarkeit und Wiederverwendbarkeit des Codes erreicht werden, was im Besonderen bei Open-Source-Projekten einen sehr hohen Stellenwert genießen sollte. Durch die Anwendung des MVC-Paradigmas erleichtern Sie es Dritten, den Code zu verstehen, was wiederum zu einer besseren und effizienteren Zusammenarbeit führt. Schlussendlich entsteht bei kürzerer Entwicklungszeit ein besseres Produkt! Eine derzeit sehr erfolgreiche auf dem MVC-Prinzip basierende Web-Applikation ist *Ruby on Rails*[5], die bei manchem TYPO3-Entwickler schon gewisse Neidgefühle hervorgerufen hat, weil der Einstieg so einfach ist.

---

4   aus: Wikipedia, `http://de.wikipedia.org/wiki/Model_View_Controller`
5   Ruby on Rails: `http://www.rubyonrails.org/`

*Nehmen Sie sich – vor allem als bereits fortgeschrittener TYPO3-Entwickler – die Zeit und Muße, sich mit diesem Ansatz zu beschäftigen. In vielen Softwareprojekten ist das MVC-Prinzip bereits als Standard etabliert, und es wird auch in TYPO3 immer wichtiger werden. Vor allem bei größeren Projekten werden die resultierenden Vorteile sehr schnell den anfänglichen Zeitaufwand rechtfertigen.*

*Der deutlich kompliziertere Ablauf im Vergleich zu herkömmlichen Scripts aufgrund der Einbindung von verschiedenen Klassen für verschiedene Aufgaben relativiert sich schnell, da er im Prinzip immer wieder den gleichen Grundsätzen folgt.*

Wie der Name schon vermuten lässt, besteht das MVC-Architekturmuster aus drei Komponenten. Diese sind je nach Implementierung unterschiedlich stark voneinander abhängig.

### Model (Modell)

Das Modell enthält die eigentlichen Daten (Datenbank und Objekte), wobei es irrelevant ist, wie diese Daten strukturiert sind und wie sie gespeichert werden. Informationen über die Darstellung der Daten sollten hier nicht auftauchen, dem Modell ist nichts über die View oder den Controller bekannt. In der Regel sollte die Geschäftslogik (mögliche Zusammenhänge zwischen vorhandenen Objekten durch Methoden und Attribute) in diesem Bereich hinterlegt sein. Das Modell muss zwingend Schnittstellen implementiert haben, auf die die View oder der Controller zugreifen kann.

### View (Präsentation)

Die View, also die Präsentationsschicht, ist für die Darstellung der Daten aus dem Modell zuständig, übernimmt jedoch keine Funktion bei der Interaktion mit dem Benutzer. Geänderte Daten müssen sich also durch eine Änderung der View auswirken. Durch die Abwesenheit von implementierter Logik können Views leicht für unterschiedliche Anforderungen ausgetauscht werden, etwa einmal als HTML-Weboberfläche und einmal als grafische Benutzeroberfläche eines installierten Programms.

### Controller (Steuerung)

Der Controller hat die Aufgabe, eine angemessene Reaktion auf die Eingaben des Benutzers auszulösen. Darunter fällt in der Regel auch die Auswertung der Benutzerdaten. Er dient also als Schnittstelle zwischen Modell und View und leitet jeweils die erhaltenen Daten an die richtigen Objekte im Modell und die passenden Ansichten in der View weiter. Es ist durchaus üblich, dass verschiedene Controller-View-Paare auf dasselbe Modell zugreifen.

### 8.6.2 Referenz-Extension blog_example

Das Extbase-Team um Jochen Rau erweitert regelmäßig die Extension blog_example, um eine Referenzimplementation einer Extension basierend auf Extbase bzw. Fluid zur Verfügung zu stellen. Daraus bekommen wir unsere ersten Einblicke in die neue Art des Extension-Programmierens. Da die meisten von Ihnen vermutlich Frontend-Plugins deutlich häufiger programmieren werden als Backend-Module, werden wir uns hier auf das Frontend-Plugin konzentrieren. Die grundsätzlichen Aussagen sind jedoch auf Backend-Module übertragbar und ebenfalls in blog_example einsehbar. Diese Analyse hier bezieht sich auf die Version 1.0.0.

> **TIPP**
>
> Falls Sie die Extension bisher noch nicht installiert haben, sollten Sie dies nun unbedingt tun. Die Extension wird wie andere herkömmliche Extensions installiert. Fügen Sie das statische Template zu Ihrem TypoScript-Template hinzu, und fügen Sie das Plugin auf einer Testseite ein. In der Bedienung für den Administrator ist kein Unterschied zu sehen, die spannenden Dinge sind unter der Haube versteckt!

Abbildung 8.29: **blog_example: erste Ausgabe im Frontend**

## Konventionen

»Konvention über Konfiguration« (*Convention over configuration*) ist die neue Denkweise. Das bedeutet, dass man die Freiheit, alles so zu strukturieren, wie man gerne möchte, aufgibt und sich stattdessen an vorgefertigte Regeln hält, mit dem Vorteil, dass man dadurch viel unnötige Arbeit abgenommen bekommt.

Beim Arbeiten mit extbase ist es wichtig, sich an einige Konventionen (also Regeln) zu halten. Dies ist die Voraussetzung dafür, dass die eigene Extension funktioniert. Begutachten Sie einmal die Dateistruktur der Extension blog_example.

Diese Ordnerstruktur sollte in jeder Extbase-Extension gleich sein, dadurch findet TYPO3 die notwendigen Klassen und Templates automatisch, es muss also keine Konfiguration oder Programmierung der richtigen Pfade mehr erfolgen. Wir werden später in unserer eigenen Extension einige Details dazu betrachten.

# KAPITEL 8   Extensions entwickeln

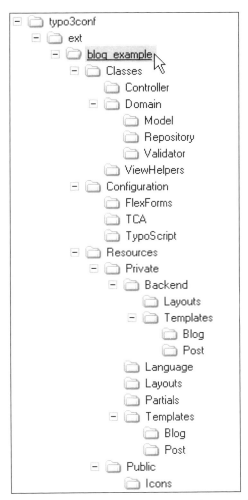

Abbildung 8.30: **Dateistruktur der Extension blog_example**

## Einbindung des Plugins

Bereits bei der Einbindung des Plugins haben Sie deutlich mehr Möglichkeiten, als mit der bisherigen *piBase*-Variante. Die Einbindung erfolgt in zwei Schritten:

Listing 8.22: **Registrierung des Plugins in ext_tables.php**

```
Tx_Extbase_Utility_Extension::registerPlugin(
    $_EXTKEY,// The extension name (in UpperCamelCase) or the extension key ↵
        (in lower_underscore)
    'Pi1',              // A unique name of the plugin in UpperCamelCase
    'A Blog Example' // A title shown in the backend dropdown field
);
```

## KAPITEL 8  Extensions entwickeln

Listing 8.23: **Konfiguration des Plugins (Dispatchers) in ext_localconf.php**

```
Tx_Extbase_Utility_Extension::configurePlugin(
    $_EXTKEY,      // The extension name (in UpperCamelCase) or the 
       extension key (in lower_underscore)
    'Pi1',         // A unique name of the plugin in UpperCamelCase
    array(         // An array holding the controller-action-combinations 
       that are accessible
        'Blog' => 'index,show,new,create,delete,deleteAll,edit,update, 
           populate',  // The first controller and its first action will 
           be the default
        'Post' => 'index,show,new,create,delete,edit,update',
        'Comment' => 'create'
    ),
    array(         // An array of non-cachable controller-action- 
       combinations (they must already be enabled)
        'Blog' => 'new,edit',
        'Post' => 'new,create,edit'
    )
);
```

Die spannenden Dinge sind in der Konfiguration zu sehen. Sie müssen für jeden eingesetzten Controller die verfügbaren Actions angeben, wobei der erste definierte Controller (Blog) und die erste definierte Action (index) im Frontend per Default aufgerufen werden, solange nichts anderes angegeben ist. In einem zweiten Array können Sie die Kombinationen definieren, die nicht gecacht werden sollen. Sie sehen im Beispiel bereits, dass dies z. B. für das Neuanlegen eines Blogs oder Posts gesetzt ist. In der Regel werden Sie hier alle Actions finden, die eine Änderung an der Datenbank bewirken. Sie werden später in den Controller-Klassen sehen, dass dort die hier gewählten Bezeichnungen wieder auftauchen und dadurch eine eindeutige Zuordnung möglich machen.

### Blog Controller

Der Controller ist seinem Namen entsprechend das Kontrollzentrum unserer Anwendung. Werfen wir einen Blick in die Klasse Tx_BlogExample_Controller_BlogController in der Datei *blog_example/Classes/Controller/BlogController.php*:

Listing 8.24: **indexAction des Blog Controllers**

```
public function indexAction() {
    $this->view->assign('blogs', $this->blogRepository->findAll());
}
```

> **ACHTUNG**
> Beachten Sie bitte die Benennung der Klasse, und vergleichen Sie diese mit dem Pfad zur Klassendatei. Sehen Sie den Zusammenhang? Aus dem Namen der Klasse kann eindeutig auf den Pfad der Klassendatei rückgeschlossen werden, was TYPO3 ermöglicht, die Klasse beim ersten Aufruf automatisch ohne extra Einbindung zu laden. Dieses System gilt für alle Klassen, die von uns erstellt werden. Der Ordner Classes dient dabei zur besseren Strukturierung der Extension und wird als Sonderfall nicht in den Klassennamen aufgenommen.

Wie Sie weiter oben gesehen haben, ist die `indexAction` im Blog Controller der standardmäßige Startpunkt für die Ausgabe im Frontend. Jedem Action-Namen (z. B. *index*) wird das Suffix `Action` angehängt. Damit ist sofort der Unterschied zwischen Actions, die vom Framework aufgerufen werden können, und weiteren Hilfsfunktionen innerhalb des Controllers ersichtlich. Sie werden vermutlich verwundert sein, dass nur eine einzige Zeile Code offensichtlich dafür zuständig ist, alle Blogs in einer Übersicht im Frontend anzuzeigen. Der Code sollte dabei recht gut lesbar sein und uns einiges verraten: Ein Blog-Repository (das werden wir uns später ansehen) findet alle Blogs, und diese werden an eine Kennzeichnung 'blogs' in der View übergeben. Wie oben bereits erwähnt, ist für die Darstellung der Blogs (Schleife zur Abarbeitung usw.) dann die View bzw. das Template zuständig.

Auch die anderen Actions wie beispielsweise die `updateAction` sind sehr kurz gehalten.

Listing 8.25: **updateAction des Blog Controllers aus blog_example/Classes/Controller/BlogController.php**

```
/**
 * Updates an existing blog
 *
 * @param Tx_BlogExample_Domain_Model_Blog $blog A not yet persisted clone
   of the original blog containing the modifications
 * @return void
 */
public function updateAction(Tx_BlogExample_Domain_Model_Blog $blog) {
    $this->blogRepository->update($blog);
    $this->flashMessages->add('Your blog has been updated.');
    $this->redirect('index');
}
```

Die `updateAction` wird – wie der Name schon sagt – aufgerufen, wenn ein Blog über das Formular im Frontend aktualisiert (verändert) werden soll. Es wird ein Objekt `blog` übergeben und dem `blogRepository` zum Update weitergereicht. Dann wird eine Flash-Message erzeugt (sie ist am Bildschirm nach dem Update zu sehen) und eine Weiterleitung auf die `indexAction` festgelegt. Das sieht an sich recht verständlich und lesbar aus, nicht wahr?

**ACHTUNG**

**Beachten Sie in diesem Zusammenhang den Methoden-Kommentar. Dieser wurde hier mit Absicht in das Listing aufgenommen, weil er auch für das Framework eine wichtige Rolle spielt. Daraus kann das Framework lesen, aus welcher Klasse das Objekt in `$blog` erzeugt wurde bzw. erzeugt werden soll.**

Um zu verstehen, wie das Ganze zusammenarbeitet, werden wir im Folgenden die beiden anderen Komponenten View/Template und Model/Repository näher beleuchten.

### View, HTML-Templates

Eine eigene View-Klasse werden Sie im `blog_example` nicht finden. Das liegt daran, dass Extbase uns bereits eine Standard-View zur Verfügung stellt, die immer dann genutzt wird, wenn keine andere View definiert ist. Die unterschiedliche Darstellung, die jedoch für jede Extension benötigt wird, liegt im Template bzw. in den Templates. Es wird für jede Action

# KAPITEL 8   Extensions entwickeln

ein eigenes Template erzeugt. Betrachten wir dazu die Datei *Resources/Private/Templates/Blog/index.html*:

Listing 8.26: **Fluid-Template für die indexAction des Blog Controllers**

```
<f:layout name="default" />
<f:section name="content">
   <p>Welcome to the Blog Example! This installation serves as a
      demonstration for basic development techniques used in Extbase/FLOW3
      applications.</p>
   <f:if condition="{blogs}">
      <f:then>
         <p>Here is a list of blogs:</p>
         <dl>
            <f:for each="{blogs}" as="blog">
               <dt>
                  <f:link.action action="index" controller="Post"
                     arguments="{blog : blog}">
                     {blog.title} (<f:count subject="{blog.posts}" />)
                  </f:link.action>
               </dt>
               <dd>
                  <f:format.nl2br>{blog.description}</f:format.nl2br>
                  <f:link.action action="edit" arguments="{blog :
                     blog}">Edit</f:link.action>
                  <f:link.action action="delete" arguments="{blog :
                     blog}">Delete</f:link.action>
               <dd>
            </f:for>
         </dl>
         <p>
            <f:link.action action="new">Create another blog</f:link.action>
            <br /><f:link.action action="populate">Create example data
               </f:link.action>
            <br /><f:link.action action="deleteAll">Delete all Blogs
               [!!!]</f:link.action>
         </p>
      </f:tnen>
      <f:else>
         <p>
            <strong><f:link.action action="new">Create your first blog
               </f:link.action></strong>
            <br /><f:link.action action="populate">Create example data
               </f:link.action>
         </p>
      </f:else>
   </f:if>
</f:section>
```

> **ACHTUNG**
>
> Beachten Sie auch hier wieder den Pfad der Datei. *Resources/Private/Templates/* ist per Konvention vorgeben, *Blog/* schafft die Beziehung zum Controller, und der Dateiname *index.html* stellt die Verbindung zur Action her.

Versuchen Sie, Texte im Template zu ändern oder sonstige kleine Anpassungen durchzuführen. Wenn Sie den Cache gelöscht haben und die entsprechende Seite im Frontend neu aufrufen, sollte Ihre Änderung zu sehen sein. Da das Template sehr viele Fluid-Angaben enthält, erscheint es Ihnen eventuell ungewohnt und schwer zu lesen. Wenn Sie jedoch genau hinsehen, erkennen Sie, dass die Fluid-Syntax ziemlich gut lesbar und ausssagekräftig ist. Eine Schleife zur Darstellung der einzelnen Blogs ist durch for each zu erkennen, die Ausgabe des Blog-Titels erfolgt durch blog.title (blog wurde in der for-each-Schleife als Referenz festgelegt), und Links sind durch f:link zu erkennen.

Einen tieferen Einblick in die Syntax und Möglichkeiten von Fluid erhalten Sie im Abschnitt 8.8.

### Model, Datenbankpersistenz (Model/Repository)

Nachdem wir über den Controller und das Fluid-Template bereits sehen konnten, wie die Darstellung im Frontend zustande kommt, bleibt nun noch die Frage zu klären, wo denn die Daten dafür herkommen. Ein entscheidender Unterschied zu herkömmlichen piBase-Plugins ist dabei, dass Sie selbst (in vielen Fällen) keine Datenbankabfragen mehr schreiben, sondern dass dies automatisch vom Framework erledigt wird. Sehen wir uns den Ordner *blog_example/Classes/Domain/* an:

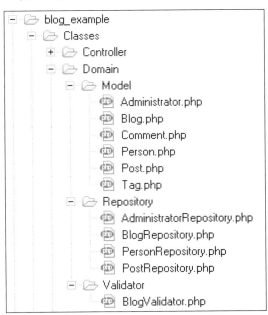

Abbildung 8.31: **Dateien in den Verzeichnissen unter Domain**

# KAPITEL 8  Extensions entwickeln

Sie sehen darin Ordner für die Repository-Klassen, für die Modell-Klassen an sich und für Validatoren. Gehen wir zuerst zu den Modell-Klassen. Sie finden je eine Datei mit der entsprechenden Klasse für jedes benötigte Objekt. Beispielsweise haben wir eine Datei *Blog.php* mit einer Klasse Tx_BlogExample_Domain_Model_Blog. Auch hier erkennen Sie wieder den Zusammenhang zwischen Pfad und Klassennamen. Die Klasse Blog repräsentiert die einzelnen Blog-Einträge und kann hier zum Verständnis grundsätzlich auch mit einer Zeile in der Tabelle für die Blogs (*tx_blogexample_domain_model_blog*) gleichgesetzt werden.

**ACHTUNG** Wir können es nicht oft genug wiederholen: Namenskonventionen sind überall! Auch beim Tabellennamen zeigt sich wieder die bereits bekannte einheitliche Strukturierung und Benennung.

Die Blog-Klasse hat Eigenschaften, die den Spalten in der Tabelle entsprechen (wie $title und $description) mit den entsprechenden Getter- und Setter-Methoden, zusätzlich aber auch noch weitere Eigenschaften, die beispielsweise Verknüpfungen zu anderen Objekten enthalten ($posts), und Methoden, die beispielsweise Logik für die Datenzusammenhänge (removeAllPosts()) bereitstellen. Beachten Sie auch hier wieder die Methodenkommentare, die vor allem wieder die Klassen für die übergebenen Parameter festlegen. Auch die Kommentare bei den Eigenschaften sind sehr wichtig. Aus ihnen holt sich das Framework beispielsweise die Regeln für eine Datenvalidierung.

Listing 8.27: **Typbestimmung und Validierungsregel für die Eigenschaft blog::title**

```
/**
 * The blog's title.
 *
 * @var string
 * @validate StringLength(minimum = 1, maximum = 80)
 */
protected $title = '';
```

Auch hier finden Sie wieder relativ wenige Zeilen Code, da sehr viele Funktionaliäten (wie beispielsweise die Validierung) vom Framework übernommen werden, wenn Sie die Namenskonventionen einhalten und die Kommentare richtig setzen.

Die Schnittstelle zur Datenbank bilden die Repositories, z. B. das BlogRepository im Ordner *Repository*. Wenn Sie diese Datei öffnen, sehen Sie wiederum fast keine Code-Zeilen, da die Klasse Tx_BlogExample_Domain_Repository_BlogRepository durch Ihre Ableitung der Framework-Klasse Tx_Extbase_Persistence_Repository alles Notwendige für Standardaufgaben bereits mitbekommt.

Erinnern Sie sich an den Code im Blog Controller? Dort wird das nötige Repository initialisiert, über das direkt Blog-Objekte aus den entsprechenden Datenbankinhalten erzeugt werden können, ohne dass Sie einen eigenen Datenbankzugriff dafür programmieren müssen.

Listing 8.28: **initializeAction des Blog Controllers aus blog_example/Classes/Controller/BlogController.php**
```
public function initializeAction() {
    $this->blogRepository = t3lib_div::makeInstance('Tx_BlogExample_Domain_ ↩
        Repository_BlogRepository');
    $this->administratorRepository = t3lib_div::makeInstance('Tx_Blog ↩
        Example_Domain_Repository_AdministratorRepository');
}
```

Die `initializeAction` wird dabei (basierend auf Ihrer Benennung) vom Framework automatisch vor Aufruf der eigentlichen Action aufgerufen, was es Ihnen ermöglicht, den Code schön sauber und kurz zu halten.

Wie es nun das Repository schafft, die Daten zuverlässig aus der Datenbank zu holen und in die Datenbank zu schreiben, ist für Sie als Entwickler der Extension in den meisten Fällen nicht von Bedeutung. Im Hintergrund ist hier ein speziell für TYPO3 entwickelter objektrelationaler Mapper am Werk, der die Umwandlung von Objekt zu Datenbankeinträgen und zurück durchführt. Dadurch können Sie sich auf die benötigte Business-Logik konzentrieren und überlassen den Rest dem Framework.

Wichtige Code-Stellen für das Verständnis von Extbase und Extbase-Extensions finden Sie im Abschnitt 8.6.4.

### 8.6.3 Kickstarter für Extbase (extbase_kickstarter)

Der Kickstarter für Extensions, die auf Extbase basieren, ist noch nicht fertiggestellt, deshalb ist diese Extension aktuell (Frühjahr 2010) auch noch nicht im TER zu finden. Sie finden den aktuellen Stand jedoch immer auf http://forge.typo3.org/projects/show/extension-extbase_kickstarter. Es lohnt sich trotzdem, diesen Kickstarter zu installieren und auszuprobieren, da er Ihnen sowohl die Denkweise des *Domain Driven Design* näherbringt als auch bereits einige Dinge richtig anlegt.

> *Die folgenden Ausführungen basieren auf Revision 28014. Voraussichtlich hat sich bereits wieder einiges geändert, bis Sie dieses Buch lesen. Falls Sie mit den Unterschieden nicht zurechtkommen, holen Sie für Ihre ersten Schritte am besten die genannte Revision aus dem SVN-Repository.*

Die Benutzung ist aus unserer Sicht recht intuitiv, auch weil es noch nicht allzu viele Auswahlmöglichkeiten und Features gibt. Wenn Sie noch keine Erfahrung mit Domain Driven Design haben, sollten Sie einfach einmal testhalber ein paar Objekte anlegen und verschiedene Objektoptionen und Verknüpfungen ausprobieren und den resultierenden Code begutachten. Versuchen Sie immer Parallelen zum `blog_example` zu suchen, das trainiert Ihr Verständnis für die benötigte Denkweise.

# KAPITEL 8  Extensions entwickeln

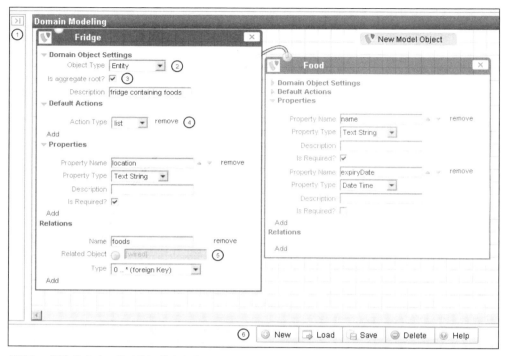

Abbildung 8.32: **Einfaches Modell im Kickstarter**

① Hier wird das Formular für die allgemeinen Angaben zur Extension aufgeklappt, die Sie nicht anzugeben vergessen sollten.
② In der Regel werden Sie Objekte vom Typ ENTITY haben. Im Prinzip brauchen Sie für alle Objekte, die in der Datenbank gespeichert werden sollen, den Typ ENTITY. Es wurden bereits viele Diskussionen über die Unterscheidungsmöglichkeit zwischen Entity und Value Object geführt, das würde an dieser Stelle jedoch zu weit gehen. Einen Einstieg in die Thematik finden Sie auf Wikipedia[6] oder auch in den Mailinglisten von FLOW und Extbase.
③ Ein AGGREGATE ROOT stellt den Einstiegspunkt in eine Gruppe von zusammengehörigen Objekten dar. Für jedes als AGGREGATE ROOT festgelegte Objekt wird vom Kickstarter eine Repository-Klasse angelegt. Dieses kann also gezielt direkt aus der Datenbank angefordert werden. In unserem Beispiel können Sie als Folge auf ein Objekt Food nur über das Element Fridge zugreifen, es wird also als Unterelement (und eben nicht als root) behandelt.
④ Für alle Actions, die Sie hier anlegen, wird im zugehörigen Controller eine Action-Methode und ein Dummy-HTML-Template erzeugt. Wir empfehlen Ihnen, für alle Objekte mit dem Flag AGGREGATE ROOT zumindest eine Action anzulegen, da Sie dann schon ein Beispiel für die Benennung und den richtigem Pfad des Templates haben.

---

6   http://en.wikipedia.org/wiki/Domain-driven_design

⑤ Objektbeziehungen können Sie sehr einfach erzeugen, indem Sie den blauen Punkt auf den korrespondierenden Punkt in anderen Objekten (siehe Abbildung 8.32) ziehen. Die Art der Verbindung hängt von Ihren Bedürfnissen ab. Die Bezeichnung des Typs ist aus der UML-Notation abgeleitet, wobei ASSOCIATIVE TABLE in einer m:n-Datenbankbeziehung resultiert.

⑥ Die Verwaltung der verschiedenen Extension-Konfigurationen sollte selbsterklärend sein.

Der Kickstarter speichert seine Konfiguration in der Datei *kickstarter.json* direkt im jeweiligen Extension-Ordner. Am Vorhandensein dieser Datei erkennt der Kickstarter, welche Extension von ihm erzeugt wurde.

**ACHTUNG**

**Wie auch beim herkömmlichen Kickstarter gilt die Devise: Von Ihnen manuell durchgeführte Änderungen an Dateien gehen verloren, wenn Sie aus dem Kickstarter heraus neu speichern. Erzeugen Sie also vorher eine Sicherungskopie, und fügen Sie dann Ihren Code wieder hinzu.**

Einige Tipps für die Benutzung:

» Objektnamen sollten immer mit Großbuchstaben beginnen, Eigenschaftennamen immer mit Kleinbuchstaben.

» Überprüfen Sie das resultierende $TCA. Eventuell ist das Ergebnis nicht genau das, was Sie brauchen. (Für einfache Modelle funktioniert es schon recht gut.)

» Sie müssen den Code für die Registrierung eines Plugins selbst hinzufügen (siehe nächster Abschnitt).

### 8.6.4 Wichtige Code-Stellen in Extbase

Wenn Sie beginnen, mit Extbase zu arbeiten, werden Sie immer mal wieder im Code von Extbase nachsehen, wie bestimmte Dinge funktionieren, um zu verstehen, wie Ihr Code aussehen muss. Hier wollen wir kurz auf einige Stellen eingehen, die für das Verständnis von Extbase wichtig, aber nicht auf den ersten Blick zu finden sind. Anhand der Klassennamen können Sie die Klassendatei ausfindig machen.

### Tx_Extbase_Dispatcher::dispatch()

Der Dispatcher ist der Dreh- und Angelpunkt einer Extbase-Extension. Alle Anfragen werden vom Dispatcher entgegengenommen, der anschließend entsprechende Antworten an den Browser oder einen anderen Client zurückliefert. Der Dispatcher initialisiert das Framework, erzeugt Request- und Response-Objekte, entscheidet, welcher Controller die Anfrage zu bearbeiten hat (und dabei auch das Response-Objekt zu füllen hat), und löst die Speicherung (Persistierung) von Daten in die Datenbank aus.

### Tx_Extbase_MVC_Controller_ActionController::processRequest()

Ihre Controller erben (meist) von `Tx_Extbase_MVC_Controller_ActionController`, wodurch die Methode `processRequest()` auch in Ihrem Controller zur Verfügung steht. Die Methode wird vom Dispatcher aufgerufen und ist dafür zuständig, die richtige Action auszuführen, vorher nötige Objekte wie beispielsweise eine passende View zu erzeugen und gewünschte Validierungen und Initialisierungen der Parameter bzw. Objekte für die Action durchzuführen.

### Tx_Extbase_MVC_Controller_ActionController::mapRequestArguments ToControllerArguments()

Die automatische Erzeugung der passenden Objekte aus der Datenbank basierend auf den übergebenen Link-Parametern bzw. Formulardaten ist relativ tief im Code verborgen. Nichtsdestotrotz ist dieser Bereich sehr wichtig, weil wir uns dadurch auf die Objekte unserer Businesslogik konzentrieren können und die Codezeilen speziell im Controller so schön kurz und übersichtlich bleiben. `Tx_Extbase_Property_Mapper::mapAndValidate()` wird dabei für das tatsächliche Mapping der übergebenen Parameter auf die bereits vor-initialisierten Objekte aufgerufen. Es wird empfohlen, diese Methode statt nur der Methode `map()` zu verwenden, weil zusätzlich zum Mapping auch eine Validierung durchgeführt wird, was aus Sicherheitsgründen sehr zu empfehlen ist.

### Tx_Extbase_Persistence_Query

Das Query-Objekt dient zum Erzeugen der verschiedensten Anfragen an die Datenbank. Wenn Sie so wollen, ersetzt es die bisherigen SQL-Konstrukte. Sie werden es in der Regel in Ihrer Repository-Klasse verwenden, um eine gezielte Auswahl von Objekten aus der Datenbank zu bekommen. In der Klasse `Tx_BlogExample_Domain_Repository_PostRepository` finden Sie erste Beispiele.

### Tx_Extbase_Persistence_Manager::persistAll()

Hier wird das Speichern von neuen oder veränderten Objekten in die Datenbank angestoßen. Die Methode selbst wird im Dispatcher aufgerufen.

## 8.7 Workshop: Extbase-Extension schreiben

Da sich viele der neuen Möglichkeiten und einzuhaltenden Konventionen am besten anhand eines konkreten Beispiels erklären lassen, wollen wir im Folgenden eine kleine Applikation basierend auf Extbase bzw. Fluid entwickeln. Die dazugehörige Extension nennen wir *Fridgemaster*.

### 8.7.1 Ausgangssituation

Es kommt immer wieder vor, dass wir nach einem anstrengenden Arbeitstag erst sehr spät nach Hause kommen (wenn natürlich keine Geschäfte mehr offen haben) und uns leider nie merken können, was wir aktuell im Kühlschrank bzw. der Gefriertruhe haben. Manchmal stehen wir also mit Hunger vor einem leeren Kühlschrank, manchmal werden aber auch Sachen schlecht, die wir leider im Kühlschrank vergessen haben. Das passiert auch im Büro-Kühlschrank regelmäßig. Die Lösung ist eine einfache Online-Kühlschrankverwaltung namens Fridgemaster!

### 8.7.2 Aufgabenstellung

Nachdem wir eine Weile über das Problem nachgedacht haben, haben sich für die erste Version folgende Feature-Wünsche herauskristallisiert:

» Es sollen verschiedene Kühlschränke angelegt und bearbeitet werden können. Die Identifizierung erfolgt über den Ort des Kühlschranks.

» In jeden Kühlschrank können Lebensmittel hineingelegt und aus ihm entnommen werden. Die einzelnen Lebensmittel verfügen über eine Bezeichnung und ein Ablaufdatum.

» Sowohl für Kühlschränke als auch für Inhalte soll eine Übersicht in Listenform zur Verfügung stehen.

Aus der Aufgabenstellung heraus erkennen wir als erfahrene Entwickler bereits die nötigen Objekte. Wir brauchen ein Kühlschrankobjekt (`fridge`) und Kühlschrankinhalte (`food`). Dabei müssen die Inhalte jeweils einem Kühlschrank zugeordnet werden. Da wir den Fridgemaster nach MVC-Pattern entwickeln wollen, erscheint es uns fürs Erste sinnvoll, nur einen Controller für Kühlschränke und Inhalte zu nutzen, da das Hinzufügen eines Inhalts logisch ganz gut zum Kühlschrank passt. Bei den nötigen Views sind wir uns noch nicht so sicher, zumindest für die Kühlschränke brauchen wir eine klassische CRUD-Struktur (*create, read, update, delete*) inklusive einer Liste.

### 8.7.3 Kickstarter nutzen

Da es bereits einen Kickstarter für Extbase-Extensions gibt, wollen wir diesen auch nutzen, um nicht alle Grundstrukturen selbst anlegen zu müssen.

> **ACHTUNG**
>
> Zum Zeitpunkt der Bucherstellung (Frühjahr 2010) war der Kickstarter noch unvollständig und in Entwicklung. Er leistet jedoch trotzdem schon gute Dienste. Wir werden den Kickstarter so weit wie möglich nutzen und die fehlenden Code-Stücke von Hand ergänzen, was uns gleichzeitig einen guten Einblick in unsere Extension-Struktur gibt.
>
> Wir nutzen die Revision 28014 für die folgenden Ausführungen. Sie finden auf der Buch-CD den Stand des Codes nach dem Erzeugen durch den Kickstarter und können damit weiterarbeiten, falls Sie mit dem aktuellsten Kickstarter andere Ergebnisse erhalten, was aufgrund der Weiterentwicklung sehr wahrscheinlich ist.

## KAPITEL 8    Extensions entwickeln

> *Eine Einführung in den Kickstarter finden Sie weiter oben in Abschnitt 8.6.3.*

Starten Sie den Kickstarter, und fügen Sie zuerst die allgemeinen Extension-Daten ein. Bei PERSONS können Sie natürlich Ihre Daten eintragen. Entscheidend ist hier vor allem der richtige Extension-Name, weil sich dieser direkt auf die Bezeichnungen im Code auswirkt.

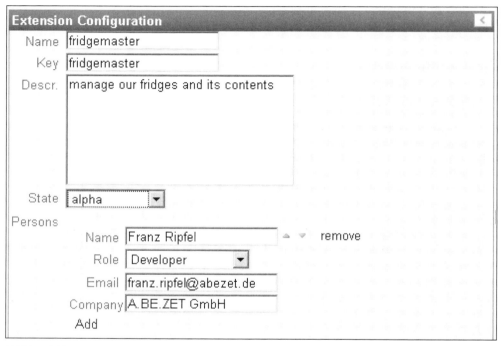

Abbildung 8.33: **Allgemeine Extension-Daten**

Als Nächstes erzeugen wir die beiden Models Fridge und Food (beachten Sie die Großschreibung bei Klassennamen). Für den Kühlschrank brauchen wir den Ort (location) mit dem Typ TEXT STRING. Wir setzen zusätzlich das Häkchen bei IS AGGREGATE ROOT?, wodurch wir später über das gespeicherte Fridge-Objekt auf die zugehörigen Food-Objekte zugreifen können. Für die Lebensmittel (Food) brauchen wir, wie oben definiert, einen Namen und ein Ablaufdatum. Wir erzeugen zuerst beide Objekte, um dann die Verknüpfung zwischen den beiden herzustellen. Die Verknüpfung wird erstellt, indem wir im Objekt Fridge eine neue Relation anlegen und dann mit der Maus von dem zugehörigen blauen Punkt zum Punkt oben beim Objekt Food ziehen. Als Verbindungstyp legen wir 0..* (FOREIGN KEY) fest, weil ein Kühlschrank mehrere Lebensmittel enthalten kann, diese aber nur in jeweils einem Kühlschrank sein können. In der Datenbank wird dies dann über eine Kühlschrank-ID beim Lebensmittel realisiert.

# KAPITEL 8  Extensions entwickeln

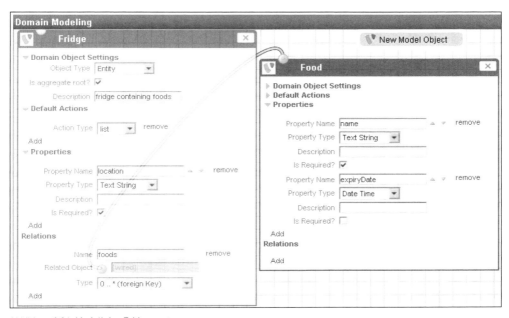

Abbildung 8.34: **Modell des Fridgemasters**

Damit haben wir unsere Anforderungen für die Objekte bereits erfüllt und können die Extension speichern und mit dem Extension Manager installieren. Dabei sollten die Tabellen *tx_fridgemaster_domain_model_fridge* und *tx_fridgemaster_domain_model_food* angelegt werden.

Da der Kickstarter uns nur einen Teil der Arbeit abnimmt, wollen wir zunächst einmal den resultierenden Code begutachten und dabei schon einiges über Namenskonventionen lernen bzw. das bereits Gelernte bestätigen.

> *Die Extension* fridgemaster *mit dem Stand des Codes direkt nach dem Erzeugen durch den Kickstarter finden Sie als extra ZIP-Paket auf der CD, falls Sie selbst Probleme mit dem Kickstarter haben. Entpacken Sie das ZIP-Paket in den Ordner* typo3conf/ext, *und installieren Sie die Extension mit dem Extension Manager.*

Vergleichen Sie an dieser Stelle die erzeugte Struktur für den Fridgemaster mit der Struktur der Extension blog_example, Sie werden sehr viele Übereinstimmungen feststellen. Durch die immer gleiche Lage der einzelnen Bestandteile der Extension kann Extbase viele Dinge automatisch für uns erledigen.

# KAPITEL 8  Extensions entwickeln

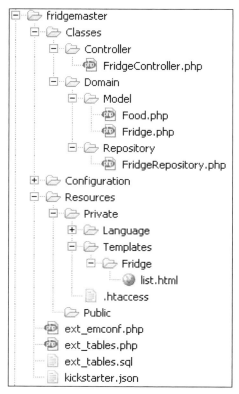

Abbildung 8.35: **Ordnerstruktur nach dem Erzeugen mit dem Kickstarter**

## 8.7.4 Erste Ausgabe erzeugen

Da wir sehen wollen, ob wir so weit alles richtig gemacht haben und am liebsten gleich eine Ausgabe im Frontend hätten, erstellen wir im Backend gleich einmal ein paar Datensätze. Dazu legen wir eine neue Testseite an und darin – wie auch bei herkömmlichen Extensions üblich – die Datensätze.

Für eine Ausgabe im Frontend brauchen wir zusätzlich ein Plugin, das vom Kickstarter noch nicht angelegt wurde. Dazu nehmen wir uns die Extension blog_example zum Vorbild und fügen die beiden notwendigen Informationsblöcke in *ext_tables.php* und *ext_localconf.php* hinzu. Die Datei *ext_localconf.php* müssen wir dazu neu erstellen.

# KAPITEL 8    Extensions entwickeln

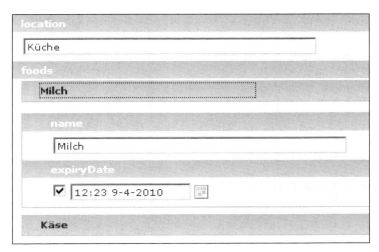

Abbildung 8.36: **Erste Testdatensätze im Backend**

Listing 8.29: **Registrierung des Plugins in ext_tables.php**

```
Tx_Extbase_Utility_Extension::registerPlugin(
   $_EXTKEY,
   'Pi1',
   'Fridgemaster'
);
```

Listing 8.30: **Konfiguration des Plugins in ext_localconf.php**

```
if (!defined ('TYPO3_MODE')) die ('Access denied.');

Tx_Extbase_Utility_Extension::configurePlugin(
   $_EXTKEY,
   'Pi1',
   array(
      'Fridge' => 'list,show,new,create,delete,edit,update,addFood, ←
         removeFood',
   ),
   array(
      'Fridge' => 'new,edit',
   )
);
```

Das erste Array in `configurePlugin` dient der Angabe von allen Controllern und der zugehörigen Actions, die zum Einsatz kommen werden. Im zweiten Array können wir angeben, welche Actions in Ihrer Ausgabe nicht gecacht werden sollen.

*Es gibt für das Caching noch eine weitere wichtige Einstellung. Aktuell werden die Cache-Einträge standardmäßig automatisch bei Änderungen in Datensätzen der jeweiligen Seite gelöscht (siehe weiter unten in Abschnitt 8.7.9).*

Nachdem der Backend-Cache geleert wurde (CLEAR CONFIGURATION CACHE), sollten wir das Plug-in auf unserer Testseite einfügen können. Setzen Sie dabei den STARTINGPOINT auf die Seite, in der Sie die Datensätze angelegt haben. Als Ergebnis werden Sie auf der Webseite das Wort `fridge` finden. Dies wurde vom Kickstarter so in das Template für die Standard-Action list eingefügt (in *Resources/Private/Template/Fridge/list.html*).

Wenn Sie im Template eine Änderung vornehmen, also beispielsweise ein paar Buchstaben hinzufügen, müssen Sie diese Änderung im Frontend (nach dem Löschen des Cache bzw. einem Reload) sehen können.

### 8.7.5 Listenansicht aus der Datenbank erzeugen

Als Nächstes wollen wir die bereits im Backend gespeicherten Kühlschränke im Frontend in einer Listenansicht ausgeben. Dazu greifen wir auf die Möglichkeiten des Frameworks zurück. Wir nehmen uns wieder `blog_example` als Vorbild und betrachten dort den *BlogController*. Wir sehen, dass wir das bereits vom Kickstarter erzeugte *FridgeRepository* nutzen können, um Daten aus der Datenbank auszulesen. Diese müssen dann an das Template übergeben werden und können dort ausgelesen werden. Wir müssen lediglich ein paar Zeilen Code im Controller und Template hinzufügen und sollten dann bereits Informationen aus der Datenbank sehen.

Listing 8.31: **Erweiterter Controller Tx_Fridgemaster_Controller_FridgeController**

```php
class Tx_Fridgemaster_Controller_FridgeController extends Tx_Extbase_MVC_
Controller_ActionController {
    /**
     * @var Tx_Fridgemaster_Domain_Repository_FridgeRepository
     */
    protected $fridgeRepository;

    /**
     * Initializes the current action
     *
     * @return void
     */
    public function initializeAction() {
        $this->fridgeRepository = t3lib_div::makeInstance('Tx_Fridgemaster_ ↩
            Domain_Repository_FridgeRepository');
    }

    /**
     * List action
     *
     * @return string The rendered view
     */
    public function listAction() {
        $this->view->assign('fridges', $this->fridgeRepository->findAll());
    }
}
```

Listing 8.32: **HTML-Template Resources/Private/Templates/Fridge/list.html**

```
<ul>
<f:for each="{fridges}" as="fridge">
    <li>{fridge.location}</li>
</f:for>
</ul>
```

Wie bei *blog_example* nutzen wir eine ganze Menge an fertiger API-Funktionalität. Wir erzeugen unser Repository und können dann mit der geerbten Methode `findAll()` bereits alle Kühlschränke an die View übergeben. In Abschnitt 8.6 gehen wir näher auf die Zusammenhänge ein.

## 8.7.6 CRUD (create, read, update, delete) für Fridge implementieren

Auch für die Bearbeitung der einzelnen Fridge-Objekte können wir uns als Vorlage den Blog Controller betrachten. Wir brauchen entsprechende Actions und die jeweiligen Templates. Wir beginnen mit dem Erzeugen eines neuen Kühlschranks. Dazu legen wir unter der bereits bestehenden Liste einen neuen Link an, der zu einem Formular für das Anlegen eines neuen Kühlschranks führt.

Listing 8.33: **Link in list.html**

```
<p><f:link.action action="new">Create a new fridge</f:link.action></p>
```

Für jede neue Aktion brauchen wir eine entsprechende Action und ein Template, falls für diese Action eine Ausgabe im Frontend erfolgen soll.

Listing 8.34: **Action für die Anzeige des Formulars im Controller**

```
/**
 * new action for this controller. Displays a form for a new fridge.
 *
 * @param Tx_Fridgemaster_Domain_Model_Fridge $newFridge A fresh Fridge ↵
   object not yet in the repository
 * @return string The rendered view
 */
public function newAction(Tx_Fridgemaster_Domain_Model_Fridge
$newFridge=null) {
    $this->view->assign('newFridge', $newFridge);
}
```

Listing 8.35: **HTML-Template für das Formular in Resources/Private/Templates/Fridge/new.html**

```
<h1>New fridge </h1>
<p>Edit the information about your fridge below:</p>
<f:form method="post" controller="Fridge" action="create" name="newFridge" ↵
    object="{newFridge}">
 <label for="location">Location</label>
 <f:form.textbox property="location" /><br /><br />
 <f:form.submit value="Send" />
</f:form>
```

# KAPITEL 8  Extensions entwickeln

Nun sollten wir auf den neu angezeigten Link klicken können und ein sehr einfaches Formular zur Eingabe der Lage des Kühlschranks sehen. Der Link verweist auf die newAction, die wiederum automatisch das gleichnamige (von uns neu erstellte) HTML-Template aufruft. Darin wird über object="{newFridge}" die Verbindung zum PHP-Objekt im Controller hergestellt und als Ziel beim Abschicken des Formulars die createAction festgelegt. Diese gibt es bisher noch nicht, sie muss also von uns angelegt werden.

Listing 8.36: **Action zum Erzeugen des neuen Kühlschranks**

```
/**
 * Creates a new fridge
 *
 * @param Tx_Fridgemaster_Domain_Model_Fridge $newFridge A fresh Fridge ↩
   object which has not yet been added to the repository
 * @return void
 */
public function createAction(Tx_Fridgemaster_Domain_Model_Fridge $new ↩
   Fridge) {
   $this->fridgeRepository->add($newFridge);
   $this->redirect('list');
}
```

Das Erzeugen eines neuen Kühlschranks ist für uns mit wenigen Zeilen Code erledigt, weil wir auf die Möglichkeiten des Frameworks zurückgreifen können. Wir teilen der Repository-Klasse (die wir weiter oben eingebunden haben) mit, dass die gesendeten Formulardaten in Form des Parameters newFridge (im Formular auch so genannt) hinzugefügt werden sollen, und leiten dann weiter auf die listAction, da wir dort dann den neuen Kühlschrank in der Liste sehen können. Aufgrund der Weiterleitung brauchen wir diesmal auch kein Template für die Action anzulegen.

> **INFO** *Die Methode* add *(und später auch* remove*) wird bereits vom Framework zu Verfügung gestellt. Wir müssen uns hier im Detail also nicht darum kümmern. Das Ändern der Datenbank ist dabei enthalten, SQL-Befehle liegen (zumindest für solche Standardfunktionalitäten) also nicht mehr in unserem Zuständigkeitsbereich.*

Das Editieren eines bereits bestehenden Kühlschranks läuft nach demselben Schema ab. Wir müssen dabei allerdings jeweils die Information mitgeben, um welchen Kühlschrank es sich handelt. Da das Löschen eines bestehenden Kühlschranks von der Verlinkung her wiederum sehr ähnlich ist, legen wir diesen Link gleich mit an.

Listing 8.37: **Erweitertes Template list.html**

```
<ul>
<f:for each="{fridges}" as="fridge">
   <li>{fridge.location}
      <f:link.action action="edit" arguments="{fridge : fridge}">Edit ↩
         </f:link.action>
      <f:link.action action="delete" arguments="{fridge : fridge}">Delete ↩
         </f:link.action>
   </li>
</ul>
```

```
</f:for>
</ul>

<p><f:link.action action="new">Create a new fridge</f:link.action></p>
```

Das Löschen funktioniert analog zum Hinzufügen. Das Repository bekommt den Auftrag, den genannten Kühlschrank zu löschen, und dann wird an die `listAction` weitergeleitet.

Listing 8.38: **Action zum Löschen eines Kühlschranks**

```
/**
 * Deletes an existing Fridge
 *
 * @param Tx_Fridgemaster_Domain_Model_Fridge $fridge The fridge, which ↩
   is to be deleted
 * @return void
 */
public function deleteAction(Tx_Fridgemaster_Domain_Model_Fridge $fridge) {
    $this->fridgeRepository->remove($fridge);
    $this->redirect('list');
}
```

Für das Editieren brauchen wir wieder eine eigene Action und dazu auch ein eigenes Template, in dem die Bearbeitungsmaske mit bereits gefüllten Daten erstellt wird.

Listing 8.39: **Action zur Vorbereitung der Bearbeitungsmaske**

```
/**
 * edit action for this controller. Displays a edit form for the ↩
   choosen fridge.
 *
 * @param Tx_Fridgemaster_Domain_Model_Fridge $fridge The original fridge
 * @return string The rendered view
 */
public function editAction(Tx_Fridgemaster_Domain_Model_Fridge $fridge) {
    $this->view->assign('fridge', $fridge);
}
```

Listing 8.40: **Template edit.html**

```
<h1>Edit fridge from {fridge.location}</h1>
<p>Edit the information about your fridge below:</p>
<f:form method="post" controller="Fridge" action="update" name="fridge" ↩
    object="{fridge}">
    <label for="location">Location</label>
    <f:form.textbox property="location" /><br /><br />
    <f:form.submit value="Send" />
</f:form>
```

Nun können wir bereits die Kühlschrank-Informationen bearbeiten. Die Anzeige des richtigen Wertes für `location` erfolgt dabei automatisch aus dem engen Zusammenspiel von Extbase und Fluid. Sie müssen lediglich sicherstellen, dass Sie die einzelnen Elemente richtig benennen.

Wenn Sie dieses Formular abschicken, bekommen Sie eine Exception! Als aufmerksamer Leser haben Sie vielleicht auch schon eine Idee, woran das liegt. Die Exception gibt uns schon einen sehr genauen Hinweis. Die `updateAction`, die wir als Ziel der Daten beim Absenden festgelegt haben, ist noch nicht definiert.

Listing 8.41: **Action für das Update eines Kühlschranks**

```
/**
 * Updates an existing fridge
 *
 * @param Tx_Fridgemaster_Domain_Model_Fridge $fridge A clone of the ↵
   original fridge with the updated values already applied
 * @return void
 */
public function updateAction(Tx_Fridgemaster_Domain_Model_Fridge $fridge) {
    $this->fridgeRepository->update($fridge);
    $this->redirect('list');
}
```

Vergleichen Sie bitte diese Action mit den beiden Actions `create` und `delete`. Wieder übergeben wir nur einen Parameter, namentlich das Objekt mit den von uns geänderten Eigenschaften. Um die Erstellung dieses Objektes aus den Formulardaten müssen wir uns jedoch gar nicht kümmern, das erledigen Extbase und Fluid im Zusammenspiel für uns. Auch die Übergabe in die Datenbank erfolgt fast ohne Code von unserer Seite, die Methode `update()` wird bereits von `Tx_Extbase_Persistence_Repository` zur Verfügung gestellt und kümmert sich um alle notwendigen Schritte, um die Daten sauber in die Datenbank zu bekommen.

### 8.7.7 Kühlschrankinhalte anzeigen

Die Kühlschrankinhalte (`Food`) sind als eigene Objekte definiert, deshalb brauchen wir nun zum ersten Mal eine Verknüpfung zwischen `Fridge` und `Food`. Ein Klick auf einen Kühlschrank soll uns zu einer Ansicht bringen, in der alle Inhalte dieses Kühlschranks aufgelistet werden. Auch hier brauchen wir wieder eine entsprechende Action und das dazugehörige Template.

Listing 8.42: **Link zur Anzeige des Kühlschrank-Inhalts innerhalb der Schleife in list.html**

```
<f:link.action action="show" arguments="{fridge : fridge}">Show Details ↵
    for {fridge.location}</f:link.action>
```

Listing 8.43: **Action für die Anzeige des Kühlschrankinhalts**

```
/**
 * Show action for this controller. Displays a single fridge.
 *
 * @param Tx_Fridgemaster_Domain_Model_Fridge $fridge The choosen fridge
 * @return string The rendered view
 */
public function showAction(Tx_Fridgemaster_Domain_Model_Fridge $fridge) {
    $this->view->assign('fridge', $fridge);
}
```

Listing 8.44: **Anzeige der Kühlschrankinhalte in show.html**

```
<h1>fridge: {fridge.location}</h1>
<ul>
    <f:for each="{fridge.foods}" as="food">
        <li>{food.name}, <f:format.date>{food.expiryDate}</f:format.date></li>
    </f:for>
</ul>
```

Bei der Anzeige des Verfallsdatums müssen Sie beachten, dass es sich hier um eine Eigenschaft vom Typ Datum handelt, diese also nicht einfach angezeigt werden kann, sondern in eine Zeichenkette umgewandelt werden muss. Im Code-Beispiel sehen Sie die einfachste Variante. Falls Sie eine andere Formatierung wünschen, finden Sie Informationen dazu in Abschnitt 8.8.

## 8.7.8 Kühlschrankinhalte hinzufügen und entfernen

Nun brauchen wir für eine vollständig funktionierende Kühlschrankapplikation noch die Möglichkeit, den Kühlschränken Lebensmittel hinzuzufügen und diese wieder zu entfernen. Da wir uns unnötige Klicks sparen wollen, wird die Maske für neue Lebensmittel direkt im Template der Inhaltsansicht platziert. Außerdem möchten wir einen Link zum Entfernen der Lebensmittel anbieten.

Listing 8.45: **Erweiterte Ansicht in show.html**

```
<h1>fridge: {fridge.location}</h1>
<ul>
    <f:for each="{fridge.foods}" as="food">
        <li>
            {food.name}, <f:format.date>{food.expiryDate}</f:format.date>
            [<f:link.action controller="Food" action="remove" arguments=
                "{fridge:fridge,food:food}">Remove this item</f:link.action>]
        </li>
    </f:for>
</ul>

<p>place more food into the fridge:</p>
<f:form method="post" controller="Fridge" action="addFood" name=
    "newFood" object="{newFood}" arguments="{fridge : fridge}">
    <label for="name">Name of food</label>
    <f:form.textbox property="name" /><br />
    <label for="expiryDate">Expiry date of food</label>
    <f:form.textbox property="expiryDate" /><br /><br />
    <f:form.submit value="send" />
</f:form>
```

Wir erweitern den bestehenden Code im Controller und übergeben das Objekt in $newFood an das Template. Dies wird benötigt, sobald wir eine Validierung der neuen Kühlschrankinhalte durchführen wollen und bei Fehleingaben die bereits eingegebenen Informationen wieder anzeigen möchten.

## KAPITEL 8  Extensions entwickeln

Listing 8.46: **Erweiterte Action showAction in FridgeController**

```
/**
 * Show action for this controller. Displays a single fridge.
 *
 * @param Tx_Fridgemaster_Domain_Model_Fridge $fridge The choosen fridge
 * @param Tx_Fridgemaster_Domain_Model_newFood $newFood A fresh food
   object taken as a basis for the rendering
 * @return string The rendered view
 */
public function showAction(Tx_Fridgemaster_Domain_Model_Fridge $fridge,
    Tx_Fridgemaster_Domain_Model_newFood $newFood = NULL) {
    $this->view->assign('fridge', $fridge);
    $this->view->assign('newFood', $newFood);
}
```

Des Weiteren brauchen wir eine Action, die für das Anlegen des neuen Kühlschrankinhalts zuständig ist. Die Methode `Tx_Fridgemaster_Domain_Model_Fridge::addFood()` sollte bereits vom Kickstarter angelegt worden sein, sie kann von uns also direkt benutzt werden. Sie ist dazu da, die neuen Kühlschrankinhalte dem Kühlschrankobjekt `$fridge` hinzuzufügen.

Listing 8.47: **Neue Action addFoodAction() in FridgeController**

```
/**
 * Adds new food
 *
 * @param Tx_Fridgemaster_Domain_Model_Fridge $fridge Our current Fridge
 * @param Tx_Fridgemaster_Domain_Model_Food $newFood A new Food object to
   be added to the fridge
 * @return void
 */
public function addFoodAction(Tx_Fridgemaster_Domain_Model_Fridge $fridge,
    Tx_Fridgemaster_Domain_Model_Food $newFood) {
    $fridge->addFood($newFood);
    $this->redirect('show', 'Fridge', NULL, array('fridge' => $fridge));
}
```

Auch die neu definierte `removeAction()` muss natürlich im Controller angelegt werden. Da *Food* ein verknüpftes Unterobjekt von *Fridge* ist, definieren wir eine neue Methode `removeFood()`, um ein bestimmtes Food-Objekt zu entfernen. Diese Methode müssen wir später noch mit Leben füllen. Wir versuchen dabei, uns bei der Benennung an die bereits vorhandene Methode `addFood()` zu halten. Des Weiteren wollen wir nach dem Entfernen wieder auf die Kühlschrankeinzelansicht weitergeleitet werden. Um dies zu ermöglichen, müssen wir das Kühlschrankobjekt in `$fridge` mit übergeben.

Listing 8.48: **Neue Action removeFoodAction in FridgeController**

```
/**
 * Removes a single food item from the Fridge
 *
 * @param Tx_Fridgemaster_Domain_Model_Fridge $fridge Our current Fridge
```

```
 * @param Tx_Fridgemaster_Domain_Model_Food $food The food item to be ↵
   removed
 * @return void
 */
public function removeFoodAction(Tx_Fridgemaster_Domain_Model_Fridge
$fridge, Tx_Fridgemaster_Domain_Model_Food $food) {
    $fridge->removeFood($food);
    $this->redirect('show', 'Fridge', NULL, array('fridge' => $fridge));
}
```

> **ACHTUNG**
>
> Zumindest zu dem Zeitpunkt, als wir dieses Buch geschrieben haben, wurde die Methode zum Entfernen von verknüpften Objekten noch nicht vom Kickstarter hinzugefügt. In diesen Fall müssen wir dies von Hand durchführen. Mithilfe unserer Intuition und den Vorgaben in `blog_example` ist das jedoch kein Problem.

Wir wechseln in die Klasse `Tx_Fridgemaster_Domain_Model_Fridge` und fügen die neue Methode hinzu. Darin greifen wir wieder auf vorgegebene API-Methoden zurück.

Listing 8.49: **Manuell eingefügte Methode in Tx_Fridgemaster_Domain_Model_Fridge**

```
/**
 * Remove a Food
 *
 * @param Tx_Fridgemaster_Domain_Model_Food The Food to remove
 * @return void
 */
public function removeFood(Tx_Fridgemaster_Domain_Model_Food $food) {
    $this->foods->detach($food);
}
```

Falls Sie das Problem haben, dass das Ablaufdatum nicht richtig übernommen wird, liegt das mit hoher Wahrscheinlichkeit an einer falschen Typeinstellung im `Food`-Objekt. Erst die Definition als *DateTime* sorgt für die korrekte Umwandlung von eingehenden Formulardaten als Datums-String in den entsprechenden Integer-Wert, so wie er in der Datenbank abgelegt wird.

Listing 8.50: **Definition der Eigenschaft expiryDate als DateTime in Tx_Fridgemaster_Domain_Model_Food**

```
/**
 * expiryDate
 * @var DateTime
 */
protected $expiryDate;
```

### 8.7.9 Caching

Extbase-Extensions haben die Möglichkeit der gezielten Steuerung von gecachten und nicht gecachten Actions. Die Konfiguration dafür erfolgt in *ext_localconf.php*. Diese Konfigurationen werden in `Tx_Extbase_Utility_Extension::configurePlugin()` ausgewertet und in ein entsprechendes TypoScript umgewandelt. Als Ergebnis wird für die ungecachten Actions mittels einer TypoScript-Bedingung ein USER_INT-Objekt anstelle eines USER-Objektes verwendet.

Listing 8.51: **Dynamisch erzeugtes TypoScript**

```
##################################################
## TypoScript added by extension "Fridgemaster"
##################################################

# Setting Fridgemaster plugin TypoScript
tt_content.list.20.fridgemaster_pi1 = USER
tt_content.list.20.fridgemaster_pi1 {
   userFunc = tx_extbase_dispatcher->dispatch
   pluginName = Pi1
   extensionName = Fridgemaster

   controller = Fridge
   action = list
   switchableControllerActions {
      1.controller = Fridge
      1.actions = list,show,new,create,delete,edit,update,addFood,removeFood
   }

   settings =< plugin.tx_fridgemaster.settings
   persistence =< plugin.tx_fridgemaster.persistence
   view =< plugin.tx_fridgemaster.view
   _LOCAL_LANG =< plugin.tx_fridgemaster._LOCAL_LANG
}

[globalString = GP:tx_fridgemaster_pi1|controller = Fridge] && [global ↵
   String = GP:tx_fridgemaster_pi1|action = /new|edit/]
tt_content.list.20.fridgemaster_pi1 = USER_INT
[global]
```

Zusätzlich greift dieselbe Funktionsweise wie bei der Bearbeitung von Datensätzen im Backend. Werden Datensätze auf einer Seite geändert, dann werden die Caching-Einträge dieser Seite gelöscht. Den dafür zuständigen Code finden Sie in der Klasse Tx_Extbase_ Persistence_Storage_Typo3DbBackend.

Wenn Sie also die Datensätze in einer anderen Seite als die Frontend-Ansicht speichern, z. B. in einem SysOrdner, dann können Sie die Page TypoScript-Option TCEMAIN.clearCacheCmd nutzen, um die gewünschten Seitencaches zu löschen.

Es gibt eine TypoScript-Konfiguration für Extbase (persistence.enableAutomaticCache-Clearing), die per Default aktiviert ist. Sie können das automatische Leeren der Cache-Einträge (z. B. aus Performance-Gründen) also auch deaktivieren, müssen sich dann jedoch selbst um das korrekte Handling kümmern.

> *Solange das automatische Cache-Leeren aktiviert ist, werden Sie in vielen Fällen im Frontend keinen Unterschied spüren zwischen den Actions, die Sie als nicht zu cachende Actions definiert haben, und den anderen. Sobald ein Datensatz verändert in der Datenbank gespeichert wird, werden alle zu derselben Seite gehörenden Cache-Einträge gelöscht, und demnach wird die Ansicht im Frontend beim nächsten Aufruf sowieso neu erzeugt. Dies gilt analog auch für die Seiten, die Sie per TCEMAIN.clearCacheCmd definiert haben.*

## 8.7.10 Individuelles Repository

Sie werden bei Ihren Extbase-Extensions sehr schnell an einen Punkt gelangen, an dem die von Tx_Extbase_Persistence_Repository zur Verfügung gestellten (generischen) Möglichkeiten nicht mehr ausreichen. In der Klasse Tx_BlogExample_Domain_Repository_PostRepository finden Sie einige individuelle Aufgaben des PostRepository, aus denen Sie mit hoher Wahrscheinlichkeit einige Ihrer eigenen Aufgaben ableiten können.

Relativ häufig werden Sie nur eine bestimmte Untermenge von allen verfügbaren Objekten einer Klasse benötigen, was dem WHERE-Teil (bzw. auch LIMIT) der sonst üblichen SQL-Befehle entspricht. Die Möglichkeiten dazu werden von der Klasse Tx_Extbase_Persistence_Query zur Verfügung gestellt. Begutachten Sie diese Klasse, werden Sie die verschiedenen Vergleichsoperatoren wie größer, kleiner, like usw. entdecken. Die Nutzung ist anfangs etwas gewöhnungsbedürftig, mithilfe der Beispiele im PostRepository sollten Sie jedoch schnell funktionierende Abfragen erzeugen können.

Listing 8.52: **Suche von Post-Einträgen zu einem Block mit Limit**

```
/**
 * Finds posts by the specified blog with limit
 *
 * @param Tx_BlogExample_Domain_Model_Blog $blog The blog the post must
   refer to
 * @param integer $limit The number of posts to return at max
 * @return array The posts
 */
public function findByBlog(Tx_BlogExample_Domain_Model_Blog $blog,
   $limit = 20) {
   $query = $this->createQuery();
   return $query->matching($query->equals('blog', $blog))
      ->setOrderings(array('date' => Tx_Extbase_Persistence_
QueryInterface::ORDER_DESCENDING))
      ->setLimit((integer)$limit)
      ->execute();
}
```

Im Beispiel sehen Sie, wie Sie mehrere Angaben in einem einzigen Befehl aneinanderhängen können.

### 8.7.11 ext_autoload.php

Die Datei *ext_autoload.php* dient seit der Version 4.3 dazu, die bisher nötigen Include-Befehle für Klassendateien zu ersetzen. Auch in Extbase-Extensions sollten Sie diese Datei nutzen. Klassendateien für Controller, Model usw. werden zwar anhand der Namenskonventionen auch ohne die Angaben in der *ext_autoload.php* gefunden, allerdings ist dafür natürlich (jedes Mal) ein gewisser Rechenaufwand erforderlich, den Sie Ihrem System durch die entsprechenden Angaben abnehmen können. Informationen zum allgemeinen Autoload finden Sie in Abschnitt 8.11.4. In Extbase-Extensions können Sie zur Erzeugung dieser Datei auf Extbase zurückgreifen. Nutzen Sie einfach folgende Code-Zeilen einmalig in Ihrer Extension, z. B. in der Standard-Action Ihres Controllers. Nachdem die Datei erzeugt wurde und Sie die Korrektheit überprüft haben, sollten Sie diese Zeilen wieder auskommentieren, damit nicht bei jedem Aufruf die Datei von Neuem erzeugt wird.

Listing 8.53: **Zweizeiler zur automatischen Erzeugung von ext_autoload.php**

```
$extutil = new Tx_Extbase_Utility_Extension;
$extutil->createAutoloadRegistryForExtension('myextension', t3lib_extMgm:
    :extPath('myextension'));
```

> **TIPP**
>
> *Falls eine Klasse über diese Datei nicht gefunden wird (z. B. auch bei falschen Angaben im Pfad) versucht das Framework, die richtige Datei der Klasse über die Namenskonventionen zu finden, was bei Extbase-Extensions auch gelingen sollte.*

## 8.8 Fluid, die neue Templating-Engine

Vor Beginn der Arbeiten an FLOW3 und TYPO3 v5 wurden vom Entwickler-Team auch viele derzeit erhältliche Templating-Engines unter die Lupe genommen. Es war klar, dass die herkömmlichen marker-basierten Templates von TYPO3 v4 aufgrund der relativ eingeschränkten Möglichkeiten ersetzt werden müssen. Da die anderen zum Teil sehr ausgereiften Template-Engines wie z. B. *smarty* jedoch alle Nachteile aufwiesen – z. B. komplizierte Syntax, nicht komplett PHP5-basiert, schwierige Erweiterbarkeit usw. –, wurde basierend auf den gesammelten Erfahrungen eine neue Template-Engine erschaffen. Die Hauptziele waren gute Lesbarkeit der Syntax, einfache und komplette Erweiterungsmöglichkeit, kein PHP im Template und komplette Objekt-Orientierung. Unserer Meinung nach ist das sehr gut gelungen!

Auch Fluid wurde, wie Extbase, von der FLOW3-Entwicklung nach TYPO3 v4 zurückportiert und an die speziellen Bedürfnisse von v4 angepasst. Dies ist durch die vollständige Erweiterbarkeit, die auf sogenannten ViewHelpern basiert, sehr transparent möglich.

# KAPITEL 8  Extensions entwickeln

*Fluid erschließt sich am besten anhand von Beispielen. Neben der bereits installierten Extension* blog_example *ist die Extension* viewhelpertest *ein idealer Einstiegspunkt. Installieren Sie diese Extension, und vergessen Sie dabei nicht, das mitgelieferte statische Template wie üblich Ihren TypoScript-Templates hinzuzufügen. Den aktuellsten Stand von* viewhelpertest *finden Sie auf* forge.typo3.org. *Nachdem Sie das zugehörige Plugin installiert haben, sollten Sie bereits eine ganze Reihe von Fluid-Beispielen im Frontend sehen können. Wir werden uns diese Beispiele näher ansehen.*

## 8.8.1 Fluid-Templates in der Beispiel-Extension viewhelpertest

*Die hier gezeigten Code-Beispiele beziehen sich auf die Version 0.9.0 der Fluid-Demo-Extension* viewhelpertest.

### Strukturierungsmöglichkeiten in den Templates

Die Extension basiert auf Extbase und hält sich daher auch an die entsprechenden Konventionen, was die Ordnerstruktur angeht. Diese wurden bereits weiter oben besprochen. Um redundante Teile in den Templates zu vermeiden, gibt es neben den regulären Templates zusätzlich Layouts und Partials. Diese werden in gleichnamigen Ordnern neben dem Ordner *Templates* platziert.

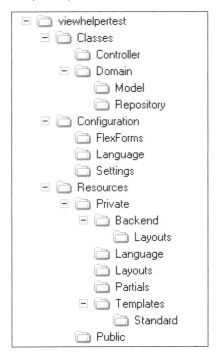

Abbildung 8.37: **Ordnerstruktur der Extension viewhelpertest**

## KAPITEL 8  Extensions entwickeln

Die Datei *index.html* wird basierend auf den oben genannten Konventionen für die Darstellung der indexAction verwendet.

Listing 8.54: (Gekürzter) Inhalt des Templates resources/private/templates/standard/index.html

```
<f:layout name="default" />
<f:section name="content">
   <div class="viewhelpertest">
      <f:render partial="alias" arguments="{user1: user1, user2: user2}" />
      <f:render partial="base" />
      <f:render partial="cObject" arguments="{user1: user1, user3: ↵
         user3}" />
      [...]
   </div>
</f:section>
```

Sie sehen, dass in der ersten Zeile das gewünschte Layout mit dem Namen default definiert ist, es muss also im Ordner *Layouts* eine Datei mit dem Namen *default.html* geben.

Listing 8.55: Inhalt der Layout-Datei resources/private/layouts/default.html

```
<h1>Default FE Layout</h1>
<f:render section="content" />
<hr />
footer
<hr />
```

Die Layout-Datei bildet den HTML-Rahmen für die Darstellung innerhalb des Plugins. Darin wird dann über den RenderViewHelper auf den im obigen Template definierten Bereich mit dem Namen content verwiesen und die Ausgabe dieses Bereiches hier eingefügt.

Im ViewHelper für den Bereich (f:section) werden nochmals Unterbereiche über die sogenannten Partials (f:render partial="alias") definiert. Diese Partials sind wiederum in einer eigenen Datei abgelegt.

Listing 8.56: Inhalt der Partials-Datei resources/private/partials/alias.html

```
<h1>alias</h1>
<h2><![CDATA[&lt;f:alias map="{name: user1.firstName}"&gt;Name: {name} ↵
   &lt;/f:alias&gt;]]></h2>
<f:alias map="{name: user1.firstName}">Name: {name}</f:alias>
<h2><![CDATA[&lt;f:alias map="{firstName: user2.firstName, user: user2} ↵
   "&gt;{user.lastName}, {firstName}&lt;/f:alias&gt;]]></h2>
<f:alias map="{firstName: user2.firstName, user: user2}">{user.lastName}, ↵
   {firstName}</f:alias>
```

> **ACHTUNG**
> Auch wenn es schon mehrfach erwähnt wurde: Wir können nicht oft genug auf die implizite Verknüpfung der Dateien basierend auf dem Dateinamen erwähnen. Die Partial-Datei muss exakt *alias.html* heißen, um vom RenderViewHelper über den Code <f:render partial="**alias**" arguments="{user1: user1, user2: user2}" /> gefunden zu werden. Natürlich muss sie dazu auch im Ordner *Partials* liegen.

# KAPITEL 8   Extensions entwickeln

Damit diese Partials für einen flexiblen Einsatz taugen, können ihnen Objekte in Form von Parametern übergeben werden. Diese Übergabe entspricht der Übergabe von Objekten aus der Action (im PHP-Code) an das Template.

Durch diese Auslagerungs- und Verweismöglichkeiten wird zuerst einmal die Komplexität erhöht, Sie müssen diese Möglichkeit für sehr einfache Frontend-Ausgaben aber nicht nutzen. Versuchen Sie doch einmal, den Inhalt der Template-Datei *index.html* komplett zu entfernen und stattdessen direkt den Inhalt der Datei *alias.html* einzufügen. Sie werden sehen, dass dann eben nur diese Teil-Ausgabe im Frontend erzeugt wird. Dies funktioniert hier deswegen auch für die Parameter user1 und user2 problemlos, weil die Benennung in beiden Dateien dieselbe ist. Die Übergabe von Template zu Partial erfolgt über arguments="{user1: user1, user2: user2} ohne Änderung der Bezeichnung. Die Übergabe aus dem Controller an das Template erfolgt wie mit Extbase üblich in der entsprechenden Action.

Listing 8.57: **indexAction in der Datei Classes/Controller/StandardController.php**

```
public function indexAction() {
   $this->response->addAdditionalHeaderData('<link rel="stylesheet" 
      href="' . t3lib_extMgm::siteRelPath('viewhelpertest') . 'Resources/ 
      Public/styles.css" />');

   $this->view->assign('text', 'this is some text with newlines' . 
      chr(10) . 'and special characters: äöüß');
   $this->view->assign('array', array('a', 'b', 'c', 'd', 'e'));
   $this->view->assign('fruits', array(array('name' => 'blackberry', 
      'type' => 'berry'), array('name' => 'orange', 'type' => 'citrus 
      fruit'), array('name' => 'cranberry', 'type' => 'berry'), array 
      ('name' => 'pear', 'type' => 'core'), array('name' => 'lemon', 
      'type' => 'citrus fruit'), array('name' => 'grape', 'type' => 
      'berry'), array ('name' => 'apple', 'type' => 'core')));
   $this->view->assign('emptyArray', array());
   $this->view->assign('null', NULL);
   $this->view->assign('selected', array(3, 2));
   $user1 = new User(1, 'Ingmar', 'Schlecht');
   $user2 = new User(3, 'Sebastian', 'Kurfuerst');
   $user3 = new User(2, 'Robert', 'Lemke');
   $this->view->assign('user1', $user1);
   $this->view->assign('user2', $user2);
   $this->view->assign('user3', $user3);
   $this->view->assign('users', array($user1, $user2, $user3));
   $userDomainObject = $this->userRepository->findOneByUsername('kasper');
   $this->view->assign('userDomainObject', $userDomainObject);
   $this->view->assign('date', new DateTime());
   $this->view->assign('htmlContent', 'This should be <b>bold</b> and 
      <i>italic</i>');
   $this->view->assign('t', 'This is my "teststring"');
```

Sie finden hier alle Objekte wieder, die im Template genutzt werden. Die dynamischen Daten kommen also nach wie vor aus PHP. Das Template ist lediglich für die Darstellung zuständig.

## 8.8.2 ViewHelper

Es werden bereits eine ganze Reihe von ViewHelpern von Fluid zur Verfügung gestellt und (falls sinnvoll) zu passenden Gruppen zusammengefasst. Es werden auch in Zukunft neue ViewHelper entstehen und entweder direkt in Fluid eingebunden oder über eigene Extensions (siehe nächster Abschnitt) zur Verfügung gestellt. Wir werden hier einen kurzen Überblick über einige bereits verfügbare ViewHelper geben. Da sich in diesem Bereich sicher einiges tun wird, empfehlen wir Ihnen, immer mal wieder einen Blick in die Extension fluid zu werfen, um neue verfügbare ViewHelper aufzuspüren.

*Viele der im Folgenden gezeigten Beispiele finden sich in der Extension viewhelpertest. Installieren Sie also unbedingt die Extension (vergessen Sie nicht, ein statisches Template hinzuzufügen), und verfolgen Sie Code und Ergebnis im Frontend.*

### TypoScript per cObject

Da in TYPO3 sehr viele Ausgabemöglichkeiten direkt mit TypoScript zu tun haben, liegt es nahe, für TypoScript-Objekte einen eigenen ViewHelper zu nutzen. Die entsprechende Klasse hat den Namen Tx_Fluid_ViewHelpers_CObjectViewHelper und ist in der Datei *fluid/Classes/ViewHelpers/CObjectViewHelper.php* definiert.

*Auch bei den ViewHelpern gelten wieder die bereits mehrfach erwähnten Namenskonventionen. Sie können also aus dem Pfad zur Datei den Klassennamen ableiten und andersherum.*

Listing 8.58: **Code-Teile der Extension viewhelpertest in Resources/Private/Partials/cObject.html**

```
<f:cObject typoscriptObjectPath="lib.viewhelpertest.header">Hello World!  
    </f:cObject>
<f:cObject typoscriptObjectPath="lib.viewhelpertest.header">{key1:  
    'value1', foo: 'value2'}</f:cObject>
<f:cObject typoscriptObjectPath="lib.viewhelpertest.header" current  
    ValueKey="key1">{key1: 'value1', foo: 'value2'}</f:cObject>
<f:cObject typoscriptObjectPath="lib.viewhelpertest.header" currentValue  
    Key="firstName">{user1}</f:cObject>
<f:cObject typoscriptObjectPath="lib.viewhelpertest.header">{user1}  
    <f:link.page>typolink</f:link.page> {user3}</f:cObject>
<f:cObject typoscriptObjectPath="lib.some.nonExistingPath">Hello World!  
    </f:cObject>
{f:cObject(typoscriptObjectPath: 'lib.viewhelpertest.header', data: user3,  
    currentValueKey: 'lastName')}
```

Listing 8.59: **Zugehöriges TypoScript-Objekt in Configuration/Settings/setup.txt**

```
lib.viewhelpertest {
    header = COA
    header {
        10 = TEXT
        10.current = 1
        20 = TEXT
```

## KAPITEL 8  Extensions entwickeln

```
        20.field = foo
        stdWrap.noTrimWrap = |this comes from typoscript: |
    }
}
```

In den beiden obigen Listings erkennen Sie das Zusammenspiel von ViewHelper und TypoScript. Mehrere verschiedene Schreibweisen und Parameterübergaben sind möglich. Das jeweilige Ergebnis sehen Sie in der Ausgabe des Plugins der Extension viewhelpertest, die weiter oben bereits vorgestellt wurde.

Im ersten Beispiel für mögliche Schreibweisen und die Nutzung von Daten wird ein einfacher String an das TypoScript übergeben, wodurch der erste Teil des TypoScripts zum Tragen kommt. Der Wrap greift bei jedem Beispiel, da dieser nicht von den übergebenen Daten abhängt.

Im zweiten Beispiel greift nur das Feld foo, weil der currentValueKey nicht gesetzt ist. In den weiteren Beispielen wird dann gezeigt, wie Daten übergeben werden können und der currentValueKey gesetzt wird. Ein Verweis auf ein nicht vorhandenes TypoScript führt zu einer entsprechenden Meldung im Frontend.

Das letzte Beispiel zeigt die sogenannte *Inline Notation*. Hier werden dieselben Informationen übergeben, nur eben nicht in Tag-Schreibweise. Diese Notation ist durchgängig für alle ViewHelper möglich, da das Erkennen von Tag bzw. Inline Notation vom Framework durchgeführt wird und auf beide Varianten überprüft wird.

### Formatierungen

Ein relativ einfaches, aber sehr weites und häufig genutztes Anwendungsgebiet sind Formatierungen. Aus diesem Grund wurden die verschiedenen ViewHelper für Formatierungen in einem eigenen Ordner zusammengefasst, was sich wiederum auf die Notation auswirkt. Werfen Sie einen Blick in den Ordner *Classes/ViewHelpers/Format* der Extension fluid, darin finden Sie eine ganze Reihe von Formatierungshelfern, wobei der Name jeweils so gewählt ist, dass Sie an ihm schon recht gut erkennen können, für welchen Zweck der ViewHelper eingesetzt werden kann.

Listing 8.60: **Beispiele für mögliche Datumsformatierungen**

```
<f:format.date>{date}</f:format.date>
<f:format.date format="H:i">{date}</f:format.date>
<f:format.date format="d.m.Y - H:i:s">+1 week 2 days 4 hours 2 seconds ↵
    </f:format.date>
```

An diesen Beispielen sehen Sie, dass Sie sowohl direkte Zeichenketten als auch Variablen bzw. Objekt-Eigenschaften an den Formatierer übergeben können. Bei der Übergabe einer Variablen wie {date} müssen Sie natürlich sicherstellen, dass durch eine entsprechende Übergabe vom Controller (PHP-Code) auch Werte in der Variablen enthalten sind.

# KAPITEL 8  Extensions entwickeln

*Falls Sie sich einmal nicht über die richtige Schreibweise eines ViewHelpers im Klaren sind, hilft oft ein Blick in die entsprechende PHP-Klasse, da dort in vielen Fällen Beispiele aufgeführt sind.*

Durch die Möglichkeit der Verkettung in einer Inline Notation können Sie recht komplexe Formatierungsanforderungen mit den bereits bestehenden ViewHelpern abdecken.

Listing 8.61: **Verkettung mehrerer Formatierungsanweisungen**

```
{object.text
    ->f:format.crop(maxCharacters: 100)
    ->f:format.nl2br()
    ->f:format.html()
    ->f:format.printf(arguments: {a: 1, b: 2})
}
```

## Schleifen per for bzw. cycle

Ein sehr häufig verwendeter ViewHelper ist für die Umsetzung von Schleifen gedacht. Im herkömmlichen Marker-Verfahren musste die Schleife im PHP-Code geschrieben werden und dabei für den inneren Teil ein eigener Subpart im HTML-Template definiert werden, was mühsam und ziemlich unübersichtlich war.

Listing 8.62: **Code-Teile der Extension viewhelpertest in Resources/Private/Partials/for.html**

```
<f:for each="{0:1, 1:2, 2:3, 3:4}" as="foo">{foo}</f:for>
<ul>
    <f:for each="{fruit1: 'apple', fruit2: 'pear', fruit3: 'banana',
    fruit4: 'cherry'}" as="fruit" key="label">
        <li>{label}: {fruit}</li>
    </f:for>
</ul>
```

Mit ein wenig Erfahrung in der PHP-Programmierung (auch JavaScript sollte hier ausreichen) erkennen Sie sofort, wie das Konstrukt funktioniert. Sie können sowohl numerische als auch assoziative Arrays übergeben und in der Schleife auf die Schlüsselbezeichnung und den Wert zugreifen. In diesem Beispiel werden die Arrays der Übersichtlichkeit halber direkt im Template definiert. In einem realen Anwendungsfall kommt das Array normalerweise aus dem Controller. Im PHP-Code dort muss lediglich das Array übergeben werden, alles andere passiert im Template (also nach MVC-Leseart in der View). Begutachten Sie die Templates der oben bereits genannten Extension blog_example für ein solches Beispiel.

Eine nützliche Erweiterung zu Schleifen stellt der *CycleViewHelper* dar. Mit ihm sorgen Sie komfortabel innerhalb einer Schleife für eine optische Unterscheidung der einzelnen Zeilen:

Listing 8.63: **Code-Teile der Extension viewhelpertest in Resources/Private/Partials/cycle.html**

```
<ul>
    <f:for each="{fruits}" as="fruit">
        <f:cycle values="{0: 'odd', 1: 'even'}" as="zebraClass">
```

## KAPITEL 8  Extensions entwickeln

```
            <li class="{zebraClass}">{fruit.name}</li>
        </f:cycle>
    </f:for>
</ul>
```

Die Schleife wird für jedes Element in der Variablen fruits durchlaufen, und je nach Position im Array wird eine CSS-Klasse vergeben, so dass die resultierenden Zeilen in der (Farb-)Darstellung abwechseln. Die Variable (das Array) fruits wird hier wieder aus dem Controller heraus gefüllt.

### Bedingungen (if else)

Ein wenig komplizierter wird es bei Bedingungen. Auch hier ist es jedoch deutlich übersichtlicher, die Bedingungen für die Darstellung im Template anstatt im PHP-Code zu haben.

Listing 8.64: **Code-Teile der Extension viewhelpertest in Resources/Private/Partials/if.html**

```
<f:if condition="true">satisfied condition!</f:if>
<f:if condition="FALSE">should not be displayed!!</f:if>
<f:if condition="{user2}">
    <f:then>
        Then part!
    </f:then>
    <f:else>
        Else part!
    </f:else>
</f:if>
```

Auch hier erkennen Sie mit etwas Programmiererfahrung sofort die Zusammenhänge. Abhängig von einer Bedingung werden im Frontend unterschiedliche Dinge angezeigt. Sie können auch auf das Vorhandensein einer Variablen überprüfen und so beispielsweise eine Schleife nur dann starten, wenn überhaupt ein Objekt dazu da ist.

### URIs und Links

Eine sehr wichtige Gruppe der ViewHelper bilden die Verlinkungsmöglichkeiten, da diese in fast jeder Anwendung elementar sind. Wenn Sie bereits etwas Erfahrung mit Extensions haben, die auf piBase basieren, dann wissen Sie, dass es auch dort API-Funktionen gibt, mit denen Links erzeugt werden. Es ist sehr wichtig, Links immer von TYPO3 erzeugen zu lassen, damit die vielen Konfigurationsmöglichkeiten dazu (z. B. Mehrsprachigkeit oder realurl) entsprechend berücksichtigt werden. Es gibt für jede Art von Link einen eigenen ViewHelper, und wir werden uns hier die zwei wichtigsten ansehen.

Listing 8.65: **Code-Teile der Extension viewhelpertest in Resources/Private/Partials/link.page.html**

```
<f:link.page pageUid="1" additionalParams="{foo: 'bar'}" pageType="2" ↵
    noCache="true">page link</f:link.page>
<f:link.page pageUid="1" additionalParams="{foo: 'bar'}" pageType="2" ↵
    section="anchor">page link</f:link.page>
```

## KAPITEL 8   Extensions entwickeln

Für normale Links innerhalb der TYPO3-Instanz wird lediglich die Seiten-ID in Form des Attributs `pageUid` benötigt, es können jedoch auch weitere Konfigurationen gesetzt werden. Einen Überblick über die Möglichkeiten verschaffen Sie sich am besten durch einen Blick in den PHP-Code (in der Klasse `Tx_Fluid_ViewHelpers_Link_PageViewHelper`). Die Parameterliste der Methode `render` zeigt die aktuellen Möglichkeiten auf.

Häufig werden Sie eine Verlinkung innerhalb Ihres Plugins brauchen, z. B. von einer Listenansicht auf eine Einzelansicht. Bei einer Extension, die auf Extbase basiert, bedeutet das einfach den Aufruf einer anderen Action:

Listing 8.66: **Code-Teile der Extension viewhelpertest in Resources/Private/Partials/link.action.html**

```
<f:link.action action="someAction">action link</f:link.action>
<f:link.action action="someAction" controller="otherController"
    extensionName="myExtension" pluginName="myPlugin" arguments=
    "{foo: 'bar', baz: 'test'}" noCache="true" pageType="2" pageUid="5"
    linkAccessRestrictedPages="true" additionalParams="{foo: 'bar', tx_
    myextension_myplugin: {action: 'overruled'}}">action link</f:link.action>
```

Der erste Link ist recht einfach: Es wird einfach auf die Action `someActionAction` verwiesen. Der Name `someActionAction` ist hierbei tatsächlich kein Schreibfehler, da die Zeichenkette »Action« automatisch vom Framework für den Aufruf hinten angefügt wird. Im zweiten Link sehen Sie die ganze Mächtigkeit des ViewHelpers. Wir können direkt auf ein anderes Plugin einer anderen Extension springen und gleichzeitig alle nötigen Parameter mitgeben.

In der Demonstrations-Extension `blog_example` wird beispielsweise von der Übersicht der Blogs auf die Einzeldarstellung des Blogs (also seine Posts) verlinkt, die über einen eigenen Controller realisiert sind. Dabei muss lediglich der Name des Controllers und die gewünschte Action genannt werden.

Listing 8.67: **Verlinkungsbeispiel für blog_example**

```
<f:link.action action="index" controller="Post" arguments="{blog : blog}">
    {blog.title}</f:link.action>
```

Falls Sie anstelle eines kompletten Links nur den URI benötigen, finden Sie analoge ViewHelper, die statt `<f:link` mit `<f:uri` beginnen. Dort finden Sie auch die Möglichkeit, Pfade zu Dateien erzeugen zu lassen.

Listing 8.68: **Code-Teile der Extension viewhelpertest in Resources/Private/Partials/uri.resource.html (als Inline Notation)**

```
{f:uri.resource(path:'typo3_logo.png')}
{f:uri.resource(path:'typo3_logo.png', absolute:'true')}
{f:uri.resource(path:'Icons/icon_tx_blogexample_domain_model_blog.gif',
    extensionName:'BlogExample')}
```

## Formulare

Die Gruppe der FormViewHelper stellt nötige Elemente rund um Formulare zur Verfügung. Im Prinzip gibt es für jedes HTML-Element für Formulare einen korrespondierenden View-Helper. Fragen Sie sich, warum nicht einfach die HTML-Elemente direkt im Template verwendet werden können? Sie können auch direkt verwendet werden, allerdings müssen Sie dann viele sinnvolle Funktionalitäten selbst implementieren, z. B. die Befüllung mit bereits vorhandenen Daten bei Edit-Formularen, die richtige Vorauswahl in einem Dropdown-Element usw.

Listing 8.69: **Code-Teile der Extension viewhelpertest in Resources/Private/Partials/form.html**

```
<f:form name="foo" action="foo" id="bar" additionalAttributes="{title:
   'foo'}" method="GET">
   <f:form.select value="{selected}" name="mySelect" options="{array}"
   multiple="multiple" size="5"></f:form.select>
   <f:form.textarea value="{text}" name="myTextArea" rows="5" cols="10" />
   <f:form.textbox value="other value" name="myTextBox"></f:form.textbox>
   <f:form.upload name="myName"><input type="file" /></f:form.upload>
   <f:form.hidden name="hiddenName" value="hiddenValue"></f:form.hidden>
<f:form.submit name="myName" value="myValue"></f:form.submit>
```

Im Beispiel-Code sehen Sie ein Formular mit einigen Formular-Elementen. Der HTML-Code innerhalb der ViewHelper, wie er in der Beispiel-Datei *form.html* zu finden ist, wurde hier bewusst weggelassen, um das Code-Listing übersichtlicher zu machen. Fluid nutzt den innerhalb angegebenen HTML-Code nicht, er kann jedoch platziert werden, um einem reinen HTML- und CSS-Entwickler Elemente anzuzeigen, auch wenn die HTML-Datei direkt im Browser aufgerufen wird und somit die ViewHelper vom Browser nicht ausgewertet und angezeigt werden.

**TIPP** *Sie können innerhalb der ViewHelper HTML-Code platzieren, um Dummy-Elemente für reine HTML/CSS-Entwickler anzuzeigen. Die Browser stören sich für die Anzeige nicht an den für sie unbekannten Fluid-Tags.*

Die Schreibweise ist wiederum ziemlich einleuchtend. Einzig bei `form.select` müssen Sie wissen, dass mittels `{array}` analog zu den bereits besprochenen Beispielen ein Array aus dem Controller übergeben wird. Auch hier können wir die sehr gelungene Trennung zwischen Ansichtslogik und Datenlogik erkennen. Mit der herkömmlichen Marker-Technik müsste für ein vergleichbares Select-Element im logischen PHP-Code eine Schleife für die Erzeugung der Option-Elemente eingefügt werden.

Optimal genutzt werden die FormViewHelper im Zusammenspiel mit Extbase.

Listing 8.70: **Inhalt von blog_example/Resources/Private/Template/Blog/edit.html**

```
<f:layout name="default" />

<f:section name="content">
   <div class="csc-header csc-header-n1"><h1 class="csc-firstHeader">
      Edit blog "{blog.title}"</h1></div>
   <p class="bodytext">Edit the information about your blog below:</p>
```

# KAPITEL 8    Extensions entwickeln

```
   <f:render partial="formErrors" arguments="{for: 'blog'}" />
   <f:form method="post" action="update" name="blog" object="{blog}">
      <label for="title">Title</label><br />
      <f:form.textbox property="title" /><br />
      <label for="description">Description</label><br />
      <f:form.textarea property="description" rows="8" cols="46" /><br />
      <label for="administrator">Administrator</label><br />
      <f:form.select property="administrator" value="{blog.administrator}"
         options="{administrators}" optionLabelField="name">
         <select><option>dummy</option></select>
      </f:form.select><br />
      <f:form.submit class="submit" value="Submit"/>
   </f:form>
</f:section>
```

Die Zielseite des Formulars wird über das Attribut `action` definiert, da meist derselbe Controller für die Datenverarbeitung zuständig sein wird. Sie könnten jedoch auch einen anderen Controller durch ein Attribut `controller=""` als Datenempfänger definieren. Von entscheidender Bedeutung ist das Attribut `object="{blog}"`. Dadurch wird die mit einem Blog-Objekt gefüllte Variable `blog` an das Formular gebunden. Die einzelnen Form-Elemente werden über das Attribut `property` an einzelne Eigenschaften des Objekts gebunden und automatisch vom Framework mit den Werten aus diesen Eigenschaften gefüllt. Beim Absenden des Formulars passiert das Ganze in die andere Richtung. Die gesendeten Daten werden automatisch in die jeweiligen Eigenschaften eingetragen, wobei auch Gültigkeitsprüfungen durchgeführt werden. Dies ist jedoch die Aufgabe von Extbase und wird im entsprechenden Abschnitt behandelt.

> **TIPP**
>
> *Falls Sie einmal nicht sicher sein sollten, was denn eigentlich in einer übergebenen Variable drin steckt, können Sie auf den DebugViewHelper zurückgreifen (siehe nächster Abschnitt).*

Spannend ist in diesem Zusammenhang jedoch die Anzeige von Validierungsfehlern über das spezielle Partial `formError`, das unverändert sowohl in den Formularen für Blogs als auch in Formularen für Posts genutzt werden kann. Darin kommt der ViewHelper *form.errors* (`Tx_Fluid_ViewHelpers_Form_ErrorsViewHelper`) zum Einsatz, der auf die Fehlermeldungen zugreift, die von Extbase im Zuge der Validierung erzeugt werden. Um die Fehler für das richtige Objekt zu bekommen, wird dieses im Attribut `for` bestimmt. Hier wurde es (in obigem Listing) vom Template über den Aufruf des Partials übergeben.

Listing 8.71: **Inhalt von blog_example/Resources/Private/Partials/formErrors.html**

```
<f:form.errors for="{for}">
   <div class="error">
      {error.message}
      <f:if condition="{error.propertyName}">
         <p>
            <strong>{error.propertyName}</strong>:
            <f:for each="{error.errors}" as="errorDetail">
               {errorDetail.message}
            </f:for>
```

```
            </p>
        </f:if>
    </div>
</f:form.errors>
```

## Debugging

Fluid bietet Ihnen die Möglichkeit, sehr einfach eine Debug-Ausgabe auf die genutzten Variablen zu machen.

Listing 8.72: **Debug-Ausgabe von Variable erzeugen**

```
<f:debug title="some array">{array}</f:debug>
<f:debug title="current blog object">{blog}</f:debug>
```

Sie können in jedem Template eine beliebige Variable ausgeben. Im Hintergrund wird vom ViewHelper die TYPO3-API-Methode `t3lib_div::debug` genutzt. Die Ausgabe wird also aussehen wie sonstige direkte Aufrufe dieser Methode.

## Mehrsprachigkeit

Um eine Unterstützung von Mehrsprachigkeit innerhalb des HTML-Templates zu erreichen, haben bereits einige Entwickler mit ihren Extensions interessante Wege beschritten. Dies forderte jedoch immer auch speziellen PHP-Code in der Extension. Mit Fluid haben Sie solche Möglichkeiten nun direkt zur Verfügung.

Listing 8.73: **Verschiedene Möglichkeiten, um internationalisierte Texte einzubinden**

```
<f:translate key="key1" />
<f:translate key="nonexistingKey">default value</f:translate>
<f:translate key="htmlKey" htmlEscape="false" />
<f:translate key="LLL:EXT:viewhelpertest/Resources/Private/Language/ ↵
   locallang.xml:key1" />
<f:translate key="argumentsKey" arguments="{0: 'dog', 1: 'fox'}" />
{f:translate(key: 'nonexistingKey', default: '<strong>default value ↵
   </strong>')}
```

Sie sehen, dass hier im Prinzip dieselben Möglichkeiten bestehen wie in piBase-Plugins. Sie greifen per Schlüssel auf die gewünschten Texte zu, können jedoch auch auf Texte aus anderen Extensions zugreifen, wenn Sie den entsprechenden Pfad angeben. Zusätzlich können Sie Texte mit Platzhaltern entsprechend nutzen und hier auch die Reihenfolge der Platzhalter für verschiedene Sprachen unterschiedlich wählen. Das letzte Beispiel im Listing zeigt wieder die Schreibweise als Inline Notation.

Die tatsächlichen Texte sind pro Extension in der Datei *Resources/Private/Language/locallang.xml* zu finden bzw. zu hinterlegen.

## KAPITEL 8    Extensions entwickeln

### Backend

Unter den ViewHelpern für das Backend ist besonders der ContainerViewHelper (Tx_Fluid_ViewHelpers_Be_ContainerViewHelper) hervorzuheben. Er wird benutzt, um einen Anzeige-Container für Backend-Module zur Verfügung zu stellen. Dabei werden grundsätzliche CSS- und JavaScript-Dateien automatisch eingebunden. Ein Beispiel finden wir wiederum im blog_example.

Listing 8.74: **HTML-Template für das Backend-Modul, blog_example/Resources/Private/Backend/Layouts/default.html**

```
<f:be.container>
    <div class="typo3-fullDoc">
        <div id="typo3-docheader">
            <div id="typo3-docheader-row1">
                <div class="buttonsleft">
                    <f:render section="iconButtons" />
                </div>
                <div class="buttonsright">
                    <f:be.buttons.shortcut />
                </div>
            </div>
            <div id="typo3-docheader-row2">
                <div class="docheader-row2-left">
                    <f:be.buttons.csh />
                    <f:be.menus.actionMenu>
                        <f:be.menus.actionMenuItem label="Overview" controller
                            ="Blog" action="index" />
                        <f:be.menus.actionMenuItem label="Create new Blog"
                            action="new" controller="Blog" />
                        <f:if condition="{blog}">
                            <f:be.menus.actionMenuItem label="Create new Post"
                                action="new" controller="Post" arguments="{blog:
                                blog}" />
                        </f:if>
                    </f:be.menus.actionMenu>
                </div>
                <div class="docheader-row2-right">
                    <f:be.pagePath />
                    <f:be.pageInfo />
                </div>
            </div>
        </div>
        <div id="typo3-docbody">
            <div id="typo3-inner-docbody">
                <f:renderFlashMessages class="tx-extbase-flash-message" />
                <f:render section="content" />
            </div>
        </div>
    </div>
</f:be.container>
```

Hier werden über das HTML-Template alle Elemente zur Verfügung gestellt, die nicht direkt der Applikation, sondern dem TYPO3-Backend zugeordnet sind. Dazu gehören beispielsweise das Dropdown-Action-Menü und die bereits bekannten Buttons wie S<small>PEICHERN</small> und S<small>CHLIESSEN</small>. Dabei können je nach aktuellem Controller-Action-Paar einzelne Bereiche

(Sections) unterschiedlich befüllt werden. In unserem Beispiel ist das am Inhaltsbereich (section="content") und am Button-Bereich (section="iconButtons") gut zu sehen.

Listing 8.75: **HTML-Template blog_example/Resources/Private/Backend/Templates/Blog/edit.html**

```
<f:layout name="default" />

<f:section name="iconButtons">
   <f:be.buttons.icon uri="{f:uri.action(action:'index')}" icon="closedok" ↵
      title="Cancel" />
   <f:be.buttons.icon uri="javascript: document.blog.submit();"
icon="saveandclosedok" title="Save" />
   <f:be.buttons.icon uri="{f:uri.action(action:'delete', arguments:{blog: ↵
      blog})}" icon="deletedok" title="Delete this blog" />
</f:section>

<f:section name="content">
   <h2>Edit blog "{blog.title}"</h2>
   [...]
</f:section>
```

In der ersten Zeile ist definiert, dass als Basistemplate (Layout) das oben gezeigte *default.html* verwendet werden soll, in das dann die aufgeführten Sections eingefüllt werden.

### 8.8.3 Einen eigenen ViewHelper schreiben

Während der Entwicklung einer eigenen Extension werden Sie immer mal wieder an eine Aufgabenstellung geraten, für die Sie vergeblich einen bereits bestehenden ViewHelper suchen. Da es nicht sehr einheitlich wäre, dann den dazugehörigen Code in den Controller zu packen, ist die Zeit für einen eigenen ViewHelper gekommen. Die offene Architektur von Fluid, gepaart mit eindeutigen Koventionen, macht das relativ einfach. Die Demonstrationsextension *blog_example* stellt mit dem Gravatar auch bereits für diesen Fall eine Vorlage bereit.

> **INFO**
>
> *Unter* http://www.gravatar.com *wird die Möglichkeit zur Verfügung gestellt, einen Avatar (ein Bild, das als Erkennungssymbol für Einträge z. B. in Posts dient) anzulegen. Der ViewHelper soll basierend auf der bekannten E-Mail-Adresse das entsprechende Bild automatisch darstellen, falls über die Schnittstelle zur Webseite eines gefunden wird.*
>
> *Gravatar = a globally recognized Avatar.*

Der eigene ViewHelper ist eine PHP-Klasse, die von Tx_Fluid_Core_AbstractViewHelper erbt. Die im Beispiel genutzte Elternklasse Tx_Fluid_Core_ViewHelper_TagBasedViewHelper erbt selbst von dieser Klasse. Hier wird der TagBasedViewHelper genutzt, weil diese Klasse als Basisklasse für alle ViewHelper gedacht ist, die als Ausgabe HTML-Tags produzieren. Darüber haben Sie bereits die Möglichkeit, häufig gebrauchte Attribute zu setzen, ohne dies selbst implementieren zu müssen. Als einzige Pflicht-Methode müssen Sie render() implementieren, da diese vom Framework aus aufgerufen wird. Als Rückgabewert sollte dabei der HTML-Code entstehen, den Sie anzeigen wollen. Die Klasse muss in einer eigenen Datei mit entsprechendem Namen in Ihrem Extension-Ordner *ViewHelpers* liegen, wobei der Klassenname nach den Konventionen zum Dateipfad passen muss, also im Falle des Gravatar-Beispiels: Tx_BlogExample_ViewHelpers_GravatarViewHelper passend zu *blog_example/classes/ViewHelpers/GravatarViewHelper.php*. Der Aufruf im Template sieht wie folgt aus:

Listing 8.76: **Code im HTML-Template zum Einbinden des eigenen ViewHelpers (siehe blog_example/Resources/Private/Templates/Post/show.html)**

```
{namespace blog=Tx_BlogExample_ViewHelpers}

<blog:gravatar emailAddress="{comment.email}" size="40" class= ↵
   "tx-blogexample-gravatar" />
```

Sie legen am Anfang des Templates den Namensraum für Ihren ViewHelper fest und nennen dann das Tag danach. Der Namensraum ermöglicht es dem Framework, die PHP-Klasse zu finden, und schafft gleichzeitig die Sicherheit, dass Ihr ViewHelper nicht zufällig denselben Namen trägt wie der ViewHelper einer anderen Extension. Vergleichen Sie diese Schreibweise mit bereits in Fluid enthaltenen ViewHelpern. Es ist exakt dasselbe Prinzip.

Der Code selbst besteht aus nur wenigen Zeilen:

Listing 8.77: **Inhalt der Klasse Tx_BlogExample_ViewHelpers_GravatarViewHelper**

```
class Tx_BlogExample_ViewHelpers_GravatarViewHelper extends Tx_Fluid_ ↵
   Core_ViewHelper_TagBasedViewHelper {

   /**
    * @var string
    */
   protected $tagName = 'img';

   /**
    * Initialize arguments
    *
    * @return void
    */
   public function initializeArguments() {
      parent::initializeArguments();

      $this->registerUniversalTagAttributes();
   }

   /**
    * Render the gravatar image
    *
    * @param string $emailAddress Gravataer email address
    * @param integer $size Size of the gravatar image
    * @param string $defaultImageUri absolute URI of the image to be ↵
         shown if no gravatar was found
    * @return string The rendered image tag
    */
   public function render($emailAddress, $size = NULL, $defaultImageUri ↵
      = NULL) {
      $gravatarUri = 'http://www.gravatar.com/avatar/' . md5($emailAddress);
```

# KAPITEL 8   Extensions entwickeln

```
        $uriParts = array();
        if ($defaultImageUri !== NULL) {
            $uriParts[] = 'd=' . urlencode($defaultImageUri);
        }
        if ($size !== NULL) {
            $uriParts[] = 's=' . urlencode($size);
        }
        if (count($uriParts) > 0) {
            $gravatarUri .= '?' . implode('&', $uriParts);
        }

        $this->tag->addAttribute('src', $gravatarUri);
        return $this->tag->render();
    }
}
```

Die Methode *initializeArguments()* schafft die Möglichkeit, alle universellen Tag-Attribute zu nutzen bzw. auszuwerten, und die Methode *render()* bekommt drei Argumente übergeben, die mit demselben Namen im HTML-Template als Attribut gesetzt werden können. Basierend auf den Argumenten wird der URI zusammengebaut, der dann als `src`-Attribut für das zu erzeugende `img`-Tag dient.

> **ACHTUNG**
> Wie immer bei Extbase/Fluid-basierten Extensions gilt: Korrekte *phpDoc*-Angaben zu Eigenschaften und Methoden sind wichtig und werden vom Framework dazu genutzt, die Datentypen zu definieren.
>
> Zu *phpDoc* siehe auch Abschnitt 8.10.4.

Sie müssen Ihren eigenen ViewHelper nirgends registrieren. Erstellen Sie einfach die PHP-Klassen nach den Namenskoventionen, definieren Sie sie im HTML-Namensraum, und setzen Sie ViewHelper ein. Da kann nicht viel schiefgehen, stimmt's?

Falls es etwas komplizierter wird: Suchen Sie sich einen bereits bestehenden ViewHelper, der ähnlich wie Ihr eigener funktioniert (also beispielsweise auch HTML umschließt wie der *ForViewHelper*), und holen Sie sich dort Anregungen über API-Methoden, die Sie nutzen können.

## 8.9 ExtJS mit Extbase und Fluid

> **ACHTUNG**
> Die folgenden Ausführen sind ohne zumindest rudimentäre Vorkenntnisse in ExtJS nur schwer zu verstehen. Eignen Sie sich zuerst ein Basiswissen zu ExtJS an.

Die Extension `mvc_exjs` versucht, das Zusammenspiel zwischen Extbase und ExtJS zu erleichtern bzw. dem Entwickler hier Arbeit abzunehmen. Dies gilt sowohl für das Backend als auch für das Frontend. Um die Einsatzmöglichkeiten für `mvc_extjs` zu begutachten, wurde dankenswerterweise auch gleich eine Demo-Extension entwickelt: `mvc_extjs_samples`. Installieren Sie beide Extensions in eine aktuelle TYPO3-Version, um den folgenden Ausführungen besser folgen zu können.

# KAPITEL 8  Extensions entwickeln

> **INFO**
> 
> *In den Beispielen wurden die Entwickler-Versionen aus forge in der Revision 29296 verwendet, da sich im Vergleich zur Version im TER (0.1.1) schon einige Veränderungen bzw. Verbesserungen ergeben haben. Da sich hier voraussichtlich auch zukünftig viele Veränderungen ergeben werden, fassen wir uns kurz und zeigen nur entscheidende Zusammenhänge auf.*

Das einfachste Beispiel ist das HelloWorld-Plugin. Hier gibt es fast keinen Unterschied zu einem normalen Extbase-Plugin. Es wird ein Plugin registriert und konfiguriert, dazu brauchen wir den passenden Controller mit der gewünschten Action.

Listing 8.78: **Registrierung des Plugins in ext_tables.php**

```
Tx_Extbase_Utility_Extension::registerPlugin(
    $_EXTKEY,
    'HelloWorld',
    'MVC ExtJS Samples - Hello World'
);
```

Listing 8.79: **Konfiguration des Plugins in ext_localconf.php**

```
Tx_Extbase_Utility_Extension::configurePlugin(
    'MvcExtjsSamples',
    'HelloWorld',
    array('HelloWorld' => 'index'),
    array()
);
```

Listing 8.80: **Tx_MvcExtjsSamples_Controller_HelloWorldController::indexAction()**

```
public function indexAction() {
    // Load ExtJS libraries and stylesheets
    $GLOBALS['TSFE']->backPath = TYPO3_mainDir;
    $GLOBALS['TSFE']->getPageRenderer()->loadExtJS();
    $GLOBALS['TSFE']->getPageRenderer()->enableExtJSQuickTips();
    // Show a message box when the page is ready
    $GLOBALS['TSFE']->getPageRenderer()->addExtOnReadyCode(
        'Ext.Msg.alert("My Title", "Hello World!");'
    );
}
```

In diesem einfachen Beispiel gibt es kein Template. Es werden lediglich die ExtJS-Bibliotheken eingebunden und eine Alert-Box ausgegeben.

Da bei einem etwas komplexeren Anwendungsfall einige Schritte wie das Einbinden der ExtJS-Bibliotheken immer wieder aufgeführt werden müssen, bietet die Extension mvc_extjs einen eigenen Controller an, der von der Klasse Tx_MvcExtjs_ExtJS_Controller_ActionController erbt. Unser Controller wiederum erbt von genau diesem Controller.

Als Basis und Vorlage für eigene Plugins ist das Beispiel-Plugin FEEDS sehr gut geeignet. Die beiden Code-Schnipsel für Registrierung und Konfiguration des Plugins sparen wir uns hier, das ist immer wieder dasselbe (siehe das HelloWorld-Beispiel oben bzw. direkt im Code).

# KAPITEL 8  Extensions entwickeln

Der neue Controller erbt wie gesagt von `Tx_MvcExtjs_ExtJS_Controller_ActionController`, um wiederkehrende Aufgaben bei der Nutzung von ExtJS dorthin auszulagern.

Listing 8.81: **Tx_MvcExtjsSamples_Controller_FeedsController::indexAction()**

```
01 public function indexAction() {
02     $this->initializeExtJSAction();
03     $this->addJsLibrary('Ext.ux.TYPO3.feeds', 'ux.TYPO3.Feeds.js');
04
05     $id = $this->settings['contentObjectData']['uid'];
06     $this->view->assign('ID', $id);
07
08     $feedUrl = $this->settings['feedsUrl'];
09     $ajaxUrl = $this->uriBuilder->uriFor('feeds', array('feed' =>
           $feedUrl, 'fid' => $id));
10
11     // Create the feed display
12     $this->addJsInlineCode('
13         new Ext.ux.TYPO3.Feeds("MvcExtjsSamples-Feed-' . $id . '", {
14             interval: ' . $this->settings['feedsInterval'] . ',
15             width: ' . $this->settings['feedsWidth'] . ',
16             height: ' . $this->settings['feedsHeight'] . ',
17             url: "' . $ajaxUrl . '",
18             title: "' . $this->settings['feedsTitle'] . '",
19             cropMsg: 100' . ($this->settings['feedsCount'] ? ',results
                 PerPage: ' . $this->settings['feedsCount'] : '') . '
20         });
21     ');
22
23     $this->outputJsCode();
24 }
```

In Ihrer Action können Sie dann gleich zu Beginn die Methode `initializeExtJSAction()` nutzen, um ExtJS korrekt einzubinden. Zusätzlich wird die eigens dafür erstellte ExtJS-Klasse `Ext.ux.TYPO3.feeds` (erbt von `Ext.util.Observable`) eingebunden, aus der dann ein neues Objekt erzeugt wird. Den JavaScript-Code finden Sie in *mvc_extjs_samples/ resources/public/javascript/ux.TYPO3.Feeds.js*. In Zeile 9 wird die URL für den RSS-Beobachter erzeugt, der wiederum auf die extra definierte `feedsAction()` zeigt.

Listing 8.82: **Beispiel der URL für die Rückgabe des XML-Feeds für den Feed http://buzz.typo3.org/teams/security/ rss.xml**

```
index.php?id=27&tx_mvcextjssamples_feeds[feed]=http%3A%2F%2Fbuzz.typo3.
    org%2Fteams%2Fsecurity%2Frss.xml&tx_mvcextjssamples_feeds[action]=feeds
    &tx_mvcextjssamples_feeds[controller]=Feeds&cHash=0ff31e6660c81696b07
    ca466bae052cf",
```

Die `feedsAction()` liest die im Backend in den Plugin-Einstellungen angegebene URL aus und liefert eine für unser ExtJS-Objekt angepasste Variante zurück. Sie können also nicht nur ExtJS-Code auf der Seite einbinden, sondern sehr einfach auch für die Nutzung in ExtJS URLs definieren, die Daten von einer selbst geschriebenen Action bekommen oder auch dorthin senden.

**KAPITEL 8**   Extensions entwickeln

Ein weiteres spannendes Beispiel ist die Nutzung des ExtJS-Objekts Ext.data.Store, um beispielsweise ein Dropdown-Menü mit Daten aus der TYPO3-Datenbank zu füllen. Den Code zu diesem Plugin SIMPLE FORM finden Sie in der Klasse Tx_MvcExtjsSamples_Controller_SimpleFormController.

Listing 8.83: **Erster Teil aus Tx_MvcExtjsSamples_Controller_SimpleFormController::indexAction()**

```
public function indexAction() {
   $this->initializeExtJSAction();

   if (TYPO3_MODE === 'FE') {
        // value 1249058971 is the same as in /Configuration/TypoScript/ ↵
            ajax.txt
      $this->uriBuilder->setTargetPageType(1249058971);

   }
   $this->uriBuilder->setFormat('xml');
   $ajaxUrl = $this->uriBuilder->uriFor('index', array(), 'Genre');

      // Create a data store with movie genres
   $this->addJsInlineCode('
      var genres = new Ext.data.Store({
         reader: ' . Tx_MvcExtjs_ExtJS_Utility::getJSONReader('Tx_ ↵
            MvcExtjsSamples_Domain_Model_Genre') . ',
         proxy: new Ext.data.HttpProxy({
            url: "' . $ajaxUrl . '"
         }),
         autoLoad: true
      });
   ');
   [...]
}
```

Hier kommt nun die ganze Stärke von Extbase, gepaart mit ExtJS-Objekten, zum Tragen. Aufgrund des konsequent genutzten MVC-Pattern und der Domain-Objekte wie etwa Tx_MvcExtjsSamples_Domain_Model_Genre kann von ExtJS aus direkt auf bereits bestehenden Code zurückgegriffen werden. Im Codebeispiel sehen Sie, wie ein ExtJS-Objekt Ext.data.Store die Datenstruktur aus dem Genre-Model bekommt und als Daten-URL auf die indexAction des GenreControllers verwiesen wird. Der GenreController liefert einfach nur mittels eines Repositorys alle in der Datenbank bekannten Genres an das Template, wodurch diese in einem lesbaren Format zurückgegeben werden. Interessant ist in diesem Zusammenhang das Template zur indexAction.

Listing 8.84: **mvc_extjs_samples/resources/private/templates/genre/index.xml**

```
{namespace mvcextjs=Tx_MvcExtjs_ViewHelpers}
<mvcextjs:json>{genres}</mvcextjs:json>
```

Sie sehen den Einsatz eines speziellen ViewHelpers (Tx_MvcExtjs_ViewHelpers_JsonViewHelper). Dieser bereitet die Objekte aus der Datenbank so auf, dass sie im JSON-Format zurückgeliefert werden.

## KAPITEL 8  Extensions entwickeln

*TIPP*

*Falls bei Ihnen im Dropdown-Menü keine Genres angezeigt werden, obwohl im Backend bzw. der Datenbank welche angelegt sind, überprüfen Sie, ob Sie im TypoScript* config.debug=1 *gesetzt haben. Dadurch wird jeder erzeugten Seite ein* <!-- Parsetime: xx ms --> *hinzugefügt, wodurch* Ext.data.Store *die Daten nicht mehr korrekt lesen kann. Deaktivieren Sie für dieses Beispiel die Debug-Option.*

Abbildung 8.38: **Einfaches ExtJS-Formular mit einem Dropdown-Menü, das aus der Datenbank gefüllt wird**

Erforschen Sie die weiteren Beispiele der Extension mvc_extjs_samples, und schauen Sie immer mal wieder nach, ob es eine neue Version gibt – es lohnt sich.

## 8.10 Coding Guidelines

Eins vorneweg: Der Weg zur Perfektion ist steinig! Bei der Lektüre der folgenden Seiten werden Sie sich vielleicht manchmal fragen, ob das nicht alles ein bisschen übertrieben ist. Ist es nicht! Durch die Reglementierung der Code-Schreibweise sollen hauptsächlich zwei Ziele erreicht werden:

» Sicherheit
» Lesbarkeit des Codes

Wir wollen im Folgenden die vom Core Team aufgestellten Regeln betrachten, die für Code im Source-Paket absolut verpflichtend sind und für die Entwicklung von Extensions wärmstens empfohlen werden. Um eine gute und allgemein anerkannte Extension zu schreiben, führt kein Weg an der Einhaltung dieser Regeln vorbei. Aus eigener Erfahrung wissen wir, dass es am Anfang nicht leicht ist, all diese Forderungen einzuhalten und seinen Lieblingseditor darauf zu trimmen. Gewohnheiten werfen wir halt nicht so gerne über Bord. Aber es lohnt sich!

Da sich auch Coding Guidelines ändern (bzw. weiterentwickeln) können und dies wegen Extbase vermutlich auch tun werden, lohnt sich immer ein Blick in den aktuellen Stand bzw. den Aktualitätszustand der Coding Guidelines, die auf typo.org[7] zu finden sind.

---

7  http://typo3.org/documentation/document-library/core-documentation/doc_core_cgl/current/

Eine generelle Betrachtung zum Thema Sicherheit finden Sie in Kapitel 10, *Spezialthemen*, Abschnitt 10.1.

## 8.10.1 Dateiaufbau

TYPO3-PHP Dateien haben alle eine einheitliche Struktur, die aus verschiedenen Blöcken besteht.

### Öffnendes PHP-Tag

Das öffnende PHP-Tag steht ganz oben, es gibt also keine Leerzeile davor. Kurzformen sind nicht erlaubt.

```
<?php
```

### Copyright

Der Kopfbereich jeder Datei enthält die *copyright notice*. Am einfachsten kopieren Sie diesen Teil aus einer bestehenden TYPO3-Datei. Der Name des Autors und seine E-Mail-Adresse werden mit in dieser Information hinterlegt. Falls Sie den Code einer Bibliothek verändern, **müssen** Sie die Änderungen dokumentieren, denn das wird in der GPL so gefordert. Und TYPO3 unterliegt bekanntlich nun mal der GPL (Version 2 oder später).

> **EXKURS**
>
> **Die General Public Licence (GPL)**
>
> Die General Public Licence (GPL) ist eine von der Free Software Foundation herausgegebene Lizenz für die Lizenzierung freier Software. Die GPL oder eine ihrer Abwandlungen wird für einen Großteil der verfügbaren Open-Source-Projekte angewendet.

Listing 8.85: **GPL-Hinweis**

```
/***************************************************************
* Copyright notice
*
* (c) 1999-2009 Kasper Skaarhoj (kasperYYYY@typo3.com)
* All rights reserved
*
* This script is part of the TYPO3 project. The TYPO3 project is
* free software; you can redistribute it and/or modify
* it under the terms of the GNU General Public License as published by
* the Free Software Foundation; either version 2 of the License, or
* (at your option) any later version.
*
* The GNU General Public License can be found at
* http://www.gnu.org/copyleft/gpl.html.
* A copy is found in the textfile GPL.txt and important notices to the ↵
    license
* from the author is found in LICENSE.txt distributed with these scripts.
*
*
```

```
* This script is distributed in the hope that it will be useful,
* but WITHOUT ANY WARRANTY; without even the implied warranty of
* MERCHANTABILITY or FITNESS FOR A PARTICULAR PURPOSE. See the
* GNU General Public License for more details.
*
* This copyright notice MUST APPEAR in all copies of the script!
***************************************************************/
```

## Informationen zur Datei

Hier stehen Informationen zur Datei wie ihr Name und eine Beschreibung, dazu auch Informationen zum Autor.

Der in eine neue Datei eingefügte String $ID$ beispielsweise wird vom Versionierungssystem *subversion* durch jeweils aktuelle Versionierungsinformationen ersetzt.

Listing 8.86: **Informationen zur Datei inklusive Autor**

```
/**
* Contains the reknown class "t3lib_div" with general purpose functions
*
* $Id: class.t3lib_div.php 6716 2010-01-04 19:04:44Z steffenk $
* Revised for TYPO3 3.6 July/2003 by Kasper Skaarhoj
* XHTML compliant
* Usage counts are based on search 22/2 2003 through whole source
    including tslib/
*
* @author Kasper Skaarhoj <kasperYYYY@typo3.com>
*/
```

Für eine Methodenübersicht wird der String [CLASS/FUNCTION INDEX of SCRIPT] als erste Zeile eines Kommentars eingefügt. Die Extension extdeveval wird hier einen automatisch erzeugten und verwalteten Index der Klassen und Funktionen einfügen, sobald Sie die Extension nutzen, um Kommentare im phpDoc-Stil einzufügen.

## Einzubindende Dateien

Wenn Sie Dateien einbinden, sollte dies immer über TYPO3-Pfade geschehen. Die Methode t3lib_extMgm::extPath() erlaubt zwei Varianten. Die Variante mit zwei Parametern wird empfohlen.

Listing 8.87: **Korrekte Beispiele für Dateieinbindungen**

```
require_once(PATH_tslib . 'class.tslib_pibase.php');
require_once(t3lib_extMgm::extPath('lang', 'lang.php'));
require_once(t3lib_extMgm::extPath('lang') . 'lang.php');
```

## Informationen zur Klasse

In diesem Block werden Informationen zur Klasse bzw. zur Nutzung der Klasse hinterlegt.

**Listing 8.88: Informationen zur Klasse**

```
/**
 * The legendary "t3lib_div" class - Miscellaneous functions for general 
   purpose.
 * Most of the functions does not relate specifically to TYPO3
 * However a section of functions requires certain TYPO3 features available
 * See comments in the source.
 * You are encouraged to use this library in your own scripts!
 *
 * USE:
 * The class is intended to be used without creating an instance of it.
 * So: Don't instantiate - call functions with "t3lib_div::" prefixed the 
   function name.
 * So use t3lib_div::[method-name] to refer to the functions, eg. 't3lib_ 
   div::milliseconds()'
 *
 * @author Kasper Skaarhoj <kasperYYYY@typo3.com>
 * @package TYPO3
 * @subpackage t3lib
 */
```

## PHP-Klasse

Der Name der Klasse spiegelt den Pfad der Klassendatei wider. Für Extension-Klassen ist der Namensraum tx_ vorgesehen. So kann ein Dateiname z. B. *class.tx_myext_pi1.php* sein.

Listing 8.89: **Klassendefinition in fiktiver Extension myext**

```
class tx_myext_pi1 {
    [...]
}
```

## Fußbereich mit XCLASS-Angaben

Um die bekannte Erweiterungsfähigkeit von TYPO3 sicherzustellen, werden generell alle Klassen mit Code zum Überschreiben am Ende der Datei bestückt.

Listing 8.90: **Erweiterungsmöglichkeit für Inhalte der Datei class.t3lib_page.php bzw. für das Plugin der fiktiven Extension myext**

```
if (defined('TYPO3_MODE') && $TYPO3_CONF_VARS[TYPO3_MODE]['XCLASS'] 
   ['t3lib/class.t3lib_page.php']) {
    include_once($TYPO3_CONF_VARS[TYPO3_MODE]['XCLASS']['t3lib/class. 
    t3lib_page.php']);
}

if (defined('TYPO3_MODE') && $TYPO3_CONF_VARS[TYPO3_MODE]['XCLASS']['ext/ 
   myext/pi1/class.tx_myext_pi1.php']) {
    include_once($TYPO3_CONF_VARS[TYPO3_MODE]['XCLASS']['ext/myext/pi1/ 
    class.tx_myext_pi1.php']);
}
```

Weitere Informationen zum Thema *XCLASS* finden Sie in Kapitel 7, *Framework – Werkzeugkasten für die eigene Extension*, Abschnitt 7.9.2.

Dort können Sie nachlesen, wie die *XCLASS*-Methode funktioniert und wann Sie sie einsetzen sollten. Öffnen Sie ruhig zur Kontrolle ein paar Klassen aus dem TYPO3-Source-Paket, und Sie werden dieses Schema am Ende fast jeder Klassendatei finden und wiedererkennen.

### Optionaler Code für spezielle Module wie eID-Klassen oder alte BE-Module

Bei manchen Anwendungen wird die Klasse in der derselben Datei direkt instanziiert und verwendet. Hier ist wichtig, dass der auszuführende Code tatsächlich erst nach der XCLASS-Definition kommt, damit diese noch vor der Ausführung greift.

Listing 8.91: **Instanziierung und Aufruf**

```
$controller = t3lib_div::makeInstance('tx_myext_ajaxcontroller');
$controller->main();
```

## 8.10.2 Formatierung und Benennung

Das Ziel ist ein einheitliches Erscheinungsbild des Codes. Dadurch wird es wesentlich leichter, die Werke anderer zu verstehen, was eine ganze Reihe von Vorteilen hat:

» Der Entwickler fühlt sich im Code zu Hause, auch nach Monaten bzw. Jahren findet man schnell die richtigen Stellen. Neue Entwickler finden sich zuverlässig und schnell zurecht.

» Fehler und Sicherheitslücken werden schneller entdeckt.

» Verbesserungen können schneller eingebracht werden.

» Editorumwandlungsprobleme treten erst gar nicht auf.

### Sprache

Für alle Namen von Datenbanktabellen, Datenbankfeldern, Klassennamen, Funktionsnamen, Kommentare usw. werden englische Begriffe oder Abkürzungen benutzt.

### Schreibweise

» Zeilen enden immer mit dem Unix-Zeilenumbruch, `chr(10)`. Konfigurieren Sie Ihren Editor entsprechend.

» Einrückungen werden durch Tabulatoren (und nicht durch Leerzeichen) erzeugt.

# KAPITEL 8   Extensions entwickeln

**Gewissensfrage: Einrückung per TAB oder Leerzeichen?**

Diese Diskussion wurde und wird unter Entwicklern weltweit mit Herzblut diskutiert. Die Autoren (und eben auch die *TYPO3* Coding Guidelines) stehen mit Nachdruck hinter der TAB-Variante. Zwei wichtige Gründe sprechen für Tabulatoren:

1. Ein einziges Byte steht für eine Einrückung, was schlichtes und sauberes Design verkörpert.
2. Die Tiefe der Einrückung kann von jedem Entwickler ohne Änderung am Code individuell gewählt werden.

Geschweifte Klammern, richtig angewandt:

```
function doSomething ($param) {
    return 'whatever you want';
}
if ($test) {
    return 'correct';
} else {
    return 'false';
}
```

Geschweifte Klammern, falsch eingesetzt:

```
function doSomething ($param)
{
    return 'whatever you want';
}
if ($test)
{
    return 'correct';
}
else
{
    return 'false';
}
if ($test)
    return 'correct';
```

## Klassen

*Für Extbase-Extensions gelten andere Regeln als die hier genannten (siehe Abschnitt* Extensions auf Basis von extbase und blog_example ff*).*

Je Datei wird nur eine Klasse hinterlegt. Der Name der Datei lautet wie folgt:

```
class.[classname].php
```

# KAPITEL 8 Extensions entwickeln

`classname` entspricht dem Namen der Klasse in Kleinbuchstaben. Die Klassennamen wiederum gehorchen folgender Schreibweise:

`[library]_[nameInCamelCase]`

`library` entspricht in der aktuellen TYPO3-Version entweder *tslib* oder *t3lib*. Für Klassen in Extensions wird immer das Präfix *tx_*, gefolgt vom Namen der Extensions ohne Unterstrich mit optionalem Suffix verwendet. Klassen, die eine andere Klasse überschreiben (*XCLASS*), werden mit dem Präfix *ux_* gekennzeichnet. Hier sehen Sie ein Beispiel für eine Klasse einer Extension namens my_ext:

Listing 8.92: **Beispiele für Klassennamen einer Extension my_ext**

```
tx_myext
tx_myext_doTheBest
```

Für beschreibende Klassennamen wird jeweils der erste Buchstabe des Wortes großgeschrieben (*camelCase*[8]). Klassen- und Funktionsnamen in PHP sind nicht case-sensitiv.

## Funktionen

Sie sollten eigentlich ohne alleinstehende Funktionen auskommen. Benutzen Sie stattdessen Klassen und Klassenmethoden, und rufen Sie sie entsprechend auf:

ihreKlasse::dieMethode()[9]

Ein gutes Einsatzbeispiel für diese Vorgehensweise ist die Klasse `t3lib_div`, z. B. der Aufruf:

`t3lib_div::_GP('myGPVar')`

Dies ist notwendig, um auf keinen Fall mit anderen Bibliotheken zu kollidieren, indem der gleiche Name für eine Methode von verschiedenen Programmierern benutzt wird, was die Anwender solcher Extensions vor unlösbare Probleme stellt. Durch das Einbinden der Funktionen in sauber strukturierte Namensräume der entsprechenden Klassen (wie `ts_lib`, `t3_lib`, `tx_` und `ux_`) wird außerdem die Übersichtlichkeit stark erhöht.

## Globale Variablen, Konstanten und Eingabevariablen

» Globale Variablen werden in Großbuchstaben geschrieben.

» Variablen mit weitem Gültigkeitsbereich haben lange Namen, Variablen mit kleinem Gültigkeitsbereich haben kurze Namen, z. B. `$i` für Zählervariablen in Schleifen. Dadurch kann der Betrachter sofort erkennen, dass es sich um Variablen mit nur einem kleinen lokalen Gültigkeitsbereich handelt.

---

8 http://de.wikipedia.org/wiki/Binnenmajuskel
9 php4: php5: http://www.php.net/manual/de/language.oop5.paamayim-nekudotayim.php

## KAPITEL 8   Extensions entwickeln

» Auf GET- und POST-Variablen wird immer über die TYPO3-Funktionen t3lib_div::_GET(), t3lib_div::_POST() und t3lib_div::_GP($var) zugegriffen. Diese liefern die Werte *unescaped* zurück. Dadurch können die Werte direkt in Funktionen wie $GLOBALS['TYPO3_DB']->quoteStr() übergeben werden. Für weitere Informationen werfen Sie einen Blick in die API.

» Wenn Sie einen Wert in $HTTP_GET_VARS global schreiben müssen, nutzen Sie immer t3lib_div::_GETset(). Dadurch wird sowohl $HTTP_GET_VARS als auch $_GET korrekt geschrieben.

» Für eine Prüfung, ob eine Variable gesetzt ist (z. B. per isset()), ist der direkte Zugriff auf $_GET oder $_POST erlaubt.

» Falls möglich werden alle Abfragen von Input-Variablen in einer init()-Funktion zusammengefasst. So kann man sofort sehen, welchen Input die Applikation von außen erwartet.

» Benutzen Sie Namensräume für die Benennung der Input-Variablen für GET und POST. Ein Input-Feld in einem Formular sollte z. B. für den Einsatz in einer Extension myext oder my_ext wie folgt aussehen:

```
<input name="tx_myext[name]">
```

Der Zugriff auf den Wert erfolgt z. B. über

```
$myVars = t3lib_div::_GP('tx_myext');
```

Falls Sie ein *Frontend-Plugin* schreiben, bietet die dabei zum Einsatz kommende Klasse tslib_pibase nochmals weitere Möglichkeiten (siehe Abschnitt 8.5.3). Auch Extbase bietet hier vorbereitete Zugriffsmöglichkeiten (siehe Abschnitt *Extensions auf Basis von extbase und blog_example ff*).

t3lib_div::_GET(), t3lib_div::_POST() und t3lib_div::_GP() geben Werte immer *unescaped* zurück, egal was in der *php.ini* bei magic_quotes eingestellt ist. Und genau das ist auch ein Grund, warum Sie sie nutzen sollten.

Nochmals zur Verdeutlichung:

Richtig:

```
$myVars = t3lib_div::_POST('myname');
```

Falsch:

```
$myVars = $GLOBALS['myname'];
$myVars = $GLOBALS['HTTP_POST_VARS']['myname'];
$myVars = $_POST['myname'];
$myVars = $_GET['myname'];
```

# KAPITEL 8  Extensions entwickeln

Eine Auflistung von verfügbaren globalen Variablen und Konstanten in TYPO3 finden Sie in Abschnitt 8.11.

Eigene Variablen nutzen die *camelCase*-Schreibweise und beginnen mit einem Kleinbuchstaben. Unterstriche sind nicht erlaubt. Namen sollten nicht (oder zumindest nicht stark) abgekürzt werden und dabei möglichst beschreibend sein. Eine gewisse Kürze im Namen ist dabei natürlich immer wünschenswert, solange der Name aussagefähig bleibt.

Richtig:

```
$goodVariable
$isValid
```

Falsch:

```
$fstk
$my_variable
$thisVariableCanBeFilledWithTextOrArray
$COM_1
```

Dieselben Regeln gelten auch für gute Methodennamen:

```
protected function getFeedbackForm()
public function processSubmission()
```

Konstanten und Variablen mit globalem Gültigkeitsbereich werden komplett in Großbuchstaben geschrieben, dabei sind Unterstriche erlaubt:

```
const USERLEVEL_MEMBER = 1;
$TYPO3_CONF_VARS
$TYPO3_DB
```

## Systemvariablen

Da Systemvariablen leider naturgemäß sehr stark von der verwendeten Umgebung abhängen (Windows, Linux, Unix, ISS, Apache, ...), war das Core Team gezwungen, eine Wrapper-Klasse für das Abfragen von Systemvariablen zur Verfügung zu stellen. Nur dadurch kann sichergestellt werden, dass TYPO3 auf den verschiedensten Serverumgebungen zuverlässig funktioniert. Benutzen Sie für die Abfrage von Servervariablen also bitte immer t3lib_div::getIndpEnv() und niemals die direkte PHP-Funktion getenv(). Falls Sie einen Wert benötigen, der noch nicht von dieser Funktion geliefert wird, testen Sie die Verfügbarkeit auf möglichst vielen verschiedenen Systemen, und schlagen Sie bei Erfolg eine Aufnahme in die Schlüsselliste der Funktion vor. Weitere Informationen können Sie dem Quellcode der Funktion entnehmen.

### 8.10.3 Programmiergrundsätze, Syntax

#### Typvergleich

Achten Sie bei Vergleichen auch auf den Variablentyp. Wenn der Typ gleich sein soll, wird === statt == verwendet. Auch die Methode `strcmp()` liefert zuverlässige Ergebnisse, da der Vergleich binary-save durchgeführt wird.

> **Die Krux mit dem Typvergleich**
>
> Haben Sie jemals === in Kontrollstrukturen eingesetzt? Nein? Dann sind Sie keine Ausnahme. Da in PHP nicht für jede Variable explizit der Typ angegeben werden muss, schleicht sich schnell eine gewisse Faulheit ein. Vorsicht, das kann ins Auge gehen, und ein entsprechender Bug ist schwer zu finden. Ein Beispiel:
>
> `$test == 'part1'` ergibt true, wenn `$test` einen String 'part1' enthält. Das ist erwünscht.
>
> `$test == 'part1'` ergibt true, wenn `$test` einen Integer von 0 enthält. Das ist wohl eher nicht erwünscht.
>
> Warum? Im obigen Fall, dass `$test` ein Integer ist, wird auch der Teil rechts in einen Integer mit dem Inhalt 0 umgewandelt.

#### Bedingungen

Statt `else if` wird `elseif` benutzt. Zuweisungen in Prüfklammern sind nur mit zusätzlichen einschließenden Klammern erlaubt.

Richtig:

```
if ($this->processSubmission) {
   // Process submission here
} elseif ($this->internalError) {
   // Handle internal error
} else {
   // Something else here
}
```

Richtig:

```
if (($fields = $GLOBALS['TYPO3_DB']->sql_fetch_result($res))) {
    // Do something
}
```

Falsch:

```
if ($this->processSubmission) {
    // Process submission here
}
   else if ($this->internalError) {
    // Handle internal error
} else { // Something else here }
```

# KAPITEL 8  Extensions entwickeln

Die Kurzform ist nur erlaubt, wenn nur zwei Ergebniswerte möglich sind:

```
$result = ($useComma ? ',' : '.');
```

## Switch

Die `case`-Angabe wird mit einem TAB eingerückt, der Code dazu noch mal um einen Tab. Jeder `case`-Block wird mit `break` auf Höhe des Codes abgeschlossen, außer es wird absichtlich zum nächsten `case`-Block weitergegeben, dann muss dafür aber auch ein Kommentar da sein. Der `default`-Block kommt immer ganz unten (ohne `break`).

Richtig:

```
switch ($useType) {
    case 'extended':
        $content .= $this->extendedUse();
        // Fall through
    case 'basic':
        $content .= $this->basicUse();
        break;
    default:
        $content .= $this->errorUse();
}
```

## Schleifen

Für Schleifen kann `do`, `while`, `for` und `foreach` benutzt werden. Each ist in Schleifen nicht erlaubt. In `for`-Schleifen dürfen keine Funktionsaufrufe im Befehl stehen.

Richtig:

```
$size = count($dataArray);
for ($element = 0; $element < $size; $element++) {
    // Process element here
}
```

## Zeichenketten

Für Zeichenketten wird immer das einfache Anführungszeichen genutzt. Die einzige Ausnahme ist die Erzeugung des Zeilenumbruchs ("\n"). Bei Verkettungen ist ein Leerzeichen zwischen dem String und dem Punkt zu setzen.

Richtig:

```
$content = 'Hello ' . 'world!';
$content = 'Hello ' . $userName;
```

Falsch:

```
$content = "Hello $userName";
```

# KAPITEL 8  Extensions entwickeln

## Boolesche Werte

Für boolesche Werte werden die entsprechenden PHP-Typangaben in Großbuchstaben genutzt (TRUE / FALSE). 0 und 1 werden nicht genutzt, da dies Integer-Werte sind.

## PHP5-Features

Es wird empfohlen, PHP5-Features zu nutzen; für den Core sind sie ab TYPO3 4.3 Pflicht. Die Zugriffsangaben public, protected oder private werden sowohl für Klassenmethoden als auch für Klassenvariablen (Eigenschaften) verwendet. Dabei sollte private nur in Ausnahmefällen genutzt werden, weil die XCLASS-Vorgehensweise damit nicht möglich ist. Die Verwendung von *Type Hinting* ist Pflicht, wenn ein Parameter als Array oder Instanz einer Klasse erwartet wird.

```
public function newAction(Tx_BlogExample_Domain_Model_Blog $newBlog = NULL)
{
```

> **INFO**
>
> In Extbase-Extensions wird Type Hinting intensiv genutzt, um die richtigen Klassen für eine automatische Instanziierung zu nutzen.

## Rückgabewerte bei Methoden

Wenn für Methoden ein Rückgabewert definiert ist, muss diese Rückgabe auch in allen Fällen erfolgen.

Richtig:

```
function extendedUse($enabled) {
    $content = '';
    if ($enabled) {
        $content = 'Extended use';
    }
    return $content;
}
```

Falsch:

```
function extendedUse($enabled) {
    if ($enabled) {
        return 'Extended use';
    }
}
```

# KAPITEL 8   Extensions entwickeln

## 8.10.4 Dokumentation

Jede Funktion wird in phpDoc[10]-Schreibweise dokumentiert. Eine gute Möglichkeit ist, den Kommentar mit einem Satz wie »returns ...« zu beginnen, weil dadurch die Funktion in Kürze sehr gut beschrieben werden kann. Ein Blick in die Klassen des Core zeigt die praktische Ausführung.

Listing 8.93: **Dokumentation zur Funktion t3lib_div ::_GP()**

```
/**
 * Returns the 'GLOBAL' value of incoming data from POST or GET, with
   priority to POST (that is equalent to 'GP' order)
 * Strips slashes from all output, both strings and arrays.
 * This function substitutes t3lib_div::GPvar()
 * To enhancement security in your scripts, please consider using
   t3lib_div::_GET or t3lib_div::_POST if you already know by which method
   your data is arriving to the scripts!
 * Usage: 537
 *
 * @param    string    GET/POST var to return
 * @return   mixed     POST var named $var and if not set, the GET var of the
   same name.
 */
```

Ein @param-Tag ist für jeden Parameter der Funktion zwingend erforderlich, auch wenn die Aufgabe des Parameters offensichtlich erscheint. Das @return-Tag ist zwingend für alle Rückgabewerte, die nicht void sind. Die Beschreibung an dieser Stelle wird oft ähnlich zur Beschreibung in der ersten Zeile sein, versuchen Sie hier, den Rückgabewert noch genauer zu spezifizieren.

In der Extension extdeveval finden Sie nützliche Tools für die Erzeugung von Dokumentation im und aus dem Code.

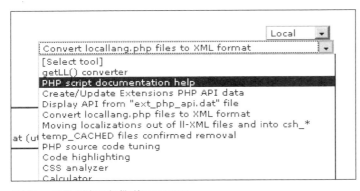

Abbildung 8.39: **Hilfstools für Kommentare**

Ein weiteres tolles Tool ist der *Source Code Optimizer*. Er unterstützt Sie bei der Umwandlung von doppelten in einfache Anführungszeichen. Dies beschleunigt den Code, da PHP

---

10   API-Dokumentation im HTML-Format: http://www.phpdoc.org/

dann den Inhalt zwischen den Anführungszeichen nicht mehr nach Variablen parst, sondern von einer fertigen Zeichenfolge ausgeht.

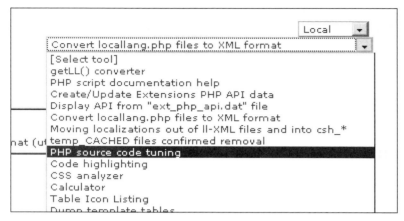

Abbildung 8.40: **Source Code Optimizer**

Kommentare zu Klasseneigenschaften werden direkt vor die Eigenschaft gesetzt und folgen auch der phpDoc-Schreibweise. Speziell für nicht-triviale Variablentypen muss der Typ angegeben werden.

```
/** Number of images submitted by user */
protected $numberOfImages;
/**
 * Local instance of tslib_cObj class
 *
 * @var tslib_cObj
 */
protected $localCobj;
```

Kommentare im PHP-Code selbst sollten direkt vor der relevanten Stelle stehen und um ein TAB mehr eingerückt sein als die zugehörige Codezeile.

```
if(intval($mask)) {
        // "192.168.3.0/24"
    $lnet = ip2long($test);

    [...]

}
```

### 8.10.5 Datenbankzugriffe

Das Wichtigste vorneweg: **Benutzen Sie niemals direkte PHP-Befehle für den Datenbankzugriff**. TYPO3 stellt einen Wrapper (t3lib_DB) für Datenbankzugriffe zur Verfügung, der alle Anforderungen abdecken sollte.

# KAPITEL 8  Extensions entwickeln

Der Wrapper wird global als Objekt $TYPO3_DB instanziiert. Er übernimmt sowohl die Erzeugung als auch die Ausführung von SQL-Abfragen. Eine Übersicht der Funktionen sehen Sie in der API für die DB-Klasse. Auch hier werden Sie im Code des Source-Paketes und in allen bekannten Extensions gute Beispiele sehen.

Folgende Vorteile erhalten Sie durch diese Vorgehensweise:

» SQL-Injektion über Feldwerte $fields_values wird in allen INSERT- und UPDATE-Abfragen durch Escapen verhindert. Den Teil für where müssen Sie jedoch noch selbst schützen (siehe den Punkt »Weitere Regeln« weiter unten).

» Der Code wird besser lesbar.

» Alle DB-Abfragen gehen über die DB-Klasse. Dadurch wird das Debugging erleichtert, Veränderungen wegen neuer Datenbankoptionen werden wesentlich einfacher, und das Wichtigste: TYPO3 ist nicht mehr nur auf MySQL festgelegt. Es kann z. B. auch eine Oracle-Datenbank genutzt werden.

```
class t3lib_DB
        @package: TYPO3
        @subpackage: t3lib

        Query execution
        These functions are the RECOMMENDED DBAL functions for use in your app
        Using these functions will allow the DBAL to use alternative ways of accessi
        They compile a query AND execute it immediately and then return the result
        This principle heightens our ability to create various forms of DBAL of the fu
        Generally: We want to return a result pointer/object, never queries.
        Also, having the table name together with the actual query execution allows
    function exec_INSERTquery($table,$fields_values,$no_quote_fields=FALSE)
    function exec_UPDATEquery($table,$where,$fields_values,$no_quote_fields=FALSE)
    function exec_DELETEquery($table,$where)
    function exec_SELECTquery($select_fields,$from_table,$where_clause,$groupBy='',$orderBy='',$
    function exec_SELECT_mm_query($select,$local_table,$mm_table,$foreign_table,$whereClause=
    function exec_SELECT_queryArray($queryParts)
    function exec_SELECTgetRows($select_fields,$from_table,$where_clause,$groupBy='',$orderBy=

        Query building
    function INSERTquery($table,$fields_values,$no_quote_fields=FALSE)
    function UPDATEquery($table,$where,$fields_values,$no_quote_fields=FALSE)
    function DELETEquery($table,$where)
    function SELECTquery($select_fields,$from_table,$where_clause,$groupBy='',$orderBy='',$limit='
    function listQuery($field, $value, $table)
    function searchQuery($searchWords,$fields,$table)

        Various helper functions
        Functions recommended to be used for
        - escaping values,
        - cleaning lists of values,
        - stripping of excess ORDER BY/GROUP BY keywords
    function fullQuoteStr($str, $table)
    function fullQuoteArray($arr, $table, $noQuote=FALSE)
```

Abbildung 8.41: **Ausschnitt der API der DB-Klasse**

## KAPITEL 8  Extensions entwickeln

Hier sehen Sie noch einmal die wichtigsten Zugriffsbefehle:

Listing 8.94: **Die wichtigsten Datenbankzugriffsmöglichkeiten**

```
   // SELECT:
$res = $GLOBALS['TYPO3_DB']->exec_SELECTquery(
   '*',// SELECT ...
   'mytable',// FROM ...
   'uid=123 AND title LIKE "%blabla%"',// WHERE ...
   '',// GROUP BY...
   'title',// ORDER BY...
   '5,10'// LIMIT
);

   // INSERT:
$insertArray=array(
   'pid'=>123,
   'title'=>"My Title"
);
$res=$GLOBALS['TYPO3_DB']->exec_INSERTquery('mytable',$insertArray);

   // UPDATE:
$updateArray=array(
   'title'=>"My Title"
);
$res=$GLOBALS['TYPO3_DB']->exec_UPDATEquery('mytable','uid=123',$update ↩
   Array);

   // DELETE
$res=$GLOBALS['TYPO3_DB']->exec_DELETEquery('mytable','uid=123');
```

Für Änderungsabfragen im Frontend bieten sich außerdem Funktionen aus dem *cObj* an:

Listing 8.95: **Schnellzugriffe aus dem Frontend**

```
tslib_cObj::DBgetInsert($table, $pid, $dataArr, $fieldList, $doExec);
tslib_cObj::DBgetUpdate($table, $pid, $dataArr, $fieldList, $doExec);
tslib_cObj::DBgetDelete($table, $uid, $doExec);
$this->cObj->exec_getQuery($table, $queryConf);
```

> **ACHTUNG**
>
> Wenn Sie eine Abfrage mit PHP-Funktionen für MySQL durchführen, z. B. mit `mysql_query()`, bekommen Sie einen *result resource pointer* zurück. DBAL (die Extension für die Datenbankabstrahierung) liefert jedoch höchstwahrscheinlich ein Objekt zurück. Im Normalfall macht das für Sie keinen Unterschied. Wenn Sie *$res* jedoch in eine Funktion als Argument geben, tun Sie dies immer als Referenz und erwarten ein Objekt.

Weitere Regeln:

» Parsen Sie alle Werte für WHERE-Abschnitte mit der Funktion `$GLOBALS['TYPO3_DB']->fullQuoteStr()`, und geben Sie den Tabellennamen als zweiten Parameter mit. Dadurch kann DBAL die Aufrufe korrekt für jede gewünschte Datenbank zusammenstellen. Für *ids* (also sichere Integerwerte) verwenden Sie die PHP-Funktion `intval()`.

- » Setzen Sie bei JOIN-Befehlen vor Feldnamen die Tabellenbezeichnung, um Zuordnungsprobleme zu vermeiden.

- » Nutzen Sie für neue Felder SQL-Standardformate statt MySQL-spezifischer Formate. Für Zeitinformationen ist z. B. ein Timestamp-Feld vorgesehen. Dadurch ist der Inhalt zwar nicht ohne Weiteres einfach für Menschen zu lesen, es ist jedoch die Kompatibilität zu anderen Datenbanken gewährleistet.

TYPO3 benutzt eine Teilmenge des MySQL-kompatiblen SQL. Dies bedeutet, dass es von MySQL direkt ausgeführt werden kann, während für andere Datenbanken eventuell Umformungen durchgeführt werden müssen. Um die Kompatibilität Ihres SQL sicherzustellen, können Sie die Klasse *t3lib_sqlparser* nutzen. Die SQL-Befehle in TYPO3 sind relativ einfach gehalten. Dadurch wird zwar des Öfteren eine spezielle Möglichkeit von MySQL ungenutzt gelassen, aber die Kompatibilität mit anderen Datenbanken kann dadurch gewährleistet werden.

Weitere Informationen zum Thema Sicherheit finden Sie in Kapitel 10, *Spezialthemen*, Abschnitt 10.1.

## 8.11 Das Rad nicht neu erfinden, API nutzen

*Eine der zentralen Anforderungen an einen guten TYPO3-Entwickler ist eine gute Kenntnis der zur Verfügung stehenden TYPO3-API. Es lohnt sich immer, bei einer Aufgabenstellung erst einmal zu recherchieren, ob nicht bereits irgendwo im TYPO3–Core eine Funktion oder Methode zur Verfügung steht, die das aktuell anstehende Problem löst. Damit ist dann nicht nur Zeit gewonnen, sondern der resultierende Code ist besser wartbar und zuverlässiger, da die API-Methode sicher besser getestet ist und von anderen Entwicklern auch als solche erkannt wird.*

Im Folgenden wollen wir wichtige Methoden und Eigenschaften, Variablen und Konstanten vorstellen, die bereits von TYPO3 zur Verfügung gestellt werden.

### 8.11.1 Verfügbare Konstanten

In einer normalen TYPO3-Umgebung stehen nach dem Einbinden der *init.php* eine ganze Reihe von Informationen bezüglich der Scriptpfade und Datenbankzugriffsdaten zur Verfügung. Da sich diese während der Laufzeit nicht verändern, werden sie durch Konstanten dargestellt. Die Extension cc_beinfo von René Fritz bietet eine einfache und schnelle Möglichkeit, die wichtigsten dieser Konstanten im Backend einzusehen.

Ein Großteil der Konstanten ist sowohl im Backend als auch im Frontend verfügbar. Abweichungen davon können Sie Tabelle 8.1 entnehmen.

## KAPITEL 8   Extensions entwickeln

| BEZEICHNUNG | BESCHREIBUNG | DEFINITION IN | VERFÜGBARKEIT |
|---|---|---|---|
| TYPO3_OS | Betriebssystem (*operating system*), *WIN* im Falle von Windows, "" für andere Betriebssysteme | *init.php* | FE / BE |
| TYPO3_MODE | Bereichsmodus, FE für Frontend, BE für Backend. Wichtig evtl. für Unterscheidungen in Klassen, die in Frontend und Backend aufgerufen werden können. | *init.php* | FE / BE |
| PATH_thisScript | Absoluter Pfad des aktuellen Scripts | *init.php* | FE / BE |
| TYPO3_mainDir | Verzeichnis der Backend-Scripts. Dieses ist hartkodiert auf *typo3/* festgelegt. Dieses Verzeichnis muss ein Unterverzeichnis der Webseite sein. | *init.php* | FE / BE |
| PATH_typo3 | Absoluter Pfad zum Backend (PATH_site + TYPO3_mainDir) | *init.php* | BE |
| PATH_typo3_mod | Relativer Pfad (ausgehend von PATH_typo3) zum aktuellen Modul, falls dieses korrekt konfiguriert wurde, z. B. *../typo3conf/ext/cc_beinfo/mod1/* | *init.php* | BE |
| PATH_site | Absoluter Pfad zur aktuellen TYPO3-Instanz (im Frontend), wird ermittelt als das Elternverzeichnis von PATH_typo3 | *init.php* | FE / BE |
| PATH_t3lib | Absoluter Pfad zum Verzeichnis *t3lib* | *init.php* | FE / BE |
| PATH_typo3conf | Absoluter Pfad zum Konfigurationsverzeichnis der TYPO3-Instanz *typo3conf*. Diese Konstante muss gesetzt sein, damit die Standardkonfiguration in *t3lib/config_default.php* geladen wird. | *init.php* | FE / BE |
| TYPO3_db | Der Name der für die aktuelle Instanz zu verwendenden Datenbank. Dieser Wert wird wie die folgenden TYPO3_*-Konstanten erst nach der Einbindung der *typo3conf/localconf.php* definiert und kann über die dortige Variable (z. B. $typo3_db) belegt werden. | *config_default.php* | FE / BE |

# KAPITEL 8 Extensions entwickeln

| BEZEICHNUNG | BESCHREIBUNG | DEFINITION IN | VERFÜGBARKEIT |
|---|---|---|---|
| TYPO3_db_username | Datenbank-Benutzername. Kann über die Variable $typo_db_username in der localconf.php festgelegt werden. | config_default.php | FE / BE |
| TYPO3_db_password | Passwort des obigen Benutzers. Kann über die Variable $typo_db_password in der localconf.php festgelegt werden. | config_default.php | FE / BE |
| TYPO3_db_host | Hostname der Datenbank, z. B. localhost. Bei Einsatz einer ODBC-Schnittstelle ist es der Name der Schnittstelle, die beim Einrichten frei definierbar ist. Kann über die Variable $typo_db in der localconf.php festgelegt werden. | config_default.php | FE / BE |
| TYPO3_tables_script | Standardmäßig ist dies t3lib/stddb/tables.php. Hier könnte eine andere Datei im Ordner typo3conf als Basistabellendefinitionsdatei eingestellt werden. Dies ist allerdings eine veraltete Vorgehensweise. Falls Sie Änderungen an den Definitionen in der tables.php vornehmen wollen, entwickeln Sie eine Extension, die die entsprechenden Werte überschreibt. | config_default.php | FE / BE |
| TYPO3_extTableDef_script | Name der Datei, die weitergehende Definitionen zu Tabellen enthält. Auch dies ist veraltet! Erstellen Sie eine Extension, die die entsprechenden Werte überschreibt. | config_default.php | FE / BE |
| TYPO3_version | Die Version von TYPO3: x.x.x für freigegebene Versionen, x.x.x-dev für Entwicklungsversionen vor einem Release, x.x.x-bx für Betaversionen | config_default.php | FE / BE |
| TYPO3_languages | Definiert die Liste der Keys für die Sprachen im TYPO3-Backend, z. B. de für Deutsch. | config_default.php | FE / BE |

| BEZEICHNUNG | BESCHREIBUNG | DEFINITION IN | VERFÜGBARKEIT |
|---|---|---|---|
| TYPO3_DLOG | Wird durch die Einstellung des Wertes enable_DLOG im Install Tool gesetzt. Dieser Wert wird als globaler Schalter für die Aktivierung des Event-Logs in TYPO3 genutzt. Weitere Informationen zum Event-Log finden Sie in Abschnitt 8.13.7. | *config_default.php* | FE / BE |
| TYPO3_MOD_PATH | Pfad zum Modul relativ zu PATH_typo3. Wird im Modul definiert und muss vor der Einbindung der *init.php* festgelegt sein. Dies erfolgt automatisch bei Benutzung des Kickstarters in der Datei *conf.php* innerhalb eines Ordners im Modul. | je nach Programmierung | BE |
| TYPO3_PROCEED_IF_NO_USER | Falls auf true gesetzt, übergibt die *init.php* wieder an das aufrufende Script. Dies wird z. B. für die Anzeige der Login-Maske im Backend eingesetzt.<br>Aus Sicherheitsgründen sollten Sie diese Konstante nur einsetzen, wenn Sie genau wissen, was Sie tun. | z. B. *typo3/index.php* | BE |
| TYPO3_cliMode | Startet den CLI-Modus (Command Line Interface). Dies kann eingesetzt werden, falls Sie aus einem auf der Konsole aufgerufenen PHP-Script ein TYPO3-Backend initialisieren wollen.<br>Weitere Informationen zum CLI-Modus finden Sie in Abschnitt 8.13.6. | vor Einbindung der *init.php* | BE |

Tabelle 8.1: **Konstanten in TYPO3**

## 8.11.2 Globale Variablen

Dem TYPO3-Entwickler stehen eine ganze Reihe globaler Variablen und Objekte zur Verfügung.

> **TIPP**
> *Greifen Sie auf globale Objekte mithilfe von* $GLOBALS *zu. Darin stehen Ihnen alle im Folgenden genannten Objekte von Haus aus zur Verfügung, beispielsweise durch* $GLOBALS['TYPO3_LOADED_EXT'] *oder* $GLOBALS['TYPO3_CONF_VARS'].

# KAPITEL 8 Extensions entwickeln

| BEZEICHNUNG | BESCHREIBUNG | DEFINITION IN | VERFÜGBARKEIT |
|---|---|---|---|
| TYPO3_CONF_VARS | Das TYPO3-Konfigurationsarray schlechthin. Die Werte können über das *Install Tool* gesetzt werden. Dort sehen Sie auch eine Beschreibung der einzelnen Werte. Informationen zum *Install Tool* finden Sie außerdem im Kapitel 3, *Installation*, Abschnitt 3.3. In den TYPO3_CONF_VARS werden auch Konfigurationen für Plugins abgelegt. Mehr dazu finden Sie in Abschnitt 8.5.3. | *config_default.php* | FE / BE |
| TYPO3_LOADED_EXT | Array mit allen derzeit geladenen Extensions und dazugehörigen Pfaden. Mithilfe der Funktion t3lib_extMgm::isLoaded($key) können Sie im Code speziell für eine Extension prüfen, ob sie geladen ist. | *config_default.php* | FE / BE |
| $TYPO3_DB | Instanz der DB-Wrapper-Klasse t3lib_db. Dieses Objekt muss für alle Datenbankverbindungen benutzt werden, um Kompatibilität zu anderen Datenbanken wie *PostgreSQL*, *Oracle* und *MS SQL* gewährleisten zu können (siehe den folgenden Abschnitt). | *init.php* | FE / BE |
| TSFE | Das Objekt TSFE enthält die eigentliche Frontend-Klasse, die für viele Aufgabenstellungen genutzt werden kann. Eine tiefergehende Beschreibung finden Sie in Abschnitt *tslib/tslib_fe.php, class tslib_fe*. | *tslib/index_ts.php* | FE |
| EXEC_TIME | Wird durch die PHP-Funktion time() gesetzt, sodass für das gesamte Script ein Zeitwert für den Beginn der Ausführung zur Verfügung steht. | *config_default.php* | FE / BE |

# KAPITEL 8   Extensions entwickeln

| BEZEICHNUNG | BESCHREIBUNG | DEFINITION IN | VERFÜGBARKEIT |
|---|---|---|---|
| SIM_EXEC_TIME | Wird durch $EXEC_TIME gesetzt, kann aber später im Script verändert werden, um ein anderes Ausführungsdatum zu simulieren. Diese Technik wird z. B. im Frontend für die Vorschau von vergangenen oder zukünftigen Zeiten verwendet. | *config_default.php* | FE / BE |
| CLIENT | Array mit Informationen über den Browser, die auf HTTP_USER_AGENT bzw. t3lib_div::clientInfo() basieren. Das Array enthält folgende Elemente: BROWSER = msie, net, opera oder " ", VERSION = Browserversion (als float), SYSTEM = win, mac, unix, FORMSTYLE = boolean | *init.php* | FE / BE |
| PARSETIME_START | Zeitinformation in Millisekunden direkt nach Einbindung der Konfiguration | *init.php* | BE |
| T3_VAR | Platzhalter für verschiedene globale Objekte in TYPO3. Derzeit definierte Elemente sind callUserFunction und callUserFunction_classPool. Diese werden von t3lib_div::getUserOb zum Speichern von dauerhaften Objekten genutzt. RTEobj: enthält das aktuelle RTE-Objekt, falls eines definiert ist; siehe Klasse t3lib_BEfunc. ['ext'][extension-key]: Hier ist ein Speicherplatz für Ihre eigenen Extension-Objekte vorgesehen. | *config_default.php* | BE |
| T3_SERVICES | Enthält eine Objektregistrierung für Services, siehe auch die Funktion addService () in *t3lib/class.t3lib_extmgm.php*. | *config_default.php* | FE / BE |

## KAPITEL 8  Extensions entwickeln

| BEZEICHNUNG | BESCHREIBUNG | DEFINITION IN | VERFÜGBARKEIT |
|---|---|---|---|
| WEBMOUNTS | Array der *uid*s von Seiten, die im Seitenbaum für den aktuellen Backend-Benutzer eingebunden (gemountet) werden sollen. | *init.php* | (FE) / BE Für Frontend-Editing auch im FE verfügbar |
| FILEMOUNTS | Array der Pfade auf dem Server, die in die Dateiliste im Modul FILELIST eingebunden werden sollen. | *init.php* | (FE) / BE Für Frontend-Editing auch im FE verfügbar |
| BE_USER | Das PHP-Objekt des Backend-Benutzers. Es wird beispielsweise zum Prüfen des Admin-Status verwendet: $GLOBALS['BE_USER']->isAdmin() Informationen zu Möglichkeiten der Überprüfung von Rechten finden Sie in Abschnitt 8.11.3. | *init.php* | (FE) / BE Für Frontend-Editing auch im FE verfügbar |
| TBE_MODULES_EXT | Enthält Informationen über Module von Extensions, die in die Funktionsmenüs (Dropdown-Menüs rechts oben) von bestehenden Modulen eingebunden werden sollen; wird dann in *config_default.php* gelöscht. | *ext_tables.php* der Extension | BE |
| TCA_DESCR | Hier können Referenzen zu Dateien stehen, die beschreibende Texte für Lokalisierungen zu Feldern enthalten; wird dann in *config_default.php* gelöscht. | in *[ext_]tables.php*-Files | BE |

Tabelle 8.2: **Globale Variablen in TYPO3, Teil 1**

Folgende Variablen haben einen sehr starken Bezug zum $TCA und sind nicht immer von Haus aus komplett geladen. Sie müssen unter Umständen von Ihnen erst eingebunden werden. Weitere Informationen zu den einzelnen Objekten finden Sie in Kapitel 7, *Framework – Werkzeugkasten für die eigene Extension*, Abschnitt 7.3.2).

| BEZEICHNUNG | BESCHREIBUNG | DEFINITION IN | VERFÜG-BARKEIT |
|---|---|---|---|
| PAGES_TYPES | Konfigurierte Seitentypen | t3lib/stddb/ tables.php | unter-schiedlich |
| TCA | Konfigurationsarray für alle Daten-bankfelder. Einen tieferen Einblick in das $TCA bekommen Sie in Kapitel 7, *Framework – Werkzeugkasten für die eigene Extension*, Abschnitt 7.3.2. | t3lib/stddb/ tables.php | BE / FE (teilweise) |
| TBE_MODULES | Modulstruktur im Backend mit Haupt- und Untermodulen (siehe Kapitel 7, *Framework – Werkzeugkasten für die eigene Extension*, Abschnitt 7.3.5). | t3lib/stddb/ tables.php | unter-schiedlich |
| TBE_STYLES | Definieren das Aussehen der Backend-Formulare (siehe Kapitel 7, *Framework – Werkzeugkasten für die eigene Extension*, Abschnitt 7.4). | t3lib/stddb/ tables.php | unter-schiedlich |
| FILEICONS | Assoziatives Array mit der Zuordnung von Icons (ohne Pfade) zu den entspre-chenden Dateiendungen, z. B.: 'zip' => 'zip.gif' | t3lib/stddb/ tables.php | unter-schiedlich |

Tabelle 8.3: **Globale Variablen in TYPO3, Teil 2**

### 8.11.3 Zugriffsrechte im Backend prüfen mit $BE_USER

Da der Zugriff von Benutzern auf die verschiedenen Daten im Backend von den jeweils vergebenen Rechten abhängt, ist es in eigenen Backend-Modulen sehr wichtig, die Rechte des Benutzers zu prüfen. TYPO3 stellt uns hierfür das globale Objekt $BE_USER zur Verfügung. $BE_USER ist eine Instanz der Klasse t3lib_beUserAuth, die von t3lib_userAuthGroup erbt, die wiederum von t3lib_userAuth erbt.

*Zusätzlich gibt es die globalen Variablen $WEBMOUNTS und $FILEMOUNTS, die – wie der Name schon vermuten lässt – Informationen zu den Mountpunkten für Datenbank und Dateien im Ordner fileadmin enthalten.*

Es gibt eine ganze Reihe von Zugriffsprüfungen, die mit $BE_USER durchgeführt werden können. Hier ein paar Beispiele:

» Zugriff auf Backend-Module:

```
//Zugriff auf das aktuelle Modul
$BE_USER->modAccess($MCONF,1);
//Zugriff auf das Modul Web -> List
$BE_USER->check("modules","web_list");
```

» Zugriff auf Tabellen und Felder:

```
//Lese- bzw. Schreibzugriff
$BE_USER->check('tables_select','tt_content');
$BE_USER->check('tables_modify','pages');
//exclude field erlaubt?
$BE_USER->check("non_exclude_fields",$table.":".$field);
//Admin, also Vollzugriff auf alles
$BE_USER->isAdmin();
```

» Benutzerkonfiguration oder -daten auslesen:

```
//User TSConfig
$BE_USER->getTSConfigVal("options.clipboardNumberPads");
//Benutzereinstellungen (user config)
$BE_USER->uc['condensedMode']
//Benutzername, analog andere Datenbankfelder
$BE_USER->user["username"]
```

Weitere Beispiele finden Sie in der TYPO3-Core-API.

### 8.11.4 Autoloader

Seit der Version 4.3 können (und sollen) Sie zusätzlich benötigte Klassen in Ihrer Extension nicht mehr selbst per *include* oder *require* einbinden, sondern das Laden automatisch durch den Autoloader durchführen lassen. Dazu müssen Sie lediglich eine Datei mit dem Namen *ext_autoload.php* in Ihrer Extension zur Verfügung stellen und darin dem Autoloader mitteilen, welche Klassen an welcher Stelle zu finden sind. Sie werden diese Vorgehensweise in vielen aktuellen Extensions finden. Suchen Sie einfach nach der Datei *ext_autoload.php*.

Listing 8.96: **Datei ext_autoload.php der Extension direct_mail**

```
01 <?php
02 $extensionPath = t3lib_extMgm::extPath('direct_mail');
03 return array(
04    'dmailer' => $extensionPath . 'res/scripts/class.dmailer.php',
05    'tx_directmail_scheduler' => $extensionPath . 'class.tx_directmail_scheduler.php',
06 );
07 ?>
```

Im Beispiel aus der Extension `direct_mail` werden die beiden Klassen für den automatisierten Versand der E-Mails angegeben, so dass beim Aufruf durch den Scheduler die Klassen automatisch geladen werden können.

### 8.11.5 Wichtige Klassen für den Extension-Entwickler

Es gibt einige Klassen in TYPO3, um deren Benutzung man als Entwickler von sauber eingebundenen Extensions nicht herumkommt. Diese Klassen stellen Ihnen einen Grundumfang an Funktionalitäten zur Verfügung, auf die Sie in allen möglichen Situationen zurückgreifen können bzw. müssen.

**KAPITEL 8**   Extensions entwickeln

Informationen zu Extbase-Klassen finden Sie direkt bei den entsprechenden Abschnitten, beginnend in Abschnitt 8.6.

*TIPP*

*Für den schnellen Überblick können Sie als Alternative zu* evtdeveval *die Extension* t3dev *installieren. Auch damit bekommen Sie im Backend eine Link-Leiste dazu, in der einige dieser Klassen mit Verweisen auf die entsprechende API eingebunden sind.*

Wir werden diese Klassen nur relativ kurz vorstellen, eine genauere Beschreibung entnehmen Sie bitte der API-Beschreibung. Um das Auffinden der Klassen im Verzeichnissystem zu erleichtern, geben wir in der Überschrift zusätzlich den Namen der Datei an, die die Klassen enthält.

### class.t3lib_div.php, class t3lib_div

Eine der ältesten Klassen in TYPO3, *t3lib_div* steht für »Diverses«. In dieser Klasse sind viele Funktionalitäten zusammengefasst, die nicht unbedingt TYPO3-spezifisch sind. Deshalb wird die Klasse auch nicht instanziiert, sondern die Funktionen werden statisch aufgerufen, z. B.:

Listing 8.97: **Aufruf der debug-Funktion aus der Klasse t3lib_div**

```
t3lib_div::debug($var);
```

*TIPP*

*Von der Klasse* t3lib_div *wird überall im TYPO3-Source-Paket fleißig Gebrauch gemacht. Schließen Sie sich dem an, und sehen Sie sich die Möglichkeiten über die API an!*

*ACHTUNG*

**Seit der Version 4.2 ist die Klasse mit Sichtbarkeitsdeklarationen von PHP5 für die statischen Methoden ausgerüstet. Für einige Methodenparameter sind Type Hints eingeführt worden, so dass unter Umständen älterer Code nicht mehr richtig funktioniert, falls dort die Parametertypen nicht korrekt gesetzt wurden.**

Zu den oft eingesetzten Funktionen zählen:

» `t3lib_div::_GP($var)`

   zum Auslesen von Daten aus POST oder GET.

» `t3lib_div::breakTextForEmail($str,$implChar="\n",$charWidth=76)`

   zum Einfügen von Umbrüchen in textbasierten E-Mails.

» `t3lib_div::inArray($in_array,$item)`

   zum Überprüfen, ob ein Element in einem Array vorkommt.

» `t3lib_div::writeFile($file,$content)`

   schreibt Inhalt in eine Datei auf dem Dateisystem.

- `t3lib_div::debug($var="",$brOrHeader=0)`

  erzeugt eine Ausgabe der gewünschten Variablen zur Fehlersuche.

  Mehr Informationen zum Thema Debugging und den angebotenen Möglichkeiten finden Sie in Abschnitt 8.13.7.

- `t3lib_div::loadTCA($table)`

  lädt das `$TCA` für eine bestimmte Tabelle, um beispielsweise danach Änderungen daran vorzunehmen.

- `t3lib_div::makeInstance($className)`

  wird überall in TYPO3 genutzt, um ein Objekt einer Klasse zu instanziieren. Seit TYPO3 4.3 können auch Instanziierungsparameter mit übergeben werden. In älteren TYPO3-Versionen benutzten Sie, falls Sie weitere Parameter brauchen, die Methode `t3lib_div::makeInstanceClassName($className)`.

- `t3lib_div::validEmail($email)`

  überprüft eine E-Mail-Adresse auf korrekte Syntax.

- `t3lib_div::getURL($url, $includeHeader=0)`

  liest die Datei aus einer URL aus und gibt den Inhalt zurück.

- `t3lib_div::removeXSS($string)`

  säubert String-Daten von XSS-Code.

## class.t3lib_extmgm.php, class t3lib_extMgm

Dies ist die Hauptklasse für den Extension Manager, die wie die `t3lib_div` nicht instanziiert wird, sondern deren Funktionen statisch aufgerufen werden. Diese Klasse kommt in so gut wie jeder Extension irgendwie zum Einsatz. Beim Einbinden von Frontend-Plugins wird z. B. schon vom Kickstarter folgende Zeile in der *ext_tables.php* hinterlegt:

Listing 8.98: **Einbindung des Plugins in der abz_references**

```
t3lib_extMgm::addPlugin(array('LLL:EXT:abz_references/locallang_db.xml: 
    tt_content.list_type_pi1', $_EXTKEY.'_pi1'),'list_type');
```

Folgende Funktionen sollten Sie sich außerdem auf jeden Fall merken:

- `extPath($key,$script='')`

  dient zur Erkennung des korrekten absoluten Pfades beim Einbinden einer Klasse aus der Extension `$key`. Erinnern Sie sich an die drei verschiedenen Stellen, an denen eine Extension installiert sein kann? Die Frage wird hier automatisch für Sie beantwortet.

## KAPITEL 8  Extensions entwickeln

Listing 8.99: **Einbindung einer weiteren Klasse in tt_news**

```
include_once(t3lib_extMgm::extPath('tt_news').'class.tx_ttnews_catmenu.php');
```

» `addPiFlexFormValue($piKeyToMatch,$value)`

für den Einsatz von Flexforms zur Konfiguration Ihres Plugins (siehe Abschnitt 8.13.1).

» `addPItoST43($key,$classFile='',$prefix='',$type='list_type',$cached=0)`

zum Hinzufügen des neuen Plugins an das statische Template mit der *uid* 43 (*content.default*), das praktisch für jede Art der Generierung von Inhalten eingesetzt wird. Normalerweise wird die nötige Zeile Code schon vom Kickstarter angelegt.

Listing 8.100: **Hinzufügen des Plugins an das Standard-Template content.default**

```
t3lib_extMgm::addPItoST43($_EXTKEY,'pi1/class.tx_abzreferences_pi1.php',
    '_pi1','list_type',1);
```

### class.t3lib_befunc.php, class t3lib_BEfunc

In dieser Klasse sind Funktionalitäten für das TYPO3-Backend gesammelt. Auch hier werden die Funktionen statisch, also ohne Instanziierung aufgerufen. Häufig eingesetzt werden folgende Funktionen:

» `deleteClause($table,$tableAlias='')`

Diese Funktion sollten Sie in jede SQL-Abfrage im Backend einbauen, sobald die zugrunde liegende Tabelle über das $TCA konfiguriert ist, um über TYPO3 gelöschte Datensätze sauber zu behandeln.

» `getRecord($table,$uid,$fields='*',$where='')`

Dies ist die ideale Funktion, um schnell und direkt einen Datensatz aus einer Tabelle zu holen, zu dem die *uid* bekannt ist.

» `getPagesTSconfig($id,$rootLine='',$returnPartArray=0)`

Über das Page TSconfig-Array können Sie Konfigurationsparameter für Ihre Module anbieten und auswerten.

» `editOnClick($params,$backPath='',$requestUri='')`

Mithilfe dieser Funktion können Sie für einen Datensatz einen Link direkt zum normalen Bearbeitungsformular erzeugen.

Listing 8.101: **Beispielcode für einen Link mit Edit-Icon zum Datensatz mit uid 23 der Tabelle pages**

```
$editUid = 23;
$params = '&edit[pages]['.$editUid.']=edit';
$output.= '<a href="#" onclick="'.htmlspecialchars(t3lib_BEfunc::editOnClick
    ($params,$GLOBALS['BACK_PATH'])).'">'.
```

```
'<img'.t3lib_iconWorks::skinImg($GLOBALS['BACK_PATH'],'gfx/edit2.gif',
   'width="11" height="12"').' />'.
'</a>';
```

## class.t3lib_db.php, class class t3lib_DB

Die Klasse t3lib_DB ist die generelle Wrapper-Klasse für jeglichen Datenbankzugriff. Allein für sich stellt sie noch keine komplette Abstraktionsschicht dar, schafft aber die notwendige Grundlage dafür. Solange TYPO3 mit MySQL betrieben wird, werden die Zugriffsbefehle direkt in native MySQL-Befehle umgewandelt. Bei der Zusammenarbeit mit anderen Datenbanken kommt die Extension DBAL ins Spiel, die die jeweiligen Zugriffe steuert. Das Datenbank-Objekt steht in jedem TYPO3-Script zur Verfügung.

Listing 8.102: **SQL Select-Abfrage mithilfe von t3lib_DB**

```
$GLOBALS['TYPO3_DB']-> exec_SELECTquery($select_fields,$from_table,
   $where_clause,$groupBy='',$orderBy='',$limit='')
```

Weitere Vorgaben und Empfehlungen zur Nutzung von t3lib_DB finden Sie in Abschnitt 8.10.

> **INFO** *Es wird empfohlen, möglichst nur die Methoden einzusetzen, die mit exec_\* beginnen, da diese eine einwandfreie Zusammenarbeit mit der Extension dbal und damit mit anderen Datenbanken ermöglichen.*

Listing 8.103: **Komplettes Gerüst für eine SQL-Abfrage**

```
$table = 'pages';
$where = $this->cObj->enableFields($table);
$groupBy = '';
$orderBy = 'sorting';
$limit = '';
$res = $GLOBALS['TYPO3_DB']->exec_SELECTquery (
    '*',
    $table,
    $where,
    $groupBy,
    $orderBy,
    $limit
);
$rows = array();
while ($row = $GLOBALS['TYPO3_DB']->sql_fetch_assoc($res)) {
    $rows[] = $row;
}
$GLOBALS['TYPO3_DB']->sql_free_result($res);
```

Nutzen Sie die API aus der Extension extdeveval, um weitere Details zu erfahren.

## template.php, class template

Diese Klasse ist die zentrale Stelle für alle layout- und ausgabebezogenen Bereiche im Backend. Für einfache Backend-Module verrichtet sie ihren Dienst im Hintergrund und wird vom Programmierer (in vom Kickstarter erzeugten Extensions) gar nicht mehr bewusst eingesetzt.

## lang.php, class language

Mithilfe der Klasse *language* wird die gesamte Steuerung der Lokalisierung von TYPO3 abgewickelt. Detaillierte Angaben zur Verwendung finden Sie in Abschnitt 8.5.7.

## tslib/class.tslib_pibase.php, class tslib_pibase

> **ACHTUNG**  
> Beachten Sie bitte, dass seit TYPO3 4.3 mit Extbase ein mächtiges Framework zur Umsetzung von Extensions nach dem MVC-Pattern existiert und als moderne Alternative zu piBase angesehen werden kann. Informationen zu Extbase finden Sie in Abschnitt 8.6.

Diese Basisklasse für *Frontend-Plugins* stellt dem Entwickler ein grundlegendes Framework für den Einsatz im Frontend zur Verfügung. Fast alle aktuellen Plugins stellen eine abgeleitete Klasse von `tslib_pibase` dar.

> **TIPP**  
> *Hier lohnt es sich ganz besonders, vor dem Erstellen des nächsten Plugins die zur Verfügung gestellten Möglichkeiten zu studieren. Es stehen Ihnen viele Möglichkeiten zur Erzeugung von Listen, Blätterfunktionen, Suchfunktionen, Lokalisierung und Verlinkung zur Verfügung. Bei Bedarf können diese Funktionen natürlich auch überschrieben und erweitert werden.*

Eine Einführung in die Verwendung der `tslib_pibase` zur Erzeugung von Links im Frontend finden Sie in Abschnitt 8.13.2.

Weitere interessante Methoden sind:

» `pi_list_browseresults($showResultCount=1,$tableParams='',$wrapArr=array(), $pointerName = 'pointer', $hscText = TRUE)`

Sie können sehr komfortabel eine Blätterfunktion in Ihre Listendarstellung im Frontend integrieren. Vergleichen Sie die Darstellung moderner Frontend-Plugins wie `ve_guestbook` oder `tt_news`.

» `pi_list_searchBox($tableParams='')`

Sie erhalten eine Suche, basierend auf den Datensätzen des Plugins, die sich nahtlos in das Frontend-Framework einpasst.

» `pi_wrapInBaseClass($str)`

Jede Ausgabe, die mit Ihrem Plugin erzeugt wird, ist sauber in `<div>`-Tags mit aussagekräftiger Stilangabe eingeschlossen.

Listing 8.104: **Hauptmethode eines fiktiven Plugins frisch vom Kickstarter**

```
function main($content,$conf) {
    $this->conf=$conf;
    $this->pi_setPiVarDefaults();
    $this->pi_loadLL();
    $content='
        <h3>This is a form:</h3>
        <form action="'.$this->pi_getPageLink($GLOBALS['TSFE']->id).'"
            method="POST">
            <input type="hidden" name="no_cache" value="1">
            <input type="text" name="'.$this->prefixId.'[input_field]"
                value="'.htmlspecialchars($this->piVars['input_field']).'">
            <input type="submit" name="'.$this->prefixId.'[submit_button]"
                value="'.htmlspecialchars($this->pi_getLL('submit_button_
                label')).'">
        </form>
        <br />
        <p>You can click here to '.$this->pi_linkToPage('get to this page
            again',$GLOBALS['TSFE']->id).'</p>
    ';
    return $this->pi_wrapInBaseClass($content);
}
```

Listing 8.105: **Resultierender HTML-Code**

```
<div class="tx-testext-pi1">
    <h3>This is a form:</h3>
    <form action="index.php?id=23" method="POST">
        <input type="hidden" name="no_cache" value="1" />
        <input type="text" name="tx_testext_pi1[input_field]" value="" />
        <input type="submit" name="tx_testext_pi1[submit_button]"
            value="Abschicken" />
    </form>
    <br />
    <p>You can click here to <a href="index.php?id=23">get to this page
        again</a></p>
</div>
```

> **ACHTUNG**
>
> Umschließen Sie jede Ausgabe aus Ihrem Plugin mit den entsprechenden <div>-Tags. Dadurch werden Kollisionen von CSS-Angaben mit Ergebnissen anderer Plugins praktisch ausgeschlossen. Der Kickstarter schlägt die Verwendung von pi_wrapInBaseClass bereits richtig vor.

» pi_getEditIcon($content,$fields,$title='',$row='',$tablename='',$oConf= array()), pi_getEditPanel($row='',$tablename='',$label='',$conf= Array())

Verwenden Sie diese Funktionen, um ein Frontend-Editing für die Datensätze Ihres Plugins zu ermöglichen.

## tslib/class.tslib_content.php, class tslib_cObj

Die umfangreichste Klasse im TYPO3-Framework ist zuständig für die Ausführung und Aufarbeitung der gesamten *TypoScript*-Angaben und stellt somit das Rückgrat der Seiten-

# KAPITEL 8  Extensions entwickeln

generierung für das Frontend dar. Alle regulären TypoScript-Objekte sind in dieser Klasse enthalten. Hier werden Sie fündig, wenn Sie trotz Kapitel 4, *Das Frontend – Ausgabe und Darstellung der Daten* und der TypoScript-Dokumentation in der *core_tsref* nicht mehr weiterwissen.

Listing 8.106: **Die Funktion COBJ_ARRAY**

```
function COBJ_ARRAY($conf,$ext='') {

   if (is_array($conf)) {
      $content = '';
      switch($ext) {
         case 'INT':
            $substKey = $ext . '_SCRIPT.' . $GLOBALS['TSFE']->uniqueHash();
            $content .= '<!--'.$substKey.'-->';
            $GLOBALS['TSFE']->config[$ext . 'incScript'][$substKey] = array(
               'file' => $conf['includeLibs'],
               'conf' => $conf,
               'cObj' => serialize($this),
               'type' => 'COA'
            );
         break;
         default:
            if ($this->checkIf($conf['if.'])) {
               $this->includeLibs($conf);
               $content = $this->cObjGet($conf);
               if ($conf['wrap']) {
                  $content = $this->wrap($content, $conf['wrap']);
               }
               if ($conf['stdWrap.']) {
                  $content = $this->stdWrap($content, $conf['stdWrap.']);
               }
            }
         break;
      }
      return $content;
   } else {
      $GLOBALS['TT']->setTSlogMessage('No elements in this content
         object array (COBJ_ARRAY, COA, COA_INT).', 2);
   }
}
```

Den Zusammenhang zwischen TypoScript und PHP-Code sehen Sie sehr gut im Bereich `default` der `switch`-Anweisung. Es wird geprüft, ob die einzelnen Konfigurationsmöglichkeiten in TypoScript wie `stdWrap` gesetzt wurden, und die entsprechende Funktionalität wird aufgerufen.

Um beispielsweise ein Bild in einer Listendarstellung darzustellen, können Sie den Bildnamen aus der Datenbank lesen, alle weiteren Informationen (wie die Breite) in TypoScript hinterlegen und dann zur Erzeugung des `img`-Tags inklusive eines automatisch kleingerechneten temporären Bildes auf bestehende Funktionen zurückgreifen.

Listing 8.107: **Ausschnitt aus TypoScript zu unserem Plugin**

```
plugin.tx_myplugin_pi1 {
    listView {
        myImage = IMAGE
        myImage {
            file.maxW = 50
        }
    }
}
```

Listing 8.108: **Erzeugung des Bild-Elements**

```
$conf['listView.']['myImage.']['file'] =
    'uploads/tx_myplugin/'.$this->internal['currentRow']['image'];
$content.= $this->cObj->IMAGE($conf['listView.']['myImage.']);
```

Dabei werden der Pfad und der Name der Bilddatei erst in PHP zum Konfigurationsarray hinzugefügt, um aus dem gesamten Konfigurationsarray `$conf['listView.']['myImage.']` dann das Bild und das `img`-Tag zu erzeugen. In der Variable `$this->internal['currentRow']['image']` ist im Beispiel der Name der Datei aus der Datenbank hinterlegt.

## tslib/tslib_fe.php, class tslib_fe

Die Klasse enthält eine ganze Reihe von Funktionen und Attributen, die von der Hauptdatei im Frontend *index_ts.php* eingesetzt werden. Für den Extension-Entwickler bietet sie viele Möglichkeiten, um den aktuellen Zustand des Frontends abzufragen. Über die global verfügbare Variable `$GLOBALS["TSFE"]` können Sie einfach darauf zugreifen.

» `$GLOBALS['TSFE']->id`

   Sie erhalten die *uid* der aktuellen Seite zurück.

» `$GLOBALS['TSFE']->page`

   Der komplette Datensatz der aktuellen Seite steht Ihnen hiermit zur Verfügung.

» `$GLOBALS['TSFE']->loginUser`,
   `$GLOBALS['TSFE']->fe_user->user`

   Mithilfe von `$GLOBALS["TSFE"]->loginUser` prüfen Sie, ob der Betrachter der Seite sich als Frontend-Benutzer beispielsweise für einen geschützten Bereich angemeldet hat, und greifen dann per `$GLOBALS["TSFE"]->fe_user->user` auf den Datensatz des Benutzers zu.

» `$GLOBALS['TSFE']->tmpl->setup['config.']['sys_language_uid']`,
   `$GLOBALS['TSFE']->tmpl->setup['plugin.']['tx_testext_pi1.']['param']`

   Falls Sie innerhalb Ihres PHP-Codes auf eine beliebige TypoScript-Einstellung zugreifen müssen, können Sie die entsprechende Angabe analog zu den beiden Beispielen nutzen.

**Listing 8.109:** **TypoScript-Angaben, auf die man per PHP zugreifen kann**

```
config.sys_language_uid = 1
plugin.tx_testext_pi1.param = 3
```

> **ACHTUNG**
>
> Beachten Sie den Punkt beispielsweise in ['config.']. Falls Sie auf Einstellungen der nächsttieferen Ebene zugreifen wollen, muss am Ende der Punkt stehen, und zwar so oft, bis das endgültige Zielelement erreicht ist.

### 8.11.6 Reference Index Table

Haben Sie sich schon einmal darüber geärgert, dass TYPO3 an vielen Stellen die Verknüpfungen zwischen Datensätzen nicht – wie sonst oft bei relationalen Datenbankstrukturen üblich – mittels einer m:m-Tabelle speichert, sondern kommaseparierte Listen verwendet? Eine Zuordnung von zwei Frontend-Benutzergruppen (*uid* 3 und *uid* 4) zu einem Frontend-Benutzer resultiert in folgendem Eintrag im Feld *usergroup*: 3,4. Dabei waren diese Felder in älteren TYPO3-Versionen und Extensions oft sogar noch als binäre BLOB-Felder angelegt.

> **EXKURS**
>
> **BLOB-Felder mit phpMyAdmin in der Datenbank betrachten**
>
> Um den Inhalt von BLOB-Feldern mithilfe von *phpMyAdmin* sehen zu können, müssen Sie entsprechende Einstellungen vornehmen.
>
> 1. Öffnen Sie dazu die Datei *config.inc.php* im Hauptordner von *phpMyAdmin*. Falls die Datei noch nicht vorhanden ist, legen Sie eine neue Datei mit diesem Namen an.
>
> 2. Platzieren Sie folgenden Code in der Datei:
>
>    ```
>    $cfg['ShowBlob'] = 1;
>    $cfg['ProtectBinary'] = 0;
>    ```
>
> 3. Springen Sie in die Editierungsmaske für einen Datensatz (z. B. be_users). Sie sollten nun den Inhalt der binären Felder sehen und editieren können.

Es ist also recht einfach, per SQL-Befehl die zugewiesenen Benutzergruppen für einen Benutzer herauszufinden; dies ist auch die häufigste Aufgabe. Was tun Sie aber, wenn Sie wissen wollen, welche Benutzer die Gruppe mit der *uid* 3 zugeordnet haben? Das war lange Zeit nicht ohne Komplettsuche beispielsweise in der Tabelle der *fe_users* möglich. Und hier kommt die *Reference Index Table* ins Spiel.

> **INFO**
>
> *Seit der Version 4.0 enthält TYPO3 einen Index in Gestalt der Tabelle* sys_refindex, *der alle Beziehungen in TCA-basierten Feldern enthält und vom System aktualisiert wird. Dazu gehören Beziehungen zwischen Datentabellen, Dateien und weiche Referenzen in TypoScript-Bereichen und Flexforms.*

Sie können die Einträge in der Tabelle *sys_refindex* manuell aktualisieren. Dazu öffnen Sie das Modul DB CHECK und wählen aus der Funktionsliste den Punkt MANAGE REFERENCE INDEX.

Um alle Frontend-Benutzer mit der Frontend-Benutzergruppe *uid* 3 mithilfe des Reference Index herauszufinden, können wir eine direkte SQL-Abfrage ausführen:

## KAPITEL 8  Extensions entwickeln

Listing 8.110: **Lesen von Frontend-Benutzern mit der Benutzergruppe uid 3**

```
SELECT recuid FROM sys_refindex WHERE tablename = "fe_users" AND ref_table ↵
    = "fe_groups" AND ref_uid =3
```

Beachten Sie bitte eine Tatsache: Mit dieser Abfrage können wir nur die direkten Beziehungen erfassen, *Subgroups* (also Untergruppen, die der Gruppe mit der *uid* 3 zugeordnet sind) werden davon nicht erfasst.

Auch ein richtiger JOIN-Befehl über die Tabellen *fe_users* und *fe_usergroups* wird durch den Reference Index möglich:

Listing 8.111: **Reguläre JOIN-Anweisung mithilfe von sys_refindex**

```
SELECT fe_users.username, fe_groups.uid, sys_refindex.sorting FROM fe_ ↵
    users,fe_groups,sys_refindex WHERE sys_refindex.tablename="fe_users" ↵
    AND sys_refindex.ref_table="fe_groups" AND fe_users.uid=sys_refindex. ↵
    recuid AND fe_groups.uid=sys_refindex.ref_uid ORDER BY fe_users.username;
```

Prüfungen auf Datenintegrität sind dadurch sehr einfach umsetzbar. Beim Einsatz von *TemplaVoila* kann durch diesen Ansatz für jeden Datensatz erkannt werden, wo er eingebunden ist und ob ein sicheres Löschen (keine Referenzen mehr vorhanden) möglich ist.

Im TYPO3-Backend können Sie mittlerweile an vielen Stellen die praktische Anwendung sehen. Vor allem im Listmodul bekommen Sie häufig die Anzahl der Referenzen auf einen Datensatz zu sehen.

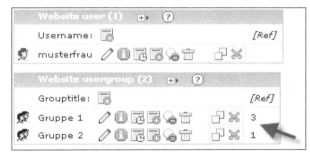

Abbildung 8.42: **Anzeige der Datenreferenzen im Listmodul**

Eine weitere tolle Möglichkeit ist das Durchsuchen von Inhalten nach Links und Ähnlichem.

Listing 8.112: **SQL-Abfrage nach einer E-Mail-Adresse in Inhalten**

```
SELECT tablename,recuid,field FROM sys_refindex WHERE softref_key = ↵
    "email" AND ref_string="info@yourdomain.de";
```

Der Schlüssel *softref_key* kann verschiedene Werte von typischen weichen Referenzen in einem CMS annehmen.

# KAPITEL 8  Extensions entwickeln

| SCHLÜSSEL | BEDEUTUNG |
|---|---|
| substitute | Der komplette Wert eines Feldes, der für Ersetzungsfunktionen vorgesehen ist, beispielsweise ein Domain-Name aus der Tabelle *sys_domain*. Dies wird hauptsächlich für Import/Export-Funktionalitäten benötigt. |
| notify | Es wird nur mitgeteilt, dass ein Wert gefunden wurde, es gibt keine weitere Funktionalität. |
| images | HTML-`<img>`-Tag für Bilder im RTE oder aus dem *fileadmin*-Bereich. |
| typolink | Verweise auf Seiten-IDs oder Dateien, optional mit einem `anchor`/`target`-Attribut versehen. |
| typolink_tag | Analog zu `typolink`, allerdings werden nur Links erfasst, die mit dem TYPO3-spezifischen `<link>`-Tag eingeschlossen sind. |
| TSconfig | Datei-Referenzen innerhalb von TSconfig-Feldern. Derzeit wird diese Möglichkeit von keinem Element genutzt. |
| TStemplate | Freitext-Referenzen zu Dateiangaben in TypoScript mit *fileadmin/...* |
| email | Verweist auf E-Mail-Adressen in Tabellen, beispielsweise in *tt_content*, *be_user* oder *sys_template*. |
| url | Verweist auf URL-Angaben mit Schema, beispielsweise in Templates in *sys_template*. |

Tabelle 8.4: **Mögliche Schlüssel für Soft References**

Für detaillierte technische Einblicke öffnen Sie am besten die Dateien *t3lib/class.t3lib_refindex.php* und *t3lib/classt3lib_softrefproc.php* in Ihrem Lieblingseditor.

## 8.11.7 Singleton-Entwurfsmuster (nur ein Objekt einer Klasse)

Das Singleton-Entwurfsmuster legt fest, dass ein Objekt nur einmal instanziiert wird und bei weiteren Instanziierungsversuchen das bereits vorhandene Objekt zurückgegeben wird. Es wird also vermieden, dass von einer Klasse mehrere Objekte erzeugt werden können. Das hat zum einen Performance-Vorteile und ist zum anderen wichtig, wenn Änderungen am Objekt für alle anderen Verwendungen direkt zur Verfügung stehen sollen. Das Singleton-Entwurfsmuster wird beispielsweise häufig für Logging-Klassen verwendet.

TYPO3 unterstützt die Verwendung von Singletons direkt bei der Erzeugung von Objekten, wenn Sie `t3lib_div::makeInstance()` verwenden. Sie müssen dafür lediglich Ihrer Klasse das Interface `t3lib_Singleton` hinzufügen.

Listing 8.113: **Klasse als Singleton implementieren**

```
require_once(PATH_t3lib . 'interfaces/interface.t3lib_singleton.php');
class tx_myext_mySingletonClass implements t3lib_Singleton {
    [...]
}
```

## 8.12 Cache-Möglichkeiten intelligent nutzen

Aufgrund der vielfältigen Möglichkeiten, die TYPO3 bietet, können Sie sich sicher vorstellen, dass für den Aufbau einer Seite für das Frontend eine ganze Menge an PHP ausgeführt werden muss. Da dies natürlich auch die entsprechende Menge an Zeit verbraucht, ist es nachdrücklich zu empfehlen, die Möglichkeiten für das Caching zu nutzen, die TYPO3 Ihnen zur Verfügung stellt.

> **ACHTUNG**
> 
> Standardmäßig ist der Frontend-Cache in TYPO3 aktiviert. Dieser schließt auch Inhalte mit ein, die von selbst entwickelten Frontend-Plugins erzeugt werden. Nun ist aber eine Zwischenspeicherung von Inhalten nicht immer erwünscht, vor allem dann nicht, wenn die Anzeige von Benutzereingaben abhängt, wie beispielsweise einer Suche.

Falls die dargestellten Ergebnisse Ihres Plugins nicht gecacht werden sollen, haben Sie natürlich auch die Möglichkeit, den Cache per TypoScript oder im Backend bei den Seiteneigenschaften für die besagte Seite komplett auszuschalten. Dann muss aber auch der gesamte HTML-Code außerhalb Ihres Plugins (wie Menüs, Haupttemplate usw.) bei jedem Aufruf der Seite komplett neu erzeugt werden, obwohl sich daran nichts ändert. Das ist in Hinblick auf die Performance sehr unerwünscht.

TYPO3 bietet Ihnen die Möglichkeit, einzelne Bereiche der Seite aus dem Caching-Mechanismus herauszulösen. Die gleichbleibenden Elemente der Seite werden dann aus dem Cache geladen, während die dynamischen Teile direkt erzeugt werden. Dieses Verhalten können Sie durch eine entsprechende Definition Ihres Elements in *TypoScript* hervorrufen.

Eine detaillierte Darstellung der generellen konfigurierbaren Möglichkeiten des Cachings für das Frontend in TYPO3 – sowohl für das traditionelle Caching als auch für das seit TYPO3 4.3 verfügbare neue Caching-Framework – finden Sie in Kapitel 4, *Das Frontend – Ausgabe und Darstellung der Daten*, Abschnitt 4.15.

Bei Extbase-Extensions können Sie sehr detailliert bestimmen, welche Bereiche einer Extension gecacht werden sollen und welche nicht. Details dazu finden Sie in Abschnitt 8.6.

### 8.12.1 Klassisches Plugin als USER oder USER_INT

Ein Plugin wird als USER- oder USER_INT-Objekt in TypoScript eingefügt. Einfach ausgedrückt, wird ein USER-Objekt gecacht und ein USER_INT-Objekt nicht. Dadurch können Sie bereits eine große Verbesserung im Vergleich zu einer gar nicht gecachten Seite (mit no_cache=1) erreichen, da nur Ihr USER_INT-Plugin nicht gecacht wird, die ganzen anderen Bereiche der Seite wie Menüs und reguläre Inhalte jedoch schon.

> **TIPP**
> 
> *Normalerweise können Sie einen Großteil aller Frontend-Plugins als USER-Objekt anlegen. Ein herkömmliches Plugin mit Listen- und Detailansicht hat keine Probleme mit Caching, solange Sie die nötigen cHash-Parameter richtig setzen. Dies wird im folgenden Abschnitt besprochen.*

# KAPITEL 8   Extensions entwickeln

Bereits bei der Anlage eines Frontend-Plugins mit dem Extension Kickstarter können Sie anstelle des standardmäßigen USER-Objekts ein USER_INT-Objekt anlegen. Dies sollten Sie jedoch nur dann tun, wenn ein Großteil der dargestellten Inhalte Ihres Plugins ungecacht sein müssen, z. B. weil Sie für jeden Benutzer unterschiedliche Daten darstellen.

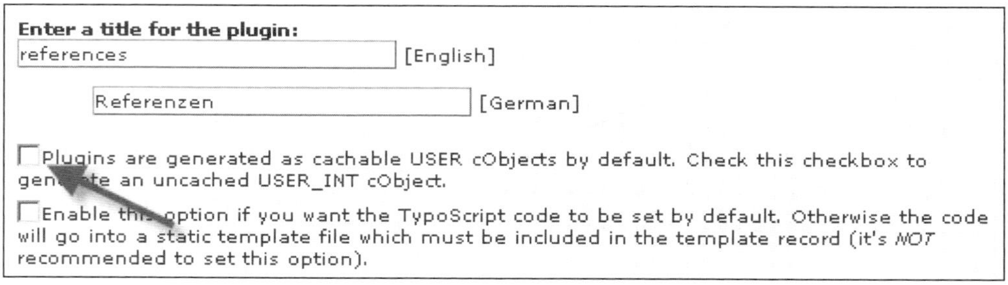

Abbildung 8.43: **Ungecachtes Plugin einsetzen**

Diese Option bewirkt zwei entscheidende Änderungen im resultierenden Code:

Listing 8.114: **Einbindung des Plugins in der Datei ext_localconf.php**

```
t3lib_extMgm::addPItoST43($_EXTKEY,'pi1/class.tx_abzreferences_pi1.php',
    '_pi1','list_type',0);
```

Die Funktion `t3lib_extMgm::addPItoST43` bietet als fünften Parameter die Option für den Cache an. Dieser Parameter bewirkt die Einbindung in TypoScript als USER- oder USER_INT-Objekt. In Abbildung 8.44 sehen Sie das Ergebnis der Einbindung verschiedener Plugins im Object Browser. Dabei sehen Sie auch, dass beispielsweise die Login-Box immer ungecacht sein muss, schließlich soll sich der aktuelle Besucher der Seite nicht mit den Daten des vorigen Besuchers anmelden oder seine Login-Informationen sehen können.

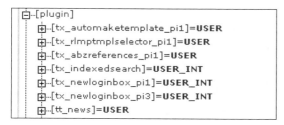

Abbildung 8.44: **Verschiedene Plugins im TypoScript Object Browser**

Innerhalb der Frontend-Plugin-Klasse wird eine neue Zeile hinzugefügt. Dieses Flag darf nur im Zusammenspiel mit einem USER_INT-Objekt gesetzt sein und bewirkt die Unterdrückung des *cHash*-Parameters.

Listing 8.115: **Ausschnitt aus dem PHP-Code in der resultierenden pi-Klasse**

```
function main($content,$conf) {
    $this->conf=$conf;
    $this->pi_setPiVarDefaults();
    $this->pi_loadLL();
```

```
$this->pi_USER_INT_obj=1;    // Configuring so caching is not expected. ↵
    This value means that no cHash params are ever set. We do this, be ↵
    cause it's a USER_INT object!
```

Der *cHash*-Parameter ist relevant für alle Links, die mit Ihrer Extension zusammenhängen. Welche Möglichkeiten TYPO3 Ihnen für die Erstellung dieser Links bietet, beschreiben wir in Abschnitt 8.13.2.

Falls Ihr Plugin cachebare Bereiche wie Listen- und Einzelansichten enthält, es jedoch auch ungecachte Ansichten gibt, haben Sie mit einer piBase-basierten Extension drei verschiedene Möglichkeiten, dies umzusetzen. Welche Variante die sinnvollste ist, kann nicht allgemeingültig beantwortet werden, das hängt vor allem vom zu erwarteten Nutzerverhalten hab.

## Plugin komplett als ungecachtes USER_INT-Objekt festlegen

Die auf den ersten Blick einfachste Variante legt einfach das gesamte Plugin als ungecacht fest. Dies können Sie durch das oben besprochene Häkchen im Kickstarter erreichen. Bedenken Sie dabei jedoch, dass dies aus Performance-Sicht in den meisten Fällen keine optimale Lösung darstellen wird, nämlich immer dann, wenn Ihr Plugin auch cachebare Ansichten enthält, was bei vielen Extensions der Normalfall sein wird.

Da das TYPO3-Caching auf Frontend-Usergruppen basiert, ist USER_INT speziell dann eine gute Lösung, wenn Ihr Plugin für jeden Benutzer unterschiedliche Daten anzeigt, da für diesen Fall ein normales TYPO3-Seiten-Caching nicht möglich ist.

## Plugin als gecachtes USER-Objekt festlegen, no_cache einsetzen

Diese Variante kann in der Beispiel-Extension `abz_references` sehr schön nachvollzogen werden. Die Listen- und Einzelansicht sind komplett gecacht, lediglich für die Suche wird auf das Caching verzichtet, weil es so viele unterschiedliche Suchanfragen mit unterschiedlichen Suchergebnissen geben wird, dass es keinen Sinn macht, diese alle einzeln zu cachen. Im Suchformular wird der Parameter `no_cache=1` gesetzt, wodurch die gesamte TYPO3-Seite im Falle einer Anzeige der Suchergebnisse nicht aus dem Cache geladen, sondern neu erzeugt wird. Der Cache wird davon nicht beeinflusst.

Dieses Vorgehen macht Sinn, wenn die Benutzer Ihrer Webseite die ungecachte Anzeige relativ selten nutzen werden.

## Plugin als gecachtes USER-Objekt festlegen, TypoScript-Bedingung einsetzen

Aus Performance-Sicht ist dies mit Abstand die eleganteste Variante. Ihr Plugin wird grundsätzlich erst einmal gecacht, wenn jedoch bestimmte Bedingungen erfüllt sind, setzen Sie in TypoScript das Plugin auf `USER_INT` und verhindern so die Ausgabe einer gecachten Ansicht. Durch die TypoScript-Bedingung werden in TYPO3 verschiedene gecachte Seiten an-

## KAPITEL 8   Extensions entwickeln

gelegt: einmal komplett gecacht mit USER, und einmal wird nur der Rest der Seite gecacht und der Inhalt des Plugins dann zur Anzeige hinzugefügt.

Die Definition der TypoScript-Bedingung ist relativ einfach:

Listing 8.116: **Ungecachtes USER_INT-Objekt per TypoScript-Bedingung erzwingen**

```
# Example of how to set the plugin as uncached USER_INT-Object in case ↩
    of sent showUid (which could show user-specific data)
[globalVar = GP:tx_abzreferences_pi1|showUid > 0]
    plugin.tx_abzreferences_pi1 = USER_INT
[global]
```

> **ACHTUNG**
> Sie müssen hier sehr genau darauf achten, die richtigen Parameter (je nach Ihrem Anwendungsfall anzugeben), damit tatsächlich die gewünschte Ansicht ungecacht bleibt. Testen Sie unbedingt gründlich die resultierenden Ausgaben im Frontend.

### 8.12.2  Neues Caching-Framework ab TYPO3 4.3 nutzen

Das für FLOW3 entwickelte Cachingframework wurde nach TYPO3 4.3 zurückportiert und bietet die Möglichkeit, beliebige cachefähige Informationen an konfigurierbaren Stellen abzulegen. Ein gutes Anschauungsbeispiel bietet das TYPO3-Caching selber, das über eine Konfiguration im Install-Tool auf das neue Caching-Framework umgeschaltet werden kann. Die relevanten Klassen befinden sich im Ordner *t3lib/cache*. Informationen zum diesbezüglichen Aktivieren und Konfigurieren finden Sie in Kapitel 4, *Das Frontend – Ausgabe und Darstellung der Daten*, Abschnitt 4.15.

Grundsätzlich lässt sich sagen, dass Sie Teilinformationen Ihres Plugins cachen sollten, wenn die Erzeugung dieser Informationen relativ performance-aufwendig ist und dieselbe Information später wieder gebraucht wird.

Auch die Extension tt_news (in den Versionen ab 3.0) bietet ein Anschauungsbeispiel. Da tt_news auch eine eigene Caching-Möglichkeit (für den Einsatz in TYPO3 4.2 oder älter) mitbringt, wurde der Aufruf des Caching-Frameworks in eine eigene Klasse gekapselt. Werfen Sie einen Blick in die Datei *tt_news/lib/class.tx_ttnews_cache.php*. Dort ist recht schnell zu erkennen, dass für die Nutzung des neuen Caching Framworks nur relativ wenige Zeilen Code nötig sein. In der Plugin-Klasse tx_ttnews wird über $this->cache auf das erzeugte Caching-Objekt zugegriffen. Da die relevanten Code-Splitter dadurch etwas verstreut sind, haben wir die einzelnen Teile im Listing als Beispiel zusammengefasst.

Listing 8.117: **Ablaufbeispiel für die Nutzung des Caching-Frameworks**

```
    //create caching object
$GLOBALS['typo3CacheFactory']->create(
    'tt_news_cache',
    't3lib_cache_frontend_StringFrontend',

    $GLOBALS['TYPO3_CONF_VARS']['SYS']['caching']['cacheConfigurations'] ↩
    ['tt_news_cache']['backend'],
```

# KAPITEL 8  Extensions entwickeln

```
    $GLOBALS['TYPO3_CONF_VARS']['SYS']['caching']['cacheConfigurations']
        ['tt_news_cache']['options']);

    //get caching object
$myCacheObject = $GLOBALS['typo3CacheManager']->getCache('tt_news_cache');
    //write some categories into cache, identified by $hash, tagged with $tag
$myCacheObject->set($hash, serialize($categories), $tag);
    //get cached value, identified by $hash
$myCacheObject->get($hash);
    //get cached values, identified by $tag
$myCacheObject->getByTag($tag);
```

Sie können neben der eindeutigen Identifizierung des Cache-Eintrags über einen Hash-Wert auch Tagging einsetzen, um zusammengehörige Cache-Einträge zu definieren.

Beim Erzeugen Ihres Cache-Objektes entscheiden Sie bereits, welche Caching-Art Sie im Hintergrund nutzen wollen. Durch die Auslagerung in eine Konfigurationsvariable kann dies für jede TYPO3-Instanz getrennt festgelegt werden.

Listing 8.118: **Standardkonfiguration des tt_news-Cache in ext_localconf.php**

```
$GLOBALS['TYPO3_CONF_VARS']['SYS']['caching']['cacheConfigurations']
    ['tt_news_cache']['backend'] = 't3lib_cache_backend_DbBackend';
$GLOBALS['TYPO3_CONF_VARS']['SYS']['caching']['cacheConfigurations']
    ['tt_news_cache']['options'] = array(
    'cacheTable' => 'tt_news_cache',
    'tagsTable' => 'tt_news_cache_tags'
    );
```

Falls Sie wie im Beispiel einen datenbankbasierten Cache verwenden, müssen Sie sich darum kümmern, dass die in der Konfiguration angegebenen Tabellen erzeugt werden. Hier bieten tt_news oder die neuen Cache-Tabellen im Core eine gute Vorlage.

## 8.13  Was Sie verstehen und einsetzen sollten

### 8.13.1  T3DataStructure, XML und Flexforms

In TYPO3 steht Ihnen ein spezielles XML-Format namens *T3DataStructure* zur Verfügung. Dieses bietet Ihnen die Möglichkeit, Daten für Ihre Extension strukturiert und hierarchisch abzulegen und dafür fertige TYPO3-Funktionen zu nutzen. Haupteinsatzgebiete für diese Strukturen sind derzeit *TemplaVoila* und *Flexforms*. Wir werden uns dem Thema mithilfe der *Flexforms* nähern und die Möglichkeiten für die Konfiguration von Frontend-Plugins betrachten.

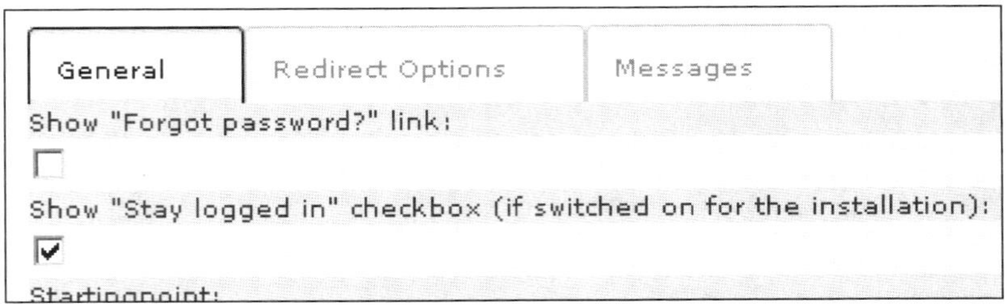

## KAPITEL 8  Extensions entwickeln

Abbildung 8.45: **Einsatz einer Flexform für das Frontend-Plugin der Extension felogin**

*In den Zeiten vor den Flexforms wurde die Tabelle* tt_content *von fast allen Frontend-Plugins um neue Felder erweitert, um im Backend beim Einbinden des Plugins Felder für Konfigurationswerte zu bekommen. Damit ist Schluss! Heutzutage gibt es ein Feld* pi_flexform, *in dem in einer sauberen XML-Struktur alle nötigen Konfigurationsmöglichkeiten individuell für jede Extension abgelegt werden können.*

Um die Bearbeitungsmöglichkeiten und die Übersichtlichkeit zu bewahren, macht es Sinn, die Definition der *Flexforms* in Form der XML-Strukturen nicht in der Datenbank abzulegen, sondern in eine XML-Datei auszulagern. Wenn wir uns dazu wieder der Extension felogin zuwenden, finden wir in der Datei *ext_tables.php* unter anderem folgenden Befehl:

Listing 8.119: **Flexform aktivieren in ext_tables.php**

```
t3lib_extMgm::addPiFlexFormValue('*','FILE:EXT:'.$_EXTKEY.'/flexform.xml'
    ,'login');
```

Diese Methode der Klasse t3lib_extMgm ist explizit dafür vorgesehen, in dem Feld *pi_flexform* eigene Definitionen für Backend-Formulare unterzubringen. Denn in der Tabelle *tt_content* werden unter Umständen viele verschiedene Plugins abgelegt, die in der Regel unterschiedliche Masken benötigen. Folgen wir der Dateireferenz in dem Aufruf, finden wir die tatsächliche Konfiguration in der angegebenen XML-Datei.

*Aus Platzgründen haben wir hier nur Teile des XML-Codes abgebildet, alle weiteren sind analog. Am besten werfen Sie mithilfe Ihres Lieblingseditiors direkt einen Blick in die Datei.*

Listing 8.120: **Ausschnitt aus der Datenstruktur für die Flexform**
```
<T3DataStructure>
    <meta>
        <langDisable>1</langDisable>
    </meta>
    <sheets>
        <sDEF>
            <ROOT>
                <TCEforms>
                    <sheetTitle>LLL:EXT:felogin/locallang_db.xml:tt_content.pi_
                        flexform.sheet_general</sheetTitle>
                </TCEforms>
                <type>array</type>
                <el>
                    <showForgotPassword>
```

```xml
            <TCEforms>
                <label>LLL:EXT:felogin/locallang_db.xml:tt_content.
                    pi_flexform.show_forgot_password</label>
                <config>
                    <type>check</type>
                </config>
            </TCEforms>
        </showForgotPassword>
        <showPermaLogin>
            <TCEforms>
                <label>LLL:EXT:felogin/locallang_db.xml:tt_content.
                    pi_flexform.show_permalogin</label>
                <config>
                    <default>1</default>
                    <type>check</type>
                </config>
            </TCEforms>
        </showPermaLogin>
        [...]
      </el>
    </ROOT>
  </sDEF>
  <s_redirect>
    <ROOT>
      <TCEforms>
        <sheetTitle>LLL:EXT:felogin/locallang_db.xml:tt_content.
            pi_flexform.sheet_redirect</sheetTitle>
      </TCEforms>
      <type>array</type>
      <el>
        [...]
      </el>
    </ROOT>
  </s_redirect>
  <s_messages>
    [...]
  </s_messages>
 </sheets>
</T3DataStructure>
```

*Sie sehen, dass durch die nötige Vorgabe einer Struktur für das XML (<T3DataStructure>) eine relativ umfangreiche Auflistung von Code zusammenkommt, obwohl gar nicht so viel definiert wird. Dies ist jedoch unumgänglich, wenn TYPO3 alle möglichen Konfigurationen lesen und verstehen soll. Für Ihre eigenen Zwecke kopieren Sie am besten den XML-Code einer bestehenden Extension und passen den Inhalt des XML-Codes entsprechend an.*

**Stellen Sie sicher, dass die Verweise auf Spracheinträge (im Listing fett markiert) auf die richtige Datei in Ihrer Extension zeigen und dass dort die notwendigen Label hinterlegt sind.**

Innerhalb des Elements <sheets> können Sie einzelne Reiter definieren. Der Standardreiter <sDEF> muss zwingend immer vorhanden sein. Dies ist der standardmäßig eingeblendete Reiter. Falls außer <sDEF> keine weiteren Sheets, also Blätter oder Reiter, definiert sind, verzichtet TYPO3 komplett auf die Reiterdarstellung und zeigt nur den Inhalt von <sDEF>.

## KAPITEL 8 — Extensions entwickeln

Das Element <TCEforms> schließt dann wiederum die tatsächlichen Felddefinitionen ein. Darin finden Sie eine Konfiguration analog zu den in Kapitel 7, *Framework – Werkzeugkasten für die eigene Extension*, Abschnitt 7.3.2 besprochenen Feldtypen.

Die Speicherung der eingegebenen Konfigurationsdaten in der korrekten Form im Datenbankfeld *pi_flexform* übernimmt TYPO3. Innerhalb der <value>-Tags werden die potenziellen Eingaben des Benutzers gespeichert. Auch hier haben wir aus Platzgründen nur einen Teil der Gesamtstruktur abgebildet.

Listing 8.121: **Abgespeicherte Struktur im Feld pi_flexform, tt_content**

```xml
<?xml version="1.0" encoding="utf-8" standalone="yes" ?>
<T3FlexForms>
   <data>
      <sheet index="sDEF">
         <language index="lDEF">
            <field index="showForgotPassword">
               <value index="vDEF">0</value>
            </field>
            <field index="showPermaLogin">
               <value index="vDEF">1</value>
            </field>
            <field index="pages">
               <value index="vDEF"></value>
            </field>
            <field index="recursive">
               <value index="vDEF"></value>
            </field>
            <field index="templateFile">
               <value index="vDEF"></value>
            </field>
         </language>
      </sheet>
      <sheet index="s_redirect">
         [...]
      </sheet>
      <sheet index="s_messages">
         [...]
      </sheet>
   </data>
</T3FlexForms>
```

In Ihrem Plugin können Sie dann TYPO3-API-Funktionen nutzen, um auf die gespeicherten Werte zuzugreifen.

Listing 8.122: **Funktionen der Klasse piBase und Anwendungsbeispiel**

```
pi_initPIflexForm($field='pi_flexform')
pi_getFFvalue($T3FlexForm_array,$fieldName,$sheet='sDEF',$lang='lDEF', ↵
   $value='vDEF')
$this->pi_getFFvalueFromSheetArray($sheetArray,$fieldNameArr,$value)

$this->pi_getFFvalue($this->cObj->data['pi_flexform'], ' showPermaLogin', ↵
   'sDEF');
```

Sie können es dem Benutzer Ihres Plugins ermöglichen, Parameter per TypoScript für alle Instanzen des Plugins zu bestimmen und diese nur im Einzelfall anhand der Flexform zu überschreiben. Der Wert aus Ihrem TypoScript wird nur überschrieben, falls in der Flexform ein alternativer Wert angegeben wurde. Dabei müssen die Namen der Felder in der Flexform und im TypoScript übereinstimmen, um dies generisch für alle Flexform-Felder zu machen. Sie können natürlich auch nur gezielt einzelne TypoScript-Werte mit dem Wert aus der Flexform überschreiben, wie in Listing 8.123 unten zu sehen.

Listing 8.123: **Beispiel für das Überschreiben von TypoScript mittels Flexform-Werten**

```
    // Get flexform values and override regular TypoScript Configuration
$this->pi_initPIflexForm();
$piFlexForm = $this->cObj->data['pi_flexform'];
foreach ($piFlexForm['data'] as $sheet => $data) {
    foreach ($data as $lang => $value) {
        foreach ($value as $key => $val) {
            if(trim($this->pi_getFFvalue($piFlexForm, $key, $sheet))) {
                $this->conf[$key] = trim($this->pi_getFFvalue($piFlexForm,
                    $key, $sheet));
            }
        }
    }
}

    // just override one setting
$this->conf['showPermaLogin'] = $this->pi_getFFvalue($this->cObj->data
    ['pi_flexform'],'showPermaLogin','sDEF');
```

## Mehrsprachigkeit mit Flexforms

Flexforms unterstützen Mehrsprachigkeit. Das gewünschte Verhalten können Sie in der Konfiguration für die Flexform einstellen und dann in Ihrer PHP-Klasse darauf reagieren.

Listing 8.124: **Sprachkonfiguration der Flexforms**

```
<T3DataStructure>
    <meta>
        <langDisable>0</langDisable>
        <langChildren>1</langChildren>
    </meta>
    <sheets>
        ...
[hier folgen weitere Definitionen]
```

Falls Sie die direkte Sprachunterstützung in Flexforms nicht benötigen, weil Sie – wie derzeit mit den meisten Plugins üblich – ein neues Inhaltselement für jede Sprache erzeugen, können Sie mittels `<langDisable>1</langDisable>` die Sprachbehandlung abschalten. Falls Sie direkte Sprachunterstützung wünschen, haben Sie zwei Möglichkeiten der Darstellung: die einzelnen Felder zusammengezogen (mittels `<langChildren>1</langChildren>`) oder die komplette Flexform für jede Sprache dupliziert. Die letzte Möglichkeit stellt das derzeitige Standardverhalten von Flexforms dar.

## KAPITEL 8  Extensions entwickeln

Um auf die Werte der jeweils aktuellen Sprache zuzugreifen, müssen Sie den entsprechenden Sprachparameter mit übergeben.

Listing 8.125: **Sprachbasiertes Auslesen der Konfigurationswerte**

```
$piFlexForm = $this->cObj->data['pi_flexform'];
$langIndex = $GLOBALS['TSFE']->sys_language_uid;
$sDef = current($piFlexForm['data']);
$lDef = array_keys($sDef);
$flexConf['show_permalogin'] = $this->pi_getFFvalue($pi_flexform, 
    'show_permalogin', 'sDEF', $lDef[$langIndex]);
```

### 8.13.2  Links im Frontend richtig erzeugen

*Dieser Abschnitt bezieht sich auf die Erzeugung von Links aus einem klassischen Plugin auf Basis von piBase heraus. Informationen zur Verlinkung in Extbase-Extensions finden Sie in Abschnitt 8.6.*

TYPO3 wird in vielen Umgebungen unter vielen verschiedenen Konfigurationen eingesetzt. Dabei können naturgemäß eine ganze Reihe von unterschiedlichen Anforderungen an Links auftreten, die Sie möglichst berücksichtigen sollten, ohne viel Zeit dafür aufwenden zu müssen. Ohne tieferes Wissen um TYPO3 könnte man sich Links in einer sehr einfachen Form vorstellen, hier als Sprung von einer Listendarstellung zur Einzelansicht auf der gleichen Seite:

Listing 8.126: **Beispiel für einen einfachen manuellen Link**

```
$content = '<a href="index.php?id='.$GLOBALS['TSFE']-> 
    id.'&myParam=4">Einzelansicht</a>';
```

Solange sich an Ihrem einfachen Szenario nichts ändert, wird dieser Link seinen Dienst tun. Was aber passiert, wenn das Frontend-Plugin mit komplexeren Konfigurationen eingesetzt werden soll?

**Parameter außerhalb unserer Extension wie der Sprachumschalter** L **oder der** type-**Parameter (z. B.** type=99 **für Textversionen) oder sonstige Parameter, von denen wir im Moment nichts wissen, dürfen nicht unberücksichtigt bleiben, wenn wir eine allgemein einsatzfähige Extension schreiben wollen.**

In der Regel werden Sie aus Performance-Gründen außerdem versuchen, die Ausgaben des Frontend-Plugins cachefähig zu machen. Dazu müssen Sie bei Links mit Parametern für die Extension den *cHash* berücksichtigen.

An dieser Stelle besprechen wir nur den richtigen Einsatz der von TYPO3 angebotenen API-Funktionen. Vertiefende Informationen zum Thema Caching finden Sie in Kapitel 4, *Das Frontend – Ausgabe und Darstellung der Daten*, Abschnitt 4.15.

## KAPITEL 8  Extensions entwickeln

Da die Verlinkungsfunktionen in der Klasse `tslib_pibase` letztendlich alle die Methode `typolink` der Klasse `tslib_cObj` aufrufen, ist bei einer durchgehenden Verwendung dieser API eine korrekte Arbeitsweise bereits sichergestellt. Die Methode `typolink` ist die Grundlage für das TypoScript-Objekt *typolink* und kümmert sich um alle nötigen Parameter für das System.

» `pi_getPageLink($id,$target='',$urlParameters=array())`

Liefert die URL der Seite `$id` zurück, ermöglicht die Angabe von `target` und zusätzlichen (zu den vom System benötigten) URL-Parametern und wird häufig für Formulare eingesetzt.

» `pi_linkToPage($str,$id,$target='',$urlParameters=array())`

Die am häufigsten verwendete Funktion liefert einen kompletten HTML-Link (`<a href="...">...</a>`) zu einer Seite innerhalb von TYPO3 zurück.

» `pi_linkTP($str,$urlParameters=array(),$cache=0,$altPageId=0)`

Für Links auf dieselbe Seite mit zusätzlichen Parametern. Mithilfe des Parameters `$altPageId` können Sie eine andere Seite als die aktuelle Seite als Zielseite angeben.

» `pi_linkTP_keepPIvars($str,$overrulePIvars=array(),$cache=0,$clearAnyway=0,$altPageId=0)`

Zusätzlich zu den Möglichkeiten von `pi_linkTP` werden alle Parameter des Plugins wieder in den Link integriert. `piVars` werden weiter unten noch besprochen.

» `pi_linkTP_keepPIvars_url($overrulePIvars=array(),$cache=0,$clearAnyway=0,$altPageId=0)`

Nutzen Sie diese Funktion als Alternative zu `pi_linkTP_keepPIvars`, wenn Sie statt des kompletten Links nur die URL benötigen.

» `pi_list_linkSingle($str,$uid,$cache=FALSE,$mergeArr=array(),$urlOnly=FALSE,$altPageId=0)`

Basierend auf den Möglichkeiten der Klasse `tslib_pibase` können Sie ausgehend von der Listenansicht einen direkten Link auf die Detailansicht eines Datensatzes erzeugen.

» `pi_openAtagHrefInJSwindow($str,$winName='',$winParams='width=670,height=500,status=0,menubar=0,scrollbars=1,resizable=1')`

Sie können einen Link erzeugen, der auf einem `onClick`-Ereignis basiert, um über diesen Link die Zielseite in einem neuen Fenster zu öffnen.

> **TIPP**
> *Betrachten Sie den PHP-Code von einigen der bekanntesten Frontend-Plugins, und beobachten Sie resultierende Links bei unterschiedlichen Zusatzparametern. Werfen Sie auch einen Blick auf die Methode* `typolink` *in der Datei* tslib/class.tslib_content.php.

## KAPITEL 8  Extensions entwickeln

### piVars

Die Nutzung von `piVars` basiert auf der Aufgabe, alle Parameter eines Plugins in einem Namensraum zusammenzufassen und somit zwei grundlegende Vorteile zu ermöglichen:

1. Alle Parameter für ein Frontend-Plugin können über einen einheitlichen Zugriff bearbeitet werden.
2. Namenskollisionen mit Parametern von anderen Extensions oder dem TYPO3-Core werden vermieden, da die Benennung der Parameter auf dem Extension-Key basiert.

Betrachten Sie den folgenden Funktionsaufruf. Es werden zwei Parameter übergeben. Dabei müssen Sie sich beim Einsatz der besprochenen API-Funktionen nicht um die korrekte Schreibweise des Schlüssels kümmern.

Listing 8.127: **Beispiel-Link mit zwei Parametern als piVars, Erzeugung und Resultat**

```
$this->pi_linkTP_keepPIvars ('linktext', $overrulePIvars=array('param1' =>
'value1', 'param2' => 'value2'), $cache=0, $clearAnyway=0, $altPageId=3)
<a href='index.php?id=3&tx_myext_pi1[param1]=value1&tx_myext_pi1 ↵
    [param2]=value2'>linktext</a>
```

In Ihrem Frontend-Plugin, das von der Klasse `pibase` abgeleitet ist, werden die Parameter automatisch der Eigenschaft `$this->piVars` zugewiesen und in einem Array abgelegt. Sie haben also im PHP-Code sofort direkten Zugriff.

Listing 8.128: **Struktur der Eigenschaft piVars**

```
$this->piVars = Array (
    'param1' => 'value1',
    'param2' => 'value2'
)
```

Falls Sie nun einen neuen Link mithilfe von `pi_linkTP_keepPIvars` oder `pi_linkTP_keepPIvars_url` erzeugen, werden diese Parameter automatisch an die URL angehängt. Mithilfe von `$overrulePIvars` können Sie einzelne Parameter mit neuen Werten belegen.

> **ACHTUNG**
> **Bei einem Einsatz und entsprechender Konfiguration der Extension** `realurl` **werden die** `piVars` **umgewandelt und in resultierenden Links anders dargestellt. Es handelt sich dennoch um** `piVars`**, die intern ganz normal mit der TYPO3-API behandelt werden.**

Sie haben per *TypoScript* die Möglichkeit, bestimmte Parameter an jeden von TYPO3 erzeugten Link automatisch anzuhängen und somit zu übergeben. Mehrere Parameter werden als kommagetrennte Liste angegeben.

Listing 8.129: **Automatisches Anhängen des Parameters für die Sprache**

```
config.linkVars = L
```

Details zu möglichen TypoScript-Konfigurationen finden Sie in Kapitel 4, *Das Frontend – Ausgabe und Darstellung der Daten*.

### 8.13.3 Cache während der Entwicklung unterdrücken

Um im Live-Betrieb eine möglichst gute Performance zu erzielen, wird in TYPO3 im Normalfall ein intensives Caching betrieben, was jedoch in der Entwicklungsphase lästig und kontraproduktiv ist. An dieser Stelle wollen wir Ihnen zeigen, wie Sie das lästige Leeren des Caches während der Entwicklung umgehen können. Je nach Art der Erweiterung (Frontend-Plugin, Backend-Modul, Service, Hook), die Sie gerade bearbeiten, gibt es verschiedene Ansatzpunkte.

#### config.no_cache = 1

Solange Sie nicht gerade das korrekte Caching an sich für Ihr Frontend-Plugin testen, erspart Ihnen diese Einstellung im Feld Setup des Haupt-TypoScript-Templates eine Menge Klicks. Sobald Sie mit der Funktionsweise zufrieden sind, testen Sie das Verhalten Ihrer Extension bei aktiviertem Cache. Dazu kommentieren Sie diese Angabe einfach aus. Natürlich müssen Sie für Ihre Tests auch Ihre sonstigen Einstellungen im Auge behalten.

*Falls Sie (wie wir) Konfigurationen für TypoScript in Textdateien auslagern, um sie besser mit dem Editor bearbeiten zu können, reicht die Angabe* no_cache *nicht aus, um alle Änderungen ohne manuelles Klicken auf* Clear all caches *sofort zu sehen, da auch der Aufbau des kompletten TypoScript-Baums intern gecacht wird.*

*Um jede Änderung an einem ausgelagerten TypoScript sofort zu sehen, können Sie die Extension* abz_developer *installieren. Diese löscht über einen Hook die Caching-Tabellen und stellt so einen Neuaufbau der Ausgabe im Frontend sicher. Diese Extension sollte natürlich nur auf dem Entwicklungssystem eingesetzt werden und* **nie auf einem Live-System**.

#### $TYPO3_CONF_VARS['EXT']['extCache'] = '0'

Diese Änderung können Sie über das Install Tool oder direkt in der Datei *typo3conf/localconf.php* vornehmen. Dadurch unterdrücken Sie den Aufbau der temporären Dateien *temp_CACHED_\*_ext_localconf.php* und *temp_CACHED_\*_ext_tables.php* und erzwingen die Einbindung der einzelnen *ext_localconf-* und *ext_tables-*Dateien. Die Einstellung ist vor allem dann sinnvoll, wenn Sie (meist für das Backend) manuell Änderungen an eben diesen *ext_\*-*Dateien vornehmen.

## 8.13.4 Sessions im Frontend

Im TYPO3-Frontend wird bei jedem Besuch auf der Seite eine Session gestartet, die auch Ihnen als Programmierer zur Verfügung steht. Durch die Sessionvariablen ist es möglich, Daten über mehrere Seitenaufrufe hinweg zu speichern und wieder aufzurufen. Der Haupteinsatz für die Session ist gegeben, sobald Sie Webseitenbenutzern ein Login im Frontend ermöglichen.

Die Behandlung der Daten für die Session erfolgt im Objekt $GLOBALS['TSFE']->fe_user, das auf der Klasse *tslib_feUserAuth* basiert. Die Session wird dabei basierend auf Cookies verfolgt.

> **TIPP**
>
> *Falls manche Ihrer Besucher, die ein Login besitzen, Cookies deaktiviert haben, wird das Login nicht funktionieren. In diesem Fall können Sie über die TypoScript-Einstellung* config.ftu = 1 *einen GET-Parameter aktivieren, der von Link zu Link übergeben wird und damit die Session-Identifikation übernimmt.*
>
> *Beachten Sie bitte:*
>
> *Setzen Sie diese Option nicht, falls Sie auf eine gute Indizierung bei Suchmaschinen Wert legen, da aufgrund des Parameters die jeweilige Seite vermutlich als dynamische Seite erkannt wird, was eine Indizierung erschwert.*

Ob der aktuelle Besucher auf Ihrer Seite angemeldet ist, können Sie über eine einfache Abfrage herausfinden. Auf die Inhalte des Benutzerdatensatzes können Sie ebenso direkt zugreifen.

Listing 8.130: **Prüfung auf Login und Zugriff auf den Benutzerdatensatz**

```
if ($GLOBALS['TSFE']->loginUser) {
...//Ihr Code
...$GLOBALS['TSFE']->fe_user->user['uid'];
...$GLOBALS['TSFE']->fe_user->user['username'];
}
```

Auch für das Speichern von eigenen Werten in die Session stehen Funktionen zur Verfügung. Sie können für die Verfügbarkeit Ihrer Werte zwei Gültigkeitsräume durch einen Schlüssel festlegen.

| SCHLÜSSEL | ABLAGE DER DATEN |
|---|---|
| user | Informationen werden bleibend beim Benutzerdatensatz gespeichert. Sie werden beim nächsten Besuch der Seite also wieder zur Verfügung stehen. |
| ses | Informationen werden zur aktuellen Session gespeichert, die standardmäßig nur für die Dauer des Besuches gültig ist. |

Tabelle 8.5: **Zwei Möglichkeiten, um Daten zu Besuchern abzulegen**

Listing 8.131: **Beispielaufrufe zur Benutzung der Session-Funktionalität**
```
$GLOBALS['TSFE']->fe_user->setKey('ses','myData',$data);
$myData = $GLOBALS['TSFE']->fe_user->getKey('ses','myData');
```

Der erste Parameter gibt den Schlüssel für die Ablage der Daten an, der zweite Parameter ist die von Ihnen gewählte Identifizierung Ihrer Daten. Der dritte Parameter bei `setKey` enthält dann logischerweise die zu speichernden Daten.

*Die Speicherung erfolgt serialisiert. Dadurch können Sie beispielsweise problemlos auch Arrays in der Session ablegen.*

## 8.13.5 Workspaces beachten

Bei der Programmierung eigener Extensions werden durch die Einführung von *Workspaces* neue Überlegungen notwendig. Solange Sie bzw. Ihre Anwender nur den LIVE-*Workspace* verwenden, ändert sich nichts im Vergleich zur Prä-Workspace-Zeit. Allerdings sollten Sie zumindest bei neuen Extensions davon ausgehen, dass irgendwann *Workspaces* zum Einsatz kommen. Hintergrundinformationen und Anforderungen zu Workspaces finden Sie in Kapitel 7, *Framework – Werkzeugkasten für die eigene Extension*, Abschnitt 7.6.

Mit einer kleinen Einschränkung werden Ihre Extensions, auch ohne die Anforderungen für *Workspaces* zu beachten, zumindest im Live-Zustand keine Probleme machen. Die kleine Einschränkung bezieht sich auf das Anlegen von neuen Elementen in einem Entwurfs-Workspace. Wie wir oben bereits besprochen haben, wird dafür ein Platzhalterelement im LIVE-*Workspace* angelegt. Dieser wird jedoch durch das Flag im Feld *t3ver_state* gekennzeichnet (t3ver_state=1) und muss deshalb natürlich darauf geprüft werden.

Im Backend sind Workspaces und die zugehörigen Zugriffsberechtigungen nativ in die `TCEMain` integriert. Sie sollten deshalb bei Verwendung der `TCEMain` keine Probleme bekommen.

*Nutzen Sie TYPO3-API-Funktionen, um die Problematik generell zu minimieren.*

### Richtlinien für das Frontend

Die Hauptproblematik im Frontend ist die Darstellung einer korrekten Voransicht für den aktuellen Workspace, also der richtigen Version des darzustellenden Datensatzes.

Häufig werden Sie Datensätze anhand Ihrer *uid* oder *pid* auslesen. Bei diesem einfachen Fall werden Sie keine Probleme bekommen. Nutzen Sie die API-Funktion `$GLOBALS['TSFE']->sys_page->versionOL($table,&$row);`.

# KAPITEL 8  Extensions entwickeln

Dieses sogenannte *Versioning Preview Overlay* sollte für alle Abfragen auf versionsfähige Tabellen durchgeführt werden. Statt wie bisher so:

Listing 8.132: **Idealtypische Abfrage auf eine Tabelle ohne Versionierung**

```
$table = 'tx_testtable';
$where = $this->cObj->enableFields($table);
$groupBy = '';
$orderBy = 'sorting';
$limit = '';
$res = $GLOBALS['TYPO3_DB']->exec_SELECTquery (
    '*',
    $table,
    $where,
    $groupBy,
    $orderBy,
    $limit
);
$rows = array();
while ($row = $GLOBALS['TYPO3_DB']->sql_fetch_assoc($res)) {
    $rows[] = $row;
}
$GLOBALS['TYPO3_DB']->sql_free_result($res);
```

sieht eine Abfrage jetzt wie folgt aus:

Listing 8.133: **Idealtypische Abfrage auf eine Tabelle mit Versionierung**

```
$table = 'tx_testtable';
$where = '';
$groupBy = '';
$orderBy = 'sorting';
$limit = '';
$res = $GLOBALS['TYPO3_DB']->exec_SELECTquery (
    '*',
    $table,
    $where,
    $groupBy,
    $orderBy,
    $limit
);
$rows = array();
while ($row = $GLOBALS['TYPO3_DB']->sql_fetch_assoc($res)) {
    $GLOBALS['TSFE']->sys_page->versionOL($table,$row);
    if (is_array($row)) {
        $rows[] = $row;
    }
}
$GLOBALS['TYPO3_DB']->sql_free_result($res);
```

Sie prüfen nicht mehr auf `enableFields()`, da diese Prüfung nur auf den Live-Datensatz greift, der Zustand für den versionierten Datensatz aber nicht derselbe sein muss. Stattdessen filtern Sie alle Datensätze heraus, die nicht im aktuellen Workspace sichtbar sein sollen.

# KAPITEL 8  Extensions entwickeln

> **ACHTUNG**
> Diese Vorgehensweise funktioniert nur stabil bei Abfragen von allen Datensätzen oder bei einer Prüfung auf *uid* oder *pid*. Sobald Sie andere Felder für die Auswahl benötigen, z. B. Namen, müssen Sie eine korrekte Funktionsweise sicherstellen.

Weitere Hilfestellungen:

- Stellen Sie sicher, dass Ihre Abfragen Datensätze mit einer `pid=-1` ausschließen. (Durch den Wert `pid = -1` wird der Datensatz als nicht veröffentlichte Version eines anderen Datensatzes gekennzeichnet.)
- `$GLOBALS['TSFE']->sys_page->versioningPreview` gibt Ihnen im Fall von `true` das Recht, auch andere Versionen in der Voransicht darzustellen.
- `$GLOBALS['TSFE']->sys_page->versioningWorkspaceId` gibt Ihnen die ID des Workspaces des aktuellen Backend-Benutzers.

Derzeit nicht lösbare Problemstellungen:

- Ein Auslesen von Datensätzen, das auf anderen Feldern als *uid*, *pid* und den *enableFields* basiert (wie z. B. eine Suche), wird nicht die für den Entwurfs-Workspace richtigen Ergebnisse bringen, da diese Suchabfragen auf dem LIVE-Workspace aufsetzen und die Überlagerung mit den Versionen erst danach passiert.

  Für Versionen von neuen Datensätzen können Sie dieses Problem zumindest einschränken, indem Sie über die Einstellung `shadowColumnsForNewPlaceholders` den Wert von Feldern auf den Platzhalterdatensatz übertragen.

  Listing 8.134: **Default-Einstellungen für die Tabelle tt_content**

  ```
  $TCA['tt_content']['ctrl']['shadowColumnsForNewPlaceholders'] = 'sys_ ↩
      language_uid,l18n_parent,colPos,header';
  ```

  Bei bestehenden Datensätzen werden die Felder für die Suche in der Regel auch bei neuen Versionen nicht geändert, da sie meist charakteristisch für den Datensatz sind und somit keine Suchunterschiede auftreten.

- Eine Abfrage von Seiten, die auf dem Seitentyp (*doktype*) basiert, wird keine korrekten Ergebnisse bringen, falls für die gewünschte Version der Seitentyp geändert wurde, beispielsweise von Standard zu SysFolder.
- *Shortcuts* und *Mount Points* werden höchstwahrscheinlich keine korrekten Ergebnisse bringen.

## Richtlinien für das Backend

Im Backend stehen wir vor der Herausforderung, das gesamte System im Workspace so abzubilden, wie es nach der Live-Stellung aussehen würde. Dazu muss praktisch jeder Datensatz einer versionsfähigen Tabelle auf Versionen für den aktuellen Workspace geprüft werden. Besonders im Seitenbaum können dabei knifflige Situationen entstehen.

## KAPITEL 8  Extensions entwickeln

Die im Abschnitt für das Frontend angesprochenen Schwierigkeiten bei einer Abfrage, die auf anderen Feldern als *uid* und *pid* basiert, gelten natürlich auch hier.

Die Klassen t3lib_BEfunc und $BE_USER bieten hier einige Unterstützung, die wir jedoch nicht einzeln auflisten wollen. Nutzen Sie die API-Dokumentation, oder werfen Sie einen direkten Blick in die jeweiligen Klassen.

Listing 8.135: **Beispiele für den Aufruf von Workspace-Funktionalitäten**

```
t3lib_BEfunc::workspaceOL();
t3lib_BEfunc::getWorkspaceVersionOfRecord();
$BE_USER->checkWorkspace();
$BE_USER->setWorkspace();
```

> **INFO**
>
> *Einen schnellen Zugriff auf die wichtigsten API-Funktionalitäten von TYPO3 erhalten Sie mithilfe der Extension* t3dev.

Um die ID des aktuellen Workspaces zu erfahren, können Sie auf

```
$GLOBALS['BE_USER']->workspace;
```

zurückgreifen. Diese Eigenschaft kann folgende Werte annehmen:

- » 0: online – LIVE Workspace
- » 1: offline – DRAFT Workspace (Standard-Entwurfsworkspace)
- » > 0: custom – USER Workspaces (benutzerdefinierte Entwurfsworkspaces)
- » 99: kein Workspace ausgewählt, dies wird einen Fehler erzeugen; sollte nie der Fall sein.

Sie können für Module Einschränkungen für Workspaces konfigurieren und angeben, in welchen Workspaces das Modul überhaupt zur Verfügung steht.

Listing 8.136: **Definition der Verfügbarkeit in der Datei conf.php innerhalb des Moduls**

```
$MCONF['workspaces'] = online,offline,custom
```

Funktionsmenüs können Sie analog dazu auch nur für bestimmte Workspaces freigeben. Dies erreichen Sie durch eine Parameterübergabe beim Einbinden des Menüelements. Der letzte Parameter bestimmt die Workspaces, für die Ihre Funktion freigegeben ist.

Listing 8.137: **Einbindung einer Menüfunktion für die Extension realurl**

```
t3lib_extMgm::insertModuleFunction(
    'web_info',
    'tx_realurl_modfunc1',
    t3lib_extMgm::extPath($_EXTKEY).'modfunc1/class.tx_realurl_modfunc1.php',
    'LLL:EXT:realurl/locallang_db.php:moduleFunction.tx_realurl_modfunc1',
    'function',
    'online'
);
```

# KAPITEL 8   Extensions entwickeln

## 8.13.6  Alleinstehende Scripts und zeitgesteuerte Ausführung (per Scheduler)

Manchmal ist es notwendig, Scripts außerhalb des vorgegebenen TYPO3-Frontends oder -Backends auszuführen, um beispielsweise bei `direct_mail` die zu versendenden E-Mails nachts zeitgesteuert zu verschicken, ohne dass eine Person dafür vor dem Rechner sitzen muss. In der Regel wird dies über einen sogenannten *Cronjob* angestoßen. Die Anforderung kann sowohl im Backend als auch im Frontend auftreten. Seit der Version 4.3 gibt es dafür die ziemlich komfortable Möglichkeit des Schedulers. Dieser wird (falls dies entsprechend eingerichtet ist) regelmäßig über einen Cronjob aufgerufen und entscheidet anhand seiner Konfiguration darüber, welche Tasks wann auszuführen sind.

> **ACHTUNG**
> Für ältere TYPO3-Versionen müssen Sie für jede Extension, die wiederkehrende Aufgaben erledigen soll, einen eigenen Cronjob einrichten. Dabei müssen Sie außerdem alle Objekte einbinden und initialisieren, die Sie für Ihre Anforderungen benötigen. Holen Sie sich für diesen Fall eine ältere Version von Extensions, z. B. `direct_mail` (2.6.3), um eine Programmiervorlage zu haben.

Der Scheduler ist über ein eigenes Backend-Modul erreichbar und kann komfortabel über entsprechende Masken konfiguriert werden. Informationen zu Konfigurationsmöglichkeiten bereits bestehender Tasks installierter Extensions finden Sie in Kapitel 5, *Das Backend – Eingabe und Pflege der Daten*, Abschnitt 5.5.12.

In diesem Abschnitt werden wir uns erarbeiten, was wir in unserer Extension tun müssen, damit unsere wiederkehrende Aufgabe beim Scheduler angemeldet werden kann. Eine recht gute Dokumentation dazu liegt der Core-Extension `scheduler` bei. Wir ziehen für den Stand der Dinge seit 4.3 die Extension `direct_mail` in der Version 2.6.5 als ein gutes Anschauungsbeispiel heran.

Eine Extension kann selbst die gewünschten Tasks beim Scheduler anmelden.

Listing 8.138: **Konfiguration für die Anmeldung bei Scheduler in direct_mail/ext_localconf.php**

```
$GLOBALS['TYPO3_CONF_VARS']['SC_OPTIONS']['scheduler']['tasks']['tx_
   directmail_scheduler'] = array(
   'extension' => $_EXTKEY,
   'title' => 'DirectMail task',
   'description' => 'This task invokes dmailer in order to process queued
      messages.',
);
```

Im Beispiel der Extension `scheduler` selbst kann man sehen, dass es auch eine Möglichkeit gibt, mehrsprachige Labels vorzusehen und zusätzliche Eingabefelder im Scheduler bereitzustellen.

# KAPITEL 8    Extensions entwickeln

Listing 8.139: **Demo-Konfiguration für die Anmeldung beim Scheduler in scheduler/ext_localconf.php**

```
$GLOBALS['TYPO3_CONF_VARS']['SC_OPTIONS']['scheduler']['tasks']['tx_
   scheduler_TestTask'] = array(
   'extension'       => $_EXTKEY,
   'title'           => 'LLL:EXT:' . $_EXTKEY . '/locallang.xml:testTask.
      name',
   'description'     => 'LLL:EXT:' . $_EXTKEY . '/locallang.xml:testTask.
      description',
   'additionalFields' => 'tx_scheduler_TestTask_AdditionalFieldProvider'
);
```

Die hier definierte Klasse `tx_scheduler_TestTask_AdditionalFieldProvider` implementiert die Schnittstelle `tx_scheduler_AdditionalFieldProvider`, die verwendet wird, falls Sie zusätzliche Felder (für zusätzliche Informationen) für Ihre Tasks brauchen. Beispielsweise können darin dann in der Scheduler-Maske E-Mail-Adressen abgelegt werden und diese dann innerhalb Ihres Tasks verwendet werden. Über diese Klasse bekommt der Scheduler die Informationen, welche Felder er wie zusätzlich in der Backend-Maske darstellen soll und welche Validierungen er für die Eingaben durchführen soll. Eine tiefergehende Erläuterung finden Sie in der Dokumentation der Extension `scheduler`.

In der angegebenen Ziel-Klasse für den auszuführenden Task muss dann lediglich die Methode `execute()` implementiert sein, da diese vom Scheduler aus aufgerufen wird. Im enthaltenen Beispiel der Scheduler-Extension (in der Klasse `tx_scheduler_TestTask`) finden wir ein gutes Beispiel.

Listing 8.140: **Methode execute() in tx_scheduler_TestTask**

```
public function execute() {
   $success = false;

   if (!empty($this->email)) {
       // If an email address is defined, send a message to it

       // NOTE: the TYPO3_DLOG constant is not used in this case, as
          this is a test task
       // and debugging is its main purpose anyway
       t3lib_div::devLog('[tx_scheduler_TestTask]: Test email sent to
          "' . $this->email . '"', 'scheduler', 0);

       // Get execution information
       $exec = $this->getExecution();

       // Get call method
       if (basename(PATH_thisScript) == 'cli_dispatch.phpsh') {
           $calledBy = 'CLI module dispatcher';
           $site = '-';
       } else {
           $calledBy = 'TYPO3 backend';
           $site = t3lib_div::getIndpEnv('TYPO3_SITE_URL');
       }

       $start = $exec->getStart();
       $end = $exec->getEnd();
```

## KAPITEL 8  Extensions entwickeln

```php
        $interval = $exec->getInterval();
        $multiple = $exec->getMultiple();
        $cronCmd = $exec->getCronCmd();
        $mailBody =
            'SCHEDULER TEST-TASK' . chr(10)
            . '- - - - - - - - - - - - - - - -' . chr(10)
            . 'UID: ' . $this->taskUid . chr(10)
            . 'Sitename: ' . $GLOBALS['TYPO3_CONF_VARS']['SYS'] ⏎
                ['sitename'] . chr(10)
            . 'Site: ' . $site . chr(10)
            . 'Called by: ' . $calledBy . chr(10)
            . 'tstamp: ' . date('Y-m-d H:i:s') . ' [' . time() . ']' . ⏎
                chr(10)
            . 'maxLifetime: ' . $this->scheduler->extConf['maxLifetime'] . ⏎
                chr(10)
            . 'start: ' . date('Y-m-d H:i:s', $start) . ' [' . $start . ']' . ⏎
                chr(10)
            . 'end: ' . ((empty($end)) ? '-' : (date('Y-m-d H:i:s', $end) . ' ' ⏎
                [' . $end . ']')) . chr(10)
            . 'interval: ' . $interval . chr(10)
            . 'multiple: ' . ($multiple ? 'yes' : 'no') . chr(10)
            . 'cronCmd: ' . ($cronCmd ? $cronCmd : 'not used');

        // Prepare mailer and send the mail
        $mailer = t3lib_div::makeInstance('t3lib_htmlmail');
        $mailer->from_email = $this->email;
        $mailer->from_name = 'SCHEDULER TEST-TASK';
        $mailer->replyto_email = $this->email;
        $mailer->replyto_name = 'SCHEDULER TEST-TASK';
        $mailer->subject = 'SCHEDULER TEST-TASK';
        $mailer->setPlain($mailer->encodeMsg($mailBody));
        $mailer->setRecipient($this->email);
        $mailer->setHeaders();
        $mailer->setContent();
        $success = $mailer->sendtheMail();
    } else {
        // No email defined, just log the task
        t3lib_div::devLog('[tx_scheduler_TestTask]: No email address given', ⏎
            'scheduler', 2);
    }

    return $success;
}
```

Sie können hier sehr schön erkennen, wie Informationen zur Konfiguration im Scheduler innerhalb unseres Codes mittels `$this->getExecution();` abgefragt und verwendet werden können, falls diese benötigt werden.

> **TIPP**
>
> *Da per Cronjob aufgerufene Dateien in einem vom Systemadministrator bestimmten Zeitintervall aufgerufen werden, ist ein Schutzmechanismus gegen parallel laufende Scripts sehr sinnvoll. Ein Script sollte in der Regel komplett abgearbeitet sein, bevor es von Neuem gestartet wird. Der Scheduler bietet dieses Feature über das Flag* ALLOW PARALLEL EXECUTION *zentral für alle angemeldeten Tasks an.*

In TYPO3 4.2 oder älter müssen Sie sich selbst um einen Schutzmechanismus gegen parallelen Scriptaufruf kümmern. Ein Beispiel bietet auch hier wieder die Extension direct_mail.

Listing 8.141: **Schutz gegen parallelen Scriptaufruf in cli/cli_direct_mail.php**

```
// Check if cronjob is already running:
if (@file_exists (PATH_site.'typo3temp/tx_directmail_cron.lock')) {
    // If the lock is not older than 1 day, skip index creation:
    if (filemtime (PATH_site.'typo3temp/tx_directmail_cron.lock') >
        (time() - (60*60*24))) {
        die('TYPO3 Direct Mail Cron: Aborting, another process is already
            running!'.chr(10));
    } else {
        echo('TYPO3 Direct Mail Cron: A .lock file was found but it is
            older than 1 day! Processing mails ...'.chr(10));
    }
}
touch (PATH_site.'typo3temp/tx_directmail_cron.lock');
```

An dieser Stelle können Sie nun den von Ihnen benötigten Code einfügen.

Zum Abschluss muss die Sperrung als Sicherung gegen parallel laufende Scripts wieder aufgehoben werden, damit das Script beim nächsten Aufruf wieder sauber durchlaufen werden kann.

Listing 8.142: **Aufhebung der Sperrung**

```
unlink (PATH_site.'typo3temp/tx_directmail_cron.lock');
```

## 8.13.7 Debug: debug und devlog

Sie haben verschiedene Möglichkeiten, im aktuell von Ihnen bearbeiteten Projekt Debugging-Ausgaben zu erzeugen, um die Entwicklung zu unterstützen. Die Grundlagen dafür finden Sie in der Klasse t3lib_div.

### t3lib_div::debug($var="«,$brOrHeader=0)

Auf dieser Funktion basieren alle weiter unten noch angesprochenen Debug-Ausgaben von Extensions wie devlog und abz_developer. Ohne weitere Extensions wird direkt auf der Seite noch vor allen weiteren HTML-Ausgaben eine Tabelle mit dem Inhalt der Variablen $var ausgegeben. Die Angabe

Listing 8.143: **Aufruf von debug für die TypoScript-config-Einstellungen**

```
t3lib_div::debug($GLOBALS['TSFE']->tmpl->setup['config.']);
```

erzeugt eine Ausgabe am Anfang der Webseite.

# KAPITEL 8  Extensions entwickeln

| extTarget | _top |
|---|---|
| stat | 1 |
| stat_typeNumList | 0,1 |
| debug | 1 |
| admPanel | 1 |
| disablePrefixComment | 0 |
| headerComment | featured by _YourCompany_ |
| pageTitleFirst | 1 |
| simulateStaticDocuments | 1 |
| simulateStaticDocuments_noTypeIfNoTitle | 1 |
| simulateStaticDocuments_pEnc | md5 |
| simulateStaticDocuments_pEnc_onlyP | |
| stat_apache | 1 |
| stat_apache_logfile | apache_log.txt |
| removeDefaultJS | external |
| inlineStyle2TempFile | 1 |
| spamProtectEmailAddresses | 6 |
| spamProtectEmailAddresses_atSubst | (at) |
| index_enable | 1 |
| index_externals | 1 |
| sendCacheHeaders | 1 |
| sendCacheHeaders_onlyWhenLoginDeniedInBranch | 1 |
| language | de |
| locale_all | de_DE |
| htmlTag_langKey | de |
| typolinkCheckRootline | 1 |
| doctype | xhtml_trans |

Abbildung 8.46: **Debug-Ausgabe der Einstellungen für config**

> **ACHTUNG**
>
> Die Einstellung im Install Tool für [SYS][devIPmask] (siehe weiter unten) schränkt die mögliche Ausgabe von Informationen zum Debugging ein. Falls Sie Informationen auf einem Server ausgeben wollen, auf den Sie nicht lokal zugreifen, müssen Sie dort eine entsprechende Einstellung der IP-Masken vornehmen.

### t3lib_div::debug_trail()

Basierend auf der PHP-Funktion debug_backtrace() bekommen Sie den Ablauf der Aufrufe bis zur Stelle Ihres Funktionsaufrufs zurückgeliefert. Ein Aufruf dieser Funktion innerhalb der Methode addLabelMarkers() in der Klasse tx_sremailsubscribe_pi1 der Extension sr_emailsubscribe liefert beispielsweise folgendes Ergebnis:

Listing 8.144: **Ausgabe der Funktion debug_trail()**

```
|require // tslib_fe->intincscript // tslib_cobj->user // tslib_cobj-> 
    calluserfunction // call_user_method // tx_sremailsubscribe_pi1->main 
    // tx_sremailsubscribe_pi1->displaycreatescreen // tx_sremailsubscribe_ 
    pi1->addlabelmarkers|
```

## t3lib_div::debugRows($rows,$header='')

Ein Array aus gleichartigen Datensätzen, wie sie beispielsweise bei einer SQL-Abfrage entstehen, wird sauber als Tabelle zurückgegeben.

Im *Install Tool* haben Sie einige Möglichkeiten, die Ausgaben von Debugging und *devlog* von TYPO3 zu beeinflussen.

## [SYS][sqlDebug]

Ist diese Einstellung gesetzt, werden alle SQL-Fehler direkt im Browser ausgegeben und bringen den Entwickler sehr schnell auf den richtigen Pfad.

## [SYS][devIPmask]

Die Funktion debug prüft vor einer Ausgabe von Werten, ob der aktuelle Besucher von der gesetzten IP-Maske aus zugreift, und verhindert so die Übermittlung sicherheitskritischer Informationen an Unberechtigte. Die Standardeinstellung ist *192.168.\*,127.0.0.1*, was einem lokalen Zugriff entspricht.

## [SYS][enable_DLOG]

Aktiviert den Entwickler-Log, der von Extensions wie cc_debug oder abz_developer genutzt wird. Damit können Sie zentral Log-Einträge im Core und anderen Extensions aktivieren und deaktivieren. Dieser Wert wird von TYPO3 in die Konstante TYPO3_DLOG übernommen und von dort aus abgefragt.

Listing 8.145: **Code für einen Log-Eintrag in typo3/sysext/cms/tslib/index_ts.php**

```
if (TYPO3_DLOG) t3lib_div::devLog('END of FRONTEND session','',0,array
    ('_FLUSH'=>TRUE));
```

**Aufrufe der Funktion** debug **werden unabhängig von der Einstellung in** [SYS][enable_DLOG] **ausgegeben, da** TYPO3_DLOG**, wie oben im Listing zu sehen ist, normalerweise nur zusammen mit** t3lib_div::devLog **benutzt wird.**

## Die Extensions cc_debug und abz_developer nutzen

Je nach dem Aufbau Ihrer Seite sind Ausgaben durch das Debugging im Frontend manchmal schwer zu lesen. Dafür schafft die Extension cc_debug eine tolle Abhilfe. Ausgaben werden in einem eigenen Fenster angezeigt, und im Orginalfenster verweist ein Symbol in Form einer Bombe mit brennender Zündschnur auf die Ausgabe. Sobald Sie cc_debug installiert haben, können Sie die Debugging-Ausgaben mit weiteren Informationen anreichern. Dabei ist nur der erste Parameter verpflichtend, da dieser die auszugebenden Werte enthält.

# KAPITEL 8    Extensions entwickeln

Listing 8.146: **Mögliche Aufrufe von debug für cc_debug**

```
debug($array, 'array', __LINE__, __FILE__,6);
debug($string, 'string', __LINE__, __FILE__);
debug($string, 'string', __LINE__);
debug($string, 'string');
debug($string);
```

Die Extension `abz_developer` basiert auf `cc_debug` und schafft noch eine weitere Verfeinerung für Entwickler, die im Team mithilfe eines Versionierungssystems wie *Subversion* arbeiten. Um während der Entwicklungsphase nicht andere Entwickler mit Debugging-Ausgaben zu belästigen, kann jeder Entwickler über seine Initialen oder eine sonstige Kennung Ausgaben erzeugen, die nur für ihn sichtbar sind. Dazu wird als zusätzlicher erster Parameter einfach diese Kennung mit an die Funktion übergeben.

Listing 8.147: **Mögliche Aufrufe von debug für abz_developer**

```
tx_abzdeveloper::debug('fr',$var, 'array', __LINE__, __FILE__,6);
tx_abzdeveloper::debug('fr',$var, 'string', __LINE__, __FILE__);
tx_abzdeveloper::debug('fr',$var, 'string', __LINE__);
tx_abzdeveloper::debug('fr',$var, 'string');
tx_abzdeveloper::debug('fr',$var);
```

Bei der Installation von `abz_developer` können Sie angeben, welche Ausgaben beim Debugging erzeugt werden sollen.

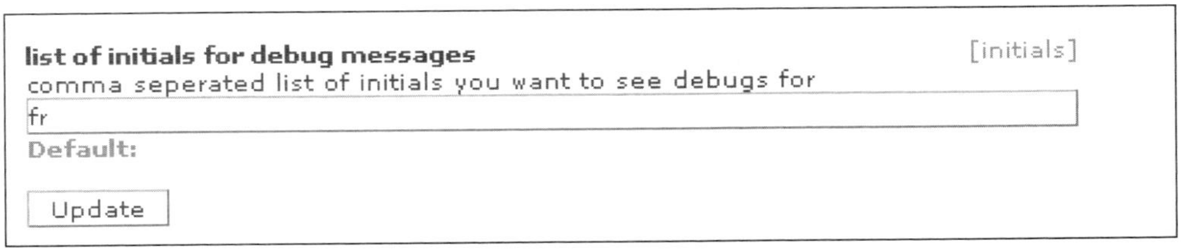

Abbildung 8.47: **Option bei der Installation von abz_developer**

> **INFO**
>
> Mit `beko_debugster` *gibt es eine weitere interessante Debug-Extension für Entwickler. Hier wird eine ganze Reihe von Konfigurationsmöglichkeiten zur Verfügung gestellt und unter anderem mehr Wert auf die optische Darstellung der Debug-Ausgabe gelegt.*

## Devlog nutzen

Der Developer-Log, also ein Logging von Informationen des laufenden Systems für Entwicklerzwecke, ist im TYPO3 *Core* als Dummy für eigene Logging-Extensions vorgesehen. Die Methode `devLog` implementiert lediglich einen Hook, den andere Extensions nutzen können und sollen.

# KAPITEL 8  Extensions entwickeln

Listing 8.148: **Funktion devlog in der Klasse t3lib_div**

```
function devLog($msg, $extKey, $severity=0, $dataVar=FALSE) {
   global $TYPO3_CONF_VARS;
   if (is_array($TYPO3_CONF_VARS['SC_OPTIONS']['t3lib/class.t3lib_div.
       php']['devLog'])) {
       $params = array('msg'=>$msg, 'extKey'=>$extKey, 'severity'=>
           $severity, 'dataVar'=>$dataVar);
       $fakeThis = FALSE;

foreach($TYPO3_CONF_VARS['SC_OPTIONS']['t3lib/class.t3lib_div.php']
   ['devLog'] as $hookMethod)  {
       t3lib_div::callUserFunction($hookMethod,$params,$fakeThis);
     }
   }
}
```

Eine gute Implementierung des Hooks bieten die Extensions devlog und rlmp_filedevlog. Dabei schreibt devlog die Einträge in eine Datenbanktabelle, wohingegen rlmp_filedevlog eine Datei mit Log-Meldungen füllt.

Listing 8.149: **Definition des Hooks in der Datei ext_localconf.php in devlog**

```
$TYPO3_CONF_VARS['SC_OPTIONS']['t3lib/class.t3lib_div.php']['devLog']
    [$_EXTKEY] = 'EXT:'.$_EXTKEY.'/class.tx_devlog.php:&tx_devlog->devLog';
```

Einträge in den Log sollten Sie immer unter Beachtung der Konstante TYPO3_DLOG basierend auf der Einstellung [SYS][enable_DLOG] im Install Tool erzeugen, damit diese Log-Meldungen tatsächlich nur während der Entwicklung auftreten.

Listing 8.150: **Code für einen Log-Eintrag in typo3/sysext/cms/tslib/index_ts.php**

```
if (TYPO3_DLOG) t3lib_div::devLog('END of FRONTEND session','cms',0,array
    ('_FLUSH'=>TRUE));
```

Vor allem bei der Implementierung von Services stellt der *devlog* eine sehr komfortable Möglichkeit zur Nachverfolgung von Vorgängen dar, da Sie hier oft nicht mit normalen Debug-Ausgaben im Frontend arbeiten können und beispielsweise auch später noch auf Informationen zu einen Login-Vorgang zugreifen wollen.

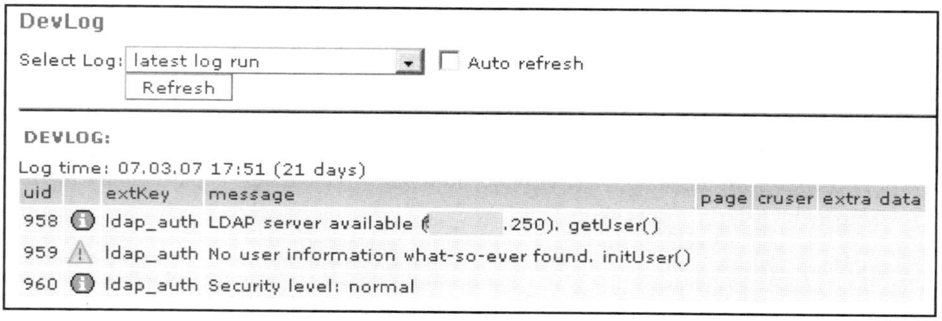

Abbildung 8.48: **Ausgabe von devlog für LDAP-Authentifizierung**

*Auch für TypoScript gibt es Möglichkeiten für das Debugging. Diese werden in Kapitel 4, Das Frontend – Ausgabe und Darstellung der Daten, Abschnitt 4.16.1 besprochen.*

*Da sich zum Thema Debugging immer wieder Neuerungen bei verfügbaren Extensions ergeben, empfehlen wir Ihnen eine Suche im TER nach »debug«, um aktuelle Entwicklungen zu sehen. Nehmen Sie sich die Zeit, hier ein paar Extensions auszuprobieren, das kann Ihnen später beim Entwickeln viel Zeit und Nerven sparen.*

*Nicht TYPO3-bezogen, aber unter Umständen sehr hilfreich ist die PHP-Erweiterung xdebug, die Sie auf* http://xdebug.org/ *finden. Speziell für Fehlerrückverfolgung, Profiling und Code-Coverage-Analyse finden Sie hier ein gutes Werkzeug.*

### 8.13.8 sysLog

Das System-Logging ist als regulärer Mitschnitt für den Live-Betrieb gedacht, der kritische oder interessante Informationen bereitstellt, um den einwandfreien Betrieb der TYPO3-Installation zu gewährleisten. Geschrieben werden die Informationen des Loggings in der Regel an kritischen Stellen oder bei kritischen Operationen, wobei ein Schweregrad angegeben werden sollte.

Listing 8.151: **Ausschnitt aus sql_pconnect() in der Datei t3lib_db.php**

```
895  if (!$this->link) {
896      t3lib_div::sysLog('Could not connect to Mysql server '.$TYPO3_db_
             host.' with user '.$TYPO3_db_username.'.','Core',4);
897  } else {
898      $setDBinit = t3lib_div::trimExplode(chr(10), $GLOBALS['TYPO3_CONF_
             VARS']['SYS']['setDBinit'],true);
899      foreach ($setDBinit as $v) {
900          if (mysql_query($v, $this->link) === FALSE) {
901              t3lib_div::sysLog('Could not initialize DB connection with
                     query "'.$v.'": '.mysql_error($this->link),'Core',3);
902          }
903      }
904 }
```

| SCHWEREGRAD | ANWENDUNG BEI |
|---|---|
| 0 | Informationen |
| 1 | Notizen |
| 2 | Warnungen |
| 3 | Fehler |
| 4 | Schwere Fehler |

Tabelle 8.6: **Mögliche Werte des Schweregrades**

Im Install Tool gibt es dazu zwei Einstellmöglichkeiten.

## [SYS][systemLog]

Sie können die Art des Loggings bestimmen und durch Strichpunkt getrennt auch mehrere Arten angeben.

| ART | AUSWIRKUNG UND KONFIGURATION |
|---|---|
| File | Die Informationen werden in eine Datei geschrieben: file,<absoluter-pfad zur-datei>[,<level>] |
| Mail | Die Informationen werden per Mail verschickt: mail,<Empfänger>[/<Absender>][,<level>] |
| syslog | Die Informationen werden über das Logging des Betriebssystems abgelegt, wobei *facility* LOCAL0 bis LOCAL7 und USER (auf Windows nur USER) sein kann: syslog,<facility>,[,<level>] |
| error_log | Die Informationen werden über das PHP-Fehler-Logging abgelegt: error_log[,<level>] |

Tabelle 8.7: **Möglichkeiten für das System-Logging**

Listing 8.152: **Beispiel für eine Angabe im Install Tool**

```
$TYPO3_CONF_VARS['SYS']['systemLog'] =
    'file,/var/www/typo3/syslog/syslog.txt,2;mail,admin@ihrServer.de,3'
```

## [SYS][systemLogLevel]

Sie können die Schwelle (den Schweregrad) bestimmen, ab der auflaufende Nachrichten des Loggings bearbeitet werden. Mögliche Angaben sehen Sie weiter oben in Tabelle 8.6.

*Über einen Hook in* t3lib_div::sysLog *können Sie zusätzliche eigene Möglichkeiten des Loggings implementieren:*

```
$TYPO3_CONF_VARS['SC_OPTIONS']['t3lib/class.t3lib_div.php']['systemLog'][]
```

## Deprecation Log

Seit der Version 4.3 gibt es den sogenannten Deprecation Log. Dieser schreibt eine Datei *typo3conf/deprecation_\*.log*. Sein Zweck ist es, dem Entwickler aufzuzeigen, welche veralteten (deprecated) API-Funktionen von TYPO3 von der eigenen Extension benutzt werden. In der TYPO3-Version 4.4 sollen dann diese alten API-Funktionen entfernt werden. Werfen Sie einen Blick in diese Datei! Sie werden feststellen, dass ziemlich viele Extensions alte Funktionalitäten benutzen. Im Log werden hilfreicherweise auch gleich die Möglichkeiten aufgezeigt, welche aktuellen API-Funktionen stattdessen benutzt werden sollen.

## 8.14 AJAX

### 8.14.1 Einbindung in herkömmliches Plugin

AJAX steht in verschiedenen Frameworks zur Verfügung, die jeweils für verschiedene Geschmäcker und Ausrichtungen geeignet sind. Im Bereich TYPO3 ist *xaJax*[11] für kleine AJAX-Anwendungen oder AJAX-Elemente in herkömmlichen Plugins sehr gut geeignet und deshalb vor allem für AJAX-Einsteiger zu empfehlen. Elmar Hinz hat eine TYPO3-Extension mit demselben Namen xajax veröffentlicht, die auf diesem Framework (zur Zeit der Bucherstellung in der Version 0.2.4) basiert. Die Extension gg_xajax liefert die aktuelle Version 0.5 des Frameworks.

*Falls Sie lieber auf ExtJS setzen, weil dieses Framework im TYPO3-Core mittlerweile zum Standard geworden ist und voraussichtlich auch in FLOW3 eine wichtige Rolle spielen wird, finden Sie Informationen und Anschauungsbeispiele in Abschnitt 8.9.*

Um die Einsatzmöglichkeiten anhand eines sehr einfachen und gut nachvollziehbaren Beispiels abschätzen zu können, installieren Sie am besten neben der Extension xajax die Extension xajax_tutor von Jörg Schoppet. Diese zeigt sowohl für ein Frontend-Plugin als auch für ein Backend-Modul sehr anschaulich die optimale Vorgehensweise für einen Einsatz von AJAX.

Das Beispiel für das Frontend zeigt ein einfaches Eingabeformular, das per AJAX Daten an den Server übermittelt. Dieser gibt darauf basierend Inhalte an den Client zurück, die dann an einer definierten Stelle über die ID eines HTML-Elements auf der Seite dargestellt werden.

AJAX-Anwendungen generell und auch in TYPO3 folgen dabei im Prinzip immer der gleichen Logik, die im Folgenden am Beispiel von xajax und xajax_tutor erläutert wird.

Abbildung 8.49: **Eingabeformular mit Ergebnis**

---

11  *xaJax Framework:* http://www.xajaxproject.org/

# KAPITEL 8   Extensions entwickeln

> **TIPP**
> *Öffnen Sie direkt die Datei* pi1/class.tx_xajaxtutor_pi1.php *aus der Extension* xajax_tutor, *um den gesamten Code im Überblick zu behalten.*

### 1. Nötige Klasse einbinden und initialisieren

Listing 8.153: **Einbinden und Instanziieren der xajax-Klasse**

```
require_once (t3lib_extMgm::extPath('xajax').'class.tx_xajax.php');
$this->xajax = t3lib_div::makeInstance('tx_xajax');
```

### 2. Konfigurationen setzen

Listing 8.154: **Konfigurationswerte setzen**

```
# $this->xajax->setRequestURI('xxx');
   // Decode form vars from utf8 to current charset
#$this->xajax->decodeUTF8InputOn();
   // Encode of the response to utf-8
#$this->xajax->setCharEncoding('utf-8');
   // To prevent conflicts, prepend the extension prefix
$this->xajax->setWrapperPrefix($this->prefixId);
   // Do you want messages in the status bar?
$this->xajax->statusMessagesOn();
   // Turn only on during testing
#$this->xajax->debugOn();
```

Die Konfigurationen sind neben den Funktionen in PHP die wichtigste Stelle, an der Sie die Sachlage verstehen und Ihren Wünschen entsprechend eingreifen müssen. Im Beispiel ist der URI für die Bearbeitung der AJAX-Anfragen derselbe wie für die gerade dargestellte Seite, deswegen kann diese Einstellung weggelassen werden. Character Encoding, Debugging, Anzeigen in der Statuszeile usw. werden je nach individuellen Projektbedürfnissen eingestellt.

> **INFO**
> *Dem Thema* Zeichensatz einstellen *haben wir weiter unten noch einen eigenen Abschnitt gewidmet. Alle weiteren möglichen Einstellungen finden Sie direkt im Code der Klasse* class.tx_xajax.php *in der Extension* xajax.

### 3. Funktionsnamen registrieren

Listing 8.155: **Registrierung des Funktionsnamens in JavaScript und PHP**

```
$this->xajax->registerFunction(array('processFormData', &$this, 'process↵
    FormData'));
```

Für die Registrierung von Funktionsnamen und damit für das Abarbeiten des Aufrufs haben Sie mit *xaJax* verschiedene Möglichkeiten. Sie können

» direkt eine Funktion aufrufen:

   Dies ist der einfachste Weg, der in vielen Anfängertutorials genannt wird. Hier entspricht der Name der aufrufenden JavaScript-Funktion dem Namen der PHP-Funktion.

   ```
   $xajax->registerFunction("myFunction");
   ```

# KAPITEL 8   Extensions entwickeln

» die Methode einer statischen Klasse aufrufen:

Das entspricht im Prinzip der Variante 1, nur dass hier die Methode einer Klasse aufgerufen wird und dabei der Name der JavaScript-Funktion getrennt angegeben wird. Es macht jedoch nach wie vor Sinn, die JavaScript-Funktion und die PHP-Methode mit dem gleichen Namen zu benennen.

```
$xajax->registerFunction(array("myFunctionName", "myClass", "myMethod");
```

» die Methode einer Objektinstanz aufrufen:

Diese Variante sehen Sie in unserem Beispiel, und Sie werden sie in TYPO3 am häufigsten antreffen, da Sie im Frontend Ihre instanziierte Klasse des Plugins zur Verfügung haben wollen.

```
$xajax->registerFunction(array("myFunctionName", &$myObject, "myMethod");
```

Beim Einsatz von PHP4 müssen Sie das Zeichen & vor das Objekt stellen, um sicherzugehen, dass es als Referenz übergeben wird. In PHP5 ist dies das Standardverhalten.

4. AJAX-Anfragen annehmen und abarbeiten:

Listing 8.156: **Bearbeitung der AJAX-Anfragen**

```
$this->xajax->processRequests();
```

Dies ist eine wichtige Stelle für das Verständnis von AJAX-Anwendungen. Falls der aktuelle Scriptdurchlauf von einer AJAX-Anfrage ausgelöst wurde, wird die registrierte Funktion aufgerufen, und die erhaltenen Werte werden sauber an die Webseite zurückgegeben. Danach wird das Script an dieser Stelle abgebrochen, da bereits alles erledigt ist! Falls es sich um einen regulären Aufruf handelt, passiert hier nichts, und das Script wird ganz normal abgearbeitet.

5. Nötiges JavaScript einfügen:

Listing 8.157: **JavaScript einbinden**

```
    // Else create javascript and add it to the header output
$GLOBALS['TSFE']->additionalHeaderData[$this->prefixId] = $this->xajax->
    getJavascript(t3lib_extMgm::siteRelPath('xajax'));
```

Für einen regulären Aufbau der Seite muss die nötige JavaScript-Bibliothek eingebunden werden, um einen AJAX-Aufruf überhaupt erst zu ermöglichen.

6. PHP-Funktion oder Methode bereitstellen:

Listing 8.158: **Methode für den AJAX-Aufruf**

```
function processFormData($data) {
    // We put our incoming data to the regular piVars
    $this->piVars = $data[$this->prefixId];
```

# KAPITEL 8  Extensions entwickeln

```
        // and proceed as a normal controller ...
    $content = $this->sGetFormResult();
    $objResponse = new tx_xajax_response();
        // Add the content to or result box
    $objResponse->addAssign('formResult', 'innerHTML', $content);
        //return the XML response
    return $objResponse->getXML();
}
```

Die weiter oben für einen Aufruf definierte PHP-Funktion oder Methode müssen Sie natürlich auch bereitstellen. Die überaus smarte Idee ist hierbei, die per AJAX in der Regel als *POST* gesendeten Daten direkt in `$this->piVars` zu schreiben, um dadurch die Logik genau so schreiben zu können, als wenn Daten auf dem herkömmlichen Weg an den Server geschickt worden wären. Der resultierende HTML-Code kann dann einem HTML-Objekt auf der Seite zugewiesen und zurückgeliefert werden.

> *Die verschiedenen Möglichkeiten der Datenrückgabe an den aufrufenden Browser finden Sie in der Datei* class.tx_xajax_response.php *innerhalb der Extension* xajax.
>
> *Sie können beispielsweise neben dem Zuweisen von Daten an ein HTML-Objekt auch Daten anfügen oder ersetzen oder auch nur ein* alert() *ausgeben.*

1. Auslöser und Aktion festlegen:

Listing 8.159: **Formular zum Auslösen einer AJAX-Anfrage**

```
<form onsubmit="return false;" action="2.html?&L=" method="POST"
    enctype="multipart/form-data" id="xajax_form">
    <fieldset>
    <legend><strong>Testformular der xaJax Anleitung:</strong> 
        </legend>
        <label for="mytext">Textfeld</label>
        <br />
        <textarea id="mytext" name="tx_xajaxtutor_pi1[mytext]" rows="5"
            cols="30"></textarea>
        <br />
        <input type="hidden" name="no_cache" value="1" />
        <input onClick="tx_xajaxtutor_pi1processFormData(xajax.getForm
            Values('xajax_form'))" type="submit" name="tx_xajaxtutor_pi1
            [submit_button]" value="Übertragen" />
        <input type="reset" />
    </fieldset>
</form>
```

> *Wir stellen hier den aus PHP resultierenden HTML-Code dar, um ein einfacheres Verständnis zu ermöglichen. Den zugrunde liegenden PHP-Code können Sie direkt in der Klasse* tx_xajaxtutor_pi1 *einsehen.*

Entscheidend ist hier, dass durch `onsubmit="return false;"` ein direktes Abschicken des Formulars und damit ein Neuladen der Seite verhindert wird. Die Daten werden über das Attribut `onClick` des Submit-Buttons an den Server übertragen. Um die Daten aus dem

# KAPITEL 8   Extensions entwickeln

Formular auszulesen und in der korrekten Form an den Server zu übermitteln, können Sie wiederum auf vorgegebene Möglichkeiten zurückgreifen. Der Name der JavaScript-Funktion setzt sich aus den Angaben in `setWrapperPrefix` und dem definierten Namen in `registerFunction` zusammen, um zu verhindern, dass sich Namen aus verschiedenen Plugins überschneiden.

Eine AJAX-Anfrage durchläuft kurz gefasst also folgende Schritte:

1. Daten umwandeln und an den Server übermitteln
2. Daten an die verarbeitende Funktion übergeben
3. Rückgabewerte der Funktion entgegennehmen
4. Werte umwandeln und an den Client übermitteln
5. Frontend entsprechend den Werten anpassen

## Zeichensatz richtig einstellen

Das JavaScript-Objekt `XmlHttpRequest`, auf dem alle AJAX-Anfragen basieren, behandelt alle Datensätze in *UTF-8*. Es wird mittlerweile auch bei TYPO3 empfohlen, alle Projekte (und Datenbanken) in *UTF-8* umzusetzen, da mit diesem Zeichensatz alle Sprachen abgebildet werden können.

Falls Sie – aus welchen Gründen auch immer – Ihr TYPO3-Projekt in einem anderen Zeichensatz umsetzen, müssen entsprechende Umwandlungen vorgenommen werden. Bei *xaJax* bieten sich hier verschiedene Vorgehensweisen an:

» Standard-Encoding einstellen
» Encoding bei der Instanziierung setzen
» Encoding erst nach der Instanziierung setzen

Den einfachsten Weg bietet das Standard-Encoding an, das Sie sauber in TYPO3 definieren können. In der Extension `xajax` wird die dafür verwendete Konstante definiert, falls sie nicht bereits definiert wurde.

Listing 8.160: **Definition des Standard-Zeichensatzes**

```
if (!defined ('XAJAX_DEFAULT_CHAR_ENCODING')) {
   define ('XAJAX_DEFAULT_CHAR_ENCODING', 'utf-8' );
}
```

Falls Sie also bereits vorher diese Konstante definiert haben, wird Ihre Definition der Konstante verwendet. Eine gute Möglichkeit bietet beispielsweise die PHP-Datei, in der Sie Ihr Frontend-Plugin definiert haben. Definieren Sie die Konstante jedoch vor dem Einbinden der Klasse aus der Extension `xajax`.

## KAPITEL 8 Extensions entwickeln

Listing 8.161: **Standard-Zeichensatz definieren**

```
   // configure my encoding
define ('XAJAX_DEFAULT_CHAR_ENCODING', 'ISO-8859-1' );
   // Include xaJax
require_once (t3lib_extMgm::extPath('xajax').'class.tx_xajax.php');
```

Weitere Informationen zum Thema Zeichensatz finden Sie auf der Wiki-Seite von *xaJax*[12].

### 8.14.2 Den eID-Mechanismus nutzen

Der Kennzeichner eID steht für Extension ID und kann im Prinzip für den Aufbau eines eigenen Renderings benutzt werden. Dadurch wird schon sehr früh im Code die reguläre Abarbeitung in TYPO3 verlassen und auf ein von Ihnen zur Verfügung gestelltes Script verwiesen. Dies kann für bestimmte Aufgaben zu erheblichen Performance-Verbesserungen führen und wird insbesondere auch für AJAX-Aufrufe verwendet.

Listing 8.162: **Überprüfung, ob der eID-Weg begangen werden soll, in tslib/index_ts.php**

```
// **********************
// Look for extension ID which will launch alternative output engine
// **********************
if ($temp_extId = t3lib_div::_GP('eID')) {
    if ($classPath = t3lib_div::getFileAbsFileName($TYPO3_CONF_VARS['FE'] ⮐
['eID_include'][$temp_extId]))   {
        // Remove any output produced until now
        ob_clean();
        require($classPath);
    }
    exit;
}
```

Sie müssen lediglich über die im Code dargestellte `TYPO3_CONF_VARS` eine Datei mit Ihrem Code angeben und diese durch das Mitschicken eines `GET`- oder `POST`-Parameters `eID` mit dem passenden Wert ansteuern.

Listing 8.163: **Beispielhafte TYPO3_CONF_VAR und passender http-Aufruf**

```
$TYPO3_CONF_VARS['FE']['eID_include']['mykey'] = 'EXT:myext/myeidcode.php';
http://www.mypage.org/eID=mykey
```

In der angegebenen PHP-Datei haben Sie dann freie Hand, um beispielsweise noch weitere Parameter auszuwerten und entsprechende Ausgaben zurückzuliefern. Da Sie den regulären Code-Ablauf schon früh verlassen haben, müssen Sie sich selbst um Datenbankzugriff und die Erzeugung eventuell benötigter TYPO3-Objekte kümmern, allerdings finden Sie Hilfe in der Klasse `tslib_eidtools`. Damit können Sie beispielsweise die Datenbankverbindung herstellen und bei Bedarf eine Frontend-Benutzer-Session starten.

---

[12] *xaJax Encoding:* http://wiki.xajaxproject.org/Tutorials:Character_Encoding_and_xajax

**KAPITEL 8**  Extensions entwickeln

Ein Beispiel für die Verwendung von eID für AJAX-Anfragen finden Sie in den Extensions `calajax` und `ratings` im TER, wobei `ratings` auch hier im Buch in Kapitel 9, *Extensions, von denen Sie lernen können*, Abschnitt 9.9 vorgestellt wird. Ein weiteres schönes Beispiel für einen sinnvollen Einsatz von eID ist die Extension `aba_watchdog`.

## 8.15 Veröffentlichung Ihrer Extension

### 8.15.1 Dokumentation erstellen

Eine gute Extension sollte eine hilfreiche Dokumentation enthalten. Auch wenn Sie selbst Ihre Extension ohne Dokumentation verstehen und einsetzen können, sollten Sie versuchen, sich an diese Vorgabe zu halten. Der Aufwand ist überschaubar und erleichtert vielen Benutzern den Einsatz Ihrer Extension wesentlich. Als Grundlage dient das *TYPO3 Documentation Repository (TDR)*. Darin liegt die Dokumentationsdatei im Format *OpenOffice Writer* (.sxw) oder *Open Document Text* (.odt) vor. Jede Änderung muss an diesem Dokument vorgenommen werden. Daraus werden dann die verschiedenen Ausgabeformate wie HTML generiert. Als Editor bietet sich der *OpenOffice Writer*[13] an.

*Im Zuge der Umstellung auf das neue TYPO3 Extension Repository TER2 ist die optimale Vorgehensweise zum Erzeugen von Dokumentation noch nicht endgültig entschieden. Einblicke in den aktuellen Stand erhalten Sie auf typo3.org:*

http://typo3.org/teams/typo3org/documents/tdr/

Derzeit ist der beste Weg zur Dokumentation Ihrer Extension:

1. Erstellen Sie Ihre Extension.

2. Nutzen Sie als Grundlage für Ihre Dokumentation die Extension `doc_template` oder die Dokumentation einer guten bestehenden Extension, und bearbeiten Sie die Datei mit dem *OpenOffice Writer*.

3. Speichern Sie die Datei im Ordner *doc* Ihrer Extension. Beim Hochladen ins TER wird die Dokumentation automatisch im TDR abgelegt und steht dann auf typo3.org zur Verfügung.

*Falls Sie auch bei der Erstellung und Verbesserung der Dokumentation zu Ihrer Extension auf die Zusammenarbeit in der TYPO3-Community zurückgreifen wollen, bietet sich eine Seite auf dem TYPO3-Wiki an:*

http://wiki.typo3.org/index.php/Overview_Extension_manuals

---

13  Open Office: http://www.openoffice.org/

## 8.15.2 Ins TER hochladen

Nun haben Sie es fast geschafft. Die Extension ist getestet, die Dokumentation geschrieben. Hier sehen Sie noch einige Tipps und Hilfen für den letzten Feinschliff von dem Upload ins TER. Nutzen Sie diese als Checkliste.

» Haben Sie den Code sauber dokumentiert? Die API für Ihre Klassen erstellt? Doppelte Anführungszeichen durch einfache Anführungszeichen ersetzt? Texte in XML-Dateien zur Unterstützung der Mehrsprachigkeit ausgelagert?

Nutzen Sie die Hilfe der Extension `extdevelval`!

» Sie haben die Dokumentation für Ihre Extension erstellt und im Ordner *doc* mit der Endung *.odt* oder *.swx* gespeichert.

» Sie haben eigene Icons für die Extension erzeugt und die entsprechenden *_icon.gif*-Dateien ersetzt.

Sie sind bereits auf *typo3.org* registriert und kennen Ihren Benutzernamen und Ihr Passwort.[14]

Mithilfe des *Extension Managers* können Sie die neue oder überarbeitete Extension ins TER hochladen.

Abbildung 8.50: **Menü des Kickstarters nach Auswahl einer Extension**

Als Hilfestellung für die Auswahl der richtigen Versionsnummer dienen folgende Regeln:

» Die erste stabile Version erhält die Versionsnummer 1.0.0.

» Jede Änderung (auch ein Bugfix) sollte eine neue Version bekommen.

» Kleine Erweiterungen und behobene Fehler resultieren in einer neuen Entwicklungsversion.

» Deutliche Erweiterungen und neue Features erhalten eine neue Unterversion.

» Größere Umstellungen und herausragende Weiterentwicklungen erhalten eine neue Hauptversion.

---

14  http://typo3.org/community/your-account/

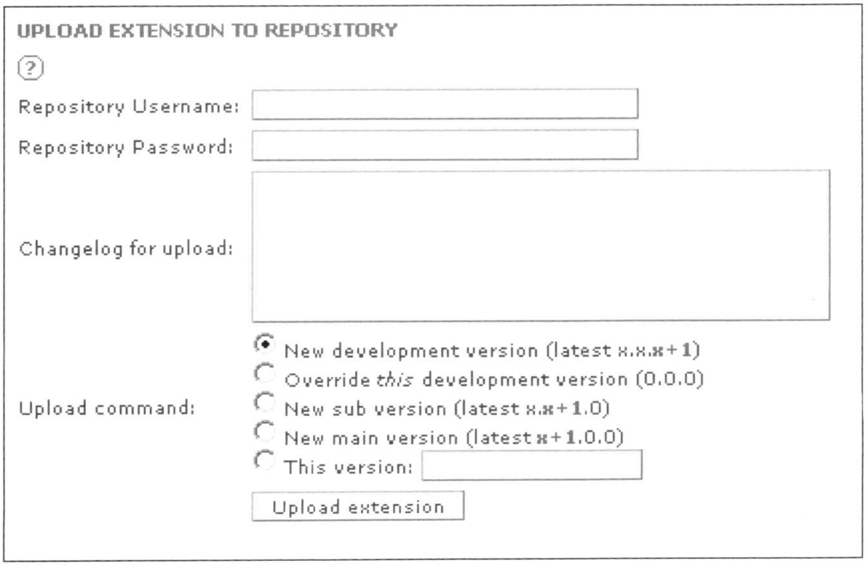

# KAPITEL 8   Extensions entwickeln

Abbildung 8.51: **Eingabemaske für das Hochladen der Extension**

### 8.15.3 Ein eigenes Extension Repository aufsetzen

Eine weitere sehr spannende neue Möglichkeit ist das Aufsetzen eines eigenen privaten *Extension Repository*. Sie können damit sehr komfortabel Extensions innerhalb einer Firma oder Firmengruppe verwalten, falls Sie diese Extensions nicht (oder noch nicht) allgemein veröffentlichen wollen.

Wie üblich bei TYPO3 brauchen Sie dazu erst einmal die passende Extension. In diesem Fall ist es ter. Diese Extension liefert auch das zentrale TYPO3 Extension Repository auf www.typo3.org. Außerdem sind zwingend PHP5 und das zugehörige *SOAP*-Modul nötig. Hilfe beim Einrichten finden Sie in der Dokumentation der Extension und an diversen Stellen im Internet. Eine Suche nach »typo3 create your private extension repository« sollte Ihnen weiterhelfen.

## 8.16 Materialien zum Weitermachen

Falls Sie sich zu diesem Themenblock weitergehend informieren wollen, können Sie folgende Quellen in Betracht ziehen:

» Auf CD
  » doc_core_api
  » doc_core_inside
  » doc_core_cgl

- » doc_core_tsconfig
- » doc_core_tsref
- » doc_l10nguide
» Im Internet
  - » http://typo3.org/documentation/
  - » http://wiki.typo3.org/index.php
  - » http://wiki.typo3.org/index.php/Extension_Development
  - » http://wiki.typo3.org/index.php/Extension_Developers_Guide
  - » http://wiki.typo3.org/index.php/Backend_Programming
  - » http://wiki.typo3.org/index.php/Extension_coordination_team
  - » http://wiki.typo3.org/index.php/Extension_Development_%2C_using_Flex-forms

# 9. Extensions, von denen Sie lernen können

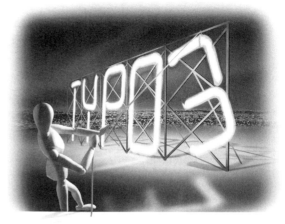

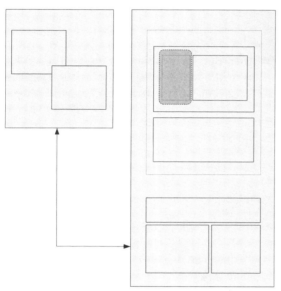

In diesem Abschnitt wollen wir Extensions für TYPO3 vorstellen, von denen Sie viel für die Entwicklung Ihrer eigenen Extension lernen können. Die Auswahl ist natürlich subjektiv, und wir bitten um Verständnis, falls Sie andere Extensions spannender oder lehrreicher finden. Wir freuen uns natürlich über entsprechende Hinweise auf der Buchwebseite www.typo3-profibuch.de. Um Verwirrungen beim Analysieren des jeweiligen Codes zu vermeiden, nennen wir jeweils die Herkunft und die Version der besprochenen Extension. Für viele Extensions werden Sie auf forge.typo3.org das zugehörige Projekt finden, dort können Sie den aktuellsten Entwicklungsstand einsehen.

**ACHTUNG**

**Informationen bezüglich Installation und Konfiguration zur jeweiligen Extension finden Sie in der Regel in der englischsprachigen Dokumentation, die der Extension beiliegen sollte.**

## 9.1 blog_example

Version 1.0.0

Herkunft: TER (oder forge für den tagesaktuellen Entwicklungsstand)

Wenn Sie sich mit Extbase/Fluid auseinander setzen wollen, ist blog_example der Einstieg schlechthin. Die Extension ist die offizielle Demo für die Nutzung von Extbase/Fluid als Entwicklungsbasis für die eigene Extension. Da dieses Thema sehr umfangreich, aber auch wichtig für die Zukunftsfähigkeit Ihrer Extensions ist, haben wir dafür einen ganzen Bereich im Buch vorgesehen, siehe Kapitel 8, *Extensions entwickeln*, Abschnitt 8.6.

## 9.2 viewhelpertest

Version 0.9.0

Herkunft: forge

Die Extension bietet eine ganze Reihe von Beispielen für den Einsatz von Fluid bzw. der ViewHelper von Fluid. Da Fluid eine entscheidende Rolle für neue Extensions auf Basis von Extbase spielen, haben wir auch hier einen speziellen Abschnitt vorgesehen, siehe Kapitel 8, *Extensions entwickeln*, Abschnitt 8.8.

## 9.3 cal

Version: 1.3.1

Herkunft: TER

Die Extension cal ist der Zusammenschluss mehrerer Kalender-Extensions. Wir finden diesen Zustand besonders bemerkenswert, da wir es als sehr vorteilhaft betrachten, wenn sich Entwickler zusammenschließen, um eine leistungsfähige Extension mit vielen Features gemeinsam zu entwickeln, anstatt eigene Süppchen zu kochen. Die Extension ist darauf ausgelegt, durch zusätzliche Extensions mit weiteren Funktionalitäten ausgestattet zu werden. Für die Koordination dieser Anstrengungen gibt es eine eigene Newsgroup[1] und Wiki-Seite[2].

Einige der Highlights sind:

» die mögliche Anbindung an *iCal-Applikationen*

» die Umsetzung nach dem MVC-Pattern, was die gemeinsame Entwicklung erleichtert

» die mögliche Einbindung von tt_news-Datensätzen

» die umfangreiche Bearbeitungsmöglichkeit im Frontend

» die Möglichkeit der benutzergruppenabhängigen Darstellung im Frontend

» die Erzeugung von iCal-Feeds und RSS-Feeds

---

1  **Newsgroup zu cal:** news://news.netfielders.de/typo3.projects.calendar
2  **Wiki zu cal:** http://wiki.typo3.org/index.php/Calendar

**KAPITEL 9** Extensions, von denen Sie lernen können

> **ICS / iCal[3]**
>
> ICS und iCal meinen im Prinzip dasselbe, nämlich einen Standard zum Austausch von Kalenderinformationen. ICS bezieht sich auf die zugehörige Dateiendung, falls Daten ausgetauscht werden sollen, und iCal war das erste Programm, das dieses Datenformat genutzt hat.

### 9.3.1 Dokumentation

Wow! Sehen Sie sich einmal die der Extension beiliegenden Dokumentation an. Ausführlich und gut gemacht. Dabei gibt es zusätzlich noch Verweise auf weitere Informationen online.

### 9.3.2 Umfangreiches Frontend Editing

Um einer breiten Benutzerschicht einen möglichst komfortablen Umgang mit cal zu ermöglichen, ist ein umfangreiches Frontend-Editing integriert worden. Zur Steuerung von Rechten kann hierbei sogar noch einmal zwischen Administratoren und Benutzern unterschieden werden. Sie finden dazu einen umfangreichen Abschnitt »Frontend Editing« in der Dokumentation, die der Extension beiliegt.

### 9.3.3 Eigene Funktionalitäten mithilfe von Services einbringen

Wie wir in der Kurzbeschreibung zur Extension bereits erwähnt haben, wurde von den Entwicklern großer Wert auf Erweiterbarkeit durch eigene Extensions gelegt. Als Basis dafür wurde das MVC-Paradigma eingesetzt und eine service-basierte Struktur gewählt.

Um also Erweiterungen oder Veränderungen an der Extension vorzunehmen, können Sie über eine eigene Extension einen neuen Service registrieren. Vertiefende Informationen zu Services in TYPO3 finden Sie im Kapitel 7, Das Framework – *Werkzeugkasten für die eigene Extension*, Abschnitt 7.9.4.

So wird z. B. die Klasse, die für die Anzeige der standardmäßigen Wochenansicht im Kalender zuständig ist, in der Datei *ext_localconf.php* als Service eingebunden:

Listing 9.1: **Einbindung des Service für die Standard-Darstellung der Wochenansicht**

```
147 /* Default week View */
148 t3lib_extMgm::addService($_EXTKEY, 'cal_view' /* sv type */,'tx_
    default_week' /* sv key */,
149     array(
150         'title' => 'Default Week View', 'description' => '', 'subtype'
    => 'week',
151         'available' => TRUE, 'priority' => 50, 'quality' => 50,
152         'os' => '', 'exec' => '',
153         'classFile' =>
t3lib_extMgm::extPath($_EXTKEY).'view/class.tx_cal_weekview.php',
154         'className' => 'tx_cal_weekview',
155     )
156 );
```

---

[3] iCalendar: http://de.wikipedia.org/wiki/ICalendar

# KAPITEL 9　Extensions, von denen Sie lernen können

Um diese Wochenansicht im Frontend durch eine selbst programmierte Ansicht zu ersetzen, legen Sie mithilfe des *Kickstarters* eine neue Service-Extension an. Die notwendigen Eintragungen für SERVICE TYPE und SUB TYPE können Sie den Angaben aus oben genannter *ext_localconf.php* entnehmen.

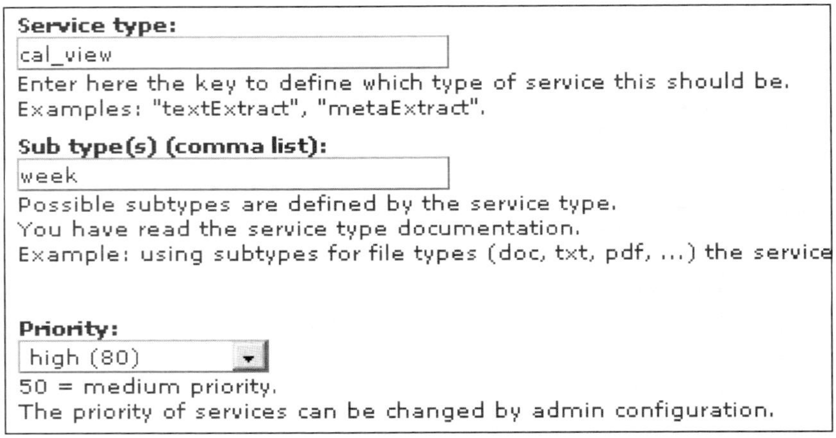

**Service type:**
cal_view
Enter here the key to define which type of service this should be.
Examples: "textExtract", "metaExtract".

**Sub type(s) (comma list):**
week
Possible subtypes are defined by the service type.
You have read the service type documentation.
Example: using subtypes for file types (doc, txt, pdf, ...) the service

**Priority:**
high (80)
50 = medium priority.
The priority of services can be changed by admin configuration.

Abbildung 9.1: **Eingabe der Daten im Kickstarter für den neuen Service**

Der Kickstarter legt die komplette Grundstruktur des neuen Service an. Sie müssen lediglich in der erzeugten PHP-Klasse die von `cal` benötigten Methoden einfügen. Dies ist in unserem Fall die Methode `drawWeek()`. Laut Dokumentation sollte Ihre Service-Klasse von der Klasse `tx_cal_base_view` erben, damit alle benötigten Methoden und Eigenschaften vorhanden sind.

Listing 9.2: **Dummy-Klasse des Service für eine fiktive Extension namens extcal**

```
require_once (t3lib_extMgm :: extPath('cal').'view/class.tx_cal_base_
    view.php');

class tx_extcal_sv1 extends tx_cal_base_view {
    var $prefixId = 'tx_extcal_sv1';
    var $scriptRelPath = 'sv1/class.tx_extcal_sv1.php';
    var $extKey = 'extcal';

    function drawWeek(&$master_array, $getdate) {
        return 'Cal Week Dummy';
    }
}
```

> **TIPP**
> *Lesen Sie den Abschnitt »Developer's Manual« aus der englischsprachigen Dokumentation, die der Extension beiliegt. Dort finden Sie eine ausführliche Erklärung zu den Programmierstrukturen.*

## 9.4 Commerce

Version: 0.11.16

Herkunft: forge

Das E-Commerce-Projekt für TYPO3 ist angetreten, um einen voll funktionsfähigen Shop mit aktuellen Funktionalitäten umzusetzen und dabei auf eine vollständige und saubere Integration in die TYPO3-API zu achten.

Das komplette Paket besteht aus einer ganzen Reihe von zusammenhängenden Extensions (commerce, dynaflex, graytree sowie mehreren optionalen Erweiterungen als eigene Extensions) und ist eine der umfangreichsten Extensions für TYPO3 überhaupt.

Auf die Vor- und Nachteile dieser Extension als Online Shop und einen Vergleich mit anderen Extensions und Shoplösungen werden wir hier bewusst nicht eingehen, diese Extension bietet jedoch aus Entwicklersicht eine Vielzahl interessanter und positiv hervorzuhebender Aspekte:

» eine konsequent objektorientierte Programmierung
» gute Erweiterungsmöglichkeiten durch zahlreiche sinnvoll platzierte Hooks
» flexible Layoutgestaltung des Frontends durch Templates
» Möglichkeit der Abbildung von Produktkategorien in beliebiger Tiefe
» integrierte Adressverwaltung
» Auswahl zwischen Standard Modus (Produkte <-> mehrere Artikel) und dem sog. Simple-Mode für einfache Shops ohne Attribut- und Artikelverwaltung
» ein aktives Entwicklerteam und stete Weiterentwicklung

### Hooks für individuelle Anpassungen

Es gibt eine große Anzahl an Hooks, die Sie für eine individuelle Anpassung von commerce nutzen können, die Vorgehensweise dabei ist TYPO3-konform.

Hier ein paar Beispiele:

» tx_commerce_*: postinit

Für viele der Klassen stehen Hooks dieser Art zur Verfügung, die bereits nach der Instanzierung der Klasse eingreifen. Sie können dort beispielsweise Ihre Objekte (Produkte, Preise, ...) um die Attribute Ihrer selbst hinzugefügten Datenbankfelder erweitern um später an beliebigen Stellen auf diese Werte zugreifen zu können.

» tx_commerce_pi3: postpayment

Checkout: Hook nach Abarbeitung der Bezahlung

» tx_commerce_pi3: preinsert

Checkout: Hook vor Eintragung der Daten in die Datenbank

**KAPITEL 9** Extensions, von denen Sie lernen können

Benötigen Sie einen zusätzlichen Hook, so können Sie diesen – wie bei TYPO3 üblich – bei den Entwicklern anfragen.

*Generelle Informationen über Hooks finden Sie im Kapitel 7, Das Framework – Werkzeugkasten für die eigene Extension, Abschnitt 7.9.3.*

## Das Commerce Modul

Im Kapitel 8, *Extension entwickeln*, Abschnitt 8.4.7 wurde bereits angerissen, wie man eigene Sub-Module durch den Kickstarter anlegen lassen kann. Bei Commerce können wir uns an einem konkreten Beispiel ansehen, wie ein eigenes Main Modul mit mehreren Sub-Modulen erstellt wird.

Listing 9.3: **Registrierung der Module in der Datei ext_emconf.php (Ausschnitt)**

```
$EM_CONF[$_EXTKEY] = array(
    'title' => 'Commerce',
    'description' => 'TYPO3 commerce shopping system',
    'category' => 'module',
    [...]
    'module' => 'mod_main,mod_category,mod_access,mod_perftest,mod_ ↵
        orders,mod_systemdata,mod_statistic',
    [...]
);
```

Die weitergehende Definition – an welcher Stelle die Module platziert werden und welches Modul welches Verzeichnis anspricht – findet in der Datei *ext_tables.php* statt:

Listing 9.4: **Konfiguration der Commerce Module (Ausschnitt)**

```
if (TYPO3_MODE=='BE') {
    // add module after 'File'
    if (!isset($TBE_MODULES['txcommerceM1'])) {
        $temp_TBE_MODULES = array();
        foreach($TBE_MODULES as $key => $val) {
            if ($key=='file') {
                $temp_TBE_MODULES[$key] = $val;
                $temp_TBE_MODULES['txcommerceM1'] = $val;
            } else {
                $temp_TBE_MODULES[$key] = $val;
            }
        }
        $TBE_MODULES = $temp_TBE_MODULES;
    }
        // add Main Module
    t3lib_extMgm::addModule('txcommerceM1','','',t3lib_extmgm::extPath ↵
        ('commerce').'mod_main/');
        // add Category Module
    t3lib_extMgm::addModule('txcommerceM1','category','',t3lib_extmgm: ↵
        :extPath('commerce').'mod_category/');
        // add Access Module
```

# KAPITEL 9  Extensions, von denen Sie lernen können

```
    t3lib_extMgm::addModule('txcommerceM1','access','',t3lib_extmgm:
      :extPath('commerce').'mod_access/');
    [...]
}
```

Schauen Sie sich außerdem die Dateien in dem Verzeichnis *mod_main* an. Die Datei *index.php* ist leer, muss aber zwingend vorhanden sein. Des Weiteren gibt es für alle Sub-Module eigene Verzeichnisse mit den jeweils notwendigen Dateien.

## Der Commerce Kategoriebaum

Eines der Sub-Module ist das Modul »Kategorie« zur übersichtlichen Darstellung und Bearbeitung des Kategoriebaumes mit zugehörigen Produkten. Hier werden die Kategorien (wie sonst die Seiten) in ihrer hierarchischen Struktur dargestellt.

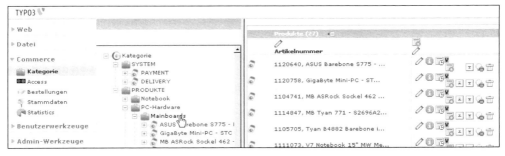

Abbildung 9.2: **Kategoriebaum im Modul Commerce**

Ein weiteres, das Modul Access nutzt ebenso diesen Baum: hier kann den Redakteuren Berechtigung auf Kategorieebene – analog dem Prinzip des Zugriffs auf Seitenebene – zugewiesen werden.

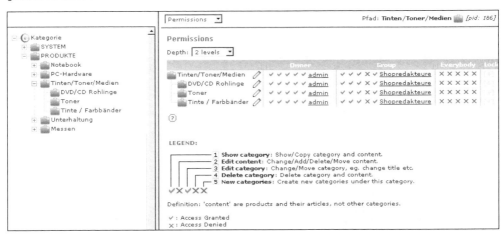

Abbildung 9.3: **Das Access Modul für die Kategorien**

# KAPITEL 9 Extensions, von denen Sie lernen können

Beim Konfigurieren der Redakteursrechte darf natürlich der Commerce Mountpoint nicht vergessen werden, der dem Redakteur oder der Gruppe zugewiesen werden muss.

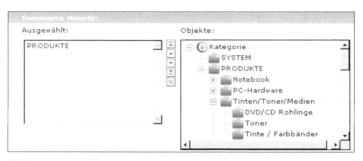

Abbildung 9.4: **Mount auf die Commerce Kategorie im Benutzergruppen-Datensatz.**

Falls Sie sich genauer ansehen möchten, wie dieser Kategoriebaum erstellt wird, beschäftigen Sie sich mit dem Verzeichnis *mod_category* (Sub-Modul) und speziell mit der zuständigen Klasse für den Navigationsframe *class.tx_commerce_category_navframe.php*. Das hier instanziierte Objekt tx_commerce_categorytree (im Verzeichnis *treelib*) enthält die notwendigen Attribute und Methoden zur Generierung des Navigationsbaumes.

Die Dateistruktur scheint auf den ersten Blick etwas verwirrend, da auch eine zweite Methode zur Baumgenerierung auftaucht, das leitet sich aus der Geschichte her. Die in früheren Commerce Versionen genutzte Extension graytree wurde inzwischen abgelöst, die Baumgenerierung findet nun direkt in der Commerce Extension statt. Wenn aber aus Gründen der Abwärtskompatibilität graytree noch verwendet wird, dann ist für den Navigationsframe stattdessen die Klasse *class.tx_commerce_category_navframe_graytree.php* zuständig, die mit dem Objekt in *class.tx_commerce_browseTrees* (im Verzeichnis *lib*) zur Generierung des Baumes arbeitet.

Listing 9.5: **Auswahl der Methode in mod_category/navframe_chooser.php**

```
$useGraytree = $GLOBALS['TYPO3_CONF_VARS']['EXTCONF']['commerce'] 
   ['useGraytree'];
if($useGraytree) {

   header('Location: class.tx_commerce_category_navframe_graytree.php');

} else {

   header('Location: class.tx_commerce_category_navframe.php');

}
```

## Nutzung von dynaflex für Dynamische Anpassung von Backend-Formularen

Die Extension dynaflex ermöglicht es, während der Laufzeit nach bestimmten Kriterien auf die sonst fest im $TCA definierten Flexform-Felder in Formularen Einfluss zu nehmen.

# KAPITEL 9   Extensions, von denen Sie lernen können

Commerce nutzt diese Möglichkeit beispielsweise bei den Kategorien, um die Flexform für die zugehörigen Attribute dynamisch anzupassen.

Listing 9.6: **Registrierung in ext_localconf.php**

```
$GLOBALS['T3_VAR']['ext']['dynaflex']['tx_commerce_categories'][] = 
   'EXT:commerce/dcafiles/class.tx_commerce_categories_dfconfig.php:tx_ 
   commerce_categories_dfconfig';
```

Ohne Eingriff durch DynaFlex sieht das $TCA für das Artikelfeld recht schmal aus, es ist nur eine leere Flexform definiert.

Listing 9.7: **Feldefinition in tcafiles/tx_commerce_categories.tca.php**

```
'attributes' => Array (
   'exclude' => 1,
   'l10n_mode' => 'exclude',
   'label' => 'LLL:EXT:commerce/locallang_db.xml:tx_commerce_products. 
       attributes',
   'config' => Array (
      'type' => 'flex',
      'ds' => Array (
         'default' => '
            <T3DataStructure>
               <meta>
                  <langDisable>1</langDisable>
               </meta>
               <ROOT>
                  <type>array</type>
               </ROOT>
            </T3DataStructure>
         '
      ),
   ),
),
```

DynaFlex wird wie in Listing 9.6 zu sehen über einen Registrierungseintrag in der Datei *ext_localconf.php* über den Auftrag zur Modifizierung informiert. Die angegebene Datei enthält die Definitionen für DynFlex.

Listing 9.8: **Erster Teil der DynaFlex-Konfiguration**

```
var $DCA = array (
   0 => array (
      'path' => 'tx_commerce_categories/columns/attributes/config/ds/ 
          default',
      'modifications' => array (
         array (
            'method' => 'add',
            'path' => 'ROOT/el',
            'type' => 'fields',
            'source' => 'db',
            'source_type' => 'entry_count',
            'source_config' => array (
               'table' =>
```

# KAPITEL 9  Extensions, von denen Sie lernen können

```
            'tx_commerce_attribute_correlationtypes',
                'select' => '*',
                'where' => 'uid = 1',
            ),
            'field_config' => array (
                1 => array (
                    'name' => 'ct_###uid###',
                    'label' => 'LLL:EXT:commerce/locallang_db.xml:tx_
                        commerce.ct_###title###',
                    'config' => array (
                        'type' => 'select',
                        'foreign_table' => 'tx_commerce_attributes',
                        'foreign_table_where' => ' AND has_valuelist=1 AND
                            multiple=0 AND sys_language_uid in (0,-1) ORDER
                            BY title',
                        'size' => 5,
                        'minitems' => 0,
                        'maxitems' => 30,
                    ),
                ),
            ),
        ),
    ),
[...]
```

DynaFlex wird angewiesen, abhängig von den Einträgen in der Tabelle *tx_commerce_attribute_correlationtypes* die einzelnen Felder in der Flexform aufzubauen.

Versuchen Sie doch einmal, eine Änderung in der Konfiguration vorzunehmen, z. B. die Größe des neuen Feldes wie im Listing fett zu sehen von 5 auf 1 umzustellen.

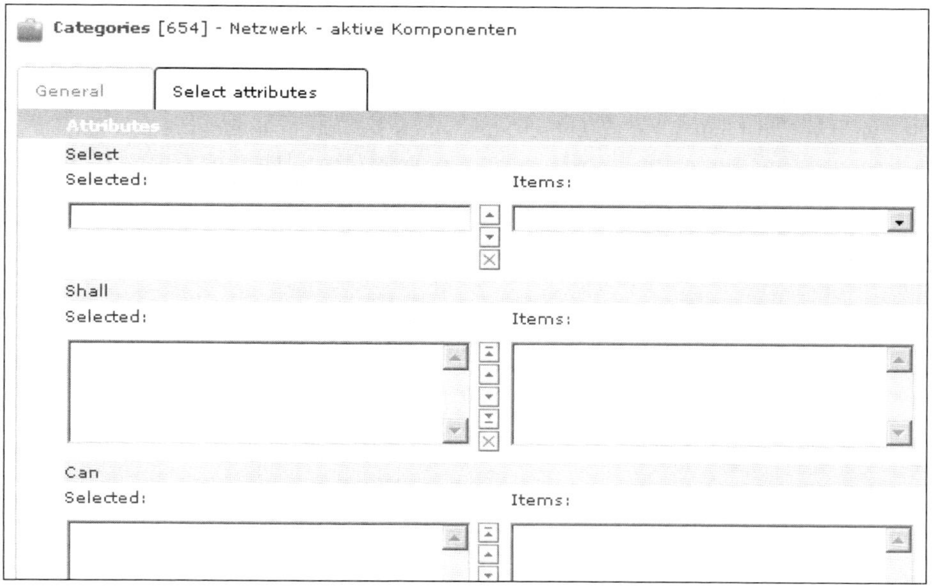

Abbildung 9.5: **Resultat der Anpassung: verkleinertes erstes Feld**

# KAPITEL 9  Extensions, von denen Sie lernen können

> **TIPP**
> 
> Eine Beschreibung der Möglichkeiten und weitere Code-Beispiele finden Sie in der Dokumentation der Extension dynaflex. Falls Sie das hier gezeigte Beispiel spannend finden: Dort werden noch deutlich mehr Möglichkeiten aufgezeigt, bis hin zur Modifizierung der Dynaflex-Konfiguration einer anderen Extension.
>
> Ein Beispiel für die dynamische Modifizierung einer Flexform für eine Plugin-Konfiguration ist dort auch zu finden.

## 9.5 DAM

Version 1.1.5

Herkunft: TER

Die Extension für das *Digital Asset Management* (DAM) in TYPO3 soll die bisherige Verwaltung von Dateien im Backend, die mithilfe des Moduls FILE, FILELIST im Bereich *fileadmin* erfolgte, ablösen und vollständig ersetzen.

Dafür gibt es das neue Hauptmodul MEDIA mit diversen Untermodulen. Standardmäßig werden derzeit die Untermodule FILE, LIST, INFO und TOOLS installiert. FILE übernimmt dabei praktisch alle bisherigen Funktionalitäten vom alten Modul FILELIST plus einiger neuer Funktionen.

> **INFO**
>
> Das DAM *ist mittlerweile zu einer ganzen Familie von Extensions herangewachsen, von denen einige auch direkt vom DAM Entwicklungsteam weiterentwickelt werden. Die Extensions beginnen in der Regel mit* dam_, *wodurch sie leicht zu finden sind.*

Durch das DAM entsteht eine ganz Reihe von neuen Möglichkeiten im Umgang mit Mediendaten, also z. B. Bildern, Filmen, PDF-Dateien usw.

» Vergabe von Meta-Informationen zu den Mediendaten: Solche Meta-Informationen sind beispielsweise Schlüsselwörter, beschreibende Texte, Angaben zum Autor, technische Daten wie Dateigröße, Bildgrößen oder Auflösungen.

» Deutlich verbesserte Möglichkeiten der Kategorisierung und Suche nach verschiedenen Kriterien: Dies ist vor allem bei Seiten mit einer größeren Anzahl von Mediendateien eine sehr große Unterstützung, da bei einer Strukturierungsmöglichkeit nur nach Ordnerstruktur schnell der Überblick verloren geht.

» Zusammenfassen von Dateien zu Paketen und Gruppen beispielsweise für den Download oder für Bildergalerien

» Erkennung von Änderungen an Dateien mithilfe der Prüfsumme

» Automatische Erstellung des Index bei neuen Dateien

> **INFO**
>
> Das DAM *war die Umgebung, in der die* TYPO3 Services *das Licht der Welt erblickt haben. Dadurch soll es weiteren Extensions unabhängig voneinander und sehr einfach möglich sein, eigene Funktionalitäten in das DAM einzubringen.*

## 9.5.1 Komplexe Backend-Module

Das DAM besteht aus einer ganzen Reihe von Backend-Modulen, die unter einem eigenen Oberpunkt in der Backend-Modulliste zusammengefasst sind. Da gleichzeitig auch noch die Möglichkeit besteht, das alte Modul File auszublenden, würden hier die Möglichkeiten des Kickstarters nicht ausreichen.

Listing 9.9: **Festlegung der Modul-Struktur (Ausschnitt) aus ext_tables.php**

```
    // add module after 'File'
if (!isset($TBE_MODULES['txdamM1']))   {
    $temp_TBE_MODULES = array();
    foreach($TBE_MODULES as $key => $val) {
        if ($key === 'file') {
            $temp_TBE_MODULES[$key] = $val;
            $temp_TBE_MODULES['txdamM1'] = $val;
        } else {
            $temp_TBE_MODULES[$key] = $val;
        }
    }
    // remove Web>File module
    if(!$TYPO3_CONF_VARS['EXTCONF']['dam']['setup']['web_file']) {
        unset($temp_TBE_MODULES['file']);
    }
    $TBE_MODULES = $temp_TBE_MODULES;
    unset($temp_TBE_MODULES);
}
    // add main module
t3lib_extMgm::addModule('txdamM1','','',PATH_txdam.'mod_main/');
    // add file module
t3lib_extMgm::addModule('txdamM1','file','',PATH_txdam.'mod_file/');
[...]
```

Die Verwendung eigener HTML-Templates und CSS-Dateien können wir im Modul FILE sehr schön sehen. In der Datei *mod_file/index.php* wird das Modul definiert. In der Methode main() kann man sehr gut erkennen, wie eigene Grundlagen für das Aussehen gelegt werden können, wobei die Nutzung von Markern bereits vorgesehen ist.

Listing 9.10: **Eigenes HTML-Template und CSS-Datei einbinden**

```
function main()   {
    global $BE_USER, $LANG, $BACK_PATH, $FILEMOUNTS, $TYPO3_CONF_VARS;

    //
    // Initialize the template object
    //
    $this->doc = t3lib_div::makeInstance('template');
    $this->doc->backPath = $BACK_PATH;
    $this->doc->setModuleTemplate(t3lib_extMgm::extRelPath('dam') . 'res/
        templates/mod_file_list.html');
    $this->doc->styleSheetFile2 = t3lib_extMgm::extRelPath('dam') . 'res/
        css/stylesheet.css';
    $this->doc->docType = 'xhtml_trans';
    [...]
```

## KAPITEL 9  Extensions, von denen Sie lernen können

```
...$this->markers['CONTENT'] = $this->content;
[...]
$this->content.= $this->doc->moduleBody($this->pageinfo, $docHeader ⏎
    Buttons, $this->markers);
```

### 9.5.2 Verschiedene Grundkonfigurationen vorgeben

Bei der Installation können Sie zwischen verschiedenen Grundkonfigurationen wählen, die Maske wird in der Datei *ext_conf_template.txt* konfiguriert.

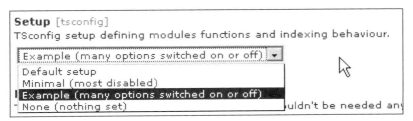

Abbildung 9.6: **Möglichkeiten zur Basiskonfiguration**

Basierend darauf stehen dem Benutzer im Backend verschiedene Möglichkeiten zur Verfügung. Bei vielen Konfiugrationsmöglichkeiten, wie das DAM sie bietet, ist das für den Admin eine tolle Möglichkeit, sehr einfach eine passende Vorauswahl zu treffen. Die Auswahl im Extension Manager führt zu einer dazu passenden Einbindung einer TSConfig-Datei. Durch die Aufteilung der einzelnen Vorkonfigurationen auf je eine Datei sind diese sehr gut pflegbar.

Listing 9.11: **Einbindung der gewünschten Vorkonfiguration**

```
    // get extension setup
$TYPO3_CONF_VARS['EXTCONF']['dam']['setup'] = unserialize($_EXTCONF);

if ($TYPO3_CONF_VARS['EXTCONF']['dam']['setup']['tsconfig']==='default') {
    t3lib_extMgm::addPageTSConfig('<INCLUDE_TYPOSCRIPT: source="FILE: ⏎
        EXT:dam/tsconfig/default.txt">');
} elseif ($TYPO3_CONF_VARS['EXTCONF']['dam']['setup']['tsconfig']=== ⏎
    'minimal') {
    t3lib_extMgm::addPageTSConfig('<INCLUDE_TYPOSCRIPT: source="FILE:EXT: ⏎
        dam/tsconfig/minimal.txt">');
} elseif
($TYPO3_CONF_VARS['EXTCONF']['dam']['setup']['tsconfig']==='example') {
    t3lib_extMgm::addPageTSConfig('<INCLUDE_TYPOSCRIPT: source="FILE:EXT: ⏎
        dam/tsconfig/example.txt">');
}
```

### 9.5.3 Erweiterung durch andere Extensions

Die Extension dam_demo von René Fritz bietet ein sehr gutes Anschauungsbeispiel für die Erweiterung durch eigene Extensions. Bei der Installation werden der Tabelle *tx_dam* zwei neue Felder hinzugefügt.

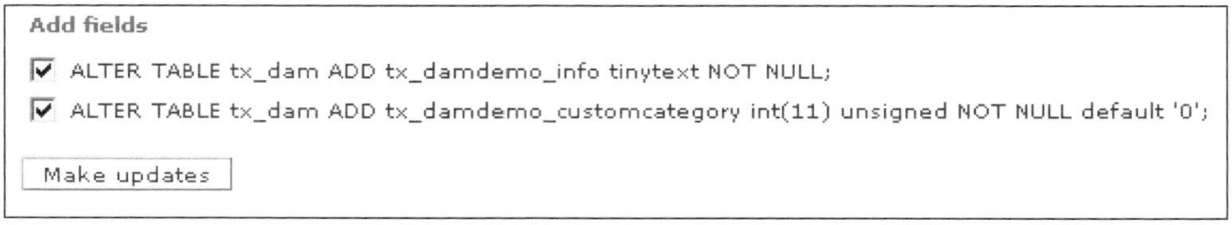

# KAPITEL 9   Extensions, von denen Sie lernen können

**Add fields**
☑ ALTER TABLE tx_dam ADD tx_damdemo_info tinytext NOT NULL;
☑ ALTER TABLE tx_dam ADD tx_damdemo_customcategory int(11) unsigned NOT NULL default '0';

[ Make updates ]

Abbildung 9.7: **Neue Felder bei der Installation**

Nach erfolgreicher Installation sind dem DAM einige neue interessante Details hinzugefügt worden.

## Zusätzliche Datenbankfelder (dam_demo/fields)

Diese werden nicht nur hinzugefügt, wie Sie es von einer normalen Erweiterung von Tabellen mithilfe eigener Extensions kennen, sondern diese Felder können zusätzlich auch bei der Indizierung direkt berücksichtigt werden. Entsprechende Einstellungen können Sie über die Datei *ext_tables.php* vornehmen.

Listing 9.12: **Felder für die Indizierung hinzufügen**

```
$TCA['tx_dam']['txdamInterface']['index_fieldList'] .= ',tx_damdemo_info,
   tx_damdemo_customcategory';
```

> **ACHTUNG**
>
> Die Extension dam_demo ist in einzelne Bereiche aufgeteilt, um eine saubere Strukturierung zu gewährleisten. In den einzelnen Unterbereichen liegen jeweils Angaben für *ext_tables.php* oder *ext_localconf.php*. Damit diese von TYPO3 eingebunden werden, müssen sie jedoch von den Dateien *ext_tables.php* und *ext_localconf.php* im Hauptverzeichnis der Extension eingebunden werden.
>
> Listing 9.13: **Einbindung der einzelnen Bereiche**
> ```
> $tempPath = t3lib_extMgm::extPath('dam_demo');
>
> require($tempPath.'fields/ext_tables.php');
> require($tempPath.'action/ext_tables.php');
> require($tempPath.'previewer/ext_tables.php');
> ```

## Weitere Regeln für die Indizierung (dam_demo/indexrule)

Eigene Regeln für den Vorgang der Indizierung werden über die Registrierung einer dafür vorgesehenen Klasse erreicht.

Listing 9.14: **Registrierung der Klasse für weitere Indizierungsregeln**

```
tx_dam::register_indexingRule ('tx_damdemo_indexRule', 'EXT:dam_demo/index
   rule/class.tx_damdemo_indexrule.php:&tx_damdemo_indexRule');
```

Als Resultat steht eine neue Option bei der Indizierung zur Verfügung.

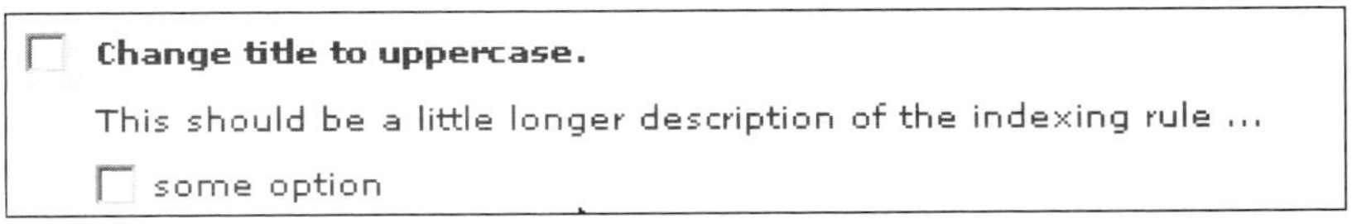

# KAPITEL 9  Extensions, von denen Sie lernen können

> ☐ **Change title to uppercase.**
> This should be a little longer description of the indexing rule ...
> ☐ some option

Abbildung 9.8: **Neue Indizierungsregel**

Die verwendete Klasse tx_damdemo_indexRule basiert auf der Klasse tx_dam_indexRule-Base, die direkt vom DAM zur Verfügung gestellt wird. Die Basisklasse dient dabei eigentlich nur zur Definition der Schnittstelle. Sie sehen darin also die Namen der Funktionen, die Sie benutzen sollen, und überschreiben sie mit dem für Sie notwendigen Code. Die eigentliche Bearbeitung geschieht dann in der Funktion processMeta().

Listing 9.15: **Die Funktion processMeta**

```
function processMeta($meta)   {
   $meta['fields']['title']=strtoupper($meta['fields']['title']);
   if($this->setup['option1']) {
      // do some extra stuff
   }
   return $meta;
}
```

### Service für die Indizierung einsetzen

Sie können für die Indizierung einen oder mehrere eigene Services registrieren. Dafür sollten Sie in der Regel eine eigene Extension entwerfen. Die Möglichkeit eines Service bietet sich nicht nur im DAM, sondern generell in TYPO3 an einigen Stellen. Mehr zu diesem Thema finden Sie im Kapitel 7, *Das Framework – Werkzeugkasten für die eigene Extension*, Abschnitt 7.9.4.

Listing 9.16: **Registrierung des Service**

```
t3lib_extMgm::addService($_EXTKEY, 'metaExtract', 'tx_damdemo_sv1',
   array(
      'title' => 'Meta extraction (demo)',
      'description' => 'Simulate a meta extraction service for file type
         *.test',
      'subtype' => 'test', // this service is for *.test files
      'available' => true,
      'priority' => 60,
      'quality' => 50,
      'os' => '',
      'exec' => '',
      'classFile' => t3lib_extMgm::extPath($_EXTKEY).'sv1/class.tx_damdemo
         _sv1.php',
      'className' => 'tx_damdemo_sv1',
   )
);
```

In der Klasse *tx_damdemo_sv1*, die auf der Klasse *t3lib_svbase* basiert, werden dann alle gewünschten Funktionsweisen implementiert.

Der hier vorgestellte Service ist nur ein Dummy zu Demonstrationszwecken. Nehmen Sie ihn also als Inspiration und Anleitung zur Kenntnis, aber erwarten Sie keine tolle Funktionalität.

*Es existieren bereits weitere Extensions, die dem DAM einen Service hinzufügen. Analysieren Sie beispielsweise die Extensions cc_metaexif und cc_metaexec, um eine automatische Extrahierung von Metadaten aus den zugrunde liegenden Mediendateien zu sehen.*

## 9.6 direct_mail

Version 2.6.5

Herkunft: TER

Das Newsletter-System direct_mail bietet Möglichkeiten zur Konfiguration und Personalisierung Ihrer Newsletter. Die gute Einbindung in TYPO3 macht es für Redakteure sehr einfach, neue Newsletter anzulegen, da diese wie reguläre TYPO3-Seiten entstehen.

**Die Extension direct_mail ist für das Erzeugen und Versenden von Newslettern aus dem Backend heraus geschaffen worden; für die (Online-)Registrierung der Empfänger gibt es eigene Erweiterungen, z. B. sr_email_subscribe.**

### Cronjob für wiederkehrende automatische Aufgaben nutzen

Sobald ein neuer Newsletter zum Versand freigegeben ist, kann er automatisiert zeitgesteuert versendet werden. Das ist besonders bei einer grossen Anzahl von Empfängern sinnvoll, da der Versand z. B. nachts erfolgen kann, wenn die Webseite an sich weniger start aufgerufen wird. Seit TYPO3 4.3 gibt es für zeitgesteuerte Ausführungen den Scheduler, für ältere Versionen benötigen Sie einen eigenen cronjob. Nähere Erläuterungen zur Funktionsweise am Beispiel direct_mail finden Sie im Kapitel 8, *Extensions entwickeln*, Abschitt 8.13.6.

### Auswertung von E-Mail Rückläufern

Um Rückläufer, also nicht zustellbare E-Mails in direct_mail zu erfassen, führen Sie folgende Schritte durch:

» Richten Sie ein E-Mail-Konto für Rückläufer ein.

   Ein eigenes Konto auf demselben Server wie direct_mail, z. B. *bounce@ihredomain.de*, soll alle zurückkommenden Newsletter sammeln.

» Geben Sie die Rückläuferadresse an.

   Der Page TSConfig-Parameter in mod.web_modules.dmail.return_path enthält diese Angabe:

   mod.web_modules.dmail.return_path = bounce@ihredomain.de

# KAPITEL 9   Extensions, von denen Sie lernen können

» Richten Sie ein Mailprogramm wie z. B. *fetchmail* ein, um die Rückläufer auszulesen und an das Shell-Script *direct_mail/res/scripts/returnmail.phpsh* durchzureichen. Genaue Konfigurationsangaben zu diesem Zweck für *fetchmail* finden Sie in der englischsprachigen Dokumentation zu `direct_mail`.

In der Datei *returnmail.phpsh* finden Sie den Code, der genutzt wird, um die durchgereichte E-Mail zu parsen, aus dem Header die entsprechenden Informationen herauszulesen, warum eine Zustellung nicht möglich war und diese Informationen dann in die Datenbank zu speichern.

## 9.7 realurl

Version 1.7.0

Herkunft: TER

Ein normaler Link in TYPO3 sieht in der Standardkonfiguration – vor allem bei der Darstellung von Daten aus Extensions – nicht sehr ansprechend aus.

```
http://www.domain.de/index.php?id=30735&tx_ttnews[tt_news]=10&cHash=bf998eb80d
```

Die Extension `realurl` hebt diese Einschränkungen auf, ein Link auf eine TYPO3-Seite kann damit sowohl für Menschen wie auch für Suchmaschinen aussagekräftiger dargestellt werden.

### Eingriff in den Verlinkungsmechanismus von TYPO3

Die Umwandlung der normalen URI inklusive aller angehängter Parameter erfolgt über die Anwendung eines Hooks in `t3lib_tstemplate::linkData()`.

Listing 9.17: **Hook für die Kodierung**

```
$TYPO3_CONF_VARS['SC_OPTIONS']['t3lib/class.t3lib_tstemplate.php']
['linkData-PostProc']['tx_realurl'] = 'EXT:realurl/class.tx_realurl.php:
   &tx_realurl->encodeSpURL';
```

TYPO3 muss dann jedoch trotzdem auch für den umgewandelten Link wieder die richtige Seite finden. Die Rückwandlung in für TYPO3 lesbare URIs erfolgt wiederum über die Nutzung eines Hooks. Werfen Sie einen Blick in den Quellcode der realurl-Klassen im Hook-Aufruf, wenn Sie sich für weitere Details interessieren.

Listing 9.18: **Hook für die Dekodierung**

```
$TYPO3_CONF_VARS['SC_OPTIONS']['tslib/class.tslib_fe.php']['check
   AlternativeIdMethods-PostProc']['tx_realurl'] = 'EXT:realurl/class.
   tx_realurl.php:&tx_   realurl->decodeSpURL';
```

Eine Gegenüberstellung einer orginalen URL und der zugehörigen sprechenden URL hilft beim Verständnis.

Listing 9.19: **Orginale und sprechende URL**

```
index.php?id=123&type=1&L=1&tx_mininews[mode]=1&tx_mininews[showUid]=456 ↵
   en/123/news/list/456/page.html
```

Falls Ihnen nicht alle der Parameter geläufig sind, sind sie hier noch einmal in der Übersicht:

| PARAMETER | BEDEUTUNG |
| --- | --- |
| `id=123` | ID der gewünschten Seite |
| `type=1` | Konfigurationsparameter für die Steuerung der Ansicht, wird z. B. bei Frames oder bei Ausgabe für Druck oder XML eingesetzt. Davon hängt je nach Konfiguration in realurl die Dateiendung im realurl-Link ab. |
| `L=1` | Sprache, die durch die Datensätze *sys_language* dargestellt wird. In unserem Fall entspricht die ID 1 der englischen Sprache und wird im realurl-Link als en (ganz vorne) dargestellt.<br>0 (Default) wäre wahrscheinlich in den meisten Fällen Deutsch. |
| `tx_mininews[mode]=1` | Erster Parameter für die Extension `mininews` |
| `tx_mininews[showUid]=456` | Zweiter Parameter für die Extension `mininews`<br>Diese Parameter können für jede Extension mit einem Frontend-Plugin auftreten und müssen durch Konfiguration berücksichtigt werden. |

Tabelle 9.1: **Parameter des Seitenaufrufs**

Weitere Informationen finden Sie in der englischsprachigen Dokumentation von `realurl`.

# 9.8 tt_news

Version: 3.0.1

Herkunft: TER

Die News-Extension `tt_news` ist eine der universal einsetzbaren Allround-Extensions. Ursprünglich nur für den Einsatz eines News-Systems mit Listen- und Detailansicht gedacht, hat sie sich dank ihres Betreuers Rupert Germann zu einer Vorzeige-Extension entwickelt, die nicht nur ein gutes Vorbild für die TYPO3 Coding Guidelines und für die Verwendung der TYPO3-API darstellt, sondern dank Templating, vielfältiger Konfigurationsmöglichkeiten und Hook-Einsatz für viele Szenarien eingesetzt werden kann. So dient `tt_news` unter anderem auch als Grundlage für diverse Blogs, Podcasts und RSS-Feeds.

## KAPITEL 9  Extensions, von denen Sie lernen können

> *Der Code ist (historisch bedingt) in der generellen Struktur nicht sehr übersichtlich und in diesem Bereich auch kein Vorbild, die vielen im Code genutzten Möglichkeiten von TYPO3 jedoch schon.*

Hervorstechende Features sind:

» Einbindung eigener Felder und entsprechender Marker
» fast unbegrenzte Möglichkeiten für die optische Darstellung
» detaillierte Konfigurationsmöglichkeit der Rechte verschiedener Benutzer im Backend
» Unterstützung von RSS-Feeds aus News

### XML-Feeds erzeugen

Es steht schon eine Konfiguration zur Verfügung, mit deren Hilfe Sie mit wenigen Einstellungen Ihre News als RSS-Feeds anbieten können.

Fügen Sie dazu Ihrem Root-Template das statische Template News-feed (RSS,RDF,ATOM) hinzu.

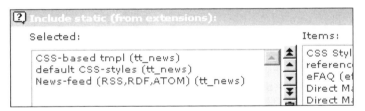

Abbildung 9.9: **Statisches Template für RSS-Feeds einbinden**

Im *Object Browser* können Sie dann sehen, dass ein neues PAGE-Objekt mit typeNum = 100 im Setup hinzugefügt wurde.

Nutzen Sie den *Constant Editor*, um die genauen Einstellungen zu definieren. Sie sind in der Kategorie tt_news ganz unten zu finden.

Wird nun eine Seite mit einem News-Plugin in der Listenansicht mit dem zusätzlichen URL-Parameter *type=100* aufgerufen, wird die XML-Struktur des Feeds anstelle der regulären TYPO3-Seite zurückgeliefert.

Fügen Sie einen link-Tag im Header der Seite hinzu, damit Browser die Seite als RSS-Quelle erkennen und spezifische Einbindungen vorschlagen können.

Listing 9.20: **TypoScript für die automatische Erkennung des RSS-Feeds**

```
page.headerData.47 = TEXT
page.headerData.47 {
    typolink.parameters = {$rssFeedPage}
    typolink.returnLast = url
    wrap = <link href=" | " rel="alternate" title="RSS-Feed" type=
        "application/rss+xml" />
}
```

## Generisch eigene Felder im Template definieren

Seit der Version 3 können generische Marker in die Ausgabe von tt_news eingefügt werden. Es wäre toll, dieses Feature in vielen Extensions vorzufinden, da so sehr einfach und vor allem ohne direkte Code-Änderungen eigene Elemente in die Ausgabe eingebracht werden können.

Sie haben die Möglichkeit, jedes nur denkbare TypoScript-Konstrukt einzubetten. Dazu wird im HTML-Template ein Marker eingebetten, z. B. ###GENERIC_TEST###. Dabei ist GENERIC_ fest definiert, den zweiten Namensteil des Markers nennen Sie so wie Ihr TypoScript-Objekt. Im TypoScript können Sie die Ausgabe für den Marker festlegen. Dabei gibt es zusätzlich die Möglichkeit für einen Marker unterschiedlichen Ausgaben für die verschiedenen Ansichten zu erzeugen.

Listing 9.21: **TypoScript für den Inhalt des Markers**

```
plugin.tt_news.genericmarkers {
    SINGLE {
        test = TEXT
        test.value = hier war der neue Marker in Single
    }
    test = TEXT
    test.value = hier war der neue Marker
}
```

Die Auswertung und Einbindung des TypoScripts erfolgt in wenigen Zeilen Code (hier auf zwei Methoden aufgeteilt), weil zur Erzeugung des resultierenden Inhalts dieselben Objekte wie bei der Seitenerzeugung in TYPO3 genutzt werden.

Listing 9.22: **Füllen der generischen Marker in der Klasse tx_ttnews**

```
function initGenericMarkers() {

    if (is_array($this->conf['genericmarkers.'])) {

        $this->genericMarkerConf = $this->conf['genericmarkers.'];

        // merge with special configuration (based on current CODE [SINGLE, ↵
            LIST, LATEST]) if this is available
        if (is_array($this->genericMarkerConf[$this->theCode . '.'])) {

            $this->genericMarkerConf = t3lib_div::array_merge_recursive_ ↵
                overrule($this->genericMarkerConf, $this->genericMarkerConf ↵
                [$this-> theCode . '.']);

        }

    }

}

function getGenericMarkers(&$markerArray, $row) {
```

# KAPITEL 9   Extensions, von denen Sie lernen können

```
$lConf = $this->genericMarkerConf;
if (! is_array($lConf)) {
   return;
} else {
   while (list($mName) = each($lConf)) {
      if (is_array($lConf[$mName . '.'])) {
         $markerArray['###GENERIC_' . strtoupper($mName) . '###'] = ↵
            $this->local_cObj->cObjGetSingle($lConf[$mName], $lConf ↵
            [$mName . '.'], 'tt_news generic marker: ' . $mName);
      }
   }
}
```

Die so erzeugten Marker werden dann einfach den regulären tt_news-Markern hinzugefügt.

## 9.9 ratings

Version: 1.0.10

Herkunft: TER

Die Extension ratings bietet die Möglichkeit, eine AJAX-basierte Bewertung von Datensätzen auf Ihre Webseite zu integrieren. Dabei können Sie das Bewertungselement nicht nur für Seiten oder Inhalte anlegen, sondern auch für News oder beliebige andere Datensätze, z. B. aus Ihrer eigenen Extension. Dafür müssen Sie dann allerdings die Einbindung explizit ermöglichen. Diese Einbindung wird Ihnen jedoch sehr einfach gemacht, da dafür extra eine eigene API entwickelt wurde, die auch von der Extension selber genutzt wird.

### 9.9.1 API für externe Nutzung anbieten

In der Extension selber finden Sie die Klassen tx_ratings_ttcontent und tx_ratings_ttnews, anhand derer Sie sehr schön nachvollziehen können, wie einfach das Ratings-Element zur Frontend-Ausgabe von Datensätzen hinzugefügt werden kann. Dabei wird auf einen Hook in tt_news zurückgegriffen, um die beiden Marker TX_RATINGS_STATIC und TX_RATINGS zu füllen. Der Marker TX_RATINGS_STATIC ist dabei nicht unbedingt nötig, darin wird eine reine Ausgabe des aktuellen Ratings ohne Klick-Möglichkeit abgebildet. Beachten Sie dabei wie wenige Zeilen Code nötig sind, um die Ratings-Funktionalität über die zur Verfügung gestellten API einzubinden. In der Klasse tx_ratings_api finden Sie weitere Möglichkeiten für eine (Teil-)Nutzung der Ratings-Funktionalitäten.

Listing 9.23: **Erzeugung des Ratings-Elements für tt_news**

```
public function extraItemMarkerProcessor(array &$markerArray, array &$row, ↵
   &$lConf, &$pObj) {
   /* @var $pObj tx_ttnews */
   if ($row['tx_ratings_enable']) {
      $apiObj = t3lib_div::makeInstance('tx_ratings_api');
      $conf = $apiObj->getDefaultConfig();
      $conf['includeLibs'] = 'EXT:ratings/pi1/class.tx_ratings_pi1.php';
```

```php
        $conf['ref'] = 'tt_news_' . $row['uid'];

        $cObj = t3lib_div::makeInstance('tslib_cObj');
        /* @var $cObj tslib_cObj */
        $cObj->start(array());
        $markerArray['###TX_RATINGS###'] = $cObj->cObjGetSingle('USER_INT', ↵
            $conf);

        $cObj = t3lib_div::makeInstance('tslib_cObj');
        /* @var $cObj tslib_cObj */
        $cObj->start(array());
        $conf['mode'] = 'static';
        $markerArray['###TX_RATINGS_STATIC###'] = $cObj->cObjGetSingle ↵
            ('USER_INT', $conf);
    }
    else {
        $markerArray['###TX_RATINGS###'] = '';
        $markerArray['###TX_RATINGS_STATIC###'] = '';
    }
    return $markerArray;
}
```

### 9.9.2 eID für performantes AJAX nutzen

Damit die Rückmeldung auf einen Klick des Rating-Elements sehr schnell kommt, wird der eID-Mechanismus genutzt, der keine unnötigen TYPO3-Bibliotheken lädt, sondern die Kontrolle sehr früh an Ihren Code abgibt. Dazu muss lediglich eine entsprechende Angabe in *ext_localconf.php* gemacht werden.

Listing 9.24: **Aktivierung des eID-Mechanismus**

```php
$GLOBALS['TYPO3_CONF_VARS']['FE']['eID_include']['tx_ratings_ajax'] = ↵
    'EXT:ratings/class.tx_ratings_ajax.php';
```

In der hier festgelegten Klasse `tx_ratings_ajax` können Sie betrachten, was passiert wenn Daten per AJAX-Aufruf an TYPO3 (*index.php?eID=tx_ratings_ajax*) geschickt werden. Der nötige JavaScript-Code für diesen Aufruf wird von der Extension mit in die Seite eingebunden.

# 10. Spezialthemen

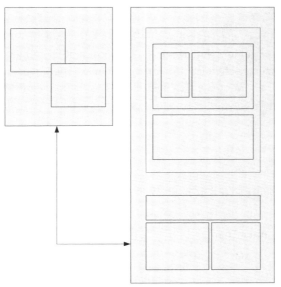

In diesem Kapitel wollen wir besondere Themenblöcke zusammenfassen, die nicht in einem der anderen Kapitel untergehen sollen. Ganz besonders liegt uns hier das Thema Sicherheit am Herzen, das leider oft aus Kostengründen und manchmal auch aus Unwissenheit vernachlässigt wird.

## 10.1 Sicherheit

*If you think, safety is expensive, try having an accident.*

Sicherheit sollte ein zentrales Anliegen für alle Ihre Projekte sein, die in den Live-Betrieb gehen. Leider sind die Aufwände für Sicherheit nicht sofort im Ergebnis des Projekts sichtbar und deswegen nicht immer im Blickfeld. Wir versuchen hier, wichtige Aspekte und Tipps für einen möglichst sicheren Einsatz von TYPO3 zu beleuchten. Durch die Anwendung einer durchaus überschaubaren Zahl von Regeln und Konfigurationen können Sie die Sicherheit Ihrer Webserver und Projekte ohne Einschränkung des Bedienkomforts deutlich erhöhen.

Es ist wichtig, dass Sie verstehen, dass die Sicherheit von IT-Projekten bei Weitem nicht nur von entsprechend hoher Programmierqualität abhängt, sondern insbesondere auch stark von organisatorischen und menschlichen Faktoren bestimmt wird. Gefährdungen durch höhere Gewalt wie etwa Feuer oder technisches Versagen sollten Sie bei der Wahl Ihrer Hardware und Backup-Strategien immer berücksichtigen. Eine Analyse dieser Gefährdungen würde jedoch den Rahmen unseres Buches sprengen.

# KAPITEL 10  Spezialthemen

> **ACHTUNG**
> Dieses Kapitel kann nur einen Einblick in die wichtige Thematik Sicherheit geben und soll Sie vor allem für Gefahren sensibilisieren. Beschäftigen Sie sich fortlaufend mit dem Thema, und versuchen Sie, sich ständig weiterzubilden.

## 10.1.1 Organisationsverschulden

In diesem Kapitel geht es uns darum, Ihnen die vielfältigen Gefahrenpotenziale für IT-Projekte, zu denen ja auch TYPO3-Projekte zählen, aufzuzeigen. Wir werden aufgrund des Umfangs natürlich nicht auf alle hier anzusprechenden Punkte eingehen können, jedoch sehen wir unsere Mission schon als erfüllt an, wenn Sie sich über diese Thematik Gedanken machen. Nach unseren Erfahrungen und Beobachtungen sind häufig folgende Umstände problematisch:

» unterbudgetierte Projekte mit Festpreis

» angespanntes Betriebsklima

» nicht ausreichende Qualifikation der Mitarbeiter – sowohl der Dienstleister als auch der Auftraggeber

» mangelnde Akzeptanz sicherheitsrelevanter Themen

» unbefugter physischer Zugang von Personen

Daraus können folgende Schwachstellen in einem Projekt resultieren:

» fehlende oder unzureichende Dokumentation

» fehlendes oder unzureichendes Test- und Freigabeverfahren

» fehlende oder unzureichende Backup-Strategie

» fehlerhafte Administration von Zugangs- und Zugriffsrechten

» unbeabsichtigte Datenmanipulation, fahrlässiges Löschen

> **INFO**
> *Auch für IT-Projekte gilt das Gebot der Nachhaltigkeit. Erfolgreich und dauerhaft gewinnbringend für alle Beteiligten können nur solche Projekte sein, die umfassend geplant und umgesetzt werden. Dadurch bedingte höhere Kosten am Anfang des Projektes amortisieren sich in der Regel recht schnell.*

## 10.1.2 Beliebte Angriffsvarianten

> **INFO**
> *Wir beschränken uns hier auf die für webbasierte Dienste relevantesten Gefahren und besprechen im folgenden Abschnitt die Gegenmaßnahmen, die Sie grundsätzlich ergreifen sollten. Da es noch viele weitere Gefahren und auch Varianten der hier genannten Angriffsmöglichkeiten gibt, sollten Sie sich als Administrator oder Entwickler unbedingt mit dem Thema befassen.*

## XSS – Cross Site Scripting

Sie klicken auf einen scheinbar harmlosen Link, und Cookies, Passwörter und Formularinhalte werden an einen Angreifer übermittelt. Damit dieses schlimmste Szenario eintritt, müssen zugegebenermaßen einige Faktoren zusammentreffen, aber ist das bei schlimmen Unfällen nicht immer so? Vier Akteure sind bei XSS normalerweise beteiligt:

1. ein Angreifer mit einem manipulierten Link von einer fremden Seite
2. eine Webapplikation mit dynamisch erzeugten Seiten
3. der leidtragende Besucher mit einem Browser, in dem JavaScript aktiviert ist
4. ein Cookie mit Benutzerdaten

Die einzige Stelle, an der Sie als Programmierer Ihrer Webseite Einfluss haben, ist die Webapplikation. Hier müssen Sie XSS-Schwachstellen verhindern bzw. ausmerzen. Folgendes Szenario ist vorstellbar:

Der Angreifer platziert auf einer beliebigen anderen Seite (deshalb der Name *Cross Site Scripting*) oder in einer HTML-Mail einen präparierten Link, z.B. http://www.ihre-domain/index.php?id=10&param=<script>alert("Überraschung")</script>. Falls Sie den eingegebenen Parameter, der bei Ihnen z.B. eigentlich die Ausgabe eines Suchergebnisses erzeugen soll, ungefiltert zurückgeben, wird das Script beim Benutzer ausgeführt werden. Und da der Besucher Ihre Seite als vertrauenswürdig einstuft, hat er JavaScript für Ihre Seite aktiviert. Wenn Sie jetzt denken: »Na ja, so ein *alert* ist zwar ärgerlich, aber nicht wirklich schlimm«, dann bedenken Sie z.B. die Möglichkeit von JavaScript, aktuelle Cookies auszulesen. Viele Webanwendungen (so auch TYPO3) setzen Cookies ein, um den Besucher eindeutig zu identifizieren. Mittels erfolgreichem *Cross Site Scripting* ist der Angreifer in der Lage, diese einzusehen, zu verändern oder zu löschen. Im schlimmsten Fall kann der Angreifer die Session des gerade im Sicherheitsbereich eingeloggten Besuchers stehlen, da die richtige Cookie-ID genügt, um sich am Webserver zu authentifizieren. Damit hat er also Zugriff auf den Bereich, an dem Sie gerade angemeldet sind. Was er dann für Möglichkeiten hat, können Sie sich sicher vorstellen ...

Listing 10.1: **Aufrufender Link, wie Sie ihn erwarten würden**

```
http://www.ihre-domain/index.php?id=10&param=suchwort
```

Listing 10.2: **Aufrufender Link, präpariert**

```
http://www.ihre-domain/index.php?id=10&param=<script>alert("Überraschung") ↵
   </script>
```

## KAPITEL 10  Spezialthemen

**Ihr Code sollte auf keinen Fall so aussehen:**

Listing 10.3: **Ungefilterte Ausgabe des Parameters**

```
<?php
echo 'Ihre Suche nach "'.$_GET['param'].'"
ergab folgende Treffer:<br />';
?>
```

**Besser:**

Listing 10.4: **Ausgabe des Parameters escapen**

```
<?php
echo 'Ihre Suche nach "' . htmlentities($_GET['param']) . '"
ergab folgende Treffer:<br />';
   //oder TYPO3-API
$secureOutput = t3lib_div::removeXSS($_GET['param']);
echo 'Ihre Suche nach "' . $secureOutput . '"
ergab folgende Treffer:<br />';
?>
```

**Ihre Maßnahmen gegen XSS auf Ihrer Webseite:**

- » **Überprüfen Sie Benutzereingaben immer. Vertrauen Sie niemals auf korrekte Daten, da vom Browser gesendete Daten sehr einfach manipuliert werden können.**
- » **Escapen Sie immer die Ausgaben im Frontend (mithilfe von** `htmlentities()` **oder** `strip_tags()`**).**

*Um Ihre Seiten auf Schwächen in diesem Bereich zu testen und Ihren Wissensstand zu vertiefen, sollten Sie sich die Webseite* `http://ha.ckers.org/xss.html` *näher ansehen und die dort hinterlegten Codeschnipsel für Sicherheitschecks nutzen.*

### SQL-Injection

Mittels SQL-Injektionen versucht ein Angreifer, eine Sicherheitslücke im Zusammenhang mit SQL-Datenbanken zu nutzen, um eigene Befehle in die Datenbank einzuschleusen. Dadurch kann er unter Umständen Kontrolle über die Datenbank erlangen.

Die Sicherheitslücke besteht dann, wenn die Applikation SQL-Abfragen an die Datenbank weiterreicht, ohne von Benutzern eingegebene Parameter zu kontrollieren und bei Bedarf zu maskieren. Dadurch können Funktionszeichen wie Backslash, Apostroph oder Semikolon eingeschleust werden. Relevant ist dies immer, wenn die Applikation auf Benutzereingaben reagieren muss, z. B. wenn ein Suchwort die Auswahl der Datensätze beeinflusst.

Listing 10.5: **Normaler Aufruf und resultierende Abfrage, ungeschützt**

```
http://www.ihre-domain.de?id=1&searchword=test
SELECT uid,header FROM tt_content WHERE header like '%test%';
```

# KAPITEL 10 Spezialthemen

Listing 10.6: **Manipulierte Anfragen und eventuell resultierende SQL-Befehle**

```
http://www.ihre-domain.de?id=1&searchword=test';delete from be_users
SELECT uid,header FROM tt_content WHERE header like '%test%';delete from ↵
   be_users

http://www.ihre-domain.de?id=1&searchword=test' union select user,password ↵
   from fe_users
SELECT uid,header FROM tt_content WHERE header like '%test%' union select ↵
   username,password from fe_users
```

» Vermeiden Sie unbedingt die ungeprüfte Übergabe von Benutzereingaben!
» Nutzen Sie das Datenbankobjekt `$GLOBALS['TYPO3_DB']` für alle SQL-Befehle.
» Parsen Sie alle Werte für `WHERE`-Abschnitte mit der Funktion `$GLOBALS['TYPO3_DB']->quoteStr()`, und geben Sie den Tabellennamen als zweiten Parameter mit. Für IDs (also sichere Integer-Werte) verwenden Sie die PHP-Funktion `intval()`.

Je nach eingesetztem Datenbankserver gibt es noch eine ganze Reihe weiterer potenzieller Gefahrenquellen. Diese können jedoch alle durch Einhaltung der Coding Guidelines vermieden werden.

Die *TYPO3 Coding Guidelines* finden Sie in Kapitel 8, *Extensions entwickeln*, Abschnitt 8.10.

## Systematisches Ausprobieren von Passwörtern

Hierbei kann es sich um ein Ausprobieren von beliebigen Zeichenkombinationen bis zu einer bestimmten Länge (sogenannte Brute-Force-Attacke) oder um einen sogenannten Wörterbuch-Angriff handeln, bei dem eine Liste von Wörtern als mögliche Passwörter abgearbeitet wird. Mithilfe eines leistungsfähigen Rechners kann so vor allem bei einfachen Passwörtern durch eine ganze Folge von Anmeldeversuchen durchaus das richtige Kennwort gefunden werden.

> **TIPP**
>
> *Achten Sie auf sichere Passwörter, möglichst als Kombination von Buchstaben und Zahlen, verwenden Sie Unterstriche und – soweit erlaubt – Groß- und Kleinschreibung.*
>
> *Es gibt mittlerweile eine große Auswahl an Tools (z. B. KeyPass), die Ihnen beim Erinnern an die vielfältigen und oftmals kryptischen Passwörter behilflich sind und auch die Generierung von sicheren Passwörtern anbieten. Eine Suche im Internet hilft Ihnen weiter.*
>
> *Informieren Sie auch Ihre Frontend- und Backend-Benutzer über diese Möglichkeit.*

## Denial of Service (DoS)

Ein Denial-of-Service-Angriff hat das Ziel, den angegriffenen Server lahmzulegen. Dies kann entweder durch eine große Anzahl an regulären Anfragen geschehen, die der Server nicht mehr bearbeiten kann, oder durch Ausnutzen einer Schwachstelle, die zum Absturz und somit zum Ausfall des Dienstes führt.

Hierbei geht es dem Angreifer nicht primär darum, mit dieser Attacke in den Server einzudringen, um Daten zu stehlen, sondern häufig wird ein solcher DoS-Angriff eingesetzt, um vom eigentlichen Angriff abzulenken bzw. diesen in Form eines DNS-Spoofings erst zu ermöglichen.

### Web-Spoofing, DNS-Spoofing

Der Besucher einer Webseite geht aufgrund der eingegebenen Domain in der Adresszeile des Browsers davon aus, auf dem von ihm gewünschten Webangebot zu sein. Er befindet sich jedoch aufgrund eines kleinen Fehlers in der Domain oder einer böswilligen Umleitung der Domain auf einer anderen Seite, die der gewünschten Seite jedoch sehr ähnlich sieht.

Dieses Muster wird immer noch sehr häufig für das Ausspähen von Zugangsdaten zu Online-Banking-Systemen verwendet: Benutzer werden aufgefordert, sich bei einer gefälschten Domain anzumelden und somit ihre Zugangsdaten preiszugeben.

### Social Engineering

Social Engineering ist eine Methode, um unberechtigt Zugang zu Informationen oder zu IT-Systemen erlangen, indem man Mitarbeiter aushorcht. Dabei werden menschliche Eigenschaften wie z. B. Hilfsbereitschaft, Vertrauen, Angst oder Respekt vor Autorität ausgenutzt. Mitarbeiter können dadurch so manipuliert werden, dass sie (oft unbewusst) unzulässig handeln.

Ein typischer Fall von Angriffen mithilfe von Social Engineering ist das Manipulieren von Mitarbeitern per Telefonanruf, bei dem sich der Angreifer als jemand anderes ausgibt. Hier hilft nur Aufklärung und eine ausreichende, firmeninterne Informationspolitik.

## 10.1.3 Grundsätzliche Sicherheitsmaßnahmen

### Betriebssystem und Webserver

Bei der Konfiguration eines Webservers und des zugrunde liegenden Betriebssystems sind viele sicherheitsrelevante Punkte zu beachten. Hier sind einige der wichtigsten Stichpunkte:

» Schließen Sie nicht benötigte Ports, bzw. deaktivieren Sie Netzwerkdienste, und führen Sie Wartungsarbeiten von außen nur über sichere Verbindungen wie Secure Shell (SSH) durch.

» Sehen Sie ausreichend Plattenplatz vor.

» Richten Sie die Rechtestruktur auf dem Server so restriktiv wie möglich ein.

» Entfernen Sie unnötige Software und Module, und halten Sie installierte Software auf dem aktuellen Stand.

## KAPITEL 10  Spezialthemen

» Stellen Sie die Protokollierung nach Bedarf ein.

» Überprüfen Sie die Defaulteinstellungen.

» Schalten Sie die Verzeichnisdarstellung im Webserver ab, damit ein Besucher nicht in der Dateistruktur browsen kann.

» Entfernen Sie Defaultseiten nach der Installation, und schalten Sie Standard-Fehlermeldungen ab, um dem potenziellen Angreifer so wenige Informationen wie möglich über den Zustand des Systems zu geben.

### PHP

Manchmal geht erhöhte Sicherheit zu Lasten von schnell implementierten Funktionalitäten. Falls Sie die TYPO3 Coding Guidelines einhalten, sollten Sie jedoch mit den hier genannten Einstellungen in Ihrer PHP-Konfigurationsdatei (*php.ini*) keine Probleme haben. Die Einstellungen sind für eine Live-Umgebung gedacht, und während der Entwicklung ist ihre Anwendung nicht sinnvoll, da dadurch Programmierung und Debugging erschwert werden.

» Fehlerausgabe (Debug):

Durch die Einstellungen `log_errors = On`, `display_errors = Off` wird die Ausgabe von Fehlern am Bildschirm unterdrückt. So wird verhindert, dass potenzielle Angreifer daraus Schlüsse über den Aufbau Ihres Systems ziehen können.

» `safe_mode`:

`safe_mode` schränkt die Möglichkeiten von PHP ein. Dies wird oft in Shared-Hosting-Umgebungen eingesetzt. Ab PHP Version 6.0.0 wird *safe_mode* voraussichtlich wegfallen.

» `open_basedir`:

Mit der Option `open_basedir` dürfen nur Dateien aus dem angegebenen Pfad von PHP geöffnet werden.

» `register_globals`:

Es wird schon seit Langem mit Nachdruck geraten, die Einstellung `register_globals = Off` zu setzen, da andernfalls Parameter, die per POST oder GET übergeben werden, automatisch als Variable erzeugt werden und vom Programmierer nicht explizit kontrollierbar sind.

> **INFO**
> 
> *Sehr interessant ist auch das **hardened** PHP-Projekt.[1] Hier wird versucht, viele der Schwachstellen von PHP von vorneherein auszumerzen. Der aus dem Projekt entstandene PHP-Patch suoshin ist aktuell auf vielen Servern installiert.*

---

1  http://www.hardened-php.net/

## Datenbank

Bei einer typischen MySQL-Datenbank für TYPO3-Instanzen wird in die Absicherung der Datenbank nicht allzu viel Zeit investiert, da es keine komplizierten Benutzerszenarien gibt. Einige Grundregeln erhöhen die Sicherheit deutlich:

» Der Zugriff auf die Datenbank sollte nur lokal möglich sein. Falls der Webserver auf einer anderen Maschine liegt, wird der Zugriff auf entsprechend benötigte IP-Adressen begrenzt.

» Der Zugriff von TYPO3 erfolgt niemals über root, sondern über einen mit passenden Rechten ausgestatteten Benutzer.

### 10.1.4 Einstellungen im Install Tool

Im Install Tool können einige sicherheitsrelevante Einstellungen getätigt werden. Wir gehen hier auf unseres Erachtens wichtige Punkte ein, ausführliche Details zu den jeweiligen Konfigurationsmöglichkeiten finden Sie in der beschreibenden Erklärung in der Maske im Install Tool.

#### Install-Tool-Passwort

Nach der Installation sollten Sie sofort das Install-Tool-Passwort ändern, da der Standardwert *joh316* hinreichend in der (TYPO3-)Welt bekannt ist.

Gute Vorgaben zur Erstellung eines möglichst sicheren Passworts finden Sie z. B. auf der Webseite Das Unabhängige Landeszentrum für Datenschutz Schleswig-Holstein[2]. Falls Sie sich beim Überlegen eines guten Passwortes immer noch schwer tun: Eine Suche im Internet nach »gutes Passwort« bringt genug Tipps!

#### [SYS][encryptionKey]

Dieser Schlüssel leistet einen sehr wichtigen Beitrag zur Sicherheit bei Verschlüsselungs- und Hashing-Algorithmen. Der Inhalt der Zeichenkette ist relativ unwichtig, wir empfehlen die angebotene zufällige Generierung.

Da diese Zeichenkette auch beim Speichern von temporären Daten, URLs usw. verwendet wird, sollten Sie – sofern Sie den Schlüssel zu einem späteren Zeitpunkt ändern – den Cache löschen, damit die Informationen mit dem neuen Schlüssel erstellt werden können.

#### [BE][warning_email_addr]

Sie können sich von TYPO3 benachrichtigen lassen, falls ein Login-Versuch viermal innerhalb einer Stunde fehlschlägt – für sicherheitsbewusste Administratoren eine sehr empfehlenswerte Option.

---

2   http://www.datenschutzzentrum.ce/selbstdatenschutz/internet/passwd/passwd.htm

## [BE][lockIP] und [FE][lockIP]

Die aktive Session des Benutzers oder Besuchers kann fest an seine IP-Adresse (REMOTE_ADDR IP) gebunden werden. Damit wird die aktuelle Session ungültig, falls der Benutzer seine IP-Adresse während der Session wechselt bzw. ein Angreifer von einer anderen IP-Adresse aus versucht, die Session zu übernehmen. Falls Ihre Benutzer dadurch öfter die Session verlieren, z. B. aufgrund von DHCP-Servern, können Sie den Anteil der IP-Adresse reduzieren, da die angegebene Zahl (0–4) den einzelnen Teilen der IP-Adresse entspricht.

## [BE][IPmaskList]

Sie können bestimmen, von welchen IP-Adressen aus auf das Backend zugegriffen werden kann. Der Einsatz von Platzhaltern (*) ist möglich. Die Funktionsweise ist analog zur Möglichkeit der IP-Maskierung in TSConfig, siehe auch [BE][enabledBeUserIPLock] im Install Tool.

## [BE][lockSSL]

Mit dieser Option können Sie die Anmeldung oder den kompletten Zugriff auf das Backend über eine SSL-Verbindung erzwingen.

> **TIPP**
> *Falls Sie diese Option über das Install-Tool fälschlicherweise aktiviert haben und nicht mehr in der Lage sind, sich einzuloggen, können Sie diese Einstellung manuell in der Datei* typo3conf/localconf.php *ändern.*

## [BE][fileDenyPattern]

Das Hochladen (und damit Einschleusen) von sicherheitskritischen Dateien wie *.php wird über diese Namensmaske verhindert. Vergleichen Sie hierzu Ihre Einstellungen zum Ausführen von Scripts in PHP und Apache.

Listing 10.7: **Konfiguration des Apache für PHP-Handler**

```
AddType application/x-httpd-php .php .php5 .php4 .php3 .phtml
```

Mit der Zeile aus Listing 10.7 geben Sie für den Apache an, welche Dateiendungen an PHP übergeben werden sollen, also von PHP ausgeführt werden. Dateiendungen, die Sie hier eingestellt haben, sollten nicht von Redakteuren hochgeladen werden können.

## [FE][noPHPscriptInclude]

Diese Sicherheitsoption erlaubt das Einbinden von PHP-Dateien aus TypoScript heraus nur für Dateien, die im TYPO3-Core-Ordner *media/scripts/* liegen. Dadurch wird verhindert, dass Benutzer mit Zugriff auf die TypoScript-Templates ungewollte Scripts einbinden.

## [SYS][cookieHttpOnly]

Durch Setzen dieses Flags erlauben Sie den Zugriff auf Cookies nur über das HTTP-Protokoll, wodurch Zugriffe beispielsweise durch JavaScript verhindert werden. Dadurch reduzieren Sie die Angriffsfläche durch XSS-Hacks. Aktuell wird dies jedoch noch nicht zuverlässig durch alle Browser unterstützt.

### 10.1.5 Standard-Admin-Benutzer deaktivieren

Erzeugen Sie nach der Anmeldung im Backend mit dem Standardbenutzer *admin/password* einen neuen Admin-Benutzer, und deaktivieren bzw. löschen Sie den Benutzer *admin*. Dies erhöht noch einmal die Sicherheit im Vergleich zu einem reinen Ändern des Passworts.

### 10.1.6 Coding Guidelines einhalten

Besonders Angriffe wie *Cross Site Scripting* und SQL-Injection können Sie durch konsequente Anwendung der *TYPO3 Coding Guidelines* verhindern. Eine Übersicht und Anleitung zur Beachtung der Coding Guidelines finden Sie in Kapitel 8, *Extensions entwickeln*, Abschnitt 8.10.

### 10.1.7 Abonnieren Sie die Mailingliste TYPO3-Announce

Beim Bekanntwerden einer Sicherheitslücke wird umgehend eine entsprechende Benachrichtigung an diese Mailingliste versandt. Abonnieren Sie diese Liste[3] auf jeden Fall, da hier alle wichtigen Ereignisse behandelt werden. Zusätzlich oder alternativ können Sie diese Informationen auch im Bereich *News*[4] auf typo3.org einsehen oder als XML-Feed abonnieren.

*Wer sich nicht selbst um die durchgehende Kontrolle seiner TYPO3-Installation kümmern mag, findet vielleicht auf https://www.typo3watchdog.com ein interessantes Angebot. Durch die Installation einer speziellen Extension und einer Registrierung auf der Seite wird Ihre TYPO3-Installation sozusagen aus der Ferne überwacht, und es werden entsprechende Meldungen verschickt, falls es Handlungsbedarf gibt.*

### 10.1.8 Web Application Firewall einsetzen

Eine *Web Application Firewall* – oft auch *WAF* abgekürzt – hat die Aufgabe, eine Webanwendung vor Angriffen über das HTTP-Protokoll zu schützen. Die Idee dahinter ist ähnlich wie bei einer regulären Firewall, allerdings soll hier eine Anwendung (Applikation) durch die Überwachung der Kommunikation auf Anwendungsebene geschützt werden.

---

[3] TYPO3-Announce: http://lists.netfielders.de/cgi-bin/mailman/listinfo/typo3-announce
[4] Security News: http://news.typo3.org/news/teams/security/

Das TYPO3 Security Team bietet einen vorgefertigten Regelsatz für die Open-Source-WAF *ModSecurity*[5] für Apache unter http://typo3.org/waf.txt; eine Einstiegsbeschreibung finden Sie auf http://docs.google.com/View?docid=dfmxfb6f_4gs6fm4. Durch den Regelsatz wird festgelegt, welche Anfragen zur Anwendung durchdringen dürfen und welche geblockt werden. Dabei gibt es natürlich auch Logging- und Benachrichtigungsmöglichkeiten.

Eine Alternative zu ModSecurity ist *PHPIDS*[6]. Diese ist zumindest in PHP-Kreisen weiter verbreitet und, wie der Name schon sagt, auch speziell auf PHP-Projekte zugeschnitten. Für den Einsatz mit TYPO3 gibt es dazu im TER die Extension px_phpids.

> **TIPP**
>
> *Falls Sie Genaueres über den aktuellen Stand wissen der sogar mitgestalten wollen, sollten Sie die Mailingliste zum Thema WAF abonnieren:*
>
> http://lists.netfielders.de/cgi-bin/mailman/listinfo/typo3-project-waf.

### 10.1.9 Weitere Möglichkeiten

Zusätzlich zu den bereits angesprochenen Möglichkeiten, die TYPO3 bietet, sind folgende Vorschläge eine Überlegung wert. Wir halten diese aber nicht mehr für zwingend notwendig und wollen damit lediglich Optionen für sehr sicherheitsbewusste Seitenbetreiber aufzeigen.

#### .htaccess-Schutz

Auf das Backend-Verzeichnis *typo3/* kann zusätzlich zum TYPO3-Login noch ein .htaccess-Schutz gelegt werden, der eine weitere Barriere für potenzielle Angreifer darstellt. Die Benutzer müssen dann allerdings zweimal einen Benutzer und ein Passwort eingeben. Außerdem dürfen Sie keine Extensions für das Frontend (Frontend-Plugins) global oder als System-Extension installiert haben, die auf Dateien wie Bilder innerhalb der Extension zugreifen. Da diese Dateien dann innerhalb des .htaccess-Schutzes liegen würden, könnten sie nicht ohne Authentifizierung abgerufen werden.

#### Install Tool schützen

Wie wir bereits in Kapitel 3, *Installation*, Abschnitt 3.3 gesagt haben, stellt dieses Script ein erhebliches Sicherheitsrisiko dar, da damit z. B. ein Backend-Benutzer mit Administratorrechten erzeugt werden kann.

Zusätzlich zur Änderung des Install-Tool-Passworts können folgende Maßnahmen die Sicherheit erhöhen:

» Schützen Sie das *install*-Verzeichnis per *.htaccess*.

» Ultimativer Schutz: Entfernen Sie nach erfolgter Installation das Install-Tool-Verzeichnis komplett. Bei notwendigen Änderungen müssen Sie die Dateien dann entweder wieder einspielen oder die Änderungen manuell in der *localconf.php* durchführen.

---

5   http://modsecurity.org/
6   http://php-ids.org/

> *In neueren TYPO3-Versionen wird das Install Tool durch die Verwendung der Datei* typo3conf/ENABLE_INSTALL_TOOL *geschützt. Ein Zugriff ist nur möglich, wenn diese Datei vorhanden ist. Die Datei wird nach dem Anlegen (manuell oder aus dem* MODUL USER TOOLS, USER SETTINGS*) zeitgesteuert automatisch wieder gelöscht.*

## localconf.php auslagern

Um absolut sicherzustellen, dass externe Benutzer nicht den Inhalt der Konfigurationsdatei *localconf.php* nicht einsehen können, verschieben Sie diese Datei aus dem Web-root-Bereich (z. B. ("/var/www/localhost/securedata/")). Dabei müssen Sie natürlich die nötigen Zugriffsrechte für den Webserver sicherstellen. Anstelle der Original-Datei wird dann im Ordner *typo3conf* nur noch eine Datei mit dem entsprechenden Aufruf der Konfigurationsdatei benötigt.

Listing 10.8: **Verbleibender Inhalt der Datei localconf.php**

```
<?php
require("/var/lib/outsidewebroot/securedata/localconf.php");
?>
```

## Ungenutzten Code entfernen

Duplizierter Code oder Teile davon aus Ihrer Arbeitsumgebung, wie beispielsweise *.bak*-Dateien oder Ordner wie */.cvs* und */.dev*, sollten nicht in einer Live-Umgebung zu finden sein, da potenzielle Angreifer daraus Informationen über das System gewinnen können.

## Nur eingesetzte Extensions installieren

Das klingt sehr banal, wird aber oft missachtet. Belassen Sie nur solche Extensions in Ihrem Ordner *typo3conf/ext*, die tatsächlich verwendet werden. Dies gilt vor allem bei Extensions, die Sie nicht besonders gut kennen.

> *Der Extension Manager erlaubt standardmäßig nur die Installation von geprüften Extensions. Da viele Extensions noch keiner Sicherheitsprüfung unterzogen wurden, werden Sie die entsprechende Einstellung im Menüpunkt* SETTINGS *meist anpassen müssen, um auch diese potenziell unsicheren Extensions installieren und einsetzen zu können. Machen Sie sich bewusst, dass jede Extension grundsätzlich ein Sicherheitsrisiko darstellen kann und entsprechend geprüft werden sollte.*

## Datenbank-Dumps nicht im Webverzeichnis ablegen

Die Dumps Ihrer Datenbank sowie *.t3d*-Dateien sollten Sie nicht im Web-Verzeichnis speichern, denn sie können sonst leicht Fremden bzw. Angreifern zugänglich sein, sobald diese den Namen der Dump-Datei wissen oder erraten und Sie keinen speziellen Download-Schutz z. B. per .htaccess-Datei eingerichtet haben.

### Statische Seiten simulieren

Durch den Einsatz der Extension `RealUrl` oder der TypoScript-Konfiguration `config.simulateStaticDocuments` erkennt der Besucher (oder der Robot) nicht sofort, dass es sich hier um eine dynamische und somit angreifbare Webseite handelt.

### Extension saltedpasswords nutzen

Mithilfe der System-Extension `saltedpasswords` können Sie (ab der TYPO3-Version 4.3) die Backend-Passwörter »salzen«. Dadurch wird ein Angriff mithilfe von Rainbow-Tables verhindert. Mehr zu diesem Thema finden Sie unter anderem bei Wikipedia.[7]

### Extension rsaauth nutzen

Die in TYPO3 4.3 neu hinzugekommene Extension `rsaauth` schafft die Möglichkeit, auch ohne SSL Login-Daten verschlüsselt zu übertragen. Beachten Sie dazu bitte die der Extension beiliegende Dokumentation.

## 10.1.10 Zugriffsgeschützte Seiten im Frontend

Normale TYPO3-Seiten können mittels der Zugriffseinstellungen von TYPO3 sehr einfach vor einem unbefugten Zugriff geschützt werden. Wie aber sieht es mit Dateien aus, die auf diesen Seiten eingebunden sind, beispielsweise mit Bildern, *.pdf*-Dateien und Ähnlichem?

Falls der unbefugte Besucher die URL dieser Datei kennt oder errät (eventuell auch durch Probieren), kann er die Datei ganz einfach durch direkte Eingabe des URI herunterladen. Da die Dateien immer in den Ordnern *fileadmin* oder *uploads* (oder Unterordnern davon) liegen, ist dies für versierte Angreifer mit entsprechenden Tools keine große Herausforderung. Zur Lösung dieses Problems gibt es derzeit zwei Möglichkeiten. Eine Suche im TYPO3 Extension Repository (TER) nach »download secure« bringt mögliche Extensions zur Auswahl.

### Dateien in der Datenbank ablegen

Eine Lösungsmöglichkeit ist, dass Dateien nicht mehr in Ordnerstrukturen abgelegt, sondern zusammen mit dem Inhalt der Seite in die Datenbank gespeichert werden. Dadurch greift die volle Zugriffsberechtigung von TYPO3. Ein Nachteil ist die erhöhte Belastung der Datenbank bei hoher Performance und hohem Speichervolumen.

### Überprüfung der Dateilinks durch ein PHP-Script

Eine andere Alternative sieht vor, dass Links zu Dateien nicht direkt aufgelöst, sondern über ein PHP-Script geleitet werden, das wiederum die Berechtigungen des aktuellen Besuchers überprüft. Falls die Rechte ausreichend sind, wird die Datei vom PHP-Script aus dem Datei-

---

7  Salted Hash: http://de.wikipedia.org/wiki/Salted_Hash

verzeichnis gelesen und an den aufrufenden Browser geschickt. Natürlich muss in diesem Fall das Verzeichnis per *.htaccess* geschützt werden, weil sonst weiterhin ein normaler Zugriff auf die Dateien über den direkten Link möglich wäre.

### 10.1.11 Spam-Vermeidung

Eine nicht unmittelbare Gefahr für den Server stellt das sogenannte Spamming dar. Spamming wird meist mithilfe von Programmen, z. B. Webrobots, durchgeführt. Da Spamming für die Benutzer oft sehr ärgerlich ist und unnötig Zeit und Ressourcen kostet, wollen wir grundlegende und einfache Gegenmaßnahmen erläutern.

#### E-Mail-Adressen verschlüsseln

Eine sehr einfache Methode für potenzielle Spam-Versender, um an viele reguläre und tatsächlich benutzte E-Mail-Adressen zu kommen, ist das Durchsuchen von Webseiten nach Kontaktadressen, was automatisiert abläuft: Da eine E-Mail-Adresse das charakteristische @-Zeichen enthält, ist eine solche Suche sehr leicht gezielt durchführbar, auch wenn die Adresse nicht direkt per *mailto:* verlinkt ist.

Abhilfe kann hier durch eine Verschlüsselung der E-Mail-Adresse geschaffen werden.

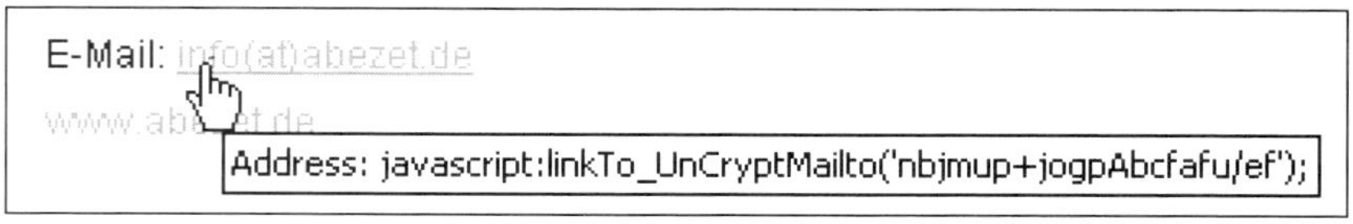

```
E-Mail: info(at)abezet.de
www.abezet.de
        Address: javascript:linkTo_UnCryptMailto('nbjmup+jogpAbcfafu/ef');
```

Abbildung 10.1: **Verschlüsselte Anzeige der E-Mail-Adresse**

Dadurch ist die E-Mail-Adresse für menschliche Augen immer noch erkennbar und lesbar. Zusätzlich wird eine Verschlüsselung über JavaScript durchgeführt, sodass (zumindest bei aktiviertem JavaScript) der Besucher nach wie vor einfach nur auf den Link klicken muss, um eine E-Mail an die korrekte Adresse senden zu können. In TYPO3 können Sie dieses Verhalten ganz einfach durch eine entsprechende Konfiguration per TypoScript erreichen. Dabei können Sie sogar die für den Betrachter resultierende Darstellung beeinflussen.

Listing 10.9: **Anti-Spam-Einstellungen per TypoScript**

```
config.spamProtectEmailAddresses = 1
config.spamProtectEmailAddresses_atSubst = (at)
config.spamProtectEmailAddresses_lastDotSubst = (dot)
```

#### Captcha verwenden

Bei Foren, Gästebüchern, Blogs und ähnlichen Kommentierungssystemen können normale Besucher einer Webseite oftmals ohne Authentifizierung Inhalte auf die Webseite übertragen. Dies ist eigentlich sehr positiv, da es eine lebendige Webseite mit Interaktionsmöglichkeit für die Besucher bietet. Leider können die für die Eingabe der Benutzernachrichten erforderlichen Formulare von Spam-Robotern entdeckt werden, was dann zu einer ständigen (automatischen) Überflutung z. B. des Gästebuchs mit ärgerlichen und im schlimmsten Fall böswilligen Einträgen führt.

Dem kann ein Riegel vorgeschoben werden, indem der Besucher anhand eines sogenannten Captcha beweist, dass er leibhaftig vor dem Bildschirm sitzt. Captcha steht für »Completely Automated Public Turing-Test to tell Computers and Humans Apart«, also für einen Test, der automatisiert zwischen Mensch und Maschine unterscheidet. Dazu generiert der Server dynamisch ein Bild, dessen Textinhalt nur von menschlichen Besuchern erkannt werden kann, und der Besucher muss diesen Text in ein speziell dafür vorgesehenes Feld eingeben. Die Spam-Roboter sind (zumindest derzeit noch) in der Regel nicht in der Lage, den Textinhalt des Bildes zu lesen, und scheitern somit an der Captcha-Prüfung.

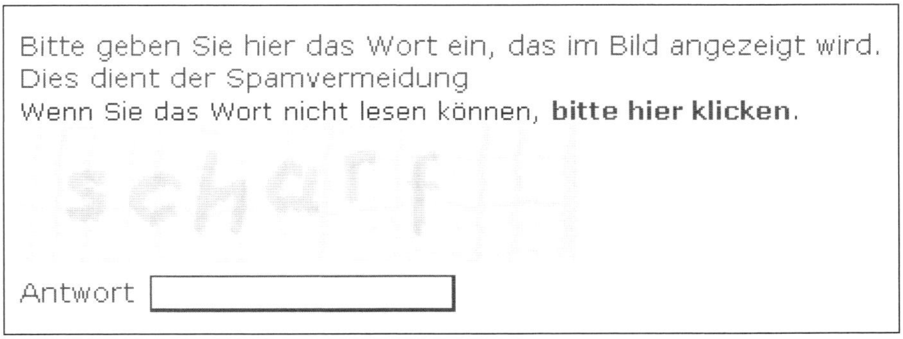

Abbildung 10.2: **Ausschnitt eines Formulars mit captcha-Prüfung: sr_freecap**

In TYPO3 gibt es derzeit mehrere gute Basis-Extensions für den Einsatz von Captchas. Suchen Sie im TER nach »captcha«, und verwenden Sie Ihren Favoriten.

Für sehr häufig eingesetzte und beliebte Captchas gibt es aufgrund der immer gleich ablaufenden Art der Bildgenerierung bereits Ansätze zur Überwindung dieser Hürde[8].

## Eingehende Anfrage überprüfen

Eine sehr direkte und einfach zu implementierende Möglichkeit stellen Extensions wie spamshield und timtab_badbehavior zur Verfügung. Diese prüfen alle Eingaben, die an TYPO3 abgeschickt werden und setzen zum Teil raffinierte Fallen für automatisierte Angriffe. Auch hier finden Sie nähere Erläuterungen in der Dokumentation der jeweiligen Extension.

---

8  PWNtcha Captcha Decoder: http://sam.zoy.org/pwntcha/

### 10.1.12 Materialien zum Weitermachen

Falls Sie sich zu diesem Themenblock weitergehend informieren wollen, können Sie folgende Quellen in Betracht ziehen:

» Auf der CD:
  » *TYPO3 Coding Guidelines*
  » *doc_core_inside*
» Im Internet:
  » http://typo3.org/teams/security/
  » http://wiki.typo3.org/index.php/Security
  » http://www.sklar.com/page/article/owasp-top-ten
  » http://www.owasp.org/index.php/PHP_Top_5
  » http://www.bsi.de/gshb

## 10.2 Seiten mit sehr viel Last, Performance

Für die meisten der mit TYPO3 aufgesetzten Webseiten spielt die Serverlast keine allzu große Rolle, da die Anzahl der Seitenaufrufe zu gering ist, um einen modernen Server in die Knie zu zwingen. Jedoch sollte für jeden Betreiber einer Webseite die Geschwindigkeit der Seitenauslieferung ein wichtiges Kriterium sein. Somit sollte eine Vermeidung unnötiger Arbeitsschritte und eine Beschleunigung der verbleibenden immer von Interesse sein.

Im Folgenden wollen wir Anhaltspunkte und Erfahrungswerte zur Leistungsfähigkeit von TYPO3 geben und Möglichkeiten zur Steigerung der Performance aufzeigen. Da das Thema Performance sehr umfangreich ist, jedoch nicht das eigentliche Thema dieses Buches ist, können wir hier nur einen rudimentären Einstieg in die Möglichkeiten zur Performance-Steigerung geben.

### 10.2.1 Lasttests durchführen

Damit Sie die Performance Ihrer TYPO3-Seite überblicken und die Seite für erwartete Lasten fit machen können, sollten Sie Lasttests durchführen. Dafür stehen Ihnen einige Tools zur Verfügung. Hier eine Auswahl für einen guten Einstieg in das Thema:

» Apache JMeter[9]
» ab – Apache HTTP server benchmarking tool[10]

---

9   JMeter: http://jakarta.apache.org/jmeter/
10  ab: http://httpd.apache.org/docs/2.0/programs/ab.html

# KAPITEL 10  Spezialthemen

» Microsoft Web Application Stress Test Tool[11]

» Badboy[12]

Da sich hier eine große Bandbreite an Möglichkeiten und möglichen Wünschen auftut, werden wir nicht detailliert auf die einzelnen Tools eingehen. Finden Sie selbst Ihren Favoriten!

## 10.2.2 Technische Rahmenbedingungen und Erfahrungswerte

Aufgrund eigener Erfahrungen und Rückmeldungen aus der Community können folgende Rahmenwerte als gute Vorgaben für *LAMP*-Systeme angesehen werden. Die Angaben beziehen sich auf »normale« TYPO3-Seiten mit einem gewissen Anteil an dynamischem Inhalt, für die das reguläre Caching eingesetzt wird. Bei speziellen Funktionalitäten, die nicht durch Caching abzudecken sind, kann sich die Bearbeitungsgeschwindigkeit je nach Programmierung deutlich verringern und dadurch die Serverlast erhöhen. Um die für einen Serverbetrieb relevanten Spitzenlasten im Blick zu behalten, betrachten wir die Seitenaufrufe pro Stunde für eine Belastung während der Spitzenzeiten.

**ACHTUNG**

**Die Angaben sind als grobe Richtwerte über den Daumen gepeilt zu verstehen und können je nach Projekt und Hardware deutlich variieren.**

» bis 5000 Seitenaufrufe pro Stunde

Sie sollten eigentlich ohne eigenen Server auskommen und mit einen Shared-Hosting-Angebot ganz gut zurechtkommen.

» bis 30.000 Seitenaufrufe pro Stunde

Ein eigener Server, meist als Managed Server angeboten, bietet Ihnen den Komfort eines gewarteten Servers, der seine ganze Rechenkraft für Ihre Webseite zur Verfügung stellt. Dies ist für den allergrößten Anteil aller Webseiten ausreichend. Ausreichend Arbeitsspeicher sichert eine stabile Performance, dies dürfen ruhig 2 Gbyte und mehr sein.

» Schwerlastseiten

Große Systeme können nicht mehr in Schubladen gepackt werden. Hier ist eine individuelle Analyse mit professionellen und erfahrenen Mitarbeitern nötig. Ein wahrscheinliches Szenario sind mehrere Server (Web-, Datenbank- und Fileserver getrennt), die durch Load Balancing gesteuert werden. Cloud-Hosting ist dabei mittlerweile eine realistische Möglichkeit, bei der man die Skalierung der Webseite komplett an den Anbieter auslagern kann.

---

11  Microsoft WAS: http://www.microsoft.com/germany/msdn/library/net/aspnet/WieSchnellIstSchnell.mspx?mfr=true
12  Badboy: http://www.badboy.com.au/

## 10.2.3 TYPO3 Cache nutzen, serverseitig

Eine der einfachsten und grundsätzlichen Möglichkeiten zur Performance-Steigerung ist der *TYPO3 Cache*. Er funktioniert auf Seitenbasis und ist für reguläre TYPO3-Seiten bereits aktiviert. Fertig generierte Seiten oder Seitenbereiche werden als statischer HTML-Code in der Cache-Tabelle abgelegt und beim nächsten Aufruf direkt ausgeliefert. Einstellungen zum Cache werden in der Regel im TypoScript vorgenommen.

Listing 10.10: **Konfigurationsmöglichkeiten für den Seiten-Cache**

```
config.cache_period
config.cache_clearAtMidnight
config.no_cache
```

Sie können hiermit die Gültigkeitsdauer der Cache-Einträge definieren (standardmäßig 24 Stunden), einen Verfall für Mitternacht definieren oder den Cache völlig deaktivieren. Die Nutzung des Caches bewirkt für normale Seiten eine Beschleunigung um das Drei- bis Vierfache. Beim Einsatz von Extensions unterliegt dieser Wert starken Unterschieden, je nach Funktionalität und Programmierung der Extension. Mehr Informationen zur Funktionsweise des Caches und darüber, wie Sie als Entwickler das Caching für Ihre Extensions nutzen, finden Sie in Kapitel 8, *Extensions entwickeln*, Abschnitt 8.12.

> **TIPP**
>
> *Bei sehr vielen Seiten und Parametern und in der Folge schnell wachsender Cache-Tabelle oder auch sehr großen Cache-Einträgen kann es Sinn machen, die Cache-Einträge aus der Datenbank herauszunehmen. Ab TYPO3 4.3 bietet sich hier das neue Caching-Framework an, in älteren Version gibt es im Install Tool die Konfigurationsmöglichkeit, den HTML-Code der Cache-Einträge nicht in die Datenbank, sondern als statische Dateien in das Dateisystem zu schreiben.*
>
> ```
> [FE][pageCacheToExternalFiles] = 1
> ```

## 10.2.4 Cache Control Headers, clientseitig

Unter clientseitigem Cachen versteht man alle Zwischenspeicherungen der ausgelieferten Seiten, die nicht direkt auf dem Server liegen. Dazu gehören der Browser-Cache auf dem Rechner des Besuchers sowie auch ein zwischengeschalteter Proxy. Eine Seite, die aus dem Browser-Cache oder vom Proxy geladen wird, erzeugt naturgemäß überhaupt keine Last auf dem Server, da dieser davon gar nichts mitbekommt. Es muss aber sichergestellt werden, dass der Besucher trotzdem aktuelle Seiten zu sehen bekommt, dass also z. B. Seiten mit dynamischem Inhalt vom Server und nicht aus dem Cache geladen werden.

Für diesen Zweck stellt das HTTP/1.1-Protokoll eine Reihe von Header-Informationen zur Verfügung, die dem Browser-Cache oder dem Proxy mitteilen, ob eine Seite gecacht werden kann. Ein generelles Cachen von Seiten ist bei TYPO3 natürlich nicht möglich, da es fast immer einen bestimmten Anteil an dynamischen Seiten gibt. Bis zur Version 3.8 war deshalb das clientseitige Zwischenspeichern von Seiten komplett deaktiviert. Mit der Version 3.8 wurden jedoch Konfigurationsmöglichkeiten für die sogenannten Cache Control Headers in TYPO3 geschaffen.

# KAPITEL 10  Spezialthemen

Listing 10.11: **Konfigurationseinstellungen für Cache Control Headers**

```
config.sendCacheHeaders = 1
config.sendCacheHeaders_onlyWhenLoginDeniedInBranch = 1
```

Die Option in der zweiten Zeile schafft noch eine zusätzliche Sicherheit. Für den Fall, dass eine Seite von einem nicht eingeloggten Benutzer geladen wird und diese – nicht personalisierte – Seite dabei in einem zwischengeschalteten Proxy gespeichert wird, erhält ein weiterer Besucher, der auch über den Proxy auf den Server zugreift und sich als Frontend-Benutzer anmeldet, die nicht personalisierte, gecachte Version aus dem Proxy statt der gewünschten personalisierten Seite, falls die genannte zweite Option nicht gesetzt ist.

Dies kann man ausschließen, indem man die Cache Headers nur für Bereiche nutzt, in denen sicher keine Logins stattfinden werden, weil diese explizit deaktiviert sind.

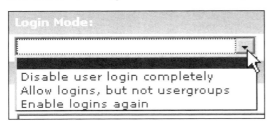

Abbildung 10.3: **Login in den Seiteneigenschaften für einen Bereich deaktivieren**

Eine weitere Möglichkeit, diesen Sonderfall auszuschalten, besteht darin, für Seiten mit angemeldeten Besuchern eine andere URL als für normale Seiten zu verwenden. Dies kann durch Einsatz der Extension realurl realisiert werden.

Damit TYPO3 die Cache Control Headers nur für Seiten verschickt, auf denen keine dynamischen Inhalte Probleme vorkommen, müssen gewisse Bedingungen erfüllt sein:

» Die Seite wurde bereits von TYPO3 serverseitig gecacht.
» Es befinden sich keine *_INT- oder *_EXT-Objekte auf der Seite, z. B. USER_INT.
» Der Besucher ist nicht im Frontend angemeldet.
» Der Besucher ist nicht im Backend angemeldet.

Performance-Messungen bei Seiten mit aktivierten Cache Control Headers ergaben eine Steigerung um das Vier- bis Fünffache, was gleichzeitig bedeutet, dass nur ca. 20 Prozent der Seiten direkt von TYPO3 ausgeliefert werden mussten. Dies kann jedoch für jede Webseite je nach Anteil an tatsächlich dynamischen Seiten variieren.

> **TIPP**
> *Das Drücken der Tasten* [Strg] *oder* [⇧] *während eines Reload schickt bei vielen Browsern eine Anfrage an den Server mit der Anweisung, die Seite frisch vom Server zu holen. Dies wird natürlich auch von TYPO3 unterstützt.*

## 10.2.5 Statische Files

Mithilfe der Extension `crawler` können aus TYPO3-Seiten statische Dateien in das Dateisystem exportiert werden. Dies kann auch automatisiert über Cron-Jobs durchgeführt werden. Lesen Sie dazu die Dokumentation der Extension. Im Zusammenspiel mit der Extension `realurl` oder der TypoScript-Einstellung `config.simulateStaticDocuments` werden so statische Dokumente nicht nur simuliert, sondern tatsächlich genutzt! Besonders effizient ist diese Vorgehensweise bei vielen Aufrufen auf Seiten, die sich inhaltlich eher selten verändern.

*Eine weitere gute Extension, die tatsächlich statische Seiten erzeugt, ist nc_staticfilecache. Lesen Sie die der Extension beiliegende Dokumentation, um zu sehen, ob sie Ihren Bedürfnissen entspricht.*

## 10.2.6 PHP-Beschleuniger

Da PHP eine Scriptsprache ist, wird normalerweise bei jedem Aufruf einer Seite der Code Schritt für Schritt abgearbeitet. Dass hier gewaltiges Beschleunigungspotenzial versteckt ist, versteht sich von selbst. Zwei der beliebtesten Beschleuniger derzeit sind der unter Open-Source-Lizenz stehende *eAccelerator*[13] und der *PHP Accelerator*[14]. Zend bietet mit der *Zend Platform*[15] eine sehr professionelle Möglichkeit an. Die Installation ist bei den genannten Produkten jeweils recht einfach, komplizierte Konfigurationen sind nicht zu tätigen. Für das Zusammenspiel mit TYPO3 kann man von einer Steigerung der Performance um den Faktor 3 bis 10 ausgehen. Einen PHP-Beschleuniger sollten Sie also auf alle Fälle installieren. Die entsprechenden Anleitungsschritte finden Sie in der Dokumentation auf den genannten Webseiten.

## 10.2.7 Apache optimieren

Da die Optimierung eines Webservers eine Wissenschaft für sich ist und den Rahmen dieses Buches sprengen würde, haben wir uns auf die Nennung wichtiger Parameter beschränkt. An diesen Punkten sollten Sie bei Performance-Überlegungen ansetzen; für weitere Feinheiten konsultieren Sie bitte die Apache-Dokumentation[16]. Auf die Besprechung alternativer Webserver wie z. B. *lighttpd* verzichten wir völlig, da der Apache der bei Weitem am häufigsten eingesetzte Webserver ist. Eine Recherche im Internet wird Ihnen schnell Hinweise und Informationen liefern.

---

13 eAccelerator: http://eaccelerator.net/
14 PHP Accelerator: http://www.php-accelerator.co.uk/
15 Zend Platform: http://www.zend.com/de/products/zend_platform
16 Apache Performance Tuning: http://httpd.apache.org/docs/2.0/misc/perf-tuning.html

# KAPITEL 10  Spezialthemen

Die im Folgenden genannten Konfigurationen werden in der Regel in der Apache-Konfigurationsdatei *httpd.conf* vorgenommen. Eine Anpassung dieser Werte ist für eine Optimierung zu empfehlen.

» `MaxClients 40`

Um ein K.o. des Servers zu verhindern, sollte die maximale Anzahl der gleichzeitigen Zugriffe auf ein Niveau gesetzt werden, das der Server gut verkraftet. Die passende Anzahl hängt natürlich stark von der eingesetzten Hardware ab.

» `LogLevel warn`

Das Fehlerprotokoll kann für den Live-Betrieb auf diese empfohlene Stufe eingeschränkt werden.

» `AllowOverride None`

Um zu verhindern, dass für jeden Aufruf rekursiv in den Dateistrukturen nach Konfigurationsdirektiven in Form von *.htaccess*-Dateien gesucht wird, kann diese Suche mit `AllowOverride None` abgestellt werden. Aber Achtung: In einigen Fällen werden bei TYPO3 solche Direktiven eingesetzt, etwa bei der Simulation statischer Webseiten oder zum Schutz von Dateien vor unerlaubtem Zugriff. Die dafür benötigten Direktiven müssen dann direkt in der Konfigurationsdatei des Webservers hinterlegt werden.

» `HostnameLookups Off`

DNS-Rückfragen für das Logfile können unnötige Verzögerungen bedeuten. Die Auflösung kann später ohne Probleme durch den eingesetzten Logfile Analyser durchgeführt werden.

Falls die Netzwerkverbindung einen Engpass darstellt, kann die Ausgabe durch Module wie `mod_gzip` bzw. `mod_deflate` komprimiert werden, allerdings resultiert daraus wiederum eine höhere Belastung des Servers. Hier hilft wohl nur testen und messen.

## 10.2.8 Datenbank optimieren (MySQL)

Die Optimierung einer Datenbank kann durchaus als eigene Wissenschaft angesehen werden. Wir werden deshalb auch hier nicht in die Tiefe gehen können, wollen aber dennoch einige Hinweise und Anhaltspunkte für Erfolg versprechende Einstellungen geben. Diese werden in der MySQL-Konfigurationsdatei *my.cnf* bzw. *my.ini* eingetragen. Für viele andere Datenbanksysteme wie Oracle, MS SQL Server oder PostgreSQL gibt es vergleichbare Einstellmöglichkeiten.

> **INFO**
> *Die hier genannten Einstellungen sind Erfahrungswerte, die nicht unbedingt unter allen Umständen die besten Ergebnisse bringen müssen. Führen Sie eigene Messungen durch.*

# KAPITEL 10  Spezialthemen

- » Da TYPO3 standardmäßig beständige Verbindungen (*persistent connections*) nutzt, sollte die Anzahl der standardmäßig erlaubten Verbindungen ausreichend sein.

  `max_connections = 100`

- » Der interne Query-Cache sollte aktiviert sein, und es sollte genügend Kapazität dafür vorgesehen sein.

  ```
  query_cache_limit = 2M
  query_cache_size = 64M
  query_cache_type = 1
  ```

- » Der Tabellen-Cache sollte eventuell erhöht werden.

  `table_cache = 256`

- » Auch der Speicherpuffer für Datenbankschlüssel bedarf eventuell einer Erhöhung.

  `key_buffer_size = 64M`

- » Falls Sie kein Logging benötigen, können Sie das Schreiben der Log-Dateien deaktivieren.

  `log-bin`

- » Kontrovers diskutiert wird auch die Effizienz von Indizes auf die in TYPO3 in fast jeder Tabelle vorkommenden Spalten *deleted* und *hidden*. Fast jedes SQL-Statement enthält eine Prüfung auf den Wert dieser Spalte.

**Die Annahme, dass jeder zusätzliche Index die Performance verbessere, ist nicht korrekt. Die Ergebnisse hängen sehr stark von der Inhaltsstruktur der Datenbank ab. Überprüfen Sie also die Effekte einer solchen Veränderung der Datenbanktabellen.**

## 10.2.9 Hardware, Cluster, Cloud Hosting

Ein einfacher, aber nicht immer kostengünstiger Weg ist die Beschaffung neuerer und besserer Hardware. In diesem Bereich haben Sie immer die Möglichkeit, noch ein Quäntchen Performance herauszuholen. Relativ schnelle und einfache Erfolge erzielen Sie, wenn Sie Datenbank und Webserver auf zwei verschiedenen Servern oder zumindest verschiedenen Platten betreiben. Falls das Backend stark genutzt wird, kann dieses zusätzlich auf einen dritten Server oder eventuell auch den Datenbankserver gepackt werden.

Falls Sie selbst in diesem Bereich kein Experte sind, ist es sinnvoller, ein Hosting bei Spezialisten einzukaufen. Achten Sie dabei auf Erfahrung mit TYPO3.

In den nächsten Jahren werden sicher immer mehr Möglichkeiten auftauchen, auch TYPO3 in einer Cloud-Hosting-Umgebung abzubilden.

### 10.2.10 Materialien zum Weitermachen

Falls Sie sich zu diesem Themenblock weitergehend informieren wollen, können Sie folgende Quellen in Betracht ziehen:

» http://wiki.typo3.org/index.php/Performance_tuning

» http://wiki.typo3.org/index.php/Hosting

» http://dev.mysql.com/doc/refman/4.1/en/optimization.html

» T3N Magazin 09/2007, S. 100

## 10.3 Werkzeuge für Profis

Wir wollen abschließend kurz einige nützliche Werkzeuge vorstellen, die uns die tägliche Arbeit (meist auf Windows-Systemen) deutlich erleichtern und für uns wichtige Bausteine qualitativ hochwertiger Arbeit sind. Dieser Abschnitt erhebt natürlich weder Anspruch auf Vollständigkeit noch wird er für alle Geschmäcker und Geldbeutel das jeweils Beste darstellen.

*Wir haben eine Seite im TYPO3-Wiki gestartet, auf der wertvolle Tools vorgestellt werden können.*

http://wiki.typo3.org/index.php/Helpful_Tools

Von uns eingesetzte und hilfreiche Tools sind unter anderem:

» Eclipse

   http://www.eclipse.org/

   http://www.phpeclipse.de/tiki-view_articles.php

   http://www.zend.com/de/pdt

   Die Java-basierte Open-Source-Entwicklungsplattform erfreut sich einer sehr großen Anwender- und Entwicklergemeinde. Für PHP-Entwickler stehen verschiedene Zusatz-Tools wie *PHPEclipse* und *PHP Development Tools* (PDT) zur Verfügung, die vielen kostenpflichtigen IDEs (*Integrated Development Environments*) durchaus Paroli bieten können.

» Subversion als Teamwerkzeug

   http://subversion.tigris.org/

   Subversion, der Nachfolger von CVS, ist ein unverzichtbarer Bestandteil für die qualitätsorientierte Programmierung im Team.

» Total Commander

   http://www.ghisler.com/deutsch.htm

   Dieses Tool bietet vor allem Entwicklern, die auch unter Windows möglichst selten die Tastatur verlassen wollen, viele Möglichkeiten.

# KAPITEL 10  Spezialthemen

- Symlinks für Windows

  ```
  http://www.elsdoerfer.info/ntfslink/
  http://www.totalcmd.net/plugring/ntfslinks.html
  ```

  Es gibt auch unter Windows die Möglichkeit, Referenzen auf Ordner zu setzen, um damit mehrere TYPO3-Instanzen mit einem Kern zu betreiben. Die dafür verwendeten sogenannten NTFS-Links sind nur auf mit NTFS formatierten Festplatten möglich, bieten ansonsten aber Möglichkeiten, die mit denen von Symlinks unter Linux vergleichbar sind. Nach einer erfolgreichen Installation und dem nötigen Neustart des Systems können Sie komfortabel sogenannte *Junction Points* anlegen. Um eine solche Verbindung zu ändern, löschen Sie wie unter Linux einfach die alte Verbindung und erzeugen eine neue mit dem korrekten Ziel.

  Suchen Sie nach *symlink ntfs* im Internet, um aktuelle Möglichkeiten zu finden.

- FileZilla

  ```
  http://filezilla-project.org/
  ```

  FileZilla ist ein komfortabler FTP-Client, der auch SFTP beherrscht und Filtermöglichkeiten bereitstellt, um beispielsweise Ordner und Dateien von Subversion nicht mit auf den Server zu übertragen.

- PsPad

  ```
  http://www.pspad.com/de/
  ```

  PsPad ist ein freier und vielseitiger Texteditor.

- Firefox, FireBug, FirePHP

  ```
  https://addons.mozilla.org/de/firefox/
  ```

  Ziemlich sicher den meisten Lesern bekannt, bietet Firefox in Kombination mit Erweiterungen wie FireBug tolle Hilfestellungen bei der Arbeit mit HTML, CSS, AJAX usw.

# 11. FLOW3

## 11.1 Einführung

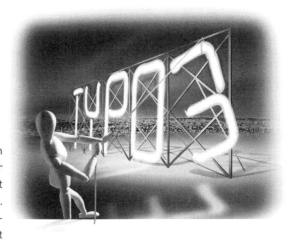

FLOW3 ist das Framework, auf dem die Version 5 von TYPO3 basieren wird. FLOW3 ist entstanden aus der Erkenntnis, dass der bestehende TYPO3-Quelltext einen hohen Grad an Komplexität erreicht hat. Steigt die Komplexität weiter, sind moderne Architekturansätze notwendig, um diese Komplexität noch mit vertretbarem Aufwand beherrschen zu können. Aus der ursprünglichen Idee eines umfassenden Refactoring des TYPO3-Core hat sich – nach einigen Versuchen in diese Richtung – die Notwendigkeit gezeigt, ganz von vorne zu beginnen.

FLOW3 ist nicht TYPO3 Version 5. Letzteres wird ein Package für das Framework FLOW3 sein. Während das Framework zur Zeit (Februar 2010) schon recht ausgereift ist – die APIs sollen bald endgültig festgelegt werden –, steht das Content-Management-Package (aka TYPO3 v5) derzeit noch in den Anfängen. Nichtsdestotrotz ist es bereits jetzt möglich, das Framework zu nutzen, um eigene Anwendungen unabhängig von TYPO3 zu schreiben.

Weshalb aber sollten Sie Ihre eigene Applikation auf Basis von FLOW3 schreiben, wo es doch noch kein TYPO3 dazu gibt? Nun, in erster Linie, weil FLOW3 Ihnen viele Aufgaben abnimmt, um die Sie sich nicht mehr kümmern müssen.

Zu diesen Aufgaben gehören z. B.:

» Die Verwaltung der Objekte (*Object Manager*). Das ermöglicht z. B. so smarte Dinge *wie Dependency Injection*[1].

» Klare Trennung von *Model*, *View* und *Controller* im Rahmen des *MVC-Framework*.

» Das Speichern der Daten in der Datenbank übernimmt das *Persistence-Framework* (SQL muss man als Entwickler dann nicht mehr können).

» Grundlegende Validierungsaufgaben.

» *Error- und Exception Handling*.

» *Unit-Tests* werden unterstützt.

» Eine *Ressourcen-Verwaltung* kümmert sich darum, dass Ressourcen zur Verfügung gestellt werden, wenn sie gebraucht werden – und nur dann.

---

1  http://de.wikipedia.org/wiki/Dependency_Injection

> Das *Security Framework* ermöglicht es, *Security Policies* über *Aspektorientierung* zu definieren – also, ohne die Domainlogik anfassen zu müssen.

> Nicht zuletzt ist FLOW3 das erste PHP-basierte Framework, das *Aspektorientierte Programmierung* überhaupt ermöglicht.

Das ist nur ein Ausschnitt der Aufgaben, bei denen FLOW3 Sie unterstützt. Eine Featureliste finden Sie auf der Webseite[2].

Natürlich wird auch das *Package TYPO3 v5* diese Features von FLOW3 nutzen. Es kann sich somit auf seine Kernaufgabe – die Verwaltung von Inhalten – konzentrieren.

Dieses Kapitel kann keine vollständige Einführung in FLOW3 geben. Das würde schon jetzt ein eigenes Buch füllen. Ziel dieses Kapitels ist es, Ihnen den Einstieg zu erleichtern und dadurch Lust auf mehr zu machen. Viele Dinge werden wir also anreißen, ohne sie im Detail zu erklären. Sie sollen anschließend selber entscheiden können, mit welchen Themen Sie sich tiefer beschäftigen wollen. Bei FLOW3 entwickeln sich die Dinge nach wie vor sehr schnell. Funktionalitäten und Schnittstellen können sich im Detail noch ändern, so dass heute entwickelte Applikationen hier und da »refactored« werden müssen, um mit zukünftigen FLOW3-Versionen zu funktionieren. Daher legen wir mehr Wert auf Hinweise zu Dokumentationen als darauf, selber ausführliche Beschreibungen und Erklärungen zu verfassen, die morgen vielleicht schon veraltet sind.

Das Gleiche gilt für Listings, also Quelltexte. Wir möchten Ihnen lieber ans Herz legen, sich das Blog-Beispiel (siehe Abschnitt 11.4.7) genau anzuschauen. Es ist immer auf dem neuesten Stand, was die FLOW3-API angeht.

## 11.2 Lizenz: LGPL

TYPO3 steht unter der Open-Source-Lizenz GPL v3[3] (GNU Public Licence). Das bringt mit sich, dass Programme, die unter Nutzung von TYPO3 entwickelt werden, automatisch auch der GPL unterstehen.

FLOW3 untersteht der LGPL v3[4] (GNU Lesser General Public License). Dadurch ist der Programmierer eines Packages – also einer eigenen Applikation, die das Framework FLOW3 nutzt – nicht gezwungen, sein Package unter die GPL zu stellen.

## 11.3 Installation

Die Installation von FLOW3 ist denkbar einfach. Seit *PHP 5.3* stable ist und von vielen Standardumgebungen wie *xampp*[5] mitgebracht wird, ist die größte Hürde bei der Installation von FLOW3 quasi nicht mehr vorhanden: Die Installation einer PHP-Version, die noch nicht

---

2   http://flow3.typo3.org/about/features/
3   http://www.gnu.org/licenses/gpl.html
4   http://www.gnu.org/licenses/lgpl.html
5   http://www.apachefriends.org

stable ist, und deshalb »per Hand« installiert werden muss. Unter Windows reicht es beispielsweise, wenn Sie die aktuelle Version von XAMPP installieren. Dort ist alles enthalten, was Sie brauchen, damit FLOW3 reibungslos läuft.

### 11.3.1 Webserver vorbereiten

Für den Fall, dass Sie xampp nicht nutzen, geben wir hier einen Überblick über die Server-Anforderungen von FLOW3. Sie sind sehr übersichtlich. Sie benötigen lediglich PHP 5.3 sowie einen Webserver. MySQL brauchen Sie nicht – Sie können es aber nutzen.

PHP erfordert:

» Module *pdo_sqlite* und *mbstring*
» `magic_quotes_gpc = off` (in der *php.ini*)
» ausreichend Arbeitsspeicher (*php.ini*: `memory_limit = 250MB`)

Der Apache als Webserver benötigt:

» das Modul *mod_rewrite*
» die Einstellung `AllowOverride FileInfo`

> **TIPP** *In der offiziellen Dokumentation auf* `flow3.org` *finden Sie ausführliche Anleitungen dafür, wie man PHP 5.3 auf verschiedenen Betriebssystemen installiert[6]. Auch eine Installationsanleitung mit dem IIS 7 an Stelle des Apache findet sich dort.*

> **ACHTUNG** **Die PHP-Erweiterung *xdebug* bremst FLOW3 ggf. erheblich aus. Sollten sie *xdebug* im Einsatz haben, empfehlen wir daher, dass Sie diese Erweiterung bei der Arbeit mit FLOW3 deaktivieren, solange Sie sie nicht nutzen.**

### 11.3.2 FLOW3 Installieren

Nach der Vorbereitung des Webservers laden Sie sich eine *FLOW3-Distribution* herunter. Diese stellt Ihnen den kompletten Rahmen für die Entwicklung einer eigenen Applikation zur Verfügung.

> **INFO** *Leider ist zum absolut letzten Abgabetermin für dieses Kapitel das* Release alpha8 *noch nicht heraus gekommen. Nach dem* alpha7-Release *ist aber auch schon so viel weiter entwickelt worden (z. B. die FLOW3-spezifische* var_dump()-Funktion, *siehe Abschnitt 11.11.1), dass wir dieses auch nicht als Grundlage nehmen wollten. Das Wichtigste ist, dass Sie die Grundprinzipien verstehen, an diesen wird sich nicht mehr viel ändern.*

---

6  http://flow3.typo3.org/documentation/manuals/flow3/flow3.installingphp53/

# KAPITEL 11   FLOW3

Es gibt grundsätzlich zwei Download-Quellen für die Installation einer FLOW3-Distribution:

» Die Releases auf der Webseite: http://flow3.typo3.org/download/
» Das Subversion-Repository: https://svn.typo3.org/FLOW3/Distributions/Base/trunk

Entpacken Sie die Distribution in ein Verzeichnis innerhalb des *htdocs*-Verzeichnisses (beim Apache) – z. B. in das Verzeichnis *flow3*.

Abbildung 11.1: **Verzeichnisstruktur nach der Installation**

*Unter Linux müssen Sie noch die richtigen Datei-Berechtigungen setzen. Dazu steht Ihnen unter* Packages/Framework/FLOW3/Scripts/setfilepermissions.sh *ein Script zur Verfügung.*

Die *index.php* liegt im Verzeichnis *Web*. Sie rufen die FLOW3-Installation also mit http://localhost/flow3/Web auf und werden mit dem WELCOME SCREEN begrüßt.

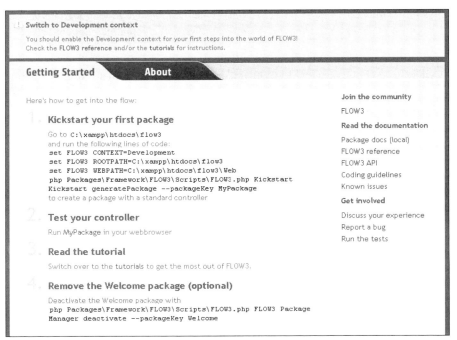

Abbildung 11.2: **Der WELCOME SCREEN einer Installation unter Windows**

Wie Sie in Abbildung 11.2 sehen, bekommen Sie gleich eine Anleitung, wie Sie mit der Entwicklung Ihrer eigenen Applikation starten können.

*Bei den php-Aufrufen müssen Sie – unter Windows – wahrscheinlich den Pfad zur exe-Datei hinzufügen. Haben Sie xampp im Standard installiert, lautet der Pfad* C:\xampp\php\. *Alternativ können Sie diesen Pfad auch der* PATH-Variablen *hinzufügen.*

Sie sollten einen *virtuellen Host* anlegen, der auf das Web-Verzeichnis zeigt. Damit nutzen Sie gleich das erste Sicherheitsfeature von FLOW3: Die Dateien liegen außerhalb des *Webroots*, sind also über den Browser nicht zugänglich. FLOW3 kümmert sich darum, nur die Dateien, die gebraucht werden – wie CSS-Dateien, Bilder etc. – in das Verzeichnis Web zu kopieren.

### 11.3.3 Weitere Quellen (svn-Repository)

Zum jetzigen Zeitpunkt – also beim Schreiben des Buches – ist das *Subversion-Repository* die wesentliche Quelle für die Arbeit mit FLOW3. Die Basis-URL des Repositorys ist https://svn.typo3.org/FLOW3.

Die wesentlichen Unterordner sind *Applications*, *Distributions* und *Packages* (siehe Abbildung 11.3).

Abbildung 11.3: **Aufbau des FLOW3-svn-Repositorys**

Im Folgenden werden die Inhalte dieser Verzeichnisse kurz beschrieben. Ab einer bestimmten Ebene findet man immer die bekannte Aufteilung in *branches*, *tags* und *trunk*. Mit dieser Ebene – meistens einem *tag* oder dem *trunk* – sollten Sie arbeiten.

**Applications:**

In diesem Verzeichnis finden Sie erste Applikationen, die mit FLOW3 umgesetzt wurden. Hier sollten Sie sich vor allem die Applikation *Blog* anschauen. Sie wird immer relativ zeitnah an die aktuellste FLOW3-Version funktionieren, da Sie derzeit die Haupt-Testumgebung für die Core-Entwickler ist. Die Webseite von Robert Lemke[7] basiert auf dieser Applikation. Die anderen Applikationen sind in einem sehr unterschiedlichen Entwicklungsstand. Vielleicht funktionieren sie, vielleicht nicht.

**Distribution:**

Dieses Verzeichnis enthält zum Einen die *FLOW3-Distribution*, aus der die Releases zusammengestellt werden (*Base*). Diese Distribution ist auch eine hervorragende Basis für das Erstellen von eigenen Applikationen.

Darüber hinaus enthält Sie die Distribution, mit der das **Getting Started Tutorial**[8] arbeitet.

---

7   http://robertlemke.de
8   http://flow3.typo3.org/documentation/tutorials/getting-started/

**Packages:**

In diesem Verzeichnis finden Sie alle bisher veröffentlichten FLOW3-*Packages*. Es sind schon weit mehr, als die Grundinstallation enthält. Sie finden dort auch die *Packages*, die in der Distribution – also der Grundinstallation – enthalten sind. Auf sie wird mit der Eigenschaft SVN:EXTERNALS aus der Distribution heraus verwiesen (siehe unten). Die Packages ihrerseits sind in *branches*, *tags* und den *trunk* unterteilt. Die in den Releases enthaltenen *Packages* haben daher für jedes bisherige Release einen eigenen *tag* (siehe z. B. Abbildung 11.4)

Abbildung 11.4: **svn-Struktur des Welcome-Packages**

**svn:externals**

Im Subversion macht FLOW3 intensiven Gebrauch von der Eigenschaft `svn:externals`. Damit können z. B. die benötigten Packages in die Distributionen die eingebunden werden, ohne sie redundant vorhalten und pflegen zu müssen. Das hat zur Folge, dass beim Checkout wesentlich mehr Verzeichnisse angelegt werden, als Sie im REPOSITORY BROWSER sehen.

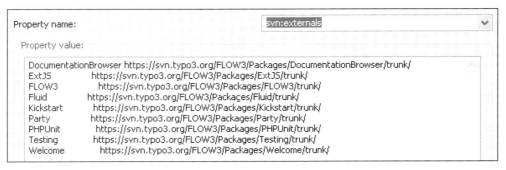

Abbildung 11.5: **Einbindung von Packages über svn:externals**

Abbildung 11.5 zeigt den Inhalt der Eigenschaft `svn:extenals` im Verzeichnis *Packages/ Framework/* der *FLOW3-Distribution*.

## 11.4 Grundlagen

### 11.4.1 Aufbau einer Distribution

Eine *FLOW3-Distribution* beinhaltet alle Elemente, die Sie benötigen, um eine Applikation auf Basis von FLOW3 zu schreiben. Wie Sie bereits in Abbildung 11.1 gesehen haben, enthält eine Distribution die Verzeichnisse *Configuration*, *Data*, *Packages* und *Web*. Daneben liegt – außer der Readme-Datei – nur noch ein Shell-Script namens *flow3*, das der *Kickstarter* für Linux-Systeme ist (siehe Abschnitt 11.6.2).

Die Verzeichnisse haben folgende Funktionen:

**Configuration:**

Dieses Verzeichnis enthält die Konfigurationseinstellungen für die Distribution. Hier können auch die Standard-Konfigurationen der *Packages* überschrieben werden. Das Verzeichnis kann noch einmal unterteilt sein in die s.g. *Kontexte*. Was ein Kontext ist und die Syntax der Konfiguration wird im Abschnitt 11.5 näher beschrieben.

**Data:**

In dem Verzeichnis *Data* liegen die *Log*-Dateien (Unterverzeichnis *Logs/*), die Datenbank, sofern *SQLite* in der Standardkonfiguration genutzt wird (*Persistent/objects.db*) und die gecachten Dateien (Unterverzeichnis *Temporary/*).

**Packages:**

Dieses Verzeichnis enthält – in der zweiten Unterebene – die *Packages* (siehe nächster Abschnitt). Packages in FLOW3 sind das Pendant zu Extensions in TYPO3 v4.x. Ähnlich wie es in TYPO3 *lokale*, *globale* und *System-Extensions* gibt, werden die Packages in FLOW3 gruppiert, in Form einer zusätzlichen Verzeichnisebene. In den Distributionen finden Sie bereits die Gruppierungen *Framework* und *Application*. Sie können beliebige eigene Gruppierungen hinzufügen. Denkbar wäre zum Beispiel ein Verzeichnis *Development*, dass die Packages enthält, die während der Entwicklungsphase eines Projektes besonders hilfreich sind.

**Web:**

Das Verzeichnis *Web* enthält die *index.php*. Es ist also der `DocumentRoot` im *virtuellen Host*. Außerdem wird in diesem Verzeichnis bei Bedarf ein Unterverzeichnis *_Resources* erstellt, in welches die Dateien kopiert werden, die von außen erreichbar sein müssen.

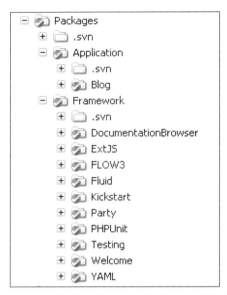

Abbildung 11.6: **Gruppierung der Packages im Blog-Beispiel**

## 11.4.2 Das Package

Was in *TYPO3* die *Extension* ist, ist in *FLOW3* das *Package*. FLOW3 setzt das Prinzip der Modularität allerdings sehr viel konsequenter um als TYPO3 v4.x. So ist die gesamte Funktionalität des Frameworks in Packages untergebracht. Die *index.php* enthält – abgesehen von der Zeichensatzdeklaration – lediglich eine Zeile Code.

Listing 11.1: **Die einzige echte Code-Zeile der index.php**

```
require((isset($_SERVER['FLOW3_ROOTPATH']) ? $_SERVER['FLOW3_ROOTPATH'] : 
    __DIR__ . '/../') . 'Packages/Framework/FLOW3/Scripts/FLOW3.php');
```

Das wichtigste Package ist das Package, das – wie das Framework – *FLOW3* heißt (siehe Abbildung 11.6).

Programmieren Sie eine eigene Applikation, dann tun Sie das auch in einem Package.

Der Aufbau eines Packages ist – getreu dem Motto *Convention over Configuration* (siehe Abschnitt 11.4.5) weitgehend vorgegeben. Wir geben hier nur einen Überblick über die wichtigsten Verzeichnisse. Ein Package muss nicht jedes dieser Verzeichnisse enthalten.

**Classes**

Dieses Verzeichnis enthält die Programmierung der Funktionalität. Hier liegen nicht nur *Model*, *View* und *Controller*, sondern hier können Sie beliebige *Subpackages* anlegen, und ihre Applikation so sinnvoll strukturieren.

**Configuration**

Wie nicht anders zu erwarten liegt in diesem Verzeichnis die Standard-Konfiguration des Packages (Details siehe Abschnitt 11.5). Im Unterschied zu TYPO3 v4.3 müssen Sie in FLOW3 alle Konfigurationsoptionen, die Sie in Ihrem Package zur Verfügung stellen, innerhalb des *Configuration*-Verzeichnisses mit einem Standardwert belegen. Es muss also jede mögliche Konfigurationsoption in diesem Verzeichnis vorkommen.

**Documentation**

Hier liegt die Dokumentation dieses Packages (siehe Abschnitt 11.9).

**Meta**

Das ist das einzige Verzeichnis, das jedes Package enthalten muss. Es enthält Meta-Informationen zu dem Package in der Datei *Package.xml*, sowie die Lizenzinformationen zu diesem Package.

**Resources**

Hier sind die Unterverzeichnisse *Private* und *Public* interessant. In dem Verzeichnis *Private* liegen z. B. die *HTML-Templates* für *Fluid*, also den *Views*. In dem Verzeichnis *Public* liegen z. B. Bild- und CSS-Dateien. Der Unterschied besteht darin, dass der *Public*-Ordner von FLOW3 eins zu eins in den Ordner *Web/* gespiegelt wird – die dort liegenden Dateien sind also von außen zugreifbar. Die Inhalte des Ordners *Private* hingegen werden nur über einen Stream weiter gegeben oder vorher verarbeitet. Sie sind also automatisch geschützt.

Wenn Sie fremde Bibliotheken einbinden möchten, tun Sie das auch in dem Verzeichnis *Resources*. Dafür wird dieses noch nach Technologie unterteilt. So finden Sie z. B. die *PHPUnit*-Bibliothek im Verzeichnis *Resources/PHP/PHPUnit* des Packages *PHPUnit*.

**Tests**

Das Verzeichnis *Tests* enthält die *Unit Tests* des Packages, siehe Abschnitt 11.8.

Ein Package wird »installiert«, indem in der Konfigurationsdatei *Configuration/PackageStates.yaml* der Status des Packages auf `activ` gestellt wird, siehe Listing 11.2: Aktivierung des Blog-Packages.

Listing 11.2: **Aktivierung des Blog-Packages**

```
Blog:
    state: active
```

## 11.4.3 Kommentare mit Funktion

In FLOW3 sind Kommentare nicht einfach nur Kommentare. Sie werden auch nicht nur für die automatische Generierung der Dokumentation genutzt, sondern haben direkt Auswirkung auf die Funktionalität.

> Aus diesem Grund dürfen Sie keine PHP-Optimierer benutzen, die Kommentarzeilen aus dem Code entfernen.

Beispiele für @-Tags mit Funktionalität im Kommentarbereich sind:

» Der @entity-Tag in einer Klasse des *Models* führt dazu, dass Objekte dieser Klasse persistiert, also in die Datenbank gespeichert, werden.

» Objekte in FLOW3 sind standardmäßig *Singletons* – dafür sorgt der *Object Manager*. Soll ein Objekt in verschiedenen Ausprägungen vorkommen können, muss die Klasse mit @scope prototype getagged sein.

» Über den @validate-Tag stehen viele Validierungsmöglichkeiten für Attribute zur Verfügung, die Sie nicht selbst implementieren müssen.

Eine Referenz der *@-Tags* oder *Annotations* finden Sie in *den Coding-Guidelines*[9].

### 11.4.4 Caching

FLOW3 hat ein umfangreiches *Caching Framework* zu bieten, das auch schon in TYPO3 v4.3 zum Einsatz kommt.

Dieses müssen Sie nicht im Einzelnen vestehen. Sie sollten aber wissen, dass Ihre Klassen – also PHP-Code – im Verzeichnis *Data/Temporary/* gecacht werden. Wenn Sie an der Programmierung etwas ändern und komische Dinge passieren, sollten Sie die gute alte »erstmal Cache leeren«-Regel befolgen und dieses Verzeichnis leeren, ehe Sie eine umfangreiche Fehlersuche beginnen.

### 11.4.5 Convention over Configuration

FLOW3 arbeitet nach dem Prinzip »**Convention over Configuration**«[10]. D.h., die Vorgabe von Schemata wird gegenüber der Nutzung von Konfigurationseinstellungen bevorzugt. In FLOW3 bedeutet das z.B., dass eine Klasse, die im Verzeichnis *Classes/View/* liegt (und von der richtigen View-Klasse erbt) sich automatisch mit den entsprechenden *HTML-Templates* im Verzeichnis *Resources/Private/Templates/* unterhält, ohne dass der Pfad zu den Templates explizit konfiguriert werden muss.

Die Vorteile dieses Vorgehens sind:

» Die Geschwindigkeit der Entwicklung steigt, denn man muss an vielen Stellen nicht mehr Programmieren **und** Konfigurieren, sondern nur noch Programmieren.

» Sie profitieren von er Erfahrung anderer: Bei der Erarbeitung der Konventionen, also der Vorgaben, wie z.B. Klassen heißen müssen, hat sich eine Gruppe erfahrener Entwickler

---

9   http://flow3.typo3.org/documentation/manuals/flow3/flow3.codingguidelines/#d0e5880
10  http://en.wikipedia.org/wiki/Convention_over_configuration

viele Gedanken gemacht und verschiedene Varianten ausprobiert. Lernen der Konventionen heißt also gleichzeitig gut Programmieren Lernen.

» Sie müssen weniger Entscheidungen selbst fällen, weil die Vorgaben Ihnen diese abnehmen.

» Der Code ist besser lesbar. Jeder FLOW3-Entwickler weiß genau, was in einer Klasse passiert, die sich an die Konventionen hält. Man muss nicht erst in der Konfiguration nachschlagen, wie etwas wohl gemeint ist, um den Code anderer Entwickler zu verstehen.

### 11.4.6 Aspektorientierung

FLOW3 unterstützt als erstes PHP-Framework *Aspektorientierte Programmierung (AOP)*[11]. Sie müssen *Aspektorientierung* nicht verstanden haben, um mit FLOW3 zu arbeiten. Das Thema können Sie getrost auf später verschieben. Nur soviel vorab: Aspektorientierung ermöglicht es, sich in bestehende Klassen »herein zu hängen«, ohne diese zu ändern oder Vererbung zu nutzen. Erst dadurch wird es z.B. möglich, das *Model* im Sinne von *Domain Driven Design* wirklich auf den Inhalt der Domäne zu beschränken und damit sehr sauberen klaren Code zu produzieren. Der Preis dafür besteht in erster Linie darin, dass das *Debuggen* erschwert wird (siehe Abschnitt 11.11).

### 11.4.7 FLOW3 im Einsatz: Das Blog-Beispiel

Das FLOW3-Entwicklerteam stellt ein Applikationsbeispiel zur Verfügung, das mit der jeweils aktuellen FLOW3-Version läuft. Dabei handelt es sich um die *Blog-Anwendung*, die inzwischen auch mit der Webseite von Robert Lemke[12] im Live-Einsatz ist.

Das *Blog-Beispiel* können Sie sich aus Subversion auschecken[13]. Eine Version, die zeitgleich mit der Fertigstellung des Buches herunter geladen wurde, finden Sie außerdem auf der beiliegenden CD.

Die Installation machen Sie genauso wie bei der FLOW3-Distribution.

Das Blog-Beispiel ist derzeit die wichtigste »Copy-Paste-Quelle«. Hier können Sie sich abschauen, wie eine Applikation mit FLOW3 programmiert wird.

Besonders interessant ist dabei natürlich das Package Blog (*Packages/Application/Blog/*). Aber auch die Konfiguration der Routen (schöne URL's – *Configuration/routes.yaml*)dürfte Sie interessieren.

---

11  *http://de.wikipedia.org/wiki/Aspektorientierte_Programmierung*
12  *http://robertlemke.de*
13  *https://svn.typo3.org/FLOW3/Applications/Blog/trunk*

## 11.5 Konfiguration

Die FLOW3-Konfiguration liegt in Verzeichnissen namens *Configuration*. Diese finden Sie in den *Packages* und direkt *im Root-Verzeichnis*.

Sie können noch in eine weitere Ebene unterteilt sein – den s.g. *Kontext*.

FLOW3 sieht verschiedene Dateien für verschiedene Konfigurationsaufgaben vor. Welche Dateien das sind, und welche Aufgaben Sie haben, ist in der Dokumentation des *Configuration Framework*[14] beschrieben.

Die von einem Package vorgebene Konfiguration kann natürlich überschrieben werden. Die Konfigurationen werden dieser Reihenfolge ausgewertet: Zunächst wird die Konfiguration im *Configuration*-Ordner des *Packages* gelesen. Diese wird ggf. von Konfigurationen im Ordner *Configuration* im *Root-Verzeichnis* überschrieben und diese wiederum von *kontextabhängiger Konfiguration* (siehe nächster Abschnitt).

### 11.5.1 Kontext (Context)

Sie kennen sicher folgende Probleme:

» Ihr Programm funktioniert in Ihrer Entwicklungsumgebung einwandfrei, aber auf dem Livesystem gibt es Probleme. Sie müssten jetzt also im Livesystem den Fehler suchen – und dafür z. B. *debuggen*. Das ist unschön – schon allein, weil ständig der *Cache* geleert werden muss.

» Sie möchten auf dem gleichen System aber mit einer anderen Datenbank arbeiten, um gefahrlos Testdaten eingeben zu können, oder sogar ein anderes Datenbanksystem ausprobieren zu können.

FLOW3 bringt für solche Aufgabenstellungen schon eine Lösung mit: die Möglichkeit, unterschiedliche Konfigurationen in der gleichen Installation zu nutzen – abhängig vom s.g. *Kontext (Context)*.

Um einen *Kontext* zu definieren wird im *Configuration*-Verzeichnis ein Unterverzeichnis angelegt. Der Name dieses Unterverzeichnisses ist gleichzeitig der Name des Kontextes. In diesem Verzeichnis werden die Konfigurationen hinterlegt, die nur für diesen Kontext gültig sein sollen.

Nun muss FLOW3 nur noch wissen, welchen Kontext es nutzen soll. Dafür liest es die *Umgebungsvariable FLOW3_CONTEXT* aus. Diese lässt sich (mit dem Apache) ganz einfach innerhalb der Definition des *Virtuel Host* setzen. So können Sie für unterschiedliche Kontexte unterschiedliche Domains verwenden.

---

14   *http://flow3.typo3.org/documentation/manuals/flow3/flow3.configurationframework/*

Listing 11.3: **Virtual Host-Definition mit Production und Development Kontext**

```
<VirtualHost *:80>
   DocumentRoot "C:/xampp/htdocs/flow3/Web"
   ServerName flow3.local
</VirtualHost>

<VirtualHost *:80>
   DocumentRoot "C:/xampp/htdocs/flow3/Web"
   ServerName dev.flow3.local
   SetEnv FLOW3_CONTEXT Development
</VirtualHost>
```

Die FLOW3-Distribution bringt die folgenden Kontext-Konfigurationen schon mit: *Development*, *Testing* und *Production*. So sind z. B. im *Development-Kontext* die Cache-Einstellungen anders als im *Production-Kontext*. Dadurch ist das System zwar etwas langsamer, aber Sie müssen nicht ständig den Cache leeren. Der *Standard-Kontext* ist *Production*.

Sie können jederzeit einen neuen Kontext definieren, indem Sie ein neues Verzeichnis innerhalb des Verzeichnisses *Configuration* anlegen.

### 11.5.2 YAML-Syntax

Die Konfiguration wird in der Syntax von *YAML*[15] – einer universellen Serialisierungssprache – geschrieben. Die Syntax ist sehr einfach und intuitiv. Im Internet finden Sie viele Tutorials und Schnelleinführungen dazu.

Ein paar der Syntaxregeln zu den Konfigurationsdateien, die Sie in FLOW3 finden, sind:

» Zuweisungen werden durch »: « (Doppelpunkt und Leerzeichen) vorgenommen. Beispiel:
   foo: bar

» Mehrere Zeilen mit gleicher Einrückung bilden eine *Collection* – eine Zusammenstellung mehrerer zusammengehöriger Elemente.

» "- " (Minus und Leerzeichen) erzeugt ein Listenelement (*Sequence*) in *Blockschreibweise*. Beispiel:
   - München
   - Hamburg

» Listen können auch in *Fließschreibweise* dargestellt werden. Dann stehen die Elemente kommagetrennt in eckigen Klammern. Beispiel:

   [München, Hamburg]

» Das Kommentarzeichen ist das Schweinegatter #, wie Sie es von *TypoScript* schon gewohnt sind.

---

15  YAML steht für »YAML Ain't Markup Language«. Die offizielle Webseite ist *http://yaml.org*.

**KAPITEL 11**   FLOW3

> **ACHTUNG**
> 
> Die wohl wichtigste Regel für das Arbeiten mit FLOW3 ist: Zwei Leerzeichen sind zwei Leerzeichen und nicht ein Tabulatorzeichen!

> **INFO**
> 
> *Die Konfiguration kann auch in einer speziellen PHP-Syntax geschrieben werden. Da diese aber derzeit in kaum noch einem Package genutzt wird, gehen wir darauf nicht weiter ein.*

## 11.6 Model View Controller

FLOW3 arbeitet konsequent nach dem *MVC-Konzept*. Eine Einführung in MVC (Model-View-Controller) finden Sie im Kapitel 8, *Extensions Entwickeln,* Abschnitt 8.6. *Extbase* basiert auf dem *MVC-Teil* von FLOW3. Es handelt sich um einen s.g. *Backport*.

Die in dem o. g. Kapitel beschriebene Extension stellen wir Ihnen als FLOW3-Package auf der Buch-Website http://typo3-profibuch.de zur Verfügung. Wir haben uns dagegen entschieden, sie auf die CD zu nehmen, da zum Zeitpunkt der Drucklegung des Buches das letzte Release drei Monate alt war und sich seitdem relativ viele Änderungen ergeben haben.

### 11.6.1 Extbase/Fluid und FLOW3

*Extbase* ist ein *Backport* von FLOW3. D.h., die MVC-Klassen von FLOW3 wurden in die Extension Extbase übernommen – mit wenigen Unterschieden. Die Wesentlichen sind:

» In TYPO3 4.x können **keine Namespaces** genutzt werden, da diese erst ab PHP in Version 5.3 zur Verfügung stehen. Deshalb mussten die Klassennamen geändert werden. So wird aus der Klasse *ActionController* im Namespace *F3\FLOW3\MVC\Controller* bei FLOW3 die Klasse *Tx_Extbase_MVC_Controller_ActionController* bei Extbase.

» Extbase hat eine **eigene Persistenzschicht**. Da FLOW3 – anders als TYPO3 – die Daten nicht in der gewohnten relationalen, sondern in einer objektorientierten Struktur speichert, muss der Vorgang des Speicherns in der TYPO3-Extension Extbase anders umgesetzt werden. Sie als Programmierer betrifft dieser Punkt nicht, weil Sie sowohl in FLOW3 als auch in Extbase *Repository-Objekte* zum Speichern nutzen und nicht selber *SQL-Statements* schreiben.

Im Übrigen sind die Klassen gleich. Das »Zurück-Portieren« wird automatisiert gemacht. Dadurch ist sicher gestellt, dass die Code-Basis auch in Zukunft die Gleiche ist und sich Extbase und FLOW3 nicht klammheimlich auseinander entwickeln.

### 11.6.2 Kickstarter in FLOW3

Einen visuellen Kickstarter wie bei Extbase gibt es für FLOW3-Packages noch nicht – er ist aber in Planung. Bis dahin stellt FLOW3 einen Kickstarter für die Nutzung über Konsole zur

Verfügung, mit dem Sie ein eigenes *Package*, *Controller*, *Models* etc. erstellen können. Arbeiten Sie das *Getting Started Tutorial*[16] durch, um die aktuellen Befehle zu erfahren.

Alternativ empfiehlt sich natürlich, das Blog-Beispiel (siehe Abschnitt 11.4.7) als Basis zum Durchkopieren der entsprechenden Klassen zu nutzen.

### 11.6.3 Domain Driven Design

Studiert man Informatik oder ein ähnliches Fach, dann lernt man, Objektorientierung sei ganz toll, weil sie die reale Welt in Form von Objekten (und Klassen) abbildet. Beliebte Beispiele sind Autos oder Bankkonten. Sieht man dann die ersten Beispiele »echter« Programmierung, findet man haufenweise *Klassen*, *Attribute* und *Methoden*, die nichts mit der realen Welt zu tun haben. Klassische Beispiele für solche Funktionalitäten sind *Logging* und *Zugriffsrechte*. *Domain Driven Design* möchte die Entwickler dabei unterstützen, sich bei der Programmierung wieder auf die Objekte der Domäne – also den für den Geschäftszweck relevanten Teil der »realen Welt« – konzentrieren zu können.

Unter Domäne ist das Fachgebiet der Personen zu verstehen, für die eine Software geschrieben wird. Es gibt neben den Entwicklern also immer auch *Domain-Experts* – Fachexperten.

Voraussetzung dafür ist, dass alle Funktionalitäten, die »für den Computer« oder »für den Programmierer« programmiert werden, in Programmbereiche ausgegliedert werden, die nicht mit der »Domäne« zu tun haben. Dafür bietet FLOW3 den Rahmen (das Framework).

Der Begriff *Domain Driven Design*[17] und die theoretischen Hintergründe dazu werden ausführlich in dem gleichnamigen Buch beschrieben[18]. Er fordert aus Erfahrungen mit sehr komplexen und sich häufig ändernden Domänen heraus nicht nur die Notwendigkeit einer klaren Trennung der Domänenlogik von anderen Programmteilen, sondern auch Strukturen innerhalb der Domäne, die sich bei der Modellierung bewährt haben. Daraus sind Begriffe und Vorgehensweisen entstanden, von denen wir ein paar wenige im Folgenden erklären möchten. Sie stellen nur einen sehr kleinen Ausschnitt des Konzeptes dar.

Für den richtigen Umgang mit den Konzepten ist Erfahrung unabdingbare Voraussetzung. Natürlich empfehlen wir auch dringend die Lektüre des Buchs von Eric Evans.

Begriffe, die Ihnen im Zusammenhang mit Domain Driven Design bald über den Weg laufen werden sind u. a.:

» **Ubiquitous Language**: In vielen großen Projekten erarbeiten Systemanalytiker zusammen mit den fachlichen Experten das *Analysemodell*. Dieses wird Entwurfsspezialisten für den *Grobentwurf* übergeben. Dieser wird zu einem *Feinentwurf* verfeinert und von den

---

16 http://flow3.typo3.org/documentation/tutorials/getting-started/
17 http://en.wikipedia.org/wiki/Domain-driven_design
18 Die Bibel in diesem Zusammenhang ist das Buch »Domain-Driven Design: Tackling Complexity in the Heart of Software« von Eric Evans.

Entwicklern mit den notwendigen Anpassungen umgesetzt. So entsteht eine Art Stille-Post-System: Fachexperte -> Systemanalytiker -> Entwurfsspezialist -> Programmierer. Auch das Ergebnis ähnelt der stillen Post: Die Sprache des Programmierers hat nichts mehr mit der Sprache des Fachexperten zu tun. *Domain Driven Design* will genau das verhindern. Die Klassen sollen so heißen, wie die Fachexperten die realen Objekte nennen. Das Gleiche gilt für Attribute und Methoden. Dadurch entsteht ein universeller (*ubiquitous*) Sprachgebrauch, alle sprechen die gleiche Sprache. Entwurfsmodelle (*Klassendiagramme*) werden von den Fachexperten verstanden und können deshalb von Ihnen auf Korrektheit überprüft werden.

» **Entities**: Objekte, bei denen es darauf ankommt, das einzelne »Individuum« zu identifizieren, unabhängig davon, ob sich einzelne (oder sogar alle) seiner Eigenschaften während seines Lebenszyklus ändern können. Beispiele: Person, Kunde etc.

» **Value Objects**: Im Gegensatz zu »Entities« repräsentieren »*Value Objects*« nur die durch sie festgelegten Eigenschaften – eine davon unabhängige Identität ist nicht relevant. Beispiele: Farbwert, Alterungszustand etc.

» **Aggregates**: Gekapselte Gruppe von Objekten, auf die »von außen« nur über ein die Identität des »Aggregates« festlegendes, sog. »root aggregate« zugegriffen werden darf, das seinerseits Zugriff auf die »inneren« Objekte hat. Beispiel: Auto und die inneren Teile.

» **Repository**: Objekt, das dem Auffinden von Objekten innerhalb einer (meist größeren und nicht über individuelle Verknüpfungen verbundenen) Menge von Objekten an Hand von Suchkriterien dient. Beispiel: Lagerliste.

Als Entwickler von TYPO3-Extensions haben Sie bisher wahrscheinlich automatisch *relational* gedacht. D.h., Sie haben die Objekte in relationale Datenbankstrukturen gepresst, Normalisierung ist Ihnen so in Fleisch und Blut übergegangen, dass Sie sie automatisch nebenher machen.

Mit FLOW3 werden Sie nur noch in *Objekten/Klassen*, *Aggregates*, *Entities*, *Value Objects* etc. denken. Normalisierung und SQL brauchen Sie nicht mehr zu kennen, um die Persistenz, also das Speichern der Daten, kümmert sich FLOW3 (siehe nächster Abschnitt).

## 11.7 Persistenz

### 11.7.1 PDO / SQLite

FLOW3 nutzt standardmäßig *PDO* (*PHP Data Objects*)[19]-Objekte und Methoden für die Datenbankanbindung. Das hat den großen Vorteil, dass man nur einen entsprechenden *pdo-Treiber* auf PHP-Ebene installieren und die Konfiguration anpassen muss, wenn man das zugrundeliegende Datenbanksystem wechseln möchte.

---

19  *http://php.net/manual/de/book.pdo.php*

Die Distribution arbeitet mit *SQLite*. Die SQLite-Datenbankdatei finden Sie unter *Data/Persistent/Objects.db*.

### 11.7.2 Objektorientierte Datenstruktur

FLOW3 arbeitet nicht mit einer relationalen, sondern mit einer objektorientierten Datenstruktur.

D.h., es gibt vorab definierte Tabellen (siehe Abbildung 11.7), in die alle Objekte und deren Attribute gespeichert werden. Jedes Objekt hat eine *uuid*[20] und ist somit weltweit eindeutig identifizierbar. Beziehungen zwischen Objekten werden durch Verknüpfung der *uuids* hergestellt.

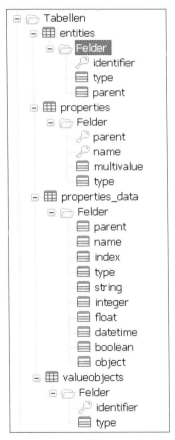

Abbildung 11.7: **Datenstruktur der FLOW3-Tabellen.**

---

20  *http://de.wikipedia.org/wiki/Universally_Unique_Identifier*

## 11.8 Test-Driven-Development

FLOW3 bietet Ihnen alles, was Sie für *Test Driven Development*[21] brauchen. Die *Unit-Tests* selber werden im Verzeichnis *Tests/* des Packages geschrieben. Sehr viele und umfangreiche Beispiele finden Sie im Package FLOW3.

Eine Umgebung für das Ausführen der Tests stellen die Packages *PHPUnit* und *Testing* zur Verfügung.

Sie starten die Tests durch das Aufrufen von `http://my-domain/testing/`. Das Ergebnis eines Testlaufs mit dem FLOW3-Package sehen Sie in Abbildung 11.8.

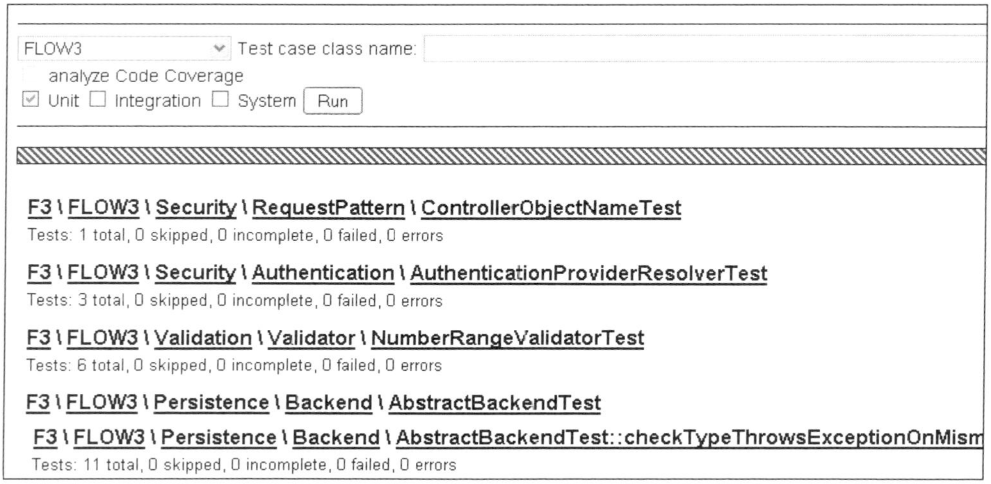

Abbildung 11.8: **Ergebnis eines Unit-Test-Laufs des FLOW3-Packages (Ausschnitt)**

## 11.9 Dokumentation

Die Dokumentation von FLOW3 wird im Format *DocBook*[22] vorgenommen. Als Editor wird *XMLmind*[23] empfohlen. Bei Robert Lemkes Podcasts[24] gibt es einen Podcast, in dem Karsten Dambekalns einen Überblick über die Bedienung dieses Editors gibt.

Die Dokumentation Ihres Packages legen Sie in dem Verzeichnis *Documentation* ab. Die nächsten Ebenen innerhalb dieses Verzeichnisses sind folgendermaßen vorgegeben:

» Ebene: Um welches Dokument handelt es sich (z. B. *Manuel* oder *API*)

» Ebene: Format (z. B. *DocBook* oder *HTML*)

» Ebene: Sprachkürzel (z. B. *en* oder *de*)

---

21  *http://de.wikipedia.org/wiki/Testgetriebene_Entwicklung*
22  *http://www.docbook.de/*
23  *http://www.xmlmind.com/xmleditor/*
24  *http://typo3.org/podcasts/robert/*

# KAPITEL 11  FLOW3

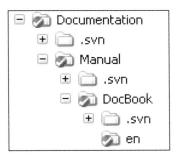

Abbildung 11.9: **Verzeichnisstruktur des Documentation-Ordners im subversion**

Abbildung 11.10: **Verzeichnisstruktur des FLOW3-Packages im alpha-Release**

Mit Hilfe der Packages *DocBookXSLNS* und *DocTools* werden die HTML-Version der Dokumentation und die API-Dokumentation automatisch erzeugt, die Sie nicht im *subversion*, aber im entsprechenden alpha-Release finden. Wie Sie diese Packages nutzen können, ist in der Dokumentation des Packages *DocTools* beschrieben. Damit lässt sich auch ein pdf-Dokument generieren. Voraussetzung ist, dass *Apache FOP* korrekt installiert ist.

> *Wenn Sie die Dokumentation eines Packages im docBook-Format lesen möchten, dann öffnen Sie in dem Dokumentationsverzeichnis die Datei* index.xml *in Ihrem XML-Editor. Diese bindet die anderen XML-Dateien in der richtigen Reihenfolge ein.*

## 11.10 Coding Guidelines

Auch für FLOW3 gibt es *Coding Guidelines*. Diese sind auf der offiziellen Webseite im Anhang der FLOW3-Dokumentation zu finden[25]. Neben den typischen Inhalten enthalten die Coding-Guidelines von FLOW3 ein Best Practices-Kapitel.

Es gibt außerdem ein einseitiges pdf-Dokument[26], das die wichtigsten Regeln sehr übersichtlich zusammen fasst.

---

25  *http://flow3.typo3.org/documentation/coding-guidelines/*
26  *http://flow3.typo3.org/fileadmin/CGL/FLOW3_CGL_on_one_page-v8.pdf*

Anders als bei TYPO3 sind die Coding Guidelines von FLOW3 eine Pflichtübung. Die Einhaltung wird in Zukunft insofern überprüft werden, als es nicht möglich sein wird, ein Package mit nicht-vorgabenkonformen Klassen zu veröffentlichen. Dafür existiert schon das Package *FLOW3CGL*, mit dem Sie die Einhaltung der Coding Guidelines prüfen können. Dieses ist in der derzeitigen Entwicklungsphase allerdings phasenweise veraltet und daher noch nicht zuverlässig einsetzbar.

## 11.11 Debugging in FLOW3

### 11.11.1 Die FLOW3-var_dump()-Funktion

Der konsequent objektorientierte Aufbau von FLOW3 und die große Mühe, die die Entwickler in konsistente und verständliche Namen von Klassen, Methoden und Attributen stecken, sollte ein »Durch-Den-Code-Debuggen«, wie man es vielleicht aus der ein oder anderen TYPO3-Klasse kennt, weitestgehend überflüssig machen. Wenn Sie aus der Entwicklung mit TYPO3 v4.x kommen, werden Sie sich erst ein wenig daran gewöhnen müssen, dass Sie sich auch sehr gut zurecht finden, wenn Sie auf die Namen von Klassen vertrauen und sich allein dadurch weitgehend im Code zurecht finden – ohne zu debuggen.

Dieser Aufbau (viele viele Klassen, kurze Methoden) in Kombination mit den durch den Einsatz von Aspektorientierung[27] gecachten Klassen erschweren das Debuggen allerdings erheblich, wenn man es denn doch braucht. Die Nachteile beim Einsatz der var_dump()-Funktion beschreibt Robert Lemke ausführlich in einem Blog-Eintrag[28]. Daher wurde die var_dump()-Funktion für FLOW3 überschrieben. Sie werden also eine ungewohnte – jedoch sehr viel übersichtlichere – Ausgabe bekommen, wenn Sie var_dump() nutzen. Auch die Details dazu werden in dem Blog-Eintrag ausführlich beschrieben.

### 11.11.2 Debuggen mit xdebug

Wenn Sie *xdebug*[29] zum Debuggen nutzen, stoßen Sie beim Setzen von *Breakpoints* in der *IDE* (z. B. *Eclipse*) an eine zunächst unerwartete Grenze. Für die Implementierung der Aspektorientierung cacht FLOW3 alle Klassen, die vom *Object Manager* verwaltet werden (und das sind mit Abstand die meisten), in eigenen Dateien. Die eigentliche Ausführung passiert dann mit diesen Dateien. Das hat zur Folge, dass die ursprünglich programmierten Dateien nie durchlaufen werden und ein dort gesetzter Breakpoint somit keine Auswirkung hat. Wenn Sie Breakpoints setzen möchten, müssen Sie das also mit der Funktion *xdebug_break()* direkt in PHP tun.

---

27  *http://de.wikipedia.org/wiki/Aspektorientierte_Programmierung*
28  *http://robertlemke.de/blog/posts/2010/03/20/debugging-flow3-applications*
29  *http://xdebug.org/docs/remote*

## 11.12 Auf dem Laufenden bleiben

Um bei der FLOW3-Entwicklung auf dem Laufenden zu bleiben, empfehlen wir folgende Quellen:

- Die Twitter-Accounts der Core-Entwickler: t3rob, k-fish, skurfuerst , WrYBiT, MrBasti
- Der Blog von Robert Lemke: http://robertlemke.de/
- Der Blog von Karsten Dambekalns: http://blog.k-fish.de/
- Die Podcasts auf typo3.org
- Und last but not least: Das subversion-Log von FLOW3

# Stichwortverzeichnis

## Symbole

$BE_USER 556
$cObj 122
$conf 140
$content 140
$HTTP_REFERER 39
<$nopage>$GLOBALS siehe Variablen
   – globale 552
<$nopage>API siehe TYPO3 API 549
<$nopage>extdeveval siehe Extension Keys
   – extdeveval 545
<$nopage>Extensions
   – Hilfetexte siehe Hilfetexte 314
<$nopage>locallang.php siehe locallang.xml 473
<$nopage>Modul siehe Backend-Modul 461
<$nopage>Plugin siehe Frontend-Plugins 458
<$nopage>TCA siehe $TCA 362
<$nopage>TypoScript-Referenz siehe TSRef 87
<$nopage>utf-8 siehe Charset 162
<$nopage>Zeichensatz siehe Charset 162
$PAGES_TYPES 404
$TBE_MODULES 408
$TBE_STYLES 408
$TCA 38, 316, 362
   – defaultExtras 404
   – eval 371
   – Feldtypen 369
   – input 369
   – itemsProcFunc 396
   – l10n_mode 370
   – palettes 402
   – password 371
   – showitem 308, 397
   – types 397
$this->data 122
$TYPO3_CONF_VARS 39, 553
$TYPO3_CONF_VARS['EXTCONF'] 425
$TYPO3_CONF_VARS['SC_OPTIONS'] 425
$TYPO3_CONF_VARS['TBE_MODULES_EXT'] 426
404 Handling 42
_CSS_DEFAULT_STYLE 112
_DEFAULT_PI_VARS 112
_LOCAL_LANG 112, 174

## A

ACT 113, 170
ACTIFSUB 113
ACTIFSUBRO 113
ACTRO 113
addRootLineFields 43
ADJUST 158
Administrator 220
AdminPanel 107, 143, 144, 216, 242
Aggregates 668
Ajax 597, 628
allowed excludefields 368
allowedTables 331, 405
allowTags 156
allowTVlisting 245
alpha 372
alphanum 372
alphanum_x 372
Alternative Seiten Sprache 172
Alternatives Label im Listmodul 334
alt_intro.php 407
Annotation 662
AOP 663
Apache 648
Arbeitsspeicher 30, 31, 40
Aspektorientierte Programmierung siehe AOP
Aspektorientierung 663
Association 27
ATOM 625
Autoload 473, 514, 557

## B

Backend
   – Benutzer 221
   – Darstellung 305
   – Farbeschema anpassen 410
   – Formulare anpassen 408
   – Log 288, 300
   – Masken definieren 367
Backend-Modul 461, 477
   – Zugriff 478
backend.php 406
Backend-Suche 292

# STICHWORTVERZEICHNIS

Backup 44, 295
Bad Behavior 643
Basis Templates 94
Bearbeiten im Frontend 143
Bedingungen 85, 151
Befehle (Actions) 289
be_groups 221, 348
Benutzerverwaltung 220
Berechtigungsprobleme 35
be_sessions 348
BE_USER 555
be_users 221, 348
Blog 663
 – Beispiel 663
bodytext 155
Borderschemes 412
BOX 157
Branches 252
Breadcrumb 67
Browsereinstellungen 30
Brute-Force-Attacke 633

## C

Cache 40, 201, 569, 646
 – cachmgm 208
 – cHash 207
 – clearAllCache_additionalTables 182
 – clearCache 244
 – clear_cacheCmd 182
 – crawler 208
 – Einzelbereiche ausnehmen 206
 – enetcache 213
 – enetcacheanalytics 213
 – extCache 581
 – Gültigkeitsdauer 204
 – indexed_search 208
 – löschen 360
 – neues Framework 202, 208
 – unterdrücken 581
cache_* 348
Cache_clearAtMidnight 205
cache_period 205
Caching 201
 – Framework 40, 662
 – Tabellen 202
Captcha 642
CASE 134
Charset 42, 162
cHash 207
check 374
cleanFileName 162

cli 590
clickenlarge 150
CLIENT 554
Cloud Hosting 650
Cluster 650
cmdMap 354
COA 124
COA_INT 124, 207
COBJ_ARRAY 124
cObject 122
Coding Guidelines 315, 533
 – Bedingungen 542
 – Copyright 534
 – FLOW3 671
 – Funktionen 539
 – Klassennamen 539
 – Methoden 539
 – phpDoc 535
 – Schleifen 543
 – Switch 543
 – Syntax 542
 – Variablen 539
 – XCLASS 536
 – Zeichenketten 543
Colorschemes 410
colPos 132
Commerce Hooks 611
Commerce Kategoriebaum 613
Community 25, 27
compare 294
Conditions 85
conf 133
config 107, 111, 369
config.debug 205
config-doctype 64
Configuration Framework 664
CONSTANTS 84, 104, 108
CONTENT 128, 151
content(default) 158
content_fallback 173
Content-Management-System 69
Context 664
Convention over Configuration 662
Cookies 31, 631
Core 353
 – ändern 420
Crawler 648
createFoldersInEB 244
Create Template for a new Site 61
cronjob 587
CROP 157
Cross Site Scripting siehe XSS

# STICHWORTVERZEICHNIS

CSS 62
css_styled_content 68, 132
CUR 113
CURIFSUB 113
CURIFSUBRO 113
CURRO 113

## D

DAM 617
data 147
dataMap 356
date 371
Dateien
- alt_intro.php 407
- backend.php 406
- class.t3lib_befunc.php 560
- class.t3lib_db.php 561
- class.t3lib_div.php 558
- class.t3lib_extmgm.php 559
- class.tslib_content.php 563
- class.tslib_fe.php 565
- class.tslib_pibase.php 562, 579
- conf.php 478
- constants.txt 477
- editorcfg.txt 477
- einbinden 452, 535
- ext_autoload.php 473, 514, 557
- ext_conf_template.txt 474
- ext_emconf.php 467
- ext_localconf.php 471
- ext_tables.php 344, 453, 471
- ext_tables.sql 453, 472
- ext_tca.php 471
- ext_typoscript_constants.txt 472
- ext_typoscript_setup.txt 472
- ext_update.php 473
- lang.php 562
- localconf.php 342
- locallang_mod.php 480
- locallang_mod.xml 480
- locallang.php 477
- locallang.xml 473, 477, 479
- mod1/index.php 478
- mod_frameset.php 407
- schützen 641
- setup.txt 477
- superadmin.php 56, 339
- tca.php 454
- template.php 562

Dateistruktur 338
Dateiverwaltung in der TCE 360
Datenbank 347, 636, 649
- adodb 32
- Beziehungen festlegen 452
- compare 53
- Dump erzeugen 45
- erweitern 458
- Fehler 294
- import 53
- installieren 32
- mm-Relation 352
- wichtige Tabellen 348
- zugreifen 547
Datensätze im Page-Modul anzeigen 308
Datentyp 81, 89
datetime 372
DB Check 293
DB Dump 640
DB Mounts 227, 259
debug 214, 590
debugData 215
Debugging 672
default 135
defaultExtras 369, 404
defaultLanguageFlag 174
defaultLanguageLabel 174
Denial of Service siehe DOS
denyTags 156
deprecation log 596
devIPmask 39
devlog 590, 593
diff 300
diff-Tool 258
disableDelete 244
disallowed 384
displayCond 369
DNS-Spoofing 634
DocBook 670
DOCUMENT_BODY 64
DocumentRoot 36
doktype 330
Dokumentation erstellen 545
Domain Driven Design 667
doNotCheckReferer 39
DoS 633
double2 373
DRAFT Workspace 257
dropdown 377
Dummy-Paket 33

# STICHWORTVERZEICHNIS

## E

Eclipse 651
EDITPANEL 142
EFFECT 157
eID 537, 602, 628
Eigene Seitentypen 329
Eigenschaft 81, 89
Element Browser 149
E-Mail 642
EMBOSS 157
enable_DLOG 39
enable fields 446
Entities 668
entryLevel 115
equals 152
excludefields 224, 368, 447
EXEC_TIME 553
expAll 117, 118
explicitADmode 41
Export 44, 295
Extbase 666
extCache 40
extdeveval 419
Extension Keys 437
- aba_watchdog 603
- abz_developer 39, 592
- abz_eff_labels 314, 485
- abz_eff_tca 308
- beko_debugster 593
- blog_example 487, 607
- cachmgm 208
- cal 608
- calajax 603
- cc_beinfo 549
- cc_debug 39, 592
- cc_ipauth 301
- cc_iplogin_be 301
- cc_metaexec 622
- cc_metaexif 622
- commerce 611
- crawler 208
- css_styled_content 132
- dam 617
- dbal 32, 347
- devlog 593, 594
- direct_mail 622
- enetcache 213
- enetcacheanalytics 213
- extdeveval 316, 406, 419, 483, 535, 545
- feeditadvanced 143
- felogin 574
- gabriel 302
- gg_xajax 597
- gl_transstat 485
- impexp 295
- indexed_search 208
- ingmar_admpanelwrap 421
- irre_tutorial 389
- Kickstarter 441
- llxmltranslate 347
- lorem_ipsum 318
- macina_searchbox 141
- mmsynchro 45
- mvc_extjs 529
- mvc_extjs_samples 529
- ratings 603, 627
- realurl 176, 623
- realurlsettings 179
- registrieren 439
- rlmp_filedevlog 594
- rlmp_language_detection 484
- rlmp_tmplselector 474
- rtehtmlarea 248, 412
- saltedpasswords 641
- scheduler 302, 587
- sg_beiplogin 430
- simulateStatic 154
- spamshield 643
- sys_action 290, 321
- t3dev 483
- t3_locmanager 485
- t3skin 411
- t3skin_improved 289
- templavoila 183
- timtab_badbehavior 643
- tinymce_rte 248, 414
- tinyrte 248, 414
- tipafriend 175
- tt_news 426, 624
- tx_phpids 639
- viewhelpertest 608
- w4x_backup 45
- wizard_crpagetree 323
- wwsc_t3sync 45
- xajax 597
Extension Manager 46
Extensions 607
- Abhängigkeiten 470
- allgemeine Informationen 443
- Aufbau 467
- conflicts 468
- dependencies 468
- dokumentieren 603
- entwickeln 436
- excludeFromUpdates 325

# STICHWORTVERZEICHNIS

- Extension Key 437
- global 340, 440
- importieren 47
- installieren 49
- ins TER hochladen 604
- Kickstarter 441
- konfigurieren 49
- lokal 342, 440
- Namensrichtlinien 437
- priority 469
- Reihenfolge festlegen 402
- sysext 439
- system 340
- TypoScript 96
- Übersetzungen 174
- Update 54

Extension Templates 94
externalBlocks 156
ext_tables.php 344

## F

Fallback 171
fe_groups 348
Fehler finden 213
Feldtypen 448
fes_sessions 349
fe_user 565
fe_users 348, 366
file 126, 148
FILE 126
fileadmin 341
FILEICONS 556
File Mount 228
FILEMOUNTS 555
Filter 293
firebug 407
fixedPostVars 182
Flexform 387, 452, 573
Flexible Content Element 195
FLOW3
- Caching 662
- Coding Guidelines 671
- Debugging 672
- Distribution 657, 659
- Dokumentation 670
- Installation 654, 655
- Kickstarter 666
- Kommentare 661
- Konfiguration 664, 665
- MVC 666
- Package 660

- Persistenz 668
- svn Repository 657
- Webserver 655

Fluid 666
FORCE ALL UIDS VALUES 295
forceCharset 42, 162
FORM 136
FreeType 32
Frontend 59
Frontend-Editing 41, 142, 143, 243
Frontend-Plugins 458, 477
Frontend-Session 240
Funktion 81
Funktionen (TypoScript) 146
Funktionsmenü 478

## G

GDLib 32
Gefahren 629
Get data 147
getText 122, 147
GIFBUILDER 117, 127, 156
globale Variablen 136
GMENU 117
GMENU_LAYER 117
GNU 25
GPL 25, 534
- einhalten 439

Grafisches Menü 117
GraphicsMagick 32, 37
group 383

## H

Hardware 30, 650
headerData 64
height 150
hideNonTranslated 173
Hilfe
- kontextsensitiv 418

Hilfetexte 314
HMENU 113, 115, 133
Hooks 424
- anfordern 429

Hosting 30
htaccess 177
htdocs 36
HTML 124
- Template 78, 185

htmlarea 248
htmlTag_langKey 165, 168

# STICHWORTVERZEICHNIS

## I

iCal 608
icon 405
Icons für eigene Seitentypen 332
ICS 608
IDE 651
if 151
IFSUB 113
IFSUBRO 113
ignore 173
IMAGE 126, 151, 157
imageLinkWrap 127, 150
ImageMagick 32, 37
IMGMAP 158
imgResource 126, 148
IMG_RESOURCE 126
IMGTEXT 133
impexp 60
import 148
Import 295
include 557
Include 535
INCLUDE 95
Inhaltselement 70, 122
Inhaltsobjekt 122
inline 389
input 369
Insert Records 384
Installation 29
 – Apache-Benutzer herausfinden 35
 – Shell-Zugriff simulieren 34
Install Tool 36, 341, 636, 639
 – installToolPassword 40
 – IPmaskList 637
 – lockIP 637
int 372
interfaces 41
internal_type 383
Internationalisierung 160
iProcFunc 120
IRRE 389
isFalse 152
isGreaterThan 152
is_in 372
isInList 152
isPositive 152
isTrue 152
ItemArrayProcFunc 120
itemsProcFunc 316, 396

## J

joh316 37
JSMENU 119
JSMENUITEM 119
jumpurl 240

## K

Kalender 608
Kasper Skårhøj 26
Kategoriebaum 613
Kategorisierung von Dateien 617
key 135
Kickstarter 441, 666
Klassen 557
 – language 562
 – t3lib_basicFileFunctions 360
 – t3lib_BEfunc 560
 – t3lib_DB 561
 – t3lib_div 558
 – t3lib_extFileFunc 354
 – t3lib_extMgm 559
 – t3lib_svbase 430
 – t3lib_TCEmain 358
 – t3lib_TCEMain 353
 – template 562
 – tslib_cObj 122, 563
 – tslib_fe 565
 – tslib_pibase 562, 579
Klickvergrößern 150
Kommentar 82
Konditionen 85
Konfiguration 301
Konstanten 84, 104, 108, 549
Kontext 664
Kontextmenü (Klickmenü) 417, 463
Kontextsensitive Hilfe 314
Konzeptioneller Aufbau 338

## L

l10n_cat 369
l10n_mode 369, 370
Label 174, 311
 – im Backend einbinden 482
 – im Frontend einbinden 483
 – übersetzen 483
label_alt 334
language 164
Lasttest 644
Layermenü 117

# STICHWORTVERZEICHNIS

levelmedia 148
lib.* 93
Linkgenerierung 154
Links richtig erzeugen 578
linkVars 168
Live Version 263
LIVE Workspace 256
Lizenz 25
LOAD_REGISTER 136
localconf.php 342, 640
locale_all 165, 168
localhost 36
Localization Overview 167
locallang 311
lockPosition 118
Log 300
Login 565, 582
Lokalisierung 160, 311, 344, 444, 480, 483, 577
  – Ansicht 167
lower 372

## M

Mailingliste 638
Main Module 612
MAIN Template 94
makelinks 156
Marker 63, 78, 175
marks 142
maxH 149
maxW 149
MD5 372
media 127
Mehrsprachigkeit 50, 160, 311, 577
  – mir realurl 181
  – templavoila 201
Member 274
Memory Limit 31, 40
Menü 66
  – Zustand 113
message_preview_workspace 287
META 111
metaCharset 163
Meta-Informationen zu Dateien 617
Metatag 111
minH 149
minW 149
mm-Relation 352
mod_frameset.php 407
mod_rewrite 177
ModSecurity 638

Module
  – erweiterbar gestalten 462
  – verschiedene Typen 407
Mountpoint 276, 379
MSSQL 32
multiplyDBfieldSize 42, 162
MVC (Model-View-Control-Architektur) 486, 666
MySQL 649

## N

Namenskonventionen 315
Namespaces 666
Navigation 66, 113
negate 152
Newsletter 622
NO 113
no_cache 205
none 385
nonTypoTagStdWrap 156
normalWhenNoLanguage 171
NoScript 30
nospace 372
No Template found 60
nowrap 404
num 372

## O

Objekt 80, 90
Objekttyp 80, 91
onlineWorkspaceInfo 288
onlyAllowedTables 331, 405
Open Source 25
Operator 82
options 243
optionSplit 121, 170
Oracle 32
OUTLINE 157
Overlay 171
Override/Conditions 147
Owner 274

## P

Package 660
PAGE 109
pageOverlayFields 44
pagePath 182
pages 122, 348
PAGES_TYPES 556

# STICHWORTVERZEICHNIS

Page TSconfig 233, 465
Paletten 402
parameters 154
Parse data 147
parseFunc 108, 155
Parsetime 205
PARSETIME_START 554
Passthrough 453
password 371, 372
Passwörter 633, 636
pdfinfo 33
pdftotext 33
PDO 668
pdo-Treiber 668
Performance 473, 557, 644
Persistenz 666, 668
PHP5 544
PHP-Beschleuniger 648
PHP Data Objects 668
phpDoc 545
PHP-Funktionen 72, 75, 86
PHP-Konfiguration 635
PHP_SCRIPT 139
PHP-Shell 34
PHPUnit 670
pibase 562, 579
piVars 580
plainTextStdWrap 156
plugin 112
Plugins 70
Popup-Fenster 31
postUserFunc 140
postVarSets 182
ppthtml 33
preUserFunc 140
preVars 182
protectLvar 172
Publish 258, 261, 264, 277

## Q

Quotierung 533

## R

radio 376
realurl Parameter 181
RECORDS 128
Recovery 44
Reference-Index 55
Reference Index Table 353, 566
relPathPrefix 64, 142
renderCharset 163
renderObj 130
Repository 668
require 557
required 371
RESTORE_REGISTER 136
Review 261
Reviewer 274
Rich Text Editor 70
RO 113
Rootline 148
RSS-Feed 625
RTE 70, 248
 – API 412
 – Datentransformation 449
RTEkeyList 243

## S

safe_mode 35
saveDocNew 244
SCALE 157
Scheduler 302, 587
Seitenbaum 70
Seitentypen 330
select 130, 151, 377
sendCacheHeaders 205
Service 429, 463, 480
Session
 – im Frontend 582
 – sessionTimeout 40
setDBinit 42, 162
SetEnv 665
setMemoryLimit 40
setup 246
shadow 157
SHADOW 157
Shared Hosting 30
shortcutFrame 244
showitem 397
Sicherheit 629
Sicherheitsmaßnahmen 634
SIM_EXEC_TIME 554
simulateStaticDocuments 154, 176
Singleton 568
Sitemap 460
slide 148
Social Engineering 634
softref_key 567
Source-Paket 33
sources 133
Spalten ausblenden 236
Spam 642
SPC 113

# STICHWORTVERZEICHNIS

special 116
Spracheinstellungen 164, 168
Sprachmenü 169
Sprachpakete 50, 162, 344
 – erzeugen 316
sqlDebug 39
SQL Injection 632
SQLite 669
SQL-Statement 151
Stage 263
static_template 349
Statisches Template 97
Status von Seiten 333
stdWrap 65, 147
strict 173
styles.* 93
Styleschemes 411
Sub Modules 612
Subpart 63, 78, 142
Suche 292
Swap 258
 – Modes 279
Symlinks 33, 51, 652
sys_be_shortcuts 348
sys_filemounts 349
sys_history 348
sys_language_mode 172
sys_language_overlay 173
sys_language_softMergeIfNotBlank 174
sys_lockedrecords 349
sysLog 595
Systemlog 288, 300
sys_template 349
Systemvoraussetzungen 30

## T

t3d 295
T3DataStructure 387, 573
t3lib_basicFileFunctions 360
t3lib_cache_backend_DbBackend 211
t3lib_cache_backend_FileBackend 211
t3lib_div
 – debug 214
t3lib_extFileFunc 354
t3lib_svbase 430
t3lib_TCEmain 358
T3_SERVICES 554
T3_VAR 554
t3ver_count 254
t3ver_label 254
t3ver_oid 254
t3ver_stage 254

t3ver_state 254
t3ver_wsid 254
Tabellen 348
 – anlegen 444
 – Feldtypen 448
 – fe_users 366
tables 133
tar 33
TBE_MODULES 556
TBE_MODULES_EXT 555
TBE_STYLES 556
TCA 556
 – allowedTables 331
 – onlyAllowedTables 331
TCAdefaults 247
TCA_DESCR 555
TCE 353
 – Befehlsarray 354
 – Datenarray 356
TCEmain 358
TCEMAIN 237
temp.* 93
template 142
Template 60, 72, 77, 91, 109
 – Constant Editor 104
 – HTML-Template 62, 141
 – Include Static 68
 – Info/Modify 99
 – Kategorien 104, 106
 – Object Browser 100
 – PAGE 109
 – Setup 107
 – Template Analyzer 102
 – Template Modul 98
TEMPLATE 141
Templa Voila 567
TER 26, 46, 441, 604
Test Driven Development 670
text 373
TEXT 124, 157
Textmenü 116
time 372
timesec 372
TinyMCE 414
Title-Tag 92
TMENU 116
TMENUITEM 116
TMENU_LAYER 117
Tools 651
Toplevel Object 107
Translation Handling 50
trim 371
TSconfig 76, 233, 465

# STICHWORTVERZEICHNIS

TSFE 553
tslib_pibase 562, 579
TSRef 79, 87
tt_* 113
tt_content 348
Tutorial 60
type 405
typeNum 110
types 397
TYPO3 API 549
TYPO3 Coding Guidelines 633, 635, 638
typo3conf 341
TYPO3_DB 553
TYPO3_DLOG 39
TYPO3_LOADED_EXT 553
TYPO3 Object Browser 383
TYPO3 Snowboard Tour 26
typo3temp 342
TYPO3-Update 54
typolink 154, 578
TypoScript 76
- Bedingungen 85, 151
- Caching 121
- CASE 134
- COA 124
- COBJ_ARRAY 124
- cObject 122
- config 107, 111
- CONTENT 128, 151
- _CSS_DEFAULT_STYLE 112
- Dateien 95
- Datentyp 81, 82, 89
- DEFAULT_PI_VARS 112
- Editor 95, 98
- Eigenschaft 89
- expAll 118
- Extension Templates 94
- file 126, 148
- FILE 126
- FORM 136
- Funktionen 146
- Get data 147
- GIFBUILDER 127, 156
- GMENU 117
- GMENU_LAYER 117
- HMENU 113, 115
- if 151
- IMAGE 126, 151
- imgResource 148
- import 148
- INCLUDE 95
- include static 97, 103
- iProcFunc 120
- ItemArrayProcFunc 120
- JSMENU 119
- Kommentar 82
- Konstanten 84, 108
- lib.* 93
- _LOCAL_LANG 112
- MAIN Template 94
- media 127
- META 111
- Objekt 80
- Objekttyp 91
- Operator 82
- optionSplit 121
- Override/Conditions 147
- PAGE 109
- PAGE Objekt 63
- Parse data 147
- parseFunc 108, 155
- plugin 112
- RECORDS 128
- Reihenfolge 86
- select 151
- Semantik 79
- Setup 61, 107
- special 116
- stdWrap 75, 124, 147, 214
- styles.* 93
- Syntax 79
- temp.* 93
- Template 60, 72, 77, 91
- Template-Kategorien 104, 106
- TMENU 116
- TMENU_LAYER 117
- TSRef 87
- typeNum 110
- typolink 154
- USER 139
- USER_INT 139
Typvergleich 542

## U

Übersetzungen
- Label 174
- nicht vorhanden 171
Übersetzungsübersicht 167
Ubiquitous Language 667
ul/li-Menü 117
Umgebungsvariable 664
unique 373
uniqueInFid 373
uniqueLinkVars 168
Unit Test 670

# STICHWORTVERZEICHNIS

Update 51, 54
uploads 342
uploads/ 149
upper 372
useCachingFramework 40, 211
user 386
USER 139, 569
USERDEF 113, 170
USERDEFxRO 113
userfunc 86
USER_INT 139, 569
User TSconfig 241, 465
USER Workspace 257
USR 113
USRRO 113
UTF-8 601
UTF8filesystem 162
uuid 669

## V

value 124, 152
Value Objects 668
var_dump() 672
Variablen
 – globale 552
Verschlüsselung 636
Versionierung 251, 252, 414, 446
Virtual Host 665

## W

WAF 638
Web Application Firewall 638
WEBMOUNTS 555
Webserver 31, 634
Web-Spoofing 634
Werkzeuge 651
width 150
Wizards 318, 396
WORKAREA 157
Workflow 252
workOnSubpart 64, 142
Workspace Manager 260
Workspaces 252, 254, 414
 – bei Programmierung beachten 583
 – Kickstarter 446
 – Version 263
 – Voransicht 285
wrapItemAndSub 117
www-data 35

## X

XCLASS 55, 421, 536
xdebug 595, 672
XML-Feed 625
XMLmind 670
XSS 631

## Y

YAML 665
year 372

## Z

Zeichensatz 601
Zugriffsschutz 641

informit.de, Partner von Addison-Wesley, bietet aktuelles Fachwissen rund um die Uhr.

# www.informit.de

In Zusammenarbeit mit den Top-Autoren von Addison-Wesley, absoluten Spezialisten ihres Fachgebiets, bieten wir Ihnen ständig hochinteressante, brandaktuelle deutsch- und englischsprachige Bücher, Softwareprodukte, Video-Trainings sowie eBooks.

wenn Sie mehr wissen wollen ...

**www.informit.de**